汉语构式的认知与语用

A Cognitive and Pragmatic Study of Chinese Constructions

温锁林 著

图书在版编目(CIP)数据

汉语构式的认知与语用 / 温锁林著. -- 天津：南开大学出版社，2025.8. -- ISBN 978-7-310-06714-5

Ⅰ. H14

中国国家版本馆 CIP 数据核字第 2025GP8299 号

版权所有　侵权必究

汉语构式的认知与语用
HANYU GOUSHI DE RENZHI YU YUYONG

南开大学出版社出版发行
出版人：王　康

地址：天津市南开区卫津路 94 号　　邮政编码：300071
营销部电话：(022)23508339　　营销部传真：(022)23508542
https://nkup.nankai.edu.cn

天津创先河普业印刷有限公司印刷　全国各地新华书店经销
2025 年 8 月第 1 版　2025 年 8 月第 1 次印刷
238×165 毫米　16 开本　30.5 印张　2 插页　530 千字
定价：153.00 元

如遇图书印装质量问题，请与本社营销部联系调换，电话：(022)23508339

国家社科基金后期资助项目出版说明

后期资助项目是国家社科基金设立的一类重要项目，旨在鼓励广大社科研究者潜心治学，支持基础研究多出优秀成果。它是经过严格评审，从接近完成的科研成果中遴选立项的。为扩大后期资助项目的影响，更好地推动学术发展，促进成果转化，全国哲学社会科学工作办公室按照"统一设计、统一标识、统一版式、形成系列"的总体要求，组织出版国家社科基金后期资助项目成果。

全国哲学社会科学工作办公室

目 录

第一章 绪论 ·· 1
  第一节 构式语法理论 ··· 1
    一、构式语法理论简述 ··· 1
    二、构式语法的基本思想 ·· 5
  第二节 汉语的构式研究 ·· 13
    一、引进阶段 ·· 13
    二、发展阶段 ·· 15
    三、反思阶段 ·· 17
  第三节 汉语的新兴构式 ·· 19
    一、何谓新兴构式 ··· 19
    二、新兴构式的判定标准 ··· 21
    三、新兴构式研究中值得关注的问题 ································· 25
  第四节 新兴构式的形成与功能演化 ····································· 29
    一、小句内成分的融合及功能的演化 ································· 30
    二、小句的融合与关联成分的功能演化 ······························ 33
    三、小结 ·· 38
  第五节 研究内容与研究方法 ··· 38
    一、本书的基本框架 ··· 39
    二、关于构式研究的方法 ·· 40

第二章 范畴化运作与构式的形成（上） ································· 45
  第一节 排除式范畴化构式"不是所有的 X 都叫 Y" ················ 48
    一、排除式范畴化的类型及其构建 ···································· 49
    二、排除式范畴化的现实基础与认知作用 ·························· 53
    三、排除式范畴化构式的功能演变及动因 ·························· 56

第二节 强加式范畴化构式"有一种X叫Y" ················· 59
　　一、强加式临时范畴化及类型 ····················· 59
　　二、强加式临时范畴化构建的特点 ··················· 62
　　三、强加式临时范畴化的认知功用 ··················· 64
　　四、"有一种X叫Y"构式的功能流变及动因 ············· 67
第三节 洗白式范畴化构式"X什么都不是，X只是Y" ········· 70
　　一、范畴洗白构式及其构式义 ····················· 71
　　二、范畴洗白构式的范畴化机制 ··················· 75
　　三、范畴洗白构式的表意特点 ····················· 81
第四节 类同式范畴化构式"VP着也是VP着" ·············· 82
　　一、"VP着也是VP着"构式中的变项"VP" ··········· 84
　　二、"VP着也是VP着"构式的表意机制 ·············· 87
　　三、"VP着也是VP着"构式的表意特点 ·············· 91
　　四、小结 ································· 93
第五节 评价式范畴化构式"X家家（的）" ················ 94
　　一、"家家"的来源及性质 ······················· 94
　　二、"X家家（的）"构式的语义构成 ················ 100
　　三、"X家家（的）"构式的成因与使用机制 ············ 103
　　四、"X家家（的）"构式广泛使用的社会动因 ··········· 107

第三章 范畴化与新兴构式的建构（下） ················· 109
第一节 转喻式范畴化构式"WVP的不是X，是Y" ·········· 109
　　一、转喻式否定的性质 ························· 109
　　二、转喻式否定的构成机理 ····················· 111
　　三、转喻式否定的类型 ························· 115
　　四、转喻式否定格式的流变与表达功能 ··············· 116
第二节 隐喻式范畴化构式"W不是X，（W）是Y" ·········· 118
　　一、引言 ································ 118
　　二、隐喻式否定的表意特点 ····················· 120
　　三、隐喻式否定的表达功能 ····················· 126
第三节 指认式范畴化构式"那/这（才）叫（一个）X" ········ 128
　　一、指认式范畴聚焦构式及其构式义 ················ 129
　　二、指认式范畴聚焦构式中"X"的类别 ·············· 134

三、指认式范畴聚焦构式的功能变异与语用动机 ……………… 137

　　　四、语用因素对构式生成与演化的促动 …………………………… 143

　第四节　追补式范畴化构式"最 X，没有之一" ……………………… 145

　　　一、"最 X，没有之一"产生的语义基础 ………………………… 146

　　　二、认知与互动视角下"最 X，没有之一"的衍生动因 ……… 148

　　　三、"最 X，没有之一"的复句关系新解 ………………………… 150

　　　四、小结 ……………………………………………………………… 155

　第五节　归一式类指的范畴化构式"各种 X" ………………………… 156

　　　一、引言 ……………………………………………………………… 156

　　　二、现有的观点及问题 ……………………………………………… 159

　　　三、形成"各种"词性语义乱象的原因 …………………………… 165

　　　四、新兴构式"各种 X"的形式与语义 …………………………… 171

　　　五、新兴构式"各种 X"的功能扩展 ……………………………… 175

第四章　主观性凸显与构式的形成（上） ……………………………… 182

　第一节　宣告性并列构式"我 A，我 B" ……………………………… 182

　　　一、"我 A，我 B"构式及其构式义 ……………………………… 183

　　　二、"我 A，我 B"构式的表意机制 ……………………………… 187

　　　三、"我 A，我 B"构式的表意特点 ……………………………… 193

　第二节　状态交织呈现构式"A 并 B 着" ……………………………… 195

　　　一、"A 并 B 着"构式及其构式义 ………………………………… 196

　　　二、"A 并 B 着"构式的表意机制 ………………………………… 201

　　　三、"A 并 B 着"构式的表意特点 ………………………………… 204

　第三节　最简因果构式"因为 A，所以 B" …………………………… 208

　　　一、最简因果构式及构式义 ………………………………………… 208

　　　二、最简因果构式的原型构式 ……………………………………… 210

　　　三、新兴因果构式的几种边缘构式 ………………………………… 213

　　　四、新兴因果构式的语境变异与小句化演变 ……………………… 216

　　　五、新兴因果构式产生的动因及功能 ……………………………… 219

　第四节　婉曲批评构式"被 X" ………………………………………… 223

　　　一、新兴构式"被 X"的兴起与研究 ……………………………… 223

　　　二、新兴构式"被 X"的句法创新 ………………………………… 227

　　　三、新兴构式"被 X"的语义创新 ………………………………… 234

四、新兴构式"被X"的表意机制与语用特色 ………………… 239
　第五节　性状义凸显构式"副程度＋形名" …………………………… 245
　　一、各种"副程度＋名"说的持论理据 ……………………………… 245
　　二、"副程度＋X"结构的实质与"X"的语义条件 ………………… 252
　　三、关于词类划分的一点思考 …………………………………… 255

第五章　主观性凸显与构式的形成（下） ……………………… 258
　第一节　极量性命名构式"最+A+NP" ……………………………… 258
　　一、"最+A+NP"构式的结构特点 ………………………………… 259
　　二、"最+A+NP"的构式义 ………………………………………… 262
　　三、从修辞构式到语法构式再到修辞构式 ……………………… 266
　　四、构式"最+A+NP"的成因背景及语用特色 …………………… 269
　第二节　赞美义倒装构式"厉害了我的X" …………………………… 271
　　一、"厉害了我的X"的构式特点 ………………………………… 272
　　二、构式对构项的压制影响 ……………………………………… 274
　　三、"厉害了我的X"的构式义 …………………………………… 277
　　四、构式的成因及语用特色分析 ………………………………… 279
　　五、"厉害了我的X"的特例及变式分析 ………………………… 282
　第三节　超量感叹构式"要不要这么X" ……………………………… 288
　　一、"要不要这么X"的结构特点 ………………………………… 290
　　二、"要不要这么X"的构式义及表意机制 ……………………… 291
　　三、"要不要这么X"构式的表意特点 …………………………… 297
　　四、"要不要这么X"构式的成因与语用特色 …………………… 300
　第四节　高程度感叹构式"不能再X" ………………………………… 301
　　一、"不能再X"构式身份的确立 ………………………………… 302
　　二、"不能再X"的构式义 ………………………………………… 305
　　三、从修辞构式到语法构式的演变 ……………………………… 308
　　四、"不能再X"构式的衍生动因及语用特色 …………………… 310
　第五节　高程度强调构式"X得不要不要的" ………………………… 313
　　一、引言 …………………………………………………………… 313
　　二、构式"X得不要不要的"的句法形式 ………………………… 315
　　三、构式"X得不要不要的"的构式义及形成机制 ……………… 320
　　四、构式"X得不要不要的"的变体及语义溢出效应 …………… 323

五、构式"X得不要不要的"语用功能考察 …………………… 330
　　　六、构式"X得不要不要的"对汉语表达的贡献 ……………… 333
　第六节　疑问点聚焦构式"有没有+VP" ……………………………… 335
　　　一、研究现状与存在问题 …………………………………… 335
　　　二、"有没有+VP"作为一种新兴的构式 …………………… 339
　　　三、新兴构式"有没有+VP"的产生 ………………………… 348
　　　四、新兴构式"有没有+VP"的聚焦功能 …………………… 354
　　　五、"有没有+X"构式中"有没有"的同一性 ………………… 359

第六章　几种特色构式的建构与功能 ……………………………… 361
　第一节　极性义对举构式 …………………………………………… 361
　　　一、极性义构式的种类 ……………………………………… 362
　　　二、极性义构式的特点 ……………………………………… 366
　　　三、极性意义的产生与理解机制 …………………………… 369
　第二节　形容词主观高量构式"A又A" …………………………… 372
　　　一、"A又A"的性质与表意特点 …………………………… 373
　　　二、"A又A"的语体特征与表达功能 ……………………… 376
　第三节　程度估测义构式"够/不够X" …………………………… 381
　　　一、"够/不够X"构式的句法 ……………………………… 382
　　　二、"够/不够X"构式的语义 ……………………………… 387
　　　三、构式不对称现象的认知因素 …………………………… 390
　　　四、构式不对称现象的语用因素 …………………………… 395
　　　五、小结 ……………………………………………………… 398
　第四节　动量凸显构式"一量VP" ………………………………… 399
　　　一、A式与B式结构上的差别 ……………………………… 400
　　　二、A式与B式的表意差别 ………………………………… 402
　　　三、A式的熟语化倾向 ……………………………………… 407
　　　四、"一VP"的演化及"一量VP"的由来 …………………… 408
　第五节　汉语的类聚构式与类聚名词 ……………………………… 414
　　　一、引言 ……………………………………………………… 414
　　　二、结构形式的特点及其结构属性 ………………………… 416
　　　三、聚合体作为汉语的独特构式 …………………………… 429
　　　四、类聚构式的变体与语义 ………………………………… 436
　　　五、汉语聚合名词词表及词典收录的类聚名词 …………… 439

参考文献 …………………………………………………………… 444

附 录 当代"克隆语"初探 …………………………………… 465
  一、当代克隆语使用情况 …………………………………… 465
  二、当代克隆语的特点及成因分析 ………………………… 469
  三、当代克隆语对语言的影响 ……………………………… 471

后 记 …………………………………………………………… 472

第一章 绪论

第一节 构式语法理论

一、构式语法理论简述

构式语法（Construction Grammar）是认知语法的一个分支，它强调语法结构具有意义，探讨特定的语法格式与特定语义的配对关系。王寅（2011：7）将构式语法的核心观点概括如下："在体验哲学的基础上用'象征单位（固化的形义配对体）'和'构式（由两个或两个以上象征单位构成）'来建立结构与意义和功能间的最佳和最简心智表征方案，以期能对语言做出统一而又全面的解释。据此，语言就可以被定义为'象征单位和构式单位的大仓库'，语法就可以通过这两者做出深入详尽的描写。"

从对中国语法研究产生影响的角度来看，构式语法研究范式，是继结构主义语法（主要是美国的描写语法）、生成语法等理论引入之后又一个对我国语法研究产生深刻影响的语法研究范式。构式语法自其被引进汉语学界以来，很快就为汉语语法学界广泛接受并运用于实际研究，20 余年中，运用该理论方法而产出的研究成果也堪称丰硕，显示出该语法理论与研究范式在汉语语法研究中具有极强的适应性与强大的解释力。特别应该指出的是，该理论方法在外语学界也被广泛运用，在对外汉语教学中更是受到了业界的普遍重视并产生了重大的影响。由此观之，该理论范式对我国语法研究的影响目前已远远超过了以往的所有理论，相信它对我国语法研究的影响也将是长远的。虽然近年来对构式语法的研究不再像十几年前那么火爆，但是，其理论意义与实践价值会随着汉语语法研究的深入而得到充分的体现。基于此，很有必要对该语法理论做出整体的梳理。

(一) 构式语法理论的几个重要来源

第一个来源是认知语法的奠基人兰艾克（Langacker，1987：57-63）的认知语法。他将"构式"直接称为"规约化的象征单位"（a conventional symbolic unit），并将他的认知语法称为"语法构式"（grammatical construction）。他还曾对构式做过明确的界定（Langacker，1987：87）：

> Grammar involves the syntagmatic combination of morphemes and larger expressions to form progressively more elaborate symbolic structures. These structures are called grammatical constructions. Constructions are therefore symbolically complex, in the sense of containing two or more symbolic structures as components.
>
> （语法涉及数个语素或者更大表达式的组合，以逐步组成更为复杂的象征结构，这些象征结构可被称作语法构式。故而，语法构式就是象征复合体，其中包含着两个或者两个以上的象征结构作为其组成成分。）

Langacker对语法构式的理解有三点值得关注。第一，构式的确认标准。他认为单个语素并非构式，必须是两个以上语素相组合才能算作构式，这与葛德伯格（Goldberg）对构式的理解不太一致（请见下文的解释）。第二，构式是语义结构与语法单位的象征关系，即特定的形式一定与特定的语法意义相联系。第三，有关构式形成的看法。Langacker特别强调，构式并非孤立现象，而是一个连续统，是由简单构式向复杂结构体逐步扩展的过程。他的这一思想对于探讨构式的演化与辨析构式的表意特点等，都具有重大的理论意义。

第二个来源是菲尔摩（Fillmore）等对习语结构的研究。他们的研究对于深化构式语法的形成具有重要的理论意义与实证意义。他们重点讨论了英语中以"Let alone"为代表的习语构式，指出这一被生成语法学家忽略而置于词库中的特殊表达式，其实是一个"形式-语义"的配对体，具有固有的对应关系和约定俗成性，只有将二者视为一个形义配对的整体，才能对其形式与语义做出合理的描写和解释。同时还给语法构式做了明确的定义（Fillmore、kay and O'connor，1988：36）：

> By grammatical construction we mean any syntactic pattern which is assigned one or more conventional functions in a language, together with whatever is linguistically conventionalized about its contributions to the meaning or the use of structures containing it.

（我们所说的语法构式指的是，语言中的任何一个语法构型，它被指派一个或者多个约定俗成的功能，并对其所在结构的意义或用法产生规约性的影响。）

Fillmore 等学者的这一定义对后来的构式语法研究产生了深远的影响，它强调两点：一是构式作为一个形式和意义匹配的整体具有规约化的功能，即后来人们常说的构式本身是有意义的；二是构式对于其结构内部的组成要素具有规约化的作用，即人们常说的"构式压制"（Construction Coercion）。

第三个来源是雷柯夫（Lakoff）的"完形语法"（Gestalt Grammar）。早在 1977 年，Lakoff 就基于心理学和框架语义学的相关理论提出了"完形语法"的概念（Lakoff，1977：13），他认为句子成分的句法关系及功能应由整个句型来决定，而不是如生成语法学家所倡导的句子的意思是构成句子的成分的简单之和。Lakoff 后来还用构式语法的理念和做法，运用辐射型范畴理论分析了"Here 构式"和"There 构式"。Lakoff 的"完形语法"注重运用体验性与结构整体来阐释句义的理念，对他的学生 Goldberg 后来推出的认知构式语法理论产生了直接而深远的影响，并在 Goldberg 的多部著作中有所体现。

（二）Goldberg 的构式语法理论

真正使构式语法发扬光大并使其成为认知语言学研究热点的学者是美国普林斯顿大学的语言学者 Goldberg，她从 1995 年到 2006 年的 11 年时间里，出版了关于认知构式语法的一系列重要著作。依照出版年份列举如下。

Goldberg, Adele E. *Constructions: A Construction Grammar Approach to Argument Structure*. Chicago: The University of Chicago Press，1995.

Goldberg, Adele E. *Making one's Way Through the data*. In M.Shibatani & S. A. Thompson (eds.). *Grammatical Constructions: Their form of meaning*. Cambridge: Cambridge University Press，1996.

Goldberg, Adele E. *Relationships Between Verbs and Constructions*. In M.Verspoor & E. Sweetser (eds.). *Lexicon and Grammar*. Amsterdam: John Benjamins，1997.

Goldberg, Adele. E. *Construction at Work: The Nature of Generalization in Language*. Oxford: Oxford University Press，2006.

Goldberg 这些著作的问世，不仅使得构式语法作为一种重要的语法研究理论与研究方法为世人所广泛了解，而且也直接推动了认知构式语法时代的到来。可以说，构式语法在世界范围内很快流行开来，与她 1995 年出

版的著作 *Constructions: A Construction Grammar Approach to Argument Structure*（汉译本为：《构式：论元结构的构式语法研究》，吴海波译，冯奇审订，北京大学出版社，2007）是分不开的。伴随着 2007 年该著作汉译本的出版，我国才开始了越来越热的构式语法研究热潮，这部专著也毫无疑问是对国内构式语法研究影响最大的著作。Goldberg 的认知构式语法研究，无论是在对将构式语法理论作为一种研究范式的全面而深入的介绍与总结方面，或是在对构式语法研究范围和研究方法的通透展示方面，或是在对典型构式的专题化研究方面，或是在对构式语法理论的深入反思与理论建树方面，都具有极大的代表性。特别是她对构式语法在国际上的传播及其影响方面更是做出了无可替代的贡献，由此也奠定了她构式语法研究领军者的地位。因此，无论是在国际上还是对于中国语法学界，Goldberg 不仅是构式语法研究的集大成者和最有代表性的学者，也是对汉语语法研究影响巨大的学者之一。

Goldberg（2007/1995：4）给构式语法所下的定义，是目前国内最为通行和权威的定义。

C is a CONSTRUCTION IF$_{def}$ C is a form-meaning pair <F_i,S_i> such that some aspect of F_i and some aspect of S_i is not strictly predictable from C's component parts or from other previously established constructions.

[当且仅当 C 为一个形义配对体<F_i, S_i>时，此时"形"（F_i）或"义"（S_i）的方面不能从 C 的组成部分中严格预测，也不能从其他先前建立起来的构式中预测出来，它就是一个构式。]

Goldberg（2006：3）将"构式"补正为"形式与功能的规约化配对体"（conventionalized parings of form and function）。

综观她给出的构式的定义，有以下几点特别值得关注。

1. 构式是形式与语义的配对体，两者之间具有规约化的关联。

2. 构式的形、义具有"不能被完全预测"的性质，能被完全预测的往往是常规构式，不能被完全预测的是特殊构式。Goldberg 还特别强调指出，能解释特殊构式的理论也能解释常规构式。

3. 构式范围的广泛性。关于构式的范围究竟有多大，即什么样的形式与意义的匹配才能叫构式，一直是学界争论不休的一个话题。是否所有形式与意义的配对体都叫构式，即语素、词、短语、句子等句法单位是否都能称为构式？或者说它们是否均为构式研究的对象？以语素、词等为例，它们无疑都是形式与意义的匹配体，按照 Goldberg 所给的定义，语素与词都应该是构式。但是，她的著作中对这类语法单位并未做专门的研究，也未做出明确的界限划定，这在汉语语法学界曾引发了不小的争论。不过，她的另一部构式语法著作 Construction at Work: The Nature of Generalization in Language（Goldberg，2006；汉译本《运作中的构式：语言概括的本质》，吴海波译，北京大学出版社，2013）中倒是列出了所有的构式类型，按从简单到复杂的顺序包含了九种类型：①词素；②词；③复合词；④半固定式复合词：形态变化待填的形式，如 N-s；⑤习语；⑥习语：可扩展的成分待填的形式，如 Jog（someone's）memory；⑦共变条件表达式（The X-er, The Y-er）；⑧双及物（双宾语）表达式；⑨被动表达式。这个构式类型的清单存在诸多问题：一是列举不全，既然要全部列举语言中构式的类型，就得做到全面，而这显然不是个简单的任务。从她给出的清单中看，这只能算是取样性的，较对所有可能存在的构式做高度概括还有相当大的距离；二是类型①—④把语素和复合词都算在构式内，这就等同于列了一种语言语法单位的清单，稀释了构式在理论与方法论上的特色。因此不断遭到批评与质疑也是在情理之中的。

二、构式语法的基本思想

牛津大学出版社 2013 年出版的托马斯·霍夫曼（Thomas Hoffmann）和格雷姆·特劳斯代尔（Graeme Trousdale）合著的 The Oxford Handbook of Construction Grammar（《牛津构式语法手册》）是一部权威的构式语法参考书，也是关于构式语法最新、最全面的研究成果。据张克定（2014）介绍，该书的第一部分为"原则与方法"，指出了构式语法坚持的五个原则：①构式语法是习得的形式和功能的配对体；②语法不涉及任何转换或派生，语义直接与表层形式相联系；③各类构式构成一个网络，网络中的节点传承性连接；④语言之间存在着广泛的差异，跨语言概括可通过基本域的认知过程或所涉及构式的功能进行解释；⑤构式语法是基于用法的语法模型。该书还对构式语法的多种理论模型进行了专题介绍：伯克利构式语法（Fillmore 的格语法、框架语义学）、基于符号的构式语法、动变构式语法、体验性构式语法、认知语法、激进构式语法和认知构式语法。本书将构式语法上述理论与表述做一系统的梳理与整合,结合汉语研究的具体实践，接受该理论中如下一些基本理念。应该特别说明的是，本书不仅在汉语构式研究中努力实践了这些理念与做法,而且还对构式语法的某些理念与做法做了新的解读与完善。

（一）构式整体是有意义的

构式有独立的意义，是构式语法理论的重要学术发现与贡献。过去的语法研究，特别是生成语法所提倡的"动词中心论"，认为句子的题元结构是由句中的核心动词决定的，忽略了构式整体对于句子意义的贡献。生成语法同时认为，句子意义等于句内各成分意义的总和，即语义的"组合观"，完全无视构式具有独立的意义。如"你这（个）NP"（你这个老先生｜你这大局长｜你这个熊孩子｜你这老东西），是个规约化的负面评价构式，只要是进入这个构式中 NP 位置上的指人类名词，无论是否带有评价好坏的词语，一律都表达负面评价的语义。这是构式整体表意的最好注脚，我们不必把负面的评价义指派给其中的任何一个成分。

此外，"你看"与"你看看"结构几乎一样，不同之处在于形式，后者只是将动词"看"重叠了一下。二者虽然都有大致相同的使用环境和比较一致的提醒性功能，有时还可互换，但是，语形不同则意味着意义是有一定差异的。由于语形的差异，两者发展出了不同的构式义：前者是提醒性构式，最终演变成为汉语中表提醒义的话语标记；后者是在前者表示提醒义的基础上进一步进行功能延伸与转化，除了表提醒义外，还加入了申斥义，因此更多的用法是作为一个表申斥义的构式。例如，下面的"你看"与"你看看"功能各异，是不能互换的（本书未注明出处的例句除有特别说明外均为笔者所造）。

（1）a. 你看，这里就有你需要的东西。

　　　b. 你看看，这孩子可真是的，和你说了一百遍了，还是没记住。

还有一个证据可以证明"你看看"是表申斥义的构式。上面 b 句中的"你看看"可用专门表示申斥义的构式"你看你"替换，可见，二者在语义上具有相同的功能。而 a 句的"你看"只有提醒义，所以不能被"你看你"替换，这也说明"你看"与"你看看"在语义与语用上是有根本差别的。

汉语中的单音节形容词有一种特殊的使用方式"A 又 A"（小白兔白又白｜江湖水长又长），但是该格式一直没有被语法学界所关注。我们注意到，该种"A 又 A"不同于单音节形容词的重叠式"AA（儿）"，也不同于表高程度的"很 A"，它是单音节形容词的另一种生动格式，是由单音节形容词组成的表示主观高量的构式。虽然这类格式在日常口语中并不常用，但它有自己独特的生存家园。因其独特的构造形式、表意方式及韵律特点而存在于有韵律要求的儿歌、民谣、诗歌当中。根据构式语法倡导的形式与意义匹配的观点，该格式完全可以被看作汉语形容词的一种独特的构式，我们将其称为"形容词主观高量构式"。该构式在汉语中有自己特定的使用语境，有其独特的形式与意义。可见，正是依据构式语法"构式整体是有意义的"思想，我们发现并解释了一些被语法学界所忽略的语法现象，并对其特定的语义做出合理的描写与解释。关于形容词主观高量构式"A又A"的详细讨论，请见本书第六章第二节。

（二）构式是形式与语义的配对体

某一语法结构体之所以能够被确立为构式，就在于它是作为一个形式与语义的配对体而存在于语言中，并被人们普遍理解与使用的。构式语法理论特别强调构式是"形式—语义"的配对体，形式与语义就如同一枚硬币的正反面，不可分离。构式语法这种高度强调形义不可分离的思想，对于确保对句法现象做出科学而通透的观察、描写与解释至关重要，是语法研究应该遵守的金科玉律。如果没有对构式形义不可分离的自觉意识与把握，在实际研究中就会出现对于同一种表达格式只见树木不见树林的情况，硬生生地将简单的问题复杂化，给语法研究制造困惑。

《现代汉语八百词》（吕叔湘，1999/1980：234-235）认为"够"有动词与副词两种词性，并认为副词"够"有两种用法：①修饰形容词，表示达到一定标准，其后的形容词只能是积极意义的，不能是相应的反义词。如：别接了，绳子已经够长了（*够短）｜你看够宽不够宽？——够宽了（*够窄）。②修饰形容词，表示程度很高。"够"后的形容词既可以是表积极意义的，也可以是表消极意义的。如：天气够冷的｜这件事够糟糕的。后来的几部虚词词典也基本承袭了《现代汉语八百词》的说法，至今未见有文献发表过不同的意见。

研究发现，现代汉语口语中的"够/不够X"是表达评估义的构式，是一个高度框式化结构。"够/不够"为该结构的框式成分，"X"为变项。"够/不够 X"用以评估某一对象（通常为主语）是否达到了"X"所代表的标准或程度。在"够/不够X"结构中，动词"够"表示对某一对象是否达到某种属性要求、程度范围或数量标准的评估与判断，其词义可概括为"达到了一定的程度与标准"。也就是说，"够"在汉语中根本就不是什么副词，汉语中更不存在什么"修饰形容词，表示达到一定标准；修饰形容词，表示程度很高"之类的所谓做副词的"够"。因为离开了构式作为一个形义不可分离的整体而讨论构式中的单位的作用与意义，往往是不得要领的。对表评估义的构式"够/不够X"的具体讨论请见第六章第三节。

构式是形式与语义的配对体，这是一种与以往的语法研究不大相同的崭新的学术思路，它启发语法研究者不仅要关注某个语法格式的成分组配，更要关注这种独特的组配形式背后所暗藏着的独特的语法意义，这是真正实现语法研究所倡导的形式与意义相结合的必由之路。在 21 世纪以来的汉语新兴表达中，出现了大量表达高程度的特殊新形式。如"不能再 X""X 得不要不要的""要不要这么 X"。粗看起来，似乎三种格式在表意上都没有什么大的差别，但是，既然构式是形式与语义的配对体，那么上述三种不同的格式所表达的语义应该是有细微差别的。于是我们将这三种表达高程度的新兴构式进行了研究，发现了它们在语义上的一些重要区别，并分别命名为"高程度感叹构式'不能再 X'""高程度强调构式'X 得不要不要的'""超量感叹构式'要不要这么 X'"。从不同的命名中粗略可见三者在语义上的区别。有关对三种新兴构式的详细描写与论述，请见本书第五章第三至第五节。

（三）构式决定句法范畴和句法关系

要理解构式中某个成分的句法关系与语义性质，进而了解其语用功能，只有在它所处的整体构式中才能理解并做出合理的解释，因为构式决定句法范畴和句法关系。过去的一些研究，由于没有对构式的自觉意识，对于其中某个构成成分句法性质与语义的解释，常常是在脱离构式的情况下做出的。这样将某个构式的语义误作某个词的语义，往往导致解释的多余与失真。

《现代汉语八百词》（吕叔湘，1999/1980：630）认为，"有"的一个义项是"程度深"。石毓智（2006：376）也认为，"有"字短语有形容词的性质，但有一个不同于形容词的特点，它们在没有任何程度副词时，也常常具有程度高的意思。如：

（2）a. 这孩子有天分。　　　　b. 老李有学问。　　　　c. 他有经验。

这种观点值得商榷。其一，"有"字后带上非性状义名词（"走廊里有灯光""教室外有桃树"），"有"并无此义项，即使是"有"后带上弱性状义名词（NP），所谓弱性状义名词指的是能出现于"有 NP"结构以表达性状，但整个"有 NP"结构不能受程度副词修饰的那些名词，如"路还是有宽度的，能过去"，其中的"有"也只表示"达到"，并无程度高之意。其二，例（2）三句中"有"后都是强性状义名词（NP），所谓强性状义名词，指的是能出现于"有 NP"结构表达性状，整个"有 NP"结构还能受程度副词修饰的那些名词。观察可知，所谓"程度高""程度深"的意思正是强性状义名词所代表的属性在显著度上高于社会平均值的体现，所以"有"在此只有激活强性状义名词性状义的功能，并无"程度深"等意义。其三，例（2）三句的"有"前可加上"特别、很、极"等程度副词，"有"后还可加上"很大、很多、很高"一类的修饰成分。如：

(2′) a_1. 这孩子有一定的/一些天分,但天分也不是很高。

a_2. 这孩子有天分,不是一般的有天分,而是特别有天分。

a_3. 这孩子特别/很/极有天分。

a_4. 这孩子有极高的天分。

b_1. 老李有一些学问,但学问也不是很高。

b_2. 老李有学问,不是一般的有学问,而是特别有学问。

b_3. 老李特别/很/极有学问。

b_4. 老李有很大的学问。

c_1. 他有一定的/一些经验,但经验也不是很多。

c_2. 他有经验,不是一般的有经验,而是特别有经验。

c_3. 他特别/很/极有经验。

c_4. 他有很多的经验。

如果说"有"自身就有"多、大、程度深"的义项,其后是不可能再加上"很大、很多、很高"一类成分的。我们认为,"有+NP(性状义)"是一个表性状凸显的构式,只有那些语义上容易被激活其所代表事物呈现的性状的名词才能进入该构式,构式的整体对于进入构式的要素既有准入的限制,又给进入构式的要素赋予了语义与语用功能。如果离开构式而谈论"有"到底表达什么意义是经不起语言事实考验的。

再如,汉语语法学界对于所谓的"连"字句的研究成果颇丰。汉语中真的有"连"字句吗?实际上,该类句式中的"连"字是一个可省略的成分。请看例句:

(3) a_1. 笔记上不但增加了许多脱漏的地方,连文法的错误也一一订正。

a_2. 笔记上不但增加了许多脱漏的地方,文法的错误也一一订正。

b_1. 另一方面,有些几十万人的地区,连一所特殊教育学校都没有。

b_2. 另一方面,有些几十万人的地区,一所特殊教育学校都没有。

c_1. 唐朝的很多王公将相,甚至连唐太宗的皇后长孙氏,都出身于少数民族。

c_2. 唐朝的很多王公将相,甚至唐太宗的皇后长孙氏,都出身于少数民族。

上例各句中的"连"本身并不负载实在意义,也并非句法的必有要素,故而不仅可以省略,且省略前后各句的语义基本不受影响。这种情况与我们最熟悉的"把"字句和"被"字句有着本质上的不同,"被""把"均不可省略。如果将上例 a_1、b_1、c_1 句称为"连"字句,那么与之在句法、语义与语用完全相同的 a_2、b_2、c_2 句又该如何称道？称其为"连"字句显然不合理，因为句中根本没有"连"字。我们认为，现代汉语中并不存在所谓的"连"字句，将"连 X 也/都 Y"结构视为"连"字句确实是一种误判。

其实，从构式的角度看，汉语中根本就不存在"连"字句，因为"连 X 也/都 Y"结构中的"连"是一个对比焦点标记词（方梅，1995），它与对比焦点标记词"是"在句法、语义与语用上的表现非常类似。

还有学者认为，现代汉语中，用于"怎么想""怎么看"中的"怎么"问内容，用于"怎么卖"中的"怎么"问价格，并将问内容和问价格的用法称为对"怎么"的"别解"。（王灿龙，2019）这种观点同样是值得商榷的。因为所谓问内容的"怎么想""怎么看""怎么说"以及问价格的"怎么卖"，与其他的"怎么 VP"构式中的"怎么"在语义上并无本质的区别，也就是说，"怎么"只有在与"卖""租"等"出售""租赁"义动词结合时，"怎么 VP"才能整体表达出"问价格"的意义，"怎么"只有与"想、说、看"等表达看法、观点的动词组合时，"怎么 VP"才能整体表达出"问内容"的意义。所谓"怎么"的"问内容、问价格"的"别解"是不存在的，此意是由"怎么 VP"整体来表达的。我们还可反问，如果问内容的"怎么想、怎么看"与问价格的"怎么卖"中的"怎么"有表示"内容、价格"的语义，那么，是否可以说"如何"也存在表示"问内容、问价格"的"别解"？因为两种格式中的"怎么"完全可以由"如何"来替换而不改变其构式义。按照这种逻辑，我们是否可以说，"（去公园）怎么走"中的"怎么"是问"路径"，"（螃蟹）怎么吃"是问"吃法"，"（'渔夫'的'渔'）怎么写"中的"怎么"是问"写法"……可见，说"怎么"有问内容的和问价格的所谓"别解"是很牵强的。如果照此做法，硬是要把整个构式的意义强加到某个构式成分上，就会使某个词的意义无限扩大，会给语法研究带来难以克服的干扰与困惑，对于认识与把握汉语语法的特点与规律没有任何作用，因为没有概括就没有语言研究。

奥卡姆剃刀定律（Occam's Razor）又称"奥康的剃刀"，这个原理要义为"如无必要，勿增实体"，也即"简单有效原理"。该原则的精髓就是要求人们在处理问题时，不要被表面上纷乱的现象所迷惑，把简单问题复杂化，而是要保持事情的简单性，抓住根本，解决实质，有效地将事情处理好。在研究语法现象时，面对纷繁复杂的语言事实，采用什么样的研究方法，考验着学者的智慧。构式语法理论可以说是对奥卡姆剃刀定律的创造性运用。因为构式让我们看到了相同相近形式背后所体现的抽象而统一的语义关系,发现了其对句法范畴和句法关系的概括性智慧。所以,面对形形色色的语法现象,是见一个例子就增加一个解释,还是将某种语法现象放在一个抽象的构式中来考量,考验着语法学者的智慧,这正是构式语法理论的意义所在。

(四)构式语法是基于用法的语法模型

基于用法的语法模型(Usage-based Model)思想最早由认知语法创始人之一的Langacker(1987:46)提出:

Substantial importance is given to the actual use of the linguistic system and a speaker's knowledge of this use: the grammar is held responsible for a speaker's knowledge of the full-range of linguistic conventions, regardless of whether these conventions can be subsumed under more general statements. A nonreductive approach to linguistic structure that employs fully articulated schematic networks and emphasizes the importance of low-level schemes.

(语言系统的实际运用和讲话人关于语言使用的知识有十分重要的作用:语法应当包括人们所有的约定俗成性知识,不管它们是否能被归入某一更概括的原则之下。当用"非分解法"来研究语言结构时,充分利用解释力强的图式网络以及重视低层图式的重要性。)

基于用法的语法模型是符合语言的形成、儿童语言习得和第二语言习得的。儿童习得语言的过程能够清楚地表明,儿童对母语中的语言单位、语言结构的知识的获得是在不断地接受母语语言者语言的环境里自然形成并逐渐清晰的。听到别人的话语交流改变着儿童的语言认知习惯,强化了儿童的语言结构知识。母语中的语言单位、语言结构的知识慢慢地在其头脑中固化。成人的语法知识也会随着周边人的用语习惯而慢慢地发生改变。例如在1993年左右,当著名歌手苏芮的《牵手》开始走红后,不时地能够听到有人批评该歌的歌词,说其是对汉语的污染,因为这首歌曲的歌词里使用了一种很奇特的结构形式:

(4)因为爱着你的爱/因为梦着你的梦/所以悲伤着你的悲伤/幸福着你的幸福// 因为路过你的路/因为苦过你的苦/所以快乐着你的快乐/追逐着你的追逐// 因为誓言不敢听/因为承诺不敢信/所以放心着你的沉默/去说服明天的命运……(《牵手》词曲:李子恒)

歌词连续出现了"X_1着/过你的X_2"结构,而且其中的"X_1",有心理动词("爱")、及物动词("路过、追逐")、不及物动词("梦")和形容词("悲伤、幸福、苦、快乐、放心")。这种结构的特别之处有三点：一是突破了不及物动词不能带宾语的限制，属于一种格式创新，所以听起来很奇特。二是给形容词赋予了及物动词并能带宾语的功能。三是"X_1"都与"X_2"同形，且"X_2"都是"X_1"的同源宾语，"X_2"又是非典型的名词做宾语。

随着歌曲的走红，该歌曲中歌词所采用的这类奇特的表达方式慢慢地被网民们所接受，并逐渐地在网络上流传开来，成为网民们喜爱的表达方式：

（5）a. 坚持着你的坚持，成功就在拐弯处。（搜狐快照 2017-08-18）

b. 你坚持着你的坚持，我在做什么。（新浪博客 2015-03-15）

c. 苦过你的苦，所以喜悦着你的喜悦。（新浪博客 2016-08-30）

d.《从来爱河多涟漪》第四十章"美好着你的美好"。（飞卢小说网 2020-10-08）

e. 担心着你的担心！清秀准车主试驾轻快北汽 EV200。（第一电动网 2015-08-17）

f. 梦想着你的梦想 MV 演唱：杨采钰、王丹、姜伶君（爱奇艺频道 2016-03-16）

可见，语言构式是一种关于用法的知识，语法并非一成不变，语言的某种用法虽然从传统语法的角度来看属于离经叛道，但一旦在受众中传播开来，就会改变人们的语法习惯。这恰恰是构式语法最为看重的地方。构式是一种知识，而且这种知识是基于言语实践而形成的认知结果，是经验概括和抽象的产物，是大脑中自主存在和独立运作的语言实体。Goldberg（2007/1995：5）明确指出，"语言知识是知识（knowledge of language is knowledge）"。后来她更是提倡构式语法的研究应该自觉地奉行并坚持"所见即所得"（What-you-see-is-what-you-get Approach）的分析思路（Goldberg，2006：10）。马丁·希尔伯特（Hilpert, Martin, 2014：9）更是明确地强调："构式语法是关于语言知识的一种理论（Construction Grammar is a theory of linguistic knowledge）"。施春宏（2021，未刊稿）对此也有非常精致的论述："就构式语法而言，它的知识观主要有两方面内涵：一是构式语法是如何将'构式'这个概念看作知识性概念，将'构式'这个客体当作知识的存在和运作方式的；二是构式语法是如何看待语法这个知识系统的，如何将'客观'的语法系统变成'主观'的理论体系的知识。"

构式是基于用法的语法模型这一理论观点现已成为构式语法的核心概念之一。语言经验创造并影响着语言的认知表征，认知表征随着语言使用者根据语音、意义和语境对话语进行的编码和范畴化而建立起来；样本表征则反映语言结构涌现的方式，具有动态性，随用法事件而变化。基于此，我们能够对新兴的构式产生一个认识上的改变，那就是一种新的表达格式的出现，首先是从个人的某次用法开始的，促成这种新的表达格式的形成并在语言中扎根、开花结果，总是有一个渐变的过程。一旦某种新兴的格式被语言社会所广泛接受，该格式就完全具有了在语言中作为一种新的构式而存在的基础。本书中讨论的多种新兴构式，几乎都是某种独特的话语方式被偶尔一用，随着在网络上的不断拷贝，最后演变为新的构式的。

"网络语言不仅改变了我们的生活方式，也为语言的发展变化（包括语法化）提供了新的语用环境。"（储泽祥，2014）著名学者陈寅恪（2009：266）有言："一时代之学术，必有其新材料与新问题。取此材料，以研求问题，则为此时代学术之新潮流。"当代活生生的新兴构式，正是语言学者难得找寻到的鲜活的"新材料"，将这些反映当代人心理、社会生活的新材料做系统研究，应该是"时代学术之新潮流"，更是本书研究的重要意义所在。所以，关注语言中新兴的构式，特别是这些构式在形式、语义与语用上的独特之处，并深入发掘其表意的机制，是本书在构式研究中所关注的重点。

第二节 汉语的构式研究

构式语法被引入国内才不过 20 多年，却在语法学界产生了非常广泛的影响。大批学者将构式语法的理论方法运用于汉语研究，相关的研究成果层见叠出且热度至今不减。回顾 20 余年来国内的构式语法研究，可大致分为三个阶段：引进阶段、发展阶段和反思阶段。下面分阶段进行概述，以期从宏观上把握构式在国内语言学界发展的脉络。需要指出的是，其中后两个阶段并非界限分明，而是一个彼此交错的整体进程。

一、引进阶段

国内较早运用构式语法理论研究汉语语法的文献是沈家煊的《在字句和给字句》（1999），文中明确论证了"只有把握句式的整体意义，……才能对许多对应的语法现象做出相应的概括"的思想。沈家煊先生这一句式整体性思想和 Goldberg 的构式语法具有相同的理论基础，其中基础之一就是 Fillmore 的框架语义学。沈家煊先生的句式整体性思想被业界视为构式语法在国内的原创，这种思想对汉语语法学的积极意义一定会在以后得到证实。稍后，张伯江也借鉴 Goldberg 的构式语法理论方法，发表了《现代汉语的双及物结构式》(1999)。该文打破了当时国内语法学界关于双宾语结构的研究模式,认为仅仅描写词汇、语义、句法规则,或研究动词的配价并不能概括所有语法现象,尤其是句式本身的语义特征是无法依据词汇语义规则自然推导出来的。以双宾语结构为例,此前的研究成果虽然很多,但均未能对双宾语句式做出统一而概括的语义描述,该文转变了以结构主义为导向的研究思路,从格式独立自足的整体语义上来寻求突破。该文放弃了带有结构分解色彩的术语"双宾语",改用形式表现为"V-N_1-N_2"的"双及物式"的说法,并基于典型范畴观,将"给予义"视作双及物式的原型特征,着重分析了该结构基本范畴的引申和扩展机制,将"双宾语"等基本句式视作人类一般认知经验的反映。从时间上来看,我国语言学界引进认知语法理论和对构式语法的研究几乎是同步展开的。在沈家煊、张伯江等研究的带动下,构式语法一经引入国内,便引发了汉语语法研究的轰动效应,往后更是成燎原之势,迅速掀起构式研究的热潮,使汉语学界的面貌焕然一新。

Fillmore 和 Goldberg 无疑是对我国构式语法研究影响最深的两位学者,尤其是 Goldberg 的著作(*Constructions: A Construction Grammar Approach to Argument Structure*),2007 年由吴海波翻译,并在北京大学出版社出版发行,才算真正意义上推动了构式语法在国内语法学界的研究热潮。在初始引进阶段,相关论文主要以介绍国外研究成果、普及构式理论的价值和借助构式研究汉语某一特定问题为主,沈家煊是国内最早投入句式研究的学者之一,他的文章将构式语法的思想移植到汉语的分析中,往往能给汉语研究带来全新的视角,具有承前启后的重要意义。沈家煊(2000)指出了依据动词的配价情况来说明句子的合格性仅仅是一种自下而上的研究路向,并未考虑到句式自身还有独立于动词和相关名词性成分的意义,组成成分的意义固然对句式整体意义的形成有很大的贡献,但是句式的整体意义也反过来制约着组成成分的意义,即句式的论元主要是由句式的整体意义所决定的,应当把两种路向结合起来,才能更加充分地对句子的合格性进行解释。沈家煊在《如何处置"处置式"——论"把"字句的主观性》(2002)一文中,首次提出了把字句的语法意义是表达"主观处置",核心在于"说话人主观上认定甲对乙进行了某种处置",并运用认知语义学的基本观点,从说话人的情感、视角、认识三方面分析"把"字句的"主观性",从而在一定程度上对几十年来学界说之不尽的"把"字句进行了阶段性的收束,对汉语句式的研究具有重要意义。

与此同时,构式的涵义与界定也成为众学者关注的首要问题。Goldberg

(1995)明确指出,构式具有"不可预测性",而在 2006 年出版的 *Construction at Work: The Nature of Generalization in Language*（《运作中的构式：语言概括的本质》）中,她又修正了自己的理论,认为构式是语言最基本的单位,"不可预测性"不再成为构式的必要条件,只要使用频率高,可预测的结构也可以被称为构式。这种观点的转变在一定程度上导致了构式定义的混乱。"不可预测性"是否可以作为判断构式成立的必要条件,国内有两种不同的看法。拥护者以陆俭明为代表,陆俭明认为,"不可预测性"是构式理论的主要价值所在,Goldberg 后期的理论已经偏离了构式正常运转的轨道,没有限制地把语素、词都纳入构式的框架,只会扰乱构式和语言单位之间的界限,不利于对语言秩序的维护。Goldberg 将构式范围界定得过于宽泛,语言变成了单纯的构式与构式之间的联系,句法层面的相关性被抹杀掉了,这使得构式语法自身存在不可调和的矛盾。（陆俭明,2007：V-Ⅷ）而王寅（2011）、陈满华（2014,2015）、施春宏（2016）等则认为,Goldberg 认为"不可预测性"不再成为构式的必要条件,这是对构式理论的完善,彰显了认知语言学在语言使用观方面的进步,扩大了构式语法的研究范围,增强了解释力,更具理论概括性与普适性。熊学亮（2009）认为,想要维持"不可预测性",就要把构式进一步分析成增效构式和非增效构式,双宾和部分动补复合结构具有增效功能,单宾结构不具有增效功能,这样既有利于更好地理解新定义中"不可预测"特性的消失,又能对句法语义界面的乖戾现象做出合理解释。刘大为（2010）则提出语法构式和修辞构式的区别,认为连续统的一端是最典型的语法构式（可推导）,另一端是临时产生的修辞构式（不可推导）,随着不可推导的意义渐渐凝固在构式上,构式也就逐渐呈现出语法的性质,等到这种意义完全凝固成构式的一部分,修辞构式也就完成了向语法构式的转化。

构式语法被引入国内,拥护者有之,反对者有之,但是,立足汉语本体,选择最为科学、合理的理论方法来阐释语言事实是一切研究的根本。构式语法,也正因其对汉语天然的适切性,而被纳入 21 世纪中国汉语语法研究的队列中,书写了汉语语法史上浓墨重彩的一笔。

二、发展阶段

这一阶段可视为对第一阶段的纵深拓展。在此前进行的种种探索的基础上,学界对构式语法研究的兴趣空前浓厚,热情更加高涨。一系列汉语与构式研究相结合的文章大批量产出,更能充分说明构式语法得到了汉语语法学界和外语语法学界的高度认可与普遍接受。目前,还找不到任何一种语法理论能够具有如此巨大的影响力。这 10 年的研究面貌大致可以概括为以下两点，下面分别给以详述。

（一）论文与专著数量猛增

近 10 年来研究汉语构式的论文及专著的数量总体呈上升趋势。代表性著作有牛保义的《构式语法理论研究》（2011）、王寅的《构式语法研究》（上、下，2011）。牛著详细介绍了 20 多年构式语法的进程，其论述涵盖了构式语法理论产生的背景、Fillmore 和 Kay 的构式语法理论、Lakoff 和 Goldberg 的构式语法理论、Langacker 和泰勒（Taylor）的认知语法对构式的研究、激进构式语法、体验构式语法、流变构式语法和自主/依存联结模型，对构式语法理论的介绍相当全面，还结合作者的考察和分析，描写了与构式语法理论紧密关联的语言现象。王寅的两卷本专著对构式语法的来龙去脉进行了详尽的梳理，对构式语法的方方面面做了很好的理论总结与梳理，对国内学者了解构式语法理论、促进构式的研究都起到了很大的作用。

汉语构式语法的研究成果数量也是惊人的，值得关注的专门研究汉语构式语法的专著有：朱军的《汉语构式语法研究》（2010）、段业辉的《现代汉语构式语法研究》（2012）、吴为善的《构式语法与汉语构式》（2016）、袁野的《构式语法的理论、流派和应用》（2017）、施春宏的《形式和意义互动的句式系统研究——互动构式语法探索》（2018）。张谊生的《当代汉语流行构式研究》（2020），对于当代汉语中的一些有代表性的流行构式进行了深入研究，很有特色。总之，这些著作的出版，对于全面推进汉语构式语法的研究起到了重要的作用。

值得关注的是，汉语语法学界在引进构式语法理论的同时，不乏结合汉语语法研究的实践对构式语法进行了一些理论性的思考。陆俭明、吴海波提出"形式与意义的配对"并非构式的本质特点，而是任何事物都具有的共性，过分强调构式的这一特性，往往会使人们把构式和"形式与意义的配对"画上等号，也正是这种错误的认知，才会使部分学者把语素也纳入构式的范畴。此外，构式语法理论尚不具备方法论价值，仅仅是聚焦于一个个个案的讨论，以期揭示语言的本质特点，重视"整合"而轻忽"组合"，学界既要正视构式语法提供的新的认知思路，也不应过分抬高它的理论价值。笔者近十年来研究新兴构式的十几篇系列论文，将构式的形成与范畴化的运作巧妙地结合起来，详细地描述了这些新兴构式的形式、语义的互动关系，并合理地解释了在构式的形成中所体现的范畴化的相关操作（具体文章见本书参考文献）。温锁林的《当代汉语临时范畴化强加模式：认知与修辞动因》（2012）认为，近些年构式虽然受到热捧，但很少有学者把视野从"句法-语义"的"构式观"转向"句法、语义-修辞"的"宏观构式观"，毕竟语法格式只是提供了一种意义表达的框架，真正把人内在的认知需求与表达特定意义的语法格式联系起来的其实是修辞。温锁林、胡乘玲的《指认式范畴聚焦构式研究》（2015）则观照了语用因素对构式生成与构式演化的促动作用，凸显对范畴聚焦主观化识解的语用因素导致了指认式范畴聚焦构式的形成，同时为了指认与归类的语用需要而对不同词性的背景范畴的提炼与加工，又促成了指认式范畴聚焦构式的扩展与变化。正是语用因素这只看不见的手在构式的生成与演化中扮演了重要的角色，因而在构式研究中应该特别关注无处不在的语用因素。十几年来，笔者注重汉语新兴构式的研究，发表研究论文10余篇，成为构式研究浪潮中最值得关注的新成果。

（二）研究主题更加丰富多样

利用构式家族探寻构式语义也是近年来构式语法研究的新路径。雷冬平（2018）认为"已有研究都是孤立地看待问题"，解决的根本途径是将构式"置于其所处的构式家族中去研究"，因为"任何事物只有在一定的范畴系统中才能更好地得到界定和定位"，这便是"构式家族定位法"，即"先确定目标构式的源构式及其语义，再探求这一源构式在汉语史中的历史演变情况，从而获得整个构式家族及其各成员的语义，然后比照目标构式在家族体系中所处的位置。这样既能轻松得到目标构式的语义，也能够清晰地认知目标构式中构件的性质。"

互动构式是互动语言学分支下的专题研究对象之一，互动语言学的基本观点是将语言视为一种社会互动，其形式与意义是会话人之间互动的产物，研究构式应当秉承这一原则，自觉地将构式置于会话序列中并挖掘其话语功能。施春宏（2018）以句式的形式构造和语义功能及其互动关系为出发点，分析部分特定句法结构（动结式、"把"字句、动词拷贝句、新"被"字式）形式与意义的匹配过程及其所具备的构式性特征和语法意义，进而提出了"互动构式语法"这一全新的构式语法观。

三、反思阶段

构式理论不断向前推进的过程，正是一个新的理论方法与研究范式不断被汉语语法学界接受的过程，更是一个促使语法研究者对语法研究的传统方法与思路不断自我反思、自我完善、自我更新的过程。汉语构式语法研究与以往的理论方法相比，无疑有着鲜明的特色和重要的成就，但其背后埋伏的一些隐患也必须引起我们的重视。

　　构式最突出的问题就是其概念界定的不明确,陆俭明从形式与理论两方面深刻反思了构式语法的局限性,明确指出构式理论不能包打天下,Goldberg 将构式的范围设定得过于宽泛,以致难以自圆其说,她想用构式理论去代替以往的所有语法理论,以解释所有的语言现象,事实上却无法做到,没有任何一种理论可以真正适用于每一种研究对象,这种构想显然是不科学的。陆俭明先生认为不同构式的数量应尽可能最小化,若把语素和单词都看作构式,势必造成构式数量的最大化乃至无穷化。此外,构式究竟是"不能从构成成分或其他先前已有的构式中得到完全预测",还是"形式和意义可以从其组成成分或其他构式中得到完全推知或预测"?同类构式之间是否具有传承模式?动词究竟是构式的核心还是仅仅是其中的一个组件?构式义和词汇义孰轻孰重?构式究竟是"形式-意义"的配对还是"形式-功能"的配对?构式是处于一个整体平面还是具有层级关系?等等。这些有待考量的问题尚未得到一个较为圆满的解释,在这种众说纷纭的形势下,国内研究趋于各说各话、自说自话,陆俭明的《对构式理论的三点思考》(2016)针对这种乱象不无担心地告诫我们:有些作者自己本身也并未厘清何为构式,构式的基本性质是什么,构式的研究对象又是什么,写出来的文章难免疏漏不断,令读者难以信服,论文市场整体呈现出杂乱无章的态势。

　　有学者也指出了构式语法的某些问题。侯国金(2013)指出,构式过度夸大语法和语义的关联性,构式语法无法解释类似构式在两种语言里的差异,其"无同义原则"也有过于绝对之嫌,构式语法的"语用"属姑且用之的"权宜语用"。刘丹青(2001)认为,并非一切语言现象都适合用构式语法分析,构式语法应和其他研究方法内外互补,即使是生成语法,也必然有其用武之地,过于强调构式的绝对地位不利于语言生态的和谐发展。

　　此外,在构式理论系统性的建设上还需进一步努力。有学者指出,我国学者的学术思想有重大的理论价值,但是却未能发展为影响重大的理论,学派意识不够,渗透的领域和范围受限,表述方式也不够显豁,由此可以窥见中西语言理论建设方式的差异。且已有的研究成果相对零散,尚集中在对个案的解析上,构式语法研究的队伍虽然壮大,但不够齐整,多数研究者对构式只是临时性关注,缺乏持续的动力和惯性去不断挖掘,他们往往站在自己的研究立场上各抒己见,缺乏系统化的理论支撑。施春宏(2014)一针见血地指出,国内当下对构式的研究面虽然较广,但有失深入,已发表的文章质量也良莠不齐。

目前学界的研究出现了泛构式化现象，在研究具体的语法现象时，都喜欢拿构式说事，给一个结构或表达戴上一项构式的帽子，给人一种不用构式来研究就不时髦的感觉。这种现象只能说明，有的研究者对构式语法理论的精神还缺乏精到的了解。施春宏（2014）指出，"当前的构式语法研究有一个较为普遍的现象，就是似乎出现了'构式崇拜'，认为所有的语言问题都是构式问题，构式理论能解释所有现象，所有的其他理论解决不了的问题构式理论也都能解决，构式语法几乎成了一个无所不能的语法理论。"这种随意贴标签式的形式主义作派必须引起重视，否则构式将会沦为一个大杂烩，不利于语法研究的深入展开。与上述忧虑相反的是部分学者对"泛构式化"的肯定。吴长安（2018）为这一现象做出解释，针对种种反对之声一一进行了辩驳，认为构式泛化说理应是构式理论发展的必然选择，这是因为只有通过一个个充分展开而不相互推导的构式，从认知与意义入手，才能实现形式化这一语法研究的最终目标，且泛构式主义的主张得到了语言事实的支持：那些看似简单的似乎用语义就可以说明的结构远比想象的复杂，而构式就是解释这些复杂现象最好的理论武器。

综上，无论是构式理论的支持者、还是怀疑者和反对者，都必须正视构式理论被汉语语法学界的浸入及其对汉语语法研究产生的深远影响，可以毫无疑问地说，无论现在还是将来，构式语法本身都具有非常大的研究潜力，值得我国学者投入大量的精力多角度地进行探求。"我们有理由相信，构式语法的基本观念将会具有更广泛的学理价值，如同结构主义由语言分析路径发展为文化分析、社会分析的基本研究路径一样。然而，这首先要求我们将语言作为洞察人类心智和行为的一扇窗口并走出语言学的藩篱。"（施春宏，2016）构式语法的理论与研究范式必将在以后的汉语语法研究中折射出更加璀璨的光芒。

第三节　汉语的新兴构式

一、何谓新兴构式

所谓新兴构式，指的就是20世纪80年代才大量产生并广泛使用于汉语中的那些构式。当然，一个新兴构式的产生，并没有一个明确的时间定位，只能说是一个大体的时间段。温锁林发表的《当代"克隆语"初探》（2003，见本书附录）就是对当时很流行的一些表达格式的研究，文章按照其特殊的语法格式将其分为"将××进行到底"类、"都是××惹的祸"类、"亮（靓）丽的风景线"类、"闪亮登场"类、"浮出水面"类等五个小类。该文还对这些流行的"克隆语"的使用特点及其流行的原因做了精要总结：一是语体的口语化；二是表达的媚俗化；三是使用的过量化和克隆快速化；四是来源有经典。

特别应该指出的是，这篇文章是关注和研究当代新兴构式最早的文献之一。虽然文章用"当代克隆语"来命名，并没有用"新兴构式"来称道，但是，文章中提到的有关"当代克隆语"的特点与来源，即使在今天读来都富有启发意义。该文发现，"当代克隆语"一般都有一个原始的模型：①有的来自方言，如"不要太潇洒"来源于上海话，广告语"满意多多"来自港台，这一格式就是"福气多多、钞票多多、靓女多多、笑料多多、方法多多"等克隆语的原型。②有的来自歌词，如"都是月亮惹的祸"是流行歌曲的名字，仿照该格式也产生了"都是情书惹的祸""都是吊带裙惹的祸"等一系列克隆语。③有的来自小说、影视，如"校园也疯狂、彩票也疯狂、电话也疯狂、大学生也疯狂、购物也疯狂"，这类克隆语来自电影《修女也疯狂》，"将××进行到底"这一格式来源于名人的文章标题。另外，对于青年一代为何特别喜爱使用这类"当代克隆语"，作者的解说至今都不失为对当代青年文化与"当代克隆语"共生关系的最好说明："这些说法一旦获得新新人类的认同，随即被大量克隆,变成克隆语的经典。这群追求时尚的新新人类说着时髦语，与熟悉这些时髦经典出处的同类相视一笑，获得的是一种认同和精神上的满足，体会的是一种自得其乐的创新之感。"

进入 21 世纪以来，中国社会的经济、文化等发生了天翻地覆的变化。目前，人们习惯于将出生于某个时代的人称为"X 后"，如出生于 1970 年后的被称为"70 后"，出生于 1980 年后的被称为"80 后"，等等。80 后、90 后们成长的年代恰逢祖国改革开放红红火火，社会的各个方面蓬勃发展的大洪流中，当他们成为社会的中坚力量，以他们为代表的青年文化呈现出更加开放与多元的特点。而伴随着互联网时代的到来，这些新生的社会中坚有了更多的话语权与表达诉求。他们不满足于既定的社会规约，要大胆表达自己的主张与意志。于是，在各类媒体上，出现了多种多样的新的话语形式。面对着汉语的这些新的变化，出现了两种明显不同的态度：有的学者可能认为这些所谓的创新属于不太规范的现象，所以，并没有给予过多的关注，因而很少见到他们发表的相关的研究文献；而有不少学者以敏锐的眼光发现了青年一代对汉语语法表达所做的创新，及时地记录和研究了改革开放以来,特别是进入 21 世纪以来随着网络的普及与传播渠道的多样化而不断涌现的新兴的表达格式。我们相信,随着时间的推移,这些青年一代的创造和对汉语语法所做的创新一定会反映出独特的时代特征,从而载入汉语语法发展的历史中。

本书所收录与整理的大体就是伴随着改革开放的时代脚步而来的新兴的汉语表达方式。这些新兴的表达方式,或以语法形式的创新而引人关注(如"A 并 B 着""X 得不要不要的""X 家家""厉害了,我的 X"等),或以表意的独特性而见长(如"不是所有的 X 都叫 Y""有一种 X 叫 Y""副_{程度}+形_{名}""被 X"等),还有的兼具鲜明的语用特色(如"最+A+NP""不能再 X""因为 A,所以 B"等)。总之,这些新兴的表达方式已经成为稳定的形式与意义的匹配体,得到了语言社会的普遍认可,并被人们广泛使用,我们称之为汉语的新兴构式。

二、新兴构式的判定标准

目前国内关于构式的研究,虽然成果丰硕,不乏独特的发现,但有一个不好的现象,那就是对构式的认定缺乏一个比较明确的标准,从而出现了"泛构式"的倾向,好像只要是一种表达或结构,都可以堂而皇之地冠以构式之名。无论是构式还是新兴构式,都应该在判定标准上明确化,防止出现因判定标准的缺乏或不明确带来的公说公有理,婆说婆有理,各说各的话,各唱各的调的情况。本书认为,判定一种表达是否为新兴构式应该根据三个标准。一是时间标准,二是形式标准,三是语义标准。

(一)时间标准

新兴构式之所以称新兴,一定有一个时间的限制。一般说来,它指的是从 1980 年左右开始出现的新的表达格式。个别构式的时间跨度可能早于这一时间。本书中的新兴构式大都是从 1980 年以来盛行于汉语中的新的表达式,其中尤其关注的是进入 21 世纪以来的新兴构式。

(二)形式标准

构式是形式与语义的配对体,所以,特定的语义(构式义)一定得有特定的形式(构式)来表达,而特定的形式也一定要表达某种特定的语义。根据语法形式与语法意义相统一的原则,当我们认定某一结构式为构式时,一定得有某些结构上的形式特征作为差别的标志。例如,因果复句"因为 X,所以 Y"虽然也是固定的形式与语义结合体,但是,我们并没有把它看作构式,那是因为该种表达除了两个分句前的关联词外,并非必定成对使用,而其中的"X、Y"的形式也不固定,很难在表达式的构成上发现什么共同的特点。且看：

(1) a. 因为他，（所以）我可是受了不少的罪。

　　b. 因为你不能及时赶到，（所以）会议只好推后了一个小时。

　　c.（因为）我是外国人，所以不了解你们这里的讲究。

　　d. 因为漂亮，所以她走到哪里都有一帮一帮的爱慕者。

但新兴的最简因果构式"因为A，所以B"则不同：① 构式的变项"A、B"均以单词为常态；② 新兴因果构式中两个小句顺序固定化，并还能像传统的因果复句"因为X，所以Y"一样，可以有"所以Y，是因为X""之所以Y，是因为X"这些小句语序的变化；③ 新兴因果构式中两个表示复句关系的"因为，所以"一般是不能省去的，必须成对出现。请看：

(2) a. 因为"标准"，所以贴心（《福建日报》2013-07-24）

　　b. 因为优雅，所以勇敢（《湖北日报》2013-06-05）

　　c. 因为专一，所以专业（中国遥控模型网 2011-06-15）

　　d. 因为简单，所以美丽（《北京青年报》2004-12-23）

不难看出，这些最简因果复句已经在形式上固定下来，具有可供辨别的构式外形。特别重要的是，该构式还能以整体充当句法成分，而一般性的因果复句则很难如此使用：

(3) a. 因为爱，所以爱的好儿媳（《齐齐哈尔日报》2013-07-24）

　　b. 这样一位毕生不过是"捏玩具"的老人，一位只是"因为爱，所以爱"的职业人在他驾鹤西去时，赢得了世人真诚的感动和发自心底的敬仰。（《湖南日报》2014-03-25）

　　c. 但他还是把自己视为一名"公办教师"，并把"因为爱，所以爱"当作自己的座右铭，舍身"融进"了山区小学任教。（人民网·广西频道 2014-01-09）

汉语口语表达尤其是网络用语中出现的格式"X你个头""X什么""X个鬼"等具有相同的否定表达功能。王长武（2016）指出，"语义取消"是这四种格式表达否定义的机制，有零值否定、虚值否定和负值否定三种类型。下面是他举过的几个例子：

(4) a. 小 六：您喝水！

　　　　谢捕头：喝你个头。

　　b. 儿子：爸爸，我能不能出去玩一会，我一整天都没有下楼了。

　　　　爸爸：玩你个鬼！作业还没有做呢！你明天不上学了？

　　c. 小刘：怎么等了大半天了虎子还不来！是不是一回家就忘了咱们说好的事儿了？

二胖子：来你个大头鬼！再不来我可得和你们说再见了。这么热的天谁能受得了。

能否将上述例句中的"X你个头""X个鬼""X什么"处理为所谓"语义取消"构式呢？或者是将其中的任何一个格式处理为独立的构式呢？我们认为无论哪种处理都不太妥当。原因是：①这些"X"之后的"你个头""个鬼""什么"等，都非句法的实体成分，与主语、谓语、定语、宾语、状语等句法实体成分大不相同。它们是附加于句法实体成分之后专门表达否定语气的语用成分。所以，这些后附的"你个头"等都是爆粗口的语气成分，极端情绪化。它们语义上并无所指，像后缀一样附着于"X"上，具有很强的黏附性。②"X你个头"类结构具有非时体性与非句法性，即格式中的"X"不能被时体化，"X"与"你个头"类成分之间并不体现句法关系。①③整体表达的情绪化与语气化，"X+你个头"类格式是借粗鲁口气构成的语用否定，该结构的实质就是情绪化表达。这类以爆粗口方式表达言者强烈的否定与不满的格式可称为"语气化结构"（Modal structure）。④能够附加这些语气成分的可以是动词、形容词、名词，具有开放性。可以说，只要是说话者认为不妥的任何行为、事件、性质、状态，都可以提取出来后加这些语气成分形成语义取消。所以，把"X你个头"类格式处理为构式并不妥当。⑤"你个头""什么""个鬼"都有后附的特点，与句末语气词"吧""呢""吗"的作用类似。我们总不好说有"X吧/呢/吗"构式吧？可见，当我们确定某种表达格式是一种构式时，一定得确认其独特的语法结构形式。而对于确定新兴构式来说，应该从语法结构形式上明确其"新"物质，只有当形式确立之后，才为概括抽取其构式义奠定了一个可靠可见的形式基础。

根据已有的成果，结合本人对构式语法理论的思考，我们认为，构式从形式上可以区分为如下几个类型。

1. 实体构式

实体构式又叫习语，是规约化程度最高的表述形式。如学者们讨论研究最多的某些话语标记"你说、你看、对了、不对、不是、是的，你知道、一句话、说白了、我说"等就属此类。还有大量的成语、惯用语、歇后语

---

① 邵敬敏（2012）认为，"X你个头"中有"及物动词+你个头"的构造，该结构"最大的可能就是理解为动宾短语"。"至于X从一般的及物动词扩大化为其他词语，乃至于语素、字母，也是有个过程的。从句法角度看，显然这里是一种仿照机制在起作用，即说话人临时把非谓词性的X看作了动词性的成分。"从这些表述来看，邵先生还是倾向于将"X你个头"按动宾关系来理解。

等，由于这类结构形式固定、语义凝固，一般是词汇学者研究的热门课题，不是语法学者重点研究的对象。

2. 半实体构式

半实体构式即可填充性固定构式，这类构式在形式的凝固性方面仅次于实体构式，它有一个稳定而不变的表达框架，其中有个别的要素可以根据表达需求做调整与填充，这种构式又叫框架结构。邵敬敏（2008）对框架结构有过最精彩的论述："典型的框式结构，指前后有两个不连贯的词语相互照应，相互依存，形成一个框架式结构，具有特殊的语法意义和特定的语用功能，如果去除其中一个（主要是后面一个），该结构便会散架；使用起来，只要往空缺处填装合适的词语就可以了，这比起临时组合的短语结构具有某些特殊的优势。"他的另一篇论文《汉语框式结构说略》（邵敬敏，2011）对框架结构给予更加充分的认证，汉语框式结构的特点主要有三点：第一，它们都由不变成分和可变成分组成；第二，具有整体性的特殊语法意义；第三，跟语境结合紧密，表示特定的语用功能。非常精确地概括了框架结构在形式与表意上的特点。对框架结构的种类的概括也具有启发性的意义。

根据邵文的概括，框架结构可从其形式特点上分为四个类型：

第一小类：双项双框式。所谓双项是指有两个前后可变项；所谓双框是指不变项也有前项和后项两个，意思是"双边框架"，是跟"单框"（单边框架）相对的。本书中讨论的不少新兴构式即属此类。如"不是所有的 X 都叫 Y""有一种 X 叫 Y""最+A+NP"。

第二小类：单项双框式，也就是插入式。一个框架内只插入一个可变项。例如"都是 X 惹的祸""将 X 进行到底""那才叫个 X""最 X，没有之一""我不是 X 你"等。

第三小类：双项单框式。框架中的可变项为同形的两项，分别插在框架的前后。如：A 又 A（洪湖水长又长、小白兔白又白）、X 什么 X（看什么看、问什么问、吃什么吃）、爱 X 不 X（爱听不听、爱穿不穿、爱去不去）。

第四小类：单项单框式。框架中只有唯一的一项可变项，这个可变项插在框架项之前或者之后。例如：都是 A（都是你、都是这该死的红灯、都是那个不要脸的）；到底是 A（到底是医生、到底是喝过墨水的）。

3. 实体核心构式

实体核心构式，即做谓语的核心成分是由不同的实体成分而形成的句型。如动词谓语句、形容词谓语句、名词谓语句，也包括了各类非主谓句，如动词性非主谓句、名词性非主谓句、形容词性非主谓句等。在众多的实体核心构式中，分类最多的是按动词的小类再加细分而形成的，如双宾句、致使句等。不过，一般的语法论著中对这些句型、句式讨论得较多，只有一些表意复杂又有特定形式标记的句式才会再将其纳入构式当中来研究。如"双宾语句""致使句""VP得+补语句""存现句"等。

（三）语义标准

特定的形式一定与特定的语义相联。构式是"形式-语义"的配对体，要推导出构式的语义，绝不能像有的文献那样，直接给出所谓的"构式义"了事。我们不赞成这样不加形式验证和语义推导的过程就直接得出构式义的简单做法，而应该把构式义的推导与得出过程看作一个对于构式语义结构的解析过程，要能够紧紧抓住构式的形式，一层一层地展示构式义的形成要素和条件。所以，在构式的研究中，提倡"自上而下"与"自下而上"相结合，即立足于"自上而下"，肯定并突出构式的整体对于语义的贡献，也不忽略构式要素对构式义的特殊贡献，这实际上是落实"自下而上"的思路，挖掘构式要素对于构式义形成的意义。本书作者在对每个具体构式的研究中都贯彻了这样的研究原则，力求找出特定的构式的句法构成，并力求清晰地展示构式要素对构式义形成的具体贡献。全书所呈现出的形式与语义的密不可分的关联性，在构式研究领域具有开创性的意义。

三、新兴构式研究中值得关注的问题

在研究新兴构式的过程中，我们发现，当代流行的多种新兴构式中蕴含了独特的社会文化的内容，尤其是当代青年文化的内容。这些新兴构式具有二重性：一方面，新兴构式是当代社会文化的富矿，是新兴文化观念、文化心态的重要载体，是社会形态变异的风雨表，所以，新兴构式的出现，是社会文化促动的结果；另一方面，新兴构式的出世与成形的过程也使得其所负载的特有的文化内涵进一步强化、固化，并进而促成了某种社会文化的改变。如，"排除式范畴化构式'不是所有的X都叫Y'""强加式范畴化构式'有一种X叫Y'""极量性命名构式'最+A+NP'""婉曲批评构式'被X'""赞美义倒装构式'厉害了，我的X'"等新兴构式，与当代社会文化的密切关系，它们能在近二十年来突然被创造出来，并被语言社会广泛接受、得到大量的传播，与这些新兴构式在格式、表意上的独特性密不可分，更与其代表的崭新的社会文化价值有着千丝万缕的联系。从这个意义上说，研究新兴构式的过程，其实也是研究新的社会文化、新的认知创造的过程。如何认识新兴构式之新，是新兴构式研究中必须着力解决好的问题。

如何判断一个新生的表达格式为新兴构式？我们认为，可以从三个方面来进行评判：格式创新、语义创新和语用创新。新兴构式是汉语中新生的表达格式，此种新兴构式是格式创新；对已有表达格式的语义进行改造而形成的新的表意方式，此种新兴构式是语义创新；或是利用旧有的格式表达特殊的语用意义，此种新兴构式是用法创新或语用创新。

（一）格式创新

新兴构式创造了新的句法格式。可分为全新的格式与套用的格式两种。全新的格式指的是这类构式，从句法格式上看是之前没有的格式，它们是与构式的产生同步被创造出来的，代表着语言社会一种全新的创造。这种现象在新兴构式中所占的比例极大。如下面的这些构式仅从句法组织上看，就能看出是一种全新的表达格局。

①追补式范畴化构式"最 X，没有之一"；②极量性命名构式"最+A+NP"；③状态交织呈现构式"A 并 B 着"；④最简因果构式"因为 A，所以 B"；⑤超量感叹构式"要不要这么 X"；⑥婉曲批评新兴构式"被 X"；⑦宣告性并列构式"我 A，我 B"；⑧赞美义倒装构式"厉害了，我的 X"；⑨性状义凸显构式"副$_{程度}$＋形$_{名}$"。

套用的格式，就是说这类构式所使用的格式，在新兴构式出现前早已存在，但是在作为新兴构式出现后，会对其中的一些构件要素进行略小的改变，因此可以说是一种套用格式。

高程度感叹构式"不能再 X"就属此种情况。先看几个例句：

（5）a. 都市感的现代简约，书房的卧榻简直<u>不能再喜欢了</u>！

　　b. 临大毕业独臂快递哥，<u>不能再励志了</u>！

　　c. 这个女老师貌美如花，肌肤红润气色佳，实在太美了，网友大呼做她的学生<u>不能再幸福了</u>。

这三句中的"不能再 X"都表示达到了某种极限，如"不能再喜欢"是指说话人同意、喜欢到了所能达到的最大程度，"不能再励志"表示说话人认为快递哥非常励志，"不能再幸福"相当于说话人感到这位女老师的学生们幸福到了极点。

"不能再喜欢、不能再励志"一类的"不能再 X"构式，从语法组织上看，与早已存在的表示否定劝阻义的"不能再 X"结构颇为相似，如"不能再忽视了、不能再信任她了"等。然而细致比较后发现，两个结构仅是形式上类似，内部其实有巨大差异。这些差异有：

一是句类的差异。表示劝阻义的"不能再 X"在句类上属于祈使句，表示警告、命令、劝导、建议等语气，而新兴构式"不能再 X"表示"X"的程度或事态已达到极点，属于感叹句。二是构成成分的差异。祈使性的"不能再 X"中的"不能"是"不可以、不允许"的意思；而感叹性结构"不能再 X"中的"不能"的意思是"不可能"，如"不能再美"表示不可能超过这个"美"的限度，即所指的"美"已经达到了美的极点。三是两种结构中的"再"也是有明显差异的。祈使性的"不能再 X"中的"再"显然是频度副词，整个结构表示不能重复做某事或不能让某种情况再一次发生；感叹性的"不能再 X"中的"再"则是程度副词，表示程度的增加，可替换为程度副词"更"，"不能再 X"与"不能更 X"所表达的意思基本相当。四是是否达到框式化的差异。这个差异才是根本性的。祈使性的"不能再 Y"前后左右均可以插入其他成分，结构并未达到框式化。如"不能再迟到了"可以扩展为"你可不能再给我迟到了"或"你可不能给我再迟到了"，意思未变。而"不能再 X"构式则不同，这个结构中不允许插入任何成分，这说明其结构已经高度框式化。其基本表达框架包含一个不变项"不能再"和一个可变项"X"。此外，祈使性的"不能再 X"中的"不能再"内部松散，可以互换位置而意思不变，如"不能再迟到了"与"再不能迟到了"意思基本一致，甚至在互换位置后还可添加"也"形成"再也不能迟到了"；而"不能再 X"构式中的"不能再"结构固化，绝不能变成"再不能 X"，这是构式结构上的刚性要求与标志性特征。五是可变项"X"的差异。感叹性构式"再不能 X"中的"X"既可以是形容词、动词，也可以为名词，但祈使性的"再不能 X"中的"X"却只能是形容词和动词，绝对不能是名词，这是两者在可变项上最显著的差异。

（二）语义创新

新兴构式之"新"虽然最明显的表现是在语法格式上，但是最根本之"新"是表现在其语义创新上。我们知道，内容决定形式，形式是为内容服务的。新兴构式正是因为有了表达新语义的需要才促使语法表达的格局产生变化，创造一种新的形式以满足新的语义内容的表达需要。因此，语义的创新是我们更为看重的。如：①排除式范畴化构式"不是所有的 X 都叫 Y"（不是所有的牛奶都叫特仑苏、不是所有的作家都是文人）；②强加式范畴化构式"有一种 X 叫 Y"（有一种创新叫破坏、有一种胡扯叫"专家"）；③极量性命名构式"最+A+NP"（最美村干部、最美赤脚医生）；④转喻式范畴化构式"哥 VP 的不是 X，是 Y"（哥谈的不是恋爱，是寂寞；哥发的不是短信，是寂寞）等。这些构式是在已有的表达框架的基础上经过语义的改造而形成的，在原有的句法框架中装入了新的内容，或改变了原有的表意倾向,从而使得比较边缘的不太常用的表达方式变成了强势的最受语言大众推崇和喜爱的话语方式。

(三)语用创新

新兴构式的形成,都有认知和语用因素的促动。所以,关注构式形成过程中的认知与语用,可以很好地理解其表意特点与形式特点。以婉曲批评构式"被X"为例,解释一下何谓语用创新。

从句法形式来看,新兴被动构式中"被"后所带的"X",打破了传统"被"字句中的"X"必须是及物动词的格局,可以是及物动词、不及物动词、形容词、名词及其他成分。

及 物 动 词:被赞成、被培训、被贡献、被支持、被离开、被分配
不及物动词:被离婚、被下岗、被退休、被自杀、被失踪、被辞职
名　　　词:被愤青、被主角、被微博、被小三、被明星、被艾滋、
　　　　　　被高铁、被主任、被外国人、被小康
形　容　词:被寂寞、被富裕、被和谐、被快乐、被幸福、被满意、
　　　　　　被繁荣、被高尚、被流行
其　　　他:被G2、被67%、被第一、被二、被七十码、被脸红、
　　　　　　被办卡、被自愿、被三房姨太太

新兴被动构式在句法上还有一个很重要的特点,即"被"后直接与"X"相连,而不能像传统"被"字句那样,既能直接加于动词前,也可引入施动者。当然,语义上的创新更为明显,该新兴构式在语义上有暗示的部分,理解时并不能按字面意思来做出直接的解读,其暗示的部分往往是"被人说成X""被人当成X",而不是真的发生了某事。

那么,该新兴构式之所以被人所关注并大量地使用,其实表现出该构式在语用上的创新,即该构式是一种婉曲批评构式,即形式与语义上的变化主要是为了表达说话者对某种社会现象的婉曲批评。这种婉曲批评是一种言外之意,所以是语用上的。

我们再以"范畴洗白构式'X什么都不是,X只是Y'"为例,看看该构式的表意特点。

1. 强烈的主观性

范畴洗白构式为了表达说话者对目标范畴"X"的全新的识解、别样的规定,不惜采用矫枉过正的全量否定的方式,以彻底解除人们对范畴"X"的常规识解,并进而在全盘否定之后,顺势再给被否定的"X"接续一个虚设的范畴归属。破除人们对某一对象所有既有的理解与认识是范畴洗白构式表意的重点所在。因此构式中不论是否定还是肯定,都带有说话者鲜

明的主观能动性。

首先，对范畴"X"的否定具有强烈的主观性。即该构式是说话者为了颠覆人们对目标范畴"X"的一切常规归属，可以无视客观事理与表达的逻辑性，不论条件地先以全盘否定开道，使否定更有气势和冲击力，是认知主体为突破常规认识而进行的纯主观性操作。

其次，对范畴的重新归类也具有强烈的主观性。按照认知常规，现实世界或观念世界中的事物，都应该有一个范畴的归属，所以，当人们听到对一个范畴加以否定后，总会有一个范畴归属的心理期待。可是，在范畴洗白构式中，我们看到紧随着全量否定的那个肯定小句"X 只是 Y"，从形式上看倒像是真的进行了一次范畴的重新归类。

2. 范畴归属的隐喻性

范畴洗白构式对目标范畴采用全量否定有悖逻辑规律，根据人们普遍的认知心理，大凡有名之物，不管具体还是抽象，总该有其特定的范畴归属。所以，在全量否定之后的那个肯定小句"X 只是 Y"，实际的用途就在于给被彻底否定的"X"一个临时性的范畴的归属，以满足人们对"X"到底是什么的一种心理期待。肯定小句的隐喻式表达，尽管貌似是对全量否定非逻辑性的一种补救，但实质上是把目标范畴"X"推到一个更加抽象与虚无的"Y"之中，其用意并不在于给"X"一个真正的范畴归属，而是要对全量否定的非逻辑性进行无厘头式的辩护。这种话语方式正好是当代部分青年群体中排斥传统、标新立异的文化与心理特点在语言的创造与使用中的最好印证。

可见，用一种近乎虚无的范畴归类以表达心理上的虚无感，这是一种言外之意，所以也是一种语用创新。

第四节 新兴构式的形成与功能演化

汉语中经常出现具有相对独立表意功能的两个小句被整合为一个单一小句的现象。伴随着小句的整合，有的小句中的句法成分、小句间的连接成分的功能也出现了明显的变化。这是迄今尚未引起语法学界足够关注的语法化现象。本节专门以特定构式，特别是新兴构式中的小句整合中出现的句法成分的融合与功能演化现象为研究对象：一种是构式中的同一小句内两个以上的句法成分被融合为一个"类程度词"的现象，另一种是构式中两个小句间的连接成分演化为准句法成分的现象。如果说对已经完成语法化的某种语言现象的研究有点像影视片的回放,那么,本节所关注的新兴构式中正在进行着的语法化现象就有点儿现场直播的性质。所以,本节研究的现象更应该值得语法化研究者关注。

一、小句内成分的融合及功能的演化

汉语史上同一小句内部由两个以上不同的句法成分融合而成为一个句法单位的现象屡见不鲜。如,现代汉语中助动词"情愿",原本是个主谓结构:

(1) 情愿,替娘娘受苦。(沈家煊 1994例)

"替娘娘受苦"为追加语,这种句式用多了就变成"情愿替娘娘受苦","情"和"愿"的分界消失,出现了成分的融合,"情愿"变成了一个双音节助动词。情态副词"好像"也经历了几乎同样的变化过程,请看:

(2) a. 他们两个长得好像。(状+动)
　　b. 那个人好像我哥哥。(状+动)
　　c. 他好像有个哥哥在东北。(副词)

汉语中几乎所有的述补式复合词(如"打倒、扩大、散开、放大、走红"等)、主谓式复合词(如"心疼、头疼、眼红、地震、肉麻、腹胀"等),都是由不同的句法成分融合而成的,大体也都经历了短语之间的句法界限消失的语法化演变。不过,这些复合词都早已完成了语法化的过程,是人尽皆知的语法化现象。本节所关注的是发生在当下的小句中的两个以上的句法成分被融合为一种"类词"的现象。"类词"者,指其有词的特点,但其词化的程度还不高,或者说这种语法化的进程还远未完成,这种现象可以说是一种新兴的语法化现象。比如,我们在研究汉语指认式范畴聚焦构式时发现,该构式中的"那叫个"开始有了由构式的框架成分演化为一个程度词的迹象。

何谓指认式范畴聚焦构式?下例中下画横线的句子都是结构高度统一的主观命名性小句"那/这才叫(一)个X",从范畴化运作的角度看,这种句子表现的其实都是一种指认式范畴化的运作过程,即小句通过对某一范畴的指认来实现聚焦与强调,从而凸显范畴内涵的特异性及其在说话者心目中的典型性地位,极具主观色彩。根据该小句的句法与表意特点,可称为指认式范畴聚焦构式。关于汉语中指认式范畴化聚焦构式的研究请见本书的第三章第三节。这里先举几例:

(3) a. 邀上三五伙伴,来盘麻辣小龙虾,冰镇啤酒下肚,<u>那才叫一个爽</u>!(新浪尚品频道 2013-06-17)

b. "当时全村4个小队两辆破车,10头牲口瘦得要飞,<u>那才叫一个穷啊</u>!"村民们对过去的苦日子不堪回首。(《经济日报》2006-01-20)

c. 我们家所在的小区没有电梯,邻居张大爷的老伴长年卧病在床,每天张大爷都背着老伴下楼晒太阳。老婆每次见到都羡慕地对我说:"<u>这才叫爱情呢</u>!"(《平顶山晚报》2007-01-31)

d. 实际上,法治不是治老百姓,法治是治公权力。也就是说,约束公权力、保障公民私权,<u>这才叫法治状态</u>。(《法制日报》2010-03-09)

这种构式有三个特点:一是结构的框式化,即构式采用的都是"那/这才叫(一)个X"的结构框架;二是范畴所指的语境依赖性,以上面a句的"那才叫一个爽"为例,如果脱离具体语境,我们根本不知道"那"和"爽"所指的对象与内容是什么。三是范畴归类的主观性,下面两例都用了"这才叫生活",可以清晰地看出说话人在范畴归类时的主观识解:

(4)a. 购物、用餐后,看着儿子在广场上玩轮滑、陪伴妻子在广场上喂鸽子……李丁觉得,这才叫生活。(《人民日报》2012-08-02)

b. 驾着爱车,带着家人,驶向快乐田园。扶着老人,牵着孩子,在乡间的小路上走走,在冬日的山林间转转,这才叫生活啊。(《京华时报》2007-12-29)

什么样的生活才叫生活?答案可以千差万别。上面a例中,"这"把"生活"的内涵指向了"购物、用餐后,看着儿子在广场上玩轮滑、陪伴妻子在广场上喂鸽子……",而b例则把"生活"的内涵定位于"驾着爱车,带着家人,驶向快乐田园。扶着老人,牵着孩子,在乡间的小路上走走,在冬日的山林间转转"。可见,指认式范畴聚焦构式通过"那/这"的现场指示而实现了对其范畴聚焦的个性化诠释与移情,极具主观色彩。

可以说,正是由于该构式本质上就是一种主观性极强的范畴归类方式,所以伴随着构式的大量使用特别是为适应说话者表达对特定范畴主观识解的需要,指认式范畴聚焦构式的整体功能也出现了由"指认式"到"感知性"的微弱变化。"指认式"指构式的功能主要体现为范畴的指认,"这/那"的所指必须依靠语境做出。而"感知性"指构式的功能主要体现为表达说话者内心的感知或情感的抒发。构式这种功能的变化首先可以从构式对其框架成分"这/那"的选择上看出端倪。在构式表达"指认式"的功能时,"这/那"都能使用,区别则只在于近指与远指的差异,但二者在构式中的指称上都有一个共同点,那就是其所指客观实在且指代的内容一定存在于语境中,具有明显的现场"指认式"与语境依赖性。而当构式表达"感知性"功能时,指示成分只能由远指的"那"来充当,近指的"这"几乎不见使用。原因可能是近指的"这"在指称上更加具有现场指示性,所指内容实在,不容易产生虚指的用法。而远指的"那"所指可以不具有现场性或是现场性较弱,所以容易产生虚指的用法。可以说由于二者在指称上的这种特点,构式在表达"感知性"功能时,充分利用了"那"的虚指特点,使其所指可以不依赖语境,完全指向说话者的感觉。(具体例子见下例 5)应当特别指出的是,正是这种构式表达功能的变化,才导致了构式中的框架成分"那叫个"的功能演化。

那么,"那/这才叫(一)个 X"构式的功能演化还出现了哪些变化呢?这些变化表现在:一是构式由具体的"指认"来申辩说话者对范畴的主观识解变为抒发说话者特定的心理感知,话语功能由申辩转化为情感的抒发与宣泄,所以表申辩语气的"才"也可以隐去不用。二是目标范畴"那"在构式中的所指由具体的"事体"变成了一种抽象的心理感觉。三是构式的语气由申辩性变成了感叹性与夸张性。最能反映构式形式与功能变化的外在因素或语义线索就是在"那叫个"之前"心里""感觉"等词语的使用:

(5)a. 我每天的业余时间得跟着狗的排泄物走,心里那叫个窝火。(每日甘肃网 2013-01-24)

b. 一听这话,我心里那叫个美,忙拉着老婆问:"快说,她都夸我什么了?"(《京华时报》2004-06-23)

c. 老年人看 3D 电影 感觉那叫一个爽。(《长春晚报》2014-09-05)

d. 在月明星稀的夏夜,就着徐徐清风喝一碗玫瑰冰糖紫米粥,应运而生的感觉那叫惬意。(人民网·旅游频道 2005-04-25)

e. 经常遇着那种不自觉的人,见着老人或孕妇就把脸转过去装作没看见,让人看见心里那叫个气。(人民网·二十四小时 2013-07-31)

上面的"那叫个 X"与感叹句"太 X 了"表达的意思基本一致。如"心里那叫个窝火"类似于说"心里太窝火了";"我心里那叫个美"类似于说"我心里太美了"。上面所举各例,话语语气的感叹性与夸饰性已经十分显赫。

我们看到,随着"那/这才叫(一)个 X"结构前表示心理与感觉等词语的出现,构式由原来可以独立的小句开始降格而做了谓语,有的还进一步出现了与前一小句整合为一个小句的迹象,如上例的 d、e 两句。随着"那/这才叫(个)X"结构由"指认式"演变为"感知性"的功能转变,"那叫个"句法上也出现了由三个实体成分变成一个类似程度副词的复合成分的趋势,即"那叫个"作为一个表示程度性的状语身份被整体嵌入句子中,其句法与语义功能与程度副词"太""特别""极其"类似。

（6）a. 区里对农村科技培训那叫个重视，书记、区长常常亲自参加，……（《吉林日报》2014-06-27）

b. 我们村离县城110多公里，坡大沟深，山高路险，以前春耕买农资那叫个难，得到山西省右玉县采买。（《内蒙古日报》2014-04-20）

c. 孩子们……你不服我，我不服你，打得那叫个热闹啊。（《齐鲁晚报》2013-05-30）

d. 现在大哥大太笨重了，都成老古董了，但以前有个大哥大那叫个风光！（亚心网 2013-05-30）

这充分说明，指认式范畴聚焦构式的语用功能由彰显说话者对范畴聚焦"X"内涵特异性与主观性的强调与夸饰，变成了抒发说话者特定语境下纯粹的心理感知与宣泄。可见，话语主观性的融入是促使"那/这才叫（个）X"结构的语用功能演变的决定性因素。而"那叫个"由短语向程度副词用法的演变也是语用法的语法化的一种结果。

指认式范畴聚焦构式中"那/这才叫"结构的演化路径：

     "那/这才叫个X" → "那/这叫个X" → "那叫个X"
句法演变 大都用"才"   大都不用"才"   不能用"才"
语义演变 "那/这"指实体 "那/这"指心理 "那/这"指程度
语用演变 侧重范畴指认 侧重心理感知 侧重主观程度

二、小句的融合与关联成分的功能演化

长期以来，人们为现代汉语中的单复句的界限所困扰，企图找到把二者一刀两断的标准。然而根据邢福义（1993）的研究，现代汉语中普遍存在着复句与单句之间既对立又纠结的事实。据邢先生对中学语文教材8篇课文的统计分析，发生单复句纠结的句子占比在40%以上。

（7）a. 吃了也是白吃。   b. 说走就走。
   c. 贵就别买。   d. 一排就排了两小时。

这类发生单复句纠结的句子实际上都经历了三个语法化阶段：第一阶段是典型的复句。第二阶段是紧缩句，通过对两个小句进行改造而来，具体说来，就是对复句经过"紧"（去掉小句间的语音停顿）与"缩"（减缩小句中的成分）的改造。第三阶段，最简紧缩句，即对紧缩句进行成分与结构的再精简再改造。以7a为例，这三个阶段大体上可再现如下：

（8）a. 你就是吃了，那也是白吃。（典型复句）
   b. 就是吃了也是白吃。（紧缩句）
   c. 吃了也是白吃。（最简紧缩句）

例（8）的 c 句可以说是介乎单复句之间的一种混沌句，在两个小句慢慢整合成一个小句的过程中，"也是"由后一小句中的连接成分变成了貌似副词的句法成分。这类混沌型的句子，在教材中常常被当成单句[①]。不过，尽管"也是"的句法位置在小句的融合过程中发生了变化，但是它的基本的句法功能并未发生明显的变化。

我们所关注的是近年来才出现的一些新兴构式中的两个小句成分的融合现象。所谓新生构式，就是 1980 年以来兴起的一些表达格式。例如："A 并 B 着"构式（"痛并快乐着""爱并纠结着"）；"我 A，我 B"构式（"我运动、我健康""我选择、我喜欢"）；"因为 A，所以 B"构式（"因为专注，所以专业""因为爱，所以爱"）等。这些新兴构式尽管形成历史很短，但有意思的是，在构式的产生与使用过程中也伴随着语法化的演变，可以说构式的形成与语法化进程几乎是同步实现的。我们在研究新兴构式"因为 A，所以 B"构式时发现，该构式在使用中出现了将两个小句的关联成分融合为一个句法成分的迹象。

"因为 A，所以 B"构式，也可称为最简因果构式，从外形上一看便知，它对传统的因果复句进行了成分的极简化的处理。传统的因果复句中原因小句"因为"和结果小句"所以"之后的成分，一般都由小句或短语充当，而新兴的最简因果构式"因为 A，所以 B"，只保留了"因为……，所以……"的关联框架，而把原来各自所带的小句或短语几乎全部压缩为单词。

（9）a. 因为相信，所以看见（《湖南日报》2014-01-26）
　　　b. 因为懂得，所以温暖（《中国青年报》2005-03-16）
　　　c. 因为信仰，所以执着（《科技日报》2006-06-23）
　　　d. 因为深爱，所以沉默（《中国青年报》2013-06-04）

我们看到，上述最简因果构式形式上都是"因为 A，所以 B"，不过，与传统意义上的因果复句相比，除了上面提到的充当原因小句和结果小句

[①] 下面的句子，在黄伯荣、廖序东主编的《现代汉语》和邵敬敏主编的《现代汉语通论》两部教材中有不同的处理方法。请看：
　a. 他不参加也好。（黄伯荣、廖序东例）
　b. 这样就好了。（黄伯荣、廖序东例）
　c. 派他去肯定是个失策。（邵敬敏例）
上面三例，做主语的分别为"他不参加"（主谓短语）、"这样"（代词）和"派他去"（兼语短语），其实，三个句子均可看成混沌句，因为它们表达的实际上是复句的内容，并非一般意义上的叙述、描写，如果一加标点，马上就可恢复为复句，因为这些句子中尚留有复句的关联词语，这是它们在由复句向单句蜕化过程中留下的重要线索，是在紧缩句的基础上再紧缩形成的。

的成分几乎全变成单词外，至少还有如下的不同：一是复句层次的要求有别。常规因果复句中的原因小句或结果小句中，可以再嵌入别的分句，形成多重复句，如，"因为我们是为人民服务的，所以，如果我们有缺点，就不怕别人批评指出。"而这种情况在新兴的最简因果构式中是不被允许的，"因为A，所以B"只能表示单纯的因果关系；二是复句中因果小句的顺序可否变化有别。常规因果复句有时还可以采用先果后因的倒置格式，而在新兴的最简因果构式中只能是先因后果，绝不允许出现先果后因的倒置格式；三是使用场合有别。常规因果复句极少做文章的标题，而新兴最简因果构式大多是作为文章的标题使用的，所以除了极个别的例句后使用问号或感叹号外，很少使用标点。这些特点的形成从以往传统的因果复句中是不能完全预测与解释的，也不能从最简因果构式的组成要素中得以解释。这正是我们将其看成新兴构式的重要依据。

新兴的最简因果构式"因为A，所以B"虽然产生时间不长，但在使用过程中，还发生了一些值得关注的两种表现在结构上的显著变化：一种变化是原因小句与结果小句之间的句法界限消失，即两个小句间的逗号消失了，这使得本来已经高度简化的因果构式又继续出现了在结构上"收紧"的趋势。例如：

（10）a. 舒马赫：因为快乐所以继续——老婆是护身符（《体坛周报》2005-03-07）

b. 崔健：摇滚乐面对的困难更多——因为恐惧所以批判（《南方体育》2003-10-24）

c. 因为爱情所以任性　西安小伙租直升机拍婚纱照（《三秦都市报》2015-01-04）

d. 官网打"X"：因为无视所以任性（中国共产党新闻网2014-12-11）

另一种变化是标记因果关系的成对使用的关联词语也开始出现了非成对使用的情况，我们看到，有的新兴因果构式中表原因的连词"因为"缺席，因果关系只靠后边的表结果的"所以"来表达，这也表明，构式演化的过程还处于进行状态，使构式成分进一步"收缩"。如：

（11）a. 爱书，所以藏书（《人民政协报》2015-04-13）

b. 喜欢，所以留下（《西藏日报》2009-11-20）

c. 真诚，所以信赖（中国共产党新闻网 2012-06-06）

d. 缺钱，所以缺底线？（《羊城晚报》2013-05-30）

例（10）和例（11）无疑是新兴因果构式"因为A，所以B"的两种新的紧缩式，是处于构式语法化进程中新产生的两个变体。新兴因果构式本来就是在因果复句的基础上经过缩减句法成分而来，但是，这一构式开启了因果复句语法演化的序幕，并有力地助推了新兴因果构式进一步的语法化进程。我们看到，以上展示的新兴因果构式出现的结构上"紧"与成分上"缩"的演变，其实，这一"紧"一"缩"，正是推动构式进一步演变的强大动力。两种因素的合力作用又必然要进一步促使新兴的因果构式变得更加简化，从而引发了另一种新的变体的涌现。而构式简化的方向是最简因果构式在外观上向单句进一步靠近。请看：

（12）a. 明星超生：有钱所以有特权？（《齐鲁晚报》2013-06-08）

b. 石油巨头不承担"政策性亏损"：财大所以气粗？（《燕赵都市报》2007-12-14）

c. 西南动车"微服务"交心所以贴心（人民网·重庆视窗 2015-03-26）

d. 经典所以流行索爱 S700c 新春送套餐（人民网 2007-02-15）

上例各句，是由紧缩两种力量催生的"因为 A，所以 B"构式的第三种变体。这种变体更值得引起我们的关注：一是其结构外形与表达内容的脱节，即整个句子表达的是复句的内容，但在外形上也在向单句靠拢。二是随着追求文字简短的时尚化倾向的加剧，客观上造成了这些最简因果构式新的变体中两个小句体形极小而带来的独立表意能力变弱与结构上的相互依赖性等特点。例（10）中各句原因、结果两个小句间没有用逗号相隔，已经出现了随着小句结构简化而带来的独立性变弱不得不进行"抱团取暖"的结构上的凝聚现象。例（11）各句虽然着力点不在结构上的凝聚性，但是，由于前一小句中"因为"的省去，复句关系的表达全依仗后面的"所以"来进行。但无论如何，这两种变体尚未让人产生有单句的感觉。上例（12）各句所代表的新式变体则不同，不仅结构上收紧，小句间连逗号都不用[承继的例（10）的特点]，而且连原因小句中"因为"也省略了，光靠"所以"来表明因果的意味[承继的例（11）的特点]。所以从外形上看，这种变体倒更像一个单句。时下这样的用例还有很多，随便都能见到：

（13）a. 有梦所以坚持 90 后北漂艺考路艰辛却执着（中国青年网 2014-11-10）

b. 90 后买房宣言：继承四套房 不缺所以不将就（《北京晚报》2014-09-02）

c. 北京大兴第 3 起灭门案开审 嫌犯：生气所以杀人（中新网 2010-07-07）

d. 天然所以美味 台湾少数民族风味餐（中国经济网 2010-12-31）

可见，这种时髦的话语方式正在成为最简因果构式"因为 A，所以 B"的新常态。当然，在这种外形越来越走向单句的演变中，构式中赖以标明其复句关系的唯一成分"所以"，也在句法和语义上发生着某种微弱的变化。随着"所以"被整合进小句中，整个构式酷似一个单句，"所以"正好处在类似句中的状语位置，这样尴尬的处境中，"所以"本来连接小句的关联作用正在被状语位置上表示情态的意义所侵蚀，其功能也由连接关联而附加上了一层情态语气的意味，有点类似语气副词"才""就"的作用。从目前来看，虽然表示连接与关联仍然是其核心功能，但是，它所处的句法位置已经使它有了明显的准句法成分的演化迹象。预计不远的将来，随着它在类似单句的构式环境中的用法固化，它演变为情态副词也只是时间的问题。这种现象在现代汉语中随处可见。请看（例子选自陆俭明、马真，1985：217）。

(14) a. 即使大力士也不一定能拿得起来。

b. 就是没有犯过大的错误，而且工作有了很大成绩的人，也不应骄傲。

c. 假如大胖子还真钻不过去。

d. 要我就饶不了他。

e. 只有人民才是创造历史的动力。

f. 除非你才能把他管住。

陆俭明、马真明确指出，表示主从关系的连词（上面句首下画横线者）中，有少部分能用来连接主语和谓语。值得一提的是，上例各句表面上看是单句，但它们表达的都是复句的内容，所以，在单句中它们不典型，人们常提的紧缩句似乎也不包括它们。陆、马两位先生还特别指出，过去我们对于汉语里主语和谓语之间的关系，只注意到语法结构、语法意义和语义关系这三个方面，现在看来还得注意它们之间的逻辑意义关系。

我们要指出的是，上例中下画横线的词一般被人们处理成关联副词，其实，这些起关联作用的副词也都是从关联连词演变来的。我们讨论的"A 所以 B"小句，只有联系它们与新兴因果构式"因为 A，所以 B"之间的承继发展关系，特别是紧缩之后的"所以"在语义上的微弱的变化，才能梳理出连词"所以"向语气副词演化的语义线索。这种现时的语法化现象更应该引起我们的关注。

三、小结

沈家煊（1994）曾经引用著名语言学者吉冯（Givón）的名言"今日的词法曾是昨日的句法""今日的句法曾是昨日的章法"来说明语言演变的规律与特点。Givón 这两句话的意思是说，要了解今天的词法须先了解昨日的句法，要了解今日的句法须了解昨日的章法。沈家煊（1994）对 Givón 根据"章法成分句法化"和"句法成分词法化"的思想提出的一个语言演变的循环模式做了介绍，下面是该循环模式：章法成分→句法成分→词法成分→形态音位成分→零形式（→章法成分）。

本节所讨论的两种构式在形成与使用过程中伴随着小句整合而出现的成分融合现象，尽管其语法化的进程远未完成，但是，它们所代表的语法化的过程与途径却是非常值得关注的。指认式范畴聚集构式"那/这才叫（个）X"中"那叫个"由构式的框架成分到类似程度副词的功能演变，反映的是句法成分词法化的演变过程。而最简因果构式"因为 A，所以 B"中"所以"由小句的连接成分到类似语气副词的功能演变，反映的是章法（篇章）成分句法化的演变过程。我们简要地描述了两种构式成分的演化过程，并对其演化动因进行了解释，真实再现了正在发生语法化的两种构式成分现时的演变过程。我们相信，诸如本节所提到的这些正处于过程中的语法化现象，一定不在少数。希望这些语法化现象能够受到更多的关注与充分的研究。

第五节 研究内容与研究方法

本书以汉语中的一些特色构式为研究对象，共选取了 26 种构式，其中新兴构式 19 种，非新兴构式 7 种。顺便说明，为了统一本书体例，我们在构式的命名上采用了一种新的模式，即前边概括的是构式的语义，后面引号中带有符号的格式是构式的句法形式。如："强加式范畴化构式'有一种 X 叫 Y'"，前面的"强加式范畴化构式"，用最简的文字给出了构式的语义特点，引号中的"有一种 X 叫 Y"则用带有字母符号的序列给出了构式的句法形式。这种命名方式也极大程度地反映了构式语法的概括性。除了极少数的构式无法给出这样清晰的形式与语义的区分外，全书用这种两分的方式做了明确区分形式与意义的努力。

一、本书的基本框架

根据本书所研究的构式的内容与特点，为了使论题集中，便于理解与把握构式的形式、语义与使用特色，我们特意采用构式群集中对相关构式进行研究。本书基本按新兴构式与非新兴构式的初步区分，将选取的 26 种构式分为两大版块。

第一个版块是新兴构式群。收入书中的这 19 种新兴构式最大限度地反映了 30 多年来汉语新兴构式的面貌，也是本书研究的重点对象。根据这些构式的形式与语义，特别是其构式义的表意特点与形成机制，将它们分成两个群组。

第一群组是由范畴化的运作机制而形成的，该组构式的出现，反映的是人类对现实世界的事物或现象进行重新分类与归并的认知运作，带有深深的时代烙印。考虑到由范畴化的运作机制而形成的构式共有 8 种，书中特意分为两章来编排。第二章讨论了"排除式范畴化构式'不是所有的 X 都叫 Y'""强加式范畴化构式'有一种 X 叫 Y'""洗白式范畴化构式'X 什么都不是，X 只是 Y'"和"评价式范畴化构式'X 家家的'"等 4 种构式，"类同式范畴化构式'VP 着也是 VP 着'"虽非新兴构式，但考虑到构式的形成出于同样的范畴化运作机制，也安排在这一章。第三章讨论了"转喻式范畴化构式'WVP 的不是 X，是 Y'""隐喻式范畴化构式'W 不是 X，（W）是 Y'""追补式范畴化构式'最 X，没有之一'"和"归一性范畴化构式'各种 X'"等 4 种构式，"指认式范畴化构式'那/这才叫（个）X'"的形成也采用了同样的认知机制，故而也统一放在该章中呈现。

第二群组是由突出或强调言者的主观认知而形成的，同样是考虑到研究对象较多的原因，将它们分别用第四章和第五章两章来展示。

第四章分析了"宣告性并列构式'我 A，我 B'""状态交织式构式'A 并 B 着'""最简因果构式'因为 A，所以 B'""婉曲批评构式'被 X'"和"性状义凸显构式'副$_{程度}$＋形$_{名}$'"等 5 种构式。第五章探讨了"极量性命名构式'最＋A＋NP'""赞美义倒装构式'厉害了，我的 X'""超量感叹构式'要不要这么 X'""高程度感叹构式'不能再 X'""疑问点聚焦构式'有没有＋VP'"和"高程度强调构式'X 得不要不要的'"等 7 种构式。

需要说明的是，这四章集中对新兴构式的研究，是本书的主体内容，也是本书的一大特色。书中以翔实的语料，从描写这些新兴构式的语形开始,层层深入地论证了它们作为一个独立的构式在句法、语义上的特点,努力寻求追踪它们使用中的成形过程,特别是对其独特的认知机制与功能进行了全方位的挖掘和展示。

第二个版块是对汉语特色构式的研究,研究对象包括了"极性义对举构式""形容词主观高量构式'A又A'""程度估测义构式'够/不够X'""动量凸显构式'一量VP'""汉语的类聚构式"等5种构式,在本书的第六章中集中呈现。从构式的建构及其功能出发对这5种构式进行了全新的研究与阐释。

二、关于构式研究的方法

(一)形式与意义相结合的研究方法

讨论构式义,一定要有独特的语法形式的验证,而讨论形式,一定要清晰地展示其独特的语义贡献。构式语法特别强调特定构式是"形式-意义"的配对体,本成果在研究构式时,力图精细地展示特定的语法构式与独特的构式义的配对关系,不仅使得构式的确立更符合构式语法的思想精髓,也使得研究的步骤与结论能够清晰可见,从而保证了研究结论的严谨性与可验证度。

1. 关于构式形式的确认

构式是"形式-意义"的配对体,这是构式存在的依据,更是语法研究者在构式研究中应该坚持的标准。我们在确认某种表达式是一种独立的构式时,一定不能忘记努力寻求其形式的理据,而不是不加验证地给某种表达式随意地或者强行地冠以"构式"之名,这样的做法对于深入探讨语法形式与特定的语义的匹配关系是没有什么帮助的,容易出现构式的泛化,带来构式研究的随意性,影响研究结论的可信度。同理,对于某个构式的语义(构式义)的得出,一定要从其特定的构式要素入手通过形式意义匹配的有效分析而得出。我们不欣赏那些在不加论语分析的情况下就随意给出某个构式的构式义的做法,而是把形式与意义结合起来,通过特定形式与特定语义相连的研究思路,清晰地揭示某个构式的语义的构成。这是本书研究中所秉持的原则与采用的研究方法。

汉语中有一类表达极性义的表达方式,并不采用在某个修饰对象前加表达极性义的程度副词的常态方式,如"<u>最高</u>指示、<u>极</u>严重的后果、<u>特别</u>有效的方法、<u>太</u>讨厌了"等,而是采用对举的格式来表达的。如"上有天堂,下有苏杭""古有毕生,今有王选",表达的意思大致上分别与"天堂是天上最好的地方,苏杭是地上最好的地方""古代的毕生是最伟大的活字印刷术的发明家,王选是汉字激光照排最有名的发明者"相对应。可见,对举是此类极性义构式最关键的形式特征,抓到了构式的形式特征,无疑也就一举获取了该类构式的形式密码。由此,我们穷尽性地将这些极性义对举构式进行了挖掘,将该类构式分成了两大类:主谓对举式与非主谓对举式。其中,主谓对举式又包含了"南北对举""古今对举""上下对举""其他主谓对举"四个小类。非主谓对举式仅有"A 的 B,C 的 D"一个类型,如"门缝的风,后娘的心""天上的龙肉,地下的驴肉",等等。我们还对极性对举构式的两种变体形式,即对举扩展式和对举压缩式进行了详尽的描写。

我们之所以将汉语中存在的极性义对举构式看作一种构式,基于该类构式如下的形式特点:对举性、模式性与能产性。对举是此类构式最大的形式特点,该形式的模式性也带来了其能产性。以主谓对举式的"A 有 B,C 有 D"为例,该类表达几乎成为各地夸特产的共用格式。下面都是"南北对举"构成的极性义构式,可见其巨大的能产性:

(1) a. 出版界:南有《随笔》,北有《读书》
　　 b. 学术界:南有王元化,北有钱锺书
　　 c. 演艺界:南有焦晃,北有于是之
　　 d. 文学界:南有余秋雨,北有周涛
　　 e. 建筑界:南有深建,北有城建
　　 f. 机械界:南有襄重,北有朝重
　　 g. 旅游界:南有九寨沟,北有青山沟
　　 h. 经济界:南有广东,北有山东
　　 i. 石刻界:南有桂海碑林,北有西安碑林
　　 j. 医药界:北有同仁堂,南有庆余堂
　　 k. 外贸界:南有广交会,北有哈洽会

由于采用了形式与语义相结合的研究思路,我们对"极性义对举构式"的研究,不仅做到了穷尽性的材料挖掘,几乎穷尽了所有此类构式的所有类型,而且做到了对其表意机制的深入细致的解析。

2. 关于构式义的推导与确认

构式是形式与语义的匹配体,特定的形式与特定的语义相连。因此,在推导与概括某个构式的语义,即构式义时,一定要从特定的句法形式中去仔细地辨别其特殊的形式背后的语义表达的特点。这不仅符合构式语法的理论精神,也符合语法研究中一贯倡导的语法形式与语法意义相结合的原则。否则,就会在概括构式义时出现主观武断或是以偏概全的问题。

比如，本书在研究极性义对举构式时，我们不仅看到的是其采用了统一的"对举"形式，更是发现了这些"对举"形式所暗藏着的表意特点。如果没有"对举"形式的支撑，其中单独的任何一项都很难表达程度极高、最有代表性之意。请看：

（2）a_1. 古有花木兰，今有娘子军。

a_2. 古有花木兰，替父去从军。今有娘子军，扛枪为人民。

b_1. 烟台的苹果，莱阳的梨。

b_2. 莱阳的梨，多少年来畅销全国各地。

c_1. 久旱逢甘霖，他乡遇故知。

c_2. 他乡遇故知，能在美国碰上自己大学的同学真是高兴的事。

d_1. 南开的牌子，师大的饭。

d_2. 他其实看重的只不过是南开的牌子，对自己的未来并无规划。

上例中的 a_1、b_1、c_1、d_1 句都采用了对举式表达，通过两项事体的衬托，才形成了极性的语义。而 a_2、b_2、c_2、d_2 则是一种非对举式表达，无法形成极性的语义。可见，此类对举构式具有高度统一的语义，那就是通过两项代表性事体的对举衬托，暗示了所对举的事体所达到的极高程度或是该事体最富代表性。由此，本书将此类构式命名为"极性义对举构式"。语义有形式的验证，而特有的形式表达的是特有的语义。形式的特点抓住了，构式的语义也坐实了。

再如，我们在研究"状态交织呈现构式'A 并 B 着'"的语义时，紧紧联系该构式的崭新的句法形式"A 并 B 着"将两个形容词由连词"并"强行并列在一起的特点，还根据该构式的形式特点，即构式中的两个变项"A"和"B"由形容词充当的典型构式，再到该构式形成后，扩展到由部分动词和名词充当的非典型构式的互动和构式对于充任变项所形成的语义压制的特点，特别是构式尾部的表示行为动作或状态持续的助词"着"不可或缺并给整个构式的语义整体附加上"持续状态"的语义特征。从这些句法形式与语义的匹配关系中，推导出"A 并 B 着"的构式义为"呈现感知或经历着的两种交织并存的心理状态"。

特别需要说明的是，将构式的形式与语义作为一个整体来推导某个构式的语义，是本书研究构式时坚守的一贯原则，也是在描写与解释时最着力突出与打造的研究特色。

（二）"自上而下"与"自下而上"相结合的研究方法

构式研究中特别将构式的"不可预测性"当作判定构式成立的必要条件，因而构式语法研究中特别强调"自上而下"的研究路数，即构式只要在形式、语义或功能等方面不可能根据常用规则和组合原理获得解释，都可视作"不可预测"，所以采用的都是"自上而下"的研究路数。Goldberg针对传统语法，特别是生成语法的"规则性"与"组合性"进行了批评，强调构式的不可预测性，从而提出一个语法形式，只要在形式、语义或功能等的某一方面不能通过常用规则和组合原则而获得解释，都可视为"不可预测"或"不可严格预测"，这是因为构式体现了"整体大于部分"的完形心理学的基本原理。（Goldberg，1995：4）故而，构式语法基本遵循和采用的是"自上而下"的研究思路，特别强调构式整体在形成构式与构式义中的贡献。本书对这种简单的做法用多个构式研究的实例做了补正，提倡"自上而下"与"自下而上"相结合，即肯定构式整体特殊的形式对于特定的构式义形成过程中的贡献，同时也绝不忽略构式要素对构式义的特殊贡献。书中在对每个具体构式的研究中都贯彻了这样的研究原则，力求找出特定的构式的句法构成，并力求清晰地展示构式的要素对构式义的形成的具体贡献。全书所呈现出的形式与语义的密不可分的关联性，在构式研究领域具有一定的开创性意义，是对时下学者们在研究构式时，只强调构式对构式义形成中"自上而下"的作用而忽略构式成分对构式义贡献的理性回归。

（三）通过构式群对构式进行群体研究的方法

构式的存在并非孤立现象，构式往往以形义相似或相关的方式存在与使用，形成某种形式与语义相关联的构式群组。基于这样的理念，作者通过构建构式群对形式、语义、表达功能相似、相关的构式进行群体研究。如"排除式范畴化构式（不是所有的 X 都叫 Y）""强加式范畴化构式（有一种 X 叫 Y）""洗白式范畴化构式（X 什么都不是，X 只是 Y）""转喻式范畴化构式（WVP 的不是 X，是 Y）""隐喻式范畴化构式[W 不是 X，（W）是 Y]"等新兴构式，都是在范畴化运作过程中形成的特定构式；"超量感叹构式（要不要这么 X）""高程度感叹构式（不能再 X）""高程度强调构式（X 得不要不要的）"等新兴构式，都是近 20 年来才走入普通百姓的话语当中的新构式，而这些构式都有一些相似的否定元素"不要、不能"，这些元素的出现都与言者主观性的强化密不可分。这种构式群的研究相比于单个构式的研究，更有利于发现其特定形式与特定意义的关联度，也更有助于摆脱孤立研究带来的只见树木不见森林的问题。对这样高密度的新兴构式群体的研究在汉语构式研究中属于具有创新性的贡献，其整体性与通透的解释力，对于人们深刻认识这些新兴构式的使用与流行，无疑具有一定的启发与示范的意义。

近年来广泛使用的"X 式+Y"其实就是一个构式群，包含了"X 式+Y $_{事物}$"和"X 式+Y $_{动作行为}$"两个子构式，而两个子构式里又包含了多个小类，由此构成了一个复杂的群组联盟。（张海涛、赵林晓，2022）

1."X 式+Y $_{事物}$"的子构式类型：① X 式$_{形式}$+Y $_{具体事物}$（瀑布式长发、豆芽式体型、蜘蛛式睫毛、月牙式刘海、菊花式发型）；② X 式$_{评价}$+Y $_{抽象事物}$（整容/教科书式演技、闪电式婚姻、快餐式爱情、过山车式人生）；③ X 式$_{施成}$+Y $_{事物}$（绑架式婚姻、碰瓷式爱情、合影式高管、互怼式友谊/爱情）；④ X 式$_{定位}$+Y $_{事物}$（朋友圈式友谊、账单式小康、中国式婚姻、韩式爱情）

2."X 式+Y $_{动作行为}$"的子构式类型：① X 式$_{方式}$+Y $_{动作}$（捆绑式销售、沉浸式体验、陪伴式啃老、体验式教育/消费、运动式执法）；② X 式$_{摹状}$+Y $_{动作}$（螺旋式发展、教科书式执法、阶梯式起床、连珠炮式解说、狗刨式游泳）；③ X 式$_{量幅}$+Y $_{动作}$（火箭式升迁、直线式下降/上升、爆发式增长、井喷式发展）；④ X 式$_{目的}$+Y $_{动作}$（排遣式进食、自救式消费、囤货式购物、自救式养生）；⑤ X 式$_{处所}$+Y $_{动作}$（中国式过马路/扶贫、英国式幽默、东北式唠嗑、万豪式道歉）；⑥ X 式$_{施事}$+Y $_{动作}$（王海式打假、直男式撒娇、编剧式观影、导购式赞赏、理工男式道歉）

该构式群的生成与扩展是多重因素互动作用的结果，既有构体与构件的互动，构件与构件之间的互动，也有构式与外部因素如语境的互动，还包含了语法和修辞的互动等。正是在这些多重因素的互动作用下，形成了该构式群中分布有序的网络层级体系，展现出该构式互动的生成构建过程。

任何新兴构式的产生都不是一个简单自立的过程，涉及对已有格式的创新、对格式表达新的语义的创新、对格式语用意义的创新，它们与已有的格式存在着千丝万缕的联系，也有其作为新生格式的一些形式、语义与语用的重要差别。因此，即便是对暂时尚未形成明显的构式群状的单独的构式研究，也应该将其与表意与格式大体类似的格式来做比较，才能搞清楚新的构式出现于汉语表达中的独特价值。对于构式群的研究是一个有待学者们深入关注的领域，具有光明的研究前景。

第二章 范畴化运作与构式的形成（上）

范畴化是人类高级认知活动中最基本的一种现象，它是人类在歧异的现实中看到相似性，并据此对世界万物进行分类，进而形成概念的过程和能力。范畴化是认知语言学研究的一个重要领域。众所周知，"语言与认知具有紧密的内在联系。随着人类认知的不断深入和丰富，人的概念系统和认知系统会不断产生新的内容，而目前的语言系统肯定没有足够的表达方式和手段表达这些新的内容。那么，怎样弥补概念系统与表达系统之间的空缺，既是一个认知问题，也是一个语言问题。"（刘正光，2006：2）著名语法学者雷柯夫（Lakoff, 1987：6）曾经对范畴化的重要性有过一段精彩的论述：Without the ability to categorize, we could not function at all, either in physical world or in our social and intellectual lives. An understanding of how we categorize is central to any understanding of how we think and how we function, and therefor central to an understanding of what makes us human.（若无范畴化的能力，我们不论在物质世界还是在社会与智力活动中都无法生存。了解我们的范畴化活动，对于了解我们人类是如何思考和如何运作是至关重要的，同时对于了解究竟是什么使我们成为人类也是至关重要的。）

从人类认识世界与知识的传承、经验的获取等角度看，若没有对千差万别的现实加以范畴化的能力，人类便无法理解自己在生存环境中遇到的复杂现象：我们既无法对经验进行处理、构造、储存，也无法进行推理，更无法与他人交流自己的经验。故而范畴化问题一直是认知研究的一个热门而又中心的论题。

语言的范畴化（linguistic categorization）有两层含义：一是语言使用者通过语言把非语言的世界作为客体进行分类，语言形式的意义形成及人们对它的认识正是人们对所处的世界进行范畴化的结果，因此范畴化首先是语义学关心的对象。二是语言学家把语言本身作为客体进行分类，当语言学家谈到辅音、音节、语素、词、句法结构、名词、动词、合乎语法的句子时，所做的正是范畴化。如果说前一个意义上的范畴化只是与语义学相关的话，后一个意义上的范畴化就可以说是与语言学的每一分支都紧密相关。著名语言学家拉波夫（Labov, 1973：342）有言："如果语言学研究所做的可用一句话来概括，那它就是对范畴的研究"。此话虽短，但一语道出了语言学研究的真谛。

语言学家对范畴化现象的关注虽然有了很长的历史，但是对于范畴化的形式手段的研究还不够系统。汉语中的判断动词一类，就是范畴化时经常运用的操作符。而由判断动词所形成的各类判断句，都是范畴化的基本格式。请看一些用例。

（1）a. 他是个卖菜的。（A 是 B）
　　　b. 我不是一个爱热闹的人。（A 不是 B）
　　　c. 你还算个有良心的人。（A 算 B）
　　　d. 这种植物叫蜀葵。（A 叫 B）
　　　e. 这样的人才可称作英雄。（A 称作 B）

关系动词也是范畴化的操作符，由关系动词构成的句子同样是范畴化运作的基本格式。

（2）a. 说这样的话的人简直等于流氓。（A 等于 B）
　　　b. 这种水果如同疗效奇特的良药。（A 如同 B）
　　　c. 小姑娘的脸蛋就像个红苹果。（A 像 B）
　　　d. 这次爆炸的威力大于一场六级地震。（A 大于 B）
　　　e. 向敌人投降属于叛国行为。（A 属于 B）
　　　f. 藁城隶属于石家庄。（A 从/隶属于 B）

中国人有十二属相或十二生肖，是一种十分古老的纪年法，通过中国传统文化中的十二地支来形成与年龄的对应关系。但是，汉语中还会用并不存在的生肖来给人做出类似属相的判定。请看：

（3）a. 段皇爷的子孙怎么会出你这么个属山西驴子的，看来我这份苦心算是白费了。
　　　b. 甲："这一回不同那一回，见国太，我使一个，那叫骆驼跪。听明白没有，骆驼跪。"
　　　　乙："啊，这么个属骆驼的呀！"
　　　c. 我看你就是个属铁公鸡的，一毛不拔。
　　　d. 那家伙是属石头的，心硬得很。

用姓氏的"姓"来对于某种事物给予属性的定性，其实也是一种范畴化的特殊手段。

(4) a. 这就是姓"群"的文化馆,姓"文"的文化馆!
　　b. 近几个月来,围绕集团公司到底是姓"股",还是姓"国"(国营企业)争论日渐强烈。
　　c. 正如邓小平同志所说,我国经济特区是姓"社"不是姓"资"。
　　d. 他们不去争论校长是姓"钱"还是姓"教"的问题。

心理学、哲学、语言学从 20 世纪 70 年代重新开始对范畴化现象产生兴趣,是基于对传统范畴化理论的反思。我们看到,之前的范畴化研究关注的往往是已经发生了的语言范畴化现象,即根据已有的语言事实来挖掘和还原其范畴化的途径并对其范畴化的动因给出解释,而对语言中正在经历的范畴化过程,即活生生的可以观察到的语言范畴化动态过程,却很少给予关注。其实,这个动态的过程更能直接反映语言使用者对既成范畴的创造性的运用,特别是能够直接展示人类在使用范畴过程中的认知活动与范畴的重建、扩展之间的密切关系。所以这种正在进行着的范畴化的动态过程应该是语言范畴化研究中更有意义的一项工作。基于这样的考虑,当我们把研究视角转向活生生的语言使用时,惊奇地发现,在当代日常的语言生活中,的确存在着种类繁多的临时性的范畴化现象。

德国著名的语言学家洪堡特在 1836 年就说过:"在语言中从来都没有真正静止的片刻,就好像人类思想之火永远不停一样。根据自然规律,它永远处于不断的发展之中"。(简·爱切生,1997:3)洪堡特说的正是语言的结构组织、表达方式是人类思想的折射体,会随着人类思维的发展变化而产生相应的变化。当人们面对新的事物、新的现象、新的认识成果时,会创造一种与之匹配的表达方式来固化这种新的经验,新的认识。而临时范畴化现象最能及时地体现这些新语境下的体会与成果。这些临时范畴化现象可概括为以下 10 类。

1. 排除式范畴化。该类构式采用的句法形式为"不是所有的 X 都叫 Y"。如:不是所有的牛奶都叫特仑苏;不是所有的出轨都叫背叛;不是所有的男人都叫陈世美。详细讨论与具体内容请见本章第一节。

2. 强加式范畴化。该类构式采用的句法形式为"有一种 X 叫 Y"。如:有一种生活叫平淡;有一种毒药叫成功;有一种爱叫放手;有一种占领叫撤退。详细讨论与具体内容请见本章第二节。

3. 洗白式范畴化构式。该类构式采用的句法形式为"X 什么都不是,X 只是 Y"。如:我什么都不是,我只是一阵风;我什么都不是,我只是个纯仙。详细讨论与具体内容请见本章第三节。

4. 类同式范畴化构式。该类构式采用的句法形式为"VP 着也是 VP

着"。如：这些钱放着也是放着；我在这里闲着也是闲着。详细讨论与具体内容请见本章第四节。

5. 评价式范畴化构式。该类构式采用的句法形式为"X 家家的"。如：大姑娘家家的；你一女生家家的；你们野小子家家的；男孩子家家的。详细讨论与具体内容请见本章第五节。

6. 转喻式范畴化构式。该类构式采用的句法形式为"哥 VP 的不是 X，是 Y"。如：哥吃的不是面条，是寂寞；哥卖的不是菜，是品味。详细讨论与具体内容请见本书第三章第一节。

7. 隐喻式临时范畴化。该类构式采用的句法形式为"W 不是 X，而是 Y"。如：这个婆娘不是人，九天仙女下凡尘；详细讨论与具体内容请见本书第三章第二节。

8. 指认式范畴聚焦构式。该类构式采用的句法形式为"那/这才叫（个）X"。如：我家那才叫一个穷哪；这才是真正的赢家。详细讨论与具体内容请见本书第三章第三节。

9. 追补式范畴化构式。该类构式采用的句法形式为"最 X，没有之一"。如：她是我此生最好的闺蜜，没有之一；这是我遇到的最奇怪的事情，没有之一。详细讨论与具体内容请见本书第三章第四节。

10. 归一式类指的范畴化构式。该类构式采用的句法形式为"各种 X"。如：各种折磨；各种痛苦；各种打骂侮辱；各种听音乐。详细讨论与具体内容请见本书第三章第五节。

第一节　排除式范畴化构式"不是所有的 X 都叫 Y"

语言范畴化的研究是认知语言学中的一个重要领域。但之前的研究关注的大多是语言中已经发生了的范畴化过程，即从已经成为化石状的语言范畴化事实在共时层面表现出的变异中，模拟与再现其范畴化过程中经历的不同阶段，从而对范畴化的动因与机制进行解释。我们更为感兴趣的问题是，日常的语言使用中，是否存在着正在经历着的范畴化过程？当我们把目光转向当代正在使用的语言时，你一定会惊喜地发现，汉语中的确存在一系列活生生的语言范畴化动态过程。如：排除式范畴化"不是所有的 X 都叫 Y"（不是所有的牛奶都叫特仑苏）；强加式范畴化"有一种 X 叫 Y"（有一种占领叫撤退）；聚焦式范畴化"那/这（才）叫（一）个 X"（那才叫一个酷）；隐喻式范畴化"W 不是 X，是 Y"（你不是人，你是神);转喻式范畴化"VP 的不是 X,是 Y"(哥喝的不是酒,是寂寞),等等。本节专门讨论排除式范畴化构式"不是所有的 X 都叫 Y"。我们准备在对这类范畴化现象进行充分的分类描写的基础上,分析其独特的话语构建方式及产生的现实基础,并探讨这种范畴运作中的认知与修辞动因。

一、排除式范畴化的类型及其构建

(一)排除式范畴化

人们对某一事物或现象进行归类时,一般采用的是把一个目标范畴置于一个背景范畴的归类方式,其句法格式是"X 叫 Y",其中的"X"即目标范畴,为被归类项,"Y"即背景范畴,为归入项。所谓排除式范畴化,就是把已经混入或是可能混入范畴"Y"中的"X"予以排除的范畴化方式,采用的格式是"不是所有的 X 都叫 Y",我们称之为"排除的范畴化构式"。显而易见,这种格式针对的是将"有的 X 叫 Y"扩展成"所有的 X 都叫 Y"而导致的范畴扩大化错误而进行的一种范畴清理与调整。格式中的"叫"也可以是表示判断的"是"或表示等同的"等于"。这类话语方式时下特别受到年轻一代的喜爱,常见于网络与报刊中,尤其是常见于报刊或微博的标题当中。请看:

(1) a. 不是所有用盒子装的饭都叫"盒饭"(荆楚网 2009-09-15)
  b. 不是所有的荔枝都叫妃子笑(《扬子晚报》2010-05-19)
  c. 不是所有的分行诗都叫现代诗歌(《现代诗歌原理》2009-06-05)
  d. 并不是所有的家人都是港湾(新华网 2020-09-03)

例(1)a 句是针对《广州日报》一则报道的议论。某单位在举办学习培训班时安排参会的人员到食堂吃盒饭。虽名为"盒饭",却是用盒子装的丰盛的"四菜一汤"。这与廉价快餐性质的"盒饭"名同实异。所以,记者才用排除式范畴化的方式,将这种丰盛的"四菜一汤"式的"盒饭"从真正的"盒饭"这一范畴中予以排除。同理,"妃子笑"是产自海南的荔枝上品,但普通的荔枝并非"妃子笑"。一些商贩则把普通的荔枝冠以"妃子笑"之名来欺骗消费者,故《扬子晚报》以 b 句这样的排除式范畴化方式,让广大消费者注意。"现代诗歌"是分行的,但是,分行的"诗"却不一定都可叫"现代诗歌",c 句就是对这种范畴归类扩大化现象的校正。

(二)排除式范畴化的类型及构建

排除式范畴化采用的都是"不是所有的 X 都叫 Y"构式。如果仅仅关注其格式,并不能发现这些众多话语内部存在着的细微差异,也不易解释当代网络与报刊突然之间大量使用这种表达方式的深层次的原因。如果我们换一个角度，即从范畴"X"与"Y"所属的逻辑关系来看，可以发现它们内部的关系并不单一，也许正是这种范畴间关系的复杂性，才导致了实际生活中多种错误的范畴归类，从而引发出时下排除式范畴化构式的流行潮。根据范畴"X"与"Y"所属的逻辑关系，可将排除式范畴化构式细分为如下四个小类。

1. 将"部分隶属"扩大为"完全隶属"

即范畴"X"只有一部分为范畴"Y"中的成员，可是有人偏偏要把所有的"X"都归入范畴"Y"中，由此形成了非逻辑归类。采用"不是所有的 X 都叫 Y"构式，目的就在于揭示这种范畴归类的反逻辑性并予以纠正。

（2）a. 不是所有的给予都叫施舍（《江淮法治》2007 年第 24 期）

b. 不是所有的离职都叫背叛（《大河报》2010-04-24）

c. 不是所有的电视卖东西都叫电视购物（《南方日报》2009-12-03）

d. 谨记不是所有的挫折都叫坎坷，也不是所有的快乐都叫幸福。（BCC 语料）

如例（2）a 句所示，众所周知，"施舍"必须通过"给予"的方式才能实现，所以"有的给予叫施舍"，但是"给予"并非完全隶属于"施舍"当中，若把范畴"给予"全部地纳入"施舍"当中，就会出现范畴归类上的偏误，a 句正是对这种范畴归类扩大化方式的纠正。b 句显示的是，"离职"只是"背叛"的一种形式，但若把所有的"离职"都看作"背叛"，则是以偏概全、缺乏理据的，故用 b 句来为某些非"背叛"的"离职"正名。"电视购物"的表现形式固然是"电视卖东西"，但把电视卖东西都叫电视购物就是不妥的，c 例的用意就是对此种变"部分隶属"为"完全隶属"的范畴归类的一种有意的纠正。

2. 将"唯一隶属"扩大为"完全隶属"

即范畴"Y"中只包含了唯一的成员"X"，可是若将所有的"X"归入"Y"中，就会形成变"唯一隶属"为"完全隶属"的非逻辑归类。为了澄清事实或消除误会，采用"不是所有的 X 都叫 Y"构式，即可将混入范畴"Y"中的"X"从范畴中剔除。这又分成几种情况。

一是"假定性"范畴归类错误。所谓"假定性"的范畴归类，即假定有人把"唯一隶属"当作"完全隶属"而产生了非逻辑的范畴归类。如在牛奶这一范畴中，以"特仑苏"命名的只有一种，可以说"'特仑苏'是一种牛奶"，或"有的牛奶叫'特仑苏'"，但若把所有的牛奶都归入"特仑苏"中,那就会形成非逻辑归类。但是,这种非逻辑归类,只是说话者假定的,实际上并没有真正发生,说话者这种故弄玄虚式的"假戏真做",无外乎消除人们范畴认识上可能出现或存在的误会,是一些商家刻意而为的品牌宣传策略,目的就是引起人们对其产品独特性的关注。如:

(3) a. 不是所有的牛奶都叫"特仑苏"(《包头晚报》2009-04-11)
　　b. 不是所有租车公司都叫森梦(杭州租车网 2010-02-25)
　　c. 不是所有的燕窝都叫燕行家(《市长杂志》2010-04-26)
　　d. 不是所有建筑都叫上品格(房地产门户-搜房网 2011-05-17)

"特仑苏"是什么样的牛奶?为什么别的牛奶不能冠以此名?原来,"特仑苏"在蒙古语中是"金牌牛奶"之意,也是蒙牛乳业的一个牛奶品牌。它借自身高品质奶源得天独厚的自然条件优势成为我国乃至世界的名牌产品,所以该企业才打出了"不是所有牛奶都叫'特仑苏'"这样别出心裁的广告语,对其产品进行刻意的造势与宣传。b 句是杭州森梦汽车租赁公司车队为宣传自己的服务品质而打出的广告语。其他的例子同样是为了宣传自己品牌而设计的广告语,这样的广告语为数不少。如"不是所有的音乐课都叫'奥尔良'"(《新京报》2010-03-16)、"不是所有的压榨工艺都叫5S压榨"(《新快报》2007-09-12)、"不是所有的甜品都叫'梵蒂斯尔'"(《大众点评》2010-06-21)等,打的都是此牌。

二是"已然性"范畴归类错误,即现实生活中真的出现了把"唯一隶属"当作"完全隶属"的范畴归类错误。这种情况往往发生在对新出现的事物或概念的认识与归类上,由于是新出现的事物或现象,受专业知识的限制,人们往往容易把它们归入旧的概念系统中从而造成范畴归类的失误。为了澄清本相,消除人们在范畴归类中的误区,特别是揭露有些人利用人们对新事物、新概念认识不足来混淆是非的做法,说话者用排除式范畴化方式揭露这种归类的非逻辑性,从而起到正视听、辨是非、去表象、识真相的认知效果。如:

(4) a. 不是所有的年份酒都叫"年份原浆"(《中国食品报》2009-11-26)
　　b. 不是所有的子弹头都叫"动车"(《沈阳晚报》2010-04-14)
　　c. 不是所有的作家都是文人(《文艺报》2010-02-05)
　　d. 不是所有第三方提供的服务都叫"外包"(《中国电子报》2005-01-25)

目前白酒市场"年份酒"泛滥,误导消费者,例(4)a 句揭露的正是这种假以"年份酒"冒充"年份原浆"而欺骗消费者的行为,达到正本清源的目的。"动车"是从21世纪初才有的新事物,其车头是"子弹头"型的,极易与"子弹头火车"相混,所以才有必要用b句提醒人们关注两种事物的区别。现实生活中,把作家都称作文人、把由第三方提供的服务笼统地称为"外包"的情况屡屡发生,其实,这样的范畴归类并不科学,c、d分别对这些粗略的范畴归类进行纠正。可见,上面排除式范畴化的表达方式,具有匡正人们某种认识误区的作用。

3. 将"相似范畴"扩大为"隶属范畴"

即范畴"X"与"Y"本来只有相似性,正是由于其相似性造成了人们有意无意间误将"X"归入"Y"中,从而出现了把"相似范畴"归入"隶属范畴"的非逻辑归类。采用"不是所有的X都叫Y"构式,就是要解除"X"与"Y"的假隶属关系,将"X"从范畴"Y"中排除出去。

(5) a. 不是所有的集体都叫团队(《财经时报》2002-06-21)
　　b. 不是所有的过敏都叫敏感性肌肤(健康网社区 2008-10-27)
　　c. 不是所有的皮子都叫真皮(胶东在线网 2010-05-19)
　　d. 不是所有的"瘤"都是"癌"(BCC语料)

"集体"与"团队"颇具相似性,但不宜混为一谈。因为"许多人合起来的有组织的整体"都可称为"集体",而"团队"是"具有某种性质的整体"。可见,"团队"比"集体"的要求更严格。现代意义上的"团队"指的是为了某一特定任务或目标而结成的特殊组织,一般要求有明确的分工与协作,往往带有攻关的性质。所以,把所有的"集体"都称为"团队"是变相似为隶属的错误的范畴归类。"不是所有的集体都叫团队"就是对这种浑水摸鱼式的范畴归类的一种匡正。其他例子的产生机制与此相同。

4. 变"等同关系"为"非等同关系"

变"等同关系"为"非等同关系",排除"X"范畴归类的唯一性。范畴"X"与"Y"本来具有等同关系,故而人们常常用"等于、等同于、意味着"和"是"等表示等同关系的词语来表达范畴"X"与"Y"之间的关系。这种等同关系建立在人们对两种范畴间本质关系认同的基础上,因而在社会上具有较高的接受度。但是,人是万物的尺度,不同的立场、不同的主观体验可能带来对同一事物或现象不一致的认识。为了彰显说话者认知上的独特性,改变人们对范畴关系认定上一成不变的认知习惯,就得用"不是所有的X都叫Y"构式来否定"X"与"Y"的等同性与唯一性,从而形成了下面的一些表达。

(6) a. 不是所有的出轨都等于背叛(《伴侣》2009年第10期)
　　b. 不是所有浪漫都是爱情(天涯博客 2004-11-12)

c. 不是所有的两情相悦，都叫爱情（合肥论坛 2010-04-21）
　　　d. 不是所有的客户都是上帝（BCC 语料）
所有的出轨行为都等于背叛，不管出轨出自什么原因，这是一般人的认识。有人硬是要为自己的出轨辩护，所以才有了例（6）a 句的说法。在人们心里，男女间的浪漫就意味着爱情，但有人非要把二者分离开来，b 句正是否定这种等同论来为自己狡辩。爱情无疑意味着"两情相悦"，否则何谈"爱情"？这也是大众对爱情最朴素的理解，说话人用 c 句来刻意否定两者的等同关系，才有了这种玩文字游戏式的表达。

　　从以上我们所做的关于"不是所有的 X 都叫 Y"的分类中不难发现，排除式范畴化现象的大量出现，有着深刻的现实基础与认知动因。下面我们对此做出分析与解释。

二、排除式范畴化的现实基础与认知作用

（一）排除式范畴化现象的现实基础

　　人的认识包括了对客观世界与主观世界的认识两个方面。历史证明，人们的认识的过程是一个动态的过程，永远不会停留在一个固定的水平上。新事物的大量涌现、旧有观念、范畴的不断更新，带来了范畴归类与重新认定等诸多问题。我们看到，排除式范畴化现象伴随着这些问题而来，有着深深的时代印记与现实的基础。

　　从排除式范畴化所要纠正的各种错误的范畴归类现象来看，可以发现其中大体分为"已然型"的与"未然型"两种类型。先看已然型的：

　　（7）a. 不是所有的顾客都叫上帝（《中华合作时报》2011-11-18）
　　　b. 不是所有的空地都叫公园（《合肥晚报》2011-03-25）
　　　c. 不是所有的冲动都叫爱情（《读者》2003 年第 1 期）
　　　d. 不是所有的美德都叫公正（《上海大学学报》2010 年第 1 期）

"顾客即上帝"是商家从商的信条，但是现实中却有个别顾客的表现不配以"上帝"来称道；有的地方硬是要把一片"空地"称作"公园"；现实中有人把"冲动"与"爱情"画上等号；有人把"美德"都归于"公正"之中。凡此种种，都源于现实中发生了这样的范畴归类错误，都有现实的基础与直接的针对性，是对这些错误的范畴归类的纠正。

　　再看"未然型"的，前文说的对"假定性"的范畴归类的纠正就属此类。这种现象尽管是商家为了突出自己产品的特殊性而采取的虚晃一枪式的范畴排除方式，即假定有人想把一个不知名的产品归入一个知名的产品中来，出于澄清范畴本相的需要，必须将这些混入范畴中的成员予以排除。

很多商家用"不是所有的 X 都叫 Y"构式推出的广告语基本上都是靠这种"假定性"的范畴归类而着意炒作的,但也不排除现实当中确有此类现象出现的可能性。所以,这是一种为防止由可能性变为现实性的范畴排除方式,也有着现实的基础。

(二)排除式范畴化的认知作用

客观世界是变化的,人的认知要适应这种随时可能出现的变化并做出相应的调整。排除式范畴化现象的出现,有着深刻的认知动因。从被排除出范畴"Y"中的范畴成员"X"来看,有的"X"是本来就是范畴"Y"中的成员,在人们心中享有稳定的认知地位;有的"X"则是新出现的事物,极易混入既有的范畴"Y"之中;有的"X"与"Y"极其相似从而导致错误的范畴归类;有的"X"与"Y"具有密切的相关性,也容易造成人们归类时的错误。凡此种种,都有待做出范畴的梳理与调整,从而把在说话者看来误判到范畴"Y"中的"X"排除掉。所以,排除式范畴化现象,其认知动因就是对各种现实的或可能出现的范畴归类错误所做出的校正。"不是所有的 X 都叫 Y"这类话语方式的认知作用可概括为三个方面。

1. 校正与防止范畴的扩大化

即通过对既有范畴归类进行范围的限制,校正与防止人们把范畴归类做无限制的概括与类推,从而增进人们对范畴内涵的重新认识与把握。既有范畴的归类尽管反映了人们对事物或现象的认识成果,有着坚实的认识基础,但是,由于事物或现象的复杂性,如果不考虑被归类范畴"X"的特殊性,将其统统归入"Y"中,就容易出现用一般规律来代替特殊现象的范畴归类扩大化错误。请看下面的例子:

(8) a. (所)有的顾客(都)是上帝。
    b. (所)有的空地(都)是公园。
    c. (所)有的冲动(都)是爱情。
    d. (所)有的美德(都)是公正。

例(8)四句括号外的部分是一个非全称性命题,它们反映了人对事物(a、b)或是对抽象概念(c、d)的属性的基本判断,在一般情况下,这样的范畴归类是合理的。但是,如果有人将上述判断推而广之,将其用全称性命题来表述,就会造成以偏概全性的范畴归类错误,这就需要采用否定的方式予以纠正,从而形成例(7)那样的"不是所有的 X 都叫 Y"话语表达。可见,校正与防止范畴的扩大化,是排除式范畴化构式使用的直接动因。

还有的排除式范畴化,意在纠正与排除把种范畴与属范畴关系颠倒而导致的范畴归类错误。众所周知,"X 是 Y"是常见的下定义格式,这种表达把被定义项（种概念）放进定义项（属概念）之中，也就是把特殊范畴置于一般范畴之中，是人们认识新事物、提供新知识所采用的最基本的认知框架。如：

(9) a. 摄影是一种照片。　　　　b. 传奇是一种经历。
　　 c. 被动式是一种表被动的句子。　d. 知识是一种正确的认识。

也可以采用被定义项置后"有的Y叫X"的格式，形成下面的表述：

(10) a. 有的照片叫摄影。　　　　b. 有的经历叫传奇。
　　　c. 有的表被动的句子是被动式。　d. 有的正确的认识叫知识。

这种倒装式定义格式之所以成立，是对定义项进行了限制，即在定义项前加了"有的"，从而防止了把所有的属范畴都归入种范畴的类推错误的发生。有的人有意无意地忽略定义格式中种范畴与属范畴的区别，把属范畴前的"有的"扩大为"所有的"，就会导致类推错误的发生，下面的排除式范畴化构式就是对这一认知错误的纠正。

(11) a. 不是所有的照片都叫摄影（《中国摄影报》2010-04-02）
　　　b. 不是所有经历，都叫传奇。（南京汽车论坛 2011-02-24）
　　　c. 不是所有表被动的句子是被动式（《云南师范大学学报》1986年第4期）
　　　d. 不是所有正确的认识都叫知识（《中国人民大学学报》1998年第4期）

2. 强调事物的特殊性，防止异类范畴的混入

为了彰显事物的独特性，引起人们对所述事物性质的关注，说话者假定有人在范畴归类上出现了混淆，于是采用了排除异类混入的方式，这是很多商家在做广告和人物宣传时经常采用的模式，如前面例（3）各句。

3. 凸显说话者的认识，防止范畴归类的简单化

范畴的认定与归类有着相对的稳定性，但是，人的认识是复杂的，特别是在对待抽象范畴上，可能见仁见智。为了防止人们囿于范畴归类的习惯性而产生的对范畴关系理解的简单化与固化倾向，突出说话者对范畴理解与归类的独特性，往往使用"不是所有的X都叫Y"的方式进行表达。如前面例（6）各句就是对传统的范畴归类单一性的一种突破，目的在于彰显说话者对范畴内涵的复杂性的独特认识，引发人们关注范畴归类的可变性与多样性。同时还起到了指导人们正确认识事物匡谬正俗的作用。

三、排除式范畴化构式的功能演变及动因

（一）"不是所有的 X 都叫 Y"构式的功能演变

"不是所有的 X 都叫 Y"构式，如果仅就形式而论，并不是新生的，汉语中这类格式早已有之。这种表达式的使用是基于向人们引进新事物、了解新知识的需要而进行的，受人的认知习惯的影响，当人们面对新事物、新现象或新范畴时，可能产生或存在范畴归类上的误区或困惑，"不是所有的 X 都叫 Y"构式正是对人们可能存在的这类问题而进行的否定性陈述，其话语功能是解释性的。解释性功能的一个突出的语篇标志就是在这种格式的前后，都有一些说明性的或是解释性的话语与之相配，并且有语篇连接成分（下画横线的词语），共同完成一次解释性的言语行为。请看：

(12) a. 这地方不知怎么会有这么一个传统，剃头的多半也是吹鼓手（不是所有的剃头匠都是吹鼓手，<u>也不</u>是所有的吹鼓手都是剃头匠）。

b. <u>当然</u>，音乐不能包治百病，<u>也不</u>是所有的音乐都是灵丹妙药，必须以严格的科学态度进行大胆的实验，才能在这一领域取得真正的成就。

c. 许多动物都可以成为原始人的祖先和保护神，称为图腾；<u>但</u>不是所有的动物都是图腾。这些动物一经崇拜，禁忌也就随之产生。

例（12）a 句中的两个回环形的"不是所有的 X 都叫 Y"构式，并且放在括号当中，其解释性功能特别明显，是对前边"剃头的多半也是吹鼓手"这一陈述的进一步解释。音乐对某些疾病具有治疗的功能，但是如果推而广之，那就又会产生简单推论的错误，上例 b 句"不是所有的音乐都是灵丹妙药"对"音乐不能包治百病"进行了更进一步的解说。上例 c 句用"不是所有的动物都是图腾"解释动物与原始人的图腾之间的关系，避免产生不适当的类推。

当代汉语中的"不是所有的 X 都叫 Y"构式，承继了这一格式解释性的表达功能。但是，当代汉语中的"不是所有的 X 都叫 Y"构式，更多地体现在其反定义的功能上。所谓反定义功能，即对某种已经给出的全量肯定式定义予以否定，以明示其范畴归类的非逻辑性。它的特点有二：一是具有现实针对性，用于纠正某个定义或命题所包含的范畴归类错误，这与传统格式只是为了对有可能出现的范畴归类偏差进行事先的解释形成了鲜明的功能对立；二是在语篇中使用的条件不同，从例（12）几例可以看出，传统格式的话语功能是解释性的，所以需要有其他解释语句的配合与协助，共同完成一次解释的任务，而当代格式是针对某种言论做出的纠正与反驳，

所以一般在语篇中极少使用，多数情况下是作为标题出现或单独使用，具有明显的反定义或反命题特点。比如，时下常有人用"有一种X叫Y"的格式来表达自己独特的认识，即把某个/些本来不属于某个概念范畴"Y"的"X"强行拉入"Y"中，我们称之为"强加式范畴化"，因为被说话者强行加入范畴"Y"的"X"并不属于范畴"Y"中的典型成员，社会接受度不高，所以极易给"不是所有的X都叫Y"式的排除式范畴化的使用制造针对性表达的条件。请看：

（13）a_1. 有一种倒下叫站起。　　a_2. 不是所有的倒下都叫站起。
　　　b_1. 有一种泪水叫坚强。　　b_2. 不是所有的泪水都叫坚强。
　　　c_1. 有一种智慧叫放手。　　c_2. 不是所有的智慧都叫放手。
　　　d_1. 有一种快乐叫低调。　　d_2. 不是所有的快乐都叫低调。

"有一种X叫Y"强加式范畴化构式是对传统范畴归类方式的突破，目的是将不在范畴中的某一成员强拉进来；而"不是所有的X都叫Y"排除式范畴化构式的使用，则是对范畴扩大化的解除，目的在于把不属于某一范畴的成员清理出去。可见，"不是所有的X都叫Y"构式，其功能已经突破了传统格式的解释性功能，以反定义功能为其基本功能。在话语功能上，与传统格式形成了鲜明的对立与区分。

（二）排除式范畴化构式兴起的修辞动因

范畴并非对客观现实的被动反映，它是通过我们的身体及心智对真实世界的特性进行能动处理的结果；在客观现实因素之外，更有生理、心理、文化因素的作用。认知范畴理论特别注重范畴化过程中存在人的因素，强调范畴建立的过程。本节讨论的排除式范畴化现象，展示的正是在范畴的重建与使用过程中人为因素的加入而形成的范畴化的动态特点。"需要是创造之母"。时代的发展、社会的开放，带来了深化认识与价值观多元的外部条件；而新事物、新概念、新观念的不断涌现，给人们的观念系统与范畴归类带来了重组与调整的客观需要；人们要适应社会发展、拓展认知与更新观念又成为进行范畴重组与创新的主观需要与内在动力。正是在这些外在与内在因素的触发下，排除式范畴化这种新型的反定义型的话语方式才在这个开放多元的时代被创造出来并迅猛地流行开来。它不仅是汉语的表达手段的创新，而且也是对人们认知的新的拓展。我们更应该看到，"不是所有的X都叫Y"构式，从解释性话语演化为反定义性的范畴排除格式，其功能流变的背后，固然有多种因素的促动，但是，我们理应意识到，把排除式范畴化的表达因素与"不是所有的X都叫Y"表达格式系联起来的外部动力来自修辞。

首先,"不是所有的 X 都叫 Y"这一格式具有突破传统范畴归类的单一性与固定化的语用号召力,契合了彰显对新事物、新概念的独特认知的表达需要。这种号召力来自格式对范畴归类的柔性处理,它并不否认"有的 X 叫 Y",否定的只是那种把"所有的 X 都叫 Y"的绝对化做法,又不直接亮明到底"什么样的 X 才叫 Y",这种留有余地的柔性表达极易给人一种亲和力,并且让人有一种急欲知其所以然的期待感,所以格式一经使用,就在网络与报刊中流行开来。最能体现对这一格式创造性运用的当属蒙牛乳业为自己的产品设计的广告语"不是所有的牛奶都叫'特仑苏'",这一广告语单独出现,不加任何附带的说明,让人产生一种想要了解什么样的牛奶才叫"特仑苏"的冲动,为彰显自己的品牌及产品的独特性进行了最巧妙的广告策划。几乎所有的"不是所有的 X 都叫 Y"构式都出现于标题的事实也充分说明,把表达排除式范畴归类的刚性用柔性的格式包装起来,是这种"不是所有的 X 都叫 Y"构式有别于其他格式的最大的修辞特点,也是该类表达式能够被大众广泛接受的一个很重要的原因。

其次,作为一种排除式范畴化表达的新方法,"不是所有的 X 都叫 Y"这一格式不仅在于其表达做到了刚柔并济,而且还在于其装载了丰富的内容,可以适用于对不同的范畴认定的否定。仔细观察"不是所有的 X 都叫 Y"这一格式,我们不难发现,它通过否定"所有的 X 都叫 Y"这样的全量判断,表面上好像传达的都是"有的 X 不是 Y"的内容,但是,仔细观察,它们意欲传达的内容十分丰富。请看:

(14) a_1. 不是所有的顾客都是上帝。　　a_2. 有的顾客不配叫上帝。
　　　b_1. 不是所有照片都是摄影。　　　b_2. 照片和摄影不是一回事。
　　　c_1. 不是所有河蟹都叫大闸蟹。　　c_2. 只有某种河蟹才叫大闸蟹。
　　　d_1. 不是所有的牛奶都叫特仑苏。　d_2. 只有一种牛奶叫特仑苏。

例(14)每组后一句是前一句中意欲表达前一句并未直接表达出来的信息,这些信息是以说话者使用"不是所有的 X 都叫 Y"进行表述的原因或潜台词的方式,暗藏在话语之中。因此,正确理解"不是所有的 X 都叫 Y"所表达的真实信息,需经过由结果(已明言的命题"不是所有的 X 都叫 Y")到原因(未明言的命题)的推导过程。以例(14)的 a 句为例,因为"有的顾客不配叫上帝",所以我才说"不是所有的顾客都是上帝"。可见,追求意在言外的修辞效果是排除式范畴化构式共同的表意特点。因此我们觉得,修辞因素才是促成"不是所有的 X 都叫 Y"这一格式由解释性话语演化进而到固化为反定义性的范畴排除格式的真正动因。(认知的因素总是内在的,语法的格式也只是提供了意义表达的一种框架,能把人的内在的认知要求与表达特定意义的语法格式系联起来的纽带正是修辞,是修辞手段创新的需要。)这几年来,"构式语法"受到了研究者的特别关注,但是很少把关注视野从较狭隘的"句法-语义"的"构式观"转向"句法、语义-修辞"的"宏观构式观"。特殊的句法与语义只有联系其特有的表达倾向才是一种"构式"赖以产生与存在的重要前提与保障。时下,人们乐于用这一格式来表达对某个事物或现象的独特理解,看中的也许正是这一格式中蕴含着的意在言外的表意功用。

第二节 强加式范畴化构式"有一种 X 叫 Y"

范畴化是人类高级认知活动中最基本的一种现象,它是人类在歧异的现实中看到相似性,并据此对世界万物进行分类,进而形成概念的过程和能力。范畴化是认知语言学研究的一个重要领域。众所周知,"语言与认知具有紧密的内在联系。随着人类认知的不断深入和丰富,人的概念系统和认知系统会不断产生新的内容,而目前的语言系统肯定没有足够的表达方式和手段表达这些新的内容。那么,怎样弥补概念系统与表达系统之间的空缺,既是一个认知问题,也是一个语言问题"(刘正光,2006:2)。本节专门讨论的是其中的强加式临时范畴化"有一种 X 叫 Y"现象[①],在对这类范畴化现象进行充分的分类与描写的基础上,探讨其认知特点,特别是体现在范畴临时构建中的认知功用与交际策略。

一、强加式临时范畴化及类型

(一)临时范畴化与强加式临时范畴化

语言中存在着多种多样的临时范畴构拟现象,即把本来不属于某一范

---

① 谭学纯(《"这也是一种 X":从标题话语到语篇叙述——以 2009 年福建省高考优秀作文为分析对象》,《语言文字应用》2011 年第 2 期)研究了流行格式"这也是一种 X",将这一格式分别置入标题话语和语篇框架中考察,发现了其两种功能:一种是语篇叙述强力引导某个概念上不属于"X1"属于"X0"之一的修辞认知;另一种是引入相关事件、情节、场景或评价,强化"X1"属于"X0"之一的语篇环境。本节讨论的临时范畴强加模式"有一种 X 叫 Y",与谭文研究的"这也是一种 X"格式,不仅形式上颇为相似,在表意上也具有相似性,即在范畴归类上都有"强加"的特点。区别在于:"有一种 X 叫 Y"格式,直接强行地把"X"归入"Y"中,而"这也是一种 X"中被归类的是指示成分"这",需要语篇的助力才能明确其所指,所以更容易在标题话语中使用。此外,格式里出现了"也是",在范畴强行归类时比"有一种 X 叫 Y"格式更有柔性。

畴的对象，临时地置于这一范畴当中，或是把本来属于某一范畴的对象，临时地排除出这一范畴之外，或者是对范畴进行临时性的处理，从而形成了多种多样的临时范畴化现象。我们用"临时范畴"来指称由这种临时性的范畴构建而出现的结果，用"临时范畴化"来指称这类范畴构建的动态过程。本节更关注后者，因为"临时范畴化"的研究必然包括"临时范畴"，这些"临时范畴"是为表达说话人对事体独特的认知而临时构建的，所以关注其动态的范畴构建过程，可以展示人类使用语言时活生生的范畴构建、重组与分化等运作机制。所谓强加式临时范畴化，即把某个/些本来不属于某个概念范畴"Y"的"X"强行拉入"Y"中，采用的典型格式为"有一种X叫Y"。这是时下常见于网络与报刊，特别是年轻一代在口语中的表述方式。如：

(1) a. 有一种回报叫孝心。　　　　b. 有一种胜利叫撤退。
　　 c. 有一种奴役叫企业文化。　 d. 有一种快乐叫过年。

"孝心"是"孝顺的心意"，"回报"是"报答""酬报"的意思。按照正常的理解，只能说"回报是表达孝心的一种方式"。可见，两个范畴之间本没有隶属关系，或者说在一般人的心目中不会把二者放在同一个范畴之内。但是，说话者硬是强行地把"回报"这一仅与表达"孝心"相关的范畴拉进了"孝心"之中，形成了如上表述。更为奇特的是b句的表述方式，"胜利"与"撤退"本来就是相反概念或矛盾范畴，绝对不存在范畴间的包容或隶属关系，而说话人硬是把矛盾的范畴变成隶属范畴。

(二) 强加式临时范畴化的类型

第一种是"矛盾式强加"，即"X、Y"之间由矛盾范畴强行地变为隶属范畴。如例1的b句。同类的还有：

(2) a. 有一种潜伏叫暴露。　　　　b. 有一种光荣叫无耻。
　　 c. 有一种趁火打劫叫热情服务。 d. 有一种倒下叫站立。

第二种是"相关式强加"，即"X、Y"之间本来只有相关性，在"有一种X叫Y"的格式强力作用下，相关范畴被强行地转换为隶属范畴。相关性可以从几方面体现出来。

1. 变"原因-结果"关联为范畴的隶属关系

即"X、Y"之间本来只是"原因-结果"关联，进入"有一种X叫Y"构式后变成了范畴的隶属关系。如：

(3) a. 有一种等待叫希望。　　 b. 有一种感动叫真情。
　　 c. 有一种爱叫亲情。　　　d. 有一种感动叫分享。

因为有"希望"所以才"等待"；因为是"真情"所以才"感动"；

有了"亲情"所以才更能显示"爱";因为"分享"所以才"感动"。按照正常的理解,原因与结果只有相关性,不是范畴的包含关系,但是话语中却把"原因"作为子范畴纳入"结果"范畴中,把"原因-结果"的关联范畴强行变成了隶属范畴。

2. 变"条件-目的(结果)"关联为范畴的隶属关系

即"X、Y"之间本来只是"条件-目的(结果)"关联,进入"有一种 X 叫 Y"构式后变成了范畴的隶属关系。如:

(4)a. 有一种行动叫报答。　　b. 有一种真诚叫承担。
　　c. 有一种节能叫涨价。　　d. 有一种聆听叫清醒。

"行动"是"报答"的一种具体形式或条件,"报答"是"行动"的目的或结果;同理,"真诚"是"承担"的前提条件,"承担"是"真诚"所达成的目标;"节能"是变相"涨价"的条件与借口;只有"聆听"才能保持"清醒"。这些例子中,说话者把实现目的这样的条件范畴("行动""真诚"等)纳入了目的(结果)范畴("报答""承担"等)当中,变"条件-目的(结果)"为隶属范畴。

3. 变"属性-呈现方式"关联为范畴的隶属关系

即"X、Y"之间本来只是"属性-呈现方式"的关联,进入"有一种 X 叫 Y"构式后变成了范畴的隶属关系。如:

(5)a. 有一种美丽叫坚强。　　b. 有一种美丽叫平凡。
　　c. 有一种高贵叫文明。　　d. 有一种战役叫考研。

"坚强""平凡"可以看成"美丽"的呈现方式;"坚持"是"考验"的一种呈现形式;"文明"是"高贵"的一种呈现形式;"考研"可以看成另一种形式的"战役"。这些话语中被归类的范畴"X"只是与范畴"Y"相关,并不存在隶属关系,"Y"代表的仅是与"X"的属性相关的某种"形式"或"方式",这是利用"X"与"Y"属性相关而强行形成的隶属范畴。

第三种是"随意式强加",即把与"Y"本无关联的"X"强行并入"Y"而形成的范畴隶属关系。这是强加式临时范畴化常见的一种方式。

(6)a. 有一种毒药叫成功。　　b. 有一种病毒叫爱情。
　　c. 有一种文化叫迟到。　　d. 有一种投资叫放手。
　　e. 有一种教育叫等待。

"毒药"与"成功"、"病毒"与"爱情"、"投资"与"放手"、"教育"与"等待"等,前一范畴"X"与后一范畴"Y"本来毫不相干,可是"X"却被硬性地塞进"Y"中,形成了最为典型的拉郎配式的范畴重建。这种临时性范畴间的运作,具有极强的主观随意性,充其量只是个人在特定时空的一种感受,并不能反映范畴间的固有联系。所以,这类范畴关系可以用"对某人来说,X 意味着 Y"的方式来理解。如"有一种毒药叫成功",正如同名的一篇网络文章所言:"这个浮躁的时代,似乎每个人都不小心喝下了'成功'这碗毒药,却忘了生命本该如此多娇。"看来,对于某些把"成功"与金钱、权力等同起来并作为人生唯一目标的人来说,这种"成功"与"毒药"无异。"有一种教育叫等待"要表达的是,对某些孩子来说,所谓"教育"其实意味着"等待"。我们看到,正是由于这种范畴归类中的随意性,在临时性范畴的建构中,可以率性地指鹿为马,人们可以在同一范畴下(如下例的"美丽"),根据需要塞入形形色色的异类成员:

(7) a. 有一种美丽叫认真。　　b. 有一种美丽叫放弃。
　　c. 有一种美丽叫关爱。　　d. 有一种美丽叫平淡。

"美丽"似乎可以纳入众多的范畴当中,上面列举的仅是众多"有一种美丽叫 Y"中的几例,由此可见临时范畴构建中的随意性与灵活性。

二、强加式临时范畴化构建的特点

概念范畴是人们在长期的生活实践与交际过程中形成的,有着比较一致与相对固定的内容。如对于"交通工具""家具"等,一般人都清楚这些范畴里包含的成员大体上有些什么,正是因为人们对范畴有着较为一致的认知度,才使日常的交际成为可能。但是,人对外部世界与自身的认识又不可能达到完结,特别是当受到特定的认知环境与特殊的表达目的的驱动时,交际中不免要突破既有范畴而进行范畴的创新与重建。我们所论及的"有一种 X 叫 Y"构式中,无论是前项"X"还是后项的"Y",都是较为抽象的概念,把范畴"X"归入"Y",体现了人们对两个抽象概念或范畴之间的运作过程。因"X""Y"交互的抽象性,对其内涵与外延的把握本身就不是一件容易的事,说话者由于交际的需要,还会加上自己对范畴关系的主观识解,由此极易出现范畴的临时性构建现象。因为是涉及两个抽象范畴的关系的认定,所以强加式临时范畴化现象在具体操作上显得非常奇特,更能体现人们使用范畴与范畴重建时的认知活动。我们发现,这种临时性范畴化现象有如下的认知特点。

(一)强烈的主观性

莱昂斯(Lyons,1977:739)指出,说话人在说出一段话的同时表明自己对这段话的立场、态度和感情,从而在话语中留下自我的印记,这就是语言的主观性。话语的主观性,不仅仅体现在句子的某个词项上,还表现在范畴构建的过程中。临时范畴的重建,本质上就是说话人在此情此景下对某一范畴进行个性化识解的过程。既有的范畴化现象固然反映了人对事物或现象本质与规律的认识，但是事物是发展的，人的认知也不会永远停留在一个固定的水平上，更何况，人是世界万物的尺度，他对事物或现象的认识受着特定环境与心境的制约，在表达时不可能不带有主观的印记，尤其是在范畴的临时归并时，更不易摆脱主观因素的干扰。所谓"雾里看花、水中望月"，看到的花与月与实际的东西已经相去甚远。特别是流行的强加式临时范畴化现象，所扩展的范畴往往不是具体的事物，而是比较抽象的概念，这些抽象的概念范畴的具体内涵本来就不易把握，再加上说话人刻意标新立异，这就使得这些抽象范畴在具体使用中极易加入其"创新"的成分，在范畴重建中带上了浓烈的主观色彩。

（8）a. 有一种创新叫破坏。　　b. 有一种胡扯叫"专家"。
　　　c. 有一种爱叫唠叨。　　d. 有一种爱叫遥遥守候。

例（8）都是临时范畴化的强加式。其中有的"X"与"Y"是矛盾关系，属矛盾式强加（a、b）；有的"X"与"Y"只有相关性，属相关性强加（c、d）。把范畴"X"强行拉入范畴"Y"中，无疑带有很强的主观性，因为在人的观念世界里，二者并不是范畴的隶属关系。但细细想来，这种范畴强行归并的主观性背后，又有着某种客观的基础。"创新"与"破坏"不沾边，把它放在"破坏"这一范畴中似乎并不靠谱，可是有些人正是以"创新"之名行"破坏"之实，所以，说这种"创新"是一种"破坏"，又显得实至名归，一针见血。"专家"是在某一领域具有高深学识与专门研究或是精通某项技术的人，"胡扯"也不应与"专家"放在同一范畴当中，但是生活中确有挂着专家的幌子招摇撞骗的人，用"胡扯"来称道他们也就恰如其分。"爱"在一般人心里意味着相伴厮守、相恋相依、体贴照顾，"唠叨"与"遥遥守候"显然不是其主要的形式，但它们代表的却是"爱"的一种独特而真实的呈现方式。"有一种X叫Y"构式由于其主观性表述方式的背后又有客观而合理的内容，能加深人们对自身与外部世界的认识，所以这种话语方式才能受到人们的喜爱。

（二）反客为主现象

科学概念与日常话语中的下定义方式是首先出现凸显的目标范畴"X"，然后将其归并到作为参照物的背景范畴"Y"之中，"X是Y"就是常用的定义格式，"X"为被定义项，"Y"为定义的参照项。下面各例采用的都是"X是Y"格式。

（9）a. 放弃是一种失败。　　b. 温馨是一种境界。
　　　c. 微笑是一种语言。　　d. 踏实是一种幸福。

　　　　e. 刚毅是一种精神。　　f. 爱是一种力量。

如果采用强加式临时范畴化的"有一种 X 叫 Y"构式，例（9）各例就变成了下面的说法。请看下面的例子：

（10）a. 有一种失败叫放弃。　　b. 有一种境界叫温馨。
　　　　c. 有一种语言叫微笑。　　d. 有一种幸福叫踏实。
　　　　e. 有一种精神叫刚毅。　　f. 有一种力量叫爱。

与人们熟知的下定义方式正好相反，"有一种 X 叫 Y"构式中，其意欲凸显的目标范畴"X"恰恰是日常定义格式"X 是 Y"里的背景范畴"Y"，即原参照背景"Y"在此变成了目标范畴"X"，而且被特意置于参照物的背景范畴"Y"之前，这就形成了强加式临时范畴化清一色的"有一种 X 叫 Y"构式。与普通定义方式相比，这种把大范畴归入小范畴的做法在范畴归类上的确显得怪异而特别。这种表述之所以让人觉得有些突兀，就是因为这种反客为主式的表述方式与我们平常的话语方式存在着显著的差异。所谓强加，还有另一层意思，这种范畴化方式故意地违反了人们把小类（目标范畴）归入大类（背景范畴）的做法，在思维方式上倒行逆施，有意地把大类硬性地归入小类，是一种脑筋急转弯式的认知与表述方式。

　（三）范畴归类上的弹性

我们发现，强加式临时范畴构建在形式上和表意上还有一个最明显的特点，那就是采用的都是"有一种 X 叫 Y"的格式。这就使得这种范畴的构建，在硬性强加的同时，还带着一点明显的弹性因素。"智者见智，仁者见仁"，尽管说话者强行实施了范畴归并，但只是表明"有一种范畴 X"，这个"X"应该归入范畴"Y"中，如果没有"X"前的这个"有一种"的限定，就会让人产生"所有的 X 都叫 Y"式的认知偏误。从这点看，这类范畴构建做到了刚性与柔性的统一，在表述上留有余地，所以一经使用就成为大众克隆的模块，在各种媒体中广为流行，特别是成了备受青年一代喜爱的话语方式。

强加式临时范畴化之所以在青年群体中特别流行，还与其独特的认知功用紧密相关。

三、强加式临时范畴化的认知功用

范畴化能力是人类的最基本的能力之一，试想，若没有对千差万别的现实加以范畴化的能力，人类便无法理解自己在生存环境中感受到的复杂现象，我们将无法对经验进行处理、构造、储存，也无法进行推理，更无法与他人交流自己的经验。把遇到的新范畴进行分类与归并，是人们认识新事物时经常采用的方式，所采用的也往往是"有一种 X 叫 Y"的格式，即把小类"X"归入大类"Y"中。这种格式沿用已久，通过把新范畴纳入已有范畴之中，以分类与归并为手段，以认识新事物、提供新知识为其基本的认知功能。如：

（11）a. 有一种石头叫油页岩，它同石油一样，是由生物的残体混同泥沙变成的。

b. 另外，在宇宙中还有一种质子是带负电的，叫作反质子；一种电子是带正电的，叫作反电子。

本节讨论的强加式临时范畴化，在表达格式上也套用了"有一种 X 叫 Y"，但是它取的仅是下定义格式的"形"，在表意上它是"呈现性"的，而不是定义性的，就是说它行的表意之"实"并非简单地下定义，并不以认识新事物、提供新知识为其基本的认知功能。说它是"呈现性"的，是因为它利用"有一种 X 叫 Y"这种格式，不仅把两个抽象范畴的关系呈现出来，而且还强行地让它们变成"独特"的隶属关系。可见，这种话语手段以对既有的范畴进行重新分类与归并为手段，以反客为主式的表述方式把大类（背景范畴）强加于小类（目标范畴）之中，目的就是让受众去关注两个范畴间某种不被人重视或是被人忽视了的关系。说话者为何要大动干戈、打破常规进行范畴的重建呢？这种独特的范畴构建方式有何认知功能呢？我们觉得，其认知功能主要表现在其"呈现性"与"强加性"上，具体说来，可表述为如下三个方面。

（一）重新认定与确立背景范畴"Y"在范畴"X"中的地位

原型理论的基本观点认为，属于同一范畴的成员其地位并不平等，有较好的和较差的成员之分。最好的成员即最具原型性的成员，它们最能体现范畴的特征，在认知上也最具显著度。而处于范畴较边缘的成员，显著度就要差得多，因而常常被人忽视甚至遗忘。例如"有一种日子叫平淡"所用的"有一种 X 叫 Y"构式，是对普通定义格式下的话语（X 是 Y）"平淡也是一种日子（生活）"在范畴归类方式"反客为主"的运用：原来的目标范畴变成了背景范畴，背景范畴变成了目标范畴，也就是说，"X"和"Y"的角色进行了转换。但是由于原来普通定义格式"X 是 Y"中，"X"并不一定是"Y"范畴中的典型成员，显著度较差，所以说话人觉得有必要进行范畴重建，把原来的"Y"强行返归到"X"中，变成了"有一种 Y 叫 X"，以唤醒人们对"Y"在范畴中的地位与身份进行重新认识与确认。这种表达式，正是本节讨论的"有一种 X 叫 Y"构式。如：

（12）a. 有一种日子叫平淡。　　b. 有一种生命状态叫行走。

　　　　c. 有一种伟大叫义工。　　　d. 有一种爱叫相濡以沫。

生活中有多少人都把"轰轰烈烈""红红火火""星光灿烂"等与"成功"的人生画上了等号，并错误地将其视为人生的全部，而忽视了平平淡淡才是生活的本真与常态。所以说话者在此有意把本属背景范畴（大范畴）的"日子"作为目标范畴（小范畴）来处理，并将其归入新确立的背景范畴"平淡"之中，达到了对"平淡"的范畴地位进行重新确立与再认识的功效。同理，把"生命状态"放于"行走"之内，把"伟大"置于"义工"之中，把"爱"归进"相濡以沫"之中，从形式上看是突出前者"X"这一目标范畴，但在表意上都是起着重新确立后者"Y"（参照背景）在范畴中的地位与身份的作用。

　　（二）提请关注不合常理的范畴混同现象

范畴内的成员具有相对的稳定性，但不同主体在具体的把握中也体现出一定程度的主观性。有些人却有意地利用范畴边界的不确定性与使用上的主观性，把一些不属于范畴成员的东西加进来，由此有意混同范畴的边界。所以，把这种鱼目混珠的玩范畴游戏的现象用"有一种 X 叫 Y"的方式将其"翻晒"出来，可以起到提醒人们关注其不合逻辑背后的别有用心的作用。这是一种"以子之矛，攻子之盾"的反击方式。

　　（13）a. 有一种风格叫低调的奢华。　b. 有一种腐败叫感恩。
　　　　c. 有一种免职叫官复原职。　　d. 有一种不好意思叫徇私枉法。
　　　　e. 有一种沟通叫"伪沟通"。　　f. 有一种业绩叫不作为。

可见，话语使用者用这类矛盾式强加格式，目的并不在于进行范畴的重新归类，而是要展示某些人的言语中表现出的范畴归类的逻辑，以提请人们认清其言语与行动的非逻辑性与荒谬性。这种故意露马脚的矛盾式话语，无异于刺破伪装的利刃，具有针砭时弊的力量。

　　（三）彰显范畴内涵的丰富性

强加式临时范畴化是一种典型的倒过来思考的范畴归类方式，这种范畴的构建过程是将大范畴归入小范畴之中，它突破了日常范畴归类那种把小范畴纳入大范畴的固有格式，可以说是范畴重建方法上的一种突破。有了这样的范畴重建方法，就为范畴内涵的扩充打开了通道。如下面例子中把"力量"分别归入了不同的范畴之中，不仅延展了相关范畴的内涵，而且融入了说话人对范畴识解的主观性、个性化的内容。

　　（14）a. 有一种力量叫执着。　　b. 有一种力量叫责任。
　　　　c. 有一种力量叫感动。　　d. 有一种力量叫引导。
　　　　e. 有一种力量叫作梦想。　f. 有一种力量叫忍耐。

第二章 范畴化运作与构式的形成（上） ·67·

还有一种值得注意的情况，那就是把诸多不同的目标概念"X"放在同一个范畴"Y"之中，这同样也是范畴内涵的丰富性与主观性的表现。如"平凡"这一范畴下，就被加进了不同的内容，这也可以说是"有一种 X 叫 Y"构式所特有的范畴重建上弹性因素的一种表现。

（15）a. 有一种伟大叫平凡。　　b. 有一种震撼叫平凡。
　　　 c. 有一种成功叫平凡。　　d. 有一种美丽叫平凡。
　　　 e. 有一种爱叫平凡。　　　f. 有一种业绩叫平凡。

当然，强加式临时范畴化因为有着范畴内涵扩展的丰富性与主观性的特点，也出现了一些过度使用甚至是滥用的问题。特别是在网络语言中，这种滥用的现象更为突出，把一种突出说话者主观识解的范畴创新的格式，演变为一种语言游戏。这种现象，倒也从反面印证了强加式临时范畴化在范畴内涵扩展与表达的主观性上的确有其优势。

四、"有一种 X 叫 Y"构式的功能流变及动因

（一）"有一种 X 叫 Y"构式由定义型到范畴强加型

强加式临时范畴化以范畴的重建与归类为手段，是近些年来才大量使用的一种新型的范畴化方式。我们知道，传统的科学概念的下定义过程其实就是范畴构建或曰概念范畴的建立过程。前面谈过，汉语中在给新引进的概念进行定义时也常采用"有一种 Y 叫 X"格式，这与本节讨论的强加式临时范畴化所用的格式有本质的区别。这一格式中，无论是前项的"X"还是后项的"Y"，都不是具体的事物或动作，而是两个抽象概念或范畴。汉语中这类抽象范畴间归类的操作格式的出现，还不到二十年的时间。如：

（16）a. 有一种爱叫关怀，有一种权利叫平等。（CCL 语料库 1994年报刊精选）

　　　b. 人生有一种境遇叫因祸得福，此时 16 岁的杜敏就来在了这样一个渡口。（CCL 语料库 1994 年报刊精选）

　　　c. 有学者提出，有一种社会现象叫作富饶的贫困。（《人民日报》1996-03-29）

　　　d. 有一种环境叫人文环境。（《经济新闻报》2000-08-23）

更早期的用例可视为修辞学中的"换名"，是明显的"语法转喻"性质。（沈家煊，1999）如下面的例子：

（17）a. 现在有一种社会心态叫"玩一把"，一些人抱着"游戏人生"的态度，以当"东方嬉皮士"为荣，似乎什么都可以"玩一把""过把瘾"。（CCL 语料库）

b. 颜秋说："有一种病叫'妻管严'，就跟我爸似的，我妈一吼他就害怕！"（CCL 语料库）

网上语料显示，强加式临时范畴化现象 21 世纪初在报刊上还不太常用，仅见的几例几乎都用于文章的标题当中。

（18） a. 有一种倒下叫站起。（《现代护理报》2003-04-29）
b. 有一种泪水叫坚强。（《光彩》2003 年第 8 期）
c. 有一种智慧叫放手。（《四川教育》2004 年第 11 期）
d. 有一种认真叫感动。（《广东审计》2004 年第 5 期）
e. 有一种快乐叫低调。（《大众电影》2004 年第 21 期）

从 2005 年开始，这种范畴化表达式开始兴盛起来，已经不再限于标题中使用，还被诸多正规的报刊所接纳，还不时地出现在歌词当中。现在，网络上还有为数可观的以"有一种美丽叫坚强/微笑/挑战/大公无私/永不言弃"的话语方式写成的中学生范文、演讲稿等，充分说明了这种范畴化模式受到了年轻一代的喜爱，正在成为他们常见的一种话语方式。

（二）"有一种 X 叫 Y"构式功能流变的动因

范畴并非对客观现实的被动反映，它是通过我们的身体及心智对真实世界的特性进行能动处理的结果；在客观现实因素之外，更有生理、心理、文化因素的作用。认知范畴理论特别注重范畴化过程中存在人的因素，强调范畴建立的过程。本节讨论的强加式临时范畴化现象，展示的正是在范畴的构建与使用过程中人为因素的加入而形成的范畴化的动态特点。时代的发展、社会的开放，带来了认识的深化与价值观的多元，"需要是创造之母"，正是由于社会的需要与人们表达对事体多元化认识的需要，这种强加式临时范畴化才在这个开放多元的时代被创造出来，它不仅是汉语的表达手段的创新，也是对人们认知的新的拓展。"有一种 X 叫 Y"构式，从解释性的定义格式演化为呈现性的范畴强加格式，其功能流变的背后，固然有认知的因素的促动，但是，认知因素毕竟是促成范畴重构的内在动力，把这种内在动力与表达格式系联起来的外部动力来自修辞，即修辞因素才是促成"有一种 X 叫 Y"这一格式由定义型走向范畴强加型这种功能演变的真正动因。为什么人们会选择"有一种 X 叫 Y"构式，而不是选择其他的格式来进行两个抽象范畴间的关系的重新认定？或者说为什么这一格式会逐渐地固化成范畴重新归并与分类的一种"构式"？恐怕离开修辞的因素很难做出解释。（认知的因素总是内在的，语法的格式也只是提供了意义表达的一种框架，能把人的内在的认知要求与表达特定意义的语法格式系联起来的纽带正是修辞，是修辞手段创新的需要。）这几年来，"构式语法"受到了研究者的特别关注,但是很少把关注视野从较狭隘的"句法-语义"的"构式观"转向"句法、语义-修辞"的"宏观构式观"。特殊的句法与语义只有联系其特有的表达倾向才是一种"构式"赖以产生与存在的重要前提与保障。前文提到,"有一种X叫Y"构式在范畴的构建中,以"呈现性"的方式把强烈的主观性与刚性强行地指派到临时构建的范畴中,而"有一种"的出现,又使得其范畴重建与归并中具备了"柔性"因子,这种刚性与柔性的统一,使格式在临时范畴重建时表达出"必须如此但也不一定如此"的"构式义",这种"无理而妙"的表达效果正是靠着修辞这只看不见的手点画而产生的。时下,人们乐于用这一格式来表达对某个事物或现象的独特理解,看中的也许正是这一格式中蕴含着的表意潜质与功用。

近些年来,新兴的"有一种X叫Y"构式,由于在范畴构建中独特的"柔性"基因,越来越受到青年一代的追捧与喜爱。网络上不时地能看到使用该构式造成的"有一种什么叫什么"的经典语录,这类经典语录式的话语方式是一连串的构式组成的。请看部分用例:

(19) a. 有一种童颜叫金泰妍,有一种气质叫郑秀妍,有一种可爱叫李顺圭,有一种笑眼叫黄美英,有一种舞后叫金孝渊,有一种性感叫权侑莉,有一种明朗叫崔秀英,有一种美丽叫林允儿,有一种榜样叫徐珠贤,有一种奇迹叫少女时代。

b. 有一种幸福叫有你相伴,有一种思念叫望眼欲穿,有一种往事叫过眼云烟,有一种孤寂叫度日如年,有一种伤心叫肝肠寸断,有一种奢望叫回到从前,有一种默契叫心照不宣,有一种感觉叫妙不可言,有一种甜蜜叫幸福缠绵,有一种宽容叫不计前嫌,有一种交往叫相知是缘,有一种犹豫叫藕断丝连,有一种惊喜叫中百万元,有一种游戏叫继续下联,有一种人生叫峰回路转,有一种历程叫不堪回首,有一种恋情叫寝食难安,有一种喜欢叫忐忑不安,有一种痛苦叫如履薄冰,有一种失去叫痛不欲生,有一种相思叫梦牵魂绕,有一种相见叫无言以对,有一种勇气叫百折不挠,有一种痛苦叫痛心疾首,有一种喜悦叫失而复得,有一种重逢叫悲喜交集,有一种相守叫天长地久,有一种相知叫心有灵犀,有一种等待叫地老天荒,有一种爱情叫刻骨铭心。

c. 有一种哲学叫低调,有一种成功叫忍耐,有一种力量叫自信,有一种心态叫放下,有一种选择叫放弃,有一种策略叫糊涂,有一种境界叫舍得,有一种情怀叫感恩,有一种胸怀叫包容,有一种幸福叫珍惜,有一种领悟叫自在,有一种灵活叫变通,有一种学问叫幽默,有一种智慧叫以退为进。

  d. 有一种策略叫糊涂，有一种成功叫忍耐，有一种幸福叫珍惜，有一种选择叫放弃，有一种力量叫自信，有一种孤寂叫度日如年，有一种智慧叫以退为进，有一种往事叫过眼云烟，有一种思念叫望眼欲穿，有一种宽容叫不计前嫌。

例（19）a 句是以韩国明星编排的经典语录，b 句是一段人生感悟式经典语录，c 句是哲理性的经典语录，d 句也是一段人生感悟式的经典语录。这四句全部采用了"有一种什么叫什么"的固定模板。虽然这些所谓的经典语录有文字游戏的味道，但另一方面也反映出该类表达方式在青年一代群体当中所具有的召唤力与影响力。因为时代的语言特点往往是以青年一代的语言风尚为标记的。

第三节 洗白式范畴化构式"X 什么都不是，X 只是 Y"

  范畴化是人类认识世界的基本能力之一，语言则是观察人类范畴化现象的最佳观察点。众所周知，随着人类认知的不断深入和丰富，人的概念系统和认知系统会不断产生新的内容，而目前的语言系统肯定没有足够的表达方式和手段表达这些新的内容。那么，怎样弥补概念系统与表达系统之间的空缺？这既是一个认知问题，也是一个语言问题。当我们把目光投到网络及其他各类媒体时，不难发现当代汉语已涌现出了一系列新兴的表达格式来弥补概念系统与表达系统之间的空缺。如近几年在网络与各种媒体出现的以"哥什么都不是，哥只是个传说"为代表的一批新兴构式，作为模板被大量模仿复制，成为当下青年人一种喜闻乐见的话语方式。这种构式可符号化为"X 什么都不是，X 只是 Y"。例如：

（1）a. 我什么都不是，我只是一阵风。（百度贴吧 2009-07-26）

  b. 我什么都不是，我只是个纯仙。（人人网 2011-08-13）

  c. 流浪者说，那什么都不是，只是个梦。（道客巴巴 2012-06-03）

可以看出，这几个句子使用了相同的表达格式"X 什么都不是，X 只是 Y"，我们将其看成新兴的范畴化运作模式。因为这类话语的特点是先用一个全量否定小句来否定主语"X"（目标范畴）隶属于任何既有的范畴，也就是将"X"与已有的范畴归属关系彻底洗白，形成"X"范畴归属的解脱与真空状态，继而再后接一个肯定小句，将其强行拉入范畴"Y"（背景范畴）中，使其临时性地归属于"Y"，观察上例各句可知，这个临时建立起来的新范畴"Y"却是极度虚化、不可捉摸的抽象概念。例（1）a 是对"X"（我）的范畴化运作，先用"X 什么都不是"对"X"做出了全量否定，再将这个被"洗白"后的"X"归入另一个抽象虚无的范畴"Y"（一阵风）中。例（1）b 先对"X"（我）的范畴归属给予全量否定，后续的肯定小句又顺势将其归入范畴"Y"（纯仙）中。例（1）c 的归类更有代表性，目标范畴"那"被彻底否定后又被重新归入一个更加虚幻而不可捉摸的背景范畴"Y"（梦）中。这种话语方式的特点是，都采用了"全量否定+部分肯定"的表达格式，即把被归类的目标范畴强行洗白，再将其归入一个或虚拟或抽象的背景范畴之中。这个先否定再肯定的过程实际上反映的是言语主体对某一目标范畴进行重新的洗牌与调整的认知化运作过程，本节将这种语言现象称为范畴洗白现象。因这类范畴运作在句法上都采用了相同的"X 什么都不是，X 只是 Y"句式，本节将这类句式称之为"范畴洗白构式"。

一、范畴洗白构式及其构式义

（一）范畴洗白构式的界定

1. 特定的表达框架

从表达结构看，该构式有一个固定的表达框架"X 什么都不是，X 只是 Y"，在前的是一个全量否定小句"X 什么都不是"，居后的是一个肯定小句"X 只是 Y"，其中，"X"和"Y"为变项。变项"X"在两个小句中都是以主语的身份出现的。能够充当变项"X"的多为名词，a 中的"一阵风"或是代词，如例（1）d 中的"我""那"。人称代词中以第一人称为主，第二、第三人称用得较少。

（2）a. 你什么都不是，只不过是一摊屎！（搜狐体育 2008-05-25）

b. 你什么都不是，只不过是一个妖怪般的人物。（《新闻晚报》2005-07-19）

能够充当变项"Y"的多为抽象名词，以例（1）为例，从认知上看，这些抽象名词所代表的或为无形可象的事物（"一阵风""梦"），或为世界上根本不存在的事物（"纯仙"）。有时，"Y"虽非抽象名词（如例（2）a"一摊屎"），但它与被归类的某个具体事物"X"（"你"）相比，只是取其性质上的相似，这种以实体来指代性质的做法，给人的感觉仍然是抽象空灵的。有关变项"Y"的抽象性质的具体分析，请见本节的第二部分。

2. 典型构式及变体

据我们考察,"X 什么都不是,X 只是 Y"其实包含了三个变体。

变体一:"X 什么都不是,X 只是 Y",句中的两个"X"完全同形,这种格式在范畴洗白构式中最常见且最具典型性,故而本节将其看作范畴洗白构式的典型构式。

变体二:"X 什么都不是,X_0 只是 Y",如例(1)a,句中两个"X"句法上不同形,但语义上等值,因为"X_0"是一个代词,语义上复指"X"。

变体三:"X 什么都不是,只是 Y",如例(1)c后续小句的主语因与前边否定小句中的"X"同形而省略。

变体二、变体三在表达上与变体一并无区别,故下文直接用变体一"X 什么都不是,X 只是 Y"来称道所有的范畴洗白构式。

(二)范畴洗白构式的构式义

我们发现,仅从表达格式来看,"X 什么都不是,X 只是 Y"这种话语方式在汉语中并不是什么新奇的现象,因为它在汉语中早已存在,例如:

(3)a. 原来我什么都不是,只是自己一直在自作多情。(百度问答 2013-08-16)

　　b. 我们什么都不是,只是错过。(腾讯女性 2004-03-29)

　　c. 而我什么都不是,只是个必须全盘让步的女人。(乔安娜·林赛《不可能的婚礼》)

　　d. 小香什么都不是,她只是个侍女。(古龙《圆月弯刀》)

　　e. 他什么都不是,他只是伍声 2009。(太平洋游戏网 2010-12-16)

表面上看,上述表达格式在语形上与范畴洗白构式相同,都是"X 什么都不是,X 只是 Y"。但是,上述例句只是在对范畴调整后的确认,可称为"范畴确认式",它与本节所讨论的范畴洗白构式在构成要素的句法语义、表达用途与表意重心等方面都存在差异。所以,要准确了解范畴洗白构式的构式义,必须从两种格式的表意特点的对比中才能概括得出。

1. 语义性质不同

从句法语义看,范畴洗白构式"X 什么都不是,X 只是 Y"中,对于进入"Y"句法位置上的成分有一定的要求和限制,即句法上只能是一个名词性短语,语义上必须具有抽象性与虚拟性。这种对于构式要素"Y"的限制缘于构式整体表意特点与表达倾向的需要。范畴洗白构式"X 什么都不是,X 只是 Y"是要先将概念"X"排除出所有人们习惯上认可的实在性范畴,而后依据认知主体的主观认识将其归入虚拟性范畴"Y"中。由于范畴洗白构式的表意作用在于颠覆对目标概念原有范畴的归属,而非有目的地将其重新归类，因此要求后一小句中的"Y"在句法形式上必须是名词性的，同时语义上必须是抽象的或虚拟的。而例（3）a、b 两句中的"Y"分别为主谓结构和动补短语，例（3）c、d、e 虽然是名词性的"（一）个必须全盘让步的女人""（一）个侍女"和"伍声2009"，但是，它们在语义上都是具体的，并不符合范畴洗白构式中"Y"必须是抽象概念或虚拟范畴的语义要求，所以虽然外形相似，但它们属于范畴确认式而非范畴洗白构式。

2. 表达用途不同

从表达用途看，范畴洗白构式是将本来不在同一认知框架内的"X"和"Y"强行归并在一起，如前面例（1）各句。以 a 为例，说话者将"X"（我）归并于"Y"（一阵风）中，给人一种突兀之感，因为我们一般关注的是"我"的职业、性格、相貌等，而很难将"我"与"一阵风"联系起来，换句话说，"一阵风"与"我"并不在普通人的同一认知框架之内。通过构式的表达所产生的语用效应，说话者临时地将"我"归并到了"一阵风"当中，是一种隐喻的说法，让人产生一种认识的升华。但是，例（3）各句的表达用途是对目标范畴"X"在同一认知框架内做出调整，即将本来应该属于背景范畴"Y"中的某个目标范畴"X"进行重新归位。如（3）d，目标范畴"X"（小香）本来就在背景范畴"Y"（侍女）之内，属同一认知框架。说话者认为听话者并没有把"X"与"Y"置于同一认知框架，故而使用"X 什么都不是，X 只是 Y"的话语方式对"X"的范畴归属进行确认。可见，范畴洗白构式与范畴确认式虽然采用的话语方式相似，但前者体现的是一种"指鹿为马"式的强烈的主观认同，而后者体现的是一种"变非为是"的事实还原与确认。

3. 表达重心有异

从表达重心看，范畴确认式的表意重心在后续的肯定小句，即整个话语着力强调的是"X"到底是什么，前面的全量否定小句只是为后面肯定小句的范畴调整所做的语义铺垫与准备。反观范畴洗白构式，构式的真正表意目的在于对目标范畴"X"既有归属的彻底颠覆，而非认知上的范畴归类。尽管构式包含了否定与肯定两个小句，但是，整个构式的表达重心在于前面的否定表达部分，因为构式表意的重心并不在于要告诉听话者"X"到底是什么，而是要让听话者明白"X"不是什么。前一个否定小句通过全量否定，将目标范畴"X"的范畴归属彻底洗白以实现认知上的颠覆，而后续的肯定小句只是为实现对目标范畴"X"颠覆后而虚设与假定的临时性归属，这种隐喻性表达并非构式表意的重心所在，范畴的洗白既是手段也是目的。支撑这种观点的最有力证据就是，范畴洗白构式中的两个小句的语序可以变位，可以在全量否定小句中加进语气副词"反正"，这与范畴确认式不同。试比较：

（4）a_1. 我什么都不是，我只是一阵风。

a_2. 我只是一阵风，我什么都不是。

a_3. <u>反正</u>我什么都不是，我只是一阵风。

b_1. 小香什么都不是，她只是个侍女。

b_2. ？小香只是个侍女，小香什么都不是。

b_3. ？<u>反正</u>小香什么都不是，她只是个侍女。

通过对比我们不难看出，两种句式有着本质的区别：在保持话语基本意思不变的情况下，例（4）a_1可以改变否定小句与肯定小句的次序，即变为例（4）a_2。这说明，对目标范畴"X"的既有归属进行洗白是其最根本的作用，至于采用先否定（范畴洗白）后肯定（虚设的归类）还是先肯定（虚设的归类）再否定（范畴洗白）的表达顺序，都不影响以范畴洗白为构式表意的重心。例（4）b_1不可以变换为例（4）b_2则说明，范畴确认式不能采用先肯定（实质归类）再否定（范畴洗白）的表达顺序，这是因为前一个肯定小句已经把范畴进行了实质上的确认，如果再进行全量否定式的范畴洗白，就会显得矛盾与多余。由此可见，范畴确认式中的对"X"进行否定只是实施范畴重新确认的必要手段，肯定小句才是该话语的重心所在。还有，例（4）a_3与例（4）b_3的对比也说明两种格式表达重心的差异，范畴洗白构式中的否定小句中可以加上"反正"而意思不变，因为范畴洗白构式表述的重心就在于否定一切既成的或可能有的范畴归类，它以范畴洗白为其最重要的出发点，否定一切是其解构范畴归类的杀手锏。但是，范畴确认式的否定小句中却加不进这类词语，这是因为说话者使用否定是出于语境中存在着对目标范畴"X"做出了不符合事实的范畴归类，故而才对"X"的归类与真相进行了符合事实的确认。

4. 否定性质有别

从否定性质看，两种格式中都有一个否定小句，但否定的性质有别。沈家煊（1993）指出，语义否定是对句子真值条件的否定，语用否定是否定语用表达的"适宜条件"。我们看到，范畴确认式中的否定是语义的否定，因为对目标范畴"X"所做的否定是基于客观条件进行的。而范畴洗白构式中的否定则是语用的否定，（4）a_3否定小句之所以能容纳"反正"等词语，是因为这类否定并不是基于真值条件做出的，所以不论人们把"X"归入什么范畴，也不论人们所做的判断是否符合事理，说话者使用的办法只有一个,那就是来一个全量的否定,以隐喻性的表达临时性地将"X"放进一个根本不可能存在或是虚拟的背景范畴"Y"之中。事实上,这种全量否定并未否定目标范畴"X"的真值,它所否定的是将"X"归入任何既有范畴的适宜条件。范畴洗白构式的整体表意可以转换成一个取舍关系的复句:与其把范畴"X"归属于任何既有范畴,还不如让范畴"X"只隶属于范畴"Y"。取舍关系所含的言外之意是,任何把范畴"X"归到任何既有范畴的做法都是极不适宜的。可见,范畴洗白构式中所使用的否定是一种语用的否定,它所否定的是将目标范畴"X"归入任何一类既有范畴的"适宜条件"。

以上通过对范畴洗白构式与范畴确认式的多角度比较,我们将范畴洗白构式的构式义总结为:以既有范畴归属的洗白为目的而进行的范畴虚拟。

二、范畴洗白构式的范畴化机制

(一)变项"Y"的类别及其语义属性

要解构并把握范畴洗白构式"X什么都不是,X只是Y"中所包含着的范畴化运作机制,有必要对目标范畴"X"重新归入的背景范畴"Y"进行深入的剖析。前文说到,从语义属性来看,作为背景范畴的"Y"都是虚拟性的、隐喻性的。这种隐喻性、虚拟性是由充当变项"Y"的词语的语义性质决定的。为了进一步反映这个"Y"的虚拟性,不妨多看一些例句。

1. "Y"为抽象名词

能够进入变项"Y"位置的抽象名词又可分为两类,一类代表的是虚拟的物象,即这些名词所表示的事物或现象来源于人们的想象与虚构,只存在于人的精神世界,在现实世界中没有对应物,如神仙鬼怪等物,下例中的"怪物""祸水"即是。

(5) a. 我们什么都不是,只是一群小怪物。(百度贴吧 2012-06-17)
  b. 坏女人什么都不是,只是无情的祸水。(文章阅读网 2010-04-07)

另一类抽象名词所指称的事物或现象虽然并非来源于虚构,但却是人们对主客观事物或现象进行高度抽象与概括的产物,具有无形可象的特点。故而由这类抽象名词充当的变项"Y"也自然就带有了虚拟的性质。如:

(6) a. 我什么都不是,我只是一个传说。(百度贴吧 2013-04-13)
  b. 我什么都不是,只是一个笑话!(腾讯微博 2014-11-29)
  c. 我什么都不是,我只是云烟的旅程。(蜂鸟网 2006-01-10)

2. "Y"为具体名词

（7）a. 承诺什么都不是，只是一张白纸。（感人网 2010-04-07）

b. 我什么都不是，我只是一个默默支持她的芯片。（百度快照 2011-08-23）

c. 哥什么都不是，哥只是片浮云。（百度知道 2010-10-12）

上例处于"Y"位置上的"白纸""芯片""浮云"均为具体名词，表面上看，它们虽不属抽象之物，但是，将目标范畴"X"（承诺、我、哥）归于其中，却总是给人以某种陌生与异样之感。究其原因不难发现，目标范畴"X"与背景范畴"Y"原本属于不同的认知范畴。如上例 a 句中的"X"（承诺）属于言谈行为范畴，而"Y"（白纸）则属于物品范畴。但是，话语中却把这两个本不在同一认知范畴的事物强行地做了范畴的同一性处理。因此，从范畴的同一性上来考虑，背景范畴"Y"仍然是抽象与虚无的。

（二）"只"的逻辑语义与全量否定的整合

1. "只"的基本逻辑语义表达

以"那三个人他只认识小李"为例，范围副词"只"的常见用法是在一个给定的范围（"那三个人"）中选择限定其中的一部分（"小李"）。按照集合论的观点，"只"相关的逻辑语义结构中应包含两个集合：集合 A＝给定的范围（"那三个人"），集合 B＝"只"选择限定的范围（"小李"）。其中，B 是 A 的真子集，即"只"选择限定的范围必须小于给定的范围。逻辑表达式是：$A \supset B$。

进一步分析可知，"只"既然选择限定了给定范围的一部分，就必然意味着对该范围以外部分（"另外两个人"）的否定，这被否定的部分也是一个集合——姑且称为集合 C，它是集合 B 在集合 A 中的补集（差集），集合 C 的语义内容在实际表达中可以明确地说出来："那三个人他只认识小李，另外两个不认识"。

至此，我们可以总结出范围副词"只"所在的表达式的逻辑语义结构中的三个要素及其三个集合间的语义关系。

三个要素为：集合 A（给定的一个范围）；集合 B（"只"所选择限定的一个范围）；集合 C（否定"只"限定的以外的部分）。

三个集合间的常规语义衍推关系总结如下。

1）设有集合 A，否定集合 B＝肯定集合 C：如"那三个人他只认识小李"可以衍推出"那三个人中的另外两个人他不认识"。

2）设有集合 A，否定集合 C＝肯定集合 B：如"那三个人他只认识另外两个人"可以衍推出"那三个人中他不认识小李"。

3）设有集合 A，否定集合 A＝集合 B 和集合 C 同时被否定。如"那三个人他谁都不认识"可以衍推出"那三个人中的他既不认识小李也不认识另外的两个人"。

"只"的这一常规的逻辑语义结构决定了其与部分否定表达具有内在联系。在"只"的现实语例中，有时集合 C 通过隐含的方式存在，如下例的 a、b，有时直接出现在句子中，用"别的/其他（都不）"来表示，如下例的 c、d。请看：

（8）a. 数学老师布置的四道题（集合 A）我只做了两道（集合 B）。[隐含部分否定，"其他两道（集合 C）没做"]

b. 在所有的水果（集合 A）中，他只喜欢苹果和香蕉（集合 B）。[隐含部分否定，"其他水果（集合 C）他不喜欢"]

c. 据回忆，这件事当时在高度保密情况下安排，美方（集合 A）只有里根和陈香梅两人（集合 B）参与策划，其他人（集合 C）都不知情。

d. 我要走了，别的什么（集合 C）也不用带，只要把老穆送我的两本挂历（集合 B）带着。

像例（8）c 句、（8）d 句这样，"只"与部分否定表达式合用是非常自然的，符合逻辑的；如果"只"与表示全量的否定表达式合用，则违反逻辑。这样说来，后者在语言中似乎不会存在，可是事实并非如此。"全量否定式＋'只'X"的复句构式，即范围副词"只"与表示全量否定式合用形成的复句在汉语中比比皆是（夏军，2014）。例如：

（9）a. 老阿爸微笑着拍着李洪波的肩膀，说了一句耐人寻味的话："我们什么都不缺，只缺一条路！"

b. 他说在关东我谁都不想，只想你。我说不信，他说撒谎天打五雷轰。

c. 呼唤旗袍，并非要全体黄皮肤的华人妇女，什么都别穿了，只穿旗袍；也并非鼓动所有中国女性，不论何时何地何事何干，都穿上旗袍忙来忙去。

d. 他憨厚地摇摇头说："我什么都不会，只会喝茶、抽烟，这是长期在部队里养成的习惯。"

e. 等会要是倩彤问我为什么不回到锦昌身边，我决定什么也不说，只说锦昌根本不知道我回港处理钱债纠纷一事，便算了。

f. 整个下午他啥也没干，只看了点闲书。

在上述"只"与全量否定式合用的句子中,全量否定式的逻辑真值均为假,其真实所指是复句中"只"分句所指范围的补集。上述"全量否定式+'只'X",按照严格的逻辑要求,都应改成如下形式:只 X+别的/别人/别处/此外+什么+都/也+不/没 X。据此,例(9)各句就可以改成如下形式:

(10) a. 我们只缺一条路,别的什么都不缺。

b. 他说在关东我只想你,别人谁都不想。

c. 只穿旗袍,别的什么都别穿了。

d. 我只会喝茶、抽烟,此外什么都不会。

e. 只说锦昌根本不知道我回港处理钱债纠纷一事,别的什么也不说。

f. 整个下午他只看了点闲书,此外啥也没干。

像例(10)这样才是符合逻辑的表达形式。那么,人们为什么要使用例(9)这类不符合逻辑的表达式呢?或者说,这样的不符合逻辑的表达有什么特殊的语用功能呢?

对此,夏军的分析最为精彩与到位,他指出,"全量否定式+'只'X"构式有两种差异巨大的功能。

其一,凸显"只"部分——强调、凸显"只"分句所指事物的重要价值,忽视、淡化该范围以外其他事物的价值。例(9)a—c 句都属于这种情况。例(9)a 句中,在自己乡村所需要的诸般事物中,"老阿爸"强调"一条路"的价值,而忽视了其他需求的价值。例(9)b 句中,"他"强调"我"的价值,而忽视了其他人的价值。例(9)c 句中,强调了"旗袍"的重要性,忽视了其他类型衣服的作用与价值。

其二,淡化"只"部分——忽视、淡化"只"分句所指事物的价值,认为其存在和不存在几乎没什么两样。例(9)d—f 句都属于这种情况。例(9)d 句中,"会喝茶、抽烟"被认为是没什么价值的本领,跟"什么都不会"没什么两样。例(9)e 句中,"说锦昌根本不知道我回港处理钱债纠纷一事"也被视为没多大价值。例(9)f 句中,做了"看闲书"这种事被认为跟没做事差不多。

我们感兴趣的是,范畴洗白构式"X 什么都不是,X 只是 Y",也是"全量否定+部分肯定"中的一个小类,只不过两个小句用的不是普通动词,而是判断动词。那么这种由判断动词构成的范畴洗白构式与一般动词构成的"全量否定式+'只'X"构式(下文简称为"只 X 构式")的表达功能有无差异呢?

2. 范畴洗白构式中"只"的逻辑语义与全量否定的整合

前文指出，范畴洗白构式中前一全量否定小句"X 什么都不是"，其作用是范畴洗白，已经将"X"排除出所有范畴归属，而后一带"只"的肯定小句又唐突地对被排除出范畴之外的"X"再纳入一个新设的虚拟范畴"Y"当中。这种"全量否定+部分肯定"的表达方式在逻辑上自相矛盾，但这种说法却能大行其道。我们发现，范畴洗白构式"X 什么都不是，X 只是 Y"在将"只"的逻辑语义与全量否定的整合中，虽然后一肯定小句的功能由于"只"的使用，很像是起着突出背景范畴"Y"的作用，但是，由于"Y"的虚拟性质，其所指事物的价值并未被强调、凸显，而是有意地忽视与淡化其价值，仅仅在为被"全量否定"后的"X"在范畴的归属落空后寻找一个虚设的归宿。不过，肯定小句的淡化作用在范畴洗白构式中与"只 X 构式"中略有不同。试比较：

(7′) a_1. 承诺什么都不是，只是一张白纸。

　　a_2. ? 承诺只是一张白纸，此外承诺什么都不是。

　　b_1. 我什么都不是，我只是一个默默支持她的芯片。

　　b_2. ? 我只是一个默默支持她的芯片，我别的什么都不是。

　　c_1. 哥什么都不是，哥只是片浮云。

　　c_2. ? 哥只是片浮云，哥别的什么都不是。

例（9）可以变换成例（10）的说法所示，"只 X 构式"可以通过在全量小句前加上"此外、别的"等词语的方式进行格式的变换，但是例（7′）显示，范畴洗白构式一般不能采用"X 只是 Y，此外/别的 X 什么都不是"的表达方式。这说明，范畴洗白构式具有表意的独特性，也就是说，它与一般动词构成的"只 X 构式"的表达功能具有本质的不同。

1）非逻辑表达与非逻辑关系

仔细分析，像"只 X 构式"这样的表达方式，并非完全不符合逻辑关系，而是不符合人们的表达常态，即在表达方式上故意地突破人们表达的常规而临时建构的一个隐喻表达，根据"有异必有故"的语用原理，表达方式的"异样"与"奇特"，往往具有特殊的语用意图。所以，这些在表达上显得非常怪异的复句，实质上并未违反逻辑关系，只不过为了实现强调、凸显或是忽视、淡化"只"分句所指事物的价值的语用意图而特设的形式标签。这也就是为什么例（9）各句可以经过像例（10）那样的形式调整变得合理通畅的真正原因。

范畴洗白构式与"只 X 构式"相比，有着明显的不同，构式表达的是一种非逻辑性的隐喻。"只 X 构式"的两个小句中虽然前一个全量否定的逻辑真值为假，但后一个"只"分句的所指为真，也就是说，全量否定中所蕴含的真实所指是"只"分句所指范围的补集。而范畴洗白构式中的两个小句的逻辑真值均为假，前一全量否定中所蕴含的真实所指并非"只"分句所指范围的补集。因被否定的"X"与被肯定的"Y"不在同一范畴之内，构不成集合关系，所以范畴洗白构式中的否定与肯定之间并不具有逻辑上的联系，是一种非逻辑关系的隐喻表达，若采用"X只是Y，此外X什么都不是"的表达方式，就从本质上改变了范畴洗白的作用。

2）虚拟与述实

我们发现，范畴洗白构式与"只X构式"虽然表面上采用的都是"全量否定+部分肯定"的复句形式，但是，前者的两个小句中用的都是判断动词，而后者用的是一般动词，这点区别不可小视，正是动词使用的不同，造成了两种构式在表达用途上的巨大差异。

范畴洗白构式中采用"X什么都不是"的全量否定式，是一种范畴洗白的操作，要表达的是"X不包含在现有的任何一种范畴之内"。众所周知，世间万物都必然有其存在的方式，脱离范畴归属的事物是不存在的。因此，"X什么都不是"就其本质而言是一种语用否定，虚设的否定，即否定将"X"隶属于某类范畴的"适宜条件"，而非否定"X"本身的"真值"，以全量否定的方式实现对"X"的范畴洗白。至于被洗白后的范畴到底要归于何处，其实并不重要。所以，范畴洗白构式的两个小句中，否定也好，肯定也好，都是虚拟的，最自然的表达方式是采用"全量否定+部分肯定"的语序，先将"X"的范畴属性彻底洗白，再进行全新的范畴虚拟与重建。

"只X构式"允许在全量否定小句中增加"别的、此外"等词语后调整到肯定小句之后，使构式更符合表达的逻辑，是由构式的语用目的是述实决定的。构式之所以会采用"全量否定式+'只'X"的非逻辑的表达方式，是由于这种特异的表达比采用"'只'X+全量否定式"这样逻辑性的表达更能体现说话者对"只"分句所指事物的价值的强调、凸显或是忽视、淡化的语用意图。

3）重心的前置与后置

范畴洗白构式与"只X构式"的不同还表现在语义重心的位置上。前者的语义重心是前置的，因为实现范畴洗白才是构式表达的语义目标与重心，而后续的肯定小句只是为弥补人们对目标范畴"X"被彻底洗白后而虚设的归宿与借口，从话语表达的目的来看，后一小句的有无并不重要，所以实际的话语中常出现只用全量否定进行表述的情形。后者的语义重心是后置的，前一小句的全量否定只是手段，凸显或淡化后一小句所指事物的价值才是整个构式表达的最直接的目标，从话语表达的目的来看，前一小句的有无并不重要，事实上，出于表达经济简练的需要，话语中常有单独使用"只 X"的情形。

三、范畴洗白构式的表意特点

（一）强烈的主观性

范畴洗白构式为了表达说话者对目标范畴"X"的全新的识解、别样的规定，不惜采用矫枉过正的全量否定的方式，以彻底解除人们对范畴"X"的常规识解，并进而在全盘否定之后，顺势再给被否定的"X"接续一个虚设的范畴归属。破除人们对某一对象所有既有的理解与认识是范畴洗白构式表意的重点所在。因此构式中不论是否定还是肯定，都带有说话者鲜明的主观能动性。

首先，对范畴"X"的否定具有强烈的主观性。如前文所述，构式采用的是一种语用否定，是说话者为了颠覆人们对目标范畴"X"的一切常规归属，可以无视客观事理与表达的逻辑性，不论条件地先以全盘否定开道，使否定更有气势和冲击力。任何事物现象都有其本质的属性与范畴归属，范畴洗白构式的这种"否定一切"的做法完全是主观性暴涨所致，它是构式应对所有目标范畴的杀手锏，是认知主体为突破常规认识而进行的纯主观性操作。

其次，对范畴的重新归类也具有强烈的主观性。按照认知常规，现实世界或观念世界中的事物，都应该有一个范畴的归属，所以，当人们听到对一个范畴加以否定后，总会有一个范畴归属的心理期待。可是，在范畴洗白构式中，我们看到紧随着全量否定的那个肯定小句"X 只是 Y"，从形式上看倒像是真的进行了一次范畴的重新归类。不过，这个重新给出的新范畴"Y"，却是一个极度抽象与虚无的概念，完全是凭借认知主体的想象临时构拟的一个子虚乌有的存在，人们根本不可能真正构建起目标范畴"X"与所给的新背景范畴"Y"之间有效的信息联系。"X"与"Y"之间的关联完全是认知主体凭借主观想象以隐喻的方式临时搭建的，所以在对"X"的范畴归属重新归类时，由于认知主体的主观因素差异，会出现将同一概念"X"归入不同范畴"Y"中，但作为背景范畴的"Y"还是体现出一个很强的共性特点：虚无与抽象。请看：

（11）a. 我们什么都不是，只是一群小怪物。（百度贴吧 2012-06-17）

b. 我们什么都不是，只是一个笑柄。（百度贴吧 2010-06-18）

c. 哥什么都不是,哥只是个传说。(猫扑大杂烩 2009-05-08)
d. 哥什么都不是,哥只是片浮云。(百度知道 2010-10-12)

上例 a、b 两句,将"我们"分别归入"小怪物"和"笑柄";c、d 两句将"哥"分别归入了"传说"和"浮云"。这些背景范畴尽管表面上风马牛不相及,不过,虚无与抽象却是它们共同的语义特点。

(二) 范畴归属的隐喻性

范畴洗白构式对目标范畴采用全量否定有悖逻辑规律,根据人们普遍的认知心理,大凡有名之物,不管具体还是抽象,总该有其特定的范畴归属。所以,在全量否定之后的那个肯定小句"X 只是 Y",实际的用途就在于给被彻底否定的"X"一个临时性的范畴的归属,以满足人们对"X"到底是什么的一种心理期待。但是,前文指出,这个肯定小句中作为背景范畴的"Y",均为或抽象或虚拟或根本不存在的事物,虚无与抽象是它们共同的语义特点。因此,人们根本无法从"Y"中获得"X"到底是什么的真正答案。实际上,说话者给出的这样一个虚拟的范畴归属本质上并非要真的告诉听者"X"到底是什么,完全是虚晃一枪。因为范畴洗白构式表意重心在前,否定一切的范畴洗白才是其真实的话语目的。肯定小句究其本质是一种隐喻,它借助背景范畴"Y"的虚无与抽象不好把握的特点,把人们的认知视角引入一个虚无开放的认知空间。如果我们换一种说法,大致可以还原范畴洗白构式表达的真正意思。以例(11)c、d 两句为例,"哥什么都不是,哥只是个传说""哥什么都不是,哥只是片浮云",等于说"与其把哥看作什么,还不如把哥看成似有似无或真或假的一个传说,所以哥什么都不是""与其把哥看作什么,还不如把哥看成随时变化无固定形态的一片浮云,所以哥什么都不是"。可见,肯定小句的隐喻式表达,尽管貌似对全量否定非逻辑性的一种补救,但实质上是把目标范畴"X"推到一个更加抽象与虚无的"Y"之中,其用意并不在于给"X"一个真正的范畴归属,而是要对全量否定的非逻辑性进行无厘头式的辩护。这种话语方式正好是当代部分青年群体中排斥传统、标新立异的文化与心理特点在语言中的最好印证。

第四节 类同式范畴化构式"VP 着也是 VP 着"

汉语口语中有一个很特别的框式结构"VP 着也是 VP 着",这种结构在构造和表意上有诸多的共性。且看几个实例(本节的例子全部取自北京大学 CCL 语料库）：

（1）a. 田丽小姐早已过不惑之年，可是人家就是不服老，没事露露小腰，反正<u>长着也是长着</u>。

b. 驾驶证上多的分<u>放着也是放着</u>，不如卖给我，60 元一分。

c. 下班后大家来到医院看到这样的场景无不唏嘘。可他却笑笑说，"没事，<u>我躺着也是躺着</u>，不干完，我心里不踏实。"

d. 那些钱我<u>留着也是留着</u>，既然没有了后顾之忧，留着干吗？不如拿来修路，方便大家。

邵敬敏（2008）指出："典型的框式结构，指前后有两个不连贯的词语相互照应，相互依存，形成一个框架式结构，具有特殊的语法意义和特定的语用功能，如果去除其中一个（主要是后面一个），该结构便会散架；使用起来，只要往空缺处填装合适的词语就可以了，这比起临时组合的短语结构具有某些特殊的优势。"上例各句中下画横线的部分均为"VP 着也是 VP 着"结构，其共性与特别之处有四。

一是结构上的高度框式化。表现在三个方面，一是以"……着也是……着"为固定的结构框架，或称框架成分，以两个同形的"VP"为变项；二是主宾同形，即主语和宾语均为谓词性的"VP 着"；三是连接成分的定型化，即将同形的主宾语系联起来的连接成分必须由副词"也"和判断动词"是"合成的"也是"充当，去掉副词"也"或将"是"前加上副词"就"，虽在别的场合也能说，但已经基本上不能在原语境中使用了，因为它在表意上发生变化，不再是"VP 着也是 VP 着"结构了。

二是较强的能产性。据我们对大量用例的详细考察，这种框式化结构具有较强的能产性。这充分表明该结构是一个可被复制的现成框式与模板，具备了独立构式的地位。

三是"VP"具有共同的语义特征。"VP"在语义上都呈现出状态持续的语义特征，这是由"VP"后表示持续义的动态助词"着"决定的。

四是整个结构表意方式上的共性。即"VP 着也是 VP 着"结构表面上凸显的是"对某人或某物现时状态的确认"，实际上要表达一种否定性的评价，即这种状态不合情理，意在为自己的做法或想法提供理由或依据。

从以上四点可知，"VP 着也是 VP 着"结构完全具备了作为一个独立构式的资格。根据该结构的组成成分与表意的共性可知，"VP 着也是 VP 着"结构是以一个句法与语义的整体构式而被人们使用、仿造与解读的。作为一种高度同形的结构，必定意味着它们具有高度一致的构式义。考察我们能够收集到的所有的"VP 着也是 VP 着"构式的表意规律，本节将其构式义确定为:"确认人或物现时的非正常效用状态的类同式范畴化构式"。

专门研究"VP 着也是 VP 着"句式的文献,目前能够查到的较少。宗守云(2005)曾经研究该句式。该文从音节与句法制约、语义表现和语用价值等方面对"闲着也是闲着"类句式进行了较为全面的研究。不过,该文明显存在一些问题。一是所给出的构式义(宗文称为"型式语义")不准确。该文认为此类句式的"型式语义"为:"a. 存在着闲置或舍弃这样的现状;b. 这样的现状对说话人来说是可惜的。"我们认为,这样的"型式语义"只能算是"VP 着也是 VP 着"构式使用的客观条件("存在着闲置或舍弃这样的现状")与主观认知条件("这样的现状对说话人来说是可惜的")。有关"VP 着也是 VP 着"构式的使用条件,请见下文的第二小节。二是该文的观点自相矛盾。文中一方面认为"闲着也是闲着"类句式具有"型式语义",另一方面又特别强调:"'闲着也是闲着'类句式具有黏着性,也就是说,它不能独立表达意义。它必须和一定的上下文配合,构成一个语篇,才能表达一个完整的意义。"一个句式既然不能独立表达意义,何以谈得上是句式?连句式也谈不上,又从哪里来的"型式语义"?可该文明明将"闲着也是闲着"称为句式,又给出了其"型式语义",可见这些说法存在明显的矛盾。三是该文是把"闲着也是闲着"与"扔了也是扔了"当作同类句式来概括其"型式语义"的,从构式语法理论的角度看,前一句式的框架成分是"……着也是……着",后一句式的框架成分是"……了也是……了",明显不属于同一框架结构。而且,前一句式中的变项"VP"语义上凸显的是"状态",而后一句式中的变项"VP"语义上凸显的是"结果",这种语义差别是由变项后附的动态助词的不同造成的。两种句式的框架成分的不同与变项语义上的不同决定了两种句式根本不可能存在构式的同一性。所以,将两种不大相干的句式强糅在一起而给出的"型式语义",与基于构式语法得出的构式义自然不可能有什么共同之处。

下面我们将在全面描写"VP 着也是 VP 着"构式构成成分的基础上,结合其构式义对充当该构式变项"VP"的词类及其语义特点进行专门探讨,以展示构式的表意机制。我们还将从表意上相似、相近的几种表达式的比较中揭示该构式独特的语用价值。

一、"VP 着也是 VP 着"构式中的变项"VP"

"VP 着也是 VP 着"构式虽然具有较强的能产性,但是,其能产性受到一定程度的限制,这些限制除了主宾同形与连接成分的定型化这些外显特征的限制外，还有构式对变项"VP"有严格的词性与语义要求，所以构式下的成员不是很多。下面，我们将从"VP"的词性与语义特点两方面分别予以描述。

（一）变项"VP"的词性

从本节对"VP着也是VP着"构式的命名可知，能够充当构式变项"VP"的成分均为谓词，包含了动词和形容词两个小类，其中以动词为主。不过，从纯句法的角度看，这些动词内部也比较复杂，有的是及物的例（2），还有的是不及物的例（3）。请看：

（2）a. 在她看来，反正超市的空调<u>开着也是开着</u>，晚上市民都去超市纳凉，可以减少这一时段的用电负荷，不失为一种"环保又低碳"的选择，……

　　b. 这些垃圾里还有些能回收的玻璃、塑料什么的，<u>扔着也是扔着</u>，我捡来换点钱。

　　c. 这东西<u>搁着也是搁着</u>，闲着也是闲着，它本质上不过只是一个物件，只要将感情牢记在心，不拿去出售，就没有什么大不了的。

（3）a. 反正瞌睡虫还没有来，<u>醒着也是醒着</u>，要么起身做些事，要么静养等待下一个瞌睡虫，不至于花太长时间躺在床上，焦虑地、苦苦地折磨自己催促入睡。

　　b. 咱帮个忙，不图啥，在家<u>待着也是待着</u>。

　　c. 不过自家的山地<u>荒着也是荒着</u>，在乡干部的劝说下，他还是抱着试试看的态度拿去种了。没想到，在陈洪利的悉心指导下，一年后竟然活了38株。

充当变项"VP"的动词除了前面列举的外，常见的还有不及物动词"站（站立）、排（排队）、歇、呆（滞留）、坐、躺、堆（堆放）、流"和及物动词"耗、等、存（存放）、撇（放置）、摆、空（kòng）"等。由形容词充任的"VP"不多，主要有"空（kōng）、闲、黑、热"等。下面看几个用例：

（4）a. 仿佛回到了远古，人类住的海里，水是最好的抚慰，腾出来的手，<u>闲着也是闲着</u>，用于嬉戏，那种忘我的境界，非常销魂！

　　b. 笔者认为，这也是一个互联网电视的盈利好办法，毕竟电影缓冲期间，屏幕<u>黑着也是黑着</u>，如果用播放广告所赚的钱再更新一些最新的正版大片，对用户来说也没有多大的意见。

　　c. 立秋已过，却依然骄阳似火。"秋老虎"仰着脑袋嚣张异常，<u>热着也是热着</u>，不如拽着"秋老虎"的尾巴，寻一条清澈的江河，完成漂流必备的行为艺术——打水仗。嬉闹欢笑，水花淋头，剿灭最后一丝暑气。

充当"VP"的谓词，都有鲜明的口语化特点，以单音节的形式最为常见，双音节的仅发现有"闲置着也是闲置着""存放着也是存放着"两例，不过，双音动词"闲置""存放"也是口语中的常用词。带有书面语体特点的谓词性成分很难充当"VP"，所以，"VP着也是VP着"构式是一种常用的口语构式，口语性是该构式语域分布的一大特点。

（二）变项"VP"的语义特点

仔细观察充当构式变项"VP"的语义特点，我们不难看出，无论是动词还是形容词，凡是进入构式后其语义上都表现出极强的共性，即这些词项都必须同时具有[+状态]和[-正常效用]两项语义特征。不仅在语义上[-状态]的谓词不能充当变项"VP"，即使是可以与"着"搭配可体现出[+状态]的动词，如"想、用、写"等，因为不能在体现[+状态]的同时还能体现出[-正常效用]的语义特征，所以也不能充当构式中的"VP"。这是构式对变项句法与语义压制作用的具体体现。构式对结构变项VP句法与语义压制作用表现为两个方面：一是对变项VP的句法与语义的特殊要求；二是对变项VP原有的句法功能的抑制，如不少能够充当变项的VP虽为及物动词，但是，一旦进入"VP着也是VP着"构式，均不能再带宾语，以动词"放"为例，其受事宾语只能前置于构式前充当受事主语（钱/房子放着也是放着），否则是不能说的（*放着钱/房子也是放着钱/房子）。这两个方面的特点再加上一个结构是否表达相同的语义（构式义），是我们衡量一个结构是否可当作一个构式的重要依据。不过，构式中前后相继出现的两个"VP"所携带的语义特征各有侧重。前项"VP"侧重于体现[+状态]，后项VP侧重于体现[-正常效用]。我们从表意相近的表达格式的比较中可以清楚地看到这种语义侧重：

（5）a. 你这么大的姑娘了，这<u>待着也是待着</u>，还不快帮你妈妈洗洗衣服什么的。

b. 他表示，那些要工钱的农民工<u>待着也是白待</u>，待到正月初一也不给钱。

（6）a. 因为有不菲的出租费，因为这钱来得容易，因为这城墙<u>摆着也是摆着</u>，所以，一干吃城墙饭的管理人员横下一条心，把南京的脸面卖了。

b. 即便批发商给零售商铺货，她也不敢接单，"卖不动，<u>摆着也是白摆</u>，还不如腾出来地方卖点饮料。"

(7) a. 我认为我爸爸妈妈在家里<u>坐着也是坐着</u>，靠那点退休工资，很难过活。

　　b. 而对旅客而言，旅途中<u>坐着也是干坐着</u>，不如买份报打发时间，没有多少人会对报贩的吆喝当真。

例（5）—例（7）的 b 句表达的意思与 a 句相近，但是第二个"VP"不带"着"直接前加副词"白""干"，或是在"VP 着"前再加上这类副词。应该特别指出，这类副词的作用就在于直接把"VP"的语义特征[-正常效用]予以显化。与"VP 着也是 VP 着"构式表达意思相近的还有另一种表达格式，就是把第二个"VP"换成另一个表意更为直接的名词，这个名词的作用在于直接表明说话者对主语（"VP 着"）所代表的人或物[-正常效用]的确认与评判. 请看例句：

(8) a. 法国人这次纯粹是借花献佛，搬出私人收藏捐献给中国，而且这两个兽首在 2009 年闹出轩然大波，皮诺家族<u>留着也是摆设</u>，根本无法出手，不如送个人情。

　　b. 在电脑城里，孙晓燕看到有个柜台空着，就主动上前询问可否租给她，柜台老板考虑<u>空着也是浪费</u>，就欣然同意。

　　c. 看到王永他们发起的"春节回家顺风车"活动，我就在网络跟帖里找了几个人一起拼车回常德。反正空出的位置<u>放着也是浪费</u>。

下面的例子好像属于例外的情况，因为在前项"VP"的前面也使用了"空""闲"，明显地表示也在凸显[-正常效用]的语义特征。如：

(9) a. 挣钱了么，要不然<u>空放着也是放着</u>，一年大几千的收入了。

　　b. 龚传海说，村民们大都跟他的想法差不多，"在家<u>闲坐着也是坐着</u>，献了还有 100 多块钱。"

不过，尽管前项"VP"用"空""闲"也在体现[-正常效用]的语义特征，但是细加观察还是不难发现，说话者把"空""闲"与动词"放着""坐着"一起绑定并做了状态化的预处理，此时"空放着""闲坐着"体现的仍然是其特定的"闲置状态"。一个很有力的证据是，后项"VP"前仍可分别加上"空""闲"。这也充分说明，后项"VP"语义上仍以[-正常效用]为其主要的语义特征。

二、"VP 着也是 VP 着"构式的表意机制

我们确定"VP 着也是 VP 着"的构式义为"确认人或物现时的非正常效用状态"。但是，说话者使用这一构式显然不仅仅是为了表达对现时某人或某物的能力、作用发挥与否的确认或评价。根据具体的语境可知，这

类话语只是借助构式义来曲折地施行一种否定的言语行为,并为此前存在的临时性处置寻找借口,或是为即将提出的对人或物进行权宜处置以使其尽量发挥一点效用的建议铺平道路。下面根据"VP 着也是 VP 着"构式的使用语境,并通过还原话语使用的各项条件来解析"VP 着也是 VP 着"构式的表意机制。

(一)"VP 着也是 VP 着"构式的使用条件

"VP 着也是 VP 着"构式的使用可分为主观、客观两大条件,下面分别详述。

1. 主观条件

"VP 着也是 VP 着"构式的使用,总是蕴含了一个不言而喻的前提,这个前提就是人们对人与物持有的最基本的价值判断,它代表的是社会成员共同认可的主观条件或前提,或者是一种理想化的认知模式(Idealized Cognitive Model,简称 ICM):人是需要劳作的,物是供人使用的。这种理想化的认知模式是人们对人与物的正向价值预期,即[+正常效用];而"人不做事,物不使用"的情况(即[-正常效用])是与人的正常的价值判断相冲突的负向价值预期。可以说,这种理想化的认知模式是"VP 着也是 VP 着"话语使用最基本的主观认知条件,因而具有不言而喻的公设性质。因此,人们在使用"VP 着也是 VP 着"时很少使用"人/物本应该如何"或是"人/物本不应该如何"这样表明[+正常效用]或[-正常效用]的话语。不过,一些"VP 着也是 VP 着"构式前后偶尔也能看到此类话语的出现。请看:

(10) a. 退休了,闲着也是闲着,<u>能有机会做事</u>,不给补贴我都干。
  b. <u>公共资源取之于民用之于民</u>,闲着也是闲着。别说人家拿着工资不做事。忙着呢!

例(10)两句中画横线的话语都能加上"本该"之类的词语,说明这些话语具有明示"VP 着也是 VP 着"话语前提的功能,其作用在于特别交代说话者对人与物作用的正向心理期待,以强化与突出其使用构式"VP 着也是 VP 着"的前提条件。

2. 客观条件

"VP 着也是 VP 着"构式使用还有一个重要的客观条件,也就是语境条件,即在现实语境中,确实存在着人或物不发挥正常效用的情况,可以说,正是这种有悖人们一般心理预期的客观条件的触发,才构成了说话者使用"VP 着也是 VP 着"构式表达的现实诉求。比方说,房子是用来居住的,但现实情况是,它还闲着;人是要劳作的,现实情况却是他无事可做,等等。这种现存事实与人们对特定对象持有的正向价值期待的冲突,集中地体现在"VP 着也是 VP 着"构式之前表达不容置疑的申辩语气的副词"反正"的使用上[例(11)d 句]。据我们考查,几乎所有的"VP 着也是 VP 着"构式之前都不排斥其出现,这说明,构式要强调与凸显的正是特定对象现时客观呈现的[-正常效用]状态。

但是,主客观条件只是"VP 着也是 VP 着"构式使用的基本条件,也就是说,构式义所表达的对具体对象现时客观呈现的[-正常效用]状态的确认与评价,并非话语意义的重心,更不是其表达意义的全部,构式的重心在于通过对[-正常效用]状态的确认与评价来表达某种言外之意。下面我们将根据语境进一步探讨其表意机制。

(二)"VP 着也是 VP 着"构式的表意机制

根据"VP 着也是 VP 着"构式的使用特点与语境,我们把该构式的表意机制还原如下:

1)认知基础:人或物应该发挥正常效用。
2)客观条件:该人或物现时并未发挥其正常效用。
3)言语行为:包括三个方面。①确认事态。用"VP 着也是 VP 着"来确认事态,强调明示人或物现时的[-正常效用]状态。②暗示评价。以"VP 着也是 VP 着"的构式义来传达言外之意,即暗示出说话者的评价与态度:目前处于[-正常效用]下的人或物不合理、不正常。③提出权宜方案。在①与②的基础上,提出说话者对人或物进行权宜处理的建议并申辩其合理性。

根据以上三点,"VP 着也是 VP 着"构式的表意机制可以还原为如下的文字表述:

人或物应该发挥正常效用(认知基础),但他(它)目前并未发挥其正常效用(客观条件)。据此,说话者用"VP 着也是 VP 着"对其[-正常效用]的状态予以明示(确认事态),并暗示出这种状态不合理(暗示评价),由此引发出说话者的权宜策略(提出权宜方案):与其不作为、不作用,还不如做权宜之计,使其尽可能地发挥[+正常效用],这种处置虽不够理想,但是,相比之下总算能差强人意。

需要说明的是,以上"VP 着也是 VP 着"构式的表意机制中,"认知基础""客观条件"是构式使用的前提条件,"确认事态"与"暗示评价"两种言语行为是由"VP 着也是 VP 着"构式表达的。表达"确认事态"是构式表面的言语行为,以言外之意发出"暗示评价"的言语行为才是构式表达的重心。而"提出做法"的言语行为,又是说话者通过这两种言语行为所着意要引发的目的与结果。不过,"提出做法"的言语行为并不是由

"VP 着也是 VP 着"话语表达的，而是由另外的话语表达出的。我们看到，在使用"VP 着也是 VP 着"话语的语境中，往往后续着一个由"还/倒不如"构成的差比小句，这个差比小句的作用在于顺便推出说话者的某种建议，是一种兼施行建议行为又为这一建议进行合理性申辩于一体的混合施为句。可以说，"VP 着也是 VP 着"话语的使用，就在于引发出这个"明示做法"或建议的言语行为小句。请看：

（11）a. 儿女们现在都有自己的事业，我们在家闲着也是闲着，<u>倒不如出国走走</u>。

b. 我们宿舍 4 个人已经回来 3 个了，在家里待着也是待着，<u>还不如早点回学校充充电</u>，该考证的考证，该实习的实习。

c. 黄先生算了一下，半个月下来，租金就有 3000 多元，"空着也是空着，<u>还不如短租赚点外快</u>。"

d. 那时还想着是个包袱，说句不好听的，反正撇着也是撇着，<u>还不如卖给他们</u>。

《西安晚报》（2012-09-01）有一篇报道，能够非常清楚地展示"VP 着也是 VP 着"构式的表意机制：

（12）记者赶到安徽巢湖市体育中心，这里是能承接省内各种田径赛事的田径场。一万多平方米的田径场由于长期未建成启用，周边居民认为场地"闲着也是闲着"，便纷纷进去开垦成各家的菜园子。该当成公共体育设施好好利用的资源，却被当成菜地就是一种变相的浪费，虽然种菜比不种好，然而，即使这个勉强"不浪费"的种菜行为，也还是周边百姓心里不忍心才"废物利用"的。

这段报道中包含了：①认知基础（"田径场作为公共体育设施应该好好利用"）；②客观条件（"田径场由于长期未建成启用"）；③确认事态（"闲着也是闲着"）；④暗示评价（"田径场由于长期未建成启用不合理"）；⑤明示做法（"纷纷进去开垦成各家的菜园子"）。该报道还对老百姓"种菜比不种好"的权宜做法的合理性给予辩护。

可见，"VP 着也是 VP 着"构式的表意机制就在于以激活人们对人或物正常效用的基本认知条件的方式来造成与当下存在着的[-正常效用]的人或物的对比效应，暗示"VP 着"所描述状态的不正常性与不合理性，为说话者将要提出的对人或物的权宜处置寻找借口与依据。由此推知，说话者使用"VP 着也是 VP 着"构式表示确认的言语行为仅是一种手段，其真正用意在于为其提出的建议或是已有行为进行辩护。

三、"VP 着也是 VP 着"构式的表意特点

根据"VP 着也是 VP 着"构式的表意机制可知，说话者使用这一构式的语用动机是以构式义中隐含的人或物[-正常效用]的不合理性来引发出另一个在说话者看来还能勉强接受的做法与建议。所以，"VP 着也是 VP 着"构式表面上是一个肯定表述，其实要表达的是一个隐含着的否定表述（"某人/物 VP 着的状态是不合理的/不正常的"）。这种通过隐含或暗示来传情达意的话语方式，造成了"VP 着也是 VP 着"构式在表意上的独特之处。

（一）表意的含蓄性

所谓表意的含蓄性，就是不把要表达的意思直截了当地说出来，而是通过隐含或暗示的方式曲折表示。"VP 着也是 VP 着"话语，只是确认了人或物现时的状态，其中隐含着的否定意味（不合理/不正常）是由激活潜存于人们心中对人或物正向的价值预期而浮现的。从上文例（5）-（7）中 a、b 两句的对比可以看出，与后项"VP 着"前加副词"白""干""空"来亮明否定态度的表述相比，"VP 着也是 VP 着"构式否定意味的表述是含蓄的。下面的例句中画横线的部分在表意上与"VP 着也是 VP 着"有密切的关联度，但在词语的选用与表意方式上却极不相同：

（13）a."冰柜里<u>放着也是坏</u>，不如送人得了。"老板娘杨小蓉说。

b."反正钱<u>放着也是贬值</u>，又不能买住宅了，我就想买套商铺。正好有个朋友买了，说现在买划算，就跟着买了。"陈先生这样描述自己买商铺的心态。

c. 我看杨英已经是一个大人了，<u>养着也是白花钱</u>，何不让她跟着我一起干？

d. 现在大部分学校在大四期间课程安排较少，并且不重要，学生认为在学校<u>待着也是浪费时间</u>，还不如选择在外实习。

上面例子中画横线的部分从形式上都可以换成表意含蓄的"VP 着也是 VP 着"来表达，但是，改换后不仅缺少了原话语态度的直截了当，而且不能把原话语中对处在"VP 着"的人或物最终呈现的不正常与不合理的结果或性质予以直接明示。由此可见，说话者选择"VP 着也是 VP 着"来表达对人或物的态度与评价，适应了表意含蓄的语用之需。

（二）表意的浓缩性

浓缩表意是"VP 着也是 VP 着"构式的另一表意特点，也就是把诸多的意思浓缩进一个构式中。浓缩与含蓄相关，但侧重不同。浓缩指的是寓

复杂意思于简单的话语当中,而含蓄指的是表达方式的曲折迂回。"VP 着也是 VP 着"构式通过"对人或物现时的非正常效用状态的确认"隐曲地表达出说话者否定性的评价与态度,这种用肯定形式来表达否定内容的表述方式,是造成构式表意浓缩性的重要条件。我们看到,"VP 着也是 VP 着"构式之后,随之出现的往往是一个表示这种权宜处置的小句(如例 11 各句)。但有时这种小句并未出现在语境中,而是被浓缩进了"VP 着也是 VP 着"构式之中,所以,要准确理解话语的意思,必须把这些浓缩在构式中的多重意思再释放出来。我们看到,浓缩的表意,有时造成了构式识解视角的改变,即在不改变构式义的前提下,有意地把构式所表达的对评价对象的[-正常效用]的否定视角变成肯定视角,这是对构式的创造性运用。请看下面的用例:

(14) a. 机场外,出租车司机们显得相当淡定,几辆出租车慢条斯理地排队等待着乘客。"延一个小时,之后还是有生意的呀,我们反正<u>排着也是排着</u>。"

b. 不过,他觉得饲养的时间越长就越原生态,资金投入少,山田地<u>荒着也是荒着</u>,不必急着向地要钱。

c. 记者:我在软座车厢<u>站着也是站着</u>嘛,我没有享受到额外的服务啊。工作人员:因为您所待的车厢是不一样的呀。站着,但是基于您是点的是软座呀。

按理说,出租车老排着队拉不着顾客属于一种[-正常效用]状态,但例(14)a 句中"排着也是排着"浓缩进了"尽管老排着队拉不着顾客(不正常),但是也只好排着(正常)"等意思,所以"VP 着也是 VP 着"构式义中隐曲表达出了"VP 着"按常规理解的"不正常、不合理"的否定评价,在此却又变成了正常、合理的肯定评价意味。b 句中土地荒着本属于一种[-正常效用]状态,但说话者却将构式义中隐含的不正常、不合理的否定评价进行了背景化处理,并加上了肯定的识解视角,使之传达出了"山田地确实是荒着(按一般常理不正常),但是暂且荒着也算一种可以接受的状态(正常)"的特殊意味。c 句中"站着也是站着"浓缩进了"虽然在软座车厢里站着(不合理),但也只是站着而已(合理)"的意思,还隐含了一层"站着也是可以的"肯定意味。

浓缩的表意,有时造成的是构式表达的评价视角的改变,即表面上是在评价某人现时的[-正常效用]"状态"的不正常,实际上是表达其现时"行为"的不正常。如:

(15) a. 有句歇后语道:"<u>下雨天打孩子——闲着也是闲着</u>",家长闲得手痒痒，都可以拿收拾孩子来解闷，家长忙一点，把孩子放在家里，似乎也无可厚非。

b. 两大卫视瞅准了公众心里的小九九，甩开了膀子把出糗当卖点。<u>一干明星蜂拥着抢占曝光率</u>，反正闲着也是闲着。

c. 有一个姑娘，她有一些任性，她还有一些嚣张；有一个姑娘，她有一些叛逆，她还有一些疯狂；<u>没事，吵吵小架</u>，反正醒着也是醒着；<u>没事，说说小谎</u>，反正闲着也是闲着……

前文指出，"VP着也是VP着"构式的使用在于引发出另一个在说话者看来还能勉强接受的做法与建议，而a句表达的是家长闲着的"状态"不正常，但是打孩子的"行为"更不正常，评价视角由"状态"转成了"行为"。其他两例中画横线的部分都是表示"行为"的，在说话者看来都属非正常的选择，明显是揭露这些"行为"之反常，态度是否定的，这与一般的带有"还/倒不如"后附小句所表达的正向期待的情感走向正好相反。

"VP着也是VP着"构式是一种表示判断、评价的句法格式，其特殊的主宾同形的句法面貌，造成了其表意上曲折迂回、意在言外的表意含蓄性特点，而表意的含蓄性造就了表意浓缩性的基础，并给构式使用中识解的多样性提供了便利的条件。

四、小结

温锁林、刘元虹（2014）指出，中国人在说话时，喜欢"把自己的观点或态度适当地'包装'起来，以避免直露性的评价，从而形成'可意会、不直传'的表达效果。这种在说话中尽量避免主观性的融入、不直接表露自己的态度与立场的含蓄的说话方式，体现的就是言语交际的'含蓄原则'"。

"VP着也是VP着"构式主宾同形，从表层句法格式体现的信息编码来看，几乎等于是一句废话。英语中也有类似的主宾同形的同义反复句（tautologies），如："Boys are boys./ War is war."（何自然，1998：98）但是，从语用上看，"VP着也是VP着"构式却有着特殊的价值，因为人们不难从中推导出其特有的构式义，并通过构式固有的表意机制来把握其在特定语境中所表达的意义。"VP着也是VP着"构式是在遵守汉语交际的"含蓄原则"的前提下通过言外之意来传递意义的，准确理解该构式的表意机制是了解该构式语义特征和用法的关键。从本节的研究可以看出，使用"VP着也是VP着"构式必须以激活社会大众对人或物的正常效用（认知基础）为主观条件，以当下所言及对象实际上与人们所持有的认知取向相冲突（-正常效用）为表达的客观条件。借助"VP着也是VP着"的构式义对所言及对象的[-正常效用]状态予以确认，含蓄地施行了对所言及对象现时状态的否定性评价行为，也为说话者顺势推出某种权宜之策进行了可行性申辩。可见，"VP着也是VP着"构式这种表面看起来像同语反复式的话语，与直截了当地进行表述（如"闲着也是一种浪费/闲着不合理"）相比，话语中采用的语用策略更多，所以其构式义的识解、话语意思的推导自然需要听话者付出更多的解语心力。这种重意会而不直传的曲折表意的话语方式或许是其能够成为汉语中一个独特构式的深层原因。

第五节　评价式范畴化构式"X家家（的）"

"家家"最初是一个带有方言色彩的名词性词语的后附成分，常见于四川成都与重庆市等地方言中。近二十年来，它跨越了地域阻隔，开始在大众的口语交流和一些文学作品中不断出现。从其来源看，它是在词缀"家"的基础上演变而来的，很像一个新生的叠音式准词缀。不过，当它突破了方言的界限被汉语社会广泛接受并大量使用后，却是以某种特定构式的标记成分而使用的。"家家"虽然与词缀"家"有着历史继承关系，但是，我们不能将其与词缀"家"一样等同视之。我们的观点是，"X家家（的）"是一个身份评价的范畴化构式。我们将通过大量实际语料的分析来对该式的形式、语义与语用做一个全面的分析。

一、"家家"的来源及性质

"家家"在1986年就被《四川方言词典》收录，该词典给出的解释是："助词，用在某些表人的名词之后，强调属于那一类的人。"（王文虎、张一舟、周家筠，1986：169）不过，"家家"为助词的看法并未被后来出版的方言词典所采用。我们知道，助词是现代汉语虚词中的重要一类，其作用是附着在实词、短语后表示结构关系或语义属性关系。如助词"的""所""似的"等附于某一成分之后，构成的短语一般被称作"X"字短语。如：

(1) a. 每天晨练的/靠父母养活的/吃救济粮的/散布谣言的（"的"字短语）

　　b. （每日的）所思所忆/（领导）所忽略的人/（你）所一再重复强调的（"所"字短语）

　　c. 做贼似的/欠了她人情似的/见不得人似的/淋了雨似的（"似

的"短语,又称比况短语)

从"家家"总是放在指人名词后边的位置来看,似乎与词缀"家"很相似。但仅凭这种相似性就判断它也属于词缀,又未免有些武断。"家家"虽附着在指人名词之后,由于意义的虚化,其作用与助词"的""所""似的"等十分相似。那么,"家家"是助词还是词缀呢?这绝不是简单的命名问题,"家家"性质的确定涉及对"X家家"的结构和功能的理解。下面通过对其是后缀还是助词的性质认定,展开下面的相关研究。

(一)从来源看"家家"的性质

"家家"在"家"词缀的基础上发展演变而来,那么,它是否可看作叠音性的词缀呢?关于词缀的定义,蒋宗许(2009:58-64)的《汉语词缀研究》综合了许多学者的研究成果,提出词缀应该具有"是定位的黏着语素;是高度虚化的构词成分;往往有类化的过程;具有标示词性的作用;往往有表达性功能"五个特征,这五个特征是判断词缀的重要依据。

由于"家家"在"姑娘家家""孩子家家"这类表达格式中总是位于结构尾部,位置非常固定,同时它也不能离开所附着的名词独立运用,在所组成的"X家家"中,很难一眼就能够看出它表达的实际语义,只能明显地感觉到它附着在指人名词"X"之后起着强调属于"X"这一类人的某种特点,同时它又具有标示与其组配词语成分的词性仍为名词的功能。从这些初步印象来看,"家家"似乎也符合词缀的基本特征,把它看作一个新的词缀有某种程度的合理性。查阅多种汉语方言词典,对"家家"的认识的确比较杂乱。据陈思(2020)的研究,有看成词缀的(如《哈尔滨方言词典》《崇明方言词典》),有看成助词的(如《四川方言词典》),也有并未标注词性与性质的(如《丹阳方言词典》)。多种方言词典和地方志等中,明确记载使用"家家"的地区主要有7个。下面是陈思的调查结果:

《南通市志》(第2416页)、《崇川区志》(第532页)记录有"伢儿家家的、丫头家家的、奶奶家家的、老人家家的"等。《丹阳方言词典》(第175页)记录有"小伙子家家格,格点东西都挑弗动?"《崇明方言词典》(第37页)记录有"男客家家,要有点气派。"《成都方言词典》(第106页)记录有"女娃儿家家/儿娃子家家/娃儿家家。"《四川方言词典》(第170页)记录有"男人家家跟婆娘家一样见识。"《哈尔滨方言词典》(第111页)记录有"老娘们家家的,别管老爷们儿的事儿。"

从陈思所提供的上面这些不同方言的材料中可以看出,这些早期出现的"X家家"属于方言性质的用法。但随着这种用法的不断传播,"家家"

的方言色彩已经逐渐削弱,超越了其原生地(四川、重庆)的特定区域限制,已经被说汉语的大众所接受。查阅多种文字材料的结果反映,从出现时间来看,"X家家"类表达最早出现于1940年出版的《呼兰河传》(萧红,2014:178),书里有一段老厨子与有二伯的话:"老厨子又说:'哪有的勾当,姑娘家家的,打起水来,比个男子大丈夫还有力气。没见过,姑娘家家的那么大的力气。'有二伯说:'那算完,长的是一身穷骨头穷肉,那穿绸穿缎的她不去看,她看上了个灰秃秃的磨官。真是武大郎玩鸭子,啥人玩啥鸟。'"

当然,早期这些稀少的用例只是作家偶尔一用,尚未被语言大众普遍接受和使用。作为一种被广泛使用的新兴表达格式出现于汉语的表达中,大约是从1980年以后才开始的。特别是近二十年来,随着网络的普及与信息传播渠道的增多,它已经出现在了人们日常的交际对话中。那么,"X家家"类指人短语出现并被广泛使用后,与早已存在的同样是指人的"X家"到底有何性质的不同?我们通过大量的语料分析,看看将"家家"看作一个构词的词缀是否合理。

我们认为,将"家家"看成词缀有几点不合理之处。

一是汉语中已经有一个名词的后缀"家",《现代汉语词典》(第7版,623页)中"家"词条的解释是:"·jia 后缀。①<口>用在某些名词后面,表示属于那一类人:女人~|孩子~|姑娘~|学生~。"从理论上说,既然汉语中已经有了一个构词性的后缀"家",再创造一个叠音后缀"家家"似无必要,因为有违语言的经济原则。

二是词缀的作用只在于构词,而助词的作用却在于造句。请看(句前标"?"表示该类句子接受度较低,标"*"表示该类句子接受度几乎为零。下同):

(2) a_1. 谁们呵?大姑娘家家的。

a_2. 谁们呵?大姑娘家的。

b_1. 以后多注意了,小媳妇家家的。

b_2. ?以后多注意了,小媳妇家的。

c_1. 还是早点起来嘛,小伙子家家的。

c_2. *还是早点起来嘛,小伙子家的。

d_1. "想吃,我又怕酸就忍了!""大男人家家的!"

d_2. ?"想吃,我又怕酸就忍了!""大男人家的!"

对比可知,如果将各句的"X家家"换成"X家",上述句子基本上都是不大能说的。各例显示,"X家家"具有作为独立小句使用的功能,这充分说明，"家家"的功能并非构词，而是形成具有表述功能的短语或小句。可见，在造句功能上，"X 家家"已经不同于"X 家"。看来简单地将"家家"与"家"一样都看作同一性质的构词性后缀是行不通的。

三是即使是那些作为非独立小句而使用的"X 家家（的）"，也可以通过调整语序而变成独立的小句使用：

（3）a_1. 王伟也恼火了，说："嗨，你一个女孩家家的/女孩家的，说话咋那么粗鲁！"

　　a_2. 王伟也恼火了，说："嗨，说话咋那么粗鲁！你一个女孩家家的/*女孩家的。"

　　b_1. 经理笑着说："女孩子家家/女孩家，什么老子老子的。"

　　b_2. 经理笑着说："什么老子老子的，女孩子家家/*女孩子家。"

　　c_1. 磕巴舅舅听见了，总是笑着嗔怪道："孩子家家的/*孩子家的，真真真不知道害臊。"

　　c_2. 磕巴舅舅听见了，总是笑着嗔怪道："真真真不知道害臊，孩子家家的/*孩子家的。"

　　d_1. 女孩子家家的/女孩子家的不好吃独食！

　　d_2. 不好吃独食！女孩子家家的/*女孩子家的。

　　e_1. 小姑娘家家/小姑娘家，挺有志气哈。

　　e_2. 挺有志气哈，小姑娘家家/*小姑娘家。

　　f_1. 女孩子家家的/女孩家的居然喜欢这么霸气的车！

　　f_2. 居然喜欢这么霸气的车！女孩子家家的/*女孩子家的。

上例显示，在独立充当表述小句的能力上，"X 家"与"X 家家"有着明显的功能差异。因此，仅仅从表面的组合上来看，很容易忽略"家"与"家家"的功能性差异。谢汶君（2018）认为，"家家"在现代汉语中仅用于构词，可表多重感性义，构词能力不强，表名词词性，视为后缀更为合适。这种观点经不住语言事实的考验，因为"家家"并不是一个构词的语素，而是具有特殊语法作用的助词。陈思（2020）将"家家"也处理为重叠词缀，她还特别指出，"家家"源于"NP 家+家"的重新分析，其发展轨迹为"NP 家+家"——"NP+家家"，与词缀"家"有历史继承关系，这种观察是可信的。但她又认为，"家家"的"语法意义主要是强调某一类人的典型身份特征，表达说话人基于群体认知对陈述对象的主观评价，由于经常与语气词'的'连用，有帮助表达语气的作用。"必须指出的是，她对"家家"的功能解释与她对"家家"的性质的看法却是自相矛盾的。因为她一方面说"家家"是构词性的词缀，另一方面又说该词缀还具有语法意义甚至还有表达语气的作用。那么,"家家"究竟是词缀还是助词?词缀怎么能既有语法意义甚至又有表达语气的语用意义?"家家"具有语用意义这一点非常值得关注,因为这正好说明"家家"并非构词性的后缀,而是一个助词。

(二)从功能看"家家"的语义

既然"X家"与"X家家"有着明显的功能差异,这已经说明,后缀"家"与助词"家家"在语义上也有着一些本质的区别。一些方言词典对"家家"语义的归纳就失之偏颇。如《哈尔滨方言词典》将"家家"解释为后缀,含贬义(尹世超,1997:111)。《丹阳方言词典》指出"家家"常用于责怪人(蔡国璐,1995:175)。

(4) a. 你们<u>野小子家家的</u>,知道个啥!
　　b. 咋个?你个<u>姑娘家家</u>还要做烟生意呀?
　　c. 一<u>闺女家家</u>在家养鸟儿算什么?
　　d. 赌气这种<u>小孩子家家的</u>事,怎么能拿来去对李主任呢?

如果仅看上例,"X家家"在使用上都与申斥性、反诘性的口气相关联,似乎总有那么一点儿责怪、贬低的意味。但是,这种责怪、贬低并非由"家家"来表达的。去掉"家家"换成"家"后,甚至干脆把"家"也去掉,这种责怪、贬低的意味仍然存在。请对比:

(4′) a. 你们野小子(家),知道个啥!
　　b. 咋个?你个姑娘(家)还要做烟生意呀?
　　c. 一闺女(家)在家养鸟儿算什么?
　　d. 赌气这种小孩子(家)的事,怎么能拿来去对李主任呢?

可见,责怪贬低的意味是由"X家家"构式中的指人名词"X"自带的,并非"家家"的意思。下面的句子是陈述句,表达的是对主体(主语)的一种肯定与褒扬,我们总不能反过来又说,"家家"在这些句子里又带有肯定与褒扬的语义。请看:

(5) a. 没见过,<u>姑娘家家的</u>那么大的力气。
　　b. <u>小姑娘家家</u>,挺有志气哈。
　　c. 你一<u>女生家家的</u>长得那么高,你打击了多少男生的自尊心。
　　d. 一个<u>女人家家的</u>长了一米八的身高,还长那么帅,皮肤还那么好,还让男人过么。

陈思(2020)说过,"NP家家"应是"NP家"附加虚语素"家"而来,第二个"家"主要起强调某类人典型身份特征和舒缓语气的作用。邓英树、张一周(2010:96)认为"NP家"后面再用一个"家",有更着重强调和突出人的类别的作用。这种将"家家"拆分开来的解释是自相矛盾的。既然他们都认为"家家"是一个后缀，却又要说两个"家"的意义各有不同，甚至还有"舒缓语气的作用"，这实质上已经否定了"家家"是一个后缀的说法，所以是不可取的。

我们认为，"家家"是个脱胎于后缀"家"的叠音性助词，其功能是后附于某些指人的名词，对这类人的特殊身份予以强化。据向学春（2015）两篇专文的介绍，四川话和重庆话中的后缀"家"的作用是附加在某些表特征的人物名词之后。有两种小类。

一种是"强调某一人物特征类别"，常见类别又有三个次类：①性别特征：男人家、儿子家、男娃儿家、儿娃子家、姑娘家、女娃子家、妹娃子家、婆娘家、妇人家、大男人家、大儿子家、大姑娘家。②年龄特征：大人家、娃娃（儿）家、崽崽家、小娃子家、细娃子家。③身份特征：徒弟娃儿家、学生家。

另一种是"强调某一人物关系类别"，常见类别有：①血缘关系：弟兄家、夫妻家、妯娌家、姊妹家、娘母家、兄嫂家。②社会关系：朋友家、外人家。

但是，由后缀"家"构成的名词，不论是强调某一人物特征类别还是强调某一人物关系类别，其语义上都是标记其特定身份或特定关系，具有指称性，句法上与普通名词具有共性，可以做主语与宾语。这里必须特别强调的是，做宾语的功能充分表明"X家"类名词具有分类性与指称性。而"X家家"类名词是绝对不能充当宾语的，仅这一点就可说明，"家家"的作用绝对不是构词性的后缀。请看：

（6）a_1. 不要老说客气话哈，你我又不是<u>外人家</u>。

a_2. *不要老说客气话哈，你我又不是<u>外人家家的</u>。

b_1. 你是个<u>小姑娘家</u>，就不和你计较了。

b_2. *你是个<u>小姑娘家家的</u>，就不和你计较了。

c_1. 你的做法真不像个<u>男人家</u>。

c_2. *你的做法真不像个<u>男人家家的</u>。

d_1. 你们是<u>娘母家</u>（母亲和子女之间）啊，怎么这么斤斤计较嘛？

d_2. *亏了你们还是<u>娘母家家的</u>啊，怎么这么斤斤计较嘛？

通过"家"与"家家"功能的最小比对可知，二者的语义和功能是不同的。①"家"是后缀，而"家家"的功能并不是构词性的后缀，因为在已有"家"做构词性后缀的情况下，再创造一个叠音性构词后缀并不符合语言的经济原则。后缀"家"的作用是构词性的，而"家家"的作用是句法性的，是构成摹状性或描述性短语的一种句法手段。②"X家"与"X

家家"在句法能力上的不同更能说明问题。"X家"语义上是指称性和分类性的，就是将"X家"与"非X家"进行区分，如"女孩子家""闺女家"就将其所指从某一范畴中独立出来，形成"女孩子家"与"非女孩子家""闺女家"与"非闺女家"的范畴区分，所以才在语义上具有了指称性与分类性，能够自由地做主语和宾语。"X家家"语义上是描述性与评价性的，作用是凸显前附指人名词"X"的性状与情态，而非指称性的，所以不能做宾语，做主语时一定得后附表状态的"的"，加"的"后的"X家家"更能凸显其情态描述的特征。

基于此，我们将"家家"看成一个与"似的"的作用类似的助词，其功能在于附着于某些指人名词之后，强化并着意描写所附指人名词的身份与角色特征，暗含评价性的言外之意。

如果不是将"家家"仅仅看作一个构词的后缀，而是考虑到它的特殊作用，我们可能会发现它的一些更为独特的功能。我们尝试将"X家家"看成一个构式，并深入描写与解释该构式的形式与语义的匹配特点与规律。根据"X家家"整体功能总是用于指某类人或人群的特点，我们认为"X家家"是一种特殊性质的名词构式。

二、"X家家（的）"构式的语义构成

（一）"X家家（的）"构式的构成分析

"X家家（的）"作为一种构式，构式中的不变项是助词"家家"，可变项是指人名词"X"。而构式形成后，充当这个可变项"X"的指人名词也相应地出现了新的要求与变化，即必须是身份角色特征十分特殊的指人名词才可进入。所以"X家家"构式中出现的指人名词，比起由后缀"家"构成的指人名词"X家"，在范围上有所缩小。即只有能够体现人物的性别特征、年龄特征和身份特征的指人名词才能充当"X家家（的）"构式中的变项"X"。我们从北京大学现代汉语语料库（简称CCL）只查询到13条"X家家（的）"，罗列如下：

(7) a. 小姑娘家家的像白毛女出山似的，白了一半头发！把自己和别人都吓了一跳。

　　b. 咋个？你姑娘家家还要做烟生意呀？

　　c. 小玥是好面子，毕竟姑娘家家的他们能理解。

　　d. 谁们呵？大姑娘家家的……

　　e. 可大姑娘家家的不在外边做事因在家里跟她爸玩鸟儿。

　　f. 经理笑着说："女孩子家家，什么老子老子的。"

g. 王伟也恼火了,说:"嗨,你一个<u>女孩家家</u>的,说话咋那么粗鲁!
h. 老丫头一<u>闺女家家</u>在家养鸟儿算什么?
i. <u>闺女家家</u>离乡背井大老远地来帮着咱们玩儿鸟儿,……
j. 再说<u>闺女家家</u>的这几天最臊得慌,多少年前她就经着了,……
k. 赌气这种<u>小孩子家家</u>的事,怎么能拿来去对李主任呢?
l. <u>孩子家家</u>的,真,真,真不知道害臊。
m. 你们<u>野小子家家</u>的,知道个啥!

从这些语料得知,"家家"与指人名词"X"组合时具有明显的倾向性,即"X"主要是表示女性、女孩子和孩子一类的名词。在这些语料中,"姑娘"类的指人名词出现频率最高,其中"闺女"3例,"姑娘"2例,"大姑娘"2例,"女孩(子)"2例,"小姑娘"1例,约占全部用例的76.92%。其次是"(小)孩子"类指人名词,共2例,约占全部用例的15.38%。表示男性的指人名词"野小子"仅有1例,仅约占全部用例的7.69%。

北京语言大学现代汉语语料库(简称BCC)中共查询到"X家家(的)"构式的用例共257条。使用实例的增加可以更清晰地反映"X"的语义特点,也能更全面而真实地反映出"X家家(的)"构式的整体语义。将这257个用例中的"X"分类统计后发现,"家家"主要出现在以下几类指人名词"X"前。请看:

A类."X"为"女性"类名词。有"大姑娘、小姑娘、女孩子、闺女、小媳妇、女人、女生"等。如:

(8) a. 小月是好面子,毕竟<u>姑娘家家</u>的他们能理解。
b. <u>小姑娘家家</u>,挺有志气哈。
c. <u>闺女家家</u>的吃香烟,皮色会被烟熏黄的。
d. <u>女孩子家家</u>的居然喜欢这么霸气的车!
e. 以后多注意了,<u>小媳妇家家</u>的。
f. 你一<u>女生家家</u>的长得那么高,你打击了多少男生的自尊心。
g. 头儿说,少来嬉皮笑脸这一套,<u>女娃子家家</u>可别不要脸!
h. 一个<u>女人家家</u>的长了一米八的身高,还长那么帅,皮肤还那么好,还让男人过么。

B类."X"为"孩子"类名词。有"小孩子、孩子、小屁孩、小娃儿、小儿"等,如:

(9) a. <u>小孩子家家</u>的别瞎问。 b. <u>小儿家家</u>的把戏而已。
c. <u>小屁孩家家</u>的还称老子! d. <u>小娃儿家家</u>嘞安不注意到嘛!

C类."X"为"男性"类名词。有"男孩子""男生""小伙子""男人""老头""老人""爷们""男娃"等。如：

（10）a. <u>男孩子家家的</u>一天都想的什么！

b. <u>男生家家的</u>，为什么喜欢粉红色？

c. <u>小伙子家家</u>画啥妆嘛。

d. 亦琼跳起来，"你骂人，你个<u>男人家家</u>才不要脸！"

e. "想吃，我又怕酸就忍了！""<u>大男人家家的</u>！"

f. <u>男娃儿家家</u>了，太煽情了。

g. "你没个困"，"你咋还不睡？<u>老人家家的</u>。"

h. <u>老头家家的</u>他能有什么让你惦记的？

i. <u>老爷们家家的</u>谈什么男朋友？

j. <u>爷们儿家家的</u>，卖食不卖艺，要有骨气。

充当"X家家（的）"中的各类指人名词"X"，在BCC语料库提供的实际语料中的使用情况及所占比例，"X"为指女性的名词共174例，占比约为67.70%；"X"为指孩子的名词共55例，占比约为21.40%；"X"为指男性的名词，共28例，占比约为10.89%。从BCC语料库中"X"的所有类别来看，占比最大的仍然是"姑娘""闺女""女孩子"等。其次是"小孩子""孩子""小娃儿"等名词。最值得关注的是，随着"X家家（的）"构式使用频率的增多，"X"的指人名词中出现了不少表男性的情况，如"男孩子""爷们儿""老头""老人""老爷们"等。"X"这种指称范畴的扩大，一方面体现出了"X家家（的）"构式已经稳步定型，另一方面也表明，构式对变项"X"的语义特征的要求，变得更加透明而具体。

（二）"X家家（的）"的构式义

综合上述所有"X家家（的）"构式中"X"的语义特点，可以推知这些指人名词"X"在语义上都带有极强的对比性特点，这种特点是根植于人们所处的社会文化环境而形成的对人的性别与角色的社会认同。如出现频率最高的"女性、女孩子"，在构式中体现的是以男性社会为中心而形成的"柔弱"评价义，由"孩子"充当"X"体现了与"大人"形成的明显"弱小"评价义，由"老人"充当"X"体现了与青壮年形成的明显"老弱"评价义。因此，"X"的语义很容易让人想到"弱""小""老"，带有明显的贬抑性特点。但是，如果我们参考例（10）的用例，就会发现，这样的概括并不准确。从身份角色上看，"X"为"男性"类名词。有"男孩子、男生、小伙子、男人、老头、老人、爷们、男娃"等，这些表示男性角色的名词中，只有"老头、老人"有"老弱"贬抑性的评价特点，而其他表示男性角色的名词，则断无此类"老弱"贬抑性评价。可见，把进入构式"X 家家（的）"中"X"的语义特点仅仅归纳为贬抑、歧视等是失之偏颇的。所以，我们认为"X 家家（的）"构式中"X"类名词的语义是"含有社会习惯评价具有身份角色特点的指人名词。"

由此，我们自然能够顺利地推导出"X 家家"的构式义。助词"家家"的语义功能就在于把构式中的指人名词"X"的身份与角色特点牢牢锁定并强化其特殊的身份与角色。其句法功能是构成"X 家家"类指人性的名词短语。必须说明的是，"家家"的语义功能来源于指别分类的后缀"家"，但叠音形式的"家家"的作用并非构词性的，而是具有特殊句法功用的助词。在对"X 家家"构式的所有构成要素的语义与功能有了深入的理解后，我们自然也就能够顺利地推导出"X 家家（的）"构式的构式义："锁定并强化指人名词自身所代表的特殊的身份角色特征，暗含了否定性评价。"该构式可称为人物身份角色的评价性构式。

构式的形式与语义往往具有"不能被完全预测"的性质。我们在归纳出的"X 家家（的）"构式义中，有"暗含了否定性评价"这样的表述。构词性的后缀"家"只是对人物的分类，并无明显的否定评价义，而"X 家家（的）"作为一种构式出现后，却在构式的特殊形式里有了"暗含了否定性评价"的语义特质。可见，这个语义特质正是构式语法强调的构式义"不能被完全预测"的具体表现。我们必须强调的是，构式义虽然具有"不能被完全预测"的一面，但是根据其特定的使用语境与特殊的形义匹配来细加考察，构式义又是完全可以解释的。下面我们将联系构式的具体使用来对"X 家家（的）"构式的成因与使用机制进行具体的说明。

三、"X 家家（的）"构式的成因与使用机制

（一）"X 家家（的）"构式的成因

要了解"X 家家（的）"构式的成因，必须从"X 家家（的）"的构式义中才能知晓。我们知道，"X 家家（的）"来源于四川与重庆一带的西南方言，是在分类指称性的"X 家"的基础上，通过对构词后缀"家"的叠音而创造的一种新的描述性短语。该类构式的出现，有三重的突破，这三重的突破，正好是该构式的重要的成因与条件。

一是语义上的突破与创新。"X 家家（的）"借用了"X 家"指人的特点，把分类性的名词"X 家"变成了描述性的"X 家家（的）"。综观"X 家家"构式的所有用例，构式之后，常常后带一个形容词性的后附成分"的"。这个"的"正好可以说明，"X 家家（的）"构式的语义上具有描

写的性质。请看：

(11) a. 小月是好面子，毕竟<u>姑娘家家的</u>他们能理解。

b. 东儿的手怎么这么大！<u>女孩子家家的</u>手这么大像话么！

c. 在楼下去吃盘子串串。<u>姑娘家家的</u>身上还是要香香的才行。

d. 我和老妈两个<u>女人家家的</u>拿个撑衣杆缩手缩脚地去放鞭炮，太搞笑了哈哈哈。

e."想吃，我又怕酸就忍了！""<u>大男人家家的</u>！"

f. <u>男的家家的</u>，鬓角留老么长的鲶鱼穗儿，你是鲶鱼么？

二是形式上的突破与创新。"X家家（的）"构式的出现，借用了已有的"指人名词+后缀"的构词方式，创造了新的助词"家家"，并创造出了一种新兴构式"X家家（的）"。新构式出现后，将原来只有分类性与指称性的"X家"，变成了具有描述性与评价性的短语"X家家"。这个描述性的短语的句法功能既部分地保留了"X家"做指称语时可做主语的特点，但其主要的句法功能是做谓语，或做独立的评述小句，这是"X家"与"X家家"在句法上的最大区别。"X家"的主要句法功能是做主语和宾语，而"X家家（的）"一般都不能做宾语。例如：

(12) a. <u>小孩子家家</u>没事瞎感慨啥！（做主语）

b. 男孩子吃饭吧唧嘴也就罢了，<u>大姑娘家家</u>也不注意点儿。（做主语）

c."晚上喝酒吗？""不去，<u>我女孩子家家</u>喝啥酒呢。"（做谓语）

d. <u>我和老妈两个女人家家的</u>，拿个撑衣杆缩手缩脚地去放鞭炮，太搞笑了哈哈哈。（做谓语）

e."想吃，我又怕酸就忍了！""<u>大男人家家的</u>！"（评述小句）

f. <u>男的家家的</u>，鬓角留老么长的鲶鱼穗儿，你是鲶鱼么？（评述小句）

"X家家（的）"构式显示了其表达的正是"锁定并强化指人名词自身所代表的特殊的身份角色特征，暗含了否定性评价"的构式义。

三是语用上的突破与创新。"X家家（的）"构式的出现，最显著的表现是在其形式和语义方面。形式上，它不仅创造了一种全新的指人名词短语"X家家（的）"，也创造了一种新的叠音助词"家家"；语义上也在原有的对指人名词的分类性"X家"的基础上，通过后缀的重叠创造了一种具有描述性的短语构式"X家家（的）"，起到的是对人物身份角色强化与定位的作用。不过，"X家家（的）"构式最大的创造是在语用上，这类构式以强化人物身份角色特征为手段，并由此暗含了对被强化的人物身份角色与其表现出的动作行为的否定性评价。下面我们重点从该构式的使用机制来谈谈"X 家家（的）"构式在语用上的突破与创新。

（二）"X 家家（的）"构式的使用机制

1. 名词属性义的激活

说话人通过构式"X 家家（的）"来激发构式所蕴含着的评价义。这类构式通过后附助词"家家"以强化人物身份角色特征为手段，激活了其前名词的属性义。"名词的属性义是名词的派生意义，是附着于指称义之上的非指称意义集合，包括名词的性质义和长时间积淀于名词中的反映本民族文化信息的联想意义。"（胡培安，2004）这些指人名词沉淀了汉语社会的文化信息，具有特定的国俗语义。比如"女性"除了指性别的类这种最基本的语义外，往往还附带着"软弱、见识短浅"等主观评价义，反映了男权社会对女性的主观认知；"孩子"除了指向未成年外，还附着了"经验少、不懂事、能力低下"等评价义。助词"家家"与指人名词组合后，其主要的作用就在于强化这些指人名词的身份角色，并将这些指人名词所附着的社会评价语义激活，暗示出说话人的主观评价。这正是汉语社会在分类性名词"X 家"的基础上，用重叠的方式创造一个"X 家家（的）"构式来表达对人物的身份角色加以强化与定位，并将指人名词的社会评价的属性义激发出来，让听话人识别其话语目的的语用因素。

（13）a. 一般这样骂街的妇女都是已婚的，叫泼妇，但一个姑娘家家的满大街转悠撒泼骂街，我还真的不知道应该叫什么。

　　b. 君子报仇十年不晚，我一女儿家家的本心存善意，不想无生事端，……

　　c. 姑娘家家一天到晚净想着怎么害别人，你爸妈都怎么教育的你。

　　d. 小孩子家家不好露脸连房门都不给出，熬夜到现在，但愿今天一天能在睡梦中度过。

　　e. 这种脏活怎么能让你们女孩子家家来做，还是让我来做个全套吧。

语言是社会文化的直接映射，这种凝固在特定词语中的文化基因深深地潜藏于社会大众的心底，以一种不易察觉的方式锁定于人们对词语的使用中。例（13）a 句"一个姑娘家家的满大街转悠撒泼骂街"，激活的是人们对一个"姑娘"身份与角色的固有认识。按社会常理，"姑娘"就应该"文静、讲礼貌、待在家里"，而"满大街转悠撒泼骂街"与其性别身份极不相符。所以"X 家家"构式就形成了一种强化性别角色并通过其性别角色相匹配的行为特征与现有特征进行对比的效应。b 句"我一女儿家家的本心存善意,不想无生事端",用了"女儿家家的"来表达,除了强调"女儿"性别角色,还将其社会文化评价"心存善意,不无生事端"直接表达出来,也暗示了自己的做法是不得已为之的言外之意。c 句"姑娘家家一天到晚净想着怎么害别人",也是通过构式"X 家家(的)",激活了一个"姑娘"的性别与身份角色,并形成了一个"姑娘"应该有教养的社会评价与其行为"一天到晚净想着怎么害别人"的强烈的对比效应,话语的批评与指责的意思隐约可见,所以下句才会用"你爸妈都怎么教育的你"做出进一步的反诘。d、e 两句"小孩子家家不好露脸连房门都不给出,熬夜到现在""这种脏活怎么能让你们女孩子家家来做"则分别表达了"小孩子"应该待在家里不要轻易出头露面、"女孩子"不做脏活的社会评价,这些社会评价都是由"X 家家(的)"构式激活了的名词的属性义。这种指人名词的属性义虽然随着语境而有所变化,但是,听话者却能根据语境而顺利地接收。

2. 含蓄表意的礼貌原则

"X 家家(的)"构式采用的是含蓄表意,遵守的是言语交际的礼貌原则。如:

(14) a. 三爷说:"女人家家,只知其一不知其二。"她说:"三爷,我不懂。"

b. "那样,咱们就是真正的一家人。""小孩家家的懂什么,"外婆瞪了一眼外孙女,"大人的事,你少管。"

c. 男孩子吃饭吧唧嘴也就罢了,大姑娘家家也不注意点儿。

d. 她转过身又舀了一勺水浇在自己的腿上。"黄花闺女家家,要得病的。"何妈说。

e. 男生家家的,为什么喜欢粉红色象牙贴他画上的,这还没到呢,明年夏天再见。

f. 按说老丫头人好长得也挺稀罕人,可大姑娘家家的不在外边做事囚在家里跟她爸玩鸟儿。

温锁林、刘元虹(2014)指出:"在说话中尽量避免主观性的融入、不直接表露自己的态度与立场的含蓄的说话方式,体现的就是言语交际的'含蓄原则'。"我们看到,上述各例中在使用"X 家家"构式,除了强化指人名词的身份性别的作用外,还将说话者的想法与评价暗示出来,达到了评价批评意见可意会不直传的效果。a 句用"女人家家"间接地表达出了"女人头发长见识短"的社会偏见;b 句用"小孩家家的"间接地表达出了"小孩子瞎乱掺和不像话"的批评；c 句用"大姑娘家家"间接地表达出了"大姑娘吃饭没个样子"的指责；d 句用"黄花闺女家家"间接地表达出了"一个闺女家用冷水冲洗要弄坏身体"的警告与提醒；e 句用"男生家家的"间接地表达出了"男孩子不要姑娘样"的嘲讽；f 句用"大姑娘家家的"间接地表达出了"姑娘家没个姑娘样"的批评。

四、"X 家家（的）"构式广泛使用的社会动因

任何语言的发展都是其自身发展的内在需要与外部环境共同作用的结果。比利时语用学家维索尔伦（Verschueren，2000：55）曾指出："使用语言就是一个不断地选择语言的过程，不管这种选择是有意识的还是无意识的，也不管是出于语言内部的原因还是出于语言外部的原因"，人们对"X 家家（的）"构式的选择也并非规则中的例外。

从语言内部结构来看，"家家"是在词缀"家"的基础上变化而来的一个叠音助词，它的运用体现了语言的经济性原则。在当今这个快速发展的社会中，说话的效率显得尤为重要，语言上的效率就体现在如何在有限的时间内尽可能多地传递信息，正确运用语言的经济性原则是提高语言传递效率的重要途径。

助词"家家"能够激发其附属名词属性义的功能也能提高交流的效率。当"家家"与指人名词结合时，它能将这一名词的属性义激发出来，即将本民族文化中大家对这一名词所指称人的共同认知激发出来，听话人由此可以知晓说话人的意图并对说话人后半部分的话语进行一个预测，而无需说话人通过言语表明属性义后再进行后半部分的信息传递。

语言无法脱离社会环境而单独存在，因此，来自语言外部的社会因素也会对"家家"的发展产生影响。经过分析认为，社会环境对"X 家家（的）"构式的影响主要体现在两个方面，一是网络媒体的发展，二是人们社会心理的变化。

（一）网络媒体的发展

20 世纪 90 年代，互联网开始风靡全球，它在改变人们生活状态的同时也极大地改变了人们的沟通交流方式。随着 QQ、微博、微信等社交媒体的流行，人们交流的时间、地域限制不断被打破，语言的传播范围也更加广阔，"家家"词缀也因此不再局限于方言的交流，得以在网络上进行传播。同时，网络媒体的普及使用为语言提供了更为宽松的发展环境和空间，这也在一定程度上促进着"家家"不断出现在新的对话形式中。

（二）社会心理的变化

社会飞速发展促使人们的生活节奏不断加快，也催生了人们的心理压力。人们需要寻找轻松的出口进行宣泄、缓解，这一心理现象反映在语言上，表现之一就是人们寻求轻松的、非正式的语言形式表达情绪。从语义上看，叠音助词"家家"带上了"亲昵、随意非正式"的附加义（谢汶君，2018）。因此，在语言交流中，"家家"的使用一定程度上会使交流语气生动，交流氛围轻松，符合语言交际的需要，也符合人们的心理需要。同时，这也是当代社会中流行的"萌"文化的一种体现。在社会压力日益增长的现代社会，"萌"系语言的运用给人们的交流营造了一种轻松可爱的氛围，使人们在精神上获得了一定程度的放松。叠音式的"家家"带有"萌"系表达的特征，用于口语交际时往往表现出一种可爱、亲和的意味，能够拉近交流双方的距离，释放说话人的情感，调节交流气氛。所以，即便是一些带有谴责、嗔怪意味的话语，一旦有了"家家"助词这一"萌"性表达的包装，也客观上稀释了其批评责怪的意味，所以才在社会大众中迅速扩散开来，变成了一种时髦的话语方式。另一方面，根据助词"家家"在语料中的分布情况，可以看出：它通常与表示女性或孩子的名词组合，这些名词隐含着共同的表"小"的意味，"家家"的使用加强了说话人语义中蕴含的指向"小"义的感情色彩，符合人们对于"小"事物的偏爱的心理，因此在年轻的网民中很快就被模仿使用，并在社会上广泛传播开来。

"家家"是由"家"词缀发展而来的一个用于口语交流的新兴助词，与词缀"家"相比，它多了强调标记的功能，感情色彩更加突出，也丰富了语言表达的形式，在语言的未来发展中，它也必将乘着互联网发展之势，不断扩大自身的使用范围及影响，更好地为促进语言的表情达意服务。

第三章 范畴化与新兴构式的建构（下）

第一节 转喻式范畴化构式"WVP 的不是 X，是 Y"

网络用语的不断克隆复制是网络时代语言使用的一个重要特征。近两年，"哥吃的不是面条，是寂寞""哥卖的不是菜，是品位"等似曾相识的话语随处可见，充斥于网络、报刊等各种媒体，其克隆的模板就是"WVP 的不是 X，是 Y"。用模因论（Memetics）来解释，"任何一个信息，只要它能够通过广义上称为'模仿'的过程而被'复制'，它就可以称为'模因'了。"（谢朝群、陈新仁，2007：149）不过，模因论只是回答了一种话语单位的传播过程与方式上的"模仿"特点，并不能回答某一话语方式内在的表达机制与被大量模因之间的关联性。而我们关心的是，一种能被大众迅速接受并被大量复制的特定话语格式，必定有其独特的内在构造机理与表达功能，那么，这种话语方式独特的构成机理是什么？即它在构成方式与表意方式上区别于普通表述方式的特色何在？这些问题解决了，也就从侧面解答了某种话语格式何以能够被大量"模因"的问题。

一、转喻式否定的性质

（一）转喻式否定

"哥吃的不是面条，是寂寞"类话语中，包含了一个否定命题（"哥吃的不是面条"）与一个肯定命题["（哥吃的）是寂寞"]，前一命题否定的是一个真实事件，而随后给出的命题所肯定的倒是一个虚拟事件，这是此类话语格式在形式上的共同特征。细细观察，可以发现两个命题间在语义上有一种内在的关联性，理解这种语义的关联性是正确理解此类话语的前提。如"吃面条"与"吃寂寞"之间隐含了一种因果关系，是一种以"结果"代替"原因"的话语方式，要表达的其实是"哥是因吃面条才寂寞"

之意。可见，前一个真实事件被否定，并被后一个虚拟事件所替代，是建立在两个命题之间认知上的"相关性"上。这类话语通过建立两个命题的"相关性"，从而强行地用一个虚拟命题来"替代"另一真实命题，具有鲜明的转喻（Metonymy）性质，本节将其称之为转喻式否定（Metonymy Negation），相应地，"哥 VP 的不是 X，是 Y"也可称为转喻式范畴化构式。

认知语言学认为，转喻不是什么特殊的修辞手法，而是一般的语言现象；转喻也不仅仅是语言现象，而是人们一般的思维和行为方式。我们的思想和行为所依赖的概念系统从根本上说具有转喻的性质。（沈家煊，1999）本节讨论的转喻式否定，就是思维的转喻性质在语言中的体现，它不仅给我们提供了一种新的话语方式，而且还提供了一种新的认知机制。要解密这种话语方式，得从确定其否定的性质入手。

（二）转喻式否定的性质——语用否定

此类话语的构成很特别，前一命题均为否定式，而且都包含了一个预设，例（1）三例的前一小句，其预设分别为"孩子推煤""哥唱的是歌""哥抢门票"，小句所否定的正是这些预设。否定语句的预设，其实质用意就是否定这些语句的适宜条件，而"否定语句的适宜条件往往就是否定语句的隐含意义"（沈家煊，1993）。由此可知，转喻式否定都不属于语义的否定，而应该属于语用否定。

（1）a. 孩子推的不是煤，是生活之艰辛。
　　b. 哥唱的不是歌，是寂寞。
　　c. 哥抢的不是门票，是快乐。

这类否定的特殊之处还在于，被否定的预设，都是显见的不言自明的事实，之所以要做出这样的否定，是因为说话者觉得，这种预设陈述的事实虽然为真，但它们只反映了事件的表象，因为这些表述中往往隐含了"VP 的仅仅/只是什么"的意思，这并不符合说话者在特定认知环境下对某个动作行为的特征与本质的认识，因而并非"适宜性"的表述。只好用"预设的否定"彻底剔除其隐含，并借助转喻的方式给出一个"适宜"的替换性命题，才更能揭示行为本相。这类话语方式的两个命题间其实隐含了一种取舍关系：与其说孩子推的是煤，倒不如说孩子推的是生活之艰辛（更为合适）；与其说哥抢的是门票，倒不如说哥抢的是快乐（更为合适）。这些取舍关系表明，说话人做出语用的否定并非要否定动作行为本身，而是否定命题的适宜条件，他极力强调和突出的正是后面给出的转喻性命题，在他看来，只有这样的识解才是此情此景中最"适宜"的表达。这类话语通过先否定后转喻的方式，在建立两个命题间的相关性联系的同时，建构起了命题间的替代关系。鉴于这类否定的性质及其特殊的构成方式，我们将这种转喻式否定看作一种特殊的语用否定。

二、转喻式否定的构成机理

（一）转喻与转喻式否定

转喻被认为是在同一认知框架内的两个概念之间的相关性操作，即用易感知、易理解的显著度高的概念来替代显著度不高的概念。如用"来了一个新面孔"代表"来了一个新人"是部分代整体的转喻，用"他瞎了"代表"他的眼睛瞎了"属于整体代部分的转喻。不过，这些转喻都是语法中的"转指"，是转喻这种一般的认知方式在语法上的体现，可称之为"语法转喻"（沈家煊，1999）。本节讨论的转喻式否定在认知方式上同语法转喻一样，也是通过建立两个事项之间的认知关联而表意的，不过，它的构成与语法转喻还是表现出一系列的区别。

1. 稳定性与临时性的不同

语法转喻指的是表达同一概念的词语之间的替换关系，即概念 A 与概念 B 之间的替代关系。两个概念因处于同一"认知框架"内，可以建立起一个相对稳固的"转喻的认知模型"来进行概念层面的替代性操作。概念 A 能够替换概念 B，是因为：①两个概念处于同一认知框架中，概念 A 和概念 B 密切相关，具有稳定的联系。②概念 A 在认知上的"显著度"高于概念 B，那么，激活概念 A，就会附带激活概念 B（一般只有概念 B）。例如人们常用"壶开了"来指代"壶里的水开了"，就是因为"壶"与"水"同处于"容器-内容"这个认知框架内，容器"壶"为外显的事物，它比内容"水"更直观，显著度要高。用"白宫、五角大楼"（所在地）来分别转指"美国政府、美国国防部"（机构），利用的是"所在地-机构"的认知框架，用显著度高的"所在地"来激活显著度低的"机构"。这些常见的语法转喻，都是用同一认知框架内显著度的概念来转喻显著度低的概念，所以目标概念（被替代的概念）无需出现。因为"用显著的东西来转喻不显著的东西是一般规律"（沈家煊，1999），这种规律也说明，构成语法转喻的两个概念之间有一种稳定的替换关系。

与语法转喻的概念层面的操作不同，转喻式否定是在话语层面的操作，即命题 A 与命题 B 之间的替代关系，如例（1）中，因命题 B "推生活之艰辛"与命题 A "推煤"相关，而且命题 B 更能反映动作行为的本质，在显著度上要高于命题 A，所以可以替代命题 A。这种替代关系是通过两个命题的相关性临时建立起来的。但是，两个命题并没有固定地处于某个认知框架内，它们的相关性是说话人调用某种认知框架临时建立起来的认知联系，所以替代的命题与被替代的命题都得出现，否则无法构建起二者的认知联系。比如例（1）c 中替代的命题 B"（抢）快乐"与被替代的命题 A"抢门票"都得出现，因为两个命题的联系只存在于说话人的意念里，具有临时性的特点，只有二者都出现才能构筑起"动作-目标"这样的认知框架，形成用目标（命题 B）替代动作（命题 A）的相关性表述（"哥是为了快乐才抢门票"）。前文说过，转喻式否定被否定的是一个真实的活动与行为，而后面肯定的只是说话人认定的可代替动作本身的"原因、结果、条件"等虚拟性"关系"，至于说话人究竟会做出怎样的认定，则体现出因人而异与不可预测的特点。请看例句：

（2）a. 我喝的不是酒，是孝心。
　　b. 哥喝的不是酒，喝的是情怀。
　　c. 哥喝的不是酒，喝的是人生呐。
　　d. 我喝的不是酒，是感觉。
　　e. 我喝的不是酒，喝的是被"重视"的无奈。
　　f. 我喝的不是酒，是社交。
　　g. 我喝的不是酒，是关系。
　　h. 我喝的不是酒，是故事。
　　i. 我喝的不是酒，是流动性。
　　j. 我喝的不是酒，是故事。

同样是对"喝酒"这一动作行为的否定，可是每个例句的后一小句给出的答案各不相同，这是转喻式否定以"关系属性"来替换客观真实的一种表现，唯一的解释是，因为这种替代关系是根据说话人的认识临时建立的，所以具有因人而异、开放与不可预测的特点。对于炒股，股民们也会有各自不同的答案：

（3）a. 哥炒的不是股，是寂寞。　　b. 哥炒的不是股，是底气。
　　c. 哥炒的不是股，是心态。　　d. 哥炒的不是股，是痛苦。
　　e. 哥炒的不是股票，是智商。　f. 哥炒的不是短线，是寂寞。
　　g. 哥炒的不是股票，是人民币。h. 哥炒的不是期货，是耐心。

2. 实体性替代与虚拟性替代的不同

语法转喻中广泛使用的是以"容器"代"内容"、以"部分"代"整体"、以"领有者"代"领有物"、以"工具"代"劳作者"、以"性状"代"物体"、以"所在地"代"机构"等，均以处于同一认知框架中的显著度高的概念来代替显著度相对低的概念。能够充当替代性角色的，或为外显性的，或为具体的，或为特征显明的，都是一种实体性替代。因为语法转喻都是在同一认知框架内的两个相关概念的操作。这种"认知框架建立在人的具体经验的基础上，因此进入认知框架的一般是具体概念而不是抽象概念"（沈家煊，1999）。

转喻式否定虽然从本质上看也是转喻性思维方式的体现，但这种话语方式以说话人构建的"关系属性"来替代真实的动作事件，是以虚拟的真来替代客观的实。我们发现，命题 B 中的动词虽然具体，但动词后的宾语代表的总是一个抽象概念（如"寂寞""疯狂"等），这种特殊的动宾组配并不表示具体的动作行为，只是一种抽象的"关系属性"。也就是说，这种靠主观虚拟而建立起来的认知框架是临时性的。所以，用临时性的"关系"来替代实际动作行为是这类否定的最大特点，不可能像语法转喻那样具有明显而稳定的认知基础。

（4）a. 哥上的不是班，是寂寞。　　b. 哥玩的不是游戏，是寂寞。
　　　c. 哥看的不是天空，是寂寞。　　d. 我走过的不是青春，是寂寞。

"寂寞"是心里的一种感受，它无形而抽象，与具体的动作行为不沾边。可是它却被用作替代众多具体的动作行为的"实体"，形成一个极具主观性的表述"VP 的是寂寞"。以虚拟性来替代动作行为的客观实在性是这种话语方式的一大特点。同一个具体的动作行为，如例（2）11 例中的"喝酒"，可以用不同的"关系属性"进行替换，形成多种多样的否定，也是转喻式否定用主观虚拟来替代实际动作的一种表现形式。

（二）转喻式否定的构成机理

转喻式否定由两个命题构成，即被否定的命题 A 与起替代作用的命题 B。下面，我们将从分析话语中命题 B 替换命题 A 的性质入手来揭示其构成机理。

1. 用抽象性来替代具体性

在转喻式否定中，被否定的命题 A 都是具体的动作行为，起替换作用的命题 B 都是动作行为的转喻格式，如"吃寂寞""喝身份"等，其中的宾语都是一些抽象词语，如心理感觉类的"寂寞""疯狂""快乐"等，抽象名词如"孝心""情分""人生"等。用包含抽象概念的转喻性命题 B 来激活并替代命题 A（行为动作），目的就是把表面互不相干的命题 A 与命题 B 放在同一认知框架中，让人们关注两个命题之间存在着的某种密切的关联性。如下例的"喝酒与舒坦"之间构成了"动作-目标"的隐性关联，它们可以表述为"为了舒坦而喝酒"；"上网与无奈""写情书与寂寞"之间构成了"原因-结果"的隐性关联，它们可以表述为"因为无奈才上网""因为寂寞而写情书"。如：

(5) a. 哥喝的不是酒，是舒坦。　　b. 哥上的不是网，是无奈。
　　c. 哥写的不是情书，是寂寞。　　d. 哥打的不是游戏，是失落。

2. 用本质来替换表象

在说话人看来，命题 B 可以替代命题 A，是因为命题 A 所表述的具体的动作行为尽管真实，但这种直截了当的常规表述，给出的只是行为动作的表象，这种常规表述容易造成人们对动作行为背后所隐藏着的本质的忽略，因而并不适宜。命题 B 虽然只代表了一种抽象的关系，但这种关系才能揭示命题 A 表述的表象之后所反映的本质，才是一种更适宜的表述。由此而形成了转喻式否定用本质来替换表象的表述方式。例如：

(6) a. 国足这些哥踢的不是球，是寂寞。
　　b. 祖国，我搬的不是家，是漂泊。

在说话人眼中，国足队员们"踢球"只是一种表象，让国人失望直至"寂寞"才是他们"踢球"踢出的结果（本质）。通过用"结果"（寂寞）来替代"动作"（踢球）本身，表达出了"踢球踢得人寂寞"的意思。"我搬的是家"，其预设是"我有家"，说话人通过预设的否定，并用"漂泊"来替换"搬家"，道出了因为"没家"才"漂泊"的事实真相。可见，否定本身只是一种策略，通过否定动作行为引起听话人注意表象之后的本质才是这种否定的目的。

3. 用主观性来替换客观性

如前文所述，具体的动作行为是客观的，但说话人否定的恰恰是这样一些在常人看来理所当然的事实。虽然通过说话人的调节，把命题 A 和命题 B 临时置于一定的认知框架之中，但是，二者的关联只是一种纯心理操作构建的认知关联，只有在一定语境背景的激发下，通过说话人明示的方式将其激活才能让人们感知与理解。而一种具体的动作行为究竟可以与什么心理感觉相联系，并没有什么固定的显现方式，它完全依据说话人的主观感觉，因为具体的语境和个人感受有着不可分割的联系，不同的个体体验又会形成不同的主观认识。以"喝酒"为例，是因为寂寞才喝酒，还是喝酒是为了表明某种身份和地位？同一个动作 A 可以激发多个目标概念 B。正是这种个体认知上的主观性差异，才导致了转喻式否定形形色色的面貌。"哥喝的不是水，是功能，是炒作，是元素周期表，是化学试剂的集合！"就是一种多解式的转喻式否定，这是转喻式否定主观性的又一极好例证。下面我们将从转喻式否定的多种类型来进一步展示其主观性特征。

三、转喻式否定的类型

转喻式否定,是凭借命题 A 和命题 B 之间的相关性构成的。说话人把两个命题置于一种关系性的认知域中,形成了形形色色的关联性表达。我们根据构成两个命题间所包含的不同的语义关联模式,将它们分成下面几种类型。

(一) "原因-结果"类转喻式否定

说话者通过建立"原因-结果"认知框架,形成以"原因"代替"结果"或以"结果"代替"原因"的转喻式否定,这是转喻式否定中最常见的一种类型。根据因果小句的前后位置,可分为"以因代果"和"以果代因"两个小类。下例(7)是"以因代果",它们的语义关系可以码化为因果关系的"因为 B,才(所以)A"。两例可以分别表述为"哥是因寂寞才谈恋爱""哥是因寂寞才发短信"。如:

(7) a. 哥谈的不是恋爱,是寂寞。　　b. 哥发的不是短信,是寂寞。

下面两例是"以果代因",它们的语义关系可以码化为因果关系的"因为 A,才(所以)B"。两例可分别换成"我因为跨栏而寂寞""哥因为赚钱而寂寞"。如:

(8) a. 我跨的不是栏,是寂寞。　　b. 哥赚的不是钱,是寂寞。

(二) "动作-目标"类转喻式否定

说话人通过建立"动作-目标"的认知框架,形成以"目标"替代"动作"的转喻模式。命题 A 表示的是具体"动作",命题 B 则是这一"动作"的"目标"。其语义关系可码化为目的关系的"A 是为了 B"或"为了 B 才 A"。如:

(9) a. 哥抢的不是盐,是一种安全感。　　b. 哥种的不是菜,是开心。

要准确理解上述句子的意思,必须借助"动作-目标"这样的认知框架,把其中隐含着的"A 是为了 B""为了 B 才 A"的关系明确化。例如"哥抢盐是为了一种安全感""哥是为了开心才种菜"。

(三) "动作-特征"类转喻式否定

所谓"特征"是指命题 B 代表的是命题 A(动作)的特征,或者是最有象征性、标志性和代表性的一部分,把两个命题置于"动作-特征"的认知框架,形成以命题 B(特征)替代命题 A(动作)的转喻否定。这种语义关联可以码化为象征关系的"A 标记(象征)的是 B"。请看例子:

(10) a. 哥喝的不是酒,是身份。　　b. 去星巴克喝的不是咖啡是小资。

例(10)a 出自《东方今报》(2010-12-20),文中有言:"茅台身背国酒的标签,喝茅台是身份的象征。"可见,"喝酒标志(象征)的是一种身份"才是对例(10)a 的正确解读。例(10)b 出自中国咖啡网(2010-10-12):"毫无疑问,这杯名叫星巴克的咖啡,是小资的标志之一。"这段解释也明确地告诉人们,原句要表达的正是"喝星巴克咖啡是小资的标志"之意。

(四)"动作-结果"类转喻式否定

通过建立"动作-结果"类认知框架而形成以"结果"代"条件(动作)"的转喻性表达。前一小句的"动作"代表一种前提或条件,后一小句表示动作的"结果",这些句子表达的语义关系可以码化为条件关系的"A 才能 B"。请看:

(11)a. 哥卖的不是商品,是智慧。b. 姐骑的不是车,是优雅,是耐心。动作"卖商品"只是显示"智慧"的一种手段,"智慧"才是其强调的结果:"哥卖商品才能显示出智慧"。同样,用"优雅、耐心"来替代"骑车",也是"动作-结果"类转喻,只有"姐骑车才能显示出优雅与耐心"方为正确的解读。

四、转喻式否定格式的流变与表达功能

(一)转喻式否定格式的流变

众所周知,"VP 的不是 X,而是 Y"并不是时下才有的表达式,它们在汉语里存在已久,下面是我们从北京大学语料库里收集的部分例句。请看三例:

(12)a. 黄河流的不是泥沙,而是中华民族的血液。
　　b. 那时,肥沃的土地上长出的不是庄稼,而是一块块墓碑。
　　c. 毕竟,里边卖的不是青菜瓜果,而是作家们的"心血"。

这种表达式的使用频率较低,故而修辞学著作根据其在用词和表意方面的特殊性,将其当成一种特殊的修辞格——拈连辞格。"拈连辞格的特点就在于借助上下文的语义关联把上文用过的动词顺手拈来,用于下文述说本来不相配的事物上,组成述宾结构或主谓结构。"(刘焕辉,1997:278)所以,时下流行的"VP 的不是 X,是 Y"转喻式否定,并非全新的语言创造,它是对已有格式的一种继承。网民们一旦发现了这种别样的表达格式,随即开始了狂轰滥炸式的克隆与复制,涌现出了难以计数的模仿格式。用"掠夺性开采"来形容此类网络用语最为准确与形象。有一段卖保险的套话,连续十次套用了"VP 的不是 X,是 Y"格式,空洞而做作:

(13)"哥卖的不是保险,是快乐!哥卖的不是保险,是爱心!哥卖

的不是保险,是幸福!哥卖的不是保险,是财富!哥卖的不是保险,是教育!哥卖的不是保险,是心愿!哥卖的不是保险,是微笑!哥卖的不是保险,是平安!哥卖的不是保险,是健康!哥卖的不是保险,是养老!哥卖的不是保险……"

对比过去使用过的与时下流行的"VP的不是X,是Y"格式,可发现它们有两点不同:一是在使用频率上,过去的格式只是由少数人使用的弱势格式,所以才会被当作特殊的辞格对待,而时下它已经成为一种媒体中大量使用的高频率的强势格式。二是在格式的定型化上,以往的格式只是表现出动词使用上的特殊性,并没有时下的格式的高度定型化,时下的格式更多地表现在动宾搭配的特殊性,尤其是宾语选用的特殊性上,像"寂寞、无奈、漂泊"等的高频率出现,形成了"VP的是寂寞"高度程式化表达。特别是不论使用者是男是女,都在用"哥"说事,绝少使用"我",更是此类格式定型化甚至套用化的一种标记。我们应当看到,网络语言对"VP的不是X,是Y"格式的传播与定型,并且在促成其由少数人偶尔才使用的弱势格式一跃而成为时下非常强势的表达格式上,是有其积极意义的。

(二)转喻式否定的表达功能

转喻式否定之所以颇受大众喜爱,与其特有的表达功能密不可分。

1."意料之外、情理之中"的表达效果

趋新逐异是年轻一代的群体心理特征,也是网络用语用词的一大特色。转喻式否定,其表意特点就在于"意料之外、情理之中"的表达效果。所谓"意料之外",指的是其前一否定小句中,硬是颠覆不言而喻的事实,从而打破人们对事物或现象的认知惯例,故意地"指是为非",给人以"意料之外"的新奇之感。所谓"情理之中",指的是说话人给出的肯定小句中,用一个表面上很不相干的超常的动宾搭配,借助转喻手段把动作行为的本质特征巧妙地揭示出来,即故意地"转非为是",借助听话者刚刚形成的逻辑与认知落空之机,再通过说话人构建的关联性的认知框架,强行地把听话者的思维拉入一个转喻的模式中,使他把对动作行为的常态认知突变为更高层次的理性体验,从而收获"意料之外,情理之中"的表达功效。这种突兀起落的表达方式,非常符合时下年轻一代求异、张扬、恶搞的特点,这种曲折怪异的表达方式及特有的表达效果,也是促成其大为流行的一个重要原因。

2.新视角引发的认知升华

转喻是人类的一种思维方式,是人类认知理解客观世界的一种工具,它为人类不断提供着看待和描述事物的新视角（陆俭明，2009）。转喻式否定所否定的是人们对动作行为的常规识解，从一个更新的视角进行新的认解，将表象之后的关系本质展现出来。这种否定现象并通过转喻方式来替代动作行为的表述方式，建立了行为表象与其本质属性的密切联系，借助临时构建的认知域完成了人们对日常动作行为由表及里、由浅入深的认知过程，使得人的认知在这个过程中得到提升。例如"哥掏的不是一元钱，是特权"，按照常理，"掏一元钱"与"特权"看起来互不相干，但是，"掏一元钱"只是表象，"特权"才是其本质，通过否定"掏一元钱"这个动作，并用"特权"来替代它，将其纳入"动作-特征"的认知框架之中，使听话人得到"哥掏一元钱是特权的标志"的解读。这种巧妙的话语方式，不仅刷新了人们对"掏一元钱"这一常规现象的认识，同样带给听话人认知上的升华和情感上的共鸣。还有，有不少的转喻否定具有多解性，如例（11）a，到底是强调结果（"哥卖商品才能显示出智慧"），还是强调原因（"哥是因为有智慧才卖商品"），抑或是强调目的（"哥为了显示有智慧才卖商品"），听话者可以自由地根据自己的独特的生活经验与认知习惯做出适合自己认知体验的解读，它不仅给听/读者带来崭新的认知体验，还进一步引发听/读者的认知升华。这种解读的多元性与开放性也是转喻式否定流行的一大原因。

第二节　隐喻式范畴化构式"W不是X，（W）是Y"

一、引言

沈家煊（1993）指出，语言中有两种不同性质的否定："语义否定"和"语用否定"，前者是对句子真值条件的否定，后者是对语句表达的适宜条件的否定。沈文将语用否定分成五类：①否定由"适量原则"得出的隐含义；②否定由"有序原则"得出的隐含义；③否定风格、色彩等隐含义；④否定"预设"意义；⑤否定语音或语法上的适宜条件。我们发现，语言中还有一类否定，在表意和构造上都非常特殊。如（本节凡未注出处的例子，均选自北京大学CCL语料库）：

（1）a. 你能坚持这么久,你不是人,你是神。(《燕赵晚报》2008-10-07)
　　　b. 他的行动神速极了,他不是人,他简直是一头猎犬或者是一头牝鹿！

c. 一些不理解场长的战士觉得："这哪里是种地，简直是绣花。"
　　d. 孙青霞仿佛要跟任怨比耐心："你老婆又不是一粒核仁，我不能把他一口吞下肚里去、也不能就裹在这包袱里。"（BCC语料库）

上述句子该归属于哪类否定呢？直觉告诉我们，这些句子不属于语义否定，因为它们并未否定句子的真值条件。我们知道，说话人使用语义否定，是由于别人持有的某种观点与他认定的"事实"不符，即违反了话语成立的某个真值条件。所以，语义否定之后，往往伴随一个肯定句，用以给出句子的真值条件，如"这不是咖啡，是普洱茶"。而例（1）a中，"你"明明就是"人"，完全符合"人"的真值，后面的肯定句"你是神"并未给出句子的真值条件，而是一个隐喻性的虚拟值，这个虚拟值才是话语表达的目的所在，之前的否定完全是为这个虚拟值的出现做的铺垫。这些句子既然不是否定句子的真值条件，那么，它们否定的又是什么呢？细心品读上述各例可知，这类句子所否定的均为人们对事物的常规认知或识解习惯。之所以要对这些认知常规进行否定，是因为说话者认为这种对事物常态的认知只反映了事物的一般属性。人是万物的尺度，对事物的认识具有多样性特点，事物是变化的，其性质也不会一成不变。对事物的常态的认识往往隐含了"仅仅/只是什么"的意思，这一隐含义反倒容易成为人们思维的壁垒，并不能反映特定认知环境下某个事物在特殊的识解主体心目中所体现的特征，因而违反了他认定的某种适宜条件，只有改换认知的方式对事物进行一种全新的识解才能将其本质特征展示出来。如"这是种地"，就因附带了"这仅仅是种地"的隐含义，不符合特定环境下说话人对种地这一行为本质属性的认识，成了一个不适宜的表述。在所有隐喻式否定中，都隐藏着一种逻辑上的取舍关系：与其说他是人，我倒不如说他更像是神；与其说他是人，倒不如说他是一头猎犬或者是一头牝鹿（更合适）；与其说他是种地，倒不如说他在绣花（更合适）。从这类否定所蕴含着的取舍关系中可以看出，隐喻式否定对常规认识的否定，并不是真的要推翻客观的事实，它所排斥和否定的是常规认识或说法的适宜性，极力强调和突出的正是他在特定条件下对事体独特的主观识解，在说话人看来，他的这种独特的识解才是此情此景中最合适的表达。因为语用否定是对语句适宜条件的否定。（沈家煊，1993）上述各句无疑符合沈文给出的语用否定的定义，它们应该是语用否定这一范畴之中的成员。

　　但是，上述语用否定语句中都包含了一个隐喻性（metaphorical）的命题，在构建方式与表意方面与沈文所列举的五种语用否定有一些差异，是一种特殊的语用否定，这些语用否定是以隐喻为手段建构的，可称之为隐喻式否定。这类否定的构造具有极强的共性，它们都由两个小句组成，前一小句为否定式，后一小句为肯定式，两个小句中所含命题的主项都相同，可码化为"W 不是 X，（W）是 Y"。为了表述方便，本节将沈文中所讨论的语用否定称为隐喻式范畴化构式,并直接将该类构式称为隐喻式否定。

二、隐喻式否定的表意特点

（一）表意上强烈的主观性

语用否定都是对语句适宜条件的否定，而否定语句的适宜条件往往就是否定语句的隐含意义（沈家煊，1993）。与语用否定不同的是，隐喻式否定所否定的重心不仅仅是句子的隐含义，而是句子的自然意义（Natural meaning）。格赖斯（1989：213）指出，自然意义陈述的只能是事实，并反映事物的内在属性。可见，否定句子的自然意义，就是否定句子表达的基本信息或断言（assertion）。下面，我们以具体的例子来说明语用否定与隐喻式否定的差异。

（2）a. "她不是什么'女人'——她是我妻子。"（转引自沈家煊，1993）

　　　b. "她不是女人——她是一个狐狸精。"

上例 a 句是一个典型的语用否定，其中包含了"她是女人"和"她是我妻子"两个命题。前一小句否定了说"她是女人"的适宜条件，即否定其隐含义"她不是我妻子"，后续小句"她是我妻子"给出了语句的适宜条件。适宜与不适宜只是针对某种说法而言的，并不是质疑命题的真实性，因为就逻辑而言两个命题都是客观真实的。语用否定都可以换成让步性的转折复句：虽然她是女人，但你称她是女人是不合适的，更合适的说法应该是她是我的妻子。可见，这类否定并未否定命题的自然意义，而是某种说法的适用条件。上例 b 句是隐喻式否定，其中也包含了两个命题"她是女人""她是狐狸精"。前一小句从表面看是否定说"她是女人"的适宜条件，即否定其隐含义"她是一般的女人"，实际上，话语的实际意图是借助否定语句所陈述的"她是女人"这样的事实，以否定把"她"定义为"女人"的可能性，即否定语句表达的自然意义。后一小句"她是一个狐狸精"是一个非客观的命题，在本质上具有虚拟的性质，但却是说话人给出的"合适"的命题，在表意上体现出极强的主观性（subjectivity）。所以，隐喻式否定并不能像语用否定那样换成让步转折复句，只能换成递进性的复句：把她称作女人不仅是不合适的，而且是不可能的，因为她根本就不是人，而是一个狐狸精。可见，以说话人强烈的主观论断来否定事物的自然意义是隐喻式否定的一大特点。隐喻式否定表意上的主观性可以从以下几方面得到验证。

1. 凸显非自然意义

非自然意义（Nonnatural meaning）对事物做出的非事实和非客观的陈述，它没有自然地反映事物的本质属性，而是带有人为意图的特点（谢朝群、陈新仁，2007：11）。面对一碗粥，人们不言而喻会得出"这是一碗粥"的常规论断，常规论断所表达的是事物的一般属性，是语句表达的自然意义。而"这是老区人民一颗颗滚烫的心"表现的是一种非自然意义。否定在常规认识中所包含的自然意义，而构建一个带有明显人为意图和隐喻性的非自然意义，就形成了"这不是一碗粥，这是老区人民一颗颗滚烫的心哪"这样的隐喻式否定。语用否定和隐喻式否定的区别在于：前者否定和肯定两个命题都是真命题，是围绕命题表达的自然意义进行的，其差别只在于命题的适宜条件；而后者的被否定的命题实质上是事物的自然意义，肯定的命题是一个本质为假的虚拟值，是说话人临时给出的并着意凸显的事物的非自然意义。既然非自然意义带有人为意图的特点，并不是自然地反映事物的本质属性，那么在隐喻式否定中，说话人何以会将其强加到某个事物身上并着意强调呢？根据人的认知规律，越是熟悉的事物其本质属性反倒越容易被人所忽视，习焉不察说的正是此理。隐喻式否定正是对这一认知缺陷的一种有效校正。对于人们所熟悉的某个事物而言，对其常规的认识（自然意义）虽然具有不言而喻的客观性，但是，正是由于这种不言而喻的性质，往往掩盖了事物更深层次的本质特征。面对一碗粥，人们会自然形成"这是一碗粥"的判断，这种判断当然没错，但这碗粥在特定环境下更为本质的意义是什么，我们很少考虑。所以为了凸显说话者在特定情况下对事物本质的认识，必须突破人们认知上的常态，通过一个主观性极强的虚拟值（非自然意义）重新对事物的本来面目给予揭示。"这是老区人民一颗颗滚烫的心"这样的表达，说话人硬是以主观的真实来否定客观的事实，用说话人构建的事物的非自然意义来否定事物在人们心目中的自然意义，走的是一条由实到虚的路线，在认知上的确有强烈的非理性色彩。但是，这种对事物的表面上看来非理性的识解，在特定情况下却能给我们提供对事物更为本质的认识。可见，凸显非自然意义的动机与表达强烈的主观性的需要浑然一体。

2. 主观性词语的使用

隐喻式否定从逻辑上看完全是主观的，是以主观虚设来颠覆客观事实的思维方式在语言中的映现。我们看到，隐喻式否定中，在否定小句中常出现"好像、像"等喻词，如下例（3）a、b，或使用"简直""根本"等表示说话人主观意识的语气副词，如下例（3）c、d，这类语气副词的使用告诉我们，隐喻式否定是对人们常态认知模式的根本否定与超越，对句子自然意义的否定是最彻底和根本性的。值得注意的是，凡是隐喻式否定，即使否定小句中未使用"好像、像"，但也可以加入，如下例（3）c、d，这明显地透露出说话人对命题的自然意义的否定也不是纯客观地所做出的，而是一种主观性的否定。如：

（3）a. 母亲每天为她送去三顿饭菜，她好像根本不是这个家庭的成员，似一只猫。

　　b. 十五年前小家伙刚生下来时的模样，真把我吓了一跳，他根本不像是人，倒像是从百货商店买来的玩具。

　　c. 这女人简直不是人，简直是个上古洪荒时代的巨兽。

　　d. 他简直不是个人，是个酒桶，没有底的酒桶。

语用否定时体现出的是客观性，与隐喻式否定体现的主观性形成明显的对立。语用否定的前后两个小句中是无法加入"好像、像、简直、根本"等词语的：

（4）a. ？"她好像不是什么'女人'——她是我妻子。"

　　b. ？今天天气好像不是"暖和"，是"炎热"。

隐喻式否定体现出的主观性还表现在，语用否定小句可做"我说、我重申"的宾语，是用一种适宜的说法来否定另一种不适宜的说法，语用否定属于"行域否定"；而隐喻式否定小句常做"我认为、我觉得、我以为"的宾语，是用一种认识来推翻另一种认识，属于"知域否定"。这也说明隐喻式否定是根据说话人的主观意志做出的，具有极强的主观性。

3. 内省性与自辩性

沈家煊（1993）指出，语用否定有三个特点：语用否定都是"引述性否定"；语用否定都是辩解式否定；语用否定和后续的肯定都代表一个"言语举动"。隐喻式否定的两个小句也代表了一个辩解性的言语举动，但在辩解的内涵上与语用否定还是有区别的，下面分别说明。

1）隐喻式否定常是"内省性否定"

"内省性否定"是相对于"引述性否定"而言的。语用否定都是"引述性否定"，所谓引述性否定就是否定某种"说法"的适宜性，被否定的引述性成分在口头表达时有特殊的重音，在书面上常加引号。有时前面加上一个虚指的"什么"。（沈家煊，1993）下面几个语用否定都具有这些特点（均转自沈家煊，1993）：

（5）a. 什么"爱人爱人"的——她是我老婆！

b. 不是什么"有点儿不合适"，而是十分冒昧，十分唐突，十分荒谬。

c. 什么叫"你"最后一次见他——"咱们"最后一次见他。

所谓内省性是指这种否定并不需要语境中有某种说法，也就是说，否定不是由语境中某个说法引发的，而是由说话人独特的内省体验决定的。在这一点上，隐喻式否定与语用否定有明显的区别。隐喻式否定之所以具有内省性，是因为被否定的命题表示的本来就是不言而喻的常识，表现的是说话人一种全新的心灵体验，所以否定成分前一般不能加上虚指的"什么"。请看：

（6）a. 屁股摆动的幅度特别大，……那小屁股，不是长在身上，倒像是两坨棉花锤，弹得人们揪心。

b. 他举起一只手指向泰德，他惊骇地发现那根本不是一只手，那只是一些骨头。

c. 康六：姑娘！顺子！爸爸不是人，是畜生！可你叫我怎么办呢？（老舍《茶馆》）

d. 家里的不是个老婆，而是个吸人血的妖精！（老舍《骆驼祥子》）

只有在语境中出现某种"说法"，说话人要强调他对这一事体的识解完全不同于这一"说法"时，才可采用"引述性否定"的方式，在被引述成分前加上"什么"。这种否定形式上貌似语用否定，但因涉及认知域的跨类与思维的隐喻性，所以也属于隐喻式否定：

（7）a. 什么"老婆"，他简直就是一个母夜叉。

b. 他们是什么"警察"，倒像是一群土匪。

c. 我走到脸盆前一看，哪里是什么毛巾，简直就是一块抹布。

2）隐喻式否定都是"自辩式"否定

语用否定都是辩解式否定，而隐喻式否定都是"自辩式"否定，二者在语气上存在辩解意味的强弱之别。因为语用否定意在否定某种"说法"的适宜条件，语句的适宜与否是说话人在某种客观标准下做出的，所以语用否定常采用"～p，而 q"的格式指出话语的隐含意义与说话人认定的事实存在的对立与出入，语意上具有明显的纠偏与辩解的意味。而隐喻式否定是基于说话人的主观认识做出的，强化的是说话人对某一事物或现象的独特识解，语境中并不要求有某种"说法"，具有鲜明的"自省"或"自悟"特征，是一种"自辩式"否定，因而辩解的意味较弱。隐喻式否定和后续的肯定小句之间常用意合法连接，很少采用"～p，而 q"

较真论理的格式,就是其较弱的辩解口气在形式上的具体体现,只有在语境中出现某种"说法"时才使用"~p,而 q"这类格式。隐喻式否定的两个小句中还常用语气副词"倒""简直"来强化其主观性,但所强化的是说话人内省性特征,所以与语用否定相比,辩解的意味要弱一些。例如:

(8) a. 还有那白菜汤,连把盐也懒得放,用勺子一搅,菜叶儿一个赶着一个跑,哪里是吃饭,简直是捞鱼。

　　b. 这里的医生职业道德太差了,这哪里是医院,简直就是"屠场"嘛。

　　c. 呻吟声已没有刚才的凶猛,听来似乎十分平静,平静得不像是呻吟,倒像是瑶琴声传来,又似吟哦之声飘飘而来。

(二)认知的跨域性

同一事物或现象可以用不同的词语或不同的方式来表达,如"女人—妻子""暖和—炎热""喜欢—走火入魔(上瘾)"等,不同词语或不同的表达方式有可能形成不同的隐含义,否定这些说法的隐含义就构成了语用否定。需要说明的是,语用否定中看似矛盾的两个命题在现实世界中可以同时为真,区别只在于用词或表达方式的适宜条件的不同,并不存在命题真假的对立。隐喻式否定中的两个命题的取值并不属于同一认知域,具有认知的跨域性特点。前一命题中否定的是人们对事物不言而喻的常规认识,被否定命题的值域存在于客观世界,后一命题给出的是在客观世界并不存在的虚拟值,是一种极其主观的隐喻式表述,二者在认知域上绝无同一性。按认知语言学的说法,隐喻是两个概念域之间的投射。(沈家煊,1993)可见,认知的跨域性是隐喻式否定与语用否定的区别性特征。以前文所述的隐喻式否定为例,"人"和"神"一个存在于客观世界,一个存在于神话世界,取值域不同,故而"你是人"和"你是神"不可能在同一认知域为真。"人"和"一头猎犬或者是一头牝鹿",前者为人,后者为兽类,故"他是人"和"他是一头猎犬或者是一头牝鹿"两个命题的内容不可能在同一认知域为真。"种地"和"绣花"是两类不同性质的活动,"这是种地"和"这是绣花"也是分属于不同的认知域的两个命题。可是,上述各例中,说话人否定的偏偏是"你是人""他是人""这是种地"这样的自然意义,而分别用虚拟性命题"你是神""他是一头猎犬或者是一头牝鹿""这是绣花"加以肯定,有意造成认知域的偏离。说话人使用这类否定,就是要颠覆人们认知的习惯与常规,故意"指是成非",从而顺势来个"指非成是",以否定语句的自然意义为前提,借助隐喻重构语句的断言，在推翻语句自然意义的同时强行注入说话人的主观识解，以实现认识由客观到主观的跨越。正是由于这类否定具有认知的跨域性，我们也可将这类隐喻式否定称之为"认知否定"。

（三）思维的隐喻性

隐喻式否定是对句子自然意义的否定，是对认知习惯的一种超越，而要否定句子的自然意义，凸显事物的本质特点，必须打破人们认知的常规，以说话人主观认识为基础构拟出一个更为"真实"的命题。这个新的命题的真值只存在于说话人虚拟的主观世界，是借助隐喻虚拟的认知域来建构的，所以几乎所有的隐喻式否定的后一肯定小句中都有喻词"像、好像"，正是思维的隐喻性在形成否定过程中的反映，也成为隐喻式否定的最显著的特征。特别值得注意的是，说话人虚拟的认知域，是为了凸显他对事体的主观识解而临时构拟的，往往具有超经验的性质，不可能在现实世界中存在。例如：

（9）a. [鸿渐]回答说："我吃这馆子是第一次，拿不稳什么菜最配胃口。多点两样，尝试的范围广些，这样不好吃，还有那一样，不致饿了你。""这不是吃菜，这像神农尝百草了。不太浪费么？……"。（钱锺书《围城》）

b. 最近一次，上来的鸡汤淡得像白开水，我跟汪先生说：这不是煮过鸡的汤，只像鸡在里面洗过一次澡。（钱锺书《围城》）

c. 她看见的这双腿，已经不像是一双腿，而像是两根被折断的枯枝，不但瘦弱，简直已干瘪退化。

"神农尝百草"只是传说，具有超经验的性质；"鸡洗澡"仅代表一种想象，并无什么事实的依据；人腿的"干瘪退化"与"被折断的枯枝"也只是想象中的相似。正是靠虚拟与想象，才能使得"假作真时真亦假"，从而颠覆人们的认知惯性，形成了隐喻式否定特有的构建方式，成为隐喻否定的独特之处。

有的否定小句，后带的虽然是一个肯定判断，属于比喻中的暗喻，所以在"是"前仍然能加上比喻词"像、好像"，再现认知域的隐喻性和虚拟性。

（10）a. 他第一得先伺候老婆，那个红袄虎牙的东西；吸人精血的东西；他已不是人，而只是一块肉。（老舍《骆驼祥子》）

b. 那并不仅仅是因为她老得太快，而是因为大家渐渐发现她简直不是个人，是条母狼，仿佛要将男人连皮带肉都吞下去。

有的隐喻式否定中，后一小句的喻体是巧用谐音虚设的，也能造成认知的跨域：

（11）a. 你办的不是副刊，简直就是讣刊，你的寿文送了我寿终正寝，你捧我真捧上了西天。

b. 你老半天一动不动的，我看你不是尼姑，倒像个"泥姑"了。

三、隐喻式否定的表达功能

隐喻式否定以隐喻为手段，以突破常规的认知域为目的，是对人类思维常规方式的一种补充和突破。它是人类思维隐喻性在语言中的反映，具有特殊的表达功能。

（一）无理而妙的表达效果

隐喻式否定往往是说话人为强化其主观的认识而刻意使用的，以虚设的认知域来推翻人们对某个事物或现象的认识常规，在认知上显得突兀，有悖常理，但是又借助隐喻虚拟的认知域给出了另一种全新的诠释，把人的认知从现实世界引入了说话人所构拟的想象世界，达到了更高层次的"神似"，这种"乍听不相宜，细想有道理"的表述，往往能获得"无理而妙"的表达效果。"无理"是指对常规认识的违反，"妙"是指对表述对象某种特点的形象揭示。传说唐伯虎应邀给朋友的老母写了一首贺寿诗，诗的前两句"这个婆娘不是人，九天仙女下凡尘"，就是对隐喻式否定机理的巧妙运用。朋友及其家人由惊怒（否定"老母是人"的自然意义）而转为惊喜（以虚拟的认知域肯定"老母为下凡尘的仙女"），产生了语惊四座的表达效果。下面是电视剧《闯关东》中的一段对白，儿媳那文是满族王爷家的格格，民国初她隐瞒了身份嫁到朱家。公公朱开山在吃饭时暗示了她的出身，剧作家巧妙地把她的评价设计成一个隐喻式否定，并故意让她把隐喻式否定和随后的肯定小句分开表述，同样取得了语义溢出的喜剧性表达效果：

（12）朱开山：这种点子，只有王爷府的格格能够想出来。

那　文：[大惊，手中酒杯掉到地下]爹，你不是人！[家人大惊，都看着她]爹，你是神！我服你了，真的服你了！

朱开山妻：那文，你真是个格格啊？（电视连续剧《闯关东》第17集）

（二）隐喻思维引发的认知升华

语义否定所否定的是句子的真值条件，语用否定所否定的是句子的隐含意义。无论是对句子真值条件的否定还是对句子隐含意义的否定，都是在客观的常规认知域中进行的。隐喻式否定所否定的是句子的自然意义，而后续的肯定句又给出了句子在虚设的某个认知域中的真实性，它以思维的隐喻性为特点。说话人使用隐喻式否定，是由于他认为对某个事物的认识不可能在常规的认知域来容纳，只有在另一个超越常规的认知域才能容纳，让人们在一个更高的认知层面上认识事物的本来面目。可见，隐喻式否定是建立在隐喻基础上的否定方式，以主观的凸现颠覆客观的真实，把主观的想象点化为艺术的真实，借助隐喻思维引发出人们认知的升华，它为我们认识人类思维的多样性打开了一条崭新的认知通道。文学作品中，作家为了传达对物象的特别的体验与认识，有意利用隐喻式否定对某个物象给以超越常规的识解，从而带给读者认知的升华和独到的心灵体验：

（13）a. 那榆阴下的一潭，/不是清泉，是天上虹/揉碎在浮藻间，/沉淀着彩虹似的梦。（徐志摩《再别康桥》）

b. 于铁子：（解红腰带，对高秀才）把这个交给妈妈吧！告诉她：这不是一条腰带，是一股气，有这股气，挺得起腰板来，我们就不再受欺负！（老舍《神拳》）

c. 宣帝之世，燕、岱之间有三男共取一妇，生四子。及至将分，妻子而不可均，乃致争讼。廷尉范延寿断之曰："此非人类，当以禽兽，从母不从父也。请戮三男，以儿还母。"（干宝《搜神记·卷六》）

隐喻式否定是隐喻思维的产物，它在引发人们认知的升华的过程中，还会由于日久天长的使用让人们把虚拟的"真"演化为现实的真，把隐喻表述（Metaphorical expressions）固化为隐喻概念（Metaphorical concepts），从而形成人的思维定势，因为"隐喻表述在我们的语言里以一种系统的方式与隐喻概念联系在一起。"（Lakoff & Johnson，1980：7）"毛主席是神不是人"就是"文化大革命"中常用的一种表达，这个表达用的正是隐喻式否定。由于人们对领袖的崇拜和这种表达日久天长的使用，这样的隐喻性表达竟然慢慢地成为人们思维定势，久而久之人们就忽略了毛主席"人"的本质而把他与"神"对应起来。"文化大革命"结束后，随着思想的解放，人们开始重新认识"神坛"上的毛泽东。"毛主席是人不是神"通过肯定"毛主席是人"这一命题的自然意义而否定虚拟的命题"毛主席是神"，这是通过对隐喻概念在人们思维中固化倾向的解除，使人们对毛主席的认识回归于理性与现实。这种"返虚归实"的语言现象是隐喻式否定还原为语义否定的过程。这种认知的还原现象在语言中也比较常见：

（14）a. 在红色革命的年代，白求恩是全中国人民仅有的几个偶像之一，……如今俱往矣，当我们历尽沧桑站在白求恩故居前，我们宁愿

相信白求恩是人,而不是神。(《走近白求恩》)
  b. 大学不是天堂,她是知识的殿堂,打造人才的学堂。
  c. 当然有时候我们也会犯错误。我们是人,而不是机器人。(《钱江晚报》2006-07-01)

人认识世界的过程并不是被动的,而有着极强的主观能动性。人们可以客观地认识世界,也可以主观地认识和创造世界。隐喻式否定就是人们认识主观能动性在语言中的具体反映。因此,隐喻式否定的研究既是揭示人类语言机制的过程,也是认识人类思维规律的过程。

第三节 指认式范畴化构式"那/这(才)叫(一个)X"

范畴化问题是认知语言学的一个重要理论问题,说它重要,是因为它贯穿了人类认知世界的整个过程,在语言使用中几乎处处都能看到其活动的影子。人类生活的世界充满了歧异,而人们却可以在这个歧异的现实中看到相似性,并将可分辨的不同事物进行处理加工,对世界万物进行分类,这种过程其实就是人类形成概念并对概念进行处理加工的范畴化过程。人们正是依靠建构的范畴来认识纷繁复杂世界的。万物的分类,范畴的形成,似乎早在我们认识世界之前就已经完成,然而事实并非如此。随着社会的发展与人类认知的进步,人们看待事物的角度也在不断地变化。当我们把目光聚集于日常语言使用的事实时就不难发现,人类对范畴的认识及相关的范畴化运作过程一直没有停止过,范畴的更新和重建随处可见。本节研究的是汉语里另一种指认式范畴化现象,其句法框架是"那/这才叫(个)X",这一构式是范畴化活动与认识的主观性互动的又一生动样板。如(本节的例子来自人民网,有个别句子在引用时做了修改):

(1) a. 邀上三五伙伴,来盘麻辣小龙虾,冰镇啤酒下肚,<u>那才叫一个爽</u>!
  b. 周老六说:"我家<u>那才叫一个穷哪</u>,穷到家里连个耗子都没有。好不容易前几天从外面来个耗子,到我家转了一圈,哭着跑出去了。"
  c. 谁都不是旁观者,牵一发而动全身,只要我们齐心协力,实现美丽发展,<u>这才是真正的赢家</u>!
  d. "政声人去后",现在人家说你好,不算好,将来人家说你正确,<u>那才算正确</u>。
  e. 如果能与患者进行心灵交流,甚至是精神沟通,<u>那才算是一个</u>

好医生。

例子中下画横线的句子都是结构高度统一的"那/这才叫（个）X"，从范畴化运作的角度看，这种句子表现的其实都是一种指认式范畴化的运作过程，即构式通过对某一范畴的指认来实现聚焦与强调，从而凸显范畴内涵的特异性及其在说话者心目中的典型性地位，极具主观色彩。本节拟从构式语法的角度，对此类范畴化方式进行专门的研究，根据该构式的句法与表意特点，将其称为"指认式范畴聚焦构式"。

一、指认式范畴聚焦构式及其构式义

（一）"典型范畴"与"指认式范畴聚焦"

典型范畴也叫原型范畴，是某一范畴中最具代表性的成员，因其具有更多的与同一范畴中的其他成员共有的属性，并具有更少的与相邻的范畴成员共有的属性，能够最大限度地区别于其他范畴的原型成员，因此，原型范畴成为范畴内的最佳成员或典型代表。例如在"鸟"这个范畴中，robin（知更鸟）即为原型范畴，因为它比 ostrich（鸵鸟）更具有作为"鸟"这一范畴的中心成员的特征，因而更具范畴的典型特征。

指认式范畴聚焦是说话者在特定语境中依据自我认知而给目标范畴临时指定一个"典型范畴"，并使其实现凸显与聚焦的方式，它在汉语中有一种特定的表达框架"那/这才叫（个）X"，我们称之为指认式范畴聚焦构式。我们知道，人们在给事物进行科学定义时可以采取多种方式，常见的是归类式定义格式"X 是 Y"，即把被归类的目标范畴"X"（被定义项）置于一个背景范畴"Y"（定义项）当中，并用判断词"是"将"X"与"Y"形成认同性的判断而系联起来，故而归类式定义又可称作认同性定义。如：<u>男人</u>（X）是<u>成年的男性</u>（Y）。有时，被定义项与定义项的位置也可能出现互换，形成倒转式的定义格式，常用的格式就是"Y 叫 X"，如：<u>成年的男性</u>（Y）叫<u>男人</u>（X）。此种倒转式定义具有明显的命名性质，可称为命名式定义。不难看出，此类命名式定义格式"Y 叫 X"的用途是以命名的方式对被定义的目标范畴"Y"做出范畴的归类与确认。

无论是归类式定义格式"X 是 Y"还是命名式定义格式"Y 叫 X"，都是科学定义的常用格式，人们在归类或指认时所依据的标准是客观而恒定的，因而在使用时应该尽量避免主观性与随意性。但是，本节讨论的指认式范畴聚焦构式则不同，这种不同可以从下面几个方面表现出来：一是其特定的格式与特定意义形成了稳定的匹配；二是其范畴认定与提取时所流露出的强烈的主观色彩。下面我们将从构式语法的角度对其特定的形式与特定的意义进行详细的分析和说明。

(二) 指认式范畴聚焦构式及其构式义

我们将"那/这才叫（个）X"看作指认式范畴聚焦构式，是基于对该结构如下的考虑：一是其格式相对固定的框架结构；二是该结构本身的构式义及表意特点。

1. 指认式范畴聚焦构式

该构式有显著的结构特点。①结构的高度框式化。该构式以"那/这才叫（个）X"为基本的表达框架，其中的"那/这才叫（个）"为固定的框式成分，"X"为变项。这种结构由于高度的框式化和使用的高频率，因而具有极高的可辨识度。②被归类的目标范畴（被定义项）"Y"都由指示代词"那、这"充当，其所指内容具有很强的现场指认式和语境依赖性。③联系项以动词"叫"最为常见（如例 1a、1b），有时也可以用"算、是、算是"（如例 1c、1d、1e），具有明显的命名与确认性质。④动词前一般带有语气副词"才"，表明说话者在进行指认时附有强烈的申辩性口气。⑤背景范畴（定义项）"X"前常用量词"个"修饰，但这个量化成分并不表示实际的数量，而是起着突出背景范畴"X"的"个体化"功能，因为"个"前只能用"一"，绝不能换成别的数词。这说明，"X"与数量成分"（一）个"具有把"X"作为一个特定的个体范畴加以凸显的功能。

由这五点可知，"那/这才叫（个）X"是对确定的事物或现象（句首的"那/这"）用指认的方法给以聚焦与定位，其中的"那/这"表示"指"，"叫"表示"认"，"X"承担聚焦与定位，所以本节将这种通过指认的方式来实现范畴聚焦与强调的范畴化运作格式称之为指认式范畴聚焦构式。

构式语法认为，特定的格式总是与特定的意义相联，"那/这才叫（个）X"这种高度框式化的结构，其特定的构式义是什么？

2. 指认式范畴聚焦的构式义

语法研究必须遵守形式与意义相结合的原则，因此，要准确把握指认式范畴聚焦构式的构式义，必须从以上所列举的该构式的几点形式特征入手：

1）结构的框式化。框式化突出地表现在它采用的总是"那/这才叫（个）X"这样的指认式结构，所以构式义与其显著的指认式不可分割。

2）范畴所指的语境依赖性。命名式科学定义中被归类的目标范畴"Y"与背景范畴"X"之间具有语义上的等值性与对应性，它反映的是目标范畴"Y"与背景范畴"X"之间稳定的认识联系或规约，不因个人的主观判断而改变。如"在同一录取批次、同一志愿序号中的若干个并列的院校志愿叫平行志愿"即为命名式科学定义。与这种定义格式不同的是，指认式范畴聚焦采用的是"那/这才叫（个）X"结构框架，这种范畴聚焦的认定不仅对语境有极高的依赖性，而且极富主观色彩。语境依赖性是由被定义的目标范畴"Y"总是使用指示代词"那/这"决定的。"那/这"所指代的信息是基于说话者个人经验与体悟而临时强行引入话语中的，信息的共享度较低，所指内涵极不确定，因而具有语境依赖性，离开了特定的语境，我们几乎无法确认"那/这"所指的具体内容。

（2）a. 桑笑童周末一早上起床就在家里忙这忙那，老公冷眼看着她说："你看看人家李太太，周末去爬山，做美体，上钢琴班。多有情趣？<u>那才叫女人嘛</u>！哪里像你，一点没有情调，像个大妈！"

b. "人家原始社会"，<u>那才叫一个好</u>，吃的都是绿色食品，不上班，不付按揭，男野人和女野人开山洞（相当于我们现在的宾馆开房间）也不算绯闻。

c. 我们家所在的小区没有电梯，邻居张大爷的老伴长年卧病在床，每天张大爷都背着老伴下楼晒太阳。老婆每次见到都羡慕地对我说："<u>这才叫爱情呢</u>！"

d. 实际上，法治不是治老百姓，法治是治公权力。也就是说，约束公权力、保障公民私权，<u>这才叫法治状态</u>。

例（2）a"那才叫女人"中的"那"不仅指的是李太太其人，在语境中还被赋予特定的内容，即李太太"周末去爬山，做美体，上钢琴班"所表现出的生活情趣与品位。在说话者眼中，只有达到了像李太太这样生活情趣与品位的女人才能称得上是"女人"。可见，此时说话者并不关心"谁是女人"，而是刻意提请听者关注"什么样的女人才叫女人"，即把话语的聚焦点放在了对目标范畴"那"所指内涵的个性化诠释上。同理，上例b、c、d中，"那/这"都被说话者赋予了特定的指示内容，离开语境无法破译。

3）范畴归类的主观性。构式在给范畴归类时具有强烈的主观色彩，主观性表现在两个方面，其一表现在指示代词"那/这"排他性的指示和定位作用上，这也是指示代词"那/这"表达的另一重语义内涵。"那/这"的现场指认式强烈地表达了说话者对目标范畴的指引与定位，因而具有了范畴认定的排他性与聚焦性。下面的例子可以清晰地展示说话人对其认定的目标范畴的排他性与聚焦性选择：

（3）a. 购物、用餐后，看着儿子在广场上玩轮滑、陪伴妻子在广场上喂鸽子⋯⋯李丁觉得，<u>这才叫生活</u>。

b. 驾着爱车，带着家人，驶向快乐田园。扶着老人，牵着孩子，在乡间的小路上走走，在冬日的山林间转转，<u>这才叫生活啊</u>。

什么样的生活才叫生活？不同的人自然会有不同的答案，a 例显示，"这"把"生活"的内涵指向了"购物、用餐后，看着儿子在广场上玩轮滑、陪伴妻子在广场上喂鸽子……"，而 b 例则把"生活"的内涵定位于"驾着爱车，带着家人，驶向快乐田园。扶着老人，牵着孩子，在乡间的小路上走走，在冬日的山林间转转"。可见，指认式范畴聚焦构式通过"那/这"的现场指示而实现了对其范畴聚焦的个性化诠释与移情，极具主观色彩。

其二是"才"的使用。"才"是一个表达申辩口气的语气副词，表达了说话者对目标范畴归类时强烈的移情与认同，并以一种不容置疑的口气指明了说话者对目标范畴选择的唯一性与正确性的强调与聚焦。因此这种范畴归类方式最能体现说话人的主观性，故而构式中所提取的范畴聚焦只是说话者依据其主观认识与体验临时指认的"典型范畴"，深受说话人的心理因素的影响，这种指认式范畴聚焦因过多地加注了说话人的主观性，并不一定具有普遍性。请看：

（4）a. 在他看来，不管是蒸虾还是油焖大虾，只有在大排档吃得大汗淋漓，满手油腻，时不时灌上几口酒，那才叫乐趣，"在大酒店你多少得注意点形象吧，放不开，吃不过瘾。"

b."我现在有 7 个孙子孙女，过年或是我生日的时候，儿孙大大小小从文昌、海口赶回来，那才叫热闹呢！我现在就想多活两年，陪陪我的女儿，让她能多叫几声妈！"麦阿婆脸上露出幸福的神情。

吃饭是一种乐趣，但不同的吃家对这种乐趣的理解可谓天差地别，例（4）a 所要着力申明的是在"大排档吃得大汗淋漓，满手油腻，时不时灌上几口酒"这种放松的状态才叫"乐趣"。"才"在此表达了强烈的辩驳性口气，并通过不容置疑的辩驳力度实现了对"典型范畴"的聚焦与强调。例（4）b"那才叫热闹"中"那"指的是儿孙满堂的场面，是麦阿婆对"热闹"独特的理解。这种"热闹"在别人看来也许算不了什么，但说话者用申辩口气的"才"凸显了的恰恰是其对"热闹"的这种个性化感受。

基于这两个方面，指认式范畴聚焦构式是主观化指认的格式，因此构式义中必然与说话者在范畴归类时强烈的主观性相连。

（三）"X"的内涵特异性

"X"在指认式范畴聚焦构式中，是以背景范畴的身份出现的，这个背景范畴所指的内涵特征在说话者心中具有极高的"典型性"与代表性，因而才选来重新给目标范畴"那/这"所指的事物或现象指认。但是，"那/

这"作为被指认的"典型范畴",在语用上还有某种暗示与预设的功能,它能把语境中存在的或公共认知中隐含的某个背景范畴"X_1"激活,这个被激活的"X_1"与说话者认定的新背景范畴"X"的内涵极不相容,通过指认式范畴聚焦构式把"X"选定为新的背景范畴强行地给目标范畴"那/这"所指的事体指认,以突出"X"内涵的特异性并让人摆脱旧背景范畴"X_1"带来的认知束缚。下面的例子就比较清楚地反映了"X"内涵的特异性,因为语境中有明显的旧背景范畴"X_1"与新背景范畴"X"不同内涵的对比信息:

(5) a. 两只老鹰在云端自由自在地飞翔。它们高傲地看着在它们底下飞翔的群鸟。这时一架飞机从它们头顶呼啸而过,后面是长长的烟雾。年轻一点的老鹰佩服得五体投地,说:"父亲,这才叫飞翔!"

　　b. 但当我考上大学,来到北京后,身边太多的美女将我这个小地方的美女打回原形,人家那才叫真正的美女,"肌肤细嫩如雪、皮肤光亮照人",而镜中的我"毛孔粗大、皮肤黝黑,还有骄阳留下的斑点……"

　　c. 一支手电筒、一把铁锤,要是在白天,谁都敢打包票不让机车故障从眼皮子底下"溜走",但在晚上,能在机车走行部上发现质量隐患,那才算真功夫。

a句显示,老鹰之所以"高傲",是因为它们原以为比群鸟飞得高就叫"飞翔(X_1)",但是当看到了从头顶呼啸而过的飞机之后,从而改变了它们对"飞翔(X_1)"的认知并发出了"这才叫飞翔(X)"的感叹。可见,这个感叹句中把"飞翔(X)"重新选为背景范畴,就是为了激活旧的背景范畴"飞翔(X_1)"的内涵,从而突出新的背景范畴"飞翔(X)"内涵的特异性。b句中"毛孔粗大、皮肤黝黑,还有骄阳留下的斑点"的"美女"(X_1)与"肌肤细嫩如雪、皮肤光亮照人"的"美女"(X)也是两种不同的范畴内涵的对比,从而突出了新的背景范畴"美女"(X)内涵的特异性。c例是一个转折复句,前面的条件小句表明了旧的背景范畴"功夫"(X_1)的内涵指向是白天发现机车故障,后面的转折小句意在强调新的背景范畴"功夫"(X)的内涵:"在晚上能在机车走行部上发现质量隐患",一新一旧两个范畴内涵的不同显而易见,所以才说"那才算真功夫(X)"。可见,指认式范畴聚焦构式就是要特意刷新背景范畴(X_1)的内涵,极力表明与强调说话者对新的背景范畴(X)所指内涵特异性的识解。

多数情况下，旧背景范畴"X_1"的所指并不一定在语境中直接呈现，而是靠新背景范畴"X"来激活的，这是语言经济原则的具体运用，因为强化这个全新特质的背景范畴"X"，使旧的背景范畴"X_1"的所指作为一种显而易见的附带信息被自然激活并被否定。如：

（6）a. 雅安最有名的特产是雅鱼，去成都时吃过几次，味极鲜美，路过雅安时因是早晨，要是赶上饭点，一定要在雅安吃雅鱼，那才叫地道。

b. 席泽宗的一篇文章说，他的老师叶企孙告诉他，文章发表 30 年后，还站得住脚，那才算过硬。按此推论，300 年后还有人研究，就是精品。能传 3000 年呢？那就是经典！

例（6）a 意在表明只有"在雅安吃雅鱼，那才叫地道"，说话者表面上并未对之前在成都吃雅鱼是不是地道进行评述，但是话语中已经附带表明了对此前的这一经历与认识的判断，否定之意不言自明。例（6）b 在正面强调"文章发表 30 年后，还站得住脚，那才算过硬"的同时，也暗示了对不顾质量的凑数文章的否定态度。

综合构式在结构上表现出的这三方面的特点，我们将指认式范畴聚焦构式的构式义概括为：以指认方式强调对某个范畴"X"内涵的特异性与典型性的主观认知。

下面我们将结合这一构式义并根据指认式范畴聚焦构式的类别来分析该构式的表意机制与表达功能。

二、指认式范畴聚焦构式中"X"的类别

指认式范畴聚焦构式以指认方式来强调说话者对特定语境下某个范畴"X"内涵的特异性与典型性的主观认知，是说话者基于自身的独特认知体验的主观化的表述方式。要充分了解其构式义的形成机理，有必要对构式重要的组成构件——背景范畴"X"的句法身份进行分析，以清晰展示说话者将其选定为指认式范畴聚焦的同时对构式中所含的其他构件的选择与加工。比如构式中"叫"前语气副词"才"的使用与否，"X"前的量化成分"（一）个"的出现与否等，都与"X"的词性有直接的关系。我们发现，充当"X"的成分较为复杂，包括了名词性成分、形容词性成分、动词性成分和引语成分。下面，我们将从分析"X"的词性入手，揭示这些"X"的词性与构式其他结构成分的共变关系。

（一）"X"是名词性成分

（7）a. 可让不负责任的家长带着孩子进了剧场，那才叫"灾难"呢！

b. 可哪能真不食人间烟火呢，只不过，小三大多不会系围裙为一日三餐着想，得要个场所，要有音乐，要有美食，要有红酒，那才叫<u>情调</u>。

　　c. 如果每位中学老师参加高考都能考出满分，那才叫<u>真正的奇迹</u>呢。

　　d. 许多地方都有羊肉粉，但是遵义的羊肉粉那才算是<u>一等一的美味</u>。

科学命名式定义格式"Y叫X"中的"X"基本上是名词性的，并且以专业术语为主，即使是普通名词，也是作为"准术语"身份出现的，因为是科学性的定义，"X"所代表的范畴内涵必须以社会性、客观性为依据，所以，"X"之前不能出现体现量化作用的"（一）个"。指认式范畴聚焦构式"那/这才叫（个）X"则不同，构式中的"X"偏爱抽象名词（如例7中的"灾难、情调、奇迹"），而且都不排斥"（一）个"的修饰。这在语法上是反常的，因为抽象名词理论上一般不受个体量词的修饰，只能受概括量词"种、类"等的修饰与限制，但是，在"那/这才叫（个）X"中，却一反常态地表现出对个体量词"（一）个"的吸附力，这种反常现象的出现是构式压制作用的另一种呈现方式。因为这些抽象名词是作为个性化的背景范畴而出现于构式中的，因其内涵都比较抽象深奥，更容易注入说话者的主观识解，将其处理为一个特别而个性化的"事物"。我们还注意到，构式中的"X"从表面看是普通名词，但在构式中并不是按照普通名词而是以一个特殊的抽象"事物"来使用的，因此这些"X"前往往倾向于使用"（一）个"来量化。请看：

（8）a. 眼下，梅西进球已经不再是新闻，因为大家开始逐渐接受了一个新的事实，那就是梅西什么时候不进两个球那才算<u>个事</u>。

　　b. 上海是让她迷恋得一塌糊涂的城市。"上海给我的感觉是，这才叫<u>一个城市</u>！"

　　c. 当年朝鲜黄草岭战斗打到最后，就剩一个人了，就一个人干了七个炮手的活，又当爹又当妈，而且还消灭了七十多个美国佬，换你们行吗？那才叫<u>一个真汉子</u>，那才叫一个牛咧！那才叫<u>一个英雄榜样</u>呢！

上述进入指认式范畴聚焦构式"X"位置的名词性成分，语义指称上绝不等于词典中的释义，而是融入了说话者主观的识解，也就是说，在构式中这些名词都是作为特殊的带有说话者个性化、主观化的印记而使用的。

（二）"X"是形容词性成分

（9）a. 下次来三亚，我要到各大海湾潜一下水，晚上在大东海酒吧长廊边喝啤酒边听涛声，那才叫<u>惬意</u>。

b. 朱楚华的目标，是把城里现代化的种植理念，和乡里纯天然的自然条件结合起来，这才算"<u>完美</u>"。

c. 看《保姆日记》里的保姆都是大学毕业，评论起主人来，那叫个<u>爽快</u>。

d. 买台空调回爸妈家过年，全家人暖洋洋在一起，这才叫一个<u>美</u>！

e. 大热天的如果感冒了，身上热却又不敢吹冷气，这才叫一个<u>难受</u>啊。

上例各句中的"X"都是"惬意、完美、爽快、美、难受"等形容词。我们注意到：①前两例处于"X"位置的形容词"惬意、完美"虽是以光杆形式出现的，但是其前可以加上量化的"（一）个"而表达的意思基本不变。②处于构式"X"位置的形容词不再接受程度副词的修饰。这些句法与语义特点是构式压制作用的具体体现。因为"X"作为一种临时构建的"典型范畴"，语义上必须有"事物义"，句法上必须体现其名词性。故而，原来的形容词不再受程度副词的修饰，反倒能被名词性的量化成分"（一）个"修饰。也就是说，形容词在构式中不再表示具有程度差别的性状义，而是把形容词所代表的性状临时作为一种"抽象的事物"来指称，可见，形容词在构式中经历了一个显性的"去形容词化"的句法过程与隐性的"事物化"的语义过程。

（三）"X"是动词性成分

（10）a. 小时候正月初五一过，花灯就上市了，一直卖到十三上灯那天。回忆那景象，顿觉得那才叫<u>过年</u>！

b."宫廷剧里的美食听着都是有滋有味，细细来看，不是藕粉桂花糕就是枣泥药膏，不是百合莲子羹就是阿胶桂圆羹，想象力也太匮乏了。""大概是皇上妃子们吃桂花糕、莲子羹才高雅，要是喊着吃扒鸡肘子，那才叫<u>穿越</u>。"

c."忒有意思了！那大锅里煮一块羊肉就够全家十来口子吃的。"师傅双手松开方向盘比划着。天哪，比挡风玻璃还大，真夸张。"那才叫<u>吃肉</u>呢！一天三顿酒，早起我丈母娘就把酒烫上了，喝得差不多了在热炕上眯一觉，舒坦！"

上例"那/这才叫（个）X"结构中"X"（过年、穿越、吃肉）都为动词。这些动词性的"X"前很少直接用"（一）个"来量化，原因是这些动词都是光杆形式，语义上表示的是"活动"或"事件"，不论是句法形式还是语义特点都与抽象名词相似，而汉语中的动词本身也是名词（沈家煊，2009），所以无需做"名词化"的形式处置就能直接用于构式中。但是，当构式中的"X"是动词性短语时，特别是当动词短语语义上用于表达活动事件所体现的性质与状态时，这个动词短语就出现了能被"（一）个"来量化的句法与语义倾向。请看：

（11）a. 我们承担着艰巨的政治责任、经济责任、社会责任，把这些责任统筹履行好，使我们的发展经得起时间和历史的检验，这才叫<u>负责任</u>。

b. 环境好了，心情也好了，这才叫个<u>享受生活</u>！

c. 话说标榜的水费，那才叫个<u>伤不起</u>！

复杂的动词短语充当构式"X"时，作用相当于一个被引述的小句，语义上具有体现被引述的活动或事件所表示的性质或特点的作用。请看：

（12）a. 美国警方在证据确凿的情况下逮捕嫌疑犯、冻结其在美银行账户及房产……这才叫"<u>天网恢恢，疏而不漏</u>"呢。

b. 比如这次，一段女高音，歌唱家从天而降，卡门选段唱得气魄恢宏；三段芭蕾舞，舞者居然兼带斟酒的任务，袅袅款款而来，那才叫个"<u>酒不醉人人自醉</u>"。

c. 这意味着，一旦你的身份证号和真实姓名同时泄露，个人信用账户失窃、诈骗、绑架等严重的刑事犯罪随时都有可能发生在你身上。那才叫一个"<u>人在家中坐，祸从天上来</u>"。

综上，"X"不论是动词、动词短语或是小句，在构式中均非用于陈述，而是作为对动作或事件的一种指称，或者说，这些动词性成分在构式"X"的位置上都经历了一种"去动态化"的过程，以指称性的"动作事件"来显义。这是动词性成分的加入而带来的构式微弱的语义变化。

三、指认式范畴聚焦构式的功能变异与语用动机

根据语用功能的不同，指认式范畴聚焦构式可分出两个小类：①"主观指认式"构式"那/这才叫（个）X"。②"主观认同性"构式"那/这才算/是（个）X"。很明显，构式有不同小类是把目标范畴"Y"（那/这）与背景范畴"X"系联起来的动词的不同导致的。下面我们将展示，构式中动词使用的不同不仅制约了"X"在构式中的句法面貌，比如能否带量化成分"（一）个"，也制约着动词前表申辩性口气的语气副词"才"

的使用与否。而这些构式要素的细微变化的背后，反映出的是说话者认知因素与语用动机的调整与变化，由此又形成了构式语用功能的差异。

（一）"主观指认式"构式：由"指认式"到"感知性"

由指认义的动词"叫"构成的"那/这才叫（个）X"是指认式范畴聚焦构式的原型，它以给目标范畴"Y"指认方式来彰显说话者对背景范畴"X"内涵特异性与典型性的强调与申辩，可称之为"主观指认式"构式。说它是原型构式，是因为在此类构式中，构式的要件最齐全，最能体现指认式范畴聚焦构式的构式义。我们看到，在"主观指认式"构式的使用与构建中，说话者的表达意图总是在突破人们对背景范畴"X"的常规理解，有意地甚至是极度夸张性地将其个性化的识解渗透到构式中来，有一种"我说什么就是什么"的不容分辩的味道，最具言语的主观化色彩，形成了一种"小夸张"似的表述。

（13）a. 男人社会文化价值最可贵的是跟女人在一起，有问题、有麻烦、有责任，男人一肩扛起来，<u>这才叫男人</u>！

b. 既然喜欢，就得让她高兴，<u>这才叫男人</u>！

c. 一个男的爱一个女的，什么都先别说，先送上一沓钞票，让这女的有安全感，然后送上一套房子，至少在你上了这个女的以后，虽然她的心失落了，可是身体有着落。<u>这才叫男人</u>，这才是男人办的事。

d. 问：但是在换衣服的时候，有没有偷看到？答：男人在这时候看女人，不叫男人，叫爬虫。女人要大大方方给男人看的时候，男人看她们，<u>这才叫男人</u>。

e. 报纸抽了出来，但感想仍旧一个劲儿地冒。男人，<u>这才叫男人</u>。

人民网上这五例"这才叫男人"，能够清楚地反映说话者对同一背景范畴"X"（"男人"）的主观识解。a句中着意强调的是"男人"把一切问题、麻烦、责任都"一肩扛起来"的特定社会文化内涵；b句中则是只把"让女人高兴"作为判定一个人是否能称作"男人"的唯一标准与尺度。c句中是把"男人"标准定位于能给女人大把的钱财上。d句衡量是否为男人的标准只是不在女人换衣服时看女人的身体。e句是名叫小刀的男子的一句感叹，他感叹的是一位老美为了家庭毅然抛弃一切的壮举与情怀：一位身价百亿美元的"大款"在他妻子受不了他的"工作狂"而提出离婚时，这位"大款"竟毅然辞去了总裁职务，回家为孩子们收拾玩具、零食，和孩子们一起滑雪，全家人出去度假。

虽然不同的例子分别对"男人"这个背景范畴进行不同的内涵定位，但是细加分析不难发现，前四句对"男人"内涵特征的识解具有明显的"指认式"，而最后一句中除了"指认式"外，还多少带有一种"感知性"。二者的区别是，"指认式"的构式语气上带有申辩性，语用上有与语境中或隐或显的某个旧背景范畴"X_1"的内涵进行对比的意味；而"感知性"构式语气上带有感叹性与夸张性，语用上重在抒发个人的感知，并没有与某个旧背景范畴"X_1"对比的意味。所以例（13）e 句可以改成感叹句而语意基本不变。请看：

（13）e_1. 报纸抽了出来，但感想仍旧一个劲儿地冒。男人，这真叫男人啊！

随着指认式范畴聚焦构式由"指认式"到"感知性"的语用功能的变化，构式在句法上也产生了一些微弱的变化。一是构式借"指认"来表达说话者的心理感知，申辩语气弱化，所以表申辩语气的"才"也可以隐去。二是目标范畴"那/这"在构式中的所指由具体的"事物"变成了一种抽象的心理感觉。三是构式的语气由申辩性变成了感叹性与夸张性，最能反映构式所发生的这种句法与语义变化的是在"那/这"之前"心里""感觉"等词语的使用：

（14）a. 经常遇着那种不自觉的人，见着老人或孕妇就把脸转过去装作没看见，让人看见<u>心里</u>那叫个气。

b. 我每天的业余时间得跟着狗的排泄物走，<u>心里</u>那叫个窝火。

c. 喝星巴克的<u>感觉</u>，那叫一个刺激。

d. 仰望的<u>感觉</u>那叫一个爽！

e. 一听这话，我<u>心里</u>那叫个美，忙拉着老婆问："快说，她都夸我什么了？"

上面的"那/这叫（个）X"与感叹句"太 X 了"表达的意思基本一致。如"喝星巴克的感觉，那叫一个刺激"等于说"喝星巴克的感觉太刺激了"；"仰望的感觉那叫一个爽！"等于说"仰望的感觉太爽了！"语气的感叹性与夸饰性十分显赫。

"那/这才叫（个）X"结构由"指认式"演变为"感知性"的另一个功能转变是"那叫个"有变成一个兼表感叹与程度的复合标记的趋势，即"那叫个"作为一个程度性与感叹性的复合标记整体嵌入句子中，其句法与语义功能与程度副词"特别、极其"类似。

（15）a. 区里对农村科技培训<u>那叫个</u>重视，书记、区长常常亲自参加，……

　　b. 我们村离县城 110 多公里，坡大沟深，山高路险，以前春耕买农资<u>那叫个</u>难，得到山西省右玉县采买。

　　c. 孩子们……你不服我，我不服你，打得<u>那叫个</u>热闹啊。

　　d. 现在大哥大太笨重了，都成老古董了，但以前有个大哥大<u>那叫个风光</u>！

　　这充分说明，指认式范畴聚焦构式的语用动机由彰显说话者对范畴聚焦"X"内涵特异性的强调与夸饰，变成了抒发说话者在特定语境下纯粹的心理感知与宣泄。可见，话语主观性的融入是促使"那/这才叫（个）X"结构的语用功能演变的决定性因素。

　　（二）"主观认同性"构式：游走于"指认式"与"认同性"之间

　　"主观认同性"构式"那/这才算/是（个）X"，即通过判断的方式强调目标范畴"Y"与具有特定内涵的背景范畴"X"的等同关系。与"主观指认式"构式"那/这才叫（个）X"走过的演化路径不同的是，"主观认同性"构式始终游走于"指认式"与"认同性"之间，并且"认同性"一直是最基本的语用功能，而"指认式"功能是作为构式的附带功能出现的。Goldberg（2007/1995:50）专门对"构式与动词之间的互动性"进行了研究。她指出："构式有一个相当确定的中心意义，以及其他不同但相联的意义必须参照特定类型的动词……""与句法有关的动词意义实际上是构式的意义。"（Goldberg，2007/1995：42）所谓构式与动词的互动，就是说构式义会影响到动词的意义，而构式中动词的意义同样也会影响构式的意义表达。

　　通过观察我们发现，"主观认同性"构式与"主观指认式"构式在句法与表意上有如下的一些差异。

　　1. 数量上不对称

　　"主观认同性"构式与"主观指认式"构式之比为 1：2.68。下面是我们从人民网（查询日期 2014-07-23）收集到的两类指认式范畴聚焦构式的所有用例的数量统计（同一构式的重复使用不另行计数），列表如下：

表1 "主观认同性"构式与"主观指认式"构式统计对照表

"主观指认式"构式	数量	"主观认同性"构式	数量
那才叫（一）个X	82	那才是/算（一）个X	1
那才叫X	748	那才是/算X	99
这才叫（一）个X	9	这才是/算（一）个X	4
这才叫X	1346	这才是/算X	311
		那/这才算是（一）个X	11
		那/这才算是X	389
合计	2185	合计	815
所占比例	72.83%	所占比例	27.16%

使用数量上的不对称说明，在指认式范畴聚焦构式里，"主观指认式"构式具有原型性，更能代表构式基本的表意特点，因而使用频率高，最能表现说话者在临时构建范畴聚焦时的主观性融入。而"主观认同性"构式是指认式范畴聚焦构式里一种边缘性构式，所以使用数量偏少，在语用功能上也处于一种游移的状态。即"主观认同性"构式在表达"指认式"的功能时，同时还有另外的"认同性"语用功能。请看：

（16）a. 切尔西本赛季稳定的表现罕见，夺冠也是顺理成章。除非有人在这里放颗炸弹，否则如果冠军不是他们，<u>那才是个大事件</u>。

b. 弄得满满一桌，吃的少，剩的多，特别是办生日宴、结婚宴等这些宴会，<u>那才是个浪费</u>。

c. 一项政策只有达到政府领导的社会、执行者医院、病人三者的三赢，<u>那才是个可以执行的好政策</u>，否则，任何号召口号式的政策，都无法执行。

d. 大儿子张玉昌5年前到黑龙江农垦总局建三江分局承包了250多亩水田，年产水稻将近30万斤。"<u>那才是个真正的种粮大户</u>。"张悦对大儿子很是欣赏。

e. 桑称说，他们一家人过藏历年还是从民主改革后开始的，"<u>那才是个属于我们所有藏族民众的新年</u>。"

上例各句中下画横线的"主观认同性"构式，从表面上看，句中的动词"是"都能被"叫"所替换，但是替换之后的意思都有所改变。这说明，"主观认同性"构式的构式义并不单纯，不仅具有对"那/这"所指事体的指认式，而且还表露出说话者对"那/这"所指内涵的"主观认同"，特别是d、e两句，构式义中的"主观认同"占主导，所以换成"叫"并不是语境要表达的意思。

既然表达"主观认同"才是"那/这才算/是（一）个 X"结构最基本的语用功能，那么该类结构何以还会有指认式范畴聚焦构式的"指认式"的语用功能？我们觉得，这是受原型构式"那/这才叫（一）个 X"语用功能的影响而出现的附带语用功能。

2. 构式要件的不对称

我们说"主观指认式"构式的原型性与"主观认同性"构式的边缘性还表现在两种构式中构式要件的不对称上。"主观指认式"构式中"X"前带"（一）个"的共有91例，而"主观认同性"构式中"X"前带"（一）个"的才有16例，特别应该指出的是，尽管在"主观指认式"构式中也有不少不用"（一）个"的变体形式，但是，这些构式中都不排斥其加入。而"主观认同性"构式中有不少情况下是不能够加入"（一）个"的，特别当动词是"算"的句子。请看：

（17）a. 那种长发飘飘、皮肤白皙、举手投足间都是温柔的女子，那才算上帝的杰作。

b. 如果物业不能提供相关证据，或者警察需要录像的时候，出具不了，那才算物业失职。

c. 只有接到入学通知书了，那才算四脚落地了。

d. 只有带领身边的村民们都富裕起来了，那才算真本事。

这种差别其实还是因构式中动词的不同造成的。动词"叫"的意思是"称为"，在构式中具有"指认""命名"的作用。而名称对于事物的性质来说，具有外在性，因而只有把背景范畴处理为具有可识别的个体化的"事物"，才能与目标范畴"Y"（那/这）所指的事物形成范畴上的联系，这个对背景范畴个体化的处理过程最容易加入说话者的主观性。所以，背景范畴"X"前最容易被量化处理。动词"算"的意思是"认作、当作"，在构式中具有表示心理"认同"的作用。"认同"重在表达说话者基于客观条件下的心理认同与判断，而"指认"重在反映说话者基于主观条件下的心理感觉。故而，"主观认同性"构式"那/这才算/是 X"前一般可加"我认为"，而"主观指认式"构式"那/这才叫 X"前一般可加"我觉得/我感觉"。可见，比起表指认的"那/这才叫 X"来，表认同的"那/这才算/是 X"表达的判断强度更高也更为直接，因此对背景范畴"X"并不要求进行外在的量化处理。

四、语用因素对构式生成与演化的促动

指认式范畴聚焦构式"那/这才叫（个）X"以突破人们对某一事物或现象的常规识解为目的，对范畴进行重新的诠释与建构。它以语境为触发范畴化的条件，以表述说话者个体的强烈主观性为特征，以说话者心设的"典型范畴"的重构为目标，从而形成了以指认方式的范畴聚焦构式"那/这才叫（个）X"。

（一）语用因素与构式生成

现代汉语中有大量与"那/这才叫（个）X"构式类似的指认格式，如"能做到一心为公的党员才叫个党员""连承认失败的勇气都没有的人才是懦夫"等。这类句子如果在"才"前停顿并加上指示代词"这/那"，就形成本节讨论的"那/这才叫（个）X"构式。但是这只是一种表面现象，指示代词"这/那"的出现当有更深层次的原因。

一是简化句法调整手续，使非名词性成分直接充当目标范畴进入指认式结构之中。我们发现，但凡能直接加指示代词"这/那"的"Y才叫（个）X"结构，其中的"Y"都得是一个名词性成分，如果"Y"是一个非名词性成分，必须通过一定的句法手段将其变成一个名词性成分后，才能用"Y才叫（个）X"结构表达。如：

（18）a_1. ？党员能做到一心为公才叫个党员。
　　　a_2. 能做到一心为公的党员才叫个党员。
　　　a_3. 党员能做到一心为公，那才叫个党员。
　　　b_1. ？人连承认失败的勇气都没有才叫个懦夫。
　　　b_2. 连承认失败的勇气都没有的人才叫个懦夫。
　　　b_3. 人连承认失败的勇气都没有，那才叫个懦夫。

上例的 a_1 和 b_1 接受度几乎为零，是因为被指认的目标范畴"Y"都是非名词性成分；a_2 和 b_2 为正常说法，是因为对非名词性成分"Y"通过提取其主语做中心语的手段对其进行了名词化的处理。a_3 和 b_3 使用的都是"那/这才叫（个）X"构式，句子既表达出了 a_2 和 b_2 的意思，又没有采用像 a_2 和 b_2 那样复杂的句法手段，只通过在"才"前停顿并加上指示代词"这/那"的小小调整就直接使非名词性的目标范畴"Y"顺利地进入了指认式的结构当中。

上面的例证可以清晰地反映，汉语中"那/这才叫（个）X"结构的产生，其原初的语用动机是简化句法调整手续，满足非名词性的目标范畴"Y"进入指认式的"Y才叫（个）X"结构的句法需要。

二是使分散信息聚焦化，为识解与强化目标范畴"Y"的范畴内涵提供指称索引。前文指出，"这/那"的所指内涵具有极强的语境依赖性。其实，语境依赖性是一种语用的结果，从说话者的语用动机来看，"这/那"的使用还出自将话语的信息集中打包、形成集束信息的范畴聚焦化需要，以强化说话者对范畴内涵的主观识解。请看：

（19）a_1. 去年年底，香港"欢乐满东华"电视直播中表演空中飞人，一女的甩脱长裤，才叫个丢人呐！

a_2. 去年年底，香港'欢乐满东华'电视直播中表演空中飞人，一女的甩脱长裤，那才叫个丢人呐！

b_1. 虽说任大伟整天忙得不沾家，可他耕田来我织布，他赚钱来我生娃，才叫过日子啊！

b_2. 虽说任大伟整天忙得不沾家，可他耕田来我织布，他赚钱来我生娃，这才叫过日子啊！

如果仅从句法看，上例各句都没问题。但是若考虑到句子表达的通畅度与自然度，a_2 和 b_2 明显胜过 a_1 和 b_1。由此可见，句中指示代词"这/那"的使用自有语用上的作用。我们看到，两个带"才"的小句都是对前述信息进行总括的指认式小句，但这种小句是没有主语的表述，主语的所指内容为其前复句所表述的复合信息，所以，从信息交际的通畅度考虑，这种不用主语的句子缺少一个信息整合的步骤。"这/那"的使用弥补了这一语用上的不足，它不仅将"才"前复句表达的复合信息整合起来，使分散信息实现了聚焦，而且给小句表述的目标范畴的所指内涵提供了清晰的语义指引。

正是由于以上两个语用因素的促动，原来缺少小句表述目标指引的指认式结构才有了一种更为简洁有效的句法与语义框架，指认式范畴聚焦构式才得以产生。

（二）语用因素与构式演化

构式在固化性、稳定性和规约性方面有很大差别，这说明构式具有动态性。构式的这一动态性特征"既体现在加工活动（认知过程）之中，也体现在构型一直在不断被强化、精练、调整，以能适应新环境的过程中，其结果形成了一个复杂和不断进化的相联构型的网络。"（Langacker, 1999: 21）语言中因为有了对目标范畴进行内涵凸显与聚焦的语用诉求，催生了指认式范畴聚焦构式"那/这才叫（个）X"的生成。由于该构式使用频率的增加，又助推了构式构成要素的固化与对范畴聚焦进行主观化指认的规约性构式义的稳定匹配联系。我们看到，指认式范畴聚焦构式还在使用的过程中，为了适应新的表述环境，实现了构式由原型性的"主观指认式"构式到"主观认同性"构式的扩展，而且促使构式在提炼多种不同词性的背景范畴"X"的过程中，对构式要素出现了准入条件的要求。如不同词性的"X"对量化成分"（一）个"有的是限制加入的，有的是强制加入的。这样，指认式范畴聚焦构式形成了一个复杂和不断进化的相联的构型网络。

凸显对范畴聚焦主观化识解的语用因素导致了指认式范畴聚焦构式的形成，同时为了指认与归类的语用需要而对不同词性的背景范畴的提炼与加工，又促成了指认式范畴聚焦构式的扩展与变化。语用因素这只看不见的手在构式的生成与演化中扮演了一个重要的角色，所以在构式研究中应该特别关注无处不在的语用因素。

第四节 追补式范畴化构式"最X，没有之一"

汉语中有这样一种新兴的话语："最 X，没有之一"（"X"为性质形容词、心理动词做修饰语的名词性成分），此种话语方式非常特别，在表达中采用"减法"，即"减去"（否定掉）"最 X"表达式中存在的"最 X 之一"这种可能的解读，用剩下的那一种意思"最 X"的唯一性解读来表达说话人对评价主体的最义属性认定。请看：

（1）a. 马里被联合国评价为"最危险的任务区，没有之一"，这就是我和战友们战斗的地方。（中国文明网 2018-10-15）

b. 网民"王琪"说："这应该是医生们最戳内心的表白，没有之一。"（新华网 2018-08-20）

c. 李叔同，一位曾被林语堂、张爱玲等大家所公认的这个时代最有才华的人，没有之一。（《美术报》2018-07-25）

学界目前仅王卯根（2011）和吉益民（2017）对此类语言现象有过研究，但均未专门从复句关系的角度展开深入探讨。王文主要讨论的是该表达式流行的合理性及修辞特点，吉文则从构式语法的视角将此种表达认定为"新兴主观极量构式"。与王、吉的研究不同，我们认为，"最 X，没有之一"是一种新兴的"追补式主观极量范畴化构式"，简称"追补式范畴化构式"。

本节拟做如下的研究：①从语义上解读"最 X，没有之一"产生的逻辑基础；②从认知语言学和人际互动的角度，对该表达的衍生动因做出解释;③探讨"追补式范畴化构式""最X,没有之一"的性质与归属。

一、"最X,没有之一"产生的语义基础

(一)"最"义级层涵量的歧解

根据以往的研究成果,我们认为"最"义级层的多个体涵量是"最X,没有之一"产生最根本的语义基础。邢福义(2000)从大量的语言事实中发现,能够称之为"最"的已经不仅仅是唯一的一个事物了,"最X"既可以是单个体的,又可以是多个体的。据观察,多个体涵量的"最X"能够变换为"最X,没有之一"的条件是:句式为判断句或评价句,且"最X"在句中做宾语时,容易形成"最X,没有之一"的表达样式。如下例,或用来断定事物之所属(如a、b);或用来给主语冠以某种称号(如c-e)。请看:

(2) a. 这些演员都是全国最好的年青一代昆曲演员。(《北京日报》2013-10-10)

b. 你们是最勇敢的军人,我为你们取得的成绩感到骄傲。(《解放军报》2019-05-30)

c. 沈腾、沙有威、姜莉等10人荣获第七届"最美慈善义工榜样人物",北京市女业家协会志愿服务总队、北京春苗慈善基金会等10家机构荣获"最美慈善义工十大榜样团体"。(《人民政协报》2019-04-10)

d. 据主办方统计,印度飞饼、美珍香猪肉脯、士林大香肠、金鼎轩广式点心、茶汤李成为最受欢迎的摊位。(《北京晚报》2019-05-20)

e. 《祖宗十九代》《爱情公寓》《李茶的姑妈》被评为最令人失望影片。(《北京日报》2019-04-01)

我们看到,"最X"处于宾语的位置,语义上指的是具有"最"义特征的一类事体。以上例句的主语都是复数(各句中划波浪线的部分),明示了"最X"所涵容的对象都是多个体的。当主语代表单独的个体时,"最X"很明显倾向于理解为"最X之一":

(2') a. 他是全国最好的年青一代昆曲演员之一。

b. 你是一位最勇敢的军人,我为你取得的成绩感到骄傲。

c. 沈腾是荣获第七届"最美慈善义工榜样人物"中的一员,北京市女业家协会志愿服务总队是荣获"最美慈善义工十大榜样团体"的机构之一。

d. 印度飞饼成为最受欢迎的摊位之一。

e.《祖宗十九代》被评为最令人失望的影片之一。

（二）"最"义属性由群体指向到唯一指向的还原

按照字面意义进行推论，"最X"的事物只能是位居第一的一个事物。随着认知的发展和语言表达的需要，"最"义表达的事物突破了只能是位居第一的唯一个体的限制，"最X"就有了指向一个群体的可能性，如"最美村干部""最美乡村医生"就属这种用法。这样，"最X"的表达就出现了歧解：一种可能是评价主体和"最"义属性呈现单一匹配关系，另一种可能是评价主体隶属于具有"最"义属性的群体，如（2'）。可见，"最X之一"的说法就是将"最X"的多个体涵量显性化，从而排除了评价主体与最义属性之间唯一的匹配关系。而"最X，没有之一"的独特之处在于，它是对"最X"存在的"最X之一"这种解读的彻底解除。说它是彻底解除，是因为它一举取消了"最X"表意的模糊性，将评价主体与"最"义属性的对应关系唯一化、专属化、显性化，"最"义属性由两种指向（单一指向与群体指向）彻底还原为唯一指向。请看：

（3）a. 一首名叫《等我回家》的歌曲在网络上被关注，被网友称为"2018年春节最温暖的一首歌""2018年回家路上最值得循环播放的歌，没有之一"。（人民网 2018-01-22）

b. 她自己都感叹来参加《跨界歌王》是她人生中最大的挑战，没有之一。（《新快报》2018-0-507）

c. 酷狗音乐网友"Diamonds"认为专辑是他"最喜欢的中文歌曲，没有之一"（北青网 2018-09-06）

例（3）中各句的主语有的是单数（a、b），有的则是一个集合（c中的"专辑"包含了多首歌曲），"没有之一"的使用强调了评价主体与"最"义属性的单一匹配关系。说话人显然认为单用一个"最"力道不足，会让听者产生评价主体属于"最"义群体中一员的误解，从而忽略了说话人要强调的评价主体在"最"义属性上的唯一性，故而才用"没有之一"来消除这种可能的解读，最终把"最"义属性指向牢牢地绑定于"最"义属性上的唯一性上。

通过以上观察我们可以看出，正是由于"最"义级层的多个体涵量的用法，从而突破了原来"最X"指向唯一个体的限制，造成了"最X"既可能是唯一涵量，也可能是群体涵量的语义模糊状态。这种语义模糊因子既是解除"最X"单一涵量的"最X之一"的逻辑基础，同时也是还原"最X"单一涵量的"最X，没有之一"类表达格式的逻辑基础。故，根据该构式的形式与表意特点，本节将其称为"追补式主观极量范畴化构式"。

二、认知与互动视角下"最X，没有之一"的衍生动因

（一）"最X，没有之一"的认知动因

从语义上看，"最X，没有之一"是对"最X"的两种理解中"最X之一"语义解读的否定，使得"最X"成为唯一的属性认定。其认知策略简单至极，是"二减一等于一"这种最简单的"减法"在语言表达中的巧妙运用："没有之一"就是减去了"最X之一"当中的"之一"，解除了评价主体隶属于"最X"群体中的"之一"这种可能，剩下的就是评价主体与"最X"单一而专属的匹配关系。以（3）a为例，其中"最值得循环播放的歌"既可能只有唯一一首，也可能有好多首歌，说话人用"没有之一"将群体性的解读排除，听/读者自然得出了"这是唯一一首最值得循环播放的歌"这一结论。这种用减法来进行的极量义表达，正好可以说明该构式在语义上具有追补式范畴化的特点。即所谓"排他性"是通过减法来实现的。

语言中"加减法"的运用比比皆是，比如"少了"就是表示没有，"多了"就是表示增加，用的都是最简单的加减法（"你的话，少了必要的关怀，多了无端的抱怨与责备"）。其实，用加减法来构成复句也并非"最X，没有之一"一种，如下例中的"除了X，Y""X，再加上Y"也都是用加减法形成的并列复句。

（4）a. 从进入小屋的第一天开始，<u>除了</u>不时会出现的"任务卡"要求嘉宾与素人联络，其他一切都由嘉宾自己尽情表达。（《中国新闻出版广电报》2019-06-26）

　　b. 本月值得买单的新作并不多，<u>再加上</u>多部人气新片临时调整档期退出，让原本应该热闹的暑期档稍显平淡。（《楚天都市报》2019-06-26）

例（4）a是用减法（"除了"）构成的并列复句，例（4）b是用加法（"再加上"）构成的并列复句。加法和减法运用于复句关系的表达，其认知策略都是化繁杂为简易，有着深厚的经验基础。"最X，没有之一"类复句，表达虽然奇特，所体现的认知策略却是极其简单明了的。关于"最X，没有之一"类复句的类型归属，我们将在第三部分详述。

（二）"最X，没有之一"的互动成因

该种表达的出现还与人际互动息息相关。互动语言学关注社会交际、人际互动和认知因素在真实语言中对语言结构以及规则的塑造，关注言谈参与者的交际意图、认知特征对语言形式的影响，强调言语交际实际是动

态的（dynamic）在线（on-line）生成的过程，从交际过程中发现语言形式产生的动因。（方梅、李先银、谢心阳；2018）

"最 X，没有之一"作为一种新兴的话语方式，之所以受到青年一代的喜爱，正是因为它创造了一种新兴的表述方式。该表达产生的动因是说话人基于对听话人可能存在的理解误区而营造的互动场景。"没有之一"从本质上看是一种语用的否定，因为被否定的"之一"本质上只是一种预设的存在，"最 X 之一"并未出现于语境中，只是说话人预设听话人对"最 X"可能作出"最 X 之一"的解读，为了消除误解，强化"最 X"表达中"最"义属性与评价主体的唯一性，主动将"最 X 之一"这种可能性解读中的"之一"截去。可见，"没有之一"就是采用减法（"没有之一"就是减去"最 X 之一"中的"之一"）形成的对预设的否定，而预设的否定都属语用否定。这种语用否定的特殊之处在于，被否定的预设并非一般意义上的引述性的否定，因为被引述的预设"最 X 之一"并未出现于话语语境中，而仅是"最 X"可能的解读之一，故预设"最 X 之一"属于存在预设（existential presupposition）。"最 X，没有之一"的表达式就是在表达语用否定的基础上形成的。从早期的用例来看，"没有之一"所否定的预设都有某种"引述"的痕迹。如下例所示：

（5）a. 1945 年我父亲在中共七大的发言记录记着："各种恶果我是最主要负责人，这里没有'之一'，而是最主要的负责人。"（《南方周末》2006-10-19）

　　b. 他是湖人最头疼的队员——没有"之一"。（《京华时报》2009-05-19）

上面两例引自王卯根（2011），加了引号的"之一"很好地说明了其引述的性质。说话人从听话人的角度，提前预测到听话人可能会错误地将"最主要负责人"所指的唯一个体理解为群体中的个体"最主要负责人之一"，故主动采取预处理措施，对这种可能存在的理解偏误进行阻断，阻断的方式就是否定"之一"的存在。其实听话人也未必会仅按"最 X 之一"来理解，但说话人要特别申明和强调自己的观点，于是站在听话人的立场，对听话人可能的解读（即存在预设"最 X 之一"）做出校正与警示。下面例（6）能够清楚地再现这种动机和过程，即说话人会采用现场直播的方式将警示性的话语提示出来，通过言者显身、虚拟受众的叙述方式，来构筑言说者与听者互动的现场效应（方梅，2019）。请看：

（6）a. 波多黎各是世界上目前为止最好的桌面游戏。<u>注意</u>：是最好，没有之一。（《网易》2009-07-28）

b. 儿童节爆照史上差异最大的照片，<u>应该是没有之一这种说法吧</u>？（《中关村在线》2018-06-01）

　　c. 他可能是全中国最像外来务工人员的演员。<u>对，没有之一</u>，比王宝强都像。（人民网2014-12-24）

以上例句虽然并非真正意义上的"最X，没有之一"的表达式，但是它们却真实地再现了话语中采用"没有之一"表达时的互动过程。在"最X"与"没有之一"之间，分别采用祈使、推测和应答的方式引起互动，这些方式本身具有互动表达的功能。a 中的"注意"是提请听话人的关注；b 用推测性提问的方式让听话人明了说话人的意图；c 用应对的方式来亮明说话人坚定的态度。这些话语所展示的说话人与听话人的互动，把"最X，没有之一"这种话语方式的生成过程与动机真实地呈现出来，为我们进一步理解这类表达方式的表意机制提供了最好的观察窗口。

三、"最X，没有之一"的复句关系新解

　　以上我们从语义基础、认知与互动功能等方面探讨了"最X，没有之一"这种新兴话语的衍生动因，但是以往学者未曾深入探讨的问题是，该种表达是不是一种复句呢？如果是，"最X"与"没有之一"之间又具有什么样的复句关系呢？这是我们将要重点解决的问题。

（一）"最X，没有之一"的复句性质认定

　　复句是"包含两个或两个以上分句的句子"（邢福义，2001：1），复句的构成单位，从构成的基础看是小句，从构成的结果看是分句，即各个分句具有相对独立和相互依存的特征。我们认为"最X，没有之一"符合复句的定义，两个分句之间句法相对独立而语义相互依赖。以例（7）为例：

　　（7）a. 中国是世界最大的电视消费市场，没有之一。（环球网2018-07-06）

　　　b. 超人气IP，青春励志，盛世美颜，契合度极高的选角，以及金牌制作班底，这是未来最期待的作品<u>了</u>，没有之一。（新华网2018-05-21）

例句均由两个分句构成，前一分句是主谓结构，有时还能在句末加上语气词"了"；后一分句"没有之一"是述宾结构，也是句法相对独立的分句。但两个分句之间又有紧密的句法语义联系。句法上，如果没有前面"最X"的支撑，"没有之一"分句无法存在，前言所述，"之一"仅是"最X"可能性解读"最X之一"中的一部分。这也就造成了"没有之一"在语义上强烈依赖于"最X"的情况，因为没有前边的这个"最X"，我们根本

就不可能理解"没有之一"到底指什么中的"之一"。这种句法上既独立又依存，同时语义上也对前一分句极度依赖的性质，正是"最 X，没有之一"表达的特殊之处。

"最 X，没有之一"成为复句经历了一个演变过程，追踪其发展及演变过程，我们可以看出，在产生之初，"没有之一"出现在括号中作为补充说明的成分，或由破折号引出，或给"之一"加上引号，不过，此时"没有之一"并未独立，它只是依附于句子上的注释成分：

（8）a. 作为本次测试笔者最爱的门派（真的没有之一），唐门是一个能将敌人玩弄于股掌之间，即便面对精英 BOSS 也能凭借操作全身而退的门派。（太平洋游戏网 2013-05-07）

b. 这是一位无可置疑的英国足球史上最成功（没有之一）的主教练。（《重庆日报》2013-05-09）

c. 这款手机是目前 Android 系统手机中最轻薄也是性能最高端的旗舰机型——没有之一！（《新浪微博》2011-08-12）

d. 小威是李娜在本届澳网以及当今网坛最强大的对手，没有"之一"。（《烟台晚报》2014-01-08）

随着这类表达方式使用频率的提高，括号、破折号、"之一"的引号均逐渐消失，这些看似微妙的变化暗示着"没有之一"句法与语义上的某种变异，也就是说，它逐渐获得了句法上相对独立的地位，而句法的独立也意味着其语义的变化。我们看到，与"没有之一"句法与语义上的地位相适应，"最 X"与"没有之一"之间的关系也升级为句法上独立又依存、语义上极度依赖的复句关系。这种新型复句到底表达的是哪一类复句关系？下面具体谈谈我们的看法与理据。

（二）"最 X，没有之一"的复句关系认定

邢福义（2001：8）将复句分为三大类：因果类复句、并列类复句、转折类复句。很明显，"最 X，没有之一"前后分句间不存在因果和转折关系，当属于并列复句这一大类。广义的并列关系复句包括并列句、连贯句、选择句和递进句等。那么"最 X，没有之一"是哪种并列关系的复句呢？

1. 是否为递进关系复句

复句关系词语是复句关系的显性标志，故根据复句关系词语判断复句关系是最有效的方式。"最 X，没有之一"本身并无复句关系词语，那么，两个分句间有没有使用复句关系词语的用例呢？下面是我们发现的少数带有递进复句标志的用例：

（9）a. 这是我国大型科研院所转制最为成功的典型个案，甚至没有之

一。（《科技日报》2015-05-15）

　　b. 实际上他已经成为这支球队中最具价值的球员，<u>而且没有之一</u>。（《南方日报》2014-07-13）

　　c. 虚幻引擎是全球范围内最受欢迎的 3D 游戏引擎，<u>并且没有之一</u>。（人民网·游戏频道 2012-03-22）

以上例句中，后一分句中用"甚至/而且/并且"来连接，这些词语标志着复句为递进关系。典型的递进关系复句，表示以一层意思为基点向另一层意思顺递推进，递进关系复句的构成基础既可以是典型的平列关系，前后两项可互换位置；又可以是范围上或程度上的递进关系。（邢福义，2001：223-226）递进关系复句所采用的认知策略是"加法"，在前项的基础上有所增添。但"最 X，没有之一"采用"减法"的认知策略，通过排除评价主体是"最"义属性"之一"的这种可能，剩下来的"最 X"就只能按照"最"义属性所指对象的唯一性来解读。可见，"没有之一"并无在"最 X"表意的层次上更进一层的意思，如果仅从这几个特例而将其归入递进复句，将抹杀"最 X，没有之一"格式的典型特色。况且，从使用比例来看，添加递进关系词语的用例极少；从使用时间上看，加入递进关系词的用例出现在"最 X，没有之一"固化成形之后。可见，此类有递进关系词语的用法并不是"最 X，没有之一"的主流，当是其使用中出现的变异形式。至于为何"最 X，没有之一"会允许加入递进关系词语，我们将在下文阐释。

2. 是否为解注关系复句

不使用任何关联词语的"最 X，没有之一"是该类表达最常见最典型的格式，王卯根（2011）指出"最 X，没有之一"是解注关系的复句，认为后一分句"没有之一"是对前一分句"最 X"个体性涵量的诠释，使得"最 X"的涵量由群体范畴改变为个体单位。王文的依据就是用例中出现了表示解释说明的符号标志。如有的使用括号（10a、b）、破折号（10c）、插入语"（请）注意"（10d）、复指语"这句话"、强调语"是最好""就是'最'"（10e），等等，王文还特意指出"将此类解注标志去掉，便形成典型格式。"如：

（10）a.《旧共和国武士》被誉为有史以来最伟大的星战题材游戏（<u>没有之一</u>），因而这款游戏被很多人视为 WoW 最具竞争力的挑战者。（新浪网 2014-11-28）

　　b. 梦三第一后期英雄"关凤"被誉为游戏中最强的近战 DPS 输出（<u>注：没有之一</u>）（人民网·游戏频道 2012-03-21）

c. 在出版人缪宏才看来，上海书展是"中国最好的书展——没有之一"（《解放日报》2013-08-13）

d. 以梅西为核心的阿根廷队是进球最多的球队。注意，没有之一。（王卯根 2011 用例）

e. 他是我最喜欢的歌手，没有"之一"，就是"最"。（王卯根 2011 用例）

括号主要表示的是文中注释的部分，破折号的一种作用也是表示底下有个注释性的部分。有的还会用"注"字明确标出这是补充说明的内容（10b），将其归为"解注关系复句"似乎很有道理。

但是，王文明显混淆了某个单位的注解作用与解注关系复句的区别。"解注复句"属于并列复句中的一种，是分句与分句之间存在乙解注甲、甲解注乙或甲乙相互解注的关系的句式（邢福义，2001：185-186），主要有三种情况：一是前后分句之间用"这就是说、换句话说"之类词语表示乙解注甲（11a）；二是后分句针对前分句的某个关键词有所解注（11b、c）；三是前分句用比喻的说法对后分句加以解注（11d）。请看例句：

（11）a. 文如其人，<u>这就是说</u>，什么样的人就写什么样的文章。

b. 大婶有<u>两个儿子</u>，<u>一个</u>参加了工作，<u>一个</u>在北京上大学。

c. 今年的<u>桂花特别茂盛</u>，淡黄色的小花朵一簇簇地缀满枝头。

d. 好铁要打钉，好男要当兵。

通过比对，我们发现"最 X，没有之一"似乎与以上三种情况都不太契合。王文所说的解注标志仅括号、破折号是用于解释说明的，但并不足以构成复句（10a—c）。而插入语、强调语并非解注标志。"（请）注意"的作用与"也就是说"不同，前者是为了提示区别，而后者是在说明等同。"最 X"和"没有之一"中间能插入"（请）注意"而不能插入"也就是说"，恰恰说明二者之间的关系并非等同，也就不宜是解注关系，我们将例（10d）重新编号为例（12）做如下对比：

（12）a. 以梅西为核心的阿根廷队是进球最多的球队。注意，没有之一。

b. *以梅西为核心的阿根廷队是进球最多的球队。也就是说，没有之一。

而所谓的强调语"是最好""就是'最'"，其实是对"最 X，没有之一"这个整体表达的说明与补充，语义上指明"没有之一"后的表意结果，"也就是说"只能插入"就是'最'"前而不能插入"没有之一"前的对比，充分说明了"就是'最'"是针对"最 X，没有之一"这个整体的：

(13) a. 他是我最喜欢的歌手，没有"之一"，就是"最"。
　　 b. 他是我最喜欢的歌手，没有"之一"，<u>也就是说</u>，就是"最"。
　　 c. ？他是我最喜欢的歌手，<u>也就是说</u>，没有"之一"，就是"最"。

我们上文提到，表示"没有之一"为注释性质标志的括号和破折号，都是"最X，没有之一"成为复句前所使用的符号，而最为典型的复句形式"最X，没有之一"是没有这些符号的。这些符号的使用有助于我们了解到"没有之一"补充说明的作用，但"最X"与"没有之一"之间的复句关系并不同于"解注关系"。所谓的解注关系，前后分句的语义关系是"同义替换"，而"最X"与"没有之一"之间语义关系并不等同，"没有之一"并不是换一种表述对"最X"的解说；"没有之一"也并未采用比喻、举例的方式对"最X"进行解释说明，故将其认定为解注关系似乎缺乏充分的理据。

3. 追补关系复句——"最X，没有之一"复句的归属

综合以上分析，"最X，没有之一"难以与现有体系中任何一种类型的并列复句相契合，根据这种情况，我们认为，该种表达格式属于一种新型的并列复句——追补关系复句。追补关系是指后一分句"没有之一"是对"最X"的进一步补充与限制。所谓的"追"是指"没有之一"是根据"最X"中可能出现的"之一"的那种解读而"追"述的内容（如例14a），如前文所言，"没有之一"对"最X"在句法和语义上都有极大的依赖性，无法独立存在，就是其"追"的表现。所谓的"补"，是对"最X"的补充与限制（14b），即从语义上排除了两种可能的一种（排除了"最X之一"），把"最X"的唯一性解读"补"了出来。这一"追"一"补"的语义过程正是"最X，没有之一"复句所表达的语义关系，故我们将其命名为追补关系复句。如：

(14) a. 冯小刚，是当前国内最好的商业片导演，<u>后面没有"之一"</u>。（《都市快讯》2003-12-24）
　　 b. "此歌的普及程度可能仅次于《义勇军进行曲》"——如果套用时下的网络语句，这句话的意思是《义勇军进行曲》在当时已是最普及的歌曲，是"没有之一"的。（新闻中心-中国网 2012-02-13）

用例中都在"没有之一"之上增添了一些成分，增添成分后的"最X，没有之一"虽不能说是典型的追补关系复句，但这些添加的词语却是我们理解该复句关系的风向标，例（14a）中"后面"表明"之一"是说话人假定有人会追补"最X"之后的成分；例（14b）中"是……的"表示对"没有之一"的强调，也就是在补充的同时确立"最X"所适对象的唯一性。

四、小结

我们将其重新归类为追补关系的复句还基于如下考虑。

一是追补关系复句与解注关系复句不同。追补复句中后一分句是对前一分句的补充说明，句子的主要含义由前一分句"最 X"承担，这也能很好地衔接"没有之一"的最初来源，它是由注释性的附加成分发展而来的。而解注关系中前后分句语义等价，或换用另一种表述方式，或用比喻的修辞手法，或举例说明，对另一分句的内容进行进一步的阐释。"等价"是解注关系复句最基本的语义关系，而"追补"是"最 X，没有之一"复句中最基本的语义关系，两个分句间不存在等同替换的关系，没有前一分句"最 X"，后一分句"没有之一"将无所依托，不能存在。所以，采用减法而形成的追补关系才是这类新兴复句最根本的语义关系。

二是追补关系复句与并列复句中典型的平列关系或递进关系不同。追补关系复句最大的特点就是后项补充的分句无法单独存在，"没有之一"虽然在句法性质上是可独立的小句，但"之一"是从可能出现的"最 X 之一"中截取出来的，在句法语义上与前面的"最 X"有着不可分割的联系。而并列关系中的其他小类，前后分句在句法语义上均是相对独立的，彼此之间又结合成平列或递进的语义关联。

在认知策略上，追补关系复句与平列或递进关系复句既有相似，又有区别。它们均为运用加减法的认知策略而形成的复句。上文提到，加减法的认知策略在构成复句时并不少见（例 4），我们再举几例：

(15) a. 程先生烧的是腊肉菜饭，<u>再有</u>一大碗蛋羹。（王安忆《长恨歌》）

b. 从上午五点多开始一直到下午两点多终止，<u>除了</u> 12 名具有发言权的代表讲了话外，<u>还有</u> 7 名代表也发了言。（张平《抉择》）

c. 淑彦，我不会使你失望；我<u>不仅</u>"代表"着你，<u>还</u>"代表"着我哥哥呢！（霍达《穆斯林的葬礼》）

d. 我生母和养母的家都离住吉不太远，可是我<u>除了</u> 5 岁那年去过一趟住吉外，后来再没去过。（川端康成《拱桥》）

复句的关联词"并、此外、也、还"等都表示加法，如上例 a、b 两句的并列关系分别是用"再有"和"还"表示的，用的都是加法。c 句采用"不仅……还……"形成的是递进关系复句，用的也是加法。d 句的"除了"用的是减法，构成的也是并列复句。以上所构成的都是平列或递进关系复句，分句之间都是相对独立的。采用加法运算时，前后分句相当于两个加数，在前一分句的基础上增添内容（15a、b、c）；采用减法运算时，一般情况下出现的是减数和差，前后分句是整体中的两种不同情况，二者构成平列关系，合在一起相当于"被减数"（15d）。而追补关系复句是极为特殊的，"最X，没有之一"虽然运用的也是减法，但前后分句相当于被减数（具有两种可能解读的"最X"）和减数（"最X之一"），追补出的结果是差（表示唯一性的"最X"），并且这个差是让读者经过运算后自己得出结果，这种表意方式正是"最X，没有之一"复句在表意上最突出的特点。

当说/写者要突出强调"补"的重要性时，还能插入"并且""甚至"等表示递进关系的词语对所补充的"没有之一"特意进行强调。插入"并且"等递进复句关系词语之后，该表达便成为普通的递进关系复句，形成"不仅是最X，而且是没有之一的那个最X"。正像"你是老虎，我是武松"按一般意义上理解，只能是并列关系，但并不排斥说/写者的另类解读："如果你是老虎，那么我就是武松""你是老虎，但我是武松"等。可见，"最X，没有之一"虽然并不排斥这种递进关系表述，但不加任何关联词语的形式才是其最典型的表达形式。王卯根（2011）也提到，在"没有之一"前加上"也许""很可能""几乎""甚至""而且"等修饰语，意在强化，实际上却有悖于此格式的语义关系和明快果决的修辞风格。

目前公认的并列关系复句包括并列句、连贯句、选择句和递进句等，新兴话语"最X，没有之一"在任何一种小类中都难以得到应有的归属，强行将其归入任何一类，都会造成名不副实的状况。为了更好地反映该种表达的语义关系，故而我们将其以"追补关系复句"命名并处理为并列复句的一个新的下位类。作为一种新兴的话语方式，"最X，没有之一"完美地体现了青年一代把话说尽说绝、把主观情感尽情宣泄的表达诉求，言简而意丰，另类而独特，是一种极富生命力的语言形式。同时，这种新奇的表达也让我们创造了一种新型的复句关系——追补关系复句，为现代汉语中的复句类型增添了新质。

第五节　归一式类指的范畴化构式"各种X"

一、引言

"各种"是名词性成分前的修饰语，表示名词性成分所指的所有种类。请看几个例句（本节的例句，如果不做特殊说明，全都来源于北京语言大学的 BCC 语料库）：

(1) a. 过去食品部门领导同志，每逢节日就为乱开批条伤透脑筋。因为各种<u>介绍信</u>、各类关系户纷至沓来，实在招架不了。

b. 而中国不仅经济稳步发展，工作环境和工资待遇大大改善，还为留学生回国提供了各种优惠条件。

c. 在食不厌精的同时，各种交易在餐桌上全面展开。

d. 我对古兰经及其各种解释的了解，要比他多。

上例 c、d 两句中受"各种"修饰的"交易、解释"也非动词，是由动词转来的抽象名词。谓词如果表示活动，也是一种无界的特殊"事物"。（储泽祥，2014）因为，与"件/根/条/支/张"等个体量词不同，量词"种"更容易和外延不突出的无界事物组配。由"各种"修饰的所有成分所组成的"各种 X"，在句法功能上也能体现其名词性。如上例的"各种 X"或做主语（a、c），或做宾语（b），或做定语（d）。

（一）新兴的"各种 X"

进入 21 世纪以来，网络上出现了多种新奇的"各种 X"用法，这些用法有两点值得关注。一是充当 X 的成分有了扩大化的趋势，动词、形容词、名词，甚至是谓词性短语都可以出现在 X 的位置上。请看：

(2) a. 上班高峰期，路上<u>各种堵车</u>。

b. 还有业主当初提出如果降价怎么办，销售说一定会补偿老业主的，<u>各种欺骗</u>。

c. 但是考完一门完蛋一门……<u>各种悲催各种惨</u>！

d. 两个胖寿星，生日快乐生日快乐生日快乐。<u>各种如意各种吉祥</u>。耶。

e. 我很怕拿<u>各种卡</u>，恨死发优惠卡的那些。

f. 新年第一天就<u>各种悲剧</u>。

g. 车开到 s 路那的时候<u>各种不敢开</u>，生怕一抖又熄火了。

h. 抖擞一整天……<u>各种睡不着觉</u>。又困……演出很棒～不错咧！

i. 办个车辆年检，<u>各种等待</u>，<u>各种碰钉子</u>，<u>各种呼来喝去</u>，<u>各种白眼</u>，<u>各种不耐烦</u>。

二是"各种 X"的功能扩展，新兴的用法突破了"各种 X"原来只能做主宾语的限制，具有了做谓语（上例 a、f、g）与独立表述的功能（上例 b、c、d、h、i）。还有一个使用上的特点，这些"各种 X"往往连续出现（上例 c、d、i），而且在使用频率上大大地超出了常规的"各种 X"的频度与数量。

(二)现有的观点及依据

这些新兴的"各种X"现象,很快引起了不少研究者的关注。多数文献认为,"各种"后面所修饰的成分是谓词性的"AP"(形容词性的词与短语)与"VP"(动词性的词与短语),也有文献不认同这种说法,认为"各种"后面所修饰的成分仍然是名词性成分。还有人指出,"各种"有了类似程度副词的用法与语义。如王玲玲(2012)、黄宇一和陈思思(2012)、储泽祥(2014)、宋作艳(2016)、张璐和唐文菊(2018)等。更为奇怪的是对"各种"语义的解读,光是由动词性成分与"各种"组合而形成的"各种X",居然可以表达"数量意义、程度意义和无条件义"三种结构意义(张璐、唐文菊,2018))。从对新兴"各种X"已有的研究来看,可概括为两种不同的处理意见,即"各种"词性转化与否的对立。多数文献认为,"各种"已经由名词性的修饰成分转变为谓词性的修饰成分,即"副词说",这样,"各种X"就成了一个状中结构。也有少数文献认为,"各种"仍然是名词性的修饰成分,只是其修饰的中心成分发生了变化,这种观点认为"各种X"还是个定中结构。下面分别简述一下其观点与依据。

1. "各种"的"副词说"

王玲玲(2012)是持"各种"为副词说的代表。她运用"汉语词类隶属度量表"来测定"各种"的词性,测定出"各种"作为副词的隶属度为0.8,属于比较典型的副词。而且"各种"还有了"程度副词"(下例a、b)和"表状态类的描摹性副词"(下例c)两种副词的用法。且看她举的例子:

(3) a. 楼主各种给力。

b. 买了传说中的减肥咖啡,各种难喝,我只喝了一袋。

c. 现在他那边忙得不可开交,公司的事、电影的事、音乐的事,是各种忙啊。

王玲玲认为,"各种"在句中修饰形容词时,表示的是绝对程度义,类似于"很、非常"。而在c句中,"各种"既有程度副词"非常"的意义,又有描摹副词义,表示要忙的事情各种各样、很多。

储泽祥(2014)也认为新兴的"各种X"结构中的"各种"是副词。"'各种'已经不是原有的范畴特征——充当定语,而是具有了新的范畴功能——充当状语,这是副词的典型特征。"理由是:"一是因为句法功能上'各种'只能充当状语,不能构成用来指称的'的'字短语;二是因为'各种'不能受'很'类程度副词等其他词语修饰。"下面是他的例子:

(4) a. 一奇葩哥们,昨天去坐公交车,上车一元,那货多投了一元,非常不爽,各种抱怨!

b. 军训教官各种严。走进宿舍看到一床被子就骂："这叠的什么玩意，谁的，给我重叠。"

c. 那时候的教官特严，吃饭时候，我们乱哄哄的，教官发话："谁吵谁没饭吃！"

上述 a 例中程度副词"非常"与"各种"形成对举，b、c 两例都是说军训教官要求严，副词"特"与"各种"形成对照。这些都能说明"各种"是副词用法。

2. "各种"的"名词性修饰成分说"

这种观点的持论者认为"各种 X"整体为名词性短语，只是"各种"后所修饰的中心语由名词性成分变成了谓词性成分。

翟会锋（2015）的"量化成分说"是该观点的代表。他认为，在新兴的"各种 X"格式中，"各种"不仅具有类指化的功能，而且是促进 AP/VP 体词化的量化成分。翟文不赞同时下盛行的"各种"的"副词说"，认为"各种+AP/VP"是在旧有用法基础上句法功能的扩展，是"各种"对 AP/VP 的"格式化"，更是人们在认知上对性状、行为所进行的体词化。该格式所反映的主观量特征，是由"各种"的"类指化扫描"间接带来的，该特征呈现了言者强烈的认知视角，形象地表达了主观大量这一情状。其实，段纳（2016）也发表了类似的观点，把"各种 X"看作一个名词性短语，不过，段文一方面认为"该组合依然表现出本结构固有的名词性特征"，另一方面又认为该类结构"语义上可以表示后面成分动作或性状'程度高'或'动量多'，更强调'不止一个'并'彼此不同'"，不过段文并没有把结构与其表达的语义有机地结合起来。与翟会锋、段纳观点相近的还有孟艳华（2015）的"事件或场景说"。孟文以事件语义学理论为基础，认为谓词性的新兴结构"各种 X"表征事件或场景，其语义可概括为：一是以各种方式或由于各种原因进行或出现"X"所表征或所指向的各种事件或场景；二是以各种方式或从各个角度看，所述事物都很 X。宋丽苹（2016）是用"名物化"说来解释的："'各种+X（谓词）'结构中的'各种'词性和功能并未发生明显的改变，而'谓词'结构上受到指量结构的压制，其语义上从述谓义转化为较强的指称义，具有名物化倾向。"

我们赞同将"各种"认定为"名词性的修饰成分说"的观点，不过，对他们的持论理由与依据需要进行一些修正与补充。相关论述请见后文。

二、现有的观点及问题

如果不是从汉语语法的整个系统来看，无论是把"各种"看成与"很"

"非常"作用相当的程度副词,或是说成名词性的量化成分,似乎都有其理由与依据,不必争个孰优孰劣。但是,从汉语语法系统的全局来考虑,特别是从解释的简易性来考虑,其实对这一问题的认识与处理事关汉语语法研究之大局,很多语法的争论其实就来源于最基础的词性认定。我们发现,将"各种X"中的"各种"认定为副词的观点无论是在理论上还是在实践中都是有不少问题的。下面就是针对"各种"为"副词"的观点的一些讨论与思考。

(一)修饰语性质辨识的困难

我们发现,"各种X"可以做主宾语和定语,"各种"的副词说解释这种现象很别扭。

(5) a. 蓝精灵亮相上海电影节,各种可爱引发怀旧热潮。
  b. 各种传言,各种不安,最终是怎样。
  c. 我自然也有我的幸福,虽有时会被涌出的各种不满足掩盖本已拥有的幸福。
  d. 黑眼圈、红血丝,还有各种不健康,做个鬼脸给你们,明天就都回家吧,不要再来找我了,我要好好休养。
  e. 出境游也要防各种"坑爹"。

主语都有指称性的特点,可用"什么"来提问。以 a 句为例,可用"什么引发怀旧热潮"来提问,而绝不能用"怎么引发怀旧热潮"。c 句中的"各种不满足"做的是中心语,前有定语"被涌出的"修饰,该定语在语义上要求所修饰的成分也只能是一个"事物",所以"各种不满足"很难被看作一个述谓性的成分。d、e 两句中的"各种X"都是动词的宾语,从语义看也是指称性的,而非述谓性的。

也许有人会坚持说,把做主宾语的成分看成体词性的做法是句子成分决定论,早已被学界抛弃,而汉语中谓词性成分也可以充当主宾语,所以,说上述各例中的做主宾语的"各种X"都是谓词性成分,是目前主流的观点。但是,这样的观点遇到下面的情况就说不通了。如:

(6) a. 今天两顿都是吃烤肉,还不错哦,各种泡菜各种喜欢。
  b. 昨晚各种酒各种喝,今天还没缓过劲来。
  c. 好久没登微博,各种人各种问,我成绩出来没有啊?
  d. 每次他找来的机会,总能被我以各种出差、各种忙为借口推掉。
  e. 各种吃醋,各种暗斗,各种奸诈,各种狡猾,各种女人与女人之间为了男人争宠,宝宝和我一起完成的作品。
  f. 晚安各种粉丝,各种关注,各种互粉!宁静夜晚,香甜梦乡!

g. 云南青年会 THECLUB 电子 Party，各种人、各种范儿、各种群魔乱舞……嘿嘿！云南就是不一样，算是找到组织了！

　　h. 我们却什么都做不了，各种委屈、各种伤心、各种愤怒、各种打击，这标题弄得……咳咳妈呀！

　　i. 今天和大一学妹解释作业的时候，果真就是这么着……他们各种听不懂……我各种比喻，各种解释，各种耐心……我专科的同学都进了广西十强企业，混得比我都好。

上述各句中都是两个或者两个以上的"各种X"的并列格式，若仅看"各种"后的那个"X"，有名词性的，有动词性的，有形容词性的。试想，要是按照所谓的"各种"有了"副词"用法的观点来解释，那将掉入自设的陷阱。那个名词性"X"前的"各种"该如何解释？说它也随之成了副词显然说不通，说它仍然是修饰名词的指量性成分也说不通，因为与它并列使用的"各种"可都是修饰谓词的。朱德熙（1961）明确指出："并立结构都是由两个同类的词或同类的构造组成的。"难道汉语中竟然由于"各种"的新生用法而出现了不同类的词或短语能够组成并列结构的新的语法现象？所以，仅看"这件衣服太漂亮了，各种喜欢""这个节目各种好玩""今天怎么这么不顺，各种倒霉"等用例，其中的"各种"碰巧能够用程度副词"非常""很""特别"来替换而意思似乎差不多，将"各种"看成程度副词似乎也未尝不可。但这只是表面现象，因为即便是"各种"后带的"X"是形容词，也有不少情况是不能用程度副词"非常""很""特别"来替换的。请看：

（7）a. 吃得好，对付春天<u>各种困</u>。

　　b. 现在我心中堆积了一个月的<u>各种郁闷</u>，非常非常不痛快。

　　c. 年末年初，<u>各种累</u>纷沓而至。

　　d. 当年我支持国货，坚持买了海尔热水器。之后，就迎来了<u>各种不靠谱</u>。

　　e. 代表小家伙祝各位叔叔阿姨龙年事业旺，爱情旺，<u>各种旺</u>啊。

　　f. 大过年的，各种受伤，咬舌头，砸手指，磕膝盖，<u>各种疼</u>。

　　g. 晚上各种失眠，白天<u>各种困</u>。

上例各句中的"各种"都无法用程度副词"非常""很""特别"来替换，它们不正是新兴的"各种X"吗？连这些最典型的性质"形容词"充当的"X"前都不能再被程度副词修饰了，难道能说"各种"又不是程度副词了？如果不是，那它又是什么性质的修饰语呢？

（二）词类辨识的困难

承认"各种"为程度副词，还会带来词类辨识的困难。从上面所举的种种现象来看，如果"各种"又有了程度副词的新用法，那有的"各种"究竟该作什么词性的划分，将变得特别困难。请看：

（8）a. 其实我有个想要的东西啊，但是方便说吗？<u>各种很期待</u>。

b. 女孩子嘛踢球<u>各种业余</u>，谈不上什么必杀技，只是练练体能和脚法罢了。

c. 既然最后林萧和崇光在一起，为啥不让他俩甜蜜下子捏？<u>各种冷飕飕哇</u>！

d. 今天<u>各种匆匆忙忙</u>，好累，好爱大家！

e. 同志过年回家的处境都差不多，都会成为家里谈论的焦点，<u>各种被父母亲戚逼婚</u>。

f. 妈妈做的饭<u>各种香气四溢</u>。

这些例句无疑均属新兴的"各种 X"结构，"各种"后的"X"有的自带"很"（a 例），有的是区别词（b 例），有的是状态形容词（c、d 两例），有的是谓词性短语（e、f 两例）。显然，这些"各种"根本无法用程度副词或其他副词来替换，还有一个更为重要的因素，那就是从语感与所代表的语义看，这些"各种"也不像是表示程度或其他副词所表示的语义。难道"各种"又有了另外的词性？看来，随便给"各种"增加词性的办法除了造成词性识别的困难外，并无别的积极意义。

（三）增加了句法范畴

认为"各种"可有副词功能，其实质是要维持"词义不变、词性不变"的观念，即不承认其后的"X"已经由动词、形容词实现了名词化或名物化，一旦承认汉语中的动词、形容词可以根据表达的需要自由地转变成名词，就会动摇"兼类的词只能是少数"这种说法的基础。这种理论的根本理念是认为汉语中的动词、形容词、名词有着天然的疆域，不可相互自由转变词性，否则兼类的词太多了就失去了划分词类与辨别词性的意义，这种观念经过多年的宣传可谓深入人心。于是乎，在面对诸如"这个地方<u>很郊区</u>""那个男孩<u>很女性</u>""这个秋天<u>最淑女</u>的就是你了"之类的新现象时，马上就有了一大批人开始研究汉语中新出现了"'副+名'现象"，全然忘记了名词的最根本特点是不受副词修饰限制的基本常识，给汉语本来严整的"副+形"范畴又增加了"副+名"范畴。（陆旭、温锁林，2019）与这种承认汉语的名词可受副词修饰的观点类似，认为"各种"有副词用法的做法，就等于说"各种"除了传统的"指量"用法外，还有其他副词的用法。一旦这个缺口打开，"各种+X"就不仅是增加了一个新的句法范畴"各种_副+名"，而是 N 个"各种+X"，"各种_副+形""各种_副+动"等，这无疑会带来一系列句法范畴和语义解释的混乱。请看：

（9）a. 这个检测系统能提供多种数据和<u>各种情况</u>。（"各种$_1$+N"）
　　　b. 今天我<u>各种悲剧</u>。（"各种$_2$+N"）
　　　c. 这道题<u>各种难</u>。（"各种$_3$+AP"）
　　　d. 今天<u>各种匆匆忙忙</u>，好累，好爱大家！（"各种$_4$+AP"）
　　　e. 回顾 2014 之最　<u>各种刷新和打破</u>（"各种$_5$+VP"）
　　　f. 女孩子嘛踢球<u>各种业余</u>，……（"各种$_6$+DP"）

"各种$_1$+N"是在新兴的"各种 X"结构出现之前的典型用法，"各种$_1$"是做定语的"指量成分"；其余的"各种$_2$——各种$_6$"是新兴的"各种 X"用法："各种$_2$"所修饰的虽然是名词，但这个"各种$_2$+N"做了谓语，很明显其功能有异于"各种$_1$+N"，那这个"各种$_2$"是副词还是什么词，不得而知。"各种$_3$+AP"与"各种$_4$+AP"都是以形容词为中心语的短语，但二者的修饰语"各种"又有明显的差异，"各种$_3$"好像都能被程度副词"很、非常"等替换而"各种$_4$"则不行，那么这个"各种$_4$"又是什么词性？因为状态形容词并不能受副词修饰。"各种$_5$+VP"的情况又不一样，"各种$_5$"也不像个副词，更不可能是程度副词，其词性也不得而知。"各种$_6$+DP"的情况更为特殊，"各种$_6$"后带的成分是一个区别词（DW: Distinguished Words），而区别词只能修饰名词做定语，是绝对不能受副词修饰的，"各种$_6$"又该是个什么词性，仍然不得而知。

（四）语义解释的困难

我们看到，一旦承认"各种"有副词的用法，无疑打开了潘多拉盒子，我们将不仅要面对汉语里到底有多少个"各种"的词性辨识的困难，而且还将面对汉语里究竟有多少个"各种 X"结构范畴的困局，更有甚者，还得面对汉语里"各种"究竟有多少种语义解释的困难。张璐、唐文菊（2018）还真的给出了由动词充当"X"的"各种 X"结构中"各种"的语义，居然就有三种之多。他们认为，"各种"在下例的 a、b 两句中表数量意义；在 c、d 两句中表程度意义，在 e、f 两句中表无条件义。下面的六例（包括例句后括号里的说明部分）都来自该文：

（10）a. 螃蟹葡萄榴梿<u>各种已经吃吐</u>。（相当于：所有这些都吃吐了）
　　　 b. 感觉自己感情道路异常坎坷，狗血雷人剧情<u>各种发生</u>。（相当于：所有狗血雷人剧情都发生了）
　　　　c. 和几个朋友聊天，吃饭，喝酒。重点是喝了很多酒，白酒、

啤酒都是<u>各种喝</u>。（相当于：喝了很多白酒啤酒）

  d. 最近 QQ 空间不敢上了，<u>各种结婚</u>。（相当于：结婚的人很多）

  e. 校区太远就是<u>各种让人崩溃</u>，我服了，我跪了，我败了。（相当于：非常令人崩溃）

  f. 今天这个小天儿，<u>各种有秋天的味道</u>啦！（相当于：很有秋天的味道）

  与张璐、唐文菊的解释不同，郭妍妍（2013）认为，新兴的"各种 X"结构中的"各种"与词典中的解释并不完全一致，传达了更为丰富的意义：①指"情况有很多种"，是对具体情况描写的一种省略；②表示"原因有很多种"，是对具体原因（具体解释）的一种省略；③单纯表示程度，与"很""非常"同义。王玲玲（2012）还归纳出"各种"有"程度副词"和"表状态类的描摹性副词"两种不同的副词用法。宋作艳（2016）根据"各种 X"中的""各种"可以替换为程度副词、频率副词，指出"充分说明谓词前的'各种'已经发生了变化，因为处在状语位置而逐渐变成了副词，出现了副词化。"由此，她总结出了"各种"的三种用法与语义：①描摹性副词，表方式、状态等多种多样；②表程度高的副词"很、非常"等；③表频率高的副词"老是、频频"等。可见，即使是承认"各种"已经有了副词用法的文献，对于其所谓副词的类别与语义也众说纷纭，莫衷一是。

  还有一种情况也不利于将"各种"处理成副词，语义的解释也是个难题。请看：

（11）a. 你知道当我们人类遭受生活中的委屈不公，<u>各种各种不公</u>，回到家看到狗狗那期待的眼神，快乐地围在你身边，你就会发现，一切都可以化为乌有。

  b. 今天我要消停会了，昨天这一晚上呀，<u>各种各种刺激</u>一波接一波，哎，伤不起呀，有木有？

  c. 哎，心太软，又心太好。总被<u>各种各种欺负</u>啊……

从上面几句的语义上看，"各种"的意思与英语的"all sorts of、all kinds of、various"对应，它不还是原来的那个量化短语"各种"吗？用副词来解释反倒是扞格难通的。

  我们不禁要问，汉语中一个"各种"怎么就有这么多的语义呢？一个"各种 X"结构，怎么会有这么多的结构类型呢？看来，用上述头痛医头，脚痛医脚的办法来研究汉语的路数根本行不通。我们需要从方法上来一种新的尝试，既要找到"各种"乱象出现的原因与解决办法，又能够给汉语词类问题与句法问题的研究寻找一条合适的路径。

三、形成"各种"词性语义乱象的原因

其实,造成词类划分与词性认定乱象的原因,并非汉语的词类本身有多么复杂,而是出自迄今我们对于词类划分的原则与意义认识上,词性的本质到底是什么?为何要划分词类?划分词类的依据又是什么?这些问题其实并没有弄清楚,由此造成了实际操作中的诸多乱象。

大家都知道,"各种 X"是一个名词性短语,但是现行的词类体系却把类似"各种拒绝、各种忙"中充当结构核心的"X"看成谓词性成分,由此才有了认定"各种"是做副词的做法。那么,这种说法或做法究竟有何问题呢?问题又是如何产生的?下边对这些基本问题做一简单的说明。

(一)违背了人类语言的"向心结构"原理

把"各种 X"里的"各种"认定为副词最大的问题是对人类语言中"向心结构"的违反。我们知道,"向心结构"是由美国著名语言学者布龙菲尔德(Bloomfield,2002/1933:205-206)提出的:"If all the syntactic constructions which go to make up a phrase are endocentric, then the phrase will contain among its ultimate constructions some word (or several words, members of a co-ordination) whose form-class is the same as that of phrase. This word is the *center* of the phrase. In the phrase *all this fresh milk*, the word *milk* is the center, and in the phrase *all this fresh bread and sweet butter*, the words *bread* and *butter* are the center. Since most of the constructions in any language are endocentric, most phrases have a center: the form-class of phrase is usually the same as that of some word that is contained in the phrase. The exception are phrases of excentric construction, and these, too, we have seen, are definable in terms of word-classes. The syntactic form-classes of phrases, therefore, can be derived from the syntactic form-classes of words: the form-classes of syntax are most easily described in terms of *word-classes.*"

布氏这段关于"向心结构"的解说有六点值得关注:①所有的句法结构成分都参与了短语的构造;②参与构造该短语的句法成分里总是包含了某个(些)与该短语的整体功能相同的词;③与向心结构的整体功能相同的那个词就是该短语的核心成分;④向心结构是任何语言中占比最高的结构类型;⑤绝大多数的短语结构中都有结构核心;⑥短语的功能通常与包含在该短语中的某个(些)词的功能是一样的。

认为"各种 X"中的核心成分"X"可以是"动词""形容词"的观点,其实都是反向心结构定义的做法,因为"各种 X"短语的整体功能是

名词性的，那么，其核心成分是非名词性的观点就从根本上否认了其整体的功能。因为汉语还没有奇特到与人类语言的普遍原则严重对立的程度。在研究新兴的"各种X"结构的诸多文献中，之所以会出现那么多将其中的定语"各种"认定为副词，与承认其后的中心语"X"可以是谓词性成分的观点一脉相承。汉语为典型的非形态语，非形态语的最大特点在于一个词可以在不改变词形的情况下自由地改变其词性。但是，也恰恰是汉语这种非形态语的特点，成为语法学者不承认汉语的词在不改变词形的情况下可以改变其词性的理由。这种观念下的做法表现在，在句法分析中不论某个词在句法组织上有何变化，都按照先设的词性来认定其词性。这样的结果其实使汉语词类的区分失去了其应有的意义。于是乎，面对"这本书的出版""祖国的骄傲""国防建设"等名词性短语，现行的普遍做法都是将其标注为"NP的VP"，虽然承认其整体功能是名词性的，但是核心成分却是谓词性的。在人类语言中成了一个孤立的存在，因为作为整体是名词性的短语，其核心成分却是非名词性的。那么，这种词类观给汉语语法研究带来了什么后果呢？

（二）违反向心结构的普遍原则的几个后果

1.搅乱了原本严密的语法体系

汉语是非形态语，所以，汉语中的词在入句前和入句后其自身的形态上并无变化。这是由汉语作为孤立语的语言类型特点决定的。针对汉语的这一特点，著名语言学家方光焘（1997：4）对如何划分词类的问题发表过非常精彩的意见："我认为词与词的互相关系，词与词的结合，也不外是一种广义的形态，中国单语本身的形态，既然缺少，那么辨别词性，自不能不求助于这广义的形态了。我以为文法学是以形态为对象的，是要从形态中发见含义。……从词与词的互相关系，词与词的结合上，也可以认清词性。所谓'关系'，所谓'结合'，都无非是一种广义的形态。这形态确也是言语世界里的事实。"

回头再看看我们现行的词类划分，尽管语法学者都承认词类是词在句法组合中的类别，但是在具体的实践中，并没有根据词的句法组织和关系来辨别词性，而是以事先设定好的词类来套。即在已经规定好了每个词的类别的前提下再做出某个词属于什么词性的认定，所以才有了动词可以做名词性短语的核心成分的做法，其结果是完全失去了词性辨别的意义。因为词类的划分是为了说明语言的组织，"凭形态而建立范畴，集范畴而构成体系。"（方光焘，1997：6）既然已经事先确定了某个被鉴定词的类别，那再划分词类有何意义？我们看到，这种理论原则下的词类划分造成了好多说不清道不明的句法结构。

比如，汉语中有一些名词，出现在了"很/特别"之后，于是就有了所谓"副词可修饰名词"的"副词+名词"结构，搞乱了汉语本来齐整而有序的句法规则，使得汉语"副词+形容词"的句法范畴又凭空增加了另一个"副词+名词"的句法范畴。（见本书第四章第五节）这种做法稀释了汉语语法的科学性，是无视汉语的词可以在不改变词的外部形式的基础上可以改变词性特点的结果。邢福义（1997）在分析所谓"很+名词"现象时提出，"很+X"是形容词性结构槽，"很+名词"是形容词性的说法。这些"很"后的名词，都临时带上了跟形容词意义相通的意义。实在是精彩的论述。

2. 人为地制造了一些奇特的句法构造

按照词形不变词性不变的做法来研究汉语，还会出现一些非常奇特的句法构造。如：

（12）a. 小王气得把脸都红了。
   b. 今天我被她黑了三百块。
   c. 医生的话给了我生活的勇气和希望。
   d. 我看到了前途和光明。
   e. 这套丛书的销量和影响都创造了新的纪录。
   f. 案件的审判在政界引起了巨大的轰动。
   g. 这只是短期投入，再加上是我的业余爱好，没有期待有多大的读者群的。

若是按照现行的词类体系，"红""黑"都是形容词，可是它们却做了"把"字句与"被"字句中述语的核心，"勇气和希望、前途和光明、销量和影响"都是名词性并列短语，但内部却分别是"名词+动词""名词+形容词"的并列结构，违背了"并立结构都是由两个同类的词或同类的构造组成的"的句法构造原则。（朱德熙，1961）"巨大"是只能做定语和谓语的形容词，很明显"巨大的震荡轰动"是一个名词性的向心结构。要是按照现行词类体系，它修饰的又是个"动词"，这样的话就又产生了一个与整体功能不协调的非向心结构。"短期"和"业余"是区别词，但其后所修饰的却是所谓的"动词"，这又与区别词只能修饰名词做定语的定义不相符合。必须指出的是，这类现象在汉语中并非偶尔为之，而是司空见惯的稳定的使用现象。以上种种都足以说明，不从词与词的组合与相互句法关系的"广义形态"入手，而是按照既定的词性出发来认定汉语的句法结构，给汉语的句法结构徒增许多无用的范畴，对于人们认识汉语的特点，揭示汉语句法结构的内部规律基本上是无效的。

（三）给后续的句法分析增加了麻烦

"其实对于析句，各国文法所用的名称大抵相同，内容也没有什么极大的差异。真正有大差异的地方，反而是在单语的形态上，单语与单语的互相关系上，单语与单语的结合上。"（方光焘，1997：14）语法研究文献中之所以会认定新兴的"各种 X"中的"各种"是副词，其实都是坚持认定动词、形容词、名词在词的形式不变的情况下，无论在何种结构里出现，其原有的词性永远不变，否则，就会破坏"兼类的词只能是少数"的信条，所以才出现了名词性的偏正短语其前可出现"各种"做状语（因为副词是只能做状语的词）的奇葩结构。正如前文例（9）中所举的情况，一旦给"各种"硬是安插上了副词的词性，不仅破坏了词的同一性，还带来好多无法预计无法解释的奇奇怪怪的句法结构。

任何语言的词类系统都与句法功能具有某种固定的匹配关系，否则，这种语言不符合语言结构的扩展原理与递归性，是一种无规律可推导的语言。而这样的语言也是不存在的。由于现行的词类体系不愿意承认汉语中动词、形容词做名词性的向心结构的核心时已经改变为名词的事实，把本来科学而严整的句法系统弄得非常繁杂，并造成了句法结构中诸多的奇异现象。例如，按照现行词类体系，名词性数量短语"一个"可以修饰的成分就会多达三种类型。请看具体例子：

（13）a. 家里有<u>一个孩子</u>。（孩子：名词）

b. 看到威虎山了，他手向前方一指再<u>一个翻身</u>，也许是用力过猛，不料怀里的联络图掉了下来，他还不知道。（翻身：动词）

c. 他二话没说，<u>一个跑步</u>冲出了办公室的门，到隔壁医务室去。（跑步：动词）

d. 她就要找到王伟，看着他的表情，听着他的声音，大家当面来<u>一个痛快</u>。（痛快：形容词）

e. 新建的第二铸造厂荟萃了当代世界铸造技术的精华，成为国内唯一能够生产轿车发动机铸件的工厂，堪称亚洲的<u>一个骄傲</u>。（骄傲：形容词）

f. 杀一个昏天黑地，捅<u>一个痛快淋漓</u>！好好出一口这胸中憋了多年的恶气！（痛快淋漓：形容词并列短语）

此外，形容词有可以带宾语的功能：

（14）a. 她<u>红着个脸</u>说不出话来。　　b. 他<u>歪过头</u>看了我一眼。

c. 他<u>低下头</u>不吭声了。　　d. <u>辛苦我一个</u>，<u>方便千万家</u>。

e. 幸福着你的幸福，悲伤着你的悲伤。

前面我们所列举的现象，是汉语中很常见的，具有稳定使用的特点，并非临时性的用法。如果不承认其中的带宾语的词是动词，那形容词也可带宾语岂不是怪事。难道说，汉语的形容词都有这样的特点？它与动词的区别何在？可见，无视具体的词语在句法结构中的实际功能与作用，按照预定好的词性来应对汉语中丰富复杂的词的用法变异，必然出现这类只有在汉语中才能出现的奇怪的句法组织。

区别词"所有"居然既可修饰名词，也可修饰谓词；代词"一切"也是如此：

（15）a. 对所有参与者给予教育，对所有侵权者必须追究责任。

b. 所有收入一律没收。

c. 到目前为止，公司在招聘我时作出的所有承诺几乎都实现了。

d. 人做事意味着人有着超越必然的自由，事包含着人的自由所能制造的所有麻烦以及所有困惑，自由是存在产生问题的原因。

e. 在旧中国，也有人认为，人格完全预定于遗传之中，一切教谕、劝导等都是无用的，所谓自由、责任、义务，都是幻想的名词。

f. 当今及未来国与国之间的几乎一切竞争，都要以科技实力作为基础。

g. 一切操作都只靠工具栏和菜单实现，而无需编制任何程序。

h. 消除社会中的一切不平等与压迫。

i. 此时，亲情代替了政治，一切仇视、矛盾和不快已然都化为乌有。

j. 引领中国进入这个时代的新政权，允诺消灭一切剥削和压迫，荡涤一切黑暗和丑恶，让广大民众过上好日子，让受尽屈辱的国家重新站立起来。

区别词只能修饰名词做定语，上例的a—d四句，"所有X"都是名词性短语，但是若按现行词类系统，其中的"X"却只能标注为动词（a—c句）或形容词（d句），这不明显矛盾吗？可见，这种不承认词性可以自由转换的做法根本无法说明汉语句法结构的组织与特点。这种自相矛盾的现象我们随便可以列举很多。

在研究新兴的"各种X"结构时，有的学者虽然在具体操作中仍然将"各种"看成副词，将其后的"X"看成谓词性的"VP""AP"，但是在对"各种X"进行解释时，却无意中将该结构的句法与语义实质暴露了出来。如宋作艳（2016）认为，"各种"语义指向必有论元中的客体论元可出现可不出现，新兴"各种 X"是因客体论元中的原因、方式和范围等不出现而形成的。请看她的解释：

（16）a. 爷爷奶奶一去超市就给孙孙<u>各种买</u>。（买各种东西）
　　　b. 回家过年<u>各种串亲戚</u>。（串各种亲戚）
　　　c. 愁死我了，<u>各种愁</u>。（因为各种原因愁）
　　　d. 现在是<u>各种咬我</u>。（以各种方式咬我）
　　　e. 澳网今天利丝基打莎娃这场真心觉得<u>各种好看</u>啊！（很多方面都好看）

从上述各个例句后的解释来看，既然"各种"语义上都指向了由于受"构式强迫"的影响而没有出现的必有论元（名词性成分），那么，再将"各种"处理成"副词"，这本身都是自相矛盾和自我否定的。翟会锋（2015）针对不少文献将"各种 X"中的"X"认定为谓词性成分的做法，一针见血地指出："'各种'指对某个范围内的所有类别进行列举。列举集合中的各个成员，是以存在可以被列举的集合为前提的，该集合具有这样的属性：集合中的成员以不同的类为存在方式并被人所认知。名词属于这样的集合，因此，'各种'与名词组配往往属于典型组配。各种+AP/VP 格式中的 A 或 V 都基本丧失了其谓词属性。"

看来，目前盛行的这种"词形不变、词性不变"的做法，虽然表面上看来省去了动词和形容词在不同的句法组织中词性转变的手续，保住了"兼类的词只能是少数"的先设理想，但是却把最基础的词性问题留给了由词组织起来的短语和句子层面，使得句法范畴无限扩张，失去了人类语言是将有限手段作无限运用的本质属性，也导致了语法研究所追求的用有限而概括的句法规则来解释人类语言结构的目标无法实现。试想，同一种句法结构却容纳了多种本质不同的句法属性，只能说明这所谓的多种句法结构属性是人为的，并非句法的本质属性。例如，一个"很+X"结构，却有"很+谓词（形/动）"和"很+名词"两种性质完全不同的结构关系，但是，"很"却只有副词一种词性，而名词是不受副词修饰的。

以"方便"为例，汉语中有形容词、动词和名词三种词性："这里的交通很方便（形容词）、方便群众（动词）、高铁的开通给沿线的交通带来了好多的方便（名词）、把方便让给别人（名词）"。可是《现代汉语词典》却只标注了形容词和动词两种词性，不承认"方便"有名词的用法。这并不能真实地反映汉语的实际。请看例子：

（17）a. 另一方面也考虑医院科研的<u>需要和方便</u>，……
　　　b. 西方世界，特别是美国开动了全部宣传机器进行煽动，给中国国内所谓的民主派、所谓的反对派，实际上是中华民族的败类以很多的<u>鼓励和方便</u>，因此才形成了当时那样混乱的局面。

  c. 北京人讲述着西、北三环工程带来的益处：<u>效益和方便</u>。

  d. 通过"挂靠"，挂靠双方都从中得到了<u>好处和方便</u>，……

  e. 前者依次为后者提供感性材料、范畴和基础；后者依次为前者提供<u>指导、效力和方便</u>。

上面的所有"方便"均为名词的用法，它不仅与名词并列使用，而且都出现于做主语的名词短语的中心语位置，或是体宾动词之后宾语的位置。要是不承认这些"方便"具有名词的词性，那就会出现无法解释的矛盾现象，不是名词的词，怎么能和名词形成并列结构呢？

  这种矛盾的出现，足以说明我们先天所设的词形不变词性就不变的词类观念是靠不住的。因此，只有摒弃那些词性先设的观念，从具体的词与词的相互关系、词与词的结合中才能对非形态语汉语中的词的属性做出合乎汉语特点的认定，才有助于说明汉语中句法结构的真相与实质。构式语法秉承的是自上而下的研究思路，即从具体的结构组织中来宏观把握结构的意义，由此再从微观上解释宏观结构对其构成成分的性质与语义的影响。我们下面尝试将所有的"各种X"看作一个构式，在对其宏观结构和语义进行描述的基础上，对新兴的"各种 X"中的可变项"X"的一些用法变异做出统一的解释和说明。

四、新兴构式"各种 X"的形式与语义

  构式是形式与语义的匹配体。要了解一个构式，首先得看它在句法形式上与已有的结构式到底有哪些不同，即是否具有作为一个构式成立的基本条件。在此基础上才能以其独特的形式入手，追踪其语义的线索。

（一）传统的"各种 X"的形式

  新兴"各种 X"仅从结构上看，其实并不新，它出现之前汉语中本来已有"各种 X"结构。但是，为何新兴"各种 X"出现之后却突然引起了人们的关注？为了让大家进一步了解新兴的"各种 X"究竟新在哪里，这里有必要重温一下传统的"各种 X"的几种类型。

1. "X"由名词性成分充当

（18）a. 曲径回廊之旁，栽满了各色牡丹，姚黄、魏紫、九蕊珍珠、寿安红、王版白、潜溪绯……<u>各种名贵珍品</u>数不胜数。

  b. 各级人民政府要对治理教育乱收费工作负总责，严肃查处<u>各种乱收费行为</u>。

c. 今年 9 月，国际奥林匹克运动会将在悉尼举行，为运动会兴建的<u>各种体育设施</u>，有的已经落成，有的正在做最后的装饰。

d. 这种非法土糖坊，常常由于<u>各种关系户、关系人</u>的作用，而得到姑息纵容。

这些由名词性短语充当"X"的"各种 X"短语，是最典型的"各种 X"。我们看到，该类短语的功能与名词高度一致，都是做主语（a 句）宾语（b、c 句），或做定语（d 句）。

2."X"由名物化的谓词性成分充当

充当"各种"后"X"的成分，都是指称化了的名词，是由动词或形容词的名词化用法，分别用"名词$_动$"和"名词$_形$"表示。

(19) a. 各种<u>建议</u>（名词$_动$）反而让我不知所措。

b. 急诊科有急救基础服务队，实行二十四小时流程服务，护送患者和家属做各种<u>化验</u>、<u>检查</u>、<u>交款</u>、<u>取药</u>、<u>办理入院</u>（名词$_动$）等。

c. 在政治方面，新生政权面临着旧势力的各种<u>破坏</u>、<u>干扰</u>和<u>报复</u>（名词$_动$）。

d. 家庭教育、成长环境、工作背景，各种<u>不同</u>（名词$_形$），导致了每个个体的千差万别。

e. 爸妈永远是你身后的一面万能墙，为你挡住各种<u>危险</u>（名词$_形$）。

f. 那时候，只是一个什么都不懂的丫头片子，……看《挪威的森林》……畅想未来生活的各种<u>美好</u>（名词$_形$）。

与最典型的名词性成分充当"X"的"各种 X"短语一样，上述例句中的所有"各种 X"短语都是体词性的，以充当主语、宾语和定语为其基本的功能。

其实，早在鲁迅小说《坟》中就已经有了类似新兴的"各种 X"的用法："但是要进步或不退步，总须时时自出新裁，至少也必取材异域，倘若<u>各种顾忌</u>，<u>各种小心</u>，<u>各种唠叨</u>，这么做即违了祖宗，那么做又像了夷狄，终生惴惴如在薄冰上。"鲁迅先生的"各种 X"可以看作"倘若"后省略"有、出现、产生"等动词而形成的，不过这种用法毕竟不多见，所以并未引发人们的关注。比如，下面的例句中尽管也一连使用了"各种 X"结构，但我们并不认为它们属于新兴的"各种 X"构式：

(20) a. <u>各种计划</u>总会被<u>各种事情</u>打乱，随遇而安吧。

b. 一晚上遇到<u>各种错误</u>，然后寻找<u>各种办法</u>解决。

（二）新兴的"各种 X"作为构式的形式特点

新兴的"各种 X"在句法形式上出现了一些新的变化。这些变化主要表现在如下几个方面。下面分别讨论。

1. "各种 X"中的"X"以谓词性成分为主体

虽然新兴的"各种 X"中的"X"有时也可由名词、状态词、区别词充当，但其主体是名物化的谓词性成分。在这一点上，新兴"各种 X"已有了作为一种构式的雏形。请看：

(21) a. 求关注，求介绍，求交往，各种<u>求</u>（名词_动）。
   b. 愿各位在来年，各种丰收，工作生活爱情各种<u>美满</u>（名词_形）。
   c. 车开到 s 路那的时候各种<u>不敢开</u>(名词_动)，生怕一抖又熄火了。
   d. 环球春晚真高端，各种<u>看不懂</u>（名词_动）。

2. "各种 X"构式常做谓语

常规的"各种 X"是名词性结构，其语义是指称性的，因而其功能是做主语与宾语，有时也做定语。但是，新兴的"各种 X"的主体功能却发生了很大的变化，语义上具有了叙述性，因而通常是以谓语来使用的。可以说，其述谓功能是其与常规"各种 X"在功能上的最大的区别。请看：

(22) a. 周末时，商场里各种<u>挤</u>。 b. 上班高峰期，路上各种<u>堵车</u>。
   c. 语文、数学和英语各种<u>难</u>。 d. 企业用人成本各种<u>增高</u>。

3. "各种 X"结构常以独立小句使用

由于新兴的"各种 X"结构的功能是述谓性的，该类结构还常常在语篇或语段里作为独立小句出现。这是其叙述功能的进一步释放，也成为新兴"各种 X"作为构式成立的重要标志。请看：

(23) a. 兄弟，你也太享受了吧，<u>各种羡慕嫉妒恨</u>！
   b. 每天起床后就胃疼，浑身乏力，没精神，<u>各种难受</u>，<u>各种无聊</u>。
   c. 一想到明天就要上班了这心里就各种地纠结，<u>各种烦</u>。
   d. 酒后驾车就是爽，<u>各种闯红灯</u>。

4. "各种 X"构式常以并列形式出现

在具体的使用中，新兴"各种 X"结构还有一个重要的特点，就是该类结构能以并列形式出现于语段中。有的并列出现的"各种 X"中的"X"是相同词性的。如：

(24) a. 过年在家这些日子着实胖了不少，每天<u>各种吃</u>，<u>各种玩</u>。
   b. 忙碌的一周，<u>各种累</u>，<u>各种忙</u>。
   c. 今天严重缺水，然后<u>各种狂吃狂吃狂吃</u>，<u>各种喝水喝水喝水</u>。
   d. 看国外富二代如何欢庆圣诞：<u>各种炫富各种豪</u>。

有的并列出现的"各种 X"中的"X"是由不同词性的"X"混搭构成的。这种现象在现有研究"各种 X"的文献中基本没有特别提及。但是，这一特点却是非常重要的：它不仅是"各种 X"作为一种构式在形式与使用中的一个重要特点，更是不同词性充当"X"所组成的"各种 X"在句法、语义上具有同一性的重要佐证。如：

（25）a. 今天两顿都是吃烤肉，还不错哦，<u>各种泡菜各种喜欢</u>。

b. 昨晚<u>各种酒各种喝</u>，今天还没缓过劲来。

c. 遇到很多人，很多事儿！<u>各种谈</u>，<u>各种面试</u>，<u>各种梳理</u>，<u>各种消化</u>，<u>各种激情</u>。

d. 帖子说社招，或者专业对口。我想没关系啊，哥<u>各种平台各种搭</u>，<u>各种算法各种仿</u>，<u>各种增益各种有</u>。投简历时信心满满，以为 offer 就在招手。

5. "各种 X"构式具有了做补语的功能

新兴的"各种 X"做补语，这是常规构式"各种 X"所不具备的功能。可以说，能够充当补语是"各种 X"语义上叙述性功能的一种延伸效应。

（26）a. 不说考什么了，反正考得各种想死。（张璐、唐文菊，2018 例）

b. 通宵自习室居然开了空调，早知道早点下来了。寝室冷得各种抖，效率低下啊。（张璐、唐文菊，2018 例）

c. 求职就只把自己弄得各种不像自己。（张璐、唐文菊，2018 例）

d. 亲爱的，今儿跟你聊得各种开心。（宋作艳，2016 例）

以上五点足以说明，新兴的"各种 X"确实与传统的"各种 X"结构有了明显的区别。故而，根据这些不同于传统的"各种 X"结构形式上的特点，我们可以说，它已经具备了作为构式的形式条件。我们可称其为"总括性范畴化构式"。通过构式，我们将说明"各种"仍然是一个做修饰语的量化成分，并未发生"副词"用法。下面我们从其构式的形式上寻求该构式的整体语义。

（三）新兴的"各种 X"的构式义

通过对新兴的"各种 X"构式形式的描述，我们看到，该构式与传统的"各种 X"在组成成分与句法功能上的确有了重大的区别，这种区别也一定会带来其语义的变化。传统的"各种 X"在语义上是指称性的量化短语，其主要的句法功能是做主语和宾语，其构式义是"对同一范畴里呈现不同特点的多个事物给以归一性的量化，以求大同存小异的量化方式来做统一性归并与指称。""各种"表明范畴成员的数量特性（"各"）及同中有异（"种"）的特性，"X"是其范畴总的类名。

那么，新兴的"各种 X"构式与传统的"各种 X"到底有何共性与差异？其差异点并不在于其量化的方式上，因为都采用了"各种 X"的句法形式，真正的差异点在于量化成分"各种"所归并的并非由名词来指称的事物，而是由动词与形容词来指代的抽象"事物"，这个"事物"只是对行为动作或者事物性状的一种指称。虽然"各种"后的"X"主要由动词、形容词或者是动词与形容词短语充当，但是，我们将证明，这些谓词性成分都是名词化了的成分，因而"各种"的用法与语义并未改变。如果说它与传统"各种 X"构式中"各种"有所不同的话，只是它所量化的对象由名词所指称的具体的事物变成了对抽象的行为动作或是事物所呈现的性质状态的归一化的指称。所以，我们可以将新兴"各种 X"构式定义为："对抽象的行为动作或是事物所呈现的性质状态的归一化的指称"。

这样，我们就看到了新兴的"各种 X"构式与传统构式"各种 X"的同一性，不同之处仅在于所归类范畴在深层次语义上的区别：传统构式"各种 X"是对多个同类事物"X"所作的范畴同一性指称，而新兴构式"各种 X"是对多个同类行为动作或事物性状"X"所作的范畴同一性指称。一句话，"各种"在新旧构式中都是句法语义相同的量化短语，不同者仅是被量化对象"X"之别。两种构式都是指称性的名词短语。将新旧两种"各种 X"做同一性的处理，可以保证汉语句法结构的简约性，不必人为地造成两种相同句法组织的割裂。

也许有人会说，新旧两种"各种 X"构式的句法功能上是有区别的，传统构式的主体功能是做主语和宾语，指称功能是其核心功能；而新兴构式的主体功能却是经常做谓语，或单独以小句进入语篇，述谓性是其核心功能，尤其是新兴"各种 X"构式还能做补语，这更能说明其功能是述谓性。既然新旧两种"各种 X"构式都是名词性的指称短语，如何解释二者在功能上的区别？还有就是，不少研究文献中都指出，新兴"各种 X"构式在具体使用中有"表数量意义""表程度意义"等，如何解释这些多种语义的产生？下面我们将运用构式语法的理论方法并结合具体的语言事实来解答这些问题。

五、新兴构式"各种 X"的功能扩展

（一）新兴构式"各种 X"的指称功能

1. "各种 X"的"X"有由 NP 充当的

说新兴构式"各种 X"具有指称功能，是因为其中的"X"虽然以原来词性为谓词性的 AP 和 VP 为主，但也不排斥其中的"X"还可以是 NP。

（27）a. 今年心疼的不是请客的钱，而是<u>各种压岁钱</u>。

b. 说富士康待遇还不错，<u>各种N险一金</u>，管吃住，工资还行，有加班费什么……

c. 这老师最近是怎么了，动不动就是恐怖片，要么就是暴力美学，要么就是<u>各种人生黑暗面</u>……

d. "戏"的种类十分多，且变化多端，<u>各种"戏"</u>，并无太多的固定形式和表演创作的程式可循，唯以追求娱乐效果和刺激性为原则。

e. 校园内林志颖演唱会，<u>各种万人空巷的盛况</u>。

所以，从全局来看，不论"X"原来的词性是谓词性的AP和VP，还是NP，都是指称一个特定的集合，"'各种'的作用是对这一特定集合中各个成员进行列举。因此，'各种X'构式的意义为：表示某一特定集合中共享某种凸显特征的各个成员。"（翟会锋，2018）

2. "各种X"可以做主宾语

新兴构式"各种X"做主语（下例a、b、c、d）和宾语（下例e、f、g）虽然用例不多，但这些不多的用例也是其指称功能的体现。请看：

（28）a. <u>各种聚</u>还没有完，我就已经浑身酸痛困得不行了。

b. <u>各种乱检查、随意干预</u>，必须坚决制止。

c. 单身海关哥哥看过来。今日，大雪，<u>各种冷</u>从四面八方袭来。

d. 我好累，真的好累，没有狂吼嗓子就又哑掉了，<u>各种上火累</u>得我泪崩了。

e. 我长大要做警察，各种受刺激，各种下决心，希望<u>各种给力</u>！

f. 我打算今晚夸夸某人，一开口就发现<u>各种不习惯</u>啊……

g. 突然路上又开始<u>各种堵</u>了。

3. "各种X"是对不同"X"的总称

不少用例可以显示，新兴构式"各种X"是对不同"X1、X2、X3、XN"的总称或是类名，语义上的确是指称性的。比如：

（29）a. 牙疼，胳膊疼，肚子疼，腿疼，<u>各种不舒服</u>。

b. 你闭上眼好好琢磨琢磨人的<u>各种笑</u>吧，多丰富！比方，大笑、微笑、傻笑……

c. 验骨、自缢、溺死、自刑、杀伤、火死、跌死、服毒及其他<u>各种死</u>共53项。

d. 前阵子因为去向问题吵架分手了，然后他各种痛苦，跟他妈妈说、女闺蜜说，<u>各种说</u>！

e. 他的经纪人巨浪说："现在他那边忙得不可开交，公司的事、电影的事、音乐的事，是各种忙啊。"

　　f. 米豆腐，米虾，江口米豆腐，各种吃，呵呵很有趣的定格动画创意！

　　g. 总之，订到的那张票各种不满意，不是卧铺，不是动车，不是靠窗，不是学生票！

a 例的"各种不舒服"可以说成"各种疼"，可见，"不舒服"是"疼"的换名，本质上还是指代性的。b、c、d 三句看得最清楚，"各种笑""各种死""各种说"是对其前后所列举的"笑""死"和"说"的方式的总括性的归类，所以语义上还是指称性的。e、f、g 三句的"各种 X"前后，都有几个排比性的名词性或动词性短语，它们分别是"X"所指代的具体活动或事件，因而三句中的"X"从语义上看，同样是概括性的指代与指称。

（二）新兴构式"各种 X"的描述性功能的实质

不可否认的是，新兴构式"各种 X"的多数用例都是描述性的，或是做谓语，或是以单独小句用于语篇，给人以述谓短语的感觉。不少文献中将新兴构式"各种 X"看作谓词性短语，将"各种"看成表示程度的副词，并将其后的"X"看成谓词，大概正是由于该类构式显著的述谓功能。但是，用于述谓并非其结构唯一的功能，我们还应该看到其指称功能。更为重要的是，充当谓语并非谓词性短语的专利，名词性短语可以出现于谓语的位置，体现出一定的述谓功能。我们总不能又说，这些名词性的短语变成了谓词性短语吧？请看一些具体的用例：

（30）a. 她一阵心酸："大爷，您再好好看看，这可不是开玩笑的事。"

　　b. 再过几天就是那丫头的生日了，想到老早以前那小鬼便四处昭告全庄的人她生日快到的模样，文芊阳心里又一阵窃笑。

　　c. 她猛然弹起，一股不信且困窘，不知如何是好，还想不出其他攻击之法。

　　d. 她的嘴唇微噘着，一股"待吻状"。他看着她，笑了。

　　e. 乾隆……满眼的怒气，一股"绝不妥协"的模样，那份傲气和勇敢，竟是自己诸多儿女中，一个也不曾有的。

邢福义（1979）曾专门著文章描述了名词性的定名结构充当分句的现象，下面的例子都来自邢先生的文章中：

（31）a. 广播乐曲和劳动号子声、汽车马达声交织在一起，一派热气腾腾的劳动气氛。

　　b. 朝霞满山，泉流潺潺，好一个山区之晨！

c. 有的主张谈，有的主张打，<u>一片乱哄哄的喊叫声</u>。

d. 在有"天堂"之称的江南，<u>一片片富饶的水乡</u>，<u>一片片美丽的田园</u>，<u>一片片吐艳的桃林</u>，好一派风和日暖、春光明媚的景色。

其实，名词性短语可以做谓语也好，可以做分句也罢，其原因是可以解释的。我们看到，那些做谓语的名词性短语，其中心语原来都是谓词性成分，经过定语的修饰作为名词而出现，所以，仍然保留了一定的述谓功能。做分句的那些定名结构，都是表意复杂的描写性短语，做中心语的成分前都有至少一个定语，这些定语在语义上都是描述性的，因而，才给这些复杂的名词短语带来了描述性的语义因子。

我们再回过头来观察那些新兴的"各种 X"构式，其中的"X"都来源于动词或形容词，尽管它们在整体上体现出了语义上的指称化特点，但是，还是把原有的谓词性成分的语义因子部分地保存了下来。所以，它们经常做谓语、以独立小句而用于语篇中就不足为奇了。

（三）"类多而同一"才是"各种"的真正语义

新旧构式"各种 X"中的"各种"的语义并无变化，它只是一个表示总括多种同类范畴的量化短语，表示某一类型成员多样但本质上均属同一范畴，即"类多而同一"。它并无"高程度义"与"无条件义"，这些所谓的"语义"其实都是随文释义的结果。储泽祥（2014）探讨了"各种"的词汇化和语法化的过程，认为"各种"从指量短语到程度副词，语义发生了由"客观全部＞主观大量＞主观高程度"的变化。我们认为，新兴构式中的"各种"的确在语义上由传统构式中表示真实客观的大量到主观大量的变化，但是，其词性并未发生由量化短语到程度副词的语法化。

程度义并非"各种"的语义，而是由其数量义的主观义带来的。否则，无法解释下面的现象。请看：

（32）a. <u>各种鼻涕</u>，<u>各种咳嗽</u>，<u>各种疼痛</u>，<u>各种口干舌燥</u>，总之各种重感冒就是了！

b. 大学那会儿，<u>各种同学各种懒</u>，<u>各种课各种逃</u>。

c. 大晚上<u>各种报告各种看</u>，学习了不少，到现在也睡不着。

d. 我只有 16，不是 20。<u>极度困</u>、<u>各种困</u>、<u>超级困</u>。

上面各句里都有两个或两个以上的"各种 X"。尤其是在并列使用的情况下（a、b 两句），"各种 X"所表达的语义是一致的，如果认定由形容词充当"X"的情况下，"各种"就是程度副词，那其他修饰非形容词"X"的"各种"该如何解释？看成程度副词是说不通的。c 句前面有"各种报告"极言报告之多，后面"各种看"突出"看"的内容之多。可见，"各种"都是表示数量多的量化成分,这样才能对这种并列使用的"各种 X"给以统一的解读。d 句曾被有的文献看成"各种"作为程度副词的证据,理由是与表示程度的"极度困""超级困"并列出现。表面上看,这种说法挺有道理。但是,仔细品味,却大有问题。"极度"表示极量,"超级"表示超量,都表示"困"的顶点极限,那么,中间再夹进一个表示类似"很、非常"义的程度副词"各种"是没有必要的[①]。因为极量、超量已经从量级上完全覆盖了主观高量"很、非常"的量级范畴。

我们的观点是,作为量化短语的"各种"在新旧构式"各种 X"中的确有明显的不同,这种不同不是表现在词性上,而是表现在其表示量的方式上。传统构式中的"各种"是客观性的量化成分,而在新兴的构式中,"各种"是主观性的量化成分。客观量化与主观量化才是新旧构式中"各种"的真正区别。

(四)"各种"的主观量化特质导致的语义多元性

我们认为,新兴构式中的"各种"是表示"类多而同一"的主观量化成分,可以说,"各种"的这种主观量化的语义特点是由它所量化与归类的范畴特征决定的。新兴构式"各种 X"中,受"各种"所修饰的"事物"并非具体的物质实体,而是抽象的行为动作或是事物所呈现的性质状态,这些"事物"极具抽象性,由此而带来了在给这些"事物"所属范畴进行归类与量化时的主观性特点。这种量化的主观性特点表现在几个方面。

1. 数量凸显强化个体认知

青年网民在言语表达上一个最突出的特点是喜欢夸大个人的主体认知,这种夸张式的话语风格也反映在"各种 X"的构式中,通过数量的夸大凸显来强化个人的主体认知,从而给构式的语义带上了浓重的主观色彩。

(33) a. 带宝宝下楼晒太阳回来,手机 7 条短信,正好一满屏,打开一看,全是广告,各种各种光棍节。都有赶超法定节假日的气势了。

b. ……还是各种各种不想出被窝。抓狂!

c. 今天严重缺水,然后各种狂吃狂吃狂吃,各种喝水喝水喝水,可还是感觉好饿好渴,这样会不会吃成一个大胖子啊!

d. 凌晨 3 点多,医院中。实在是各种不舒服到了极点。

a、b 句用的是"各种各种 X"的形式,这种"各种"的重叠方式能够更明

---

① 王玲玲认为,"各种"在句中作状语修饰形容词时,表示的是绝对程度义,类似于"很、非常"(王玲玲:《"各种"的副词用法》,《文教资料》2012 年第 17 期)。几乎所有认为新兴"各种 X"中"各种"为程度副词的文献,都持这种看法,也就是将"各种"看成表示主观高量的程度副词"非常、很、特别"。

显地折射出"各种X"的语义特点。a句通过"各种"数量的重叠夸大极言光棍节之多；b句也用"各种"数量的重叠式凸显"不想出被窝"的主观感受之强烈。c句是"各种XX"的形式，重叠的是被量化成分"X"，这种格式更能显示"各种X"是"X"的数量之多，强化的仍然是个体的主体认知。d句"各种X"后还有"到了极点"的程度表达，这种情况清楚地表明，"各种"并非程度副词，同时也表明，"各种X"是强调被修饰成分"X"（"不舒服到了极点"）数量多，凸显的是"不舒服到了极点"感受的程度，极富主观性。

2. 数量凸显宣泄个体情感

新兴构式"各种X"是一种通过数量凸显来强化主体认知的有效方式，所谓数量多，其实只是说话者个人所感受到的主观的大量而非客观的量，所以，这种主观的量化方式往往与个人的情感、心理感受密不可分，很容易带进自己的个体情绪。我们看到，几乎所有的"各种X"构式都与厌烦、不满、喜爱、炫耀等情感相联系，成为个体情感宣泄的一种表述方式：

(34) a. 买了传说中的减肥咖啡，<u>各种难喝</u>，我只喝了一袋。

b. 出来四天了，吃了四天鱼了！第一天，外婆家的水钓鱼钩。第二天，知味观的西湖醋鱼。第三天，千岛湖8斤的有机鱼做的鱼头锅。第四天，黄山臭鳜鱼。<u>各种鱼各种吃</u>。

c. 鱼丸好多肉，是吃得最多的；马拉桑<u>各种吃到爽</u>，很多肉和果汁。

d. 今晚我<u>各种睡不着觉</u>——因为我又饿又心烦。

a句是通过数量的夸大来表达厌恶，b句是通过数量的强化来暗示吃鱼的厌烦，c句是凸显数量之多透露出对吃"马拉桑"（台湾的一种小米酒）的喜爱与爽快，d句是通过数量的强化来表达心烦。

3. 数量凸显蕴含了多重语义

新兴构式"各种X"是一种主观性极强的数量凸显方式，因其所凸显的数量总是一种带有个体认知特点与主观感受的主观的大量，所以往往和行为动作的方式、事物性状的程度等语义联系在一起。不少研究文献都指出，"各种X"往往有动作行为数量多、程度深的语义，这种观察并非空穴来风，是符合大众语感的。其不妥处在于，未能把"各种X"作为一个整体构式来看待，而是在通过分解该构式成分各自语义的基础上，将该构式的整体语义误判给了其修饰语"各种"，从而又做出了"各种"已经语法化为程度副词的结论。

将新兴构式"各种X"做整体考量，我们不难解释其在具体的使用中忽隐忽现的程度义。这是因为构式中被"各种"所修饰的中心语"X"是对行为动作、事物的属性状态的指称。当"X"为行为动作的指称语时，通过主观量化成分"各种"的凸显，自然就包含了行为动作的次数多、数量频繁、程度深等意味。当"X"为事物性状的指称语时，通过主观量化成分"各种"的凸显，自然就包含了事物性状的程度之深的意味。

可见，只有将新兴构式"各种X"做整体考量，关注构式的整体语义，才能合理解释其构式义的构成与表意特点，走出将其统一的语义人为分化开来并赋予某个特定成分的路线。

第四章　主观性凸显与构式的形成（上）

第一节　宣告性并列构式"我A，我B"

近年来，以"我节约，我光荣""我运动，我健康"等为代表的"我A，我B"表达格式在报刊上被广泛使用。因其话语意图明晰且字句简短有力，通常被用于标语口号、宣言号召等，如"我单身，我自豪""我运动，我健康，我快乐""我承诺，我服务，我创新，我超越"。这些话语与其他标语口号的最明显的区别是，以彰显活动参与者"我"的方式来进行宣传与造势，因而更能起到号召呼吁、鼓舞人心、吸引眼球的作用。我们称之为宣告性并列构式"我A，我B"。目前学术界只有刘禀诚（2008）关注过该格式，刘文从标题格式的角度指出了进入格式的A、B的句法属性、标题结构的凝练性所造成的格式中受事宾语隐含和词义偏移等特点，还重点分析了"我A，我B"格式所表达的多种复句关系。不过，刘文并未将该类格式作为一个构式进行整体研究，因而未能把握这类话语以并列关系为最显著的语义关系，更没能概括出该构式的构式义。从"我A，我B"话语方式所采用的并列表达格局来看，该格式将人们按常规理解的多种语义关系一律指定为并列关系，这种整齐划一的强行处置正是该构式最显著的语义特点。而刘文却认为"我A，我B"结构可表达"顺承、递进、因果、并列、转折"等语义关系，忽略了的恰恰是构式整体最为彰显的并列语义关系。

本节拟从如下角度进行研究：①作为一种新兴构式"我A，我B"的句法特点及其构式义；②构式对进入变项成分的句法限制与语义压制；③构式独特的表意机制；④构式的表意特点。

一、"我A，我B"构式及其构式义

（一）"我A，我B"构式

"我A，我B"构式在形式上有几种变体，大体上可分为双项并列式与多项并列式两类。双项并列式只包含"我A""我B"两个小句，此类双项并列式在该构式中最为常见，可视为该构式的典型。请看如下实例（本节的所有例句都来自人民网，引用时在不影响意思的前提下对较长的文字进行了删减）：

（1）a. 此次庆祝活动为期半个月，包括"<u>我健康，我美丽</u>"女性户外趣味运动会、厨艺大赛等活动。（《河南日报》2014-03-08）

b. 至于发布者，无外乎"<u>我选择，我喜欢</u>"之类消费宣言，名人在其中所起的作用与普通意义上的广告媒体别无二致，都是旨在发布信息、引导消费。（《新民晚报》2013-08-29）

c. 服务的宗旨意识焕发出来，广泛形成了"<u>我光荣、我争先</u>"的思想共鸣。（《中国共产党新闻》2012-05-07）

d. 以"<u>我创新、我绽放</u>"为主题的北京邮电大学第五届大学生创新成果展示交流会暨创新论坛近日开幕。（《科技日报》2013-05-30）

多项并列式是构式所含的并列小句多于两个，形成"我A，我B，我C，……"的多项并列。其中，有三项并列式（"我A，我B，我C"）、四项并列式（"我A，我B，我C，我D"）和多项并列式（"我A，我B，我C，我D，……"）三个小类。①下面各举两例：

（2）a. 在济南街头，记者看到这样一幅标语："<u>我当兵、我光荣、我受益</u>"。（《中国东平·兵役服务》2013-09-19）

b. 本次运动会的举办，旨在进一步丰富农村文化生活，弘扬"<u>我运动、我健康、我快乐</u>"的风尚，……（人民网·青海频道 2014-01-16）

c. 坚持激发党员活力，设置党员先锋岗，开展以"<u>我参与、我承诺、我奉献、我光荣</u>"为主题的党员承诺活动，……（人民网·党建

---

① 作为某种群体活动的号召、标语口号，或是产品广告词，"我A，我B"构式中所含的并列项以两三项的最为常见，使用起来也能做到中心明确、主题突出。一旦构式的并列项超出四项，就会造成多中心，反而会损害构式的宣传鼓动效果。有家企业的口号就是九项并列的"我A，我B"构式：我思考，我学习，我充实，我追求，我丰富，我工作，我快乐，我白领。（深圳隆邦资讯发展有限公司 www.yjbys.com/company //2490292.html 2012-02-19）

频道 2013-11-18）

　　d. 吉水县举办 2012 年中小学生第九套广播体操比赛，比赛体现"<u>我阳光、我健康、我运动、我快乐</u>"的主题，全县 13 个代表队参加角逐。（《江西日报》2012-12-13）

　　e. 近年来，大化瑶族自治县……，围绕"<u>我诚信、我选择，我诚信、我受益，我诚信、我光荣</u>"这一主线，把创建"诚信计生·幸福家庭"工作融入人口计生工作全过程。（人民网·广西频道 2013-07-29）

　　f. 献血者们都怀着"<u>我献血、我健康，我献血、我快乐，我献血、我光荣</u>"和"奉献、人道、博爱"的大爱之心，为襄樊的文明建设添砖加瓦。（人民网·健康卫生频道 2013-02-03）

这些多项并列式，不论是三项、四项或多项并列，都是在双项并列式的基础上增加并列项形成的，而且表达的都是并列的语义关系，不同之处只在并列项的多寡，因此，作为典型构式的双项并列式"我 A，我 B"是本节研究与关注的中心。根据邵敬敏（2011）关于框架结构的界定，上例（1）（2）各句中的"我 A，我 B"均为框式结构，结构中前后并列的小句相互照应，相互依存，形成一个框架式结构，具有特殊的语法意义和特定的语用功能，使用起来，只要往空缺处填装合适的词语就可以了。因这类结构是在近十几年来才形成并广泛使用的，本节称之为"新兴并列宣告性构式"。该构式在形式上有以下几个特点。

1. 结构上的框式化

"我 A，我 B"构式由不变成分和可变成分组成。两个固定的框架成分一律为第一人称代词"我"，做小句的主语，"我"起着为小句的表述定位和构式标记的作用；两个变项 A 和 B 均由单词充当。根据这种框式结构的特点，"我 A，我 B"构式可以看作"双项双框式"构式①。结构上的高度框式化排除了任何对框架成分变动的可能性，如果将其中一个"我"替换成"你"，或是换成复数形式"我们"，或是将两个变项中任何一个变项变成非单词形式，都会改变构式的框式属性，导致"我 A，我 B"构式的解体。因此，诸如"我创新，你满意""你安全，我放心""我是党员，我自豪""我做乌鸦，我快乐""我坚强，我感恩，我会更出色"等表达

---

① 邵敬敏在《汉语框式结构说略》中把框式结构概括为四类（双项双框式、单项双框式、双项单框式和单项单框式），其中"双项双框式"中的"双项"是指有两个前后可变项，"双框"是指有一前一后两个不变项。据此，"我 A，我 B"构式中，前后两个可变项为"A"与"B"（"双项"），两个小句的主语"我"为起定位与标记作用的不变项（"双框"）。所以，应该看成框式结构中最为典型的"双项双框式"。

式均不能算作"我A,我B"构式。刘禀诚正是因没有关注"我A,我B"的构式特性,所以没有明确构式中的变项必须是单词充当的特殊要求,将一些由短语充当变项的小句,诸如"我反思,我能反思""我写我事,我抒我情""我声唱我心,我手写我心"等也看成"我A,我B"结构,使得结构内部驳杂不纯,也使得本来具有形式与语义相匹配的构式失去了统一的鉴别标准。

2. 较强的能产性

该构式的架构模板可被无限复制,这种能产性充分显示,"我A,我B"作为一种独立表意的"形式-语义匹配体"的构式模板,在语言社会得到了广泛的认可,获得了构式专属性的注册商标。

3. 构式的压制作用

构式的压制作用具体表现在句法限制与语义压制两个方面。句法限制是显性的,而语义压制则是隐性的。我们看到,尽管动词、形容词、区别词和名词都可充当构式的变项,但是,它们的准入条件必须是单词的身份,这种显性的句法限制表明,充当变项之后的成分其原有的句法核心功能受到了不同程度的限制。如及物动词均不能带宾语、状语,且不能加入与动词相关的时体成分(下例a、b);形容词不再能受程度副词修饰(下例c、d);区别词不再表示属性(下例e);名词则不再单纯地表示事物(下例f)。另一方面,变项显性的句法限制又是语义压制的风向标,观察可知,这些变项都经历了隐性的"状态化"的语义演变,即变成了与词类相关的活动或事件的"状态化"的呈现。请见下例:

(3) a. 我选择,我喜欢(《华西都市报》2005-09-27)
 b. 我欣赏,我追求(人民网·教育频道2008-08-06)
 c. 我健康,我快乐(人民网·游戏频道2014-01-17)
 d. 我充实,我自信(中国共产党新闻网2013-09-16)
 e. 我绿色,我低碳,我环保(《济南日报》2010-08-13)
 f. 我单身,我贵族(中国妇联新闻2012-07-12)

有关变项在构式中的句法限制与语义压制的详细讨论,请见下文的第二小节。

根据以上三点,我们认为,"我A,我B"具备了独立构式的资格。因为,该构式中的框架成分或是构式变项如上的特点,都不能直接从已有的其他结构中推导出来,这是该构式作为一个特定的表意单位的形式表征。那么"我A,我B"的构式义到底是什么?下面我们将结合该构式的形式特征予以展示。

（二）"我 A，我 B"构式义

构式本身虽然具有意义，但是构式的意义并不是其组合成分语义的简单相加，而是由构式作为一个形义匹配所表达的整体意义。不过，我们在强调这种自上（构式）而下（构式成分）的构式义表达特点时，一定不能忽略自下而上的构式义的形成特点，即构式的组成部分或要素对构式义所做的贡献。因此，要理解"我 A，我 B"的构式义，必须把自上而下的整体把握与自下而上的意义解读结合起来，这是构式研究中必须贯彻的一条重要原则（温锁林、张佳玲，2014）。构式句法上的显著特点正是我们追踪构式义构成的最佳线索。

1. 并列复句表达框架

这是该构式在形式上最显著的特征之一。"我 A，我 B"构式虽对已有的并列复句进行了句法上的改造，两个变项必须是单词就是这种改造最明显的体现。但改造后的构式在形式上仍然保留了并列复句的基本特征。这种形式特征是构式义最直接的语义标签，所以，并列关系是"我 A，我 B"构式义中最显著、最基本的语义表达。

2. "我"使用的唯一性与特殊功能

我们认为，构式中"我"的功能表现在主体凸显与宣告功能两个方面。先看其主体凸显功能。众所周知，人称代词"我"在一般情况下，表示"个人商标"，用作上下文和实际情境的连接（田海龙，2001）。然而，"我 A，我 B"构式中的"我"，往往不代表说话者个人，实际上，它暗含了一个群体、一类人。请看：

(4) a. 通过加大生态环保知识宣传普及力度，我市市民环保意识逐年提升，"我环保我光荣"的社会氛围日益浓厚。（人民网·安徽频道 2013-09-06）

　　b. 使各级领导干部真正做到自重、自省、自警、自励，以身作则，率先垂范，营造出"我廉洁我光荣"的良好氛围。（人民网·安徽频道 2011-08-02）

很显然，上述各例中的构式均用于群众性活动的标语口号，因为是群体活动，按理构式中两个小句的主语应该都用"我们"，至少不应该排斥，但是，构式却一律以"我"为视点，对"我们"一概排斥拒绝。仅从句法与语义的角度看，这种限定是无理据的，因而是不可预测的，但是，从构式的强制作用来看，以"我"为视点的表述，不仅是构式的标签，而且具有特定语用功能：将"我"定位为表述的主体，着眼点是群体（"我们"）中的个体（"我"），"我"被置于前景从而得以凸显，"我们"被处理为群体背景起着衬托前景的作用。由于构式通过凸显个体的方式来反映群体活动，从而极大地增强标语口号的号召力和宣传效果。据此，凸显群体中的主体自我应该是构式义的重要内容。请对比：

（5）a. 我工作，我快乐（《经济日报》2006-05-08）
　　　b. 工作着，快乐着（《吉林日报》2004-10-28）
　　　c. 工作并快乐着（《电子资讯时报》2003-03-20）

上例三句皆表示"工作"与"快乐"这两种活动的并列共存关系，不同的是，a 句中采用了"我 A，我 B"构式，两个小句均以"我"为表述的主体，自我的身份在话语中被着意凸显，b、c 两例突出的是"工作"与"快乐"的并列状态，而呈现状态的主体并未明确定位，处于被淡化的地位，需要靠语境的帮助才能被激活与确定，这是 b、c 两例在基本的语义构成上与 a 句的显著差异。

再看其宣告功能。由于"我 A，我 B"构式多用于群众性活动的标语口号、倡议宣言等，它是以凸显个体的方式形成的群体活动的宣言，是个人化了的集体话语，它放大了个体参与者的感受与状态，增强了标语口号的号召力和宣传效果，所以该构式具有显著的宣告功能。

3. 变项 A、B 语义的状态化

前文指出，变项 A、B 在构式中受到了句法限制，进入构式变项位置的成分必须以单词的面貌出现，而且充当变项的成分都失去了该词项原有的核心句法功能。这些句法限制的背后推手，来自构式对变项语义的改造，即变项在语义上都变成了与其词义相关的活动或事件所呈现的"状态"。状态化是变项句法功能丧失后在构式中获得的语义补偿，或者说是特定构式义的表达对变项句法调整后释放出的语义信息。

根据"我 A，我 B"构式语义上呈现出的如上的三个特点，本节将该构式的构式义概括为"宣告并凸现群体活动中主体自我的感知与行为的交织并存状态"。

下面，将结合"我 A，我 B"构式的构式义来描写与分析该构式的表意机制与特点。

二、"我 A，我 B"构式的表意机制

要了解"我 A，我 B"构式的表意机制，必须从构式对变项 A、B 的特殊要求入手。上文提到，构式的变项 A、B 以单词为常态，这种特殊的句法要求一定来自构式对语义表达的需要。所以，考察进入构式的成分的句法与语义特点，是了解构式表意机制的第一步。

(一) 变项 A、B 的句法与语义性质

1. 变项 A、B 均为形容词

(6) a. 我诚信，我光彩（《人民政协报》2014-07-04）
    b. 我诚信，我吉祥（人民网·浙江频道 2014-03-15）
    c. 我自信、我努力、我成功（安吉教育网 2010-06-11）
    d. 我健康、我快乐、我幸福（北大荒网 2014-01-03）

以上实例中的变项 A、B 均为性质形容词，按理，性质形容词最容易接受程度副词修饰。但是，进入构式后的性质形容词，在构式的强力压制下，不再能受程度副词的修饰。形容词原本表示性质的程度属性被压制与淡化，而其词性中并不显著的状态性则被激活与强化。状态化与描述直接相关，也就是说，当这些语义上被状态化识解的性质形容词用于小句谓语的位置时，小句的主语"我"也自然被认同为状态的呈现主体。以例（6）a 为例，构式表达出的是"我是诚信的，我也是光彩的"之意。可见，充当变项的形容词在句法的显性限制（去程度化）背后，语义上其实经历了一个隐性的"状态化"的强化过程。

2. 变项 A、B 均为动词

(7) a. 我创新，我成就（人民网·江西频道 2012-05-12）
    b. 我热爱，我追求，我需要（人民网·文化专题 2007-01-10）
    c. 我需要，我创造，我享受（人民网·国际 2006-11-01）
    d. 我发现，我思考，我创新（人民网·新疆频道 2013-07-12）

以上例句中变项均为动词，它们在构式中也受到了句法限制。这种限制具体表现为动词不能带状语和时体成分，即便是及物动词也不能再带宾语。动词句法核心功能的显性变化说明，构式中的动词其及物性与时间性的句法功能被弱化与消解，与这种句法功能变化相伴随的是语义上出现的某种细小变化。我们看到，在构式的压制下，动词的语义也由陈述转为特定"状态"的指称，即指称某个动词所代表的活动与事件呈现的"状态"。小句主语"我"也被认同为活动或事件的相关状态的呈现主体。联系例（7）a 出现的语境，可以清晰地看出充当变项的动词在构式中的语义变化：

(7a′) 该公司还开展"学身边劳模，展青春风采""我创新、我成就"和"小事做起、奉献爱心"等各种各样的活动，鼓励员工刻苦学习和不断创新。（人民网·江西频道 2012-05-12）

"我创新、我成就"在此代表的是"活动"而非陈述"事件"，主体"我"与性状成分"创新、成就"体现的是一种关系性的认同，而非事件化的陈述。就构式整体而言，表示在某个活动中"我属于有创新与有成就的

个体一类",明显地是一种对"我"进行评价性与自我认同性的宣言与口号,而不是对"我创新什么与成就什么"这些具体内容的陈述。

3. 变项 A、B 为不同词类的混搭

充当变项 A、B 的虽然以形容词、动词为主,但也有名词、区别词做变项的不少用例。据我们观察与统计,形成不同词类混搭的构式自然也以形、动间的混搭为主,形、动与其他词类的混搭为辅。先看形、动混搭:

(8) a. 我工作、我快乐、我微笑、我享受(《手机看新闻》2011-03-02)
  b. 我磨砺、我阳光、我成长(《精品学习网·建军节》2013-08-06)
  c. 我运动、我健康、我参与、我快乐(人民网·辽宁频道 2014-08-23)

再看形、动与其他类的混搭:

(9) a. 我风度,我信赖(《搜狐·男人频道》2010-02-09)(名、动)
  b. 我热爱,我参与,我奋斗,我冠军(《保定晚报》2012-07-24)(名、动)
  c. 我单身,我自豪(《广州日报》2013-11-11)(名、形)
  d. 我绿色,我时尚(人民网·陕西频道 2012-09-14)(区、形)
  e. 我绿色,我营养(人民网·山西频道 2011-06-02)(区、名)

"我 A,我 B"构式中的变项可由不同词类混搭的现象清楚地表明,同一个构式中两个小句中的变项,尽管由不同的词类担当,但构式作为一个形式与语义相匹配的特定的表意整体,一定要对进入变项的单位的句法与语义进行强制性的整体化改造与处置。否则,不同词类的句法属性与语义性质就会不相容,不协调,从而造成构式的解体。构式对充当变项的成分的准入条件限制就是,无论变项原来是什么词类,都得在句法上光杆化,为其语义实现"状态化"扫除句法的障碍,可见,这种句法上的高度同一化处理还是构式语义上的要求与拉动。也就是说,对所有进入变项位置的词项,构式对它们都采取了统一的"状态化"的语义处理。动词的"去时体化"、形容词的"去程度化"、名词的"去数量化"以及区别词的"去修饰化"等句法处理,都是语义上"状态化"转变的外部表征。

4. 变项 A、B 为非单词形式

还有一些变项 A、B 并非常规意义上的单词。比如,下例中画横线的变项均为动宾短语:

(10) a. 我抒情,我言志(中国共产党新闻网 2010-07-02)
  b. 我有责,我尽责(人民网·福建频道 2014-02-17)
  c. 我排队,我让座,我文明,我快乐(人民网·陕西频道

2013-11-11)

  d. 我<u>爱岗</u>，我<u>敬业</u>（《今日京山·教苑风采》2011-08-12）

  从纯句法的观点看，这些"我 A，我 B"结构似乎不符合构式对变项必须是单词的规定。但是，从语言使用者的角度看，这类话语无疑是对"我 A，我 B"构式刻意模仿的结果。我们发现，这些充当变项的成分都是双音节式动宾短语，从外形上看与双音动词非常相像，更何况，汉语中的动宾式双音词（"备战、出厂、收工、求和"等）与动宾短语本来也难以截然分开。再从结构的整体表意（构式义）来看，这类动宾短语做变项的结构与"我 A，我 B"的典型构式（变项由单词充当）并无二致。故而，本节将上述由动宾短语做变项的构式看作"我 A，我 B"构式的变异形式。

  "我 A，我 B"构式还有一类由语素充当变项 A、B 的变体。这类构式中的变项 A、B 非常特殊，是将一个词一分为二拆开之后，再把拆开的两个语素置于变项位置形成的。例如：

（11）a. 我求我索（《人才开发》1994 年第 3 期）

   b. 我见我闻（《华文文学》1986 年第 2 期）

   c. 我娱我乐（《现代文学（初中读写版）》2005 年第 8 期）

   d. 我行我动（杭州市袁浦小学网 2011-03-02）

上例中变项 A、B 实际是由双音复合词"求索、见闻、娱乐、行动"拆分而得。这种把双音节词拆分成不成词语素并赋予它们以词的句法与语义作用的做法，似乎是违背语法规律的。但这种不合常规的"以语素为词"现象在构式"我 A，我 B"中却得以合法化，且这种拆分后的语素在构式句法与语义的引导下，仍然能大体表达出原词（拆分前）的意义。可见，构式的压制作用既表现为对变项句法上的限制，也表现为对变项句法功能的引导与释放，使得不成词语素临时衍生出词的用法与功能。这让我们清楚地感受到了构式的力量。

（二）构式的表意机制

  "我 A，我 B"构式的表意机制集中地表现在两个"强行的改造"上，即对变项 A、B 的本身的句法与语义性质的强行改造和对"我 A，我 B"两个小句的语义关系的强行改造。上面第二小节中已经具体描述了构式对变项 A、B 本身的句法与语义性质的改造，因为构式所要呈现的是行为主体的状态而非某种具体的活动与事件，所以构式对变项的句法与语义必然附加了准入条件。同时，构式所表达与凸现的是行为主体的感知与行为方式上的"交织并存状态"，故而，不管小句之间原来表达何种基本的语义联系，一旦进入构式就被强行地统一指派为并列关系。就是说，构式一定要有所作为，把分句间既有的逻辑关系的表达习惯进行清一色的改造，使之背景化，而将新的并列关系通过构式的推力使之前景化，并成为小句关系唯一的解读。我们发现，被背景化了的语义关系有多种多样，下面将以具体的例子来做具体的还原与解说。

1. 因果变并列

按照普通的表达与理解习惯，有的"我 A，我 B"两个小句间的语义关系应该用因果关系来表达，但在构式中被强行处理成了并列关系，原来的因果关系被背景化。

（12）a. 我献血（因），我光荣（果）（人民网·社会视频 2013-06-15）
　　　b. 我选择（因），我无憾（果）（《北京晚报》2014-01-07）
　　　c. 我奉献（因），我幸福（果），我快乐（果）（《中国妇运》2006 年第 10 期）
　　　d. 我承诺（因），我践行（因），我光荣（果）（中国共产党新闻网 2012-01-09）
　　　e. 我学习（因），我收获（果）/（因），我成长（果）/（因），我快乐（果）（《黑龙江教育》2005 年第 12 期）
　　　f. 我运动（因）我健康（果），我健康（因）我快乐（果）（人民网·法制 2013-12-19）

上面这些作为被背景化了的因果关系尽管复杂多样，有的是一因一果（a、b），有的是一因二果（c），有的是二因一果（d），有的是连环因果（e），还有的是并列式因果（f），而构式却可以完全置这些常规的逻辑关系于不顾，统统加以统一的改造，用并列的方式重新呈现出来，充分地显示着构式表意的"新质"。

2. 条件变并列

即把一般按条件与结果关系理解或表达的关系处理成并列关系，被背景化的条件关系又分多种情况。如：

（13）a. 我学习（条件），我成才（结果）（中国共产党新闻网 2010-10-18）
　　　b. 我学习（条件），我充实（结果），我有为（结果）（人民网·蚌埠政府网 2013-04-26）
　　　c. 我服务（条件），我存在（结果），我创新（条件），我发展（结果）（《中国远洋报》2002-08-09）
　　　d. 我坚持（条件），我拼搏（条件），我胜利（结果）（人民网·关于我们 2006-08-23）

a 句被背景化了的是表条件关系的"只有 A，才能 B"，因为"学习"是

"成才"的必要的前提条件，所以人们经常会说"只有学习，才能成才"。b 句被背景化了的是"只有 A，才能 B、C"，"学习"是前提，"充实"和"有为"是这一前提的结果。c 句被背景化了的是"只有 A，才能 B；只有 C，才能 D"。一个人只有"服务"，才能表明你的"存在"；只有"创新"，才能"发展"。d 句被背景化了的是"只有 A、B，才能 C"，按常规表达，d 句应该说成"我只有坚持，只有拼搏，才能胜利"。不过，在构式语义的压制下，上述这些多种条件关系都被披上了统一的并列关系的语义外衣，而作为常规条件关系的表达则被驱逐与淡化，只能凭借人们的理解习惯而浮现于构式义的背景之中。

3. 递进变并列

还有的"我 A，我 B"构式，其间的两个小句关系在常规的话语中一般都是以递进复句来表达的，而进入构式后，这种递进关系也全部被背景化处理，由构式统一化为显性的并列关系。例如：

（14）a. 我支持，我践行（《大河报》2014-03-03）

b. 我有责，我负责，我尽责（人民网·手机看新闻 2014-02-27）

c. 我承诺，我服务，我创新，我超越（中国共产党新闻网 2011-07-11）

d. 我管理，我定价，我调控（人民网·社会频道 2014-01-15）

上述例子中的被背景化了的语义关系其实都是"不仅 A，而且 B"这样的递进关系。a 句的常规的语义关系应该是"我不仅支持什么，而且还要践行什么"；b 句的三个小句之间按常规表达应该是"对某事，我不仅有责，而且还要负责，更要尽责"；c 句的常规表达是"我不仅要做出某种承诺，还要服务好，更要做到创新和超越"；d 句的常规表达是"对于某个领域的产品，我不仅要管理，还要定价，我更要调控"。这些在常规表达中所体现的递进关系，在构式中也均被重新指定为并列关系。

4. 转折变并列

有的"我 A，我 B"构式，前后两个小句的变项，在语义上都是隐性的对立矛盾关系，因而两个变项共现时，在人们的表达习惯中似乎早已根深蒂固为转折关系，但在构式的强力指引下，也被改变成了并列关系。如：

（15）a. 我卑微，我快乐（《中学生天地》2003 年第 1 期）

b. 我懦弱，我自豪（人民网·动漫频道 2013-04-25）

c. 我单身，我骄傲（人民网·游戏频道 2011-05-04）

d. 我温暖、我厚重、我纠结、我闷骚（《广州日报》2014-01-12）

按照常理，一个地位"卑微"的人，心情很可能是压抑而非"快乐"的，所以说成转折性"我虽然卑微,但我很快乐"是一种常态的表达;同理,"懦弱"之人很难"自豪"起来,故而说成"他虽然懦弱,但却很自豪"才能反映这种矛盾关系;"单身"的人毕竟与大众文化传统习俗(即人到一定年龄应该成家结婚)不太相合,在心理上也很难真正"骄傲"起来,因而说成转折性的"我尽管单身,但我很骄傲"比较适合人们的表达习惯;一个"温暖"而"厚重"的人,本不应该有"纠结"与"闷骚"之感,用"我虽然温暖、厚重,但我感到纠结而闷骚"是常态化的表述。不过,上例的构式中,这类常态化的转折复句都被背景化,在构式的强制作用下全都表达成了并列关系。

当然,在上面提到的常态化表达中,复句关系的解读可能不止一种,不同的人会根据自己的经验与理解而见仁见智。比如,例(14)d 的常规表达有可能是"因为我管理,所以就可以由我定价,由我调控"这样的一因双果的关系,例(15)c 中的"单身"与"骄傲"之间,因为立足点或文化环境的不同,理解为"因为我单身,所以我骄傲"这样的因果关系也未尝不可。也许正是被背景化了的语义关系本来可能多种多样,而在"我A,我B"构式中却被处理成清一色的并列关系,这种变多样性关系为单一的并列关系的解读的强行语义拉动,或许是构式真正吸引人们竞相效仿的一种原创性动力。

三、"我A,我B"构式的表意特点

"我A,我B"构式首见于1999年由乒乓名将孔令辉为安踏运动鞋所做的一句"我选择,我喜欢"的广告代言,自此,"我A,我B"话语方式风靡全国。至今,其使用覆盖了文章标题、标语口号、群体活动的主题宣传及广告用语等多个领域。需要是创造之母,特色是构式的生命。作为一种新兴的话语方式能够一炮打响并多年来一直走红,这种现象的出现绝非偶然,一定与其特有的表意特点有关。

(一)简洁性与丰富性的统一

构式"我A,我B"是以广告语出现的,后来被广泛地用于标题、口号等,构式的这些使用语域充分地利用了其形式简短与表意核心凸显的特点,用最精简的结构装载了丰富的信息,是构式在表意上的一大突出特点与优势。正如前文第二小节(二)所示,虽然构式通过表层的语义压制,使得两个小句间只留下了唯一的并列关系。但是,在构式背景化了的语义当中,仍然不时地浮现出人们常规的语义识解,正是这些表面被压制了的语义内容,极大地放大和丰富了构式的语义内涵,抬升了构式的地位。

寓复杂语义于简洁表述当中，在构式对变项的句法与语义的改造中也同样得以体现。在进入构式后，无论是动词、形容词、区别词还是名词，尽管它们原来的词性各异，但是一旦处于变项的位置，它们原有的词类功能都被洗白，以统一的状态化的特性呈现。不过，被洗白后的词项，其原有的语义仍然呼唤着人们的识解记忆，这是构式表意上寓复杂语义于简洁表述之中的又一特点。可以说，正是这种显性的句法限制与语义压制的矛盾而造成的构式表意上的奇特性与简洁性，吸引着说写者与听读者的注意力，才使得构式具有了独特的表意优势。

（二）言者视点与旁者视点的统一

所谓言者视点，就是从说话者自己的角度来观察与表达；而旁者视点，则是从旁听者的角度来观察与表述。任何语言中都存在这两种表述视点的差异，比如，说话者在指称同一对象时可用言者视点的"我妈"和旁者视点的"你大娘"。当言谈对象不是指代人或物，而是陈述一个活动或事件时，旁者视点就会演变为行者（即具体活动或事件的实施者、行动者）视点。

"我A，我B"构式就其使用语域而言，较多地用于群体活动的标语口号，或是用于广告用语，或是用于文章标题等场合，很少用于会话中说话者的自我表白。但构式中一律以言者"我"的视点来组织小句，巧妙地把言者视点转换为行者视点，把群体的视点转换为自我个体的视点。众所周知，汉语中用于群体性活动的宣传口号，一般采用非主谓句来表达，如"发展体育运动，增强人民体质""献身教育，做时代先锋"等即是，或是采用行者视点的主谓句表达，如"一人有难，八方支援""小红帽为您服务"等即是。"我A，我B"构式通过表达视点的转换，实现了两个隐藏，两种凸显。一是把实际的言者，即活动的组织者与发起者的身份隐藏起来，而把行动者（即活动的实际参与者）的角色凸显出来。二是把言者的主观意愿（主动地号召与鼓动）隐藏起来，而把行动者的参与意愿（主动地宣告与表白）凸显出来。构式话语利用了表达视点的巧妙转换，放大了群体活动的自我参与度与主观意愿性，所以才具备了彰显个性、突出自我认同、展示自我价值的语用效力。

"我A，我B"构式在当今开放多元的社会土壤中孕育，在自我意识急剧膨胀的个性化文化中诞生与成长，它以别出心裁的个性化的话语方式装点了现代汉语构式的宝库，成为我们这个时代一种最富特色的语言创造①。

第二节　状态交织呈现构式"A 并 B 着"

"A 并 B 着"这样独立的表达格式最早见于齐秦 1995 年的音乐专辑《痛并快乐着》，2000 年，央视著名主持人白岩松出版了同名的书，进一步助推了这种表达格式的盛行。随后，网络、报刊等各类媒体上出现了以"痛并快乐着"为模板的形形色色的模仿。这类表达在格式上高度一致，都是"A 并 B 着"格式，在表意上也颇具独特性。学术界最早关注这种格式的是谢质彬（2002），他认为这种格式盛行的原因是其反常出新。焦蕊（2004）敏锐地指出了"着"在格式中表示"同现、交织和持续的语义内涵"。陈双玉（2008）也解释过"痛并快乐着"流行的原因与表达上的创新。刘颖（2011）从修辞角度将这类结构命名为"矛盾格"。戴培（2012）则首次将"A 并 B 着"界定为构式并给出了构式义："'A'和'B'两种相反或相对或不同的状态同时存在，并最终以'B'状态为主，表达说话者的矛盾或不同状态的复杂心理感受。"戴文是对"A 并 B 着"结构和功能进行全面探讨的文献。

这些研究虽然取得了一些成果，但是许多与"A 并 B 着"构式相关的重要问题尚未得到合理解决。诸如：这类构式在构造与表意上的独特性到底是什么？框架成分"并"与"着"对构式的贡献是什么？结构变项 A、B 的句法功能与语义在构式中有无变化？变项 A、B 语义上是否有所侧重，其间有何丰富的语义关系？这些研究均未给出明确的解答。特别是这类构式的构式义，戴培基本概括出了其"构式义"的主要特点，但描述多于概括，概括的精确度尚有欠缺，特别是对构式的表意机制、构式对进入构式要素的句法与语义压制作用，等等，都缺乏深入的探讨和揭示。

本节将运用构式语法的相关理论对这一构式的结构、构式义、表意机制与表意特点等做一些更为彻底而系统的描写和分析，并试图对上述问题做一解释说明。

---

① 宣告性并列构式"我 A，我 B"，其实可以追溯到凯撒的名言"我来了，我看到，我征服"（拉丁语：Veni, vidi, vici）。随着这句名言的汉译在国内的传播而逐渐形成了当代网民喜闻乐见的"我 A，我 B"构式。

一、"A 并 B 着"构式及其构式义

(一)"A 并 B 着"构式

现代汉语中的"A 并 B 着"组合早已存在,其中的"A、B"均为及物动词,二者共带一个受事宾语。如:

(1) a. 即使蛇嘴紧闭,舌头也能通过口前方的小孔伸缩自如,不断<u>吸进并检测着</u>周围空气中带气味的微粒。(《中国儿童百科全书》)

　　b. 如何让村民的钱袋子进一步鼓起来、精神面貌进一步好起来?……大学生村干部张志彬时刻<u>惦记并思考着</u>这些事情。(《闽南日报》2012-07-13)

两例中下画横线的"A 并 B 着"在外形上虽然貌似当下流行的"A 并 B 着"构式,但它们不带宾语很难使用,更不能单独呈现于话语中。这说明,这些动词性的"A 并 B 着"组配只是作为一种及物动词的临时性的复合体出现于句子中的,结构并不凝固,如上例 a 中的"不断吸进并检测着","检测"前再加入"不断"仍然成立,这也再次表明,动词性的"A 并 B 着"只是临时性的组配,尚不具备独立使用的句法与表意条件。

而时下活跃着的"A 并 B 着"构式则不然,虽然它在结构上脱胎于动词性的"A 并 B 着"结构,但它在模仿的基础上对其结构与表意方式进行了脱胎换骨式的全新创造。作为一种新兴的构式,它在结构上有几个重要的特点。

一是其结构的框式化。"A 并 B 着"构式已经高度框式化和固定化,它由两个固定的框架成分"并"与"着"和两个变项 A、B 构成,属于框式结构中最为典型的"双项双框式"①。框架成分"并"与"着"不仅规定了构式的结构面貌,而且带来了构式在表意上的一些变化。具体说来,连词"并"规定了变项只能有 A、B 两项,而且它自身也不能被同义的"并

---

① 邵敬敏(《汉语框式结构说略》,《中国语文》2011 年第 3 期)把汉语的框式结构概括为四个类型(双项双框式、单项双框式、双项单框式和单项单框式),"双项双框式"中的"双项"是指有两个前后可变项,"双框"是指有一前一后两个不变项。"A 并 B 着"构式中包括"A"与"B"前后两个可变的项("双项"),还包括两个起定位与标记作用的不变项("双框")。所以,应该看成框式结构中最为典型的"双项双框式"。

且"替换;①助词"着"也只能在变项 B 之后出现一次。任何突破这些规定的表达式（如"痛苦并且快乐着""幼稚、单纯并快乐着""爱着并讨厌着"等）都不能算是真正意义上的"A 并 B 着"构式。这种刚性规定是新兴构式的特点，在之前的动词性的"A 并 B 着"结构中是没有的，比如例（1）中的"A 并 B 着"，将"并"连接的项目增加或是将"并"换成"并且"都是可以接受的。"A 并 B 着"构式中两个变项 A、B 全部由表心理感知的性质形容词担任，改变了动词性的"A 并 B 着"组合中两个变项 A、B 都是及物动词的结构基础与面貌。这是早期的"A 并 B 着"构式的常见样式，这是对动词性的"A 并 B 着"结构的重大突破。例如：

（2）a. 苦并乐着（《张家界日报》2009-03-18）

　　b. 累并美丽着（旅研网 2006-06-16）

　　c. 开心并烦恼着（《经济信息》2009-08-10）

　　d. 忙并快乐着（人民网 2012-09-03）

二是独立表意的功能。"A 并 B 着"构式不仅挣脱了之前由动词性成分构成的"A 并 B 着"结构必须带宾语的束缚，而且还具有了独立表意的功能，上面各例都是以标题独立出现的，这是其独立表意功能的最好体现。

三是变项 A、B 的多样化趋势。A、B 的多样化趋势是随着"A 并 B 着"构式整体独立表意功能的显著化而出现的。近年来，"A 并 B 着"构式在大量的模仿中还出现了构成成分的一些有趣的变化，变项 A、B 突破了早期只使用性质形容词的格局，一些动词、抽象名词也被选进"A 并 B 着"构式中来，使其内部构成成分更为复杂多样。这充分说明"A 并 B 着"结构作为一个独特的构式，已经得到语言社会的普遍认可，并巩固了其在汉语众多构式中的独特地位。如：

（3）a. 乱并快乐着（齐鲁网 2011-10-07）

　　　忙并快乐着（徐汇教育信息网 2006-09-13）（A、B 为形形组配）

---

① 戴培（《当代汉语流行构式及其个案分析》，上海师范大学硕士学位论文，2012年）认为，"A 并 B 着"构式有"A 并且 B 着""A，并 B 着""A、B 并 C 着"等构式变体。我们不同意这种观点。因为这样处理的结果会带来一系列的不利后果，使构式从结构与语义上失去了整体性（完形性）。比如，"A 并且 B 着"如果也算"A 并 B 着"构式的话，那么，"A 并且还 B 着""A 并且还又 B 着"等就应该算是变体的变体。况且，这样扩大化的结果必然使构式的结构与语义无法驾驭。基于此，我们只把形式上为"A 并 B 着"且具有独立表意与使用功能的结构处理为"A 并 B 着"构式。所以，诸如"累却快乐着"（八一论坛 2007 年 2 月 1 日）、"累且快乐着"（绍兴 E 网论坛 2007 年 1 月 19 日）、"累而快乐着"（国培官网 2011 年 11 月 3 日）等，都不在本节所说的"A 并 B 着"构式范畴内。

b. 读并苦恼着（《科教文汇》2009 年第 12 期）
   等待并寂寞着（华商论坛 2011-08-09）（A、B 为动形组配）
c. 付出并收获着（大河邦邦网 2006-11-28）
   发现并感悟着（青春山大网 2009-10-23）（A、B 为动动组配）
d. 苦难并快乐着（应城网 2007-02-06）
   学术并猥琐着（百度快照 2013-06-21）（A、B 为名形组配）
e. 艺术并商业着（百度快照 2008-04-15）
   技术并艺术着（博客频道 quqi99）（A、B 为名名组配）

"A 并 B 着"构式以 a 式最为常见，b 式次之，c 式再次之，d、e 两式为数较少。应该特别指出的是，一般并不与动态助词"着"搭配的形容词在构式中后附了"着"，一些原本不能和"着"搭配的动词（如"开始、讨厌、痛恨、工作、奋斗"等）也在"着"的拉动下以动态化或状态化的方式呈现，如"结束并开始着、爱并讨厌着、爱并痛恨着、快乐并工作着、努力并奋斗着"等。特别是一些抽象名词也被强行地拉入构式中，被赋予了动态化或状态化的句法与语义特征（见例 3 的 d、e）。

四是"A 并 B 着"构式是一个全新的形式与意义相匹配的完形（Gestalt）。也就是说，该构式是作为一个整体结构来运用与解读的，并不能以动词性的"A 并 B 着"结构来使用与解读。它虽脱胎于动词性的"A 并 B 着"结构，但是对这种原有结构进行了层次重组。动词性的"A 并 B 着"结构的层次是"A/并 B 着"，所以，第一个成分 A 后也可加进助词"着"（下例 a），甚至还可以再后带宾语（下例 b）。这些现象说明，动词性的"A 并 B 着"结构不仅内部构造松散，而且尚保留了较强的及物性。如：

(4) a. 活着并思考着（网易博客 2010-04-11）
   b. 爱着并恨着高跟鞋（久久健康网 2009-11-27）

而新兴的"A 并 B 着"构式的层次是"A 并 B/着"。A、B 两个成分的结合非常紧密，不能容忍别的成分插入，甚至连动态助词"着"也很难插在成分 A 后。虽然网络上也常见到上面例（4）中 A 成分后接"着"的用例，但是严格说来，它们并不能算是地道的"A 并 B 着"构式，只能算是一种走样的模仿，也不能算是"A 并 B 着"构式的变体，因为这种模仿改变了构式中起着标记和识别构式作用的框架成分。上例中的 A、B 都是动词，即使是形容词，如果 A 后出现"着"，也不能看成"A 并 B 着"构式的变体。请看：

(5) a. 快乐着并美丽着（东丰教育信息网 2010-03-29）
   b. 累着并快乐着（蒙山中学网 2009-05-15）

之所以不能将这种"A 着并 B 着"格式看成"A 并 B 着"构式的变体，原因其实很简单：①格式中的连接项"并"，可以变成表递进义的"并且"，甚至在改为"并且"后还可以后加"还"，意思也没有什么明显的变化。这样不仅改变了"A 并 B 着"构式的整体意义（其中的"并"只表示"并存"，而不表示递进），还造成了构式形式上的不确定性，这与形式与语义是一个完形的构式理论是抵牾的。②"A 着并 B 着"格式的层次只能是"A 着/并 B 着"，而"A 并 B 着"构式的层次是"A 并 B/着"，二者显然不属于同一构造类型。

五是构式的压制作用。这种压制作用表现在语义与句法两方面：①原来在语义上没有动态义的变项 A、B，一旦进入"A 并 B 着"构式，两个变项就被强行地附带上了动态持续的语义特征；②进入"A 并 B 着"构式的两个变项，原有的句法核心功能被强行消除。例（3′）可以显示，形容词无法接受程度副词修饰[例（3′）a]，本来可带宾语的动词无法显示其原有的句法功能[例（3′）b、c]，原来的名词也不能再以其名词的面目出现[（例 3′）d、e]。这是构式对成分压制作用的具体体现。请看：

(3′) a. 累并幸福着/*很累并很幸福着
　　　　忙并快乐着/*很忙并很快乐着
　　b. 读并苦恼着/*读书并苦恼着
　　　　等待并寂寞着/*等待机会并寂寞着
　　c. 付出并收获着/*付出汗水并收获着成功
　　　　发现并感悟着/*发现过去并感悟着幸福
　　d. 苦难并快乐着/*经历苦难并快乐着
　　　　学术并猥琐着/*从事学术并猥琐着
　　e. 艺术并商业着/*热爱艺术并商业着
　　　　技术并艺术着/*一门技术并艺术着

上述五点足以表明，"A 并 B 着"构式已经具备了一种独立构式的基本句法条件，因为其形式或意义的某些特征，都不能完全从这个构式的组成成分或另外的先前已有的构式中推知。沈家煊（1999）明确指出，"一个句式是一个'完形'（Gestalt），即一个整体结构。"邵敬敏（2008）提出的"框式结构"（frame construction）的主要特点是："第一，它们都由不变成分和可变成分组成。不变成分构成'框架'，起到定位以及标记作用；可变成分是可供选择、替换的'变项'。整个框式结构具有一定的生成能力。第二，具有整体性的语法意义……"①而网络上开始出现的新兴的"A并B着"结构，正是以一个全新的句法与语义的整体结构（"构式""框式结构"）而进入人们的语言生活中，并以其全新的特质和生命力而受到人们的追捧与喜爱，从而获得了其独特的构式地位。

我们以上主要是从"A并B着"构式的形式上来展示其独特性的，作为一种构式，一定应该有其与特定的形式相匹配的意义。那么，"A并B着"构式的意义是什么？下文将做专门的讨论。

（二）"A并B着"的构式义

要梳理与框定"A并B着"的构式义，有几点必须予以关注。

一是"A并B着"构式能独立使用的功能。常理告诉我们，句法形式上的独立性意味着其表意上的整体性与自足性。

二是整个构式对两个变项A、B的影响。前文提到，有些本来不能或不常与动态助词"着"搭配的词语，在构式的强力推动下，释放出该词项不具备的功能与语义特点。同时，构式中的两个词项A、B原有的句法功能受到抑制。这说明，构式作为一个句法与语义的完形结构，在促使构成变项A、B原有句法功能改变的同时，一定也带来了其意义上的改变。这些改变，离开"A并B着"构式无法从其他已有结构中得到确切解释。

三是作为构式框架成分的"并""着"在形成构式时所扮演的重要角色。在"A并B着"构式中，"A""B"这两个框架成分的作用必须重视，它们在形成构式整体意义时具有特殊的贡献。

连词"并"是谓词性成分的连接词，其意义是"表示几种性质同时存在"，作用是把构式中的A、B两个实体成分绑定为一个结构整体，以表达A与B同等并存的逻辑语义关系。表示行为动作或状态持续的助词"着"附着于"A并B"上，则给"A并B"结构的整体附加上"持续状态"的语义特征。所以，在构式中，无论变项是形容词、动词还是抽象名词，都在构式框架成分"着"的影响下，它们原有的核心语义不同程度地被洗白了，一律以它们所代表的性质、动作行为和事体的状态呈现。我们看到，正是由于"着"的使用，带来了进入构式中的两个变项的语义性质的改变：

---

① 邵敬敏（《"连A也/都B"框式结构及其框式化特点》，《语言科学》2008年第4期）不仅正式提出了"框式结构"这一术语，而且对这一术语进行了界定："典型的框式结构，指前后有两个不连贯的词语相互照应，相互依存，形成一个框架式结构，具有特殊的语法意义和特定的语用功能，如果去除其中一个（主要是后面一个），该结构便会散架；使用起来，只要往空缺处填装合适的词语就可以了，这比起临时组合的短语结构具有某些特殊的优势。"联系这一定义来反观当下的"A并B着"结构，我们更有理由确信其具有"框式结构"（构式）的地位。

性质形容词不再显示其性质，而是以一种"特定的心理感知的持续状态"来呈现；动词不再表示具体的行为动作，而是以一种动词所代表的"行为动作造成的心理感知的持续状态"呈现；名词也不再表示事体的名称，而是以名词代表的"活动与事件造成的心理感知的持续状态"呈现。

"A 并 B 着"的构式义是由这些多重语义特征的共同作用形成的，正是基于构式所体现出的上述多重的语义特点，我们将"A 并 B 着"的构式义总结为："呈现感知或经历着的两种交织并存的心理状态"。

二、"A 并 B 着"构式的表意机制

其实，无论是在句法结构上还是在语义结构上，"A 并 B 着"构式都是一个原型范畴。也就是说，这一构式是一个典型范畴向边缘范畴过渡的连续统。构式的变项 A、B 从初期的全部由性质形容词担当，发展到动词的加入，继而演变到部分抽象名词的参与，这一构式变项词性的演变过程，反映的正好就是构式由典型范畴向边缘范畴的拓展与演化过程。因此，要深入解剖"A 并 B 着"构式义的表意机制与特点，有必要先从构式的典型结构"痛并快乐着"（即纯粹由性质形容词作为变项的构式）谈起。为了讨论的方便，我们把"A 并 B 着"的变项 A、B 全部由性质形容词担当的构式记为"构式一"，变项由动词加入的构式记为"构式二"，变项由抽象名词参与的构式记为"构式三"。

（一）"构式一"的表意机制

构式语法认为，一个句法结构，如果其意义不能从其形式或已有的构式中推导出来，即不能被完全预测，那么该形式就是一个构式。构式义的不可预测性，充分体现了完形理论"整体大于部分组合之和"的思想，强调构式义的不可预测性，使构式的整体特性受到高度关注。正是基于这一理念，我们在前文研究"A 并 B 着"构式时，特别强调构式由上（构式整体）而下（构式变项）的句法压制作用、构式对变项 A、B 施加的语义影响。

但是，构式义的形成，离不开框架成分"并""着"与两个变项 A、B 对构式义形成的独到贡献。如果不关注构式中各个成分的作用，只强调构式整体性与构式义的不可预测性，这不可预测性就会成为"不可知性"的代名词，这对于以追求形式与意义相统一为研究原则、形式与意义必须相互验证的现代语法学来说，显然是不可取的。下面，我们将由上而下的整体把握与由下而上的观察描写结合起来，即通过解析构式的各个组成要素在构式中体现的意义，来观察与验证"A 并 B 着"的构式义的形成机制。

陆俭明（2012）指出，"构式义是人通过感官对客观世界的感知所得

在人的认知域里所形成的意象图式投射到语言中形成的。"陆先生在该文中还将构式义的表达过程假定为六个不同的层面①。为了讨论的方便,我们将这六个层面简化为三个层面(步骤):

1) 通过感觉器官感知而形成关于客观世界的直感形象或直觉;

2) 将直感形象或直觉抽象成的意象图式(概念框架)投射到具体语言,形成该意象图式的句法-语义框架(构式);

3) 物色具体词项填入该构式,形成该构式的具体句子。

以"构式一"中"痛并快乐着"这一经典表达为例,我们具体解析其构式及构式义的形成过程。

首先,说话者面对客观世界形成了他在特定环境下的一系列直感形象或直觉:直觉感知的内容为"痛""快乐",感知到的内容关系为"交织并存"复合体,感知到的内容呈现情状为"持续状态"。

其次,把抽象成的意象图式(概念框架)投射到人类语言,形成该意象图式的构式。由此而初步形成既表现感知内容"交织并存"关系又表达感知内容"持续状态"呈现方式的语义框架,语义框架投射为句法格式"A 并 B 着"后,意味着抽象构式的形成。

最后,将物色到的具体词项"痛""快乐"填入该构式中,从而形成了"痛并快乐着"的具体句子。

从"构式一"中的典型句子"痛并快乐着"的生成途径可知,虽然两个变项 A、B 均为表示心理感知的性质形容词,但在构式框架成分"并"与"着"共同压制下,两个变项在语义上不再以"有界"的"性质"呈现,而是以一种交织并存的"心理感知状态"的方式呈现出来,也就是说,性质形容词经历了一种"去性质化"处理,变成了"无界"的状态化成分。由于受到"并"的"交织并存"的语义拉动,加之"着"的"持续状态"的语义因子加入,构式整体以"呈现心理感知的交织并存的心理状态并凸显后一种状态"的构式义闯入了人们的语言生活,并以一种全新的表意特质刷新了汉语的句法与表意习惯。

---

① 陆俭明《〈相同词语之间语义结构关系的多重性再议〉,《苏州大学学报(哲学社会科学版)》2012 年第 4 期)给出的六个层面具体指:①客观世界(客观事件、客观事物、客观现象或彼此事物之间客观存在的关系等);②通过感觉器官感知而形成直感形象或直觉;③在认知域内进一步抽象由直感形象或直觉形成的意象图式(概念框架);④该意象图式投射到人类语言,形成该意象图式的语义框架;⑤该语义框架投射到一个具体语言,形成反映该语义框架的构式;⑥特色具体词项填入该构式,形成该构式的具体句子。

（二）"构式二"与"构式三"的表意机制

"构式一"以其全新的句法与表意格局出现并被人们发现与认可，随后，以性质形容词为变项 A、B 的"A 并 B 着"的仿造格式大量地涌现，进一步强化了"构式一"作为新兴构式在汉语表达中的地位。于是，以"构式一"为原型而形成的"构式二"与"构式三"也逐渐被仿造出来。这是"构式一"类推作用的反映，这种类推效应充分说明，"A 并 B 着"作为一个新兴构式，其独特的结构与表意机制得到了语言社会的普遍接受，其构式的地位也已得到进一步的巩固与完善。

"构式二"由动词参与做变项构成，包括了三个小类。①"动形"组配（下例 a）；②"形动"组配（下例 b）；③"动动"组配（下例 c）。如：

（6）a. 肉疼并快乐着/奉献并幸福着/设计并快乐着/思念并痛着
　　　b. 努力并奋斗着/平凡并闪亮着/实用并运动着/痛并享受着
　　　c. 思考并感悟着/行走并凝思着/微笑并坚持着/享受并受着

"构式二"的形成过程与"构式一"一致，只不过有了动词的加入，在构式的压制作用下，其中的动词经历了一种"去过程化"处理，即动词不表示"有界"的与时间、及物性或行为主体等相关的具体行为动作过程，而是以"无界"的"活动状态"来显义。与"构式一"纯粹的"心理感知"有别的是，"构式二"的构式义中增加了"活动经历的状态"的语义特点，这是动词性成分的加入而带来的微弱的语义变化。

"构式三"由名词参与做变项构成，包括了两个小类。①"名形"组配（下例 a）；②"名名"组配（下例 b）。如：

（7）a. 苦难并快乐着（应城网 2007-02-06）
　　　　学术并猥琐着（人人小站 2012-05-13）
　　　b. 专业并技术着（博客频道 2012-02-20）
　　　　技术并艺术着（博客频道 quqi99）

"构式三"的形成过程也与"构式一"一致，不过其中的抽象名词在构式的压制作用下，不是表示"抽象事物"，而是转指该名词所代表的一种"活动"。可见，名词在构式中经历了一种"去事物化"的语义过程。观察例（7）可知，"苦难"指的是一种"经历/承受苦难"的"活动"；"学术"指的是一种"从事学术/学术研究"的"活动"；"专业、技术"指的是一种"从事专业/技术"的"活动"。可见，名词的加入并在"着"的促动下，经过"去事物化"的语义处理，给构式增加了"活动状态"的语义因子。这是名词性成分的加入而带来的微弱的语义变化。

总之，无论是"A 并 B 着"构式的典型范畴"构式一"，还是其扩展的边缘范畴"构式二"与"构式三",都包含了:①表示感知或活动的两个变项;②将两个变项联合成"交织并存"关系的框架成分"并";③给两个"交织并存"关系的变项再涂上"持续状态"语义色彩的框架成分"着"。这三个方面因素的共同作用,规定了构式义的语义构成。我们看到,不同小类的"A 并 B 着"构式因为都有这些要素的加入,表示的语义也都体现出非常一致的特点,即都表达"呈现感知或经历着的交织并存的心理状态并凸显后一种状态"的构式义。

我们对"A 并 B 着"构式的三个小类的表意机制进行了描述,变项 A 与 B 完全由形容词充当的无疑属于典型的构式,而变项由动词组成的是非典型构式,由名词组成的,其接受度比较低,属于派生模式。其实三个类型中的变项的词性在构式框架成分"并"与"着"的压制下,尽管它们自身的词性不同,但是,都经历了句法特点与语义特点的某些改变。从句法特点看,它们都向着"可持续动词"的句法特点发生了转变。从语义属性看,都向着"状态"的语义特点发生了改变。性质形容词不再表示性质,而是表示性质所呈现出的特定状态;动词不再表示具体的行为动作,而是表示行为动作所呈现的状态;抽象名词不再表示抽象的事物,而是表示与其联系的活动事件所呈现出的状态。也就是说,这些不同类别的词语,都在构式的强大作用下,逼迫着经历了一种语法的隐喻过程。而隐喻的终点都指向一个目标,即状态化与状态的持续。这种整齐划一的句法与语义特点的变化,正是借助了构式的力量,是构式所特有的定位与导引功能。但是,进入该构式后的形容词、动词、名词,其词性只是受到了构式的临时压制,并未发生词性上的根本变化。也许正是它们以异类的词性与语义而强行闯入了一个本不属于它们的句法与语义的环境中,才使得"A 并 B 着"构式以全新的面貌进入了汉语的构式家族,受到众多人的喜爱。

三、"A 并 B 着"构式的表意特点

(一)变项 A、B 语义地位不同

构式中的两个变项 A、B,由于框架成分"并"的连接作用而将它们绑定为句法并列、语义交织的复合体,但是,我们更应当看到,变项 A、B 的语义地位并不是完全等同的。A 往往代表的是人们对主体所正在感知或经历着的状态的最常规、最表象的认知体验,而 B 则是说话者当下认定的最显著的认知体验,并且是说话者着意突出与强调的一种独特的认知体验。构式"A 并 B 着"中对变项 B 的凸显与强调可以从下例中看出端倪。请观察:

（8）a_1. 烦恼并快乐着（安吉新闻网 2009-09-21）
　　a_2. 快乐并烦恼着（人民网 2012-02-02）
　　b_1. 收获并快乐着（《数学教学通讯》2012 年第 6 期）
　　b_2. 快乐并收获着（大河网 2009-08-25）

例（8）的 a_1 出自《美意空调烦恼并快乐着》的文章，内容讲的是美意空调由于注重质量而出现了订单过剩来不及生产的"烦恼"，但是"烦恼"只是暂时与表象的，获取巨大利润才是企业成功"快乐"的王道，可见其表意侧重点在"快乐"。例（8）的 a_2 出自一篇《过年：快乐并烦恼着》的文章，作者指出，春节虽是亲人团聚的"快乐"日子，但车票难买、旅途拥挤、花销增大、生活节奏被打乱等诸多"烦恼"却冲淡了这种快乐，可见"烦恼"才是其表意的重点。b_1 出自《错误，收获并快乐着》，作者认为演算数学时出错并改正的过程，不但能让人从中"收获"教训，更能给人带来克服困难后的"快乐"。作者强调的是"收获"中的"快乐"。b_2 出自《让学生假期快乐并收获着》，文章强调家长让学生在放松身心"快乐"度假的同时，更应该关注让他们增长知识、有所"收获"，其侧重点明显在于"收获"。

变项 A、B 语义侧重的不同，是说话者基于自身特定的主观认知体验和表达的需要对语序的特意安排，是对焦点在尾的语用原则的具体运用。

（二）变项 A、B 复杂语义的背景化

我们看到，构式中的"并"虽然将两个变项 A、B 从结构表层做了"交织并存"的语义处理，但在这个表示两个变项"交织并存"的表层语义块中，却包含了丰富多样的深层语义关系与内容。需要说明的是，两个变项内容所体现的深层语义，有的反映的是人们普遍持有的客观认识，有的只反映了说话人主观化的识解。

1. 表里式交织并存

两个变项反映的是表象 A 与实质 B 的关联，可以用"表象是 A，实质是 B"来显现。如下例前两句的变项 A、B 可分别解构为"表象是颠簸，实质是快乐"和"表象是乱，实质是快乐"。例如：

（9）a. 颠簸并快乐着（新浪汽车 2005-08-09）
　　b. 乱并快乐着（齐鲁网 2011-10-07）
　　c. 忙并快乐着（徐汇教育信息网 2006-09-13）
　　d. 尴尬并快乐着（人民网 2006-02-16）

2. 因果式交织并存

两个变项之间存在着原因 A 与结果 B 的关联，可以用"因为 A，所以

B"来显现。如下例前两句的变项 A、B 可分别解构为"因为奉献,所以幸福"和"因为飞行,所以快乐"。如:

(10) a. 奉献并幸福着（《江西教育》2009 年第 16 期）
  b. 飞行并快乐着（新浪旅游 2008-08-13）
  c. 奋斗并快乐着（大众网 2012-02-21）
  d. 付出并快乐着（福清新闻网 2012-09-03）

3. 矛盾式交织并存

两个变项 A 与 B 从本质上存在着矛盾关系,可以用"A 与 B 矛盾,但既 A 又 B,且更 B"来显现。如下例前两句的变项 A、B 可分别解构为"悲伤与快乐矛盾,但既悲伤又快乐,而且更是快乐"和"快乐与痛苦矛盾,但既快乐又痛苦,而且更是痛苦"。

(11) a. 悲伤并快乐着（南京情感论坛 2004-09-05）
  b. 快乐并痛苦着（中国钓鱼频道 2009-04-17）
  c. 幸福并痛苦着（好研 2010-01-04）
  d. 苦恼并快乐着（站长网 2008-01-03）

4. 递进式交织并存

两个变项 A 与 B 是对同类属性的不同角度识解的结果,但说话者认为,B 比 A 更准确,更本相,因而更进一层。可以用"是 A,更是 B"来显现。如下例的前两句的变项 A、B 可分别解构为"是自由,更是快乐""是幸福,更是甜蜜"。如:

(12) a. 自由并快乐着（新浪尚品 2009-06-11）
  b. 幸福并甜蜜着（《河北科技报》2009-01-15）
  c. 快乐并幸福着（小精灵儿童网站 2010-11-17）
  d. 快乐并充实着（《韩山师范学院校报》2008 年第 10 期）

5. 条件式交织并存

两个变项 A 与 B 本来没有相关性,只有隐性的关联度,二者的"条件—结果"相关性是通过说话者的个体感受临时建立的。可以用"A 才 B"来显现 A 与 B 的关联性。如下例前两句的变项 A、B 可分别解构为"快乐才美丽"和"爱才（造成）伤害"。

(13) a. 快乐并美丽着（中国公路网 2004-11-29）
  b. 爱并伤害着（绍兴教育网 2009-08-18）
  c. 工作并美丽着（江西新闻网 2002-05-03）
  d. 坚持并快乐着（方正集团 2012-01-19）

可见,构式中的两个变项 A、B,具有丰富的"原生态"的语义关系,而且，有的变项 A、B 所表达的深层的语义关系并不单一。比如，例（13）中各句，其中的 A、B 除了可以按"条件-结果"理解，还可以理解成"原因-结果"式的关系。但是，不论变项 A、B 所表达的深层语义关系是什么，一旦进入构式后，在构式框架成分"并"的挤压下，强行凸显了的是变项 A、B"交织并存"的语义关系，在另一个框架成分"着"的诱导下，将感知与经历的一切又强行地"状态化"处理。尽管在体现这种"交织并存"的语义关系时，有客观存在的变项 A 与 B 的多重而复杂的语义关联，又有说话者通过构式变项次序暗示出的表意时"重心后倾"的语义倾向，但是，说话者着意要彰显的仍然是"交织并存"的复杂状态，其语义倾向也好、深层语义关系也罢，只得退化为背景义而保留着。

（三）简短形式与丰富内容的巧妙结合

"A 并 B 着"构式的产生与迅速蔓延，与其简短的形式表达了丰富的内容密不可分。它以凸显说话者主观的复合交织的感知状态为表意特色，这种表意特色是已有的其他格式或构式所不具备的，是对以往表达方式的超越与创造。

汉语中表示两种性质并存的格式存在已久，一种是"又/既 A 又 B"式，另一种是"A 而又 B"式。如"又/既惊喜又悲伤""又/既伤心又高兴""惊喜而又悲伤""伤心而又高兴"等。这些格式中都含有副词"又"，其基本意义是表示"同类动作、状态或性质的加合关系"（邵敬敏、饶春红，1985）。据此，我们将其格式义称之为"心理感知的加合式并存"。这些格式中的前后两项 A、B 可以调换次序而意思基本不变，表意作用在于客观呈现表述主体的心理活动或状态，一般以谓语、状语、补语或定语的身份出现，而且还不具备单独表意的功能。更为重要的是，无论是结构整体或其中的 A、B 两项，都不能表达出"交织并存"的复合关系，也不能与动态助词"着"共现，所以此类结构无法将心理感知以"持续状态"的方式表达出来。

新兴的"A 并 B 着"构式则尽显其表达优势。它不仅能通过"并"表达出所感知的"交织并存"关系，同时还借助"着"将感知内容以"持续状态"的方式呈现。"需要乃创造之母"，"A 并 B 着"构式正是为适应能同时满足这两个表意诉求才出现于汉语中的。

还有，"又/既 A 又 B"与"A 而又 B"，其中的两个变项的关系只能是加合式的平等并列，无法表达出两个变项间其他复杂化的语义关系（见本节三"'A 并 B 着'构式的表意特点"）。而在这一点上，恰恰是"A 并 B 着"构式的表意优势。可以说，以简短形式来装载丰富而独特的内容，是"A 并 B 着"构式迅速被社会接受并跻身于汉语构式行列的一个重要因素。

第三节　最简因果构式"因为 A，所以 B"

一、最简因果构式及构式义

近十年来，汉语中有一种特别时尚的新兴因果复句，被越来越多的人所模仿与使用，甚至于像《人民日报》《中国青年报》《北京青年报》和《文汇报》等国内主流报纸近年来也都接纳了这种新兴的话语模式。这说明，这种新兴的话语模式已得到了语言社会的广泛认可并进入了主流的话语系统。请看几个例句（本节的例句来自人民网及多种报刊，部分例句来自百度等网络媒体，获取本节语料时最后查寻网络的日期为2014年8月10日）：

（1）a. 因为相信，所以看见（《湖南日报》2014-01-26）
　　 b. 因为懂得，所以温暖（《中国青年报》2005-03-16）
　　 c. 因为信仰，所以执着（《科技日报》2006-06-23）
　　 d. 因为深爱，所以沉默（《中国青年报》2013-06-04）

这种新兴的因果复句与一般的因果复句在构造与表意上有着一些明显的区别。下面我们分别从形式与表意来详细描述它们与常规因果复句的不同点。

（一）新兴最简因果构式的形式特点

我们看到，上述例句虽然在形式上都是因果关系的"因为 A，所以 B"格式，不过，与传统意义上的因果复句相比，至少有四点不同。一是充当格式中的"A、B"的句法形式有别。在常规的因果复句中，"A、B"以小句或短语为常态，而上述新兴因果复句中的"A、B"两项以单词为常态，小句或短语极少出现。二是复句层次的要求有别。常规因果复句中的原因小句或结果小句中，可以再嵌入别的分句，形成多重复句，而这种情况在新兴的因果复句中是不被允许的，"因为 A，所以 B"只能表示单纯的因果关系。三是复句中因果小句的顺序可否变化有别。常规因果复句有时还可以采用先果后因的倒置格式，而在新兴的因果复句中只能是先因后果，绝不允许出现先果后因的倒置格式。四是使用场合有别。常规因果复句极少用作文章的标题，而新兴因果复句大多是作为文章的标题使用的，所以除了极个别的例句后使用问号或感叹号外，很少使用标点。

克罗夫特（Croft，2005：273）说过："话语是构式的例示。"作为一种新兴的因果复句，其形式上这四个不同于常规因果复句特点的出现绝非偶然，因为构式是一个"形义配对体"或"形式-功能配对体"，一定的句法形式与特定的意义之间具有约定俗成的自然关联。所以，我们将这种结构与表意都极其特殊的因果复句称作"新兴最简因果构式"。那么，该构式有别于常规因果复句的特殊语义（构式义）到底是什么呢？

（二）新兴最简因果构式的构式义

要把握这一新兴因果构式的构式义，必须从其特殊的形式出发来破解其构式义的构成。

一是构式所采用的复句形式。形式是意义的表征，新兴因果构式表达的最基本信息是因果关系。

二是构式的变项"A、B"均以单词为常态。简单与信息的凸显直接相关，所以，新兴因果复句与一般复句的表达在语用上更能体现对变项"A、B"所代表的核心信息的强调与凸显。

三是新兴因果构式中两个小句顺序的固定化。常规的因果复句虽然都以原因小句居前，结果小句殿后的方式出现，但也可以根据表达的需要采用因果倒装的顺序。根据语言信息结构的一般原则，常规复句先因后果的安排顺序以突出对结果小句所表达信息的强调，非常规的倒装顺序是为了突出与强调后置的原因小句所表达的信息。而新兴因果构式两个小句顺序的固定化，说明该构式并无单纯强调原因或结果的表达诉求，再结合构式中两个变项均以单词为常态的信息特点，我们可以推知，说话者使用新兴因果构式，其语用动机正是要表达出对原因与结果的同时凸显与强调。这是该构式义中一个不容忽略的语义特点。

四是新兴因果构式一般都用于文章标题的使用特点。我们只发现几例用于非文章标题做小句定语的"因为A，所以B"构式，而且用的都是"因为爱，所以爱"。请看：

（2）a. 宋晶清：<u>因为爱，所以爱</u>的好儿媳（《齐齐哈尔日报》2013-07-24）

　　b. 这样一位毕生不过是"捏玩具"的老人，一位只是"<u>因为爱，所以爱</u>"的职业人在他驾鹤西去时，赢得了世人真诚的感动和发自心底的敬仰。（《湖南日报》2014-03-25）

　　c. 但他还是把自己视为一名"公办教师"，并把"<u>因为爱，所以爱</u>"当作自己的座右铭，舍身"融进"了山区小学任教。（人民网·广西频道2014-01-09）

新兴因果构式这种一边倒的使用于文章标题的语域说明，该构式之所以采用了以变项"A、B"以单词为常态的简约的表达方式，是因为以文章主体为依托与保障来补足所省略了的次要信息，这样才能保证接受者准确而全面地了解话语所表达的全部信息，并能保证对原因与结果同时予以强调的语用目的。以"因为爱，所以爱"为例，如果没有语境的帮助，它到底是要表达"因为被别人爱，所以爱别人"，还是要表达"因为爱别人，所以被别人爱"？抑或是要表达其他的意思，光从这六个字中无法确认，需要其他的文字做补充才能明了。简约是为了突出与强调，而简约又是一把双刃剑，它在使信息得以突出与强调的同时，有可能遗漏了一些理解构式全部语义与信息的相关内容。所以，表达的简约性与语境依赖性是构式义的又一特点。

据此，我们将新兴因果构式的构式义概括为：以简约方式对原因与结果同时予以强调。

下面，我们将结合新兴因果构式的构式义特别是构式中框式成分的变化与进入构式的变项的句法性质来进一步展示新兴因果构式的建构机制与表意机制。

二、最简因果构式的原型构式

新兴最简因果构式的原型构式为"因为A，所以B"。作为一种新兴表达格式的较早使用，可追溯到1943年作家张爱玲短篇小说《倾城之恋》中的一句名言："因为爱过，所以慈悲；因为懂得，所以宽容。"但这种简约的表达格式在此后的半个世纪鲜有模仿。2000年7月，著名歌星谢霆锋创作了歌曲《因为爱，所以爱》，随着该歌曲的走红，"因为A，所以B"这种简约的因果复句才重新引起大众的关注，并作为一种被青年人喜欢与追捧的新兴表达方式而迅速走红网络，逐渐被大众和多种主流报刊所接受。

新兴因果构式"因为A，所以B"是从若干个表达这一构式义的具体语式中概括出的抽象性构式，其中有原型构式与扩展的边缘构式之分。据我们对所有语料的观察分析，该构式共有"因为A，所以B"式、"A，所以B"式、"因为A，所以A"式、"我A，所以我B"式等四个小类。其中，"因为A，所以B"式为原型构式，因为该类格式的构式要素最为齐全，产生也最早，使用频率也最高，所以最能体现新兴因果构式的形式与语义特点。其他三个小类是由原型构式扩展承继而来的边缘构式，它们不仅产生的时间较晚，而且更为重要的是这些构式都是在模仿原型构式的形式与表意特点上形成的，所以，这些边缘构式在形式上又略有变化，其构式义的表达与理解也有赖原型构式"因为A，所以B"的衬托与帮助。

作为新兴的因果构式的原型，"因为A，所以B"在形式上保持了因果复句以成对使用"因为……，所以……"为关联词语的基本面貌，但它对常规因果复句进行了内部构成要素的改造，即把框架中的变项"A、B"由原来的小句精简成以单词为常态。能够充当变项"A、B"的词类最为丰富，考察这些进入构式变项的词类，有助于了解该构式的生成机制与表意机制。

（一）A、B均为形容词

（3）a. 因为"标准"，所以贴心（《福建日报》2013-07-24）
　　b. 因为优雅，所以勇敢（《湖北日报》2013-06-05）
　　c. 因为专一，所以专业（中国遥控模型网 2011-06-15）
　　d. 因为简单，所以美丽（《北京青年报》2004-12-23）

这些例句都出现于标题中，构式的变项均为形容词，要理解句子表达的全部信息需要依赖文章的具体内容。以 a 句为例，光看构式这种简化的表达，读者只能大概了解"标准"与"贴心"之间有一种因果关系，但很难明了"标准"和"贴心"的指代内容以及跟什么对象有关。根据文章的内容可知，"标准"说的是福建省地税部门推行标准化服务，"贴心"指的是这样的标准化服务给纳税人带来满意而贴心的服务感受。同样，光看 b 句"因为优雅，所以勇敢"，读者很难建立起"优雅"和"勇敢"这一对形容词之间的因果联系。翻看文章内容才知，文章报道的是江苏卫视《非诚勿扰》中一位 51 岁的离异女子以巨大的勇气为小她 17 岁的帅哥留灯到最后并成功牵手的故事。文章评论说："这样的牵手，仅有勇气似乎还无法解释全部。仔细分析，在男女嘉宾双双充满勇气的背后，分明站着一个更有力量的东西——优雅。"

可见，新兴因果构式把普通因果复句做了最为精练的信息剪裁，因果分句除了关联词外，仅留下了两个单纯的形容词。显然，这种构式要素的极度简化，是构式特殊的句法与语义机制使然，我们称其为构式的压制作用。我们看到，进入构式的两个从原因小句与结果小句中经过成分的压缩与精简而来的"A、B"，分别是最能代表小句内容的两个信息重心。"A、B"虽然外形上看仍为形容词，但是由于受到构式的压制，句法上不再能够受程度副词的修饰，语义上则具有了指称与其性状相关联的某一事件或事物的功能，所以，变项位置上的两个形容词在构式中仍然各自扮演着一个潜在的短语或小句的功能。也就是说，在形容词进入构式的过程中，说写者有意地让其经历了一个"去性状化"的语义演变过程，并让其经历了一个"动态化"与"描述化"的语义隐形过程。而听读者在理解与接受整个构式义时,则须经历一个从文本信息来补足省略信息以重新构建与形容词的性状相关联的"事件"的"动态化"与"事物"的"描述化"和语义还原的过程。

(二) A、B均为动词

(4) a. 因为热爱,所以折腾(人民网·家居2012-06-07)

　　b. 因为舍,所以得(《钱江晚报》2012-05-11)

　　c. 因为冲突,所以交流(《人民日报(海外版)》2012-08-13)

　　d. 因为"尊敬",所以灌醉(《人民日报》2013-01-29)

处于句法核心的动词在句子中是表示"活动"与"事件"的核心成分。上述纯粹由动词充当变项的构式中,同样,由于构式的压制作用,两个动词不仅不能带宾语、状语,而且也不能加入与动词相关的时体成分,这说明,这些动词在进入构式时也经历了语义上的"去活动化"与"去事件化"的语义演变,并相应地经历了一个"动态化"或"叙述化"的语义隐形过程。理解构式所表达的全部信息,则需要说听者根据特定的内容对信息的补足与还原,即与动词所代表的"活动"与"事件"进行"动态化"或"叙述化"的还原过程。

(三) A、B均为名词

(5) a. 因为卡车,所以朋友(中国卡车网2014-02-28)

　　b. 因为萧敬腾,所以《最美和声》(《新华娱乐》2013-07-03)

　　c. 因为刘翔,所以约翰逊(《竞报》2006-12-26)

　　d. 因为暖冬,所以流感?(《钱江晚报》2014-01-29)

名词表示"事物",但在上述纯粹由名词担当变项的构式中,这些名词的句法与语义上同样受到了构式的压制,句法上表现为名词不再体现其能被数量词修饰的典型功能,语义上也不再表示事物。也就是说,这些名词在构式中经历了"去事物化"的语义过程,由于构式语义的强迫与诱导,这些名词在语义上临时具有了指代与其所代表的事物相关的"活动"或"事件"的"动态化"或"叙述化"的隐性语义功能。完整地理解构式的全部信息,有赖于听读者根据文本或话语进行"动态化"或"叙述化"的还原。

(四) A、B为两种词类混搭

(6) a. 因为荒谬,所以收藏(《东方早报》2008-11-11)

　　b. 因为奉献,所以高尚(《湖北日报》2013-06-13)

　　c. 因为无知,所以偏见(《文汇报》2012-08-05)

　　d. 因为梦想,所以坚定(《郑州日报》2014-03-05)

e. 因为"接地气",所以"正能量"(昆山政府网 2013-01-17)
　　f.《因为有梦,所以远方》(尹文思:湖南文艺出版社,2014)

上例中的 a、b 为动词与形容词混搭,c、d 为名词与形容词混搭,e、f 为动词与名词混搭。另外,还有个别例子中的"A、B"是区别词与形容词、动词混搭型的:

　　(7)a. 香港男子手球队队长:因为业余,所以快乐(新华网 2013-09-06)
　　b. 因为中等,所以一直在等——中等美女(《北京青年报》2003-09-01)

这些由不同词类混搭而成的新兴因果构式,其中充当变项"A、B"的动词、形容词、名词和区别词,均在构式表意机制的作用下经过对小句或短语的成分压缩而来。在句法上,动词所经历的是"去活动化"或"去事件化"的语义过程,形容词经历的是"去性状化"的语义过程,名词所经历的是"去事物化"的语义过程,区别词经历的是"去限定化"的语义过程。相应地,各类词也都经历了与之相关"活动"与"事件"的"动态化"或"叙述化"的语义隐形过程。

三、新兴因果构式的几种边缘构式

"因为 A,所以 B"构式是一个以"因为 A,所以 B"为核心或原型构式而构建的构式群,通过原型构式的示范作用与语义的传承性而建成了一个形式相似、意义相近的构式网络。在广泛取证的基础上,我们共收集到三种边缘的新兴因果构式,下面分别描述。

(一)"A,所以 B"式

边缘构式来源于对核心构式的模仿,"A,所以 B"式在仿造原型构式"因为 A,所以 B"式的同时,承继了原型构式的形式与表意特点,并对其框式成分进行了进一步的改造,让框式中表结果推导的关联词"所以"单独起着标明小句间因果关系的功能。这类构式中的变项"A"以单词为主,变项"B"则以短语居多。例如:

　　(8)a. 孤单,所以专注工作(《京华时报》2006-12-01)
　　b. 奢侈,所以你该多缴税(《中国财经报》2006-01-24)
　　c. 喜欢,所以留下(《西藏日报》2009-11-20)
　　d. 年轻,所以拥抱"超短"(人民网·海南视窗 2003-07-06)

也有一些构式中的变项"A"是动词性的短语。我们看到,随着变项"A"的复杂化,即由原型构式的单词变为短语,变项"B"也有了单词化的倾向，也就是说，变项"A"的复杂化与变项"B"的简单化有一种倚变关系。请对比：

(9) a. 缺钱，所以缺底线？（《羊城晚报》2013-05-30）
　　b. 爱你，所以踩低你？（《信息时报》2008-12-16）
　　c. 郭晶晶：忘记过去，所以轻松（《新华社》2005-03-04）
　　d. 刘翔：懒得酷，所以酷（《北京晨报》2004-09-14）

a、b中的变项"A"都是字数最少的动宾短语，所以，变项"B"就得是字数相对较长的动宾短语；而c、d中的变项"A"都是字数相对较长的动词短语，所以，变项"B"就可以用一个单词来表述。这种变项之间的简单与复杂的对应关系在原型构式"因为A，所以B"中是不存在的：

(10) a. 父亲嫌子女太笨毒打3年，自称：因为爱，所以打（人民网·海南视窗2009-11-18）
　　b. 逢"三"未婚便是剩：因为宅，所以剩（人民网·上海频道2010-03-08）
　　c. 因为"被规则"，所以"被绩效"（《羊城晚报》2010-01-27）

a、b两句的变项"A、B"都是只有一个字的动词，体现的是"同简"；而在c句中变项"A、B"都是两个介宾短语，又体现出"同繁"。虽然追求最简的表达效果是新兴因果构式的共性特点，但是这种要求还受到话语表达的信息要清晰明白的语用准则的限制。因此最简的形式要求在不同的构式框架中的落实情况就可能有别，这可以解释为什么原型构式与边缘构式在用词选择上会有所不同：因为前者有完整的因果关系框架，所以可以实现变项的最简条件；而"被规则"与"被绩效"虽然表面看并不最简（"同繁"），但这两个介宾短语所表达的特殊的语义关系不可能采用省略介词的方式来进行，所以从语用上看还是一种最简的表达。"A，所以B"中，由于原因小句中关联词语"因为"的缺失，句中的变项"A、B"就不可能像原型构式那样能实现彻底的最简。这种繁简的关系还可以从是否可以增加或省略原因小句中的关联词语"因为"上看出来。

(9′) a. 因为缺钱，所以缺底线？
　　b. 因为爱你，所以踩低你？
　　c. 郭晶晶：因为忘记过去，所以轻松
　　d. 刘翔：因为懒得酷，所以酷

上例各句都在例(9)的基础上增加了关联词语"因为"，增加后句子的因果关系更加显赫，但仔细品读，这些句子都变回到了常规因果复句的表达方式，不再是新兴的因果构式了。原因很简单，此时句中的变项"A、B"

至少有一项是短语，再采用"因为……，所以……"的全息表达，自然不能实现表达的最简，所以不符合新兴因果构式的起码要求。而在原型构式中，原因小句中的"因为"几乎都可以省略，当然省略后的构式就是其变式"A，所以B"。所以，追求形式的最简，或许是变式"A，所以B"形成的一个重要原因。

（二）"因为A，所以A"式

（11）a. 因为爱，所以爱（人民网·时尚2013-12-10）

b. 迈克·本田：因为痛，所以痛（新华网2007-08-01）

c. 因为爱，所以更多爱（中华慈善新闻网2014-01-16）

"因为A，所以A"式是在保留原型构式框架的基础上故意把其中的两个变项的外形进行了同一化的处置。从表面上看，两个变项"A"的所指似乎相同，其实，这只是作者故意用词语的同形而营造的一种假象，它有引发读者要弄清话语究竟说的是什么的阅读冲动。以最常见的（11）中a"因为爱，所以爱"为例，两个"爱"究竟说的是怎么一回事还真不易判定，一般人可能会做出"因为我爱你，所以你爱我"或是"因为你爱我，所以我爱你"的语意解读。但是阅读文章后方恍然大悟文中两个"爱"的具体所指："自恋：因为爱，所以爱；因为你爱我，所以我爱我；最爱我的人是你，我最爱的人是我。"b句是新华网一篇文章的题目，看了文章内容才了解到，"因为痛"指的是日本发动的侵略战争给自己造成的痛苦经历，而"所以痛"则指的是战争带给人类的痛苦。这句话如果用完整的话语表达就应该说成"因为他经历过战争的痛苦，所以他更能体会战争给人类带来的痛苦"。其他例子中两个变项的情况也是作者为吸引读者而故意设的语言谜局。

（三）"我A，所以我B"式

表面上看，这类变体以"我……，所以我……"为固定的框式成分，实际上，这种变式是将"A，所以B"中的两个变项由单词形式改变成了以"我"为主语、以"A、B"为谓语的两个主谓小句。故而这类"我A，所以我B"式其实是"A，所以B"变式的另一个小类。两个主谓小句之间的因果关联仅靠"所以"来标明。

（12）a. 我合法，所以我选择（《晶报》2004-04-09）

b. 我坦率，所以我美丽！（网易综合2003-08-06）

c. 我清醒，所以我困惑（人民网·艺术收藏2004-02-05）

d. 我劳动，所以我光荣（《广州日报》2009-05-01）

如果将两个变项中的主语"我"去掉，就是标准的"A，所以B"变式。人们会问，既然新兴因果构式以追求极致的简洁与直接为表意的目标为特色，为什么会不避啰唆地"我A""我B"呢？我们认为，两个小句的变项都以"我"为主语，具有特殊的语用上的考虑：其一，不分使用者的身份与角色一律以第一人称"我"的口吻来表述，是一种"以我观物"的表达视点，反映并突出的是一种说写者对所述主体行为与性状的肯定与移情；其二，"我"的接连出现，能够最大限度地表达出说写者个性的彰显与主观性的融入，具有浓郁的时代气息。因此，这种构式中的两个"我"是不可或缺的。同时，原因小句前的介词"因为"绝对不能出现，否则就变回到了普通因果复句。因此，它与新兴因果构式追求的最简表达风格并不矛盾。

四、新兴因果构式的语境变异与小句化演变

新兴因果构式"因为A，所以B"是以简约方式对原因与结果同时予以强调。这种构式因为大都以文章的标题出现，形成了以追求文字的最简为特色的构式特点，它同时满足了文章标题简洁明快的实际需要，又符合当代青年群体追新逐异的语言使用心理。它既摆脱了普通因果复句不能用于文章标题的使用局限，又在表达上满足了以最精练的文字表达较复杂信息的语用需要。新兴因果构式的成形与使用，是对汉语表达方式的一种大胆的革新与解放。语言的基本功能是传递信息，以尽量简短的形式表达尽可能多的内容是人类语言所寻求的共同目标。虽然新兴因果构式很好地解决了文字简洁与信息量大的矛盾，但正如前文第一小节所述，简洁是一把双刃剑，它在刻意追求文字简洁、表达新奇的同时，也可能造成某些重要信息的遗漏或是理解中的一些困难。所以，在新兴因果构式的具体使用中，出现了一些在构式前后附加一个信息点予以修补的现象。这个信息点的作用在于提示因果关系的表述对象或范围，或是表达文章的观点与意见，使得标题的表意更明确、更有对象感。这个附加的信息点（可标为"X"）可能出现的位置有三种：构式前、构式后、构式前后。

（一）"X：（因为）A，所以B"式

（13）a. 女安检员马银：因为爱，所以爱（《新华法治》2014-02-13）
　　　b. 时尚潮流：我时尚，所以我裸露（《深圳都市报》2004-02-19）
　　　c. 东方红：因为相信所以看见（《湖南日报》2014-01-26）
　　　d. 韩国偶像剧：因为美，所以爱（《北京日报》2014-02-20）

这几例中的附加信息位于构式之前，一般是一个名词或名词性短语，其作用是提示、表明因果构式表达的对象与范围。

（二）"（因为）A，所以 B：X"式

（14）a. 因为失去，所以珍惜：世乒赛男单金牌成争夺焦点（《解放日报》2005-04-25）

b."因为红所以贵"：周杰伦写首歌价值 10 万（人民网·海南视窗 2002-05-25）

c. 专注，所以专业：佳能 EF 镜头常见代码简介（人民网·摄影产品 2006-04-11）

d. 因为贪，所以色："色腐"是另类的卖淫嫖娼（《新京报》2013-09-23）

这几例中的附加信息位于构式之后，一般是一个小句，其作用是概括与总结，即进一步对因果构式表达的信息予以必要的说明与评述。

（三）"X1：（因为）A，所以 B：X2"式

（15）a. 椰城情感实录：因为爱，所以爱——寂寞是因为难忘怀（人民网·海南视窗 2003-03-04）

b. 舒马赫：因为快乐所以继续——老婆是护身符（《体坛周报》2005-03-07）

c. 崔健：摇滚乐面对的困难更多——因为恐惧所以批判（《南方体育》2003-10-24）

d. 广西桂林边检站林程：因为热爱 所以坚守——政工舞台实现"军人梦"（人民网·法制 2013-05-30）

上面几个例子都在构式的前后出现了附加的信息。其中居于构式前的"X1"以名词性成分为主，起的是为构式的表达提示所指对象与范围的作用。而居于构式之后的"X2"则以小句为主，起的是对构式表达的信息做进一步的概括与说明的作用。

（四）"因为 A，所以 B"多项式

所谓"因为 A，所以 B"多项式，指的是由两组或两组以上的原型构式"因为 A，所以 B"连用而构成。与新兴因果构式常用于文章标题的用途不同的是，这些连用而形成的多项式只能用于文本之中，其作用在于以连锁的因果关系深入揭示所述、所议事理所包含的错综复杂的因果关联。构式的多项式又分为两个次类：一类是顶真型多项式，形成"因为 A，所以 B；因为 B，所以 C"连环顶真式的因果复句的连用。顶真型多项式以两组连用居多，有时也有多于两组的连用情况：

（16）a. 因为经历，所以懂得；因为懂得，所以珍惜。（新浪播客，2012-05-23）

b. 因为专注，所以专业；因为专业，所以卓越。（ymsodm.com. 2014-07-17）

c. 因为专注，所以敬业；因为敬业，所以专业；因为专业，所以卓越。（《城乡导报》2009-02-11）

另一类是延展型多项式，以"因为 A，所以 B；因为 C，所以 D"的形式绵延展开。这类多项式因果复句以两组连用居多。有个别的用例采用的是"因为 A，所以 B；因为 C，所以 B；因为 D，所以 B"的展开方式。

（17）a. 因为爱过，所以慈悲；因为懂得，所以宽容。（张爱玲：《倾城之恋》，北京十月文艺出版社，2006）

b. 我的中国梦：因为坚守，所以感动；因为平凡，所以伟大。（人民网·青海频道 2013-11-12）

c. 你们因为有缘，所以结缘；因为有份，所以不分；因为有爱，所以依赖；因为有情，所以温馨；因为快乐，所以幸福。（《齐鲁晚报》2013-10-31）

d. 因为不安，所以青春；因为茫然，所以青春；因为彷徨，所以青春；因为孤独，所以青春；因为忐忑，所以青春。（金兰都：《因为痛，所以叫青春》，广西科学技术出版社，2012）

（五）"A，所以 B"的小句化

新兴因果构式在使用的过程中，还发生了一些值得关注的结构变化，即原因小句与结果小句之间的句法界限消失，出现了合因果复句为单一小句的语法化演变。

（18）a. 明星超生：有钱所以有特权？（《齐鲁晚报》2013-06-08）

b. 石油巨头不承担"政策性亏损"：财大所以气粗？（《燕赵都市报》2007-12-14）

这种化复句结构为单句结构的演变是因为新兴因果构式以文字的简短为时尚，客观上造成了因果两个小句体形小而带来的独立表意能力差、结构具有依赖性等一系列特点。如前面例（15）中的 b、c 两句"所以"前就没有用逗号相隔，这是因小句结构简化带来的独立性较弱而出现的"抱团取暖"的结构上的凝聚现象。上例两句结构上的凝聚性又有了强化：不仅"所以"前不用逗号，而且连原因小句中的"因为"也省去了。所以从结构上看，更像一个单句。其实，这种化复句结构为单句的结构演变在汉语的其他复句中也颇为常见，并不稀奇。如：

（19）a. 只有社会主义才能救中国。　　b. 说了也是白说。

c. 人穷志就短。　　　　　　　　d. 有钱能使鬼推磨。

上例各句表达的都是复句的内容，而采用的又都是单句的形式，但它们又不是人们常提的紧缩复句，有的语法著作会把它们当作单句来处理。可见，它们是复句向单句演化过程中的一种过渡现象，应该引起我们的关注与研究。

五、新兴因果构式产生的动因及功能

（一）新兴因果构式产生的认知驱动力

新兴因果构式的产生得益于认知驱动力的强力推动，人的思维的发展与进步，社会的开放与价值观念的多元化等多种因素的存在，必然会在语言中得到体现。新兴因果构式的产生除了当下青年群体语言上力求体现出他们追求新奇与简洁的表达个性之外，还有认知创新的内在动力。这一点可以从构式表层的因果关系中反映的对变项"A、B"多重的深层语义关系的统一改造上找到构式产生的创新动力。

1. 变不相干为因果

（20）a. "船长"刘锦泽：因为萧敬腾，所以《最美和声》（《新华娱乐》2013-07-03）

b. 因为缺失，所以感动（《齐鲁晚报》2013-07-03）

c. 阿加西：打网球是一生的错误——因为自恋，所以成功（《东方体育日报》2009-11-18）

d.《哈7》网译：因为喜欢，所以侵权？（《北京晚报》2007-08-22）

上例四句中构式变项"A、B"之间在语义上本来互不相干，但是进入构式后，却被强行地指定为因果关系。这样拉郎配式的因果关系，会让人产生一种错位感与陌生感。要理解其间的因果关系，恐怕除了靠文章内容的帮助外，别无他法。以 a 为例，变项"A、B"分别是"萧敬腾"和"《最美和声》"，一个是人名，一个是娱乐节目的名称，表面看来确实很难建立起这两个不相干的名称之间的因果关系。看了文章的内容才知道，原来"'船长'刘锦泽最终选择参加北京卫视的《最美和声》节目，是因为节目导师中有自己喜爱的摇滚偶像萧敬腾。"同理，上例中其他各句中的变项"缺失"与"感动""自恋"与"成功""喜欢"与"侵权"之间由不相干变成了构式所体现的因果关系，都是靠了认知的驱动与张力，靠了语境的帮助才得以实现的。

2. 变对立为因果

（21）a. 因为难，所以成功！（《京华时报》2004-12-13）

　　　b. 殷铁生：因为爱，所以离开（《京华时报》2005-02-03）

　　　c. 25吨大铲车追着我不放　因为顺风，所以迟到（《北京娱乐信报》2005-04-11）

　　　d. 因为荒谬，所以收藏（《东方早报》2008-11-11）

在普通人的观念里，"难"与"成功""爱"与"离开""顺风"与"迟到""荒谬"与"收藏"之间存在着一种矛盾对立的关系，因此我们一般都会说，"因为事情难办，所以办得不成功""因为爱着对方，所以不离开""因为路上顺风，所以不会迟到""因为某物荒谬，所以不值得收藏"。但是世界上的事物是复杂的，人的认知更是多样的。把本来矛盾对立的事物或现象变成反认知常规的因果关系，可以深刻地揭示貌似矛盾的事物与现象之间所存在的深层次的实质关联，更容易引发人们对构式表达的内容的关注。由此，我们能够看到认知驱动力对构式生成的巨大作用。

3. 变类同为因果

（22）a. 因为新锐，所以引领（人民网·新闻战线 2007-07-25）

　　　b. 因为创新，所以不同——洗衣机亮点技术盘点（人民网·海南视窗 2013-12-05）

在这两个构式中，变项"A、B"分别是"新锐"与"引领""创新"与"不同"，"A、B"之间存在着明显的类同性关系。因为"新锐"意味着"引领""创新"意味着"不同"，用词虽然有别，但语义上是相似的或类同的，说写者有意将两个类同的概念放入了新兴的因果构式，着意将其转化为新奇的因果关联，让人产生认知的深化与观念的革新，在此，我们看到的是构式的建构中所体现的认知拉力。

4. 变相关为因果

（23）a. 外星生命探索展登陆上海：因为强大，所以可憎（人民网·海南视窗 2009-06-23）

　　　b. 刘翔自曝世锦赛夺冠爆粗口：因狂傲，所以强大（新华网 2008-01-02）

　　　c. 中国俏女子在加拿大：我坦率，所以我美丽！（网易综合 2003-08-06）

"强大"的事物可能"可憎"，也可能"可爱"；"傲"的人可能真的"强大"，也可能是盲目自大的结果；"坦率"只能说与"美丽"相关，但并非因"美丽"使然。总之，在这些构式中的变项"A、B"之间，只存在某种相关性、可能性的联系。可是，通过构式表意的强行重组，建立起了两个相关性概念之间的因果关系，让人们重新认识事物与现象表层关系下的实质内核，表达新奇而发人深省。

5. 变条件为因果

（24）a. 因为选择，所以无悔（《南方日报》2013-09-03）

b. 菲《商报》名誉社长于长庚：因为热爱，所以执着（人民网·华人心声 2005-11-30）

按照人们一般性的理解，只有做出了"选择"，才有"悔"与"无悔"之说；"热爱"是"执着"的先决条件。可见，这些例句中的变项"A、B"之间体现的是一种条件与结果的关系，最自然的表达应该是"只有A，才能B"的条件关系。正所谓见仁见智，说写者硬是将两种动作行为间的条件关系拉进了构式一变而为崭新的因果关系，构式所表现出的特殊的因果关系的形成靠的仍然是认知力的拉动。

（二）新兴因果构式的修辞功能

新兴因果构式的修辞功能，必须通过与常规的因果复句的对比才能显现。事物的存在、事件的发生都不可能是孤立的，因果关系是人们在分析事物的成因，事件与活动的联系过程中发现的基本关系。那么，同样是表达因果关系的表达，之所以还会在原有的常规因果复句的框架图上创造出另一种新的构式，一定有某种修辞的因素的促动。谭学纯、朱玲（2001：7）在评论布莱恩特有关修辞的功能为"使观念适应人，使人适应观念"的观点时指出："'使观念适应人'是思想的修辞化，'使人适应观念'是建构修辞化的言语人生。"谭、朱的观点极具启发性，我们将从这两个方面来讨论新兴因果构式的修辞功能。

1. 思想的修辞化

谭学纯、朱玲（2001：64）指出："人是语言的动物，更是修辞的动物。"新兴因果构式从常规因果复句的母体中诞生，它虽然沿袭了因果复句的关联框架并以因果关系作为构式最基本的语义表达，但是，新兴因果构式之所以成为一种崭新的构式才获得大众的青睐，绝不是简单地对常规因果复句的模仿就能达到的，它的构式地位取决于其经历的对常规因果复句脱胎换骨的改造。这种改造使其具有了言简意赅、同时突出因果两个信息重心、突破了常规因果复句的使用语域直接用于文章标题等新颖而独特的语用功能，而这些表意的新颖性与使用语域的拓展性，都是为了使新的观念适应人们交际的需要进行修辞运作的结果，是作为"修辞的动物"的话语使用者为了达成"思想的修辞化"对常规因果复句进行大刀阔斧的修辞改造的直接成果。用语的新奇怪异和突破常规是当下青年文化的重要特性,已有的常规因果复句为新兴因果构式提供了赖以进行观念创新的修辞平台,新的表达诉求则是新的表达样式诞生的催产剂。新兴因果构式合理地利用了文章标题用语精练、观点概括鲜明的语用需要,并将经过修辞化了的新思想与新观念用新的构式巧妙地包装在文章标题中首先亮相,构式还充分利用了语篇信息对标题信息的补偿策略,对常规因果复句做了最大限度的文字精简,形成了以"因为A,所以B"为原型的新兴构式。虽然受构式压制作用,变项"A、B"均以单词形式为常态,结构上进入了一种"拒绝语言单位在结构上再扩展的可能"的"修辞封闭"状态(谭学纯、朱玲,2001:33),但是,这些"修辞封闭"状态只是新构式为凸显"思想的修辞化"而特意加注的"构式标签",一旦新构式与新观念的表达建立起了稳定的联系,并被受众所接受,新兴构式随之而来的是新一轮的修辞活动的介入,这一活动就是话语大众"建构修辞化的言语人生"的审美体验与审美创造过程。

2. 建构修辞化的言语人生

新兴因果构式以其特有的语用功能一跃成为当代网络语言竞相模仿的样板,在原型构式"因为A,所以B"的基础上,"A,所以B"等边缘构式以及小句化的"A所以B"也迅速出现,新兴构式的这种扩展过程,既是构式巩固疆域的过程,更是作为话语主体的大众自觉参与修辞活动建构修辞化的言语人生的美学体验过程,即"使人适应观念"的修辞性话语的创造过程。理论一旦被群众掌握,就会成为强大的武器,思想修辞化的过程完成后,新兴因果构式随即就以其特有的"美质"而吸引话语主体积极投身于体验创新、建构美质的修辞活动中来。原型构式"因为A,所以B"与扩展构式"A,所以B"等,因为有常规因果复句的语义牵引,为解读者提供了释放个性识解与体悟的自由空间,并在多元化的文化语境中由话语的被动接受者成为修辞化的美学人生的缔造者与体验者。由于大众的话语力量的助推,进一步扩展了新兴因果构式的使用语域,原来只能用于文章标题中的"因为A,所以B",开始进入叙述文本,同时,它把众多非因果关联的变项"A、B",通过构式的力量强行地以简洁的因果关系而出现在新兴构式中。语言在完成话语大众一次次的审美体验中,建构了丰富而灵动的修辞化的言语人生。新兴因果构式以其鲜活的形式、独特的认知内容和修辞功能而成功地在常规因果复句的领地中争得了生存权，并在汉语众多构式中赢得了宝贵的一席之位。

第四节 婉曲批评构式"被X"

一、新兴构式"被X"的兴起与研究

"被自杀"之类的"被X"结构是2009年度热词。由国家语言资源监测与研究中心网络媒体语言分中心、商务印书馆等单位联合主办的"汉语盘点2009"网络征集年度字词征集活动中，"被"字当选为"2009年度汉语第一字"。中国新闻网2010年2月6日曾有过报道："'汉语盘点2009'网络征集的年度字词6日在此间新鲜出炉，'被'和'民生'分列国内字、词的第一，反映了网民对当下情势的心态。"新华网2010年3月5日更是宣称："2009年，'被'字当选国内年度汉字。我们走入'被式语言'的时代……"

（一）"被X"的兴起

据说"被X"最早的用例是"被自杀"：2007年8月，多次举报安徽省阜阳市"白宫"问题的举报人李国福被颍泉区检察院以涉嫌贪污受贿起诉，后李国福因身体状况欠佳被转移到安徽省第一监狱医院接受治疗，随后李在监狱医院死亡，报告称自缢身亡。于是，质疑李国瑞自杀真实性的"被自杀"就被创造了出来并被网民广泛传播。随后，一系列"被X"的词语开始被创造出来。据于全有、史铭琦（2011）的考察，其实早在1993年，汉语中就出现了本节所讨论的"被X"使用的例子（"被吵架"）。后来，这类用法逐年增多：从1996年到2010年这十几年间，每年的用例依次是：2例，1例，1例，2例，4例，1例，4例，2例，3例，3例，6例，5例，6例，102例，202例。可见，新兴构式"被X"只是到了2009年才出现了使用的井喷期。这是于全有、史铭琦从"中国期刊全文数据库（CNKI）"进行检索中所得出的结果，实际上，2009年的"被X"用例远不止102例。刘云（2010）搜索了谷歌2009年10月18日"被就业""被自杀""被增长""被代表"，搜索结果分别高达23800000、25400000、39900000、97900000条，可见"被X"词族使用量与影响力之大。且看2009年出现于正规媒体（主要指正式出版的报纸）上的"被X"的部分用例：

(1) a. 我们"被繁荣"(《燕赵都市报》2009-08-19)
　　b. 默克尔被"代言"烤肉？(《参考消息》2009-11-04)
　　c. 我们又"被代表"了？(《羊城晚报》2009-08-03)
　　d. 市长来夺地，村民"被学习"(《钱江晚报》2009-08-07)
　　e. 今天，你"被全勤"了吗？(《河南商报》2009-08-18)
　　f. 近千员工"被自愿"自费查乙肝(《羊城晚报》2009-08-11)
　　g. 物价"被下降"？专家析内情(《羊城晚报》2009-08-12)
　　h. 我家"被用水"了(《羊城晚报》2009-08-14)
　　i. 门诊"被省钱"(《羊城晚报》2009-08-21)
　　j. 在一个不大的城市里，猛增1000多个慈善组织、5000多个慈善大使，想要不"被慈善"，恐怕也难以逃脱。(《海口晚报》2009-08-12)

从这些"被X"的使用来看，它反映的是老百姓对社会上不断出现的"被X"现象的不满情绪。这些意见多见于一些报纸网络的时评中。请看几则观点尖锐的评论：

(2) a. "被小康""被就业""被增长""被自杀""被自愿""被退休"……在一些地方，村主任选举的结果可以内定，然后威逼利诱村民投票，让他们"被民主"；有些地方还会组织内部人士上网发帖，左右舆论，让网络论坛"被民意"；有些代表并不能代表民众利益，让民众感觉自己"被代表"了。"被"字诀的本质是，有关方面弄虚作假，欺上瞒下，甚至"强奸民意"。(《东方早报》2009-08-16)

　　b. 近年来有一些调查数据让人们感到困惑。比如，在"认同度""幸福感""快乐值"等问题上，往往是农村人高于城市人，不发达国家高于发达国家。开始人们怀疑这些调查公司跟统计局一样，让人们"被幸福"，事实未必如此。但是，如果拿这些数据来证明决策的成败，恐怕大有问题。因为我们从小就"被学习""被成长"了，我们对进步、发展、幸福和快乐的感受，其实都是"被感受"到的。(《东方早报》2009-08-16)

　　c. 从已经被披露的林林总总的"被事件"来看，"被X"的大都是弱势方。他们无法发出自己的声音，甚至连定义权也只能任由掌握权力的另一方拿去。(《辽沈晚报》2009-08-10)

但是，这种评论并非从语法角度所做的研究，而是从"被X"现象所反映的社会问题的角度所做的时政评论。不过，也有语法学者对这种新生的"被X"用法提出批评的声音：

"'被就业'这一形式的确不能很好地传达被迫开具虚假就业合同这

一社会现象的'精髓'。但对于这种社会现实，我们又不能不给予一个合理的语言表征形式。那么究竟该如何表达呢？显然，'假就业'也不是一个合宜的形式，因为它不仅不能传达、凸显其中的'被动'色彩，而且还会使人误解，以为是毕业生主动作假。……因此，细加推敲，我感觉比较好的办法就是用'被假就业'取代'被就业'"。（王灿龙，2009）

（二）"被 X"现象的研究

自从此类新生的"被 X"用法大量涌现后，很快就引起了很多语法学者的关注。当然，大多数研究者是将此类新生的"被 X"句作为一种新的创造来研究的。下面简单评介一下这些学者的研究。由于文献较多，这里的介绍以北大核心期刊与 CSSCI 期刊的论文为重点。

1. 着眼于社会现象的研究

刘斐、赵国军（2009）分析了"被组合"产生的原因，指出在语法变异背后的实质是社会关系的变异。不过，该文主要还是从社会学的角度来研究的，认为不同类型的"被组合"映射出不同性质的社会事件。付开平和彭吉军（2009）、冯瑞（2010）、李卫荣（2011）等从认知隐喻的角度来分析新"被"字格式所反映的社会现实和语言表达之间的关系，也都是基于语言和社会所存在的共变关系的考察。王开文（2010）认为"特殊被字结构表达了现实生活中由于权利的不平等形成权力滥用，并通过对这种不平等权势的揭示，达到对社会公共管理权利（处置权）的监督，追求、实现现实社会中权利（处置权和知情权）的平衡，最终维护了公众自身的利益。"于全有和史铭琦（2011）指出"被 X"族新语的涌现与流行有其特定的社会文化背景，与一定的社会文化心理密切相关。所以，理解这一特点的形成对于帮助人们进一步认识新兴语法现象与社会因素的紧密关系具有重要的意义。

2. 着眼于转喻生成机制的研究

申屠春春（2011）认为"被 X"构式起因于转喻认知机制的参与和运作，是社会认可及广泛传播的认知动因而导致的语义压制的结果。杨朝丹（2011）也持类似的观点，认为"被 X"是通过转喻映射形成的。冯瑞（2010）指出，经过认知隐喻映射，现实世界中的矛盾已经投射到了语言之中，而"被 X"结构生成是"语法隐喻"的结果。陈文博（2010）认为"被 X"结构的语义从受影响的"遭受义"到"被强迫义"到"被主观认定义"，都是通过对来自不同渠道语义信息的整合，其整合机制有引申、转喻和联想推理，均表达一种受外力作用的强加义。付开平、彭吉军（2009）是用隐喻机制来解释"被 X"现象的："'被 X'是现实世界对语言的隐喻"，并且指出"被 X"体现的是语言的自相矛盾,这种矛盾来自现实世界的隐喻,现实世界是始源域(source domain),语言是目标域(target domain),此隐喻以相似性为基础。但是,这篇文章却把隐喻说反了,因为语言是对现实世界的隐喻,是现实世界存在的事物或现象导致了语言格式的产生,而不是反过来,语言格式造成了现实世界或现象的出现。

3. 着眼于修辞语用的研究

沈家煊(2010)最早从语言的"自反性"对新"被"字结构做了解释:"语言可以用来指称或描述语言自身,这是人类语言区别于动物'语言'的特性之一,叫作语言的'自反性'。用来指称或描述语言自身的语言就是所谓的'元语'。有一种修辞手法就是利用人类语言的'自反性',也许可以叫作'悖引',就是引用大众的某种惯常说法或你我一时一地的说法来形成一种表面的悖逆,常用来达到反讽的效果。"池昌海、周晓君(2012)认为,新"被"字结构属性独特,可看作借助传统"被"字句形式传达特殊信息内容与主观评价的修辞或语用现象。该结构托形嫁接了原结构所具有的构式意义:表被动、示贬义,增加了"含批判"的含义,依托特殊的社会语境实现了复杂而独特的修辞意图。刘杰、邵敬敏(2010)认为"被 X"是一种新兴的贬义流行格式,表示"主观认定并强加于人"的语法意义,同时也包含了"否定、讽刺、无奈、诙谐"等丰富的语用价值。在句法上,"被 X"与典型"被"字句正好形成互补与对立的关系,特殊的语义和独特的语用价值是该格式产生并流行的内部动因,此外还依赖于极为重要的社会和心理认知基础。彭咏梅、甘于恩(2010)认为,"被 X"的准确含义是"在不知情或非自愿、不真实的情况下,非自主地遭遇某种境况",在修辞上多带调侃意味。

4. 着眼于构式的研究

张建理、朱俊伟(2010)认为"被 X"是新构式,但同时指出,这一表达式是对先前的"被"字句的仿拟与引申,其引申义为"X"所代表的行为是非真实的或非自愿的。更为奇特的是,该文认为"被 X"构式有两种构式义,构式义 1 为"相关主体被捏造/谎称实施了 X 行为",构式义 2 为"相关主体因被迫使而实施了 X 行为"。将构式与构式义分离开来是该文的主要理论问题。无独有偶,袁红梅、梁婧玉(2016)将"被 X"构式一分为三,并分别给出了"被谎称或捏造""被强迫"和"遭受"三种构式义。构式语法的核心思想在于其概括性,"被 X"被看作汉语中新兴的构式,但它却有了好几种构式义。可见,两篇文章都存在理论认识上的问题。王寅(2011)指出,"被 X"是"人们在概念化的过程中运用词汇压制手段创造出的一种'新被字构式'。"王文还运用构式语法的分析方法，从语义、句法和语用方面对该新构式进行了描写和分析。该文的不足仍然是没有概括出构式义。

施春宏（2013）从语言系统与现实交际的互动关系、句式构造与句式意义的互动关系、词项和构式的互动关系等多重互动关系相互作用这个角度考察"被自杀"类新"被"字式的句法、语义、语用问题。"被自杀"类新"被"字式在形式和语义两个方面都对常规"被"字句有很大偏离。在考察这种双重背反现象的基础上，探讨了新"被"字式的生成机制，分析了新"被"字式在语义理解上出现多种可能性的根本原因，进而探讨了新"被"字式所具有的特殊语用效应产生的基础。

虽然目前已有多篇新兴的"被 X"结构的研究文献，但是，很多与该类格式直接相关的问题仍然没有解决。"被 X"结构是与传统"被"字句平行的另一种"被"字句吗？该类新生的用法到底新意何在？即在句法、语义与语用上与传统"被"字句有何不同？如果将该类结构看作新兴构式，在形式、语义上有何依据？该构式的构式义又是什么？新生的"被 X"的表意机制到底是怎样的？这些问题在现有的研究中虽然都有涉及，但还不是很清晰。

本节的观点是，新兴的"被 X"结构是一种新的构式，而不是与传统"被"字句平行的另一种"被"字句，它有其独立的句法形式与语义的匹配，有着特殊而统一的构式义，有其独特的语用功能。立足于此，我们将从构式语法的角度对其进行全面而系统的分析，力图使上述疑问能有一个明确的解答。

二、新兴构式"被 X"的句法创新

作为一种被使用者特别青睐和广为研究者关注的新格式"被 X"，一定在形式上有不同于传统"被"字句的一些特点。对比传统"被"字句的句法形式，我们认为，新"被 X"格式在句法上的创新表现在如下几个方面。

（一）改变了"被"后成分"X"的类

众所周知，能够进入传统"被"字句中充当谓语核心的必须是及物动词。如"小王被妈妈骂了一顿、我的手机被老师没收了"，两句中的动词"骂""没收"都是及物性的。不及物动词无法进入该位置，如"他被死了""早晨小王又被病了"等都是不能说的。但是，新兴"被 X"格式中，这种限制被打破了，而且这些不及物动词常常是"被 X"中"X"的主体成员。

1. 不及物动词。不及物动词是新兴"被 X"格式里最常见的成分。该格式的最早用例是"被自杀、被就业"等。请看一些具体的用例：

（3）a. 网瘾少年"被发烧"致死？（《网络导报》2009-08-14）

b."被自杀"是中国第五大发明，将获诺贝尔发明奖。（新浪博客 2008-05-11）

c. 单身女莫名变成人妻遭"被结婚"。（中青在线 2010-03-10）

d. 我就业啦，就业啦，太兴奋了，而且是在不明真相的情况下被就业的！（天涯论坛 2009-07-12）

e. 换句话说，当经济"被发展"的时候，事实上是在鼓励寅吃卯粮式的消费。（价值中国网 2009-08-04）

f. 负增长比"被增长"更可怕（人民网·强国社区 2009-08-10）

g."被失踪"是一种恐怖行为（《南方周末》2008-12-19）

h."被就业"是场罗圈儿架（《北京晚报》2009-07-29）

i. 卫生部长是如何"被出诊"的（《文摘报》2009-08-30）

2. 名词。由名词构成的"被 X"有："被民意""被爱心""被特长""被奥数""被专家""被单位""被智慧""被富豪""被小三"等。下面是具体的用例：

（4）a. 本月初，中国遭遇了一次"被北极"。欧洲某知名媒体引述一个研究所发布的关于北极地区的报告称："北极地区可能成为中国着手界定自己全球战略利益的另一块区域。"（人民网 2010-03-12）

b. 我从来没"被潜规则"过，我就是在录节目时说了说演艺圈里"潜规则"这点儿事儿，怎么就被说成我"被潜规则"了？（扬子晚报网 2010-03-08）

c. 房地产业，这些年其实一直"被支柱"。（南方报网 2010-01-20）

d. 对计算机来说，我相信这是一个"被错误"。（《南都周刊》2010-03-05）

e. 那些原本在小康达标水平之下的群众，一夜之间就"被小康"了……（《抚顺晚报》2009-08-03）

f."被网瘾"也许是被误读（浙江在线 2009-08-27）

g."被中考"敲响"严堵舞弊空间"的警钟（中国网 2009-07-21）

充当"被"后"X"的成分，还有一些是数字或英文字母，其实这些符号性的成分，也是名词性的。如：

（5）a. 好像这是网络上铁打的定律，红人都将被"PS"一把。（王寅 2011c 例）

b. 2009 年 2 月 4 日……刘绍勇称东航前途渺茫，被"ST"已成铁

定事实。（同上）

　　c. 教育部称67%公众赞成汉字调整。网友调侃被 <u>67%</u>。（《济南时报》2009-08-25）

　　d. "中国被<u>G2</u>"不可轻信美国花言巧语（新华网 2009-08-05）

3. 形容词。充当"被"后"X"的，有不少是形容词。如：

（6）a. 我们似乎已经生活在一个"被<u>繁荣</u>""被<u>和谐</u>"的完美社会中。（新华网 2009-08-10）

　　b. "被<u>高尚</u>"是危机公关的把戏（《南方日报》2009-09-22）

　　c. 只要"看重而不尊重"数据的观念还在，我们的未来就无法避免"被<u>幸福</u>"和"被<u>繁荣</u>"的尴尬。（新华每日电讯 2009-08-15）

　　d. 在网络泛娱乐化和网络犬儒主义盛行的今天，这个本不犀利的流浪汉被<u>犀利</u>了，不仅外表被<u>犀利</u>，而且精神也被<u>犀利</u>。（中国新闻网 2010-03-07）

　　e. 一句话，"颜色革命"其实就是一场"被<u>民主</u>"的政治游戏罢了！（人民网 2010-02-11）

　　f. 先驱导报评论：中国"被<u>强大</u>"了吗？（新华网 2009-08-12）

　　g. 被<u>快乐</u>："被时代"的应对之策（南方网 2009-08-20）

4. 谓词短语。谓词短语也能出现于"被"后"X"的位置。如：

（7）a. 武汉江夏一家人的户口信息错得离谱，派出所硬是6年不给改，13岁的女孩于是"被<u>长大</u>"10岁。（《辽沈晚报》2009-08-10）

　　b. 在"被"字句兴旺发达的今天，这个"被<u>雷倒</u>"，值得玩味。（金羊网 2009-08-05）

　　c. 他们应当地相关要求，被"<u>自愿关闭</u>"采石场。（《南都周刊》2010-03-05）

　　d. 现今咱老百姓又被<u>涨工资</u>了！（搜狐焦点网 2009-08-02）

　　e. 涉事老师曾被"<u>不续聘</u>"。（搜狐 2010-02-09）

　　f. 身份证在银行"被<u>不存在</u>"。（《当代生活报》2010-02-01）

　　g. 被<u>请不到假赶不上车</u>。（人民网 2010-02-01）

"长大""雷倒"是述补短语，"'自愿关闭'采石场"和"涨工资"都是动宾短语，"不续聘""不存在"是两个否定式的状中短语，"请不到假赶不上车"是连谓短语。

5. 及物动词。谓词部分及物动词也能充当"被"后的"X"。如：

（8）a. "为增加培训数字，一些村干部到处拉人头。"自称是村干部亲戚的李老汉说，"今年我已经被'<u>培训</u>'好几次了。"（《京江晚

报》2009-08-12)

  b. 七成民众赞成汉字调整，难道我们"被支持"了？（王石川博客 2009-08-24）

  c. 被中奖，被采访（新浪网 2009-11-10）

  d. "工资被提高"……（《辽沈晚报》2009-08-10）

  e. "被代表"之后，今天又出来个"被高速"！（新浪博客 2009-12-26）

6. 其他成分。个别副词（下例 a、b）和区别词（下例 c、d）也可充当"被"后"X"：

（9）a. 重庆市铜梁县孩子读小学要交 9000 元"教师节慰问金"，该县教育局局长竟称此费系家长"自愿"缴纳，这"被自愿"岂不怪哉？（《辽沈晚报》2009-08-10）

  b. 教育乱收费的最高境界是被自愿（《扬子晚报》2009-05-29）

  c. 学校搬迁，校方让我们班义务劳动——搬图书馆。……我们其实也明白学校的难处，但是领导为啥不能表率一下呢，非要这样当地主吗？哪怕你不干，但别在我们这些被义务的人面前晃来晃去，将心比心你就会明白我们为啥生气、愤怒。（新浪博客 2011-03-29）

  d. 男和女，被义务和被权利（新浪博客 2009-11-21）

（二）"被 X"的词性问题

上面我们列举了所有新兴"被 X"格式中能够充当"被"后"X"的成分。最早出现的"被 X"构式，其句法格局是"NP 被 X 了"，可见，叙述句中做谓语的正是这个"被 X"。那么，承担其中谓词核心的是"被"还是其后的"X"？或者是整个"被 X"？现有的研究似乎都没有正面回答过这一问题。

杨巍（2012）将"被 X"中的"被"看成动词。我们认为，着眼于句子的表达格局，动词说是有道理的。但它是个什么样的动词，在这个关键问题上却存在不同的处理意见。有学者指出，"被"可看作一种高谓语，理由是"'被'是对'NP+X'所表事实的一种判断，或认定其非自主性，或作出否定暗示。"很明显，该文将"被"看作类似于判断动词"是"一样的动词了。下例中的三个例句就出自杨文：

（10）a. 这期"感动中国"分不清是"被感动"还是"'被'感动"。

  b. 霍启刚和郭晶晶两人没问题，两人还为此发表共同声明，他们完全是"被"媒体悔婚。

  c. 如果杨宽生不是自杀而是"被自杀"，那杨宽生又是被谁所自杀呢？

要是"被"果真是所谓的"高谓语",那它前面还有一个"是",这个"是"岂不成了"高高谓语"？看来,杨文的处理并没有提供什么有价值的分析。施春宏(2013)主张"将'被'看作动词性特征超过其他词类特征的成分,似乎更有解释力"。我们认为,这种意见也过于笼统,因为无法解释格式中"被"后还可以后带动词短语的情况,如上例(7)c、d 中的"被'自愿关闭'采石场""被涨工资",更无法解释"被"后还可带及物动词的情况,如上例(8)中的各句。如果照此处理,"被"和其后的"X"要么是动宾关系,要么就是动词性并列短语。但是,不论是如何处理,都没有进一步解释"被 X"格式的句法、语义与语用上的作用。

把"被 X"构式中的"被"看作介词,其后的"X"是谓语的核心动词也行不通。按照汉语的句法规则,介词后的成分只能是名词性的,介词无法后接动词,更何况,介宾短语也是不能充当谓语的核心动词角色的。

而把"被 X"构式中的"被"看作助词的做法也是行不通的。助词后带核心动词的语法格局在汉语中没有,还会破坏"被"的同一性。我们在处理"短被动词句"时的情况也是如此,总不能说,"被"在后带宾语做状语时的"长被动词句"中是介词,而在"短被动词句"里是助词。所以,将"被"看作助词的做法是特设的,因为那将破坏"被"的同一性。

一些早期研究新兴的"被 X"格式的文献,倒是有过新见,将"被 X"处理成一个词。如何洪峰、彭吉军(2010)就将"被 X"称为 2009 年度的"热词"。刘云(2010)也认为,将"被"与双音节的"X"组合("构成一个三音节的复合词'被 X'")。于全有、史铭琦(2011)称为"被族新语"。但是,这些文献都没有进一步讨论"被 X"作为叙述句中谓语的核心要素整体的词性问题,更没有特别说明其中的"被"的性质与作用问题。

我们的意见是,"被 X"作为叙述句中谓语的核心要素,应该将其整体看成一个特殊的动词,是一个临时性的动词组合体。其中的"被"是一个起标引与提示作用的动词性成分,它位于"X"之前,在于提示其后的"X"所代表的事件的被操纵性、非真性与荒谬性。这样的处理,一是保证了该词可充当谓语核心的用法特征,二是能够对其特殊的表意方式做出合理的解释。有关"被 X"中这个"被"的语义特点与具体的作用,我们将在下文的第三小节做详细的说明,在此不赘。

(三)"被"所引介的施事成分的隐含

传统"被"字句有所谓"长被字句"和"短被字句"之分。前者指的是用"被"引出动作的施事的情况,如"张三被人骗了、李四被法院判了五年徒刑";后者指的是"被"后不带施事的情况,如"张三被骗了、李四被判了五年徒刑"。二者的区别是"被"后是否带有施事成分。但是,即使是"短被字句",如果说话者认为有必要,完全可以将被隐含了的施事再填补出来。但是,新兴的"被 X"格式,则是绝对不允许"被"后出现施事的。前面所有的例子都是这样。请再看几例:

(11) a. "被全勤",劳动者权利被无情狙击(《齐鲁晚报》2009-08-19)

　　b. 70岁教授潜规则女生,只因他被潜规则(搜狐 2009-08-15)

　　c. 一不小心就"被下等人"了(东北新闻网 2009-07-23)

　　d. 彩票,你"被巧合"了吗?(新浪博客 2009-08-15)

　　e. 绵阳40%劳动者"被全勤"(四川新闻网 2009-08-23)

　　f. 在更早的时候,水稻"被高产"出几十上百倍,思想"被纯洁"到心中只有一个人。(《东方早报》2009-08-16)

　　g. 中国人"被阿凡达"是一次中国影视文化颠覆性的重生(华龙网 2010-01-01)

　　h. 太阳能企业,你被"灰太狼"了吗?(中国新能源网 2010-02-01)

(四)基本没有否定式

传统"被"字句既有肯定式,也有否定式,但是新兴"被 X"格式几乎是清一色的肯定式,很少看到有否定式,多数研究新兴"被"字构式的学者都持此观点。不过,也有否定这种说法的声音。如王寅(2011)就认为,新兴"被 X"格式可以有否定式。请看:

(12) a. 在一个不大的城市里,猛增 1000 多个慈善组织、5000 多个慈善大使,想要不"被慈善",恐怕也难以逃脱。(《海口晚报》2009-08-12)

　　b. 小摊贩们不愿意"被合法"(王寅 2011c 例)

　　c. 他对媒体再次澄清自己没有结婚,也不想"被结婚"。(王寅 2011c 例)

　　d. 他不被代表看来是不可能的了。(王寅 2011c 例)

　　e. 不被就业就失业(王寅 2011c 例)

其实,这些所谓的否定式都不是典型的"被 X"格式的否定式,因为有的是在"被 X"前有表示心理意愿一类的动词（上例 a、b、c），也就是，当出现心理意愿的成分时，否定词所否定的是整个"心理意愿动词+被 X"，而非对"被 X"直接的否定。另外的两例（上例 d、e）也非其否定式，因为两种格式都有限制条件，那就是都出现于"不……不……""不……就……"这样的紧缩式复句格式里。从纯句法和语义的观点看，有肯定式就应该有相应的否定式，但是，目前人们却并没有创造出"被 X"的肯定式相应的否定式，其中的原因我们将在下文中做解释。

（五）"被 X"都带有引号

几乎所有的新兴"被 X"格式的用例，"被 X"都带有引号。这种鲜明的外形特征显然并非普通意义上的引用，而是具有句法与语义的标记作用，是其特殊用法与表意的风向标。特别应该指出的是，这些引号都出现在了最能代表该类表达式中最有特点的部分，所以，可以看作一种句法的特征之一。彭咏梅、甘于恩（2010）将这种引号的作用认定为指明其"皆带有不真实性"。王寅（2011）认为其既有引用、凸显的功能，而且也标识了讽刺、反义，说的正是这些引号所具有的间接表意的性质。注意，使用者在加引号时，多数选择的是将整个"被 X"放在引号中，如下例的 a、b，也有的是只圈引"被"后的成分，如下例的 c、d、e。请看：

(13) a. 我有爱心，但不要"被慈善"（《河南日报》2009-08-13）

b. 要让人民真心满意，而不是"被满意"，做起来非常不容易。（新华报业网 2009-08-17）

c. 默克尔被"代言"烤肉？（《参考消息》2009-11-04）

d. 公务员考试查分尘埃落定 被"考试焦虑症"何去何从（中国精神健康网 2010-01-12）

e. 两星期前学校发香蕉，我喜欢了几天。后被告诉是要被扣钱的。我又被"爱心"了。（王寅 2011c 例）

f. 我们被"高雅"了吗？（王寅 2011c 例）

（六）"被 X"已成为一种固化的形式

由于新兴的"被 X"类格式在汉语中的大量使用，使得该格式从形式到语义出现了固化，最明显的特点就是它可以嵌入句法位置的深处，整体做句法成分：

(14) a. 3G 时代：亟须脱离"被进入"的尴尬（新京报网 2009-08-27）

b. 网友描述："被富裕"的生活，处处暗礁（新华网 2009-09-03）

c. 从"被幸福"走向"真幸福"（大河网 2009-08-03）

d. 要让人民真心满意，而不是"被满意"，做起来非常不容易。

(新华报业网 2009-08-17)

上例的"被 X"都不是做谓语核心的,在 a、b 两例中做了定语,而在 c、d 两例中做了宾语,其中 c 例是介词的宾语,d 例中是做判断动词的宾语。

从以上我们所举的新兴的"被 X"在句法形式上的这些特点来看,它的确从形式上有别于传统构式。根据构式是形式与语义的匹配体的原理与语法形式无同义的原则,任何独特的形式必然有其不一样的语义,否则,形式上的这些特点将无从解释。我们认为,新兴的"被 X"从形式上具备了作为一个构式存在的基本条件。由此引发出一个更加基本的问题:既然"被 X"是一个构式,它一定有其构式义。顺便说明,现有的研究没有能够清晰地指出该构式的构式义是什么。所以下面我们就来讨论这一问题。

三、新兴构式"被 X"的语义创新

"简单句构式与反映人类经验的基本情景的语义结构直接联系。"(Goldberg,1995/2007:005)因此,"句法的规律性通过把语义结构映射到表层形式的联接理论而得到体现。"(Goldberg,1995/2007:8)要解决新兴构式"被 X"的语义之谜,就得彻底明了新兴构式"被 X"的语义创新,特别是了解其构式义,需要在解析其特殊的句法形式背后所反映的语义创新上才能做到。

(一)新兴构式"被 X"的语义特点

其实,不少学者都尝试着给新兴构式"被 X"的语义做过解释。有人认为,其准确含义是:"在不知情或非自愿、不真实的情况下,非自主地遭遇某种境况……在修辞上多带调侃意味"。(彭咏梅、甘于恩,2010)"其实这种'被 XX'是'被强说成 XX'的意思:……这是言者故意把'说'字隐去,把嘴上说的当成实际做的,通过言和行的反差产生强烈的修辞效果。这里的'自杀、就业'等字眼就是在指称这些语词自身,使听者特别注意这样的'说法'及其内涵。"(沈家煊,2010)"该构式主要表示'贬义',具有讽刺时政的特殊作用,既表露出几分'胁迫、虚假'的含义,又彰显受事者几分'无奈、受愚'之感慨。"(王寅,2011)但是,一望而知,这些所谓的构式义,其缺陷是非常明显的,彭、甘总结的构式义显然并未揭示出类似"被自杀""被就业"一类新兴构式"被 X"中最有代表性用例的真实语义,因为"自杀""就业"所指的情况并未发生。而王寅文章中所说的构式义其实只能算是新兴构式"被 X"在表意上的一些特点。所以,从新兴构式"被 X"的形式和语义特点出发来逐步解构并揭示其整体的构式义是构式语法所遵循的研究思路与正确做法。

1. 隐含施事造成了语义表达的隐曲特点

新兴构式"被 X"与传统"被"字句在句法上的最大区别是将施事隐含起来。我们不妨多看一些用例：

（15）a. 深度调查：大学生"被就业"忽悠了谁（《河南日报》2009-07-28）

b. 最长黄金周四成人想外出，三成人抱怨"被加班"（《广州日报》2009-08-21）

c. 佘守亮"被自杀"，来自公安局的绝版传奇（金羊网 2009-09-02）

d. 网友晒薪证明收入"被增长"（京报网 2009-08-03）

到底是谁造成了上面例子中所说的"被就业""被加班""被自杀""被增长"的现象？我们看到，这些用例不少都是用作文章标题的，其实在正文中往往会涉及施事方。所以，作者将"被就业"这些本来并不存在、不真实的现象作为新闻来报道，目的是很清楚的，而读者当然能够知道真正的施事者是谁。事实上，在使用"被 X"的句子或语段里，往往还有对谁是施事者（如下例中下画横线的词语）的清楚交代。

（16）a. 官方数据一出笼，老百姓又一次感觉"被统计"了。（汉风网 2009-08-06）

b. 娱乐圈炒作四大利器 女星纷纷成"被怀孕专业户"（东方网 2010-01-20）

c. 质疑：广铁取消 13 对慢车 群众担心被高速（新浪广东 2009-12-27）

d. 贵州警察枪杀村民案，我担心涉事警察张磊自杀或"被自杀"（南方报网 2010-01-19）

如果是按照传统"被"字句，将施事者直接放在"被"后，即使所反映的是与新兴"被 X"句同样的事件，但由于这样的操作退回到了传统"被"字句的格局上，不再是流行的新式"被 X"句了。请看下面的句子，采用 b 的表达构架才是新兴的"被 X"构式：

（17）a. 学生被学校就业，居民被统计富裕，国家被 GDP 强大。（中国政协新闻网 2009-07-30）

b. 学生被就业，居民被富裕，国家被强大。

可见，施事隐含是新兴"被 X"构式在句法与语义上最重要的构成条件与特点，正是其故意隐含施事的表意方式才给构式增加了隐曲表达的语义因素。

2. 报道事件与真实事件的扭曲

对比传统"被"字句可知,传统"被"字句所叙述的事件是客观世界里真实发生与遭遇的,即使没有发生,也是真实世界里可能发生的或是即将发生的。总之,叙述的真实性是传统"被"字句在语义表述上的重要特点。请看几个例句:

(18) a. 张三收了病人家属的红包,已经被医院除名了。
　　　b. 李四因轻信了网上的所谓治病偏方,已经被骗子给骗了。
　　　c. 听说张三收了病人家属的红包,可能要被医院除名了。
　　　d. 李四因轻信了网上的所谓治病偏方,恐怕要被骗子给骗了。

上面 a、b 两句是已然发生的事件,是客观的真实事件;c、d 两句虽然是并未实际发生的事件,但是从说话者的角度看,是可能发生或即将发生的事件,都是基于真值条件的事件或事态。但是,新兴的"被 X"构式所反映的事件"X"却不是这样。查看所有的"被 X"的例句发现,新兴"被 X"构式的语义逻辑非常复杂。为了清晰地展示该构式中语义表达的复杂关系,我们可把"被 X"看作"话语实际呈现的事态",即客观呈现了"真实事件(Y)"与"被报道"事件(X)"的扭曲关系,这种扭曲关系又有下面几种情况。

第一种:被报道主体(W)发生的事件(Y)为真,但被报道事件"X"为假。从逻辑上看,所报道的事件"X"是荒唐而不可信的。话语使用者用"被 X"来呈现事态这种被扭曲的事件,就在于揭示所报道事件"X"与真实事件(Y)的不对称性与荒谬性。请看下面的例句:

(19) a. 两月内 5 人在河南派出所"被自杀"(大河论坛 2008-12-16)
　　　b. 传一记者在山西采访时"被失踪"(人民网 2008-12-14)

a 句表明,派出所拘押的 5 人死亡了(真实事件 Y),但是,并非派出所说的事件"自杀(X)",因为这样的"自杀(X)"事件在被严密看守的派出所里不可能发生,何况还是 5 人,可见说 5 名被拘押者"死"于"自杀(X)"是荒唐而不可信的,是"被"发生的,故而采用"被 X"就是揭露其荒谬性。b 句表明,真实事件(Y)是记者被人拘禁或被谋杀,但绝非"失踪",因为一个记者在采访时"失踪(X)"的可信度几乎为零,只是"被"报道成了"失踪",用"被 X"就是为了揭露某些人编造事实的真相。

第二种:被报道主体(W)的真实状况并未变化,行为主体的被报道事件"X"是个虚假信息。说话者使用"被 X"来表达就是在于呈现被报道事件"X"的虚假性。请看几个例句：

（20）a. 网友描述："被富裕"的生活，处处暗礁（新华网 2009-09-03）

b. "我结婚了，自己却不知道！"杭州一女子"被结婚"（《沈阳晚报》2009-08-07）

c. 我"被退休"十年！（《凤凰博报》2009-08-16）

d. 网评：人活着却"被死亡"？（人民网 2010-01-11）

e. 网友称工资"被增长"让我脸红（腾讯网 2009-08-24）

f. 教育部称67%公众赞成汉字调整。网友调侃"被67%"（《济南时报》2009-08-25）

g. 老汉"被处女"（《钱江晚报》2011-02-27）

被报道为"富裕"的网民其实其生活根本没有改变；被说成已经"结婚"的女子其实连她自己都不知道何时结婚的；被认为已"退休"的人还正在工作岗位或是才刚刚退休；被人认为已"死亡"的人真实情况是现在还活得好好的；被说成涨了工资的网友其实工资还是原样没增长。这些完全不靠谱的报道都严重脱离了事实的真相。所以一律采用"被 X"，意在表达出被报道所谓事实的虚假性。

第三种：被报道主体（W）在不知情或是不愿意的情况下出现了一个与自己相关的事实，这个既成事实也就成了真实事件（Y），也成为所报道事件（X）。该种情况下，真实事件与被报道事件是统一的。"被 X"就是将这种被强加的"既成事实"呈现出来，让人反思其过程之荒谬与结果的无奈。如：

（21）a. 政协委员称自己"被当选"，每次当选都不知情。（华商网 2010-03-11）

b. 13名辍学生在不知情情况下"被中考"。（新浪博客 2009-08-17）

c. 看到这，我才知道我们都中了传说中的神功——"被"功，原来我们都"被投票"了！（凤凰网论坛 2009-08-31）

d. 默克尔"被代言"烤肉？（《参考消息》2009-11-04）

从事实的真伪来看，这些句子中"被"后的"X"所反映的都是既成的事实，但是这些木已成舟的事实却是在当事人不愿意或是不知情的情况下而发生的，可以说只能是与当事人有关，但却不符合事情的原委。以 d 句为例，据德媒报道，德国前总理默克尔特别喜欢吃土耳其烤肉，几乎每周都会吃上一次，甚至兴致来了还自己上手来体验一下生活。但作为一个国家的总理，她不可能给某个烤肉店做代言，所以，默克尔"代言"烤肉只是某些商家的炒作，默克尔本人并不知情，是"被X"的结果。

与上述不知情不愿意而出现的事件相关，有的"被X"所呈现的是被报道主体（W）所发生的事件也是"事实"，但这些事实是在被胁迫的情况下发生的，虽然这个既成事实（Y）与所报道事件（X）表面一致，但其结果与过程更为荒唐，因而也更值得引起人们的反思与追问。如：

（22）a."被丁克"80后正递增 80后为何惧怕当"孩奴"？（新华网 2010-01-11）

b. 研究生考试昨结束 "被考研"完毕接着"考公"（南方报业网 2010-01-11）

c. 每人每天18元 寒假上课学生"被自愿"？（新华网 2010-02-05）

d. 河北教师"被捐款"事件：82名教师"捐款"全部退还（长城网 2009-10-29）

e. 千名学生遭遇"被信用卡"到手已欠50元年费（QQ短文 2010-01-15）

f. 近千员工"被自愿"自费查乙肝（《羊城晚报》2009-08-11）

g. 宝鸡市市长"被道歉"背后政府税收被绑架的隐忧（《世纪经理人》2009-08-12）

g句的"被道歉"事件是指陕西凤翔暴发儿童血铅超标事件，引起村民愤怒后冲击了造成污染的东岭公司，宝鸡市市长为平息民愤现场向村民鞠躬道歉，因此被戏称为"被道歉"。上边几种"被X"所呈现的事件都是被迫接受了"X"的既成事件。从上面这几种"被X"的深层语义关系来看，新兴构式"被X"与传统"被"字句的根本区别就在于其被迫出现事件的非真性与过程的荒谬性。

（二）新兴构式"被X"的构式义

由此，新兴构式"被X"所要披露的并非叙述受事主体（一般为做主语的成分）遭遇了某种外因引发的事件，而是要通过"被X"来暗示受事主体所经历的事件的非实性与荒唐性，因而所报道"事实"的荒唐性才是其实质。这些"事实"或是"被"故意编造的，或是根本不存在的，或是不得不接受的。总之，在说话者看来，遭受的事实本身的真实性与合理性都是人为制造的，因而都是有违人们正常认知的。

将上面对新兴构式"被X"在形式与语义方面的特点做综合考量，我们可以将其构式义概括如下："以'被动'为标记凸显与呈现事件主体所遭遇事件的非真性与荒谬性，具有婉曲批评的意味。"

四、新兴构式"被 X"的表意机制与语用特色

（一）新兴构式"被 X"的表意机制

新兴构式"被 X"之所以能够引起人们的大量使用与普遍关注，与该构式特殊的表意机制密切相关。

1. 真假反转的特殊呈现

我们知道，传统"被"字句所叙述的事件都是被动事件，不管受事主体主观上愿意与否，都以客观的真实为前提。但是，细致观察新兴构式"被X"，我们看到，这种真实性的前提通过"被"的使用而颠倒了过来。要么是反映报道事件与真实事件是矛盾荒唐的（如"被拘押人在派出所被自杀、记者在某单位采访时被失踪"等），要么是事件根本就没有发生或与当事者无关的（如"没找到工作的大学生被就业、还工作的人被退休十年"等），要么是事件是在当事者不知情不情愿的情况下发生的（如：政协委员称自己"被当选"、农民工"被高铁"了，不少年轻人是"被丁克"的）。所有这些"被 X"都在表明，所谓的事实"X"都存在虚假、欺骗、伪造、隐瞒的因素，"虚假"才是其实质，而真正发生的事态的真相都是"被 X"的结果，话语中呈现的"被 X"才是真的。

故而，用真（"被 X"才是真）假（所谓发生的事件"X"才是假）反转这种极其矛盾的方式来呈现话语世界与现实世界的矛盾，从而让人们思考这种矛盾呈现背后的真相，是新兴构式"被 X"使用的基本逻辑。由此，有些文献将下列句子也看成新兴构式"被 X"句式是不妥当的。请看：

（23）a. 前几天博客终于被和谐了，被强制执行到了新版。（王寅，2011 例）
　　　b. 党纪政纪被游戏了 20 多年，何时止？（王开文，2010 例）
　　　c. 应早日终结"被"时代的荒谬（刘云，2010 例）
　　　d. 愚人节，我们愚人还是"被愚"（李莉，2011 例）

a 句"被和谐"是"被删除"的同义语，是"被和谐掉了"的另一种说法，如同生活中把"死"说成"睡着了"一样；b 句中的"被游戏"是被玩耍戏弄、被操纵的意思；c 句的"'被'时代"是对一个时代的指称，也非新兴的"被 X"构式，就如同"这个句子是'把字句'"中"把字句"的用法一样，我们不能说该句也是"把字句"的一种；d 句中"被愚"表达的是"被愚弄"是真实的事件，故而并非新兴的"被 X"用法。

2. 施动者明隐暗显的脑筋急转弯

前文在描述新兴"被 X"构式的句法创新时，我们特别强调，与传统"被"字句在句法上的最大不同之一是其施动者的隐含。其特点是可意会而不能明示，一旦坏了规矩，那就不是隐含了。所以，有人把新兴"被 X"构式中施动者不出现看成省略是不得该构式要旨的[①]。也有不少文献把新兴"被 X"构式中施动者不出现的现象看作词汇压制或者叫构式压制，正好把该构式的特点说反了。真正的施动者是谁，说/写者清楚，听/读者当然也明白。因为说/写者认为有"不能说、不必说、不便说"等主观认知因素的考量而故意将真正的施动者隐藏起来，类似于让听/读者来个脑筋急转弯，才形成了该构式施动者隐身的句法与语义格局。可见，主观认知因素是因，而施动者不出现是果，所以并非什么构式压制或是词汇压制，而是，说/写者故意不让其出现。而不明了这一点，可能就会张冠李戴，弄出构式认定上的误判，形成浑水摸鱼的现象。下面是丁力（2011）举的例子：

（24）a. 我（NP_1）被单位（NP_2）自愿捐款多次了！（丁力，2011 例）

  b. 这些在小康水平以下的村民，一夜之间就被镇政府小康了。（同上）

池昌海、周晓君（2012）认为，施事不出现"既是修辞策略，也包含着言者'欲盖弥彰'的修辞意图。"他们指出，如果将被刻意隐藏起来的施事补充出来，新兴"被 X"结构（下例 a_1、b_1、c_1）就成了经典的"被"字句了（下例 a_2、b_2、c_2）。下面是他们举的例子：

（25）a_1. 4 人离奇"被谋杀"阳朔县委书记

  a_2. 4 人离奇被[某部门认定为]谋杀阳朔县委书记

  b_1. 我们"被小康"了

  b_2. 我们被[某部门宣传成]小康了

  c_1. 三成人抱怨"被加班"

  c_2. 三成人抱怨[被老板强迫]加班

可见，施动者明隐暗显的脑筋急转弯是言者刻意营造的，有着非常明确的表达意图，那就是揭示被陈述对象（一般为主语）所经历的事件的虚假性，由此，这种新兴构式的语义中就有了一个批判性的语义要素。（池

[①] 胡雪婵、胡晓研（《近来流行的"被+X"结构说略》，《通化师范学院学报》2010 年第 1 期）指出："在短被动句中，施事被省略，句子的主语是谓语动词的受事。"他们所说的"短被动句"，指的就是新兴"被 X"构式。

昌海、周晓君，2012）

3."被"的引述、提醒功能

前文第二小节中提到，新兴"被X"构式，在形式上有一个最显著的特征，就是多数都给"被X"加了引号。而且，从语音上看，新兴"被X"构式与传统"被"字句也有不同，新兴"被X"构式的重音在"被"，而传统"被"字句的重音则落在"被"字之后的动词上。（陈文博，2010）那么，"被X"加引号并将重音置于"被"上，其作用何在？

我们认为，新兴构式"被X"中的"被"，其特殊的功能就是其引述功能。何谓引述？引述的作用相当于把别人说的话做的事再度引进当前的话语中，这就不难理解，为何几乎所有的新兴"被X"构式都在其身上加上了引号，而且句子的重音还必须由"被"来承担，这个引号连同"被"身上的重音就等于一种提醒与强调，别人所说的、所报道的发生在叙述主体身上的那个"事件"是"被"的结果，并非我们普通意义上的遭受事态，而是由于某种不便说出或是不能说出的原因而导致的，其被动遭受到的事件具有人为性与虚设性。陈文博（2010）指出这个"被"携带句子的重音，凸显的是"强加义"，强调的是"遭受、被迫和被认定"，正是看到了"被"的这种特殊的引述与提醒功能。

不少文献都认为，新兴"被X"构式的形成经历了一个"转喻"的过程。也是看到了"被"在句子中特殊的再表述与提醒功能，但这里用"转喻""转指"并不太妥当，不如用引述提醒更为明确与直接。将所有新兴"被X"构式的表意机制做综合考量，其表意机制可概括为：用"被"引述出某行为主体经历的所谓"事件"并提示该"事件"是被人操纵强加的非实性事件。这里有必要重点解释"被"的引述功能。

引述的作用就是把别人报道的某行为主体发生或经历了的事件转述出来，提醒的作用就是说，听/读者可要注意啦，这个所谓的事件是被强制或被编造的，因而是非真的、虚构的、荒谬的。但须知，引述是表，提醒才是实，即引述只是手段，而提醒才是目的。我们可以用一个实例"张三在派出所'被自杀'"来演示新兴"被X"构式的表意机制。

引述功能：据说发生了"张三在派出所自杀"的事件。

提醒功能：注意"张三在派出所自杀"是因"被报道"才成为"自杀"事件的。

字面意义：张三在派出所里"自杀"的真相是"被自杀"。

言外之意：报道所说张三在派出所自杀是编造的，编造谎言者太可耻，应该受到处罚!

可见,新兴"被 X"构式正是由于把"被"加于所报道事件"X"之前,才能起到引出被报道事件的"引述功能",同时还顺便起到了提醒的作用,即特别让人们关注该事件是被人杜撰强加的,并非事实的真相。可见特意提醒才是"被"最根本的功能。这也能同时解释,为何几乎所有的"被 X"构式都要在其上加注引号,其实,这个引号本身已经有了特别提醒的作用,表示那个被字后面的"X"的非真非实的性质,而造成这个非真非实的"X"的罪魁祸首的,正是被别有用心的人操弄的,被人操弄才是事实的真相,而所谓被报道的事实才是虚假的。可见,"被"在新兴的"被X"构式中起到的作用具有引述与提醒的双重功用,并非什么转喻或隐喻的结果。

所以,新兴"被 X"构式通过曲折的手法来表达的言外之意才是其真正要实现的表达意图和传达给听/读者最主要的信息。我们认为,新兴构式"被 X"并非新"被动"句或者新"被"字句,与传统"被"字句并无关联度,因为"被"的作用是动词性的标记成分而非被动标记。

(二)新兴构式"被 X"的语用特色

通过我们对所有的新兴"被 X"构式从句法、语义的总体考察,发现了该构式与传统"被"字句的一些本质的差别。将新兴"被 X"构式称为新"被"字句其实是很不妥当的,因为它与传统"被"字句有着本质的差异。这些差异可以归结如下:

一是新兴"被 X"构式并不表示被动,其中的"被"只是一个标注提醒的动词,即告诫与提醒行为主体所经历的事件是由"被"操纵的,与传统"被"字句中引进施事成分的介词"被"有着根本的不同。

二是新兴"被 X"构式中"被"的语义作用只限于其后的"X",而传统"被"字句中"被"的语义作用是引进施事者并将其语义作用"被动遭受"覆盖整个句子,使句子所叙述的事件加上了被动的性质。

更为重要的是,新兴"被 X"构式的语用意义并非字面上突出行为主体被动遭受的事件与结果,而是另有深意,即新兴构式字面意思的表达并非其话语之意,而是其言外之意。这正是其语用特色。

1. 言外之意才是新兴"被 X"构式的真实意义

为何新兴"被 X"构式一经出现马上就能引起那么多的人的关注,出现了井喷式的增长与使用?我们觉得,除了其形式的特殊之处外,更在于其隐含着对社会现象的批判,而这种发泄不满、针砭时弊的功能是通过言外之意来表达的。

言外之意就是超过字面意义之外的意义。新兴"被 X"构式虽然表面上说的是行为主体所经历的事件是由别人操纵的结果，即经历了强加虚构的"被操作"的结果。但这只是其表层的语义，并非其表达的真实用意，说/写者特意使用"被"字为表明事态的真相，是要表达"被报道的所谓行为主体所经历的事件实际上都是假的、虚构的、荒唐的"，用一句通俗的话来说就是："一切都是假的！"正是因为该类句式以揭穿事件的假面目为其表达目的，所以，其构式义中才有了"具有婉曲批评的意味"。

2. 施事者隐身的批评效果

新兴"被 X"构式的真实意义是社会批评话语，这是由其表意的言内意外、含沙射影的决定的。因为在这种句子的语义背后，我们都能看到被指责的真正的幕后操纵者的身影。为何人们会钟爱这种表达格式而不采用明言直白的格式？我们觉得，话语使用者用新兴"被 X"构式这种可意会而不直白的方式，还在于其引发大众对造成这些奇怪现象的社会因素、文化因素的深层思考，所以，它往往比直截了当的批评更有力量。

邱永忠（2011）曾经把新兴"被 X"构式中一些常见的"被 X"翻译成英语。请看：被自杀（be claimed to have committed suicide）、被增长（be claimed to have one's income increased）、被幸福（be claimed to feel happiness）、被小康（be claimed to have lived a better-off life）、被捐款（to donate to a charity against one's own free will）、被自愿（be forced into volunteerism）、被失踪（be forced into a state of being missing）、被全勤（be forced into full attendance at work without holidays）、被鼓掌（be imposed an orchestrated applause from audience）、被就业（be hired without one's knowledge）。

从英语的表述来看，里面都增加了"be claimed, to donate to（声称），be forced, be imposed（强迫）"等字样，但是这些英译也只是一般性的语意的对译，并不能把汉语中这类新兴构式的言外之意表达出来。

有不少的媒体都发表过新兴"被 X"构式所含有的对社会现象批判的思考，现抄录如下：

（26）a. 在"被全勤""被增长""被小康""被就业""被富裕""被代表"之后，今天又出来个"被高速"！看来中国已经全面进入"被时代"。"被时代"的真相是没有真相，其实现背景是精英阶层

垄断社会。（新浪博客 2009-12-26）

  b. "被"成为年度汉字的主角，代表了人们权利意识的觉醒，大众主体精神的归位。"被"和其他汉字的魔法组合，颠覆了汉语的语法逻辑，恰恰契合了现实生活的非逻辑建构。"被"是一种姿态，却又暗藏着翻转姿态的动机；"被"是一种语态，却又潜伏着修正语态的图谋。"被"是为了翻"被"，"被"是为了不"被"；"被"是因为"被折腾"，"被"是为了"不折腾"……2009年，我们招来许多"被"；2010年，我们希冀送走所有"被"——莫回头，直至永远……（《羊城晚报》2010-03-12）

  c. 《"被"现象走红，折射弱者的无奈和调侃》"被X"的发明者并未预料到，一己一时的情绪表达，会引发如此波澜壮阔的群情涌动：质疑、委屈、愤怒、指责、无奈、调侃、无聊，畅快淋漓地在"被"字旗下倾泻而出。（新华每日电讯 2009-08-15）

变异的语言形式反映荒诞的社会现实，也正是这类荒诞现实的存在才促使语言使用者突破常规，寻找新的语言形式来贴切表达自己的诉求。当把当事人被迫遭受到真正的施事者强行安插上的经历或事件结果时，"被X"形象地表达了当事人被欺骗、被强迫、无法选择的可悲现实。（李卫荣，2011）听/读者在认知过程中自然会引发出对这种荒谬、不合逻辑的现象的反思。"被X"作为一个整体，通过句法与语义的扭曲，真实事件与被报道事件的真假错位，展示出当事者所遭遇的"被动"操作背后的命运被摆布的荒唐现实。

《羊城晚报》的一篇《"被"字蹿红2009年中国舆论场》（2009-08-13）的文章，该文既说到了"被X"构式产生的社会原因，同时还指出了破解该类表达语义的正确路径："滥用公权和信息不透明，是一系列'被'事件发生的祸首。……'被X'现象正是公众以带有民间智慧的幽默来提醒和监督少数公权部门，别让随心所欲的浮夸、谎言或敷衍，把一口'金牙'搞成'烂牙'。反思'被'后更深层的原因，是国家公民、公权部门与公共舆论更该做的功课。"说的正是该类表达出现的社会动因。"'被'是一种姿态，却又暗藏着翻转姿态的动机；'被'是一种语态，却又潜伏着修正语态的图谋。'被'是为了翻'被'，'被'是为了不'被'；'被'是因为'被折腾'，'被'是为了'不折腾'……"这段话破解了理解"被X"的语义扭曲的形成是被"被"所折腾出来的。"被折腾"在这里并非"被X"构式，但却是理解新兴构式"被X"的一把钥匙。

第五节　性状义凸显构式"副$_{程度}$＋形$_{名}$"[1]

朱德熙（1982：41）指出，现代汉语中名词的基本特点是"不能受程度副词修饰"，这一特点也是汉语语法学界广为使用的区分体词与谓词的重要依据。20世纪80年代以来，"很阳光、很淑女、太近视眼"一类的说法出现爆发性增长。这种说法中的"名词"出现在程度副词之后，其新奇的特点引发了众多语法学者的高度关注。1980年以来汉语语法学界研究此类"副+名"的论文近三百篇。从张静1961年发表《论汉语副词的范围》开始，针对是否存在"副+名"现象（"地上净水、已经春天了"）的讨论就没有中断，持肯定意见的占多数。后来学界关于"副+名"现象的研究都是在承认副词能够修饰名词的前提下展开的，其中多数是从名词语义的变化来解释"副+名"现象的，也有的从修辞、语用、非范畴化、转喻、隐喻机制及构式语法等角度，试图说明"副+名"的合理性。

这些研究成果的大量涌现，似乎在告诉我们，汉语中存在着一种与"程度副词+形容词"结构并列的"副+名"构式。汉语中真的存在这样奇怪的"副+名"构式吗？我们的回答是否定的。我们认为，汉语中并不存在所谓的"副+名"现象或"副+名"构式。词的组合能力是判断词类最重要的句法手段之一，汉语中只有"副+形"构式，而无所谓的"副+名"构式。学者们称之为"副+名"现象或"副+名"结构，本节一律称之为"性状义凸显构式'副$_{程度}$＋形$_{名}$'"。因为"副+X"是容纳形容词最典型的句法槽，或称"副+形"构式。但是为什么突然间这一句法槽一变而为"副+名"，而且论文数量如此庞大，竟然把名词不能受程度副词修饰的原则抛于脑后呢？

我们的目的就是做正本清源的工作，深入分析持论者肯定汉语中有"副+名"现象的依据，并进一步解答那些被当成"副+名"的结构究竟属于什么句法性质。

一、各种"副$_{程度}$＋名"说的持论理据

学界讨论过的"副+名"主要涉及以下几种类型：a. 范围副词+名词：地上净水/队伍里的学生一律白衬衫、黑裤子；b. 时间副词+名词：都高中

---

[1] "形$_{名}$"表示由名词而来的形容词，即表面看是名词，但功能与词性却是形容词。

生了/今天才星期三/已经春天了；c. 语气副词+名词：他大概韩国人/你才二百五；d. 最+方位词：最前面/最中间；e. 程度/否定副词+X：很淑女/不阳光。

特别申明，本节我们不讨论 a—d 类"副+名"，而是专门讨论 e 类现象，即所谓"副$_{程度}$+名"，为表述的方便，格式中的副词既包括程度副词"很、太、非常、有点、比较"等，也包括了表示否定的"不"。众多学者认定汉语中有"副$_{程度}$+名"现象，但不同学者的持论依据各异。考察分析学者们的这些持论依据，有助于我们认识"副$_{程度}$+名"现象的实质，并有助于分析的展开。我们的观点是，汉语中并不存在所谓的"副$_{程度}$+名"现象，程度副词修饰的根本就不是名词，而是名词的形容词性用法，或称临时的借用。汉语中只有"副$_{程度}$+形"构式，所以，语法学界讨论的所谓"副$_{程度}$+名"现象，其实是"副$_{程度}$+形"构式的一种变体形式。本节称之为"副$_{程度}$+形$_名$"构式，构式中的"形$_名$"意味着其中的"形容词"是由名词活用为形容词来充当的。详细讨论见下文。

（一）以词典词性标注为唯一依据

有学者把"副$_{程度}$+名"中的"名"严格限定在词典中只标注为名词的词语，具有名形兼类的则不收，如邹韶华（1990）、邵敬敏和吴立红（2005）、王寅（2009）等。这种限定值得商榷。词性的判断应参照词典中的释义，这本身并无多大问题，但词典中的释义与标注有时赶不上词语的变化，词典的标注也不能保证百分百的正确。如"阳光"一词，在《现代汉语词典》中标注为名词和形容词中的属性词：

【阳光】①名，太阳发出的光 ②形，属性词。积极开朗、充满青春活力的 ③形，属性词。（事物、现象等）公开透明的。

在人民网上和北京语言大学 BCC 语料库检索到的"阳光"有如下用法：

(1) a. 清华学生空手道协会的会长，典型的<u>阳光男孩</u>。（《人民日报》2013-05-30）

　　b. 把"<u>不阳光的念头</u>"通过追溯制度扼杀在摇篮里。（人民网 2017-06-01）

　　c. 切实把中小学幼儿园建设成<u>最阳光</u>、<u>最安全</u>、<u>最放心</u>的地方。（《山西日报》2017-11-18）

　　d. 迷你 KTV……它本身是一种<u>比较阳光</u>、健康的娱乐方式。（人民网 2017-08-12）

　　e. 海川不仅<u>性格阳光</u>，处事思考能力也强了许多。（《解放日报》2017-08-19）

f. 谢文东笑了，<u>笑得阳光、灿烂</u>，<u>笑得真挚</u>，像是个大孩子。（BCC语料库）

g. 有时还会附带一张<u>很阳光</u>的照片，个个完美得不行。（《人民日报》2018-05-04）

h. 照片上是一个<u>非常阳光</u>的女孩，戴着鲜艳的太阳镜。（《人民日报》2016-04-27）

属性词是形容词中的小类，只表示人、事物的属性或特征，一般只能做定语。而"阳光"可以做定语，能受"不"与程度副词的修饰，能做谓语、补语，这足以表明它已经是一个比较典型的形容词了。特别应该关注的是，"阳光"可与形容词并列使用，朱德熙（1961）明确指出："并立结构都是由两个同类的词或同类的构造组成的。"温锁林、刘开瑛（1998）指出：处于相同句法槽中具有并列关系的词，词性一定相同；处于相同的句法环境和结构关系中的词，词性也是相同的。（f）中"阳光"与"灿烂"为并列结构且与"灿烂、真挚"并列出现在"笑得X"结构中，特别是"很阳光""非常阳光"还能整体做定语（g、h），这也表明，此类"副$_{程度}$+X"可以自由进入句法成分，其中的"X"作为形容词已经相当成熟。（张谊生，2019）可见"阳光"已具备典型形容词全部的语法功能，词典应将其标注为名词兼形容词，而并不是名词兼属性词。

同样，《现代汉语词典》（第7版）认为"淑女"只有名词一种词性，表示贤良美好的女子。这种处理也与实际情况有较大的出入：

（2）a. 把丝巾在颈部系成蝴蝶结，体现了优雅的<u>淑女</u>气质。（《广州日报》2017-11-21）

b. 这个秋天<u>最淑女</u>的就是你了。（《爱秀美原创文章》2015-10-03）

c. 我平常工作就有可能会穿得<u>比较淑女</u>、比较公主，……（《新快报》2016-11-14）

d. 刘恩佑调侃陈翔"<u>好淑女</u>"，却称韩雪<u>并不淑女</u>（新华娱乐2015-02-27）

e. 我外表看着<u>很淑女</u>很乖，所以会让很多人误会。（中国新闻网2013-07-08）

f. 这……是一款<u>既活泼又淑女</u>的连衣裙。（世界服装鞋帽网2015-06-29）

g. 会不会刻意让甜馨<u>变得淑女</u>、乖巧一点，毕竟是小姑娘嘛。（《北京晨报》2017-01-16）

h. （赵丽颖）"优雅范儿"十足，<u>动作淑女</u>，节奏缓慢。（《湖

南卫视》2017-09-08）

　　i. 本来<u>很淑女</u>的长裙让谭维维穿得这么帅气……（金鹰网 2013-11-11）

"淑女"做定语（a），受程度副词修饰（b、c、d），与形容词并列使用（e、f、g），还能做谓语（h），"很淑女"同样能作为一个整体做定语（i）。可见，"淑女"也是个典型形容词了，《现代汉语词典》对其单一名词词性的处理并不能反映当代用法的全貌。

　　由此看来，仅仅依据词典就简单判定出现在"副$_{程度}$+X"中的"X"是名词，进而衍生出汉语居然有"副$_{程度}$+名"结构，这种推理的合理性是值得怀疑的。杨成凯（1991：70）指出，判断同形的词例是否具有同一性，应当先观察处于不同句法位置上的词例有何性质，再考虑这些词例应该归为一类还是几类，才足以描写不同的句子模式。"她是一位淑女$_1$"与"她很淑女$_2$"中的淑女所处的句法位置不同，性质不同："淑女$_1$"做宾语，能受数量词修饰，但不能受程度副词修饰，而"淑女$_2$"做谓语，不再能受数量词修饰，而能受程度副词修饰。可见二者分属不同的词位："淑女$_1$"是名词而"淑女$_2$"是形容词。"副$_{程度}$+名"说正是先验地认定这两个不同词位的"淑女"的同一性，把不同性质的词例混为一谈，从而打乱了原本严整的语法系统。

（二）用语义变化来解释

很多学者敏锐地觉察到"副$_{程度}$+名"中的"名"已经不同于普通名词，但是只承认其语义和功能均发生了变化，词性上仍然是名词。持此论者有两种代表性的观点。

一种可称为"变位"论，该观点认为这种语义变化是语法位引起的。张谊生（1990）认为各语法位蕴含着客观的语法附加义，当名词性词语进入谓语语法位时，除了在一定程度上保留原有的表示一种事物范畴的概括性语法意义外，又获得了叙述说明或形容描写的陈述性意义。语法效能发生转化，自然可以受副词修饰。细加考虑，这种观点是自相矛盾的：一方面承认"副$_{程度}$+X"中的"X"占据的是形容词的语法位，并引起了语义的变化以及语法效能的转化，另一方面又不承认占据该位置的成分词性的变化。这样一来，"语义的变化以及语法效能的转化"岂非又成了一句空话？请看下例：

　　（3）a$_1$. 我才是<u>最喜剧</u>的人　　　a$_2$. 我才是<u>最有喜剧性</u>的人

　　　　 a$_3$. *我才是最一部喜剧的人

　　　　 b$_1$. 别<u>太书生</u>了　　　　　　b$_2$. 别<u>太像个书生一样</u>了

b_3. *别<u>太</u>一个书生了
c_1. 她<u>越发</u>城市了　　　　　　c_2. 她越发富有城市气息了
c_3. *她<u>越发</u>一座城市了

观察例（3）可知，a_1、b_1、c_1 表意上与 a_2、b_2、c_2 一致，但其中的"X"表示的并非事物义，而是性质义；在 a_3、b_3、c_3 中的"X"前不再能插入数量词，充分表明"X"绝非名词。名词在形容词的语法位上，获得的只能是形容词的语法效能。

另一种可称为"追加"论，即采用追加名词的语义来解释"副$_{程度}$+X"现象。储泽祥、刘街生（1997）认为，名词除了有本质义之外，还包括性质和细节。如"汉子"的本质义是"男子"，细节是"讲义气、正派、正义、知恩必报、不占小便宜"等。"很汉子"表达的不是本质义，而是其细节义"很讲义气、很正派"。施春宏（2001）、肖奚强（2001）通过区分名词的关涉性意义和描述性意义、内涵义与外延义来解释此类"副$_{程度}$+名"现象，叫法不同，但做法无异。这些文章均发现，进入该格式的名词语义都不是其最基本、最普通的理性意义，而是其性质义，邵敬敏、吴立红（2005）干脆将这类名词称为"形态名词"。名词的"细节义""描述性意义""外延义"其实都是根据其句法位置而生发出来的性质义，但须知，这种衍生出的性质义是"副$_{程度}$+X"格式使然，没有程度副词的激活是断然不能显现的。普通名词"开水、镜子、书本"为何就只有本质义而无"热、亮、厚"之类的性质义？恐怕还得从其不能进入"副$_{程度}$+X"来作解答。必须指出，名词即便能表示性质义，与其表示事物的本质义毕竟是两个不同层次的认知范畴，这种不同具体体现在人们语言表达的习惯中："一位淑女"表现的是其事物义，而"很淑女"表现的一定是其性质义。名词"淑女"与形容词"淑女"在词性上分属不同的词类范畴。储泽祥、刘街生（1997）和邵敬敏、吴立红（2005）均指出，程度副词的语义特征是表示[+程度]，不能与名词匹配，只能与[+性质]吻合，但为了解释"副$_{程度}$+名"现象，将性质义加入了对名词的解释。承认"副$_{程度}$+X"格式的名词语义上的变化，有其合理的一面，但把[+性质]看成名词的语义属性，其实质就是用"副$_{程度}$+形"的匹配模式来套"副$_{程度}$+名"，给汉语中硬生产出并不存在的句法组合类型。

我们的观点可以得到词典释义的证明。为了便于比较，我们选取了词典中的名形兼类词，将其释义与相应的用例列为表2。

表 2 词典中名形兼类词的释义

名词	名词释义	"副$_{程度}$+形"	形容词释义
现代	现在这个时代	这座建筑<u>十分现代</u>	合乎现代潮流的；时尚的
时尚	时兴的<u>风尚</u>	这件衣服<u>很时尚</u>	合于时尚的
知己	彼此相互了解而情深意切的<u>人</u>	<u>最知己</u>的朋友	彼此相互了解而情深意切
模范	值得学习的、作为榜样的<u>人</u>	成绩<u>太</u>优秀、学习<u>太模范</u>	可以作为榜样的，值得学习的
傻气	愚蠢糊涂的<u>神态</u>	那群女孩特别<u>傻气</u>单纯	愚蠢糊涂的（天真直率的）

比较发现，名词表示事物，事物性是其最根本的语义特征，其释义模式为"…的 W（W 代表事物）"；形容词表示性状，性状义才是其最根本的语义特征，其释义模式为"……的"。表 2 说明，虽然有的词可以兼属两个词类，但按名词和形容词使用时，都表现出了各自词类的典型句法与语义特征。我们不能说表中的名词既表示事物，又表示性状，因为那等于混淆了名词与形容词两种不同词性的区别，与语言社会的认知是违逆的。表 2 中词典的释义也不支持"副$_{程度}$+名"说，故而"副$_{程度}$+X"格式中的"X"只能是形容词，而不再是名词。

那么，《现代汉语词典》中只标有名词一种词性但却能够用于"副$_{程度}$+X"中的词，其词义又当如何解释呢？下面表 3 既展示了"X"的名词义又展示了进入"副$_{程度}$+X"格式后的形容词义，可以看出二者之间既有意义的相关性又存在词义的变化与词性的转化。在"副$_{程度}$+X"格式中，"X"并不用于指称事物，而表示该名词所代表事物的性质，是一种性状范畴，也就是说，该格式中的"名词"是以形容词来使用与识解的。

表 3 "X"的名词义及进入"副$_{程度}$+X"的词义

名词	名词释义	"副$_{程度}$+X"	"X"的词义
中国	国家的名称	<u>很中国</u>的名字	具有中国特色的
男人	男性的成年人	这个角色<u>很男人</u>	具有男子汉气概的
阿Q	鲁迅小说的主人公，是精神胜利者的典型	这种想法<u>有点阿Q</u>	阿Q似的
温情	温柔的感情，温和的态度	大量的"低头族"让这个节并不<u>温情</u>	温暖的、有温度的
农民	从事农业生产的劳动者	烧酒<u>太</u>中年人、日式米酒<u>太农民</u>	土气的、朴实的

对比表2和表3，我们可以清楚地看出表3"副$_{程度}$+X"格式中的"X"与表2"副$_{程度}$+形"中的"形"具有一致性，均是对事物性质的描述，而名词并不具备性质义。"变位"论与"追加"论都是在承认名词可受程度副词修饰的前提下的一种解说，其结果是稀释了"副$_{程度}$+形"结构的本质属性。而汉语中是不存在所谓"副$_{程度}$+名"结构的，"副$_{程度}$+X"这一结构本身就是鉴别形容词的形式标准，所以我们坚持句法组合规则的稳定性，认为无论是普通名词还是抽象名词，一经进入"副$_{程度}$+X"格式，体现的也一定是形容词的功能和意义，哪怕是临时的一用。最初进入该结构中的名词都带有引号就是最好的说明。

（三）用构式压制解释

还有的学者是用构式语法来解读"副$_{程度}$+名"的。但存在的问题是，一方面说整体句法环境或者说构造中的某个词可迫使其中词语改变句法和语义特征，另一方面又坚持承认存在"副$_{程度}$+名"结构。王寅（2009）认为，该构造中名词在副词的压制下大大衰减其指称功能，以凸显其"典型特征、异常感觉、语气时髦"等语用意义。"副+名"构造的合理性来源于"副+形"的惯性压制，不算很正常的副名构造与副形构造连用（见下例4各句），就倾向于将其视为与正常搭配相似或并列的成分而被接受。这种说法同样自相矛盾。既然承认"副+名"构造中的"名"受到了"惯性压制"，结构与语义上"不算很正常"，却又认为其中的"名"并未发生词性的变化，这就等于又否认了"惯性压制"，回到了问题的原点。"惯性压制"其实恰恰说明，"很潮"一类的结构一旦与"很强悍"等"副+形"出现在并列结构当中，便不再是"副+名"结构，而是"副+形"结构了，因为并列结构"副$_{程度}$+X"中的各项"X"具有相同的性质，"X"在结构中已经完全显示性质义，而不再有任何事物义或指称义。如：

（4）a. 张艺谋<u>很潮</u>很强悍。（王寅2009用例）

b. 他觉得这一举动<u>很高雅</u>，也<u>很风度</u>。（王寅2009用例）

c. 王雷扮演的孙少安确实<u>很土</u>很农民。（凤凰网娱乐2015-03-06）

d. 需要重点解决征信系统不完善、信用报告<u>不权威</u>、失信惩戒不严肃三大问题。（《人民日报》2017-04-06）

"潮、风度"与形容词"强悍、高雅"处于相同的"副$_{程度}$+X"结构中，必定是同类词。这种结构如同一个词类的加工厂与流水线，名词出现在"副$_{程度}$+X"格式中，程度副词的强制作用使其发生功能游移，均被临时地识解为一种性质，并用程度等级来量度。随着使用频率的增加，这种由格式赋予的性质义会慢慢固化，在脱离程度副词时也能独立表示性质，自由地出现在形容词的位置，从而获得形容词的功能。如被王寅（2009）作为名词例子的"潮"（潮流），随着"很潮"类说法的普及化，近年来又大量出现"潮牌、潮人、潮不潮"的说法，以至于现在的年轻一代已经认为该词是形容词了，这也正是"副$_{程度}$+X"格式使"X"的形容词性固化并最终引起词性转变的绝佳例证。"权威"在第5版《现代汉语词典》中还是名词，但在第6版的释义中已经加入了形容词词性。"科学、传统、模范、时尚、垃圾"等均是名词向形容词功能转化后的名形兼类词。胡明扬（1995）对此有精彩的阐释："把有关的名词'硬'用在出现形容词的典型环境中并且前面再加个'很'，强制改变名词的功能和意义，使其具有形容词的功能和意义，这就是汉语改变词性的办法。"

综上所述，汉语中只有"副$_{程度}$+形"构式，而并不存在一个与该构式平行的"副$_{程度}$+名"构式。一切持论的理据都经不起汉语语法事实的检阅与验证。承认汉语中存在"副$_{程度}$+名"现象，只会给汉语语法研究增加不必要的负担，扰乱严整而科学的汉语语法系统。

二、"副$_{程度}$+X"结构的实质与"X"的语义条件

通过上文的分析我们认为，"副$_{程度}$+X"从句法属性上看都是"副$_{程度}$+形"结构，即由于名词的临时活用而进入"副$_{程度}$+形$_{名}$"构式，由名词活用为形容词而临时充当"副$_{程度}$+X"构式中"X"的变异形式。因为能受程度副词修饰的成分只能是形容词而非其他。既然该结构是形容词程度的显化格式，那么，什么样的名词才能被临时选入进入该格式？或者说，名词必须具备什么条件才能被临时性地允准进入该构式呢？

（一）"X"进入"副$_{程度}$+X"的语义条件

可以这么说，名词一旦进入"副$_{程度}$+X"结构中，显示的一定是形容词的词性，不论是哪种词性的"X"，一旦进入该结构，语义上一定得显示性质义，即便是临时一用也是如此。通过考察，我们归纳出能用于"副$_{程度}$+X"中的名词，大体有两类。

1. 易激活其对立面的名词

此类名词的存在是以区分最相关的对立面为前提的，它们都有唯一的对立项，形成最小的二元对比："男人、女人｜城市、乡村｜本质、表面｜悲剧、喜剧｜病态、常态"等均是两两相对的人或事物，在使用中最容易激活其对立面，并在比较中使得各自的特点得到更大程度的彰显。普通名词则没有这样的语义特点。我们看到，最易出现于"副$_{程度}$+X"中的正是

这类具有对比特征的名词，它们所代表的事物的独特性最易得到显化。如"很城市"意为与乡村不同的"现代化、时尚、喧闹"等特点特别显著，而"很乡村"则体现与城市截然不同的"宁静、淳朴、落后"等明显的性质特征。还有一些名词不是两两对立的，如"东方、南方、西方、北方""春天、夏天、秋天、冬天"，它们之间的意义并不是相反性质，但也都具有与其他几项不同的独特之处，因此也都能用在"副$_{程度}$+X"中。虽然有些名词没有与之对应的反义词，但用在"副$_{程度}$+X"中也表达出一定的对比义，如"很传奇"与普通人相对，意为经历不凡；"很民间"与高雅相对，意为很接地气。另外，一些高知名度的专有名词如"林黛玉、阿Q"等也能用在该格式中，表达的是一种"是非"对立，与不具有这些人物特点的普通人形成鲜明对照。

2. 由特定语境临时赋义的名词

特定的社会文化背景和临时的语境条件，也对某些名词能用在"副$_{程度}$+X"中起到了助推作用。语言是社会文化环境的反映，有些词以前能用，如"很港、很布尔乔亚"，一旦激活其使用的特定语境不复存在，也就失去了理解和使用的条件，所以现在年轻一代反而不能理解了。有些说法在中国能说，但换到其他国度也许就无法解读了，如"郊区"在中国总是与"偏远、落后"的特点相联系，而在发达的欧美国家则可能代表"优美、安静"等含义，要让外国人理解中国人说的"很郊区"就非常困难。

一些"副$_{程度}$+X"用例因带有对语境的极度依赖性而具有了临时性和不可预测性。有的文学作品中出现了"很款式、很山、最宝贝、很三角形"的用法，但接受度并不高，因为脱离了语境便不易理解了。有些专有名词[例（5）]也只能在上下文语境中偶尔一用。

（5）a. 他要让这部片子"每一个环节都<u>很张家辉</u>"。（《羊城晚报》2018-04-27）

b. 王四海为人<u>很"四海"</u>。善于应酬交际。（于根元1991用例）

c. 剧组拍摄了很多广东文化，剧中有不少"<u>很广东</u>"的细节。（《广州日报》2017-10-26）

总之，只有那些易于激活其对立面的名词，还有那些由语境赋义的名词，最易于被临时赋予形容词的语义特点，具备进入"副$_{程度}$+X"构式的条件。反之，普通名词如"医生、眼镜"等，不易被做性质上的认知处理，很少能够被"副$_{程度}$+X"构式所接纳，原因就在于此。

（二）结构语义压制的实质是词性的改变

构式语法特别强调形式与语义的配对，更强调构式的压制作用。我们看到,"副_{程度}+X"构式的压制作用典型地体现在"副_{程度}+X"结构对名词进行统一的语义与词性变化处理。学者们都提到能进入"副_{程度}+X"结构的"X"以抽象名词最多,具体名词次之,专有名词要少一些。但是这只是频率上的差别。名词这个范畴有典型成员和非典型成员之分,抽象名词表示抽象概念,是名词中的非典型成员,在抽象义的表达上与形容词的距离更近,更容易进入"副_{程度}+X"(如"温情、耻辱、暴力");具体名词是名词的典型成员,但只要在认知上容易被处理为一定的性质特征,也能顺利进入"副_{程度}+X"结构。如"农民、学生、乡村"都是典型名词,在结构的压制作用下一律表示该类事物的特点:"农民:朴实的、土气的、没见过世面的;学生:不经世故的、幼稚的;乡村:土气的、落后的"等。这些典型名词因事物性较强,一旦用作形容词表示性质,便产生了新奇、独特的表达效果而备受人们青睐。此外,与形容词用一种属性给事物分类不同,名词用它代表事物的全部属性给事物分类(沈家煊,1999:269),如"很农民",既可以表达褒义的"很淳朴、很老实",又能表达贬义的"很土气、很没文化、很没见识",该类表达因有效地避免了形容词直接的定性描述,在表意上具有了间接含蓄、丰富多元的特点,给语言表述增添了新质。需要说明的是,典型名词如"农民、中国",其性质义的激活依赖于"副_{程度}+X"这一格式,并且可根据语境进行多维度解读,词义很难固定,所以只限于在"副_{程度}+X"结构中使用,至今未发生词性上向形容词的转变。

有学者将"副_{程度}+名"存在的合理性归因于其中的"名"本身又是个"形+名"结构,如"很新潮、很笨蛋、顶悲剧"中的名词"新潮、笨蛋、悲剧"含有形容词性的语素"新、笨、悲",使得名词"新潮、笨蛋、悲剧"具有形容词性(刘大为,2010),因此名词也能受程度副词修饰。这种解释其实有点牵强,很多含有形容词性语素的名词并不能进入构式当中,如,名词"新风""新款""新品""新闻""新郎""新春""新秀"等与"新潮"构词上十分相近,名词"热点""热带""热浪""热量""热流""热潮""热忱""热土"构词上与"热门""热情"当属同类,名词"威力""威名""威势""威信""威望""威仪"与"威严""威风"构词上也并无不同,但这些名词并未被"副_{程度}+X"接纳。"太学生"可以说,"太新生"反而不能用,显然这不是名词中含有形容词性语素可以解释的。名词并没有形容词性,而是结构的压制作用给"X"赋予了性状义,程度副词[+程度]的语义特性激活了名词所代表事物的性质,并强行使其完成了词性的转变。刘大为认为,从语法构式到修辞构式再到语法构式是一个连续统。名词进入"副_{程度}+X",首先是作为一种临时性的修辞结构出现的。名词受程度副词修饰不合语法结构，于是在构式的压制作用下，程度副词强制改变名词的句法功能与语义性质，使得"X"由名词性变为形容词性，识解为原名词所指事物的性质，从而使该结构得到正确解读。这一格式的特殊性就在于将非常规则的语法构式"副_{程度}+形"变成了修辞构式"副_{程度}+名"，即名词出现于形容词最典型的句法位置，才引起了人们的兴趣并被反复使用。这种修辞构式经高频使用后又规则化为语法构式，从而能容纳更多的名词进入该构式。但必须明确的是，如果某些名词经常用于该构式，其语义性质被格式规约化，迫使其释放出形容词语义。当其形容词的语义得到释放并将其新的用法与语义扩散开来时，还会进一步发生词类的转化，最终成为名形兼类词。可以说，"副_{程度}+X"是名词向形容词转化的催化剂或中转站，事实上大量名形兼类词均是由此产生的，如"淑女、阳光、潮、传统、科学、专业、土气、时尚"等都是如此。

虽然名词转变为形容词的一个重要的衡量指标是看它能否受程度副词修饰，但是有必要区分名词词性的变化是临时一用，还是已经成为固定的用法。比如"很中国、很农民、很郊区"一类，只见于"很/太+X"格式，属于临时的活用；而"阳光、权威、新潮"一类不仅能出现在"很/太+X"中，还能受否定副词"不"的修饰，能做谓语、补语，"很阳光"等能作为整体充当句法成分，做定语修饰名词，说明形容词的用法已经固化。但是，不管临时活用还是固定用法，"X"在"副_{程度}+X"中一定是形容词性的，而非名词性的。

三、关于词类划分的一点思考

我们认为，汉语中不存在"副_{程度}+名"这一句法现象，更不存在所谓的"副_{程度}+名"构式。能够进入"副_{程度}+X"构式中的"X"一律为形容词，哪怕是临时的一用，也一定是按照形容词来使用的。一些名词由于所表示的事物容易被提取为某种性质特征，所以可以进入"副_{程度}+X"构式，并在构式的诱导下经历语义筛选与压制，由表示事物的空间范畴转变为表示性质的性状范畴，促使其词性发生变化。这一格式也是促使名词向形容词转化的句法手段。

坚持"副_{程度}+X"构式中"X"为形容词而非名词，是我们的基本观点与讨论的原动力。尽管我们也注意到其中的"X"可能是临时借用为形容词的"中国、农民、郊区"等，它们离开"副_{程度}+X"结构并不能自由地用作形容词。既然它们并未变成纯粹意义上的形容词，而只是一种名词的形容词性用法，或称临时借用，那么，目前学界称它们是能受程度副词修饰的名词又有何不可？因为认为进入"副$_{程度}$+X"结构前的"X"是个名词，着眼点是借用前 X 的词性，而我们的观点是，因为"副$_{程度}$+X"其本质就是"副$_{程度}$+形"，所以"X"只能是形容词非名词，着眼点是借用后的 X 的词性。两种着眼点都可以，并不矛盾，这样也就没必要坚持说"副$_{程度}$+X"中的名词非得是形容词的用法了。其实这种想法我们也曾有过，但是觉得在理论上和实践中都立不住脚。一是在理论上违反了语法学界历来坚持的语法形式与语法意义相统一的研究原则。形式上"副$_{程度}$+X"中的"X"是形容词的句法位置，语义上也与形容词一样表示性状义，如果接受"副$_{程度}$+名"的说法，那就使形式与语义脱节，在理论上是站不住的。二是实践中的自乱阵脚。承认"副$_{程度}$+X"中的"X"可以是名词，就得承认汉语中有两种"副$_{程度}$+X"结构，一类"X"是典型的形容词，另一类"X"是名词，这不仅与语法学公认的名词不能受副词修饰的标准这种基本语法知识相悖逆，更让人在实践中无可适从，到底什么样的词才是形容词和名词？三是会形成严重的误导。如果只看进入句法结构前的词性，而不管它进入实际句法结构中产生的变化，我们是不是可以根据"你们都喝白干，我今天也白干一杯"，就又会说名词也可以带宾语？那词类划分的标准与意义何在？简而言之，汉语中所谓的"副$_{程度}$+名"，本身就是皇帝的新衣，虚设的存在。理论不自治，除了让人在实践中无可适从外，没有任何价值。

关于词类的划分，前人已经有十分精深的分析。根据词的句法功能（句子成分功能和短语组合功能）划分词类已经成为语法学界的共识，但语法学界广泛讨论的"副$_{程度}$+名"这种怪异现象，则是没有坚持根据词的句法功能划分词类的反映。李临定（1991：18）指出，造成词类研究不能深入下去的一个主要原因是"当我们确定了划分的标准后，而不能或不敢于始终如一地贯彻下去"。"副$_{程度}$+X"是形容词的鉴别格式，进入该格式就显示出形容词的性质，得到形容词化的解读，而不能反过来因"X"进入格式前是名词，又否定了名词不能受副词修饰的句法规定，再去证明"副$_{程度}$+名"的合理性，更改了客观存在的句法规则和通行的词性鉴别标准。

不能坚持贯彻依据句法功能确定词类有两个原因。

原因之一是，不少人担心会导致"词无定类"。承认"副$_{程度}$+X"格式中的"X"的词性由名词变成了形容词，或者是名词临时活用为形容词，是不是又回到"词无定类"的老路？词从概括的词位方面看，可以"词有定类"，但从具体的词例看，还有其变化与发展的一面，这就不得不依据句法结构或句法模式辨别词类。邢福义（1989）指出，词类研究要正视汉语的词"入句显类"或"入句变类"的事实，把语法特征的运用放在入句结果的背景下进行。进入"副_{程度}+X"结构中的名词占据了典型形容词的句法位置，自然就获得了形容词的功能，不再是名词（史有为，1996：81）。这就是句法对词类的强制作用，不仅强制性地改变名词的词性，也强制性地改变了其语义。至于能进入"副_{程度}+X"结构中的"X"是修辞性地临时一用，还是会继续扩展其形容词功能，最终变成了名形兼类词，那是另一回事。我们所强调的是，在"副_{程度}+X"结构中，"X"必然显示的是形容词的词性，是按照形容词的语义来使用和识解的。

原因之二是担心兼类词的数量会增加。因为"入句变类"带来的结果就是兼类词的数量会增加。李临定（1991：20）曾指出，"兼类"多的现象并不只存在于汉语，如果指明了某些词在不同条件下属于两个（或三个）词类，对掌握语言来说，是有利无弊的。有人认为大量兼类词的存在会导致词类的划分没有意义，但我们认为，如果不能保证每一类词有其鲜明的区别性特征，而扩大词类的句法功能的范围，当扩大到某类词兼有多类词的功能时，词类的划分恐怕就真正失去了意义。词类划分的目的是说明语言的组织，暗示词的用法，而"副_{程度}+名"说的直接后果是造成了名词和形容词各自的功能特点无法区分，混淆两种词类的界限，使语法系统造成混乱。对此现象，邢福义（1997）指出，如果不认为是名词活用为形容词，而认为还是通常意义上的名词，那么，就会引出名词可以无条件地跟形容词并列，共同做谓语等成分的结论，这显然和语言事实是相悖的。不少名词可以进入"副_{程度}+X"中确实是一种新奇的表达，体现了汉语表达的丰富性和灵活性，但这并不是副词转而可以修饰名词的"例外"，而是名词词性变化的句法表征，副词修饰的仍然是形容词。把词的组合能力与句法功能作为划分词类的标准坚持到底，语法系统的建构和对语法现象的分析才能符合汉语的实际特点，才能对汉语句法中的规则与例外做出更加清晰的认识和阐释。

第五章 主观性凸显与构式的形成（下）

第一节 极量性命名构式"最+A+NP"

近年来，各类媒体上涌现出一类在形式和表意上极其相似的表达格式，该类话语以"最+A+NP"为表达的基本框架，以克隆式的使用为特点，并以迅猛的速度从网络进入大众话语，频频出现在各种主流媒体中。

（1）a. 最美女孩（《新华社》2008-04-03）
　　b. 最牛女秘书（《北京青年报》2006-04-26）
　　c. 最帅交警（《京华时报》2009-11-20）
　　d. 最强大脑（《江苏卫视》综艺节目名）

我们将这种格式统一称为"最+A+NP"构式。这种构式产生于20世纪末与21世纪初，可查询到的较早用例是《广州日报》（2001-11-21）的一篇报道：《马英九当选台湾最美政治人物》。其后的几年时间里，各种媒体中开始不断曝出"最美女孩""最美女记者""最牛女秘书""最帅速递哥"等一系列新用例。下面是我们查询到的一些较早用例：

（2）a. 娇小11岁女孩被评日本最美少女（人民网·图片频道 2003-08-21）
　　b. 最美玉颈——奥黛丽·赫本（人民网·时尚 2003-09-10）
　　c. 顾纪筠为做最美新娘　三点式泳衣劲秀身段（《信息时报》2003-10-15）
　　d. 婺源……成了"中国最美乡村"之一，成了独具魅力和有发展潜力的地方。（人民网 2004-06-22）
　　e. 号称世界最美城市的伊斯坦布尔与法国旅游胜地尼斯……（《京华时报》2004-04-28）
　　f. 黄浦区推出以"最美南京路"为主题的"五一"营销活动（《解

放日报》2004-04-28)

目前专门研究"最+A+NP"构式的文献较少。任海英、杨钱梅(2008)认为,"最牛钉子户"之类格式中的"最+X"所涉及的数量并不只有"一个",与"最可爱的人"中的"最+X"表达的数量的唯一性不同。该文还讨论了这类新兴格式中的"最+X"所涉及的不同数量义与说话人情感的关系。赵云(2004)主要从音节上分析了"最+A(单音节)+NP(双音节)"结构中,形容词"A"后"的"的隐现问题。张颖(2013)认为"最+A+名"在非凸显排序结果的称谓中具有非弱势使用度。

这些研究虽然或多或少地涉及与"最+A+NP"构式相关的问题,但是并没有从构式语法的角度直接对"最+A+NP"构式进行细致的描写与构式成因的解释。本节尝试运用构式语法的相关理论研究如下内容:①"最+A+NP"构式的结构与构式义;②构式由修辞构式到语法构式的演变过程及多种变体形式;③构式的成因背景与语用特色。

一、"最+A+NP"构式的结构特点

"最美妈妈""最帅交警"一类的"最+A+NP"构式,与描述性的极性表达式"最可爱的人""最新鲜的水果"等"最+A+的+NP"结构颇为相似。不过,"最+A+NP"能够成为一种独立的构式,一定与描述性的"最+A+的+NP"结构有诸多不同点。了解这些不同点有助于增进对"最+A+NP"构式的结构与独特的构式义与语用功能的认识。比较发现,"最+A+NP"构式在结构上有几个不容忽视的特点。

(一)结构的框式化

该构式以"最+A+NP"为基本的表达框架,即由不变项"最"和两个可变项"A""NP"组成。"A"在构式中有特殊的要求,即必为单音节形容词,常见的有"美、牛、帅、强"四个。如果"A"是双音节的形式,则不合其韵律上的要求。如:

(3) a. 河南最美(*美丽)村干部(《濮阳日报》2015-06-11)
    b. 最牛(*牛气)寻狗启事(维度女性网 2015-12-14)
    c. 最帅(*帅气)快递小哥(中国青年网 2014-12-04)
    d. 最强(*强悍)狂兵(2015年网络小说)

构式中的另一变项"NP",音节上必须为双音节以上的名词性成分,单音节名词不可以进入。另外"NP"语义上以指人名词为多,只有极少数是指物的。这种语义上的特点与该构式的整体功能有关,也是它与描述性极性表达式"最+A+的+NP"一个重要的不同点。

结构的框式化的另一个重要特点是结构的凝固化。新兴构式"最+A"与"NP"之间不可加入"的",这是其框式化结构带来的凝固性特点,是构式结构上的刚性要求与标志性特征,也是它与描述性"最+A+的+NP"结构另一个重大区别。虽然理论上讲,任何做定语的"最+A"与其修饰的中心语之间都可加入结构助词"的",但是,新兴构式却刚性地拒绝"的"字插入,这一规定不仅是强制性的,而且具有不可预测性。事实上,一旦"NP"前加了"的",构式随即解体,因为作为构式的标志特征已经丧失,也就是说,加"的"后的表达式已经蜕化为描述性的"最+A+的+NP"结构了。请看一些实际的用例:

(4) a. 曹爱文这张流泪的照片大量流传,说明她是"<u>中国最美的女记者</u>"。(《华南新闻》2006-07-21)

　　b. 许昌一位农妇……被多家媒体称为"<u>中国最美的继母</u>"。(《河南日报》2006-12-05)

　　c. 奥黛丽·赫本艳压群芳,获称"<u>史上最美的女人</u>"。(《上海青年报》2004-06-02)

　　d. 在去年9月举办的上海书籍艺术观摩展"<u>中国最美的图书</u>"评选后,评选委员会选送全国16种图书到莱比锡参赛。(《文汇读书周报》2004-03-12)

　　这些"最+A+的+NP"结构尽管都加上了引号,表明作者似乎是在刻意模仿新兴构式"最+A+NP"的表达方式,但是,这些模仿并不到位,因为它们并未摆脱描述性"最+A+的+NP"结构的影响,只能算是称谓性新兴构式"最+A+NP"的劣质模仿版。

　　构式的框式化还表现在其对结构扩展的限制上,这也是新兴构式"最+A+NP"与"最+A+的+NP"结构的一个区别性特点。在结构的扩展上,描述性的"最+A+的+NP"并没有什么具体的限制。以"最可爱的人"为例,根据需要,我们可以将其扩展为"最最可爱的人""最可爱最可爱的人""最可爱可亲的人"与"最可爱而又最可亲的人"等。而新兴构式"最美妈妈"绝对不允许有"最最美妈妈"或"最美最亲妈妈"等扩展式。这说明,在结构的凝固化程度上,"最+A+NP"构式更加框式化、更具凝固性,已经与较为松散的描述性格式"最+A+的+NP"有了严格的分界。

　　(二)"最+A+NP"的韵律特点

　　"最+A+的+NP"与"最+A+NP"的句法层次与句法关系相同,最自然的语音停顿应该落在两个直接成分之间。但是,"最+A+的+NP"结构中的"A"为双音节时,语音停顿也可出现于"最"与"A"之间("最|可

爱的人"）。而"最+A+NP"构式中的语音停顿必在"A"与"NP"之间，即"最+A|+NP"（"最美|妈妈、最帅|交警"），语音停顿绝对不可能出现在"最"与"A"之间。

（三）"最+A"有成词的趋势

描述性的"最+A+的+NP"中的"A"是开放性的，而新兴构式中的"A"常用的只有"美""牛""帅""强"等几个单音节形容词。新兴构式对形容词"A"的选择性与音节的限制性，还有语音停顿的唯一性，这些现象的出现绝非偶然，它们都是构式共同释放出的一个信号："最A"在结构与功能上已经出现了重大的变异，那就是它具有了词的性质与特点，是作为一个具有特殊性的专指成分来限定"NP"的。为了证实这一推测，不妨再看一些实际的用例：

（5）a. 这两位"敢于吃螃蟹"、勇创全国"第一"办公室品牌的领导大人，一定会荣登"最牛"局长的榜首了。（人民网 2007-06-01）

b. 这样看来，尽管现代的中国应试教育创造了千万兵马争过独木桥之亘古未有之奇观，但最牛"高考钉子户"称号还是得让给古人。（《潇湘晨报》2007-06-19）

c. "世界最牛"克隆兔降生北京（《北京科技报》2007-08-01）

d. 县委书记施振强站在"最牛"污染厂区前，立下"一周内拆除"的誓言。（《浙江日报》2015-12-22）

e. "最美"洗脚妹（《新浪新闻中心》2010-11-16）

这几例中的"最牛""最美"都与其后的"NP"被强行地用引号隔开了，这说明作者是将"最A"作为一个区别词来看待和使用的。随着"最A"这种用法的增多，它开始甩脱了"最+A+NP"构式的束缚，"独立地"出现在新的语境中，迈出了词化的关键一步，具备了成词的基本条件。请再看一些例证：

（6）a. "最美现象"的伦理价值（《光明日报》2012-11-04）

b. "最美"改变了典型塑造机制（《学习时报》2012-06-19）

c. 学校把"寻找最美现象，发现最美精神"作为马克思主义理论课、思想政治教育课"两课"的实践主题。（《浙江日报》2015-11-21）

d. 近年来，……广泛开展最美人物、最美窗口、最美班组、最美家庭等系列评选活动，打造"与'最美'同行"典型宣传品牌，有效推动最美现象由"风景"转化为"风尚"，涌现出了一大批群众身边的先进典型。（《湖州日报》2015-10-14）

e. 杭州最美现象，沧州好人现象，长治好人，好人青县，好人沛

县(《人民日报》2015-06-23)

这些例子中的"最美",有的加了引号,但有的并未加引号。最重要的一点是它们都出现于"最+A+NP"构式之外的自由语境中,并且独立承担了一个区别词的功能。这足以说明,"最A"已经获得了词的资格。

必须重点指出的是,"最A"的词化过程与"最+A+NP"构式的形成过程是同步的。"最A"在"最+A+的+NP"结构中是"副词+形容词"的状中结构,体现的是对中心成分的描述功能。词汇化后,"最A"成为一个专门修饰名词的区别词,体现的则是区别与限定功能,由于其区别功能的凸显,使得整个构式具有了专指性的称谓义。区别词"最A"也成为新兴构式"最+A+NP"的标志成分。因为"构式义并不总是编码在全部的构成成分上,很多情况下它只决定于部分成分的使用,只要这些成分保留着,构式义也就能维系着。"(刘大为,2010)"最A"成词是构式"最+A+NP"形成过程中的一个里程碑式的事件,它的成词使整个构式与描述性的"最+A+的+NP"结构区分开来,使构式整体变成了一种区别性的称号、称谓语。关于构式义的这一特点,我们将在下节专门讨论。

总括上述结构特点,"最+A+NP"构式虽然承继了"最+A+的+NP"的某些特点,但是它已与这种描述格式严格地分离开来,具备了一种独立构式的基本句法条件。该构式的上述形式或意义的某些特征,是不能完全从这个构式的组成成分或先前已有的描述性结构"最+A+的+NP"中推知的。沈家煊(1999)明确指出,"一个句式是一个'完形'(Gestalt),即一个整体结构。"邵敬敏(2008)指出,框式结构的主要特点是:"第一,它们都由不变成分和可变成分组成。不变成分构成'框架',起到定位以及标记作用;可变成分是可供选择、替换的'变项'。整个框式结构具有一定的生成能力。第二,具有整体性的语法意义。……"网络及主流媒体上大量使用的新兴的"最+A+NP"结构,正是以一个全新的句法与语义的整体结构("构式""框式结构")而进入人们的语言中的。

上文我们主要讨论的是"最+A+NP"构式在结构上的一些特点。我们知道,句法形式的改变,一定意味着其意义与功能上的某些改变。那么,作为一种新兴构式的"最+A+NP",一定有某种独特的语义特点、有与构式相匹配的构式义。如果我们能证明"最+A+NP"构式义的存在,也就进一步证明了该构式已经具有了独立的构式地位。

二、"最+A+NP"的构式义

任何语法构式的构式义都是可以推导的。要明了"最+A+NP"构式的构式义，必须将自上（构式整体）而下（构式成分）与自下而上的分析结合起来。即将该构式整体的语义特点、功能与构式组成要素的语义特点结合起来，同时，还得将新兴构式与该构式的结构、表意上有承继关系的描述性极性表达式"最+A+的+NP"的对比结合起来，进行多方位的分析考量才能使其构式义透明起来，进而做出准确的概括。

（一）构式语义上的称谓性

构式语义上的称谓性，是指整个"最+A+NP"构式在功能上相当于一个称谓语或称号，也就是说，该构式是作为一个整体来给某个对象命名或对其进行称道、称谓的。众多构式实例之前时常出现的"誉为""称为""称作""赞为""封为""号称"等词语，可以验证该构式语义上的称谓性特点。如：

(7) a. 女子徒手接住从 10 楼坠落的女童，被<u>誉为</u>最美妈妈。（《山东商报》2011-07-04）

b. 吴斌被<u>赞为</u>"最美司机"。（《北京晨报》2012-06-03）

c. 2011 年 8 月，沈阳炮兵学院军队政工教研室刘孟杰教授……被当地网友亲切地<u>称为</u>"最美教授"。（人民网 2013-05-16）

d. 他情系百姓……在网上被赞<u>誉为</u>"北京最帅交警"。（中国共产党新闻网 2012-06-08）

e. 央视主播胡蝶……被<u>封为</u>央视最美主持人。（中国新闻网 2009-06-17）

"最+A+NP"构式的称谓性还表现在，被称谓或命名的人或单位、机构，往往可以出现在称谓性、命名性的"最+A+NP"之后，成为其同位语。这种现象更能说明"最+A+NP"构式在语义上的称谓性特点。请看：

(8) a. 黑龙江省涌现出"最美教师"张丽莉、"最美法官"金桂兰、"最美战士"高铁成三位英雄人物。（《中国广播电视学刊》2012 年 11 期）

b. "80 后最美乡村女校长"李灵（新华网 2010-02-10）

c. "最美足球宝贝"，三名中国女孩景文杰、曾川玲和孙丽洁将在世界杯开幕式舞台上成为一道独特的风景。（《羊城晚报》2010-06-11）

d. "最美铁扇公主"蔡少芬：从稚嫩香港小姐到当家花旦（凤凰网 2009-11-19）

（二）构式中"A"的语义特征

评价性是构式变项"A"最显著的语义特征。"美、帅、牛、强"等几个单音节形容词在构式中出现频率最高，这些形容词不是用于对其后"NP"外在特点的描述，而是用于对"NP"内在属性的评价，所以这些形容词都具有评价性的语义特征。评价性语义特征对被评价与限定的对象"NP"具有较强的语义兼容性，几乎可与所有不同种类的指人名词组配。

（9）a. 最美教授（人民网 2013-05-16）
　　　b. 最美保姆（《沈阳晚报》2012-09-17）
　　　c. 最牛校长（《解放日报》2008-06-04）
　　　d. 最帅交警（《京华时报》2009-11-20）
　　　e. 最牛工商局长（《钱江晚报》2011-06-17）

（10）a. 最美妈妈（《山东商报》2011-07-04）
　　　b. 最美婆婆（《中国青年报》2011-10-25）
　　　c. 最美农民工妈妈（人民网 2012-08-22）
　　　d. 最美好哥哥（人民网 2014-08-07）

（11）a. 最美县委大院（新华网 2013-12-04）
　　　b. 广州最美写字楼（人民网 2009-12-07）
　　　c. 最牛违建"海上皇宫"（《广州日报》2010-05-24）
　　　d. 史上最牛街道办事处（新民网 2007-06-01）

（12）a. 最美女孩（《湖南日报》2012-03-17）
　　　b. 最美北京人（《北京日报》2012-07-23）
　　　c. 最牛客户（《武汉晨报》2014-09-28）
　　　d. 最牛考生（《现代快报》2009-02-06）

（13）a. 最牛身份证号（《广州日报》2009-08-30）
　　　b. 最美广场舞（《山西日报》2014-08-07）
　　　c. 最牛公交线路（《现代快报》2014-08-22）
　　　d. 最牛农民救援队（中国网 2008-06-10）

上述例（9）—例（13）中的"NP"从语义类型上看分别是"职业职务类名词""称谓称呼类名词""地点与组织机构类名词""指人类名词""事物类名词"等。"A"在构式中对所限定名词的开放度与适配力，是由其词义的评价性特征决定的。

变项"A"词义的评价性特征在构式中得以实现，而"A"的评价义又使得构式在语义上有了称谓性。这是构式变项与构式框架在语义上的相互制约与依存关系的反映。"最 A"在描述性"最+A+的+NP"结构中的语义作用是将被修饰的人或事物从同类的人或事物中凸显出来，所以"最 A"的语义功能是描述性和分类性的。仔细观察分析"最+A+NP"构式则会明了,该构式中的"最A"只有评价性特征而没有描述与分类性特征。以"最美妈妈"为例,当人们称誉吴菊平为"最美妈妈"时,并不存在"最不美妈妈""比较美妈妈"或"一般美妈妈",这是因为"最美妈妈"在这里代表的是一种称谓或称号,而不是一个描述性的或分类性的概念或表达。

(三)构式表达的情感意向

作为一种称谓性或称号性的"最+A+NP"构式,具有明显的情感色彩。该构式诞生之初就是一种褒奖性的特殊称谓,这自然给整个构式带上了鲜明的褒奖与肯定的情感色彩。通过观察发现,这种褒奖的情感意向与构式中变项"A"的语义性质直接关联。一般说来,普通的职业类名词,如"交警、司机、售票员"等,受到"美、帅、强、牛"的修饰,整个构式变成了褒义、赞扬性的称号。即使是代表较低身份的职业类名词,如"钉鞋匠、洗脚妹、拾荒者、乞丐"等名词,一旦进入构式,也有了褒奖赞美的情感色彩。有点特殊的是"牛"做"A"的构式,整个构式虽然多数为褒义的称号,但也有少数情况下是讽刺、贬损性的绰号。这种褒贬同辞的现象虽不可预测,视语境而定,但我们猜想这种褒贬同辞的现象可能与"牛"表示"牛气"义时可褒可贬的性质有关。

(14) a. 女孩晕倒司机丢下乘客紧急送医获赞<u>最美司机</u>(人民网•福建频道 2015-11-03)

　　b. 浙江<u>最牛司机</u>:边挂点滴边打电话边开车(人民网 2011-07-27)

　　c. 河南<u>最美村干部</u>徐运芝　执着坚守甘当垦"荒"者(人民网•河南分网 2015-11-30)

　　d. 穗"<u>最牛村干部</u>"出国就医辞职　被党内除名(中国广播网 2014-08-11)

(四)"最+A+NP"的构式义

陆俭明(2012)指出,"构式义是人通过感官对客观世界的感知所得在人的认知域里所形成的意象图式投射到语言中形成的"。根据我们对"最+A+NP"构式的结构特点与表意特点的分析,本节将该构式的构式义概括为:"用于称谓或命名性的范畴属性的极性认定"。由此,该构式也可称为"极量性命名构式"。为了清楚地理解该构式义,有必要对该构式的构式语义的形成做必要的说明。

构式中对范畴"NP"的极性认定具有极强的主观色彩。强主观性是指说/写者在范畴的认定上明显而强烈的移情,并有含有显性的说话人"自我"的表现成分。构式"最+A+NP"表意的主观性集中地体现于三个方面:

1. 说话人的视角

人们在使用构式"最+A+NP"进行评价或称谓时,并没有进行选举或某个范围的投票统计,可能仅仅是从自己的观察角度出发的,所以其评价性称号的授予完全由说/写者独自裁决,极具主观性。报纸上经常有"最美村干部"的报道,但其评价标准千差万别,反映出说/写者不同的视角。有的(袁军国)获此称号的原因是"垫资 600 余万为村民改造住房"(《大河报》2015-08-21);有的(方月萍)是因为"女硕士下乡,放弃高薪工作和上海户口到江西当起了村干部"(新华网 2015-07-13);有的(燕振昌)是因为"将一个贫困村建成了亿元村"(《河南日报》2015-09-18);有的(王桂兰)是因为"不打欠条的村支书"(《人民日报》2015-08-13)。

2. 说话人的情感

对比"最+A+的+NP"格式与新兴构式"最+A+NP"可知,"最+A+的+NP"格式的褒贬表达意向由形容词自身而定,反观"最+A+NP"构式,对所述对象一律给以"最美、最帅、最牛、最强"的极性认定,彰显出的是褒奖赞美的语用动机,赋予了所述对象最强的移情,更能体现出说/写者强烈的情感。

3. 说话人的认识

"认识"表示说话人对所述命题的真实性的判断。"最+A+NP"构式以赋予被表述对象称谓或荣誉称号的方式,以公众代言人口吻来传递出说/写者对评述对象不容置疑的心理认同。构式中流露出的主观倾向不言而喻。

三、从修辞构式到语法构式再到修辞构式

构式"最+A+NP"在形成初期均为"最+美+NP",在后来克隆式的使用中,"A"的位置逐渐允准"帅、牛、强"等形容词进入,再后来,"NP"之前及整个构式之前也开始允准一些词项的加入。从构式成形初期的形式到后来发生在构式内部与外部的微变形式,该构式在短短十几年里发展汇聚成了一个数量庞大的以"最+A+NP"为基式的变式群。那么,促成构式的形成与变异的因素是什么?以下分别进行梳理。

(一)构式的形成——从修辞构式到语法构式

一个新构式的诞生总是出于特殊的语用需要和修辞目的而临时创造的。语用需要带来了特殊的表达诉求,而修辞则给这种特殊的语用诉求穿上奇异的外装(独特的语法形式),新构式正是在语用和修辞的双重因素联合作用下被"临时"创造出来的。这种临时创造的奇异构式及其构式义尚未完成语法化,所以无论是其构式还是其特定的构式义往往具有不可推

导性、不可预测性。刘大为（2010）将这类尚未语法化的临时性构式称为"修辞构式"。我们将借用这一独创性概念来描写和解释"最+A+NP"构式的演化与变体。

我们看到，当"最+A+NP"作为一种新式表达出现时，它虽然脱胎于描述性的"最+A+的+NP"结构，但对其进行了全新的改造：①变描述性结构为全新的称谓、称号的指称性结构；②强行地规定了"A"为清一色的单音节形容词并促成了"最A"的词化；③屏蔽了"NP"前结构助词"的"的出现。这些结构与语义上的变化，特别是构式整体语用功能（用于特定的称谓、称号）的改变，具有不可推导与预测的性质。新构式的这些不可推导性是修辞介入的结果，而修辞的介入正是为了遵循"有异必有故"的语用原则，即为了确保新的语用诉求的达成（故），积极地推动并参与了语法结构的整合与重组（异）。

一旦这种结构新奇并带有特定语用意义的修辞构式进入了人们视野并被克隆与使用，其崭新的构式连同其独特的构式义实际上已被大众认识和接受，构式的地位就建立了起来。"最+A+NP"构式出现初期，变项"A"仅有"美"（"最美政治人物"，《广州日报》2001-11-21），随着构式的被认可，后来吸收了"牛"（"最牛庄股"，《新京报》2004-02-26）、"帅"（"最帅国脚"，人民网·体育 2004-06-02）等单音形容词进入。"最+A+NP"构式大量克隆式使用及变项"A"扩编的结果是促成了构式的语法化，即修辞构式中不可推导的构式及构式义逐渐变得透明或半透明，构式的临时性组合变成了固定性的结构，修辞构式演变跃升为语法构式。

（二）构式的变异——从语法构式再到修辞构式

当修辞构式在群体的使用中改变了自己临时性的角色成为语法构式后，构式语法化的过程并不会终止，它还会强化其构式的地位，进一步固化其语用功能，产生一些变异的形式。这类变体的出现，一方面巩固强化了语法构式的形式与构式义，另一方面也开启了语法构式再向修辞构式转化的认知通道。

1. 构式变体 A：语义羡余式变体

有些构式的"NP"中含有一个语义上的羡余成分，可称为语义羡余式变体。例如：

(15) a. 最帅帅哥（人民网·贵州频道 2015-07-11）
 b. 最美帅哥（人民网·广西频道 2015-04-13）
 c. 最美俏新娘（新华网 2009-05-11）
 d. 最牛超级父母（人民网·北京频道 2012-09-20）

e. 最美十大女星（人民网·福建频道 2015-12-14）

a 中前后有两个"帅"、b 中"美"与"帅"、c 中"美"与"俏"都是语义重合；d、e 中都有两个语义近似的区别词。按照表意的要求，"NP"中的修饰成分在语义上是多余的。从表面上看是"NP"的前扩展，而实际上是在这些称号性的偏正式"NP"之前再增加区别词"最A"，如上面 d 例就是在称谓性的"超级父母"前再加区别词"最牛"，形成新的范畴的极性认定"最牛超级父母"。这也正好说明，区别词"最A"在构式中起的不仅是限制与评价的作用，而且还是新的称谓性构式形成的形式标志。

2. 构式变体 B：前附加式变体

随着相同称号、称谓在全国各地的大量涌现，造成了大量同名异实的现象。为了达到称谓的专指性，说/写者还创造性地通过"打时空牌"的方式，即增加地域/点成分或时间成分来扩大区别层次进行称谓，从而形成了"X 最+A+NP"类的前附加式变体。这是由语用和修辞的力量共同催生的，这类前附加式变体可以看作由语法构式再到新的修辞构式的转化。

1）前加地域成分

（16）a. 湖北最美"80 后"花季女儿（新华网 2010-03-05）

　　b. 昆明最帅警察（《都市时报》2007-11-28）

　　c. 山村最美女教师（中国网 2007-11-29）

　　d. 中国最牛高校（人民网·观点频道 2008-09-28）

　　e. 北京市最美乡村（人民网 2009-09-16）

　　f. 浙江最美警花（《浙江在线》2009-11-04）

2）前加时间成分

（17）a. 80 后最美乡村女校长（《广州日报》2009-07-02）

　　b. 21 世纪最卖座女星（人民网·时尚频道 2015-10-18）

　　c. 近 10 年以来最美死刑犯（人民网·江苏视窗 2012-03-31）

　　d. 有史以来最美秋香（人民网·福建频道 2015-11-18）

当然，这类前加性时间成分，以区别词"史上"用得最广泛且最值得关注：其一，由此形成的"史上+最+A+NP"表达最多；其二，该变式中"A"的数量更多，查到的共有六个：

（18）a. 史上最贵大门（《大河报》2007-05-25）

　　b. 史上最牛本科生（《青年周末》2007-04-27）

　　c. 史上最美丑女（《天府早报》2009-02-15）

　　d. 史上最差求职信（南海网 2013-01-28）

　　e. 史上最帅拾荒匠（《扬子晚报》2009-08-26）

f. 史上最强假想敌（《人民日报》2014-08-24）

按照语言使用常规，凡是用"史上"来修饰或限定的话语，都应该是有据可考的。而在"史上+最+A+NP"变式中，"史上"一词却几乎变为说话者用来加强其主观态度与表达语气的专用手段。有时，变式与基式在同一文章中常常替换使用，并且变式处于基式之后的语序，也更能反映出"最+A+NP"构式强烈的主观性特色。请看例子：

（19）a. 数天前在网上看到关于"最牛女秘书"的新闻时，……而瑞贝卡此举最终为她在网络上赢得了"史上最牛女秘书"的称号。（《新闻晚报》2006-05-24）

　　　b. 北京市海淀区林萃路上的"最牛钉子户"终于被拔掉，……北京居民徐景明无疑称得上"史上最牛钉子户"，不仅因为……（《北京晚报》2010-12-20）

"最+A+NP"构式及其各种变式的形成与表意上的种种变化，是构式为满足表达的需要而产生的，而在构式变异中总有修辞的参与。新的修辞构式在语法构式中再度孕育，不仅大大扩充了构式的表意空间，丰富了构式的表意手段，而且巩固并改善了构式及构式义的生存环境。

四、构式"最+A+NP"的成因背景及语用特色

语言作为人类最重要的交流工具与重要的信息载体，其发展变化与认识的变化、社会的进步、表达的需要等因素有着密切的关系。作为一种新生事物，新兴构式"最+A+NP"诞生于世纪之交绝非偶然。网络的普及与信息手段的变革，政治清明与自由开放的大环境，价值多元化、主体意识的觉醒与表达诉求的畅通，是我们这个时代的一大特色，也是各种张扬个性、抒写性灵、独具新质的新兴构式生长发育的重要条件。

（一）构式的成因背景

1. 代表草根文化的平民阶层话语权意识的觉醒

作为一种起源于民间的个性化的评价符号与称号，"最+A+NP"构式从其诞生之日起，就带着草根文化的泥土芳香。与政府性、权威性的"全国劳模""五个一工程""三八红旗手""年度人物"等称号与奖项不同，"最+A+NP"类表达起源于民间，具有"行为主体的平民性、行为发掘的草根性、行为宣传的开放性和行为认同的广泛性"等基本特征。（林贵长，2013）在社会大众道德焦虑和价值信仰出现危机之时，代表草根文化的平民阶层自发地行使话语权，对那些草根英雄冠上"最美""最帅"一类的荣誉称号，而源于民间的这类称号自身贴着草根文化的标签，体现出平民

阶层所欣赏与赞美的伦理价值观。

2. 我的选择我做主

"最+A+NP"类称号起源于民间，是基层民众个体或群体对身边的道德楷模、榜样人物由衷的赞誉性称谓，是他们自发地授予身边草根英雄的荣誉称号。政府类、组织类的称号称谓有一套评选标准与评选程序，而源于民间的"最+A+NP"类称号的拟定则具有相当程度的自由度与随机性。"我选择、我喜欢""我的选择我做主"是"最+A+NP"类称号在生成与使用上具有的最大特点与独特优势。我们发现，"最+A+NP"构式表意的草根情怀还体现在这一评价的产生方式上。以往"道德模范""劳动楷模""杰出青年"等人物的评选往往是以官方为主导，大部分人绝难成为发起人并亲自参与其中，而被冠以"最+A+NP"称号的人物及其事迹是由人们自行发现并亲自认定的，公众可以通过网络平台直接表达自己的态度和看法。有时，可能仅仅是当事者一个被别人忽略的善举，也会被授予"最+A+NP"的最高荣誉桂冠，这充分显示出网络时代平民话语权意识的觉醒与个人参与社会事件评论的自由度。最美现象因为是基层群众广泛参与的产物，对社会正能量的宣传效果比主流媒体的宣传有时更具亲和力，所以其影响力越来越大，已经引起了主流媒体的高度重视。

（二）构式的语用特色

1. 用词的口语化

作为草根文化符号的"最+A+NP"构式，体现的是接地气的草根情怀和平民化的用词用语风格。荣誉性称号的授予是官方或集体有组织的行为，造词用字上追求"高大上"，体现的是文雅正统，评价性词语以双音节的"杰出、优秀、光荣、N佳、N大"等最为常见，俚俗口语化的"美、帅、牛、贵、差、强"等字眼绝对是被拒绝选用的。"最+A+NP"构式一举突破了这一限制，在造词用字上刻意突出大俚大俗的口语化特色，变项"A"全部由单音节口语化的形容词担任，一改荣誉称号用词用语的书面性，使"最+A+NP"构式成为极富口语性的称谓形式。

2. 称谓的职业视角

变项"NP"也一改荣誉称号中习用的"劳动者、妇女、青年、工作者"这样一些概括性的称谓词语，直接改用专指性的称谓类语，如"妈妈、爸爸、太太、女孩"等。或是直接用职业身份类词语来称谓，如"快递小哥、女秘书、拾荒匠、洗脚妹、司机"等。称谓核心用词的这一改变也能折射出称谓、称号的平民化、大众化视角，因而给人的感觉是更加贴心而接地气。再看几个例子：

（20）a. 最美保姆（《沈阳晚报》2012-09-17）

　　b. 最美炊事员（人民网 2014-08-07）

　　c. 最美环卫工（人民网 2014-08-07）

　　d. 史上最牛开发商（人民网·观点频道 2008-09-28）

　　e. 最牛钉子户（《北京晚报》2010-12-20）

　　f. 济南最牛孕妇（《都市女报》2007-09-14）

3. 极度夸张的口气表达

语不惊人死不休是"最+A+NP"构式最显著的话语特色。为了达到突出与强调被评述对象在某一方面最极致的代表性，程度副词"最"成了构式中必有的框式成分，话语中的主观性与夸饰口气表现得十分显著。但是，说/写者还嫌不足，又采用在构式前加"全国、全省、全市"等。以极言所述对象代表的广域空间，用"史上"等来极言所述对象代表的时间跨度。其中的虚与实，无论是说/写者还是听/读者都心知肚明，没有人会去当真。听/读者接收到的信息是，构式字面上突出的是所述对象达及的极性程度，而实际传递的是其言外之意，即说/写者对评述对象强烈的心理认同与褒贬情感。这种夸大其词的用词用语方式，正好是时下喜好用搞怪、新奇怪异的方式来宣传造势的社会文化在"最+A+NP"构式中的具体表现。

第二节　赞美义倒装构式"厉害了我的 X"

"厉害了我的 X"是表赞叹义的一种新兴构式,在表意上具有简短明快、直抒胸臆、态度鲜明、语气夸张等特点，因此该构式出现之初便得到了新闻媒体的青睐，并以"厉害了我的哥"为原型，大量涌现在了多种新闻媒体的标题位置：

（1）a. 厉害了我的哥！射洪民警为抓毒贩徒手撕开铝制防护栏（凤凰网，2017-08-14）

　　b. 厉害了我的哥：高温下的坚守（人民网 2017-08-05）

　　c. 厉害了，我的哥！单臂单腿骑行 2200 公里到拉萨！（环球网，2017-08-07）

　　d. 不做手工的生物教师不是好教师，厉害了我的哥！（《中国青年报》2017-04-15）

　　e. 厉害了我的哥　陌陌人气播主大壮录金曲试音制作人感动泪奔（中关村在线 2017-07-31）

f. 靓汤几十年都不变，厉害了我的哥！（汤姆克鲁斯）（中国青年网 2016-10-12）

　　g. 厉害了我的哥！川农男生酷爱绣花 刷爆朋友圈（《成都晚报》2017-06-06）

　　h. 老爸用双胞胎女儿负重健身 厉害了我的哥（中国新闻网，2017-06-10）

　　i. 厉害了我的哥 程序员掉入传销用"代码求救"，同事秒懂报警（搜狐 2017-05-27）

关于这种构式的起源众说纷纭，但较为广泛的一种说法是，"厉害了，我的哥"是对某教官游戏水平之高的感叹语。在网络上可以查到的较早用例出现在 2016 年 10 月，自此，"厉害了，我的哥"这一构式便被广大新闻媒体广泛使用，随后，"厉害了我的国//我的姐"等新用例不断涌现。

　　目前已经有一些文章对这一流行语进行了研究。向志敏（2016）从"话题-说明"结构对这一流行语进行了分析，认为"厉害了，我的哥"是一种"说明-话题"结构，符合认知语言学的凸显原则。张静（2017）认为称谓语"哥"有泛化的趋势，可以同时指人和事件。文婕（2017）分析了"厉害了"一类流行语的变体、意义和流行原因，并提出"厉害了"正在不断形成一种话语标记。王东营（2017）认为，"厉害了我的 X"和"XX 了，我的 X"这两种语模，是一种主谓倒装句式或是"述题-话题"结构。张海涛（2017）重点分析了"了"对于"厉害"单独成句的作用和对于"厉害"词义的单纯化作用，并提出"厉害了，我的 X"具有"赞赏中饱含调侃诙谐、诙谐中又透着亲切和温暖"的话语功能。王莹莹（2017）也对"厉害了我的 X"从其起源、变异形式、认知动因和流行原因四个方面进行了分析。彭彬和程邦雄（2017）从构式义，构成要素以及积极语义获得的机制和动因对该构式进行了较为深入的探索。

　　虽然这些文章都对"厉害了我的 X"进行了结构、语义以及流行原因等方面的阐述，但是都没有在系统的构式语法观下对该构式进行充分的描写和充分的解释。本节将运用构式语法及动态语法的相关理论，从以下几个方面进行系统的分析：①"厉害了我的 X"的构式特点；②构式对构项的压制影响；③构式义及其语义特点；④构式产生机制和语用特色；⑤社会接受度改变导致的变式和构式义形成的特殊现象。

一、"厉害了我的 X"的构式特点

　　邵敬敏（2011）提出了汉语框式结构的三大主要特点：第一，它们都由不变成分和可变成分组成，整个框式结构具有一定的生成能力；第二，具有整体性的特殊语法意义；第三，跟语境结合紧密，表示特定的语用功能。我们对"厉害了我的X"进行性质鉴定，发现该构式有如下的特点。

（一）结构的凝固化

"厉害了我的X"是一个框式结构，由不变成分"厉害""了""我的"和可变成分"X"构成，结构上的高度框式化排除了任何对框架成分变动的可能性，如果将其中任何一个不变项替换成别的成分，都会导致该构式的解体。例如，如将不变项"厉害"换成其他的形容词，如："暗淡了我的心"，或换成其他的动词，如："承让了我的弟"，那么新产生的句式不再是整体表赞叹义，而且句法结构已不同于"厉害了我的X"的结构，"我的X"由意念拥有变为真实拥有。

（二）语义的整体化

该构式的语义为表赞叹，在表意上有主观大量的特点。因此，除了各构项意义之外，该构式还具有整体构式意义，符合形式和语义相匹配的标准。我们将在下文详述该构式的语义特征。

（三）构式的生成能力

该构式作为"形义匹配体"的框式结构模板，具有较强的生成能力。从新闻媒体到社会生活，以此为模板的表达格式不断涌现，标志着该构式的社会接受度较高。以下列句子为例：

（2）a. 厉害了我的文！王子文高难度倒立身材完美（国际在线 2017-08-07）

b. 厉害了我的鸽！伊拉克信鸽走私近200颗毒品被逮捕（人民网 2017-05-26）

c. 中奖彩民选择了4组单式号码，其中一注全部命中，用不到十块钱换来了1000万，厉害了我的彩！（人民网 2017-09-13）

d. 厉害了我的奶，71岁有料有肌肉，身材不输名模卡门！（搜狐 2016-10-18）

e. 一位泰国忠实女观众的乱入则让网友不禁高呼"厉害了我的鸡条"（极限挑战）（人民网 2017-07-07）

f. 对于黄渤的两次成功助力，网友纷纷点赞："厉害了我的渤哥！我也想要黄渤这样的队友！"（人民网 2017-08-14）

h. 还好局长汪涵过来救场，表演了自己的隐藏技——杂耍抛接球，大家纷纷惊呼：还有这种操作？厉害了我的局长！（环球网 2017-08-14）

j. 女神评委丁当亲自上阵演绎《我是一只小小鸟》打响战役，一首经典歌曲唱得励志力 max,厉害了我的丁当！（人民网 2017-03-03）

根据以上分析，我们认为"厉害了我的 X"是一个结构高度凝固化不可轻易改变外部形式的构式，称为"赞美义倒装构式"。同时，该构式除了各不变项和变项的意义之外，还有自己独特的、表赞叹的整体构式意义。由于该构式表意直接、直抒胸臆，得到了民众的广泛认可，因此成为一种能产性高的构式。

二、构式对构项的压制影响

在众多的压制理论中，Goldberg（1995/2007：159）的解释更符合构式压制现象。她认为，压制就是构式使词汇项系统相关的意义发生强制性的改变。我们认为，压制作用不仅体现在语义方面，还体现在句法方面。充当不变项和变项的成分，其原有的句法核心功能和语义浮现都受到了不同程度的限制，因此各项的句法和语义特点都发生了改变。

（一）对不变项"厉害"的影响

《现代汉语词典》（第 7 版）对"厉害"的解释如下——形容词"厉害"有三个义项：①难以对付或忍受；剧烈；凶猛。②了不起。③严厉，也作"利害"。

根据构式的整体表意可知，"厉害"在"厉害了我的 X"构式中的词性是形容词，词义上表示"了不起"。作为形容词，应该可以受程度副词"很""太"等的修饰，但是由于构式的压制作用，"厉害"只能单独使用。因为构式中的"厉害"已经有了来自结构的强调义，不需要程度副词的修饰。"厉害"作为双音节词，也符合构式的韵律要求，程度副词的添加不仅会破坏整个构式的韵律感，更不会起到增加程度的作用。"厉害"不能受程度副词修饰是构式对它句法特点的强制性影响。

由于"厉害"在该构式中高频、广泛地出现，"厉害"的词义发生了泛化，表示对象某一属性的程度之高。很多具体的特性都可以用"厉害"这一词语来概括。这样的语义特征和词典的解释已经不完全一样了。如：

（3）a. 厉害了我的成都地铁！（人民网 2017-05-09）

b. 厉害了我的奶！日本 88 岁老太搞怪拍照成网红（凤凰网 2016-10-10）

例（3）a 句中的"厉害"实际上是指成都地铁的文化底蕴浓厚，外观亮丽。b 句中的"厉害"实际上是指日本奶奶年老心不老，喜欢拍照片，很新潮时尚。这些泛化后的意义已经不再是词典解释的概念意义。

除了概念意义受到构式压制外，"厉害"的色彩义也同样受到了构式的压制。在词典的解释中，"厉害"是一个中性词。但是"厉害"在构式中却总是以表赞美的褒义出现。不得不说，这种语义情感色彩的改变也是构式压制的结果。

（二）对不变项"了"的影响

构式对"了"的压制作用表现为：第一，"了"在该构式中只能和"厉害"一词组合，失去了它典型的时体功能，带有了语气功能，相当于句末语气词"呢"与"啦"合并形成的一个特殊的语气词，在该构式中专门表达感叹语气；第二，"了"在该构式中，成句功能被凸显。根据语流的强弱，"厉害了我的X"构式内部可以自然分割为两个分句，即"厉害了"和"我的X"，而形成这种停顿效果所必须的就是不变项"了"。故而"了"由于表达感叹语气的标记成分而不能缺失，不允许被替换为其他的语气词，如"呀、啊、哦"等。请比较：

（4）a_1. 厉害了，我的哥！（微口网 2016-09-10）

a_2. 厉害呀，我的哥！

b_1. 威驰首付 1.8 万富达轻松贷 厉害了我的哥（凤凰汽车 2017-09-10）

b_2. 威驰首付 1.8 万富达轻松贷 厉害啦我的哥

通过对比可以发现，例（4）a_2句中的"呀"带有一种意料之外的语气。感叹者对于感叹对象具有一种事先的预期，因为对象超出了自己的预期而发出"厉害呀"的感慨；而 a_1 句中的"了"带有一种加强肯定的语气，是对当前的相关事态做出的一种评价。同理，b_2句中的"厉害啦"表现出感叹者对于威驰首付之低，贷款之轻松超出其预期的感慨；而 b_1 中的"厉害了"则仅表示对于这一优惠事件的肯定评价。由此可知，"了"在构式中增加了加强肯定的语气，而其他语气词多表示出一种出乎意料的语气，隐含了对比义。对于具有评价义的"厉害了我的X"构式，加强肯定语义的"了"是不可与其他语气词相互替换的。

（三）对不变项"我的"的影响

"我的"这一修饰语本来表示一种从属关系，但受到构式的影响，具有了"亲密化"的表达效果。我们把这种效果称为"我的"的"亲密化"效果。"亲密化"指的是通过"我的"的使用使本与表达者无关或距离很远的事物、事件或人变得有关、亲密。在日常表达中，我们也可以找出使用"我的"的类似结构，例如"我的亲娘啊！""我的神啊！""我的天啊！"等感叹表达。这些表达中的"我的"与构式中"我的"的作用相同，均体现出说话人想要拉近与对象间距离的心理意图。

正是因为这种"亲密化"效果,构式中的不变项"我的"不允许被替换为"你的""他(她、它)的"等词。请比较:

(5) a_1. 厉害了我的哥!川农男生酷爱绣花 刷爆朋友圈(《成都晚报》2017-06-06)

　　a_2. 厉害了你的哥!川农男生酷爱绣花 刷爆朋友圈

　　b_1. 外国人都在做贡献,厉害了我的"一带一路"!(《人民日报》2017-05-07)

　　b_2. 外国人都在做贡献,厉害了他的"一带一路"!

a_1句中的"哥"即"川农男生"与感叹主体之间本没有直接的关系,但是在加上"我的"之后,感叹主体与客体"哥"之间产生了一种亲密的关系,这种亲密的关系使主体因客体"哥"的厉害而产生了一种自豪感。而a_2句中的"你的"则缺少了这一种自豪感,使感叹主体的心理体验下降。同样,作为我国的国家级顶层战略,"一带一路"的成就使得每一个中国人都由衷地感到自豪。b_1句中的"我的"拉近了每一个中国人与"一带一路"的关系,表现了全民的关注与自豪之情。而b_2句中的"他的"则有一种旁观感,很难引起共鸣。

而在同样具有"亲密化"效果的情况下,还出现了少数使用"我们的""咱的"等用例:

(5) a. 厉害了,我们的 2016 年!(人民网 2017-09-21)

　　b. 厉害了,咱的新闻!(东方网 2017-02-19)

　　c. 厉害了我们的小姐姐(人民网 2017-08-27)

压制作用使"我的"失去了具体的领属义,通过隐喻机制变成了表"亲密化"的意念领属义,增强了整个构式的主观化色彩,满足了感叹主体的心理体验,也为构式的褒义倾向奠定了基础。

(四)压制作用对变项 X 的影响

"X"作为定中结构的中心词,是一个名词,但是,这个"X"却只能是一个单音节名词,不允许是双音节的名词形式。下例中的人名与地名都是非单音节的词,但在进入构式时,一律截取的是其中的一个音节,形成独特的单音节"X"替代双音节与多音节的形式。这是构式压制作用最明显的特征。如:

(6) a. "简直就是五星级糕点大师!厉害了我的林!(蔡依林)"(《京华时报》2016-11-07)

　　b. 厉害了我的南!济南成为全国骑车最快的城市(《齐鲁晚报》

2017-04-13）

  c. 厉害了我的国！未来 30 年我国创新能力大幅提升（《科技日报》2017-06-14）

  d. 厉害了我的孩！全国冠军赛山东队一下拿了三个第一（齐鲁壹点 2017-02-13）

  e. 厉害了我的刊（《中国新闻周刊》2017-05-31）

  f. 厉害了我的街！这个地方改变的何止是重庆（凤凰网 2017-04-21）

  g. 厉害了我的节：二十四节气被纳入人类非物质文化遗产（《人民日报》2016-11-30）

  h. 厉害了，我的庄！平安夜前两天的石家庄迎来大晴天（长城网 2016-12-23）

  i. 厉害了我的车——治理雾霾牛人巴士邀你绿色出行（《齐鲁晚报》2016-12-20）

  在构式产生之初，变项 X 具有单音的特征。如称呼"哥哥""姐姐""弟弟""叔叔""爷爷""奶奶"这类兼具单音和双音形式的词，在构式当中通常处理为"哥、姐、弟、叔、爷、奶"等单音的形式。

  同样，在不影响理解的情况下，可以取人名当中的一个易于区别的字代替整个名字，这种用法在明星的名字中较为常见。如：

（7）a. 厉害了我的雨！（周冬雨）（人民网 2017-08-16）

  b. 厉害了我的棋！（邓紫棋）（人民网 2017-03-29）

  c. 厉害了我的菲！（刘亦菲）（人民网 2016-10-15）

  随着社会接受程度的提高，"厉害了我的 X"的生成能力进一步增强。人们在创造新句子的过程中，为了方便使用，X 由单音节特征泛化成了双音节以及多音节特征。关于这一点，我们将在下文举例说明。

  根据以上分析，我们了解到，在构式强大的压制作用下，"厉害了我的 X"这一构式中所有的不变项和变项都发生了句法和意义上的改变。正是这些改变，凸显了该构式的语法和语义特点，使其成为一个具有独特语用功能的形式和意义的匹配体。

三、"厉害了我的 X"的构式义

  一个在形式上完备的构式，必定在意义上也是整体的、完备的，所以该构式本身是具有整体性的特殊语法意义的。在前文的压制作用对构项影响的分析中，我们已经了解到了各构项在构式中的独特意义。下面我们将根据构式的表意特点来分析"厉害了我的 X"整体的构式义。

（一）构式的赞叹义

在言者视角的作用下，该构式具有强烈的主观性和感叹义。"厉害"的字面义是表示被评价对象某个方面"了不起""非同一般"，但进入构式后作为不变项"厉害"语义上并非对某种性质的强调，而是被用来表达感叹者强烈的主观认同与感受。受构式整体表达感叹义的影响，"厉害"也变成了一个对被评价对象的性质完全肯定、高度认可的情感成分。当这种具有强烈主观情感的感叹通过"厉害了我的 X"这一具有强调义的倒装结构表达出来的时候，构式便具有了其独特的赞叹义。因此，我们可以将构式的语义特征概括为"用于标题或评价的赞叹性主观评价"。

（二）构式的评价义

评价义是构式最本质的语义特点。陆俭明（2012）指出，"构式义是人通过感官对客观世界的感知所得，在人的认知域里所形成的意象图式投射到语言中形成的"。这个观点意味着人们会对客观事件加以主观理解，并给出评价。而构式中表评价的形容词"厉害"居于句首的结构使得评价更为直接明了，这也正是这一结构广泛出现在评论当中的原因。而正是由于这一重要的语义特征，我们把一些具有相似特点的动词类结构排除在构式的范围之外，如：

(8) a. 最霸气辞职信：辞职不是为了钱，再见了我的青春！（大众网 2017-08-29）

b. 承让了，我的弟（人民网 2017-05-23）

c. 辛苦了我的宝贝！（人民网 2017-01-09）

d. 谢谢了我的家（中国网 2017-07-28）

例（8）中，句 a 和句 b 中的"再见"和"承让"是客套语，句 c 和句 d 中的"辛苦"和"谢谢"是感谢语，它们都属于礼貌用语。这些结构因为包含"我的"这一修饰语，也具有"亲密化"的语义特征，也带有较强的情感；在形式上也具有自己较为凝固的格式。但是上述表达形式并不符合构式的形式-意义匹配要求，因为这些表达式并无统一的构式义。

以上所举例子和构式"厉害了我的 X"在本质上是不同的。"厉害了我的 X"根本的语义特征是表赞叹的评价义，而这种礼貌用语并无"评价义"这一重要的语义特征，并且"我的"真实化了。所以尽管在外部形式上，二者很相近，但是因为不同的语义特征，我们把这一类相似用例排除到构式之外。

（三）构式的强调义

"厉害了我的 X"构式是主谓倒装的结构形式，这种特殊的句法特点更应该引起我们的关注。当把其常式句"我的 X 厉害了"中的谓语提前到句子前边后，表强调义的构式"厉害了我的 X"就产生了。这种倒装或易位方式是受构式表达的语用要求而出现的语用易位。易位打破了主谓结构的常规语序，用的是"谓语-主语"语序，这种语序的句义和原语序句义相同，但是语用特点发生了变化——易位结果凸显了新信息，即突出了在前的"厉害了"所携带的评价与感叹、赞叹的新信息。

"厉害了我的 X"构式具有强调义。这种强调义来自主谓倒装形成的动态表达形式。当把其常式句"我的 X 厉害了"中的谓语提前到句子开头时，根据"要者先行"的原则，位于句子最前端的"厉害了"得到了强调，成为整个句子的焦点，这正是将原来"我的 X 厉害了"的正常语序变成了符合语境与表意要求的倒装句式的根本原因。

（四）构式表达的情感倾向

"厉害了我的 X"这一构式具有明显的褒义倾向。这一倾向有两个主要来源：一是源自"我的"的亲密化，另一个是源自具有褒义语义特征的不变项"厉害"。两者结合起来，使这个构式具有褒义的情感倾向。

这一构式在后来的使用中也有少数被用于表达贬义，用褒义词组表达贬义意味，形成一种反讽的效果。如：

（9）a. 厉害了我的哥！男子开小客车载 14 头牛上高速被查（网易 2017-09-02）

　　b. 厉害了我的哥！山东男子利用"保兑仓"业务漏洞骗银行 99 亿 谁该反思？（中国网 2017-07-04）

　　c."能在哈尔滨封路"，厉害了！我的姐（凤凰网 2016-10-17）

例（9）中的例子均表达贬义，反讽对象行为性质的恶劣。表反讽的情况并不多见，我们仍然可以从这些极少的例子中观察到该构式的感叹义。这是构式形成后，语言使用者对该构式表意倾向的一种灵活运用。从构式的整体来看，并未改变"厉害了，我的 X"表达褒扬赞美的总体表达趋向。

四、构式的成因及语用特色分析

随着社会的开放和网络的普及，人们在言语表达上有了追求自我、强调个性，追求新潮的趋势。新兴构式就是这种趋势最好的证明。语言作为人类社会交际最为重要的工具，必然会染上时代的色彩。人们集中、高频地使用某些新兴结构，形成风潮。而"厉害了我的 X"构式正是这股潮流中具有代表性的一部分。

(一) 构式的成因分析

1. 大众的猎奇心理与表达欲

网络这一媒介缩短了时间与空间的距离，使得事件的实时分享成为可能。很多新奇的事件由此进入人们的视野，刺激人们的感官。当人们在看到"厉害了我的哥"等字眼时自然会产生一种猎奇心理，到底是什么那么厉害？而在了解到新奇的事件之后，人们会产生一种表达欲，想要把奇闻轶事与他人分享。在分享的过程中，人们依旧会使用"厉害了我的X"构式表达自己的惊叹之情，并试图引起他人的关注。就在传播的过程中，"厉害了我的X"构式逐渐成形，成为人们表达感叹义的常用格式之一。

2. 权威媒体的大众化倾向

为了紧跟时代步伐，贴近民众生活，央视等权威媒体开始在正式场合使用符合"厉害了我的X"构式的短语作为新闻标题或活动的名称，体现出话语权的大众化倾向。自2017年除夕夜《新闻联播》创造出流行语"厉害了我的国"后，"厉害了我的X"构式正式踏入官媒领域，各大媒体竞相模仿。中国新闻出版《广电报》（2017-03-21）的一篇名为《放弃宏大视角 关注身边你我》的文章就体现了这一趋势。文章反映了以搜狐为代表的各路媒体转变"画风"，主题设定改宏观叙事为微观视角，从而拉近"我"与"国"的距离，搜狐更是划分出"我的财富""我的健康""我的教育""我的房""我的车"五大分主题，用亲切用词回应百姓关切，亲民之风扑面而来。权威媒体的使用确定了这一构式的地位，使其适用范围进一步扩大，一度成为新闻标题的"标配"。同时，民间对于这一构式的使用热度不减，变项X对于进入成分的包容更是方便大众的使用，"厉害了我的X"构式在短时间内"爆红"，成为一种"雅俗共用"的通用构式，时至今日，热度不减。

(二) 构式的语用特征分析

在这个社会背景的驱使下，"厉害了我的X"构式形成并得到了广泛的应用。在使用过程中，该构式具备以下几个语用特点。

1. 口语化特征

不同于正常语序的"我的X厉害了"，"厉害了我的X"通过主谓倒装的结构，使得话语的焦点信息部分"厉害"得到强化，带有更为强烈的主观情感，更加符合口头表达时优先说明重要信息的思维特征。同时，随着构式的进一步广泛应用，变项名词性短语X的选取变得相对自由，丰富的平民化内容被不时地引入构式之中。由于上述两点，构式被广泛应用于各类文字与口头评论之中，口语化特征明显。

（10）a. 两场比赛，三次突袭，费尔南多让中超见识了自己的速度，这可真是"厉害了我的哥——费尔南多"（《北京日报》2016-12-30）

b. 照片一出就引来许多网友围观"厉害了我的哥，无论怎样最好看了"（人民网 2016-10-27）

例（10）中的 a、b 两句都摘自权威媒体，但是其口语化特征非常显著，这种权威媒体语体风格的转变，更是强化了该构式的口语化特点。

2. 韵律性特征

在"厉害了我的 X"构式中，除了上文提到的不变项"厉害"的双音节要求和变项 X 的单音特征外，整个结构根据语流的强弱可以自然分割为两个小分句。陆俭明（1980）指出："易位句的前置部分与后移部分之间并没有必然的语音停顿。前移部分与后移部分有音强音弱的差别，正是这种差别，加之后移部分比一般要说得快些，这就构成了易位的前后部分之间语音上的明显界限。"所以在使用时，处于构式前半部分的"厉害了"处于一种被强调的地位，自然会使语气加强，而处于构式后半部分的"我的 X"语气则较弱，这样就自然而然在"了"之后形成了停顿。我们可以发现，"厉害了我的 X"构式的两个分句中间可以不使用标点符号。这是由于这一构式带有的惊叹义使得语气加快，强弱之间的语音停顿并不是那么明显，所以在两个分句之间，逗号可有可无，无伤大雅，并不会影响构式的结构和语义表达。而原句式"我的 X 厉害了"作为一个整体句子，并不存在停顿与韵律上的要求。

3. 构式的标题化

上文中提到，信息表达的完整和准确是这一构式的一大特点。同时，虽然继承了"我的 X 厉害了"的感叹义与评价义，但由于主谓倒装的结构，该构式形成了一种强调"X"的特点，使得情感的表达更加强烈，带有惊讶与夸赞的意味。这是其常规语序的"我的 X 厉害了"所没有的。正是因为这两种特点，"厉害了我的 X"这一构式常常被用于新闻标题中，用以引起读者的注意。同时，这一构式还常被用作文章或各种活动的标题。如：

（11）a. 厉害了我的国（《中国青年报》2017-08-15）

b."黑科技"集结 厉害了！我的"双 11"（《中国交通报》2016-11-15）

c. 不可辜负"厉害了我的军！"（《解放军报》2017-08-09）

（12）a. 近日，易到与中央电视台财经频道"厉害了我的国"项目展开合作，量身定制的"厉害了我的国"千人专车车队，已在全国各主

要城市上路。（中国网 2017-08-31）

  b.《辉煌中国》暨"厉害了我的国"主题活动在全国举行（人民网 2017-10-01）

  c."厉害了我的校花"美人大选（人民网 2017-03-17）

例（11）中均为文章标题，而例（12）中均为活动名。从这些例子中我们可以看出，"厉害了我的 X"构式可以用作标题或活动名称，具有"标题化"的功能。这一功能是"我的 X 厉害了"结构所不具备的。

4. 评价性特征

不论是在新闻标题中，表示行为事件与活动的名称中，还是用于对事件与人物的评论中，"厉害了我的 X"构式都体现了一种感叹者对于人物、事件或事物的评价。不过在带有强调义的构式之中，这些评价的程度与主观色彩都被加重，形成了一种感叹性评价。这种感叹性评价从一般的评价当中脱颖而出，符合感叹者的主观心理，成为人们在表达激动心情时的优选话语之一。请看例句：

（13）a. 因此也有声音表示："厉害了我的哥，别的上市公司在市场内浮浮沉沉苦苦挣扎，这里找标的那里磋磨着资源整合，但是利润还不及你卖两间。"（《证券时报》2016-09-30）

  b. 高晓攀与尤宪超这对老搭档合作至今有十三年之久，尤宪超直言："生活中他是我的表哥，真的是我的哥，厉害了我的哥。"（《新快报》2017-09-13）

  c. 张一山丝毫不顾疼痛，继续坚持比赛，化身"人肉"千斤顶，协助兄弟团，夺得最终胜利，令人惊叹"这是化悲痛为力量，厉害了我的哥！"（大众网 2017-04-21）

  d. 中国人也能制作解谜书，消息一经发布，引来众多网友纷纷点赞。"工匠中的战斗机，中国好男儿！""不做手工的生物教师不是好教师，厉害了我的哥！"（《中国青年报》2017-04-15）

以上评价都带有评价性特征。这种评价呈现出一种主观高量，表现出说话者对评述对象强烈的心理认同与褒贬情感。

我们可以看到，由于大众的猎奇心理和表达欲，以及权威媒体的大众化倾向，构式"厉害了我的 X"以其独特的口语化、韵律化、标题化特征，再加上主观大量的评价特征，成为一种社会接受度高的流行构式。

五、"厉害了我的 X"的特例及变式分析

由于"厉害了我的 X"独有的表意特点和语用功能，其社会接受程度

越来越高。大众在广泛应用该构式的同时，产生了一些特例与变式。接下来我们就对这些特例与变式进行特殊说明，并总结对该构式的失败模仿，在分析与对比的过程中进一步明晰该构式的句法、语义和语用特点。

（一）构式的变体形式

1. X 的多音化趋势

在上文中我们提到，在典型构式中"X"是具备单音特征的。但是随着社会接受度的提高，变项"X"出现了双音化甚至多音化的趋势。请看下面的一些例子：

（14）a. 众人惊呼"厉害了我的热巴！（人民网 2017-03-01）

b. 厉害了我的魅友，使用过魅蓝 E2 后，这位网友列出了魅蓝 E2 的 8 大优点，有颜有性能，还有趣，最重要的是比 PRO 6s 更棒，电池持久，还有就是闪光灯很牛！（人民网 2017-05-12）

c. 厉害了我的航天！中国又放出一波深空探测黑科技（太平洋电脑网 2017-06-08）

d. 喝喝盐水和姜茶就能瘦掉 40 斤，厉害了我的女神！（人民网 2017-07-04）

e. 厉害了我的医生！从医 27 年，他获国家专利 50 项（医脉通 2017-03-21）

f. 28.7 万多服务项目，躺在床上动动手指就能搞定？厉害了我的江苏！（人民网 2017-06-29）

g. "二孩"之后："女儿幸福我不累"厉害了我的姥姥（人民网 2017-02-02）

h. 娱乐圈跨到体育界，厉害了我的国师！（人民网 2016-12-26）

i. 继放大碳素之后的又一妖股：富奥股份，厉害了我的股市（汇金网 2017-08-07）

j. 爱国言论在热评中大量涌现，被微博大 V 们转发并配上"厉害了我的中国"等字眼（人民网 2017-07-07）

"X"在上例（14）中都是双音节，下例（15）都是多音词：

（15）a. 金光闪闪的金根车在前，装饰华美的副车们相跟随，还附赠潇洒的御马官。想想这架势，厉害了我的始皇帝！（《光明日报》2017-09-05）

b. 澳经济创世界纪录！连续 26 年 103 季度不衰退！厉害了我的澳洲哥！（搜狐 2017-06-07）

c. 网友们表示：厉害了我的谭校长！（谭咏麟）（人民网 2017-

04-10）

　　d. 丁酉鸡年闹新春·鸡年话鸡：拜年"小鸡舞"厉害了我的兵哥哥！（人民网 2017-01-30）

　　e. 厉害了我的柳城人！竟在 80℃豆浆中拉腐竹（新浪广西站 2017-08-07）

　　f. 南方路机：厉害了我的搅拌站，十四年产能不减当年（国路面机械网 2017-08-07）

　　h. 看剧的网友纷纷感叹："厉害了我的黄皮子！"（《羊城晚报》2017-07-25）

　　i. 厉害了我的"复兴号"（《羊城晚报》2017-07-07）

　　g. 厉害了我的大飞机！C919 安全和舒适度测评（人民网 2017-05-08）

　　k. 网友热议"厉害了，我的京津冀"（人民网 2017-02-22）

　　l. 央视来无锡录制"为中国实业代言"节目再合适不过了。又将亮相央视，厉害了我的大无锡！（人民网 2017-04-12）

我们在这一部分大量列举例子的意图在于：第一，可以通过直观的语料证明该构式的广泛应用程度；第二，可以直观地显示出变项"X"由单音转变为双音甚至多音的特征。我们把这种转变称为变项"X"的多音化。

这种多音化特征的产生是有其社会原因的。在权威媒体的大力推动下，"厉害了我的 X"这一构式被广泛应用开来。在使用过程中，原有的单音"X"不能承载大众更多的指称内容，因此，"X"出现了多音化的趋势。

2. "厉害了我的哥"中"哥"的泛化

"厉害了我的哥"是构式中出现频率最高的经典形式之一。不变项"厉害"既可以形容人，也可以形容物，这为名物类短语进入构式提供了条件，扩大了构式的适用范围。而在同一用例中，"厉害"的语义既可以指向变项 X，又可以指向事件，这就为构式的经典结构"厉害了我的哥"的泛化创造了可能。如：

（16）a. 厉害了我的哥！男子遭暴打后绝地反击（乐视体育 2017-05-31）

　　b. 厉害了我的哥 程序员掉入传销用"代码求救"，同事秒懂报警（搜狐 2017-05-27）

　　c. 厉害了我的哥！重庆一男子拿花圈求婚现场 女孩果断拒绝（吉和网 2017-05-20）

例（16）a 句中的"厉害"不仅指"男子"厉害，还指"遭暴打后绝地反击"这一行为很厉害；b 句中的"厉害"不仅指向"程序员"，同时也指向"代码求救"成功这一事件；而 c 句中的"厉害"同样同时指向"男子"和"求婚被拒"这件事。正是"厉害"的这种双向语义指向特征为"哥"的泛化提供了条件。在使用中，为了使构式不局限于描述"哥"，而能够适用于更多的事件，"厉害"的语义指向逐渐偏向事件，"哥"也随之呈现出泛化的特征，从代指具体对象到代指事件。张静（2017）也提出"泛化后的称谓语'哥'的区别特征几乎完全消失，指称范围得到了进一步拓展，不但可以指人，还可以指事物或某种现象。"而这种名词泛化的现象，在上文中提到的一系列相似结构，即"我的妈呀""我的亲娘啊""我的神啊""我的天啊""我的祖宗啊"中也有所体现。仔细体会我们可以发现，这些感叹句中的"妈""亲娘""神""天"和"祖宗"均不是实际的感叹对象，并不具有名词的实际意义。这些名词均产生了泛化，而这些结构也已成为一种话语标记。虽然这种话语标记中名词的泛化程度高于"哥"，但两者的泛化有着异曲同工之妙。请看以下例句：

（17）a. 绝技！厉害了我的哥 印度理发师用蜡烛理发（人民网 2016-11-02）

b. 厉害了我的哥！感觉这所学校要火！（中华网 2017-06-22）

c. 厉害了我的哥！北京保障房建设首尝超低能耗技术（《北京日报》2017-05-17）

d. 厉害了我的哥！泰国自行车居然可以治雾霾（网易 2017-05-30）

e. 厉害了我的哥！《龙武 2》最新神装一览（多玩游戏 2016-12-06）

f. 凯迪拉克 ATS-L 新款价格 厉害了我的哥（凤凰汽车 2017-06-09）

g. 竟有不用插电就能用的冰箱？厉害了，我的哥（万维家电网 2017-06-12）

h. 厉害了我的哥！吉利、沃尔沃、领克三方谋共赢（中金在线 2017-08-05）

i. 厉害了我的哥！山东现最牛车牌"鲁 Q 好几个 8"（腾讯网 2017-08-02）

j. 厉害了我的哥！南京版《刚好遇见你》走红网络！（地产中国网 2017-04-19）

k. 2017 奔驰 GLS450 配置齐全 厉害了我的哥（凤凰汽车 2017-06-02）

l. 厉害了我的哥，全纺织传感器让可穿戴设备更亲肤？（全球纺织网 2017-03-16）

例（17）中，只有 a 句中的"哥"代指对象，即"印度理发师"，b、c 和 d 句中的"哥"分别代指名物类的"学校"和"保障房首尝超低能耗技术""自行车治理雾霾"两件事件，f 到 h 中的"哥"也都是代指了名物类的事件，而非代指人物对象。

上文曾提到，变项 X 在保证信息表达的完整和准确的前提下，音节出现了多音化的趋势，只要是名词性短语都可以进入变项 X 当中。这体现了构式强大的生成能力。而构成构式强大生成能力的，除了新词的加入外，就是"哥"的泛化。这种泛化使得很多不容易概括出中心词的事件也可以使用"厉害了我的 X"这一构式，起到引起读者注意的功能，扩大了构式的适用范围。

但需要注意的是，这种"哥"处于泛化状态下的"厉害了我的哥"结构不存在单独使用的情况，一定会配合具体事件一同组成标题，保证信息表达的完整与准确。

（二）构式的特例分析

1. "厉害了，X"

"厉害了我的 X"构式在使用过程中，还出现了一种修饰语"我的"脱落的变式，即"厉害了，X"。由于"我的"的缺失，结构失去了一种"亲密化"的表达效果，使其所表达的"自豪"的主观情感较之原构式有所弱化。如：

（18）a. 厉害了青岛小学生 三年级孩子大剧院演话剧（青岛新闻网 2017-06-11）

b. 厉害了，法官！创意审判走红美国（凤凰网 2017-06-11）

c. 厉害了临汾制造！甘亭工业园 139 亿打造智慧工厂（搜狐 2017-06-10）

d. 厉害了济南热电！与绿地签约服务济南第一高（大众网 2017-06-09）

例（18）中的用例依旧保留了感叹义和信息表达完整准确的特点，但在主观心理的表达上并不如原构式丰富。

2. "厉害了"单独使用

由于"厉害了我的哥"结构的焦点在前一个分句"厉害了"上，且出现了上文所说的"哥"虚化的情况，"我的哥"所承担的实际意义不断减少，所以最终出现了"厉害了"单独使用的情况。如：

（19）a. 厉害了！100万人同时参加消防演练（人民网2017-08-30）

b. 厉害了！德国小伙徒手拿29杯啤酒创世界纪录（新华社2017-09-05）

c. 厉害了！小学生研制3D打印鲁班锁获国家专利（人民网2017-09-13）

d. 震惊！加拿大家长驾车硬闯学校撞伤老师（人民网2017-09-28）

例（19）中 a 至 c 的标题均单独使用了"厉害了"。这种结构由于失去了"我的 X"部分，在信息表达上不完整，失去了单独做标题的功能和"亲密化"的语义特点，只能在标题开头的部分出现，引起读者的注意。类似于 d 句中"震惊！"的用法。

3. "厉害了 word/Word X"

在使用的过程中，出现了一种用英文单词"word"替代"我的"变式。因为"word"的发音类似于卷舌状态的"我的"，形成了一种诙谐和洋气的语感，使构式的口语化特征更为明显。如：

（20）a. 两会创新报道吸引关注，外媒说：厉害了 word 中国媒体！（《人民日报》2017-03-19）

b. 厉害了 word 顺德！家电电商占半壁江山（《广州日报》2017-05-26）

c. 秋裤预警来啦！厉害了 Word 冷空气（中国天气网 2016-10-31）

4. "真是厉害了我的 X"

"厉害了我的 X"构式使用于评论时，常常会与前文分隔开单独使用。而为了更加流畅地在文中使用该构式，便出现了一种"真是厉害了我的 X"的结构。与"真是"同时出现的还有"也是、也真是、简直就是"等。这些词中以"真是"出现的频率最高，最具代表性。请看以下例句：

（21）a. 与此同时咱北京彩民也拿下 12 注二等奖，单注奖金 212168 元，真是厉害了我的哥（人民网 2017-08-30）

b. 真是厉害了我的哥，同言君不禁要为这位机智的网友点赞了。（人民网 2017-01-18）

c. 吃到嗨处，还不忘现学了一句成都话"我现在巴适得很"和粉丝"显摆显摆"，真是厉害了我的哥（人民网 2017-01-09）

d. 集结了林俊杰、羽泉、张惠妹、萧敬腾、田馥甄五组华语乐坛实力唱将也是厉害了我的歌！（人民网 2016-11-09）

e. 看到这样的照片，也难怪佟丽娅要踹陈思诚了，一个"糙汉"把自己 P 美颜成这样，也真是厉害了我的哥！（人民网 2016-10-11）

f. "纸上得来终觉浅，绝知此事要躬行！"来到这里，青少年们可以近距离感受科技的魅力，玩的同时也能学到更多的知识。简直就是厉害了我的哥！（《河北经济日报》2017-06-21）

例（21）中的"真是"等词不仅使构式在句中的表达更为流畅，而且具有不同于一般副词的特征。它们在句中充当一种高层次的副词，不修饰具体的谓词性成分，而是对句中的整个事件加以肯定。如 a 句中的"真是"并不是对"厉害"进行修饰，而是对"厉害了我的哥"整体的修饰，在语义上指向北京彩民中奖这一事件整体，添加了一种"确定"的语义。

（三）构式失败模仿总结

我们总结一下对于构式的失败模仿，在分析反例的同时更好地理解构式的要求：

（22）a. 厉害呀，我的哥！（微口网 2016-09-10）

b. 厉害啦 我的盐中学子（中国视窗 2017-10-18）

c. 不少粉丝纷纷表白"帅了我的哥，造型很酷啊"（人民网 2017-01-10）

d. 最霸气辞职信：辞职不是为了钱，再见了我的青春！（大众网 2017-08-29）

e. 辛苦了我的宝贝！（人民网 2017-01-09）

例（22）中的句子都属于错误模仿，我们来逐一分析其错误原因：a、b 两句中的语气词分别是"呀"和"啦"，我们在前文已经讨论过，失去了"了"的构式，同时失去了表肯定赞叹的语气。构式中的"了"不允许替换为其他语气词。c 句中的形容词不该是一个单音节词，破坏了原构式的韵律美。d、e 两句中常项"厉害"被礼貌用语词"再见"和"辛苦"替换后，不再表示赞叹义，因而也是错误的模仿。

综合上述特例、变式和失败模仿，我们可以发现这些用例虽然在结构上有所变化，但是均没有打破构式最基本的两大要求，即：表现感叹义与评价义；信息表达的完整与准确。

我们讨论了新兴构式"厉害了我的 X"的构式特点、构式对构项的压制、构式义和构式语用特点以及一些特例、变式和失败模仿等。通过分析，我们认为该构式因为其简短有力、韵律性强等特点而成为媒体和大众乐于使用的构式，成为汉语新兴构式中一个不可忽视的新成员。

第三节　超量感叹构式"要不要这么 X"

近年来在年轻一代的流行语中出现了一种"要不要这么 X"的说法，该类话语借用正反问的格式，表达的却是言说者针对某一现象的高程度感叹。它最初多用于网友的评论留言，并以其强大的能产性迅速进入年轻人的日常生活。且看几例：

（1）a. 照片中，赵薇俏皮地嘟嘴卖萌，还与钟汉良贴脸卖萌，很是亲密友好。对此就有网友惊呼，称："最后一张要不要这么赞！！！"（中国娱乐网 2015-09-17）

b. 小鲜肉吴磊99年的小朋友要不要这么帅，还有肌肉～要我们这群怪阿姨怎么办？真心是帅爆了，尤其是洗澡那段，百看不厌！帅！帅！帅！重要的事说三遍！（人民网•湖北频道•娱乐天下 2015-07-16）

c. 网友也对周杰伦的贴心举动深感佩服，纷纷留言点赞，"要不要这么man""杰伦好man！"（中国网 2015-10-20）

d. 喂！要不要这么这么雪白粉嫩啊！这真真是叫人羡慕死嫉妒死恨死。（东北新闻网 2014-08-10）

e. 网友蔚然成风说："掉漆车牌居然要扣12分？要不要这么狠啊？"（《山西日报》2015-08-03）

f. 下周休刊，就算真的有四档还得至少等上半个月……万一下一话剧情跳到别处……（你要不要这么坑啊啊啊啊）（中国青年网 2015-04-28）

本节将这种格式称为"要不要这么X"构式。以上用例是说话人对超乎预期的事物性状或动作状态表达出的极为强烈的主观感叹："要不要这么X"多用"惊呼、大呼"引出，或是引起听话人注意的"喂"，实现言说者直接与评价对象对话，构式主语多采用第二人称代词"你"。"要不要这么X"前后经常出现同样表示高程度的短语，如上例b句的"帅爆了、c句的好man"，以及反问句式与之相互呼应（如上例e句），还高频使用表示惊讶感叹的语气副词"居然、真"等，或是加上"这么"重叠以增强感叹力度（见上例d句），并毫不吝啬地使用句末语气词和感叹号（如上例f句），使情感宣泄得淋漓尽致、势不可挡。

专门研究这一构式的文章不多。杨杏红（2016）认为，该构式可表示高程度评价的语法意义和"意料之外"的语用意义，并指出这一构式义产生于"正反问—否定形式—高程度情态"的两次语义演化，同时指出了"疑问"和"感叹"两种语法形式上存在的认知联系。对该构式进行较为系统的研究有刘娟（2017）的文献，她系统地分析了构式的三个部件的句法、语义特征，并强调了固定项"要不要"和"这么"对构式义的形成起的巨大作用，文章还将其与相近构式"不要太X、X得不要不要的"进行了比较，为我们认识该构式打下了良好的基础。但是对该构式的构式义概括的精确度尚有欠缺，对构件的分析尚待深入，一些观点还值得商榷。如刘文认为该构式具有"夸张性"，而我们觉得，所谓的"夸张性"是几乎所有表达高程度性构式的共有特点。其实，我们更应该关注的是该构式是如何用疑问的表层形式来表达感叹的，又是如何由感叹而生发出高程度义的。只有从形式与语义匹配的视角才能对新兴的构式的成形与表意做出更实质性的把握与解释。

综上，"要不要这么X"构式的研究还有待进一步系统深入的研究。本节尝试运用构式语法的相关理论进一步研究如下内容：①"要不要这么X"构式的结构特点；②构式的构式义与表意机制；③构式的表意特点；④构式的成因背景与语用特色。

一、"要不要这么X"的结构特点

"要不要这么X"是近年流行的新兴构式，来源于常规的正反问"要不要这么Y"（"要不要这么做"），而二者在构成要素的句法语义、表达用途与表意重心等方面存在相当大的差异。下面我们来看看"要不要这么X"作为一种新兴构式所独具的结构特点。

一是结构的框式化。"要不要这么X"由固定项"要不要""这么"和可变项"X"组成。也存在少量的"要不要那么X"，表意基本相同。常规正反问中"要不要"意为"需不需要、应不应该"，并期待受话者做出回答，而构式中的"要不要"已经几乎没有疑问的含义，"不要求回答"是该构式最典型的判断标准。"要不要"和"这么"之间除了少数副词（如"都"）之外，不可插入其他成分，常规正反问既可以说"经济要不要发展得这么快"，也可以说"经济发展要不要这么快"，而该构式则不允许这样的变换①。可见该构式已经具备高度的整体性。

二是"要不要这么X"构式是一个全新的形式与意义相匹配的完形（Gestalt）。从层次划分上看，常规正反问"要不要"后面可接小句、定中结构、述补结构、介宾结构等，"这么Y"组成一个语言单位，"Y"仅能为谓词性成分。"Y"为动词性时，"这么Y"做谓语（2b）；"Y"为形容词时，"这么Y"可做谓语（人生要不要这么急）、定语（2a）、状语（2c）、补语（要不要走得这么早）。"要不要这么Y"结构可在包孕

---

① 刘娟（2017）认为，该构式还没有完全凝固化，表现是中间可以插入动词或副词"都"，如"要不要吃得这么土豪""要不要都这么幸福"。我们认为，该构式能允许将"V得"移动到句首，变为"吃得要不要这么土豪"，就是由于构式成分趋于凝固化而产生了强大的挤压效应。

结构中出现（2a），充当主语从句（2b）、宾语从句（2c）。而"要不要这么X"独立性和整体性更强，常充当句子的谓语核心，不能充当次一级的句法成分，如例（3）。

（2）a. 义务教育要不要这么高的难度本身就是一个问题。（《光明日报》2015-03-27）

b. 要不要这么做全看你自己。（PCPOP（北京） 2012-12-02）

c. 以前也纠结过要不要这么早要孩子，后来有了也就顺其自然了。（《北京青年报》2015-05-07）

（3）a. 韩栋演的韦小宝……只能默默地说："要不要这么帅啊。"（大众网 2015-10-08）

b. 北京的冬天要不要这么干燥啊！（《广州日报》2013-12-04）

三是结构的能产性。构式的能产性表现为变项"X"的多样化，语料显示，构式中的"X"以形容词为最多，还有相当数量的动词及名词，既可以是单音节语素，也可以是词和短语。这种强大的包容性使其可容纳多种词类表达更为丰富多彩的内容。

四是构式的压制作用。虽然能进入变项"X"的词有多种类型，但在构式压制作用下，"X"原有的词类特征被覆盖，语义上在"这么"的促动下统一呈现出"状态化"倾向。有关变项在构式中的句法限制与语义压制的详细讨论，请见下文。

上述四点足以表明"要不要这么X"构式已经具备了全新的句法与语义特征，可称为高程度感叹构式。那么，该构式究竟表达怎样独特的意义呢？为什么被年轻一代所青睐而焕发出强大的生命力呢？下面我们将进行具体探讨。

二、"要不要这么X"的构式义及表意机制

构式语法将"不可预测性"作为一个构式的标志性特征，充分体现了完形理论"整体大于部分组合之和"的思想。对变项成分的句法与语义压制，体现的是构式"自上而下"的整体性作用。与此同时，整个构式义的形成，离不开不变的框架成分所起的独到作用。所以，要想准确把握构式的整体意义，必须以构式中各个成分为突破口，方能体现"形式与意义相统一、形式与意义相互验证"的现代语法学原则。下面，我们将由上而下的整体把握与由下而上的观察描写结合起来，即通过解析构式的各个组成要素在构式中体现的意义，以及构式整体对变项"X"的压制作用来探索"要不要这么X"的构式义及其形成机制。

(一)"要不要":由疑问到感叹

"要不要"的语义变化是由常规正反问向新兴构式跨越的关键性所在,"要不要"可称得上是该构式最显著的标志。在常规的正反疑问结构"要不要这么Y"中,"要"是能愿动词,表示"需要、应该"之义:

(4) a. 市长告诉我:"要不要这么做,大家非常纠结。"(《人民日报》2015-06-23)

　　b. 但是当后来越来越呈现出某种政绩工程、面子工程,甚至是扰民工程的迹象的时候,还要不要这么搞,要搞该怎么搞?(央视网2009-03-18)

上面两例中,"要不要"意为"应不应该",还可前加语气副词"到底"加强疑问语气。该句式希望听话者做出肯定或否定的回答。但是这些特点在新兴构式"要不要这么X"并不见踪影。试比较例(5)a、b两句中句法形式完全相同的"要不要这么难",a句表达质问"题目有没有必要这么难",而且隐含了否定回答的倾向:"没有必要这么难"。而b句则不期待任何答语,仅仅是对"题目太难了!"的感叹,故在句末带有语气词"啊"。

(5) a. 小学二年级的题目要不要这么难?这样的难度,七八岁的孩子有没有必要掌握?(《钱江晚报》2013-05-28)

　　b. 今年高考,数学科目让考生大跌眼镜。"要不要这么难啊?"走出考场,许多考生一脸迷茫。(《沈阳晚报》2014-06-11)

为什么形式完全相同的格式会有不同的语义内涵呢?结论是显而易见的,必然是构件的性质已经发生了变化,看似相同,实则有异。那么"要不要"如何从疑问转化为高程度的感叹?首先,我们发现常规的正反问其实已经包含了真性问和假性问两类。(4)a是不包含预设的真性问,目的是求取信息,而(4b、5a)则有了假性问的性质,表现为发问者已经隐含了某种倾向的回答。既然是无疑而问,交际的目的就由求取信息变为表达情感。而"要不要这么X"构式则完全是假性问句,"要不要"几乎不再负载疑问含义。陈妹金(1992)指出,假性问句是借向他人发问抒自己胸中块垒,问句本身成了一种言语组织的美学手段,发挥的是情感功能。于是疑问句便成了表达主观感情的一种特殊方式和有效手段。

另外,疑问句和感叹句在认知上也具有相通之处。石毓智指出,疑问句是人们对未知信息的探寻,而感叹句的应用场合为:人们所感知的现实对象的性质、数量或者程度超越了人们的知识背景或生活经验,从而引发了人们强烈的情感与表达的欲望。故疑问手段往往能转化为感叹标记,疑问代词"何、怎么、什么"均是如此,"要不要这么难啊?"与"怎么这么难啊、为什么这么难"同义,正反问结构和疑问代词均是由征询未知信息转而表达强烈的主观感叹。例(6)则为体现这一过程的中间状态,句中有关键词"问"明示"要不要这么X"是个问句,但这种发问并不是求解,而完全是情感的宣泄。当感叹意味足够强烈后,便不再用"问"引出句子了,问号也可直接改为感叹号。正反选择问的语义逐渐消解,使得"要不要"在内部构造上由"要/不要"凝固化为"要不要",有了词汇化的倾向。

(6) a. 4月16日接受记者采访时,他正在35千伏兆丰站内为设备增容工作进行许可和验收,从下午一直坚守到夜晚,嗓子都哑了。人家问他:到底要不要这么拼啊?(人民网·上海频道2014-04-24)

b. 借住在别人的空房子里,也要让人在院子里种上一片竹,有人问:"暂且住住要不要这么麻烦啊?"(《羊城晚报》2013-06-02)

c. 谢霆锋找了他的武术师傅,结果一拳下去,打肿了谢霆锋的脸。事后有工作人员问谢霆锋要不要这么拼命。(人民网·娱乐频道2009-11-02)

(二)"这么":由指示到感叹

指示代词"这么"可指代事物的程度或数量、动作的方式方法,后可接性质形容词(我女儿不像你这么漂亮)、动词(他就这么坐着)、接名词时必须带数量词(有这么一句话),"这么"的作用是客观的指代,语音上的表现是重读,带对比的强调重音。当"这么"后接形容词时,所指代的几乎总是程度极高的情状(这么早、这么久),因此极容易由指示代词向程度副词转变,也承担了表达感叹的语义功能。"这么"的语义值类似于程度副词"太",既能表达"越多越好"的极大量,又能表达因"物极必反"而衍生的"过量、过度"义。指示代词向程度副词转化是较为常见的语言现象,古代汉语中的"其"、现代书面语"如此"均有这样的语义发展轨迹。在"要不要这么X"中,"这么"向程度副词转化的表现是,无论"这么"后接什么词性的词或短语,一律表示主观认定某种性状或状态达到了极高的程度,令人惊讶不已。此时重音已不在"这么"上,其后的"X"占据句尾自然焦点位置,成为表意重心。"这么"的词义变化最能从变项"X"的构成成分及其语义特点上显示出来,下面我们来分别展示。

(三)变项"X"的组成成分

1. 变项"X"为形容词

形容词是充当变项"X"最为典型的成员。在我们统计的语料中所占比例最高。"这么"作为指示性状的代词,与描述事物性状的形容词有天然的匹配关系。请看：

（7）a. 这张锥子脸小编都看醉了，下巴要不要这么尖这么长啊！（爱秀美原创内容 2015-10-29）

b. 一名路过的市民同样发现了这个问题，她一边说"要不要这么不规范哇"，一边指着标示哭笑不得。（《钱江晚报》2015-03-20）

c. 展护卫，你要不要这么傲娇与羞涩难耐啊。（金鹰网 2013-01-27）

d. 早就知道小五家里情况的汪涵偷偷为他准备了一张银行卡，里面的钱足以供小五的母亲和姐姐这两年的生活所需……天哪，大哥你要不要这么暖！（大众网 2015-12-28）

e. 范冰冰的体重反反复复，每次发福尖脸就变圆了，女神长胖后，造型要不要这么 low。（爱秀美 2015-04-15）

进入构式的形容词"X"可以是单音节、多音节以及并列词组，甚至不能单用的语素（如"暖""虐""豪""坑"）也能在构式中获得独立使用的地位。另外一些常用做形容词的英文词如"high、low、man"也可进入构式。均表示"这么"之后的性状达到极高的程度，"这么"的指代作用被弱化，承担表达感叹的语气。

以往的研究多认为"X"必须具有[+可计量]的语义特征，只有能受程度副词修饰的性质形容词才可进入构式，但我们的语料中也存在"X"为区别词和状态形容词的用例：

（8）a."我对我们的关系一直都是认真的（此句重复两遍）……"这告白要不要这么粉红啊！（人民网 2015-07-10）

b. 要不要这么牛哄哄啊！虽不知传言真假，但其身世话题足以勾起观众的好奇心。（如皋新闻网 2014-08-06）

c."我没有音乐梦想，但是我有颗想红的心！"这位红裤子小哥，要不要这么赤裸裸啊？（新华娱乐 2013-05-07）

d. 有网友询问范爷有没有一同在现场时，博主回复道："有，但是不能拍。"范爷你和晨哥要不要这么形影不离呀？（新华网 2015-07-16）

构式中的"这么"对形容词性语素、非谓形容词、性质形容词和状态形容词都进行了统一化处理，均表示事物的性状特征。文贞惠（1995）在解读"这么+形容词"时指出，"这么"本身并不表示程度高，它主要的作用仍是指示和替代，故不受程度副词修饰的状态形容词也可以与之组合。我们发现，"要不要这么X"的容纳范围更广，这是构式在成形后由对"X"

形式多样的允准而出现的形式变化。因为"这么"在该构式中已经显露出稳固的高程度感叹义，所以，其后无论是出现什么样的成分，一律被强行处理为可体现程度的性质形容词。还有一个重要表现就是，"这么"失去了表指示和替代时必须附带的强调重音，其后的"X"才是构式强化的性质所在，是句中唯一的新信息焦点。

2. 变项"X"为名词活用而来的临时形容词

（9）a. 芦芳生……单单只是曝光的几张剧照就已经让粉丝大呼，"要不要这么'型'，要不要这么'潮'！"（搜狐娱乐 2013-08-02）

b. 连房子都能快递？！要不要这么牛！（人民网·海南视窗 2014-04-21）

c. 两人出街，苏瑞她妈你要不要这么爷们！（看看新闻网综合 2014-11-30）

d. 小可爱 zxcvbnm（微博网友）：要不要这么杯具啊？要取钱的钱没取成，卡倒被 ATM 给吃了……（《广州日报》2011-12-22）

e. 一天到晚一张苦瓜脸的妹子可爱不到哪里去，永远都是成全别人、牺牲自己。要不要让小雪这么玛丽苏？（中国网 2015-08-18）

常规的指示代词"这么"后接名词时，必须出现数量词（这么个伶俐丫头），但在该构式中不再遵循这一规定，原因是进入"X"的名词在构式的压制作用下性质已经发生改变，不再用于指称，而是表示该名词所代表事物的性状特征。这些词大多能进入"很+X"结构，接受程度副词的修饰。其中一些词已经有了稳固的形容词用法，如"型、潮、牛"，另一些典型的名词，在构式的压制作用下也临时具有了形容词的性质特征。所以这些表面上是"这么+名词"的结构，实质上都是"这么+形容词"，因为人们必须是按照这些名词所呈现的性质来理解其语义的。

3. 变项"X"为动词及动词短语

（10）a. 基因太强大！吴尊王珞丹孙燕姿兄弟姐妹要不要这么像（河北新闻网 2015-11-09）

b. 人们印象中一板一眼的联合国、外交部也走另类路线？网友连称"要不要这么颠覆呀"（《广州日报》2011-05-26）

c. 要不要这么会穿 可儿泰勒针织裙出街高挑迷人（新浪时尚 2014-11-01）

d.《爸爸去哪儿》，要不要这么赚人眼泪呀！我想生个女儿！以后给她写。（《扬子晚报》2013-12-29）

e. 墨西哥布罗湖：海龟，你要不要这么神情淡定？（环球网

2015-11-03）

f. 还有这种得罪摄影师系列，是有仇吗？说好的 PS 呢？要不要这么实在的暴露美娇的短腿。（人民网 2015-12-18）

动词性的变项"X"不再是叙述一个事件，而是表达该动作或事态所呈现的出人意料的状态，语料中出现的"X"有单音节的语素或词、双音节动词以及动宾、双宾、主谓短语，均是以与其动作行为而呈现的特殊状态来识解的。但是典型构式中的"X"倾向于音节较短的形式，"X"作为句末焦点信息，太长则会使重点不够突出，短促才更有力，这也是单音节不成词语素、及物动词不带宾语独立充当"X"也能被该构式所允准的原因。随着构式不断被复制、翻版的传播和流行过程，"X"的范围逐渐扩大，一些语块较大的短语也进入了构式。上文提到，判断构成该构式的标志是"不要求回答"，显然这些用例是符合要求的。

（四）"要不要这么 X"的构式义

综上，通过对"要不要这么 X"的构件进行逐一分析，我们发现构式中的"要不要"不再表示选择性疑问，仅仅采用问句的形式来表达极具主观性的感叹，"这么"的作用也由指示、替代转为表达感叹。"要不要这么 X"构式中的变项"X"不论是名词、动词还是形容词，均有一致性特征。下例（11）显示，"X"既可以是形容词"恩爱、帅"，也可以是动词短语"秀恩爱、耍帅"，表意上差别不大，这一例证充分显示了构式对不同性质的"X"进行了统一的强行改造，一律为凸显事物的性状或事件的状态，并且这种性状或状态是超出说话者意料的，伴随着说话人极为强烈的情感表达。综合以上特点，我们将其构式义概括为：对超出预期的事件或极高程度的性状作出感叹性评价。

（11）a. 惹得一众网友纷纷留言，"小新童鞋，你要不要这么帅！"（新华娱乐 2015-05-11）

b. 队长接到一个拯救人质的行动，在跑酷的过程中，一个一个徒手解决掉敌人，那轻松劲儿看起来好像是一场秀，"要不要这么耍帅啊。"（《钱江晚报》2014-04-04）

c. 网友看到两人恩爱互动后纷纷留言，"要不要这么恩爱，让我们单身狗情何以堪"。（中国青年网 20152015-08-09）

d. 要不要这么秀恩爱！李晨范冰冰亲密相拥半夜虐单身汪（河北新闻网综合 2015-11-25）

三、"要不要这么 X"构式的表意特点

（一）强烈的主观性

"要不要这么 X"是说话者极具主观性的评价与感叹，具体来说，构式的主观性主要体现在以下几个方面。

一是采用第二人称叙述，直接宣泄情感。该构式的最大特点是口语化极强，最为鲜明的表现就是"要不要这么 X"的主语往往是"你"，言说者希望摆脱"置身事外"的第三人称客观叙述视角，强行制造现场感，拉近与评判对象的距离。请看：

（12）a. 贾玲和白凯南，有爱的搭档，好哥们。白凯南你的眉毛要不要这么囧。（环球娱乐网 2015-09-19）

b. 但因为赵寅成在剧中太逗了，粉丝们一面心疼一面忍不住"不行了，笑得肚子疼，男神你要不要这么搞"（中国娱乐网 2014-07-31）

第二人称的表达优势是可以实现言说者与评判对象的直接对话，这类第二人称的表述视点有如"妈妈，我想对你说"所呈现的效果。如例（12）a、b 两例便"实现"了与"白凯南、男神"面对面沟通的效果。由于这种"要不要这么 X"多为粉丝对明星的容貌或行为的评判，明星本人或许并不知情，但粉丝们主观上愿意最大程度地与喜爱的明星拉近距离，最为直接地表达自己的情感。

"要不要这么 X"的另一个重要的应用场合是娱乐新闻、广告传媒，新闻撰写者为了拉近与大众的距离，于是巧设会话场景，制造对话效果，增强观众的参与感与现场感。如：

（13）a. 然而，游客们不仅没被吓跑，反而慕名而来观看拍摄。天鹅兄，你要不要这么猛。（人民网·海南视窗 2014-08-15）

b. 哥们儿，你确定不是为了买房子才去创业？不如姐给你出个主意——邮寄一套房子怎么样？什么？不信？"连房子都能快递？！要不要这么牛！"你知道英国的房子也能快递给你送过来么？（人民网·海南视窗 2014-04-21）

（13）a 采用拟人修辞，亲切地称之为"天鹅兄"，让人听起来既搞笑又有趣，达到了新闻热点所期望的"吸睛"效果。（13）b 中完全用第二人称，房地产商家似乎就在你眼前，听到了你的疑问，"连房子都能快递？！要不要这么牛！"实际上是销售者替购买者发出的疑问和感叹，无异于"抢占"了消费者的话语权。而商家正是采用这种强势的方式吸引消费者的眼球和兴趣。

二是凸显说话人的情感。疑问句本是寻求信息的句法手段，而"无疑而问"则是修辞性疑问，其疑问本身的结构倾向于表现某种情感，言语行为的性质也会顺着情感的方向发生变化。"要不要这么 X"构式便不再表示疑问，而与"表达感叹"建立了稳定的联系，情感的表达正是主观性的显现。此外，主观性还体现在由"主语指向"向"言者指向"的转化。古川裕（2006）根据语义指向的不同，把表示希望或意愿的"要"字分为两个，一个是表示主语意愿的，另一个是表示说话人意愿的。常规的正反问句"要不要"的主语多为"我""我们"，或者是一个事件："总统选举要不要这么做、桥梁的发展建设速度要不要这么快"，"要不要"的语义是指向主语的，并需要一个明确的回答。这是客观的提问、求解。而构式"要不要这么 X"的主语代表所评论和感叹的对象，可以是人（如"男神、大哥"）、第二人称代词"你"等，也可以是某一事物或事件，如"北京的冬天要不要这么干燥""这告白要不要这么粉红""暂且住住要不要这么麻烦啊"。我们发现，构式"要不要这么 X"中的"要不要"不论主语是什么，表达的均是说话人的感情，即属于"说话人指向"。因此，该构式具有极强的主观性。

值得注意的是，虽然"不要求回答"是该构式形成的标志性特征，但我们还发现了有回答的用例：

（14）许婧的同学就曾经调侃过："这简直是爸爸来接送女儿嘛！你们要不要那么黏啊！""要啊！一秒钟看不到她就百爪挠心的心情，你们能不能理解啊？"（腾讯娱乐 2015-01-21）

但这不过是一种"有意为之"的言语方式，听话人明知不能用"要"或"不要"对说话人的调侃作答，而这样的肯定回答是同样带有强烈感情色彩的"强词夺理"。

此外，如例（1）所示的例句中使用的表达强烈感情的多种方式，如呼语、感叹词、重叠、程度副词、标点符号、语气词等手段的使用，均是"要不要这么 X"构式具有极强主观性的绝佳体现。

（二）"要不要这么 X"的感情色彩

通过语料我们发现，"要不要这么 X"构式可以表达两种相反的感情倾向，一种表示"X"达到了极大量的程度，如"要不要这么萌"，该句与"不要太萌、不能再萌、萌得不要不要的"有近似的语义。另一种则表示负面情绪，多是对某人某事的负面评价或是宣泄自己极度不满的情绪。请看：

（15）a. 面对"正经夫妇"的甜蜜，网友们一边喊着"要不要这么萌

啊，我都 hold 不住啦"（爱秀美 2015-08-07）

　　b. 这几天，杭州市天长小学的官方微信上晒出一组新校区的美图，引来各种赞叹："像童话一样，好梦幻！""居然是个小学，要不要这么美啊！"（《今日早报》2015-08-28）

　　c. 昨天，潘晓婷在微博中晒出了一张个人美照，并吐槽厦门"要不要这么冷"，冷得她把最厚的衣服都穿上了，她还自嘲像一颗棒棒糖在打球。（中国新闻网 2015-03-28）

　　d. 不就是取个钱嘛！要不要这么为难人啊。（人民网·滚动新闻 2013-10-16）

为什么会有这两种不同的感情色彩呢？这还要从常规的正反问句说起。上文提到，正反问句也存在假性问，句中已经隐含了否定性回答。在我们搜集到的所有语料中，这种否定倾向的回答占据数量上的主导地位。无疑而问的正反问句与反问句有相似特征，而反问句表达的正是否定的语义，如"怎么能破坏环境呢？"即为"不能破坏环境"。这种否定直接导致的就是负面情绪的表达，例句"要不要这么冷"意为"不应该这么冷！"例句"要不要这么为难人啊"意为"没必要这么为难人！"从总体数量上看，语料中具有贬抑义感情倾向的例句要多于表达极度赞美的例句，还出现了不少"褒词贬用"的例子，虽然"X"为褒义词却依然表达负面情绪：

（16）a. 看看秦岚 PS 前后的两张图，修图师要不要这么敬业，好好的卧蚕眼为什么要 P 掉，没了卧蚕眼整个人看起来都不好了！（人民网 2015-04-13）

　　b. 李小璐要不要这么勇敢，每次都尝试这么另类的妆容，她这张僵硬锥子脸根本就 hold 不住。深陷的脸颊，怎么有种骷髅的感觉。（光明网 2014-08-18）

　　c. 前两天，该校理科班的一名同学发了一条微博：XX 同学，要不要这么认真啊，你们文科班都起这么早……让我这个经常（早上）6 点多才进教室的人情何以堪啊！（《钱江晚报》2013-06-19）

那么，构式表达极度赞美的用法从何而来？我们认为这与从方言产生并广为流行的"不要""不行""不能"等用法有关，这些均是用否定形式表达最高的程度，如"不要太嗨""美得不要不要的""累得不行不行的""不能再赞"。"要不要这么 X"构式中的"X"是言说者想表达的极高程度的性状时，脱胎于反问形式的"要不要"同样也是否定的语义，而这种否定即是意为"程度高到让人承受不了"，句子前后往往有"我都 hold 不住啦、不行了"这样的表达与之照应。总的来说，"要不要这么 X"

可以概括为"不能忍受"的情感,对消极负面的性状是"不能忍受地差",对正面褒奖的性状,则用"不能忍受地好"的方式表达程度之高。

四、"要不要这么 X"构式的成因与语用特色

(一)"要不要这么 X"构式的成因

"要不要这么 X"构式的产生源于对"求新求异"的追求。"要不要这么 X"与现代汉语中惯用的"程度副词+X"格式在表意上具有一致性,但是,"太美了、好开心"这种常规的表示高程度的言语方式已经不能满足人们表情达意的情感需求。随着网络媒体的发展,网络用语显示出蓬勃旺盛的生命力和创造力,总是要追求"语不惊人死不休"的出人意料的表达效果。新时代成长起来的年轻一代,更加追求时尚个性和与众不同,这种追求也是促动语言不断推陈出新、变幻多样的强大推力。时下流行的"帅炸了、美翻了"描述性补语结构、"美得不要不要的、开心得不行不行的"否定性补语结构,以及上文提到的"不要太嗨、不能再赞",等等,均是网民表达极性程度义别出心裁的创造。"要不要这么 X"构式以反复问句的疑问形式来表达对超乎预期的感叹,无疑是新奇而独特的,因此受到年轻人的青睐。该构式作为这些新兴表达中的一员,共同为表达极高程度的感叹提供了多种可能,促进了语言表达的丰富多彩。

(二)"要不要这么 X"的语用特色

与其他表达高程度感叹的句式相比,"要不要这么 X"采用的是委婉含蓄的方式。我们把例(15)再次放到这里,与常见的高程度感叹句式进行对比:

(17) a. 要不要这么萌啊,我都 hold 不住啦。
　　　b. 简直太萌啦!我都 hold 不住啦。
　　　c. 不就是取个钱嘛!要不要这么为难人啊。
　　　d. 不就是取个钱嘛!真是太为难人了!

可见,该构式避免的正是其他高程度感叹句式直抒胸臆的感叹方式。如前所述,正反问句形式"要不要"经历了由真性问到假性问的变化,由表达疑问转为表达感叹,这一过程使得情感的表达并不是直白外露的,而是极尽曲折婉转之能事。"要不要这么 X"所表达的情感既可以是程度极高的赞美,也可能是极度不满的抱怨和吐槽,尤其是当"X"为并无褒贬色彩的中性词时,到底是褒义还是贬义有极强的语境依赖性,有时不可一望而知。"要不要这么 X"对两种截然相反的情感具有的兼容性特点,也使得该构式在表达赞美时不是极度的夸饰,在表达贬损时也给被评价者留

有余地，仅仅是个人的情感的吐露。这种含蓄委婉的表达方式也因与常见的高程度感叹句式有不同的表意特点，获得了极高的出镜率，因而被年轻人广为使用。

第四节 高程度感叹构式"不能再X"

近年来，各类媒体上涌现出一类极富生命力的表达格式，该格式以"不能再X"为基本的句法框架，因其直截了当的话语意图和简洁明快的情感态度而被大众所接受与模仿，反映出全社会对这种新兴的话语模式的广泛认可。顺便说明，本节的例句主要摘自人民网与各微信公众号的推送文章，最后查询日期为2017年12月11日。如：

(1) a. 他的《为什么读书》梳理了很多为了什么读书的说法，我不能再同意了。（《北京日报》2016-05-03）

b. 都市感的现代简约，书房的卧榻简直不能再喜欢了！！！（艺之峰家装 2017-01-12）

c. 临大毕业独臂快递哥，不能再励志了！（临大生活圈 2017-03-13）

d. 这个女老师貌美如花，肌肤红润气色佳，实在太美了，网友大呼做她的学生不能再幸福了。（爱美网 2014-12-19）

此四句中的"不能再X"都表示达到了某种极限，如a、b的"不能再同意"和"不能再喜欢"是指说话人同意、喜欢到了所能达到的最大程度，c的"不能再励志"表示说话人认为快递哥非常励志，d的"不能再幸福"相当于说，说话人感到这位女老师的学生们幸福到了极点。

我们将这种格式统一称为高程度感叹构式"不能再X"。目前学界尚无专门研究"不能再X"构式的文献。仅有周昊的《"X得不能再X"构式研究》（2012）对该构式有所提及，认为表示"X"的性质达到极点的"不能再X"应是"X得不能再X"的省略形式。虽然该文关注到了"不能再X"的极限程度性质，但未能将该结构提升到与"X得不能再X"同等的构式地位，自然也就无法发现其特殊的构式义。本节尝试运用构式语法的相关理论从四方面对这一构式进行说明：①"不能再X"构式身份的确立；②该构式独特的构式义；③从修辞构式到语法构式的演变过程；④构式的衍生动因及语用特色。

一、"不能再 X"构式身份的确立

"不能再贴切、不能再形象"一类的"不能再 X"构式,与早已存在的表示否定劝阻义的"(身体)不能再忽视了、(你)不能再信任(她了)"等结构颇为相似。然而细致比较后发现,两个结构仅是形式上类似,内部其实有巨大差异。请比较:

(2) a. 如果学生违反了学生签证关于留英工作的规定,严重者会被遣返不能再入境。(《南方日报》2013-01-22)

b. 郭靖数蓉儿眼睫毛,简直不能再虐狗(腾讯视频 2017-03-08)

a 例是已有的谓词性自由短语,用于祈使句中,可记为"不能再 Y"。b 例则是新兴的"不能再 X"构式。通过 a、b 的比较,不难发现"不能再 X"与"不能再 Y"之间的差异。

(一)句类的差异

以 a 例为代表的"不能再 Y"结构组成的句子在句类上属于祈使句,表示警告、命令、劝导、建议等语气,"不能再入境"是对严重违规学生的警告;而 b 例的"不能再 X"表示"X"的程度或事态已达到极点,属于感叹句,是对"郭靖数蓉儿眼睫毛"这一动作行为所表达的爱意的感叹与赞美,并非警告的意思。

(二)构成成分的差异

两种结构的差异不仅表现在语气功能上,而且还表现在构成要素上,其中最显著的不同是"不能"的差异。祈使性的"不能再 Y"中的"不能"是"不可以、不允许"的意思;而感叹性结构"不能再 X"中的"不能"的意思是"不可能",如"不能再美"表示不可能超过这个"美"的限度,即所指的"美"已经达到了美的极点。

另外,两种结构中的"再"也是有明显差异的。祈使性的"不能再 Y"中的"再"显然是频度副词,整个结构表示不能重复做某事或不能让某种情况再一次发生;感叹性的"不能再 X"中的"再"则是程度副词,表示程度的增加,可替换为程度副词"更","不能再 X"与"不能更 X"所表达的意思基本相当。

(三)是否框式化的差异

这个差异才是根本性的。祈使性的"不能再 Y"前后左右均可以插入其他成分,结构并未达到框式化。如"不能再迟到了"可以扩展为"你可不能再给我迟到了"或"你可不能给我再迟到了",意思未变。而"不能再 X"构式则不同,这个结构中不允许插入任何成分,这说明其结构已经高度框式化。其基本表达框架包含不变项"不能再"和一项可变项"X"，属于"非典型"的"单项单框式"结构①。此外，祈使性的"不能再 Y"中的"不能再"内部松散，可以互换位置而意思不变，如"不能再迟到了"与"再不能迟到了"意思基本一致，甚至在互换位置后还可添加"也"形成"再也不能迟到了"；而"不能再 X"构式中的"不能再"结构固化，绝不能变成"再不能 X"，这是构式结构上的刚性要求与标志性特征。

（四）可变项"X"/"Y"的差异

感叹性构式"不能再 X"中的"X"既可以是形容词、动词，也可以为名词，但祈使性的"不能再 Y"中的"Y"却只能是形容词和动词，绝对不能是名词，这是两者在可变项上最显著的差异。常见的可进入"不能再 X"构式的名词有：阿Q、败类、宝贝、悲剧、才女、财阀、财迷、菜鸟、草包、城府、传统、大牌、巅峰、反派、废物、愤青、风趣、高干、个性、官方、活宝、鸡肋、激情、极品、精神、精英、楷模、苦命、傀儡、劳模、老套、雷锋、冷门、礼貌、理性、良心、劣势、美味、男人、女人、懦夫、炮灰、奇才、奇葩、青春、人才、人渣、绅士、深情、世俗、淑女、文豪、心机、血性、爷们、运气、智慧、中国、忠犬、高姿态，等等。而这些名词是绝对不可能用于"不能再 Y"中的。

上述名词的共同特征是，当它们进入"不能再 X"构式后，投射出来的不再是名词的概念义，而是本应独属于形容词的性状义。温锁林（2010）把这类具有明显的性状特征的名词定义为性状义名词。典型的性状义名词如"城府、风趣、个性、激情、精神、理性、血性"等，它们可用于"有"字后表示性状义。当它们出现于"不能再 X"构式时，也都表示性状义，而不表示抽象的事物义。如"不能再城府"是指某人心机极重，不可捉摸；"不能再风趣"是指某人非常幽默；"不能再精神"是指某人活力十足、朝气蓬勃。值得关注的是，一些不能用于"有"字后的抽象名词，也能出现于"不能再 X"构式，如"悲剧、才女、财迷、菜鸟、废物、绅士、文豪"等，在构式中这些词语被临时赋予了与其概念义有密切联系的性状义，从而具备了形容词的某些特征。如"不能再败类"是指某人的品行或行为极度糟糕、堕落；"不能再悲剧"是指不幸、悲惨到了极点；"不能再财迷"

---

① 邵敬敏（2011）把汉语的框式结构概括为四个类型：双项双框式、单项双框式、双项单框式和单项单框式。"单项单框式"因其框架只有一个，可变项也只有一个，所以不易判别，而被看作"非典型框式结构"。"不能再 X"构式中包括"X"一个可变的项（"单项"），还包括一个起定位与标记作用的不变项"不能再"（"单框"）。所以，应该看成框式结构中非典型的"单项单框式"。

是指某人爱钱爱到入了迷,专想发财。

研究发现,能充当祈使性的"不能再 Y"中"Y"的成分主要是动词和形容词,但这些词项在语义上都具有时间性与可控性。时间性是指这些词语与事件或活动有关,因为任何事件或活动都不能离开时间而存在,可控性指的是这些词语所表示的事件或活动都是行为主体可以控制的。而"X"虽然也主要由动词和形容词充当,但这些动词与形容词都具有程度性与可评价性。只要某个词语的语义上可体现程度性与可评价性,"不能再X"对它们就表现出具有极大的包容性。下面是能进入构式的"X"的成语、惯用语。如:

①成语:碍手碍脚、不拘小节、不可救药、不可理喻、不可思议、不可一世、不识抬举、不以为然、不自量力、惨不忍睹、差强人意、愁眉苦脸、臭味相投、出人意料、出神入化、处心积虑、触目惊心、粗制滥造、担惊受怕、道貌岸然、多愁善感、匪夷所思、愤世嫉俗、风花雪月、感同身受、患得患失、急功近利、假仁假义、惊世骇俗、刻骨铭心、老生常谈、恼羞成怒、强词夺理、忍气吞声、丧心病狂、赏心悦目、危言耸听、心灵手巧、游手好闲、斩钉截铁、振振有词,等等。

②三字格词语与惯用语:爱面子、不得劲、倒胃口、给面子、合得来、厚脸皮、狐狸精、老油条、两面派、没意思、难为情、娘娘腔、软骨头、煞风景、守财奴、拖后腿、伪君子、无厘头、下三滥、小心眼、冤大头,等等。

我们看到,这些成语、惯用语与三字格词语,在进入构式的"X"时,语义上能表现出性状或程度的变化,而且这种性状或程度都具有某种可评价的性质。这是因为"不能再X"隐含了语义的增值,反映了量级由小到大的变化,这就要求"X"在量上具有一定的伸缩性,能够表达数量幅度上的变化。而非性状义名词、状态形容词、普通的动词、成语只表示固定的量值或不具备量值,因此不可以进入该构式。

总括上述特点,感叹性的"不能再X"在多个方面均迥异于祈使性的"不能再Y",说明二者已经在形式与意义上严格地分离开来。我们认为"不能再X"已具备了独立构式的资格,是一种新兴构式。我们称其为新兴高程度感叹构式。根据构式理论,任何构式都有其独特的构式义,这样说来,"不能再X"一定有其与特定的形式相匹配的意义。我们将在下文对"不能再X"构式义展开全面的分析。

二、"不能再 X"的构式义

"构式本身具有意义,该意义独立于句子中的词语而存在"(Goldberg,1995/2007:1)。任何语法构式的构式义都可以通过推导得出。综合对构式的结构特点和语义特色的考察,我们将其构式义概括为"主观极量的感叹"。下面将通过分析母式"X 得不能再 X"与"不能再 X"构式之间的联系与区别,来更准确地把握"不能再 X"的构式义。

(一)情感态度的主观性

主观性是指说话者在说话的同时表明自己对这段话的立场、态度和感情,从而在话语中留下自我的印记(Lyons,1977:739)。"不能再 X"便是说话者对自身个性的有力凸显,直接反映了互动交际时的个人意志,体现出语言的"主观性"(subjectivity),集中表现在三个方面:

1. 说话人的视角(perspective)

说话人在使用这一构式对人物或事物进行评价时,只是单纯从个人角度出发,并未辅以任何具体数据或客观标准,一切仅仅围绕自己的主观感受,不同个体对同一人物、同一热点事件的认知往往并不相同,他们评价的出发点与标准也是迥异的,进而反映出认识视角的不同。伊丽莎白学校(2017-04-10)的广告词"红唇配粗眉,简直不能再美了"就很能说明问题,女性化妆是一门艺术,但见仁见智,所谓"红唇配粗眉",也可能只是某些人的审美标准,换了另外的人,其评价可能会有差异。正是因为在人的认知上的差异,在用"不能再 X"来表达时,就有可能表现出因人而异或因时而异的视角多样性,给说话者提供有效行使话语权的空间的同时,也为听话人带来多元的互动体验。

2. 说话人的情感(affect)

"不能再 X"的主观性主要体现在,说话者在认知处理的过程中赋予该构式以强烈而明显的主观意义,同时对某一事物、行为、性质、状态做出了主观性的评价。请看实例:

(3)a. 最近很火的一段话,简直不能再赞!!!(每日生活小绝技 2017-04-03)

　　b. 没见过这么好看的两股辫三股辫,不能再美了!(不弄头发就闹心 2017-04-03)

　　c. 不能再糟糕的音乐会——致军乐团(地大人 cug 2015-11-07)

　　d. 不能再丧了,我要7777(雅思哥 2017-03-16)

"不能再赞"和"不能再美"都是对某一事体某种程度的评价,极尽赞美之意；"不能再糟糕"和"不能再丧"极言说话者对某一事体某种程度的评价，尽显厌恶无奈之情。赞美及厌恶，表达的都是说话者的主观感受。所以，"不能再 X"构式在使用中最容易产生"移情"（empathy）的效果。将例 a 改为普通的句式，即为"最近很火的一段话太赞了！"或"最近很火的一段话，简直赞到了极点"。通过与"不能再 X"类构式的比较，可以明显发现，普通句式中更加凸显的是句法主语，即"最近很火的一段话"。而"不能再 X"构式，除了明面上的句法主语外，还暗加了言者的视角（"我觉得""我以为"），提升了说话人的参与度，从而使得"简直不能再赞"变成了宣泄说话者情感的工具，突出了其独特的主观情感。

3. 说话人的认识（epistemic modality）

"认识主要跟语言中的情态范畴有关"，"不能再 X"的认识情态主要体现在"不能"上，其完整的释义是"没有比……更 X 的可能"，表示说话人主观感受上的最大程度。

另一方面，该构式的形成是把"X 得不能再 X"压缩为更加经济的"不能再 X"，使得这一结构最终凝固化，完成了"主观化"（subjectivization）的话语意义的演变，从而成功实现了以"有限的词语传递尽量多的信息"。需要指出的是，源式"X 得不能再 X"的主观化并未伴随着"不能再 X"的成分压缩而使得表达高程度的语义出现磨损，反倒是更加彰显了说话者的主观认识，并产生了原构式所没有的含不尽之义见于言外的表达效果。

（二）认识上的极限程度

"不能再 X"构式具有与"X 得不能再 X"相同的极限程度义，都指事体达到的"最高的限度"，即"X 到了极点"，且这个极量是说话者从主观视角出发做出的评价。"不能再 X"构式表达的是极量，但是具体到表示的是极大量还是极小量，取决于属性词"X"的使用，可见，构式中的"X"是体现属性程度的极量词。同时，我们认为"不能再 X"构式的极量的表达有其特定的范域，并在范域允许的空间内体现出极限程度义。

虽然进入"不能再 X"构式中的变项"X"本身不一定具备极量，但经过构式赋义，都会表现出说话者认定的极大量或极小量。极量词属性的判定与社会成员的心理期待有关。所谓心理期待是指"人们心中持有的关于言谈对象某一属性或特点的预期"（温锁林、刘元虹，2014），"不能再 X"构式中，凡是超出人们的心意与社会正常标准的预期的词，便显示出正向期待，该词进入构式后便无限上升到范域空间允许的最高程度，即为极大量词；凡是未达到人们的心意与社会正常标准的预期的词，便显示出负向期待，该词进入构式后便无限跌落至范域空间允许的最低程度，即为极小量词。

范域、心理期待与极量词三者之间的关系如下所示：

范域　　正向期待　　一般期待　　负向期待

极大量　　　　　　　　　极小量

如"不能再美"是指某人或某物的美超过了社会对美的一般定义，亦即超过了说话人对其美丽程度的预期，因此构式中的"美"是极大量词；"不能再少"是指某人或某物的小未达到社会对少的一般定义，也未达到说话人对其少量程度的预期，因此构式中的"少"是极小量词。当然，依据说话语境的不同，极大量也可以被解读为极小量，如"室友下午剪了个鸡窝头，简直不能再美了"便是显而易见的反语，实际意思是室友新剪的头非常丑，显露出负向期待。

（三）直截了当的感叹性

周昊（2012）指出，"X得不能再X"构式使用同语复现加强程度的表达，属于述补结构中的一类。前"X"与后"X"虽共为构式的可变项，且形式、语义完全一致，但在量上却并不对等，从前"X"到后"X"中间有一个量幅的递增，例如："张乐平老先生笔下的三毛实在是中国老百姓熟悉得不能再熟悉的经典人物了。（《解放日报》2017-06-01）"也就是说，全息性的"X得不能再X"构式呈现出了这一递增的方式与过程，"不能再X"以补语的身份成为前"X"的附属品，"X得"也为我们提供了一个先行的预设，实际就意味着给听话者留下了质疑并反驳的空间。

而半息性的"不能再X"构式脱胎于"X得不能再X"，省去了作为前提的前"X"和结构助词"得"，不再对所表达的内容进行预设，不是以补语的形式出现，而是直接揭示出量幅增加的结果，变间接预设为直接评判，把说话者的意志强行灌输给听话者。比如说话者只用"不能再便宜"五个字，便把一件东西打入便宜货的行列，斩钉截铁，无需多绕一个弯子。

如果说"X得不能再X"构式是对"X"极量性的主观描述的话，"不能再X"构式则是对"X"极量性的不容辩驳的感叹表达。前者对事物的属性是一种主观的说明与评价，而后者则反映出说话者在认识上对事物的一种不容置疑的论断与感叹，以实现说话者对事物极大程度的一种炫示。二者都可以充当谓语、定语、补语，"不能再X"构式有时还可以单独使用，以此凸显说话者对所述内容的极度强调，也说明该构式在发展过程中已逐步取得独立使用的权利。"X 得不能再 X"构式不可能具备这样的功能。如：

（4）a. 不能再懂（百度，2014-12-25）

b. 不能再经典！（第一学习网，2017-08-24）

c. 不能再对！且看俄罗斯人如何吐槽俄语（娜塔莎俄语学习资源中心，2017-03-29）

d. 不能再形象！男生和女生的区别！明明是同一件事反差却那么大！（360 个人图书馆，2016-11-04）

基于此，我们认为"不能再 X"构式是一种新兴的构式，将其构式义概括为"主观极量的感叹"是符合汉语使用的实际情况的。

三、从修辞构式到语法构式的演变

有的学者为了有效地界定、区分构式的不同性质，提出了语法构式和修辞构式的分析思路，认为两者其实是一个连续统。并指出语法构式有两种，一种是指构式义可以根据构成成分被推导的构式，另一种是指构式义虽然不可以推导，但已经经过了语法化的构式；修辞构式则指的是具有不可推导性的构式，其构式义也就是所谓的修辞意义。我们顺延这一观点，认为"不能再 X"并非自形成之初便已成为语法构式，而是随着构式的形成过程，使得该构式具有了特定的构式义。构式的形成与构式义也都经历了由修辞构式向语法构式逐渐过渡的演化过程。下面将具体梳理其构式义的生成机制以及诱发语法化变异的条件与因素。

（一）"不能再 X"的语义合成

认知语义学认为，言语意义的在线建构（On-line construction）主要源于心理空间（Mental space）的合成，而概念合成便是揭示心理空间合成的一种认知活动，是人类一种基本而普遍的认知方式，促成了构式形式与意义的相互匹配。因此，我们认为形成"不能再 X"构式义的内部机制就是整合，通过研究概念合成可以明确"整体大于部分之和"的浮现意义（Emergent meaning）产生的过程。

概念合成的本质就是"四空间交互作用的自然语言意义建构模型"，这四个空间分别指类指空间（generic space）、输入空间Ⅰ（inputⅠ）、输入空间Ⅱ（inputⅡ）和合成空间（blend）。类指空间可以反映各输入元素所共有的决定跨空间映射的核心内容，认知主体将类指空间投射到两个输入空间，接着两个输入空间共享的信息结构会生发有选择的对应映射，进而再被投射到合成空间中，最后由合成空间完成心理认知的交互，运演并整合出浮现意义。在实际的思维运作中，人脑会不断建立多种心理空间，这些心理空间被再加工成新的空间，它们共同构成相互联系的复合空间，为意义的实时建构打下了基础。以"这样的母女照简直不能再好看了，每个妈妈都想拍啊！"为例来说明。

当第一次听到或看到构式"不能再X"时，我们需要激活自己的心理空间（也就是人们为了达到局部理解而临时储存于工作记忆的概念集）进行解码，依据特定的认知语境提取两个输入空间重叠的信息，即"这张母女照本身很好看"和"说话人认为这张母女照好看到了极点"，将之合并到一个共有层面上进行概括、提炼，最终形成"说话人主观感受上认为这张母女照好看到了极点并发出感叹"的新显意义。

心理空间理论同样可以用于反语研究。反语强调在相对立的信息中凸显语义冲突，如上文所举的例子"室友下午剪了个鸡窝头，简直不能再美了"，字面意思似乎是说话者认为新剪的头很美，实则是利用两个相反相成的心理空间来搭建跨空间投射的概念平台，达到既设置理解障碍又引发关联属性的目的，以呈现文字背后的隐性意义。

(二)"不能再X"的修辞特性

1. 不可推导性

这是该构式最显豁的修辞特性，也是其根本特征以及主要的修辞价值。"不能再X"的结构意义不是组成成分语义的简单相加，它在形式和意义上的某些特征，是不能完全从这个构式的组成成分中推知的。若直接从"不能再X"的几个成分语义推导其意义，得到的将是"劝阻某人不要继续把某事做下去或某物不要超过一定限度"，即前文提到的否定劝阻结构"不能再Y"。不能被推导的部分被构式赋予了全新的含义，是为了凸显说话者的主观意图而使框式结构的整体意义发生语义增值的结果。沈家煊（1999）曾指出，"一个句式是一个'完形'（Gestalt），即一个整体结构。"完形心理学的重要原则之一是整体大于部分之和，因此修辞构式的整体意义是大于其组成成分意义之和的。

2. 临时性

"不能再X"的产生具有许多偶然因素，人们在言语交际过程中或是出于一次无意的省略，或是为了减少表达的字数而使用的删繁就简策略，或是情绪激动下的口误，又或是猎奇心理致使的刻意为之，这些表达的因素都可能造成对"X得不能再X"的误用。而在这一时期，"不能再X"只作为一种临时的形式而存在，不完全合乎语法，使用人数也十分有限，尚未形成一定的使用规模。

3. 较低的能产性

上述这种临时的误用纯属个人行为，只出现在小范围对话中，且通常只限于诸如"不能再同意""不能再赞同""不能再喜欢""不能再美"等使用频率较高的语句，依赖于一些特定的情景，因此能被修辞构式接纳的"X"仅仅是少数的几个。又因为不可推导的意义并非一望即知，需要听话人仔细进行解码处理，带来一定的理解难度，所以该构式在形成初期，扩散能力必然不强，能产性较低。

（三）从修辞构式过渡为语法构式

任何表达手段自萌芽到大面积扩散都需要一个过程，这段时间既是构式不断完善自身的积蓄期，又是听话人对构式义的心理适应期。随着修辞构式语法化的不断加深，听话人对其解码的时间必然越来越短，"因为不可推导的意义已经可以依靠记忆来激活，无须临场的心理操作"（刘大为，2010），使原来看似不合语法的结构变得易于识解，语法化程度越深，"不能再X"越接近语法构式，一旦语法化的进程告一段落，不可推导义便完全凝固为确定的构式义，"不能再X"也就由修辞构式彻底转化为语法构式。

在这个过程中伴随着的是生成能力的提高，该构式的架构模板可通过不断替换变项"X"而被无限复制，从开始较为基础的"同意""喜欢""美"，逐渐可以容纳更多的性质形容词和动词，乃至许多性状义名词，最后连同部分成语、惯用语以及特殊符号也一并包含其中，不过数年时间便发展为一种独立表意的"形式-意义对应体"（form-meaning pairs），显示出构式强大的繁衍能力。其中不能忽略构式压制的作用，当与整个构式义不匹配的名词、成语、惯用语试图进入时，构式可以通过调整这些词语所能凸显的侧面来促使它们互相协调。此外，高能产性也促进了构式被话语使用者大量仿拟，使得"不能再X"的句法功能和语用特色趋于丰富，在语言社会得到了广泛的认可并迅速流行起来。

四、"不能再X"构式的衍生动因及语用特色

（一）构式的衍生动因

上文提到"不能再X"是母式"X得不能再X"经历了主观化的过程后演变而出的新兴极量构式，既与后者在极限程度义上保持一致，又在主观感叹的程度上存在差异；而"不能再X"的构式义来源于人类心理空间概念的整合，具有认知基础和心理现实性。除此之外，还存在许多其他的内部动因和外部动因，它们共同催化了这一构式的产生。

1. 语言符号对自身的突破

客观世界无限而语言符号相对有限，现有的符号往往无法满足人们对客观事件不断增长的认知，这就必然要求符号在种类、数量、搭配关系等各方面相应地有所突破。在互动语言学的视域下，当下社会，话语演变日新月异，各种用法结构推陈出新，语言之间的相互接触推动了语言的良性发展，可以说，新兴构式从某种程度上反映了语言系统内部的更迭，增强了语言的表达能力，丰富了信息的传播形式，给整个语言系统带来了活力，继而促进了汉语的多样化发展，体现出一个民族语言旺盛的生命力。

2. 言语表达的语义凸显策略

说话者在进行语言交际时，对于自己想要凸显的事物往往会迫切地寻求一种极致的表达方式，当语义程度的量幅达到最大值却仍旧没有达到说话者满意的效果时，便会转而求助某些语法构式。"X 得不能再 X"结构由"X_1 得"和"不能再 X_2"两个部分组成，在使用中逐渐凝固为一个构式，当"X 得不能再 X"所表示的主观量无法满足说话者的需要时，原本密不可分的整体便又逐渐把"不能再 X_2"分化出来，继而衍生出直击要害的"不能再 X"构式，借以传递更加直接、激烈的情绪，从而使框式结构的整体意义发生了语义增值。

3. 网络媒体提供的表达环境

互联网时代的崛起为人们提供了一个思想多元、表达自由、交流畅通的有机环境，这无疑已成为张扬个性、抒发情感的新兴构式生长发育的良好土壤。同时，构式自身具有便于识记的特点，可以迅速类推，从而提高传播速度，扩大接受面积，形成完备的会话互动模式。又因为主导着网络媒体的年轻的语言使用者普遍具有求异心理，在社会互动中常常扮演着打破常规、引领风尚的角色，追求陌生化、极简化的经济表达手段，所以表达结构一旦被触发，就会被源源不断地模仿与扩张。表示主观极量的一系列构式便是在这样的背景下应运而生的。

（二）构式的语用特色

1. 用词的口语化

"不能再 X"着重突出了说话者的强烈态度，非常契合时下青年人的话语特点，反映出人们掌握话语权后表达内心真实想法和评价事物的强烈愿望，因而十分接地气，紧跟社会发展的脚步，大量采用网络流行语，在造词用字上体现出口语化的特点。不仅如此，"不能再 X"还显示出了一定的包容度与开放性，构式不受书面语的限制，任何网络流行的特定词语、符号或者口语中短小定型的惯用语均可自由使用。相信随着信息时代的高速发展，还会有更多通俗的用语逐步进入构式之中，给阅读文本注入更加新鲜的血液。

2. 表达的简明性

如前文所说，"不能再 X"和"X 得不能再 X"构式最主要的区别在于前者的语气更为直截了当，用强烈的主观性消除听话者对对话内容的预期，没有任何铺垫便得出了说话人主观论断后的结果，以最省力的语言完成交际任务，符合语言的经济原则，凸显出表达的简明性。目前"不能再 X"构式已渗透到大众话语的角角落落，不仅散见于各类网站、报刊上，更大量存在于微信文本（尤其是微信标题）之中。对于微信媒体来说，一篇推送文章的点击率是衡量其影响力的重要指标，而微信文章的特殊性在于标题与内容并不在同一空间，这就使得标题作为唯一可见的文本承担起获得点击率的全部使命。不仅如此，微信读者在进行浏览公众号文本时，在手机屏幕上仅能呈现标题的一行文字，也就是说，标题拟定者应把最关键的内容控制在较少的字数中。字数的限制迫使拟定者删繁就简、精益求精，力求以最经济的文字传递出最吸睛的内容，这就使得短小精练的"不能再 X"构式得到了微信编辑的普遍青睐。

3. 口气的夸饰性

夸张是指当人们主观感受到的极性程度已经远远超越了语法所能达到的极限时，为了将这种程度表现出来所采取的一种话语策略。"不能再 X"构式便明显具有夸张性，构式赋予了"X"一个表示极限程度的量，整个构式随之呈现出一种夸饰性的主观量。当"X"为极大量词时，构式义表现出扩大夸张，即故意把一般事物往"大、多、高、长、强"处说；当"X"为极小量词时，构式义表现出缩小夸张，即故意把一般事物往"小、少、矮、短、弱"处说。当"不能再 X"构式成为微信标题的一部分时，其夸张的构式话语特色就会使整个标题沾染上夸饰性特征，并凭借自身夸张的主观极量义牢牢抓住读者的眼球，我们称这样的标题为夸饰性标题，即为吸引受众眼球、增加点击率而使用夸饰性策略编制的微信标题。

温锁林、胡敏（2016）提出，构式字面上突出的是所述对象达及的极性程度，读者虽然接收到了这一信息，但其中的虚与实读者都心知肚明，没有人会去当真，构式实际传递的是其言外之意，即说话者对评述对象强烈的心理认同与褒贬情感。构式的口语化也无形中提高了文本的可读性，使年龄、经历、受教育程度不同的各阶层读者都能获得良好的阅读体验，为大众语言带来更多的活力。

第五节　高程度强调构式"X得不要不要的"

一、引言

近年来，网络媒体和报刊中频繁出现一种很特别的构式"X 得/的/到不要不要的"，并在日常生活中掀起了一股热潮。不少正式的报刊也接受了这样的话语方式。请看：

(1) a. 郭冬临：大丰，美丽得不要不要的（《大丰日报》2016-04-12）

b. 偶像们认真起来真是萌得不要不要的（《新文化报》2016-01-07）

c. 什么让你烦得不要不要的（《城市晚报》2016-01-09）

d. 汪峰头条上得不要不要的（《地铁报》2015-04-20）

我们对人民网上搜集到的343条有效语料进行统计后发现，连接"X"和"不要不要的"有322条是"的"，占93.9%。值得注意的是，在网络语言中，很多网民将表示程度补语标记的"得"写成了"的"。因此，我们将这一格式的表现形式记为"X 得/的 不要不要的"。请再看一些用例：

(2) a. 即便儿子诺一懂事帅气萌的网友都<u>喜欢的不要不要的</u>，刘烨还是傲娇地自称最爱女儿。（人民网 2015-09-10）

b. 除了高颜值，这对闺蜜还有一个共同点，那就是都是<u>瘦的不要不要的</u>。（人民网·pclady 2017-10-23）

c. 这张辨识度极高的日本面庞也被国际时尚圈青睐，时尚资源<u>好的不要不要的</u>！（海报时尚网 2018-02-09）

d. 日韩混血小萝莉金在恩被她<u>萌得不要不要的</u>。（人民网 2016-04-19）

e. 一定是经常看韩剧的结果，安排浪漫约会、准备烛光晚餐、亲自下厨做饭、海滩上温情告白……把表姐<u>感动得不要不要的</u>。（南海网 2016-01-07）

例句a中"喜欢的不要不要的"，并不是说网友们不喜欢，而是表达网友们对刘烨的儿子不是一般的喜欢，而是极其喜欢。同样，例句b、c中"瘦的不要不要的"和"好的不要不要的"也分别表示人极其瘦、资源无比好。可见，这类句子中的"不要不要的"已经不表示否定的意思了，而是转而表达一种极量程度，作为对谓词性结构核心"X"所表示的程度的特别强调。我们认为"X 的不要不要的"是一个构式，因为它的形式是全新的，表达的语义也是全新的。最明显的就是补语"不要不要的"如果仅仅从其形式与语义构成来看，它本来是表达拒绝意义的重叠式短语，可是在新兴的表达格式"X 得不要不要的"中，它却摇身一变成了一个表达极量程度的补语成分。该格式的语义与形式都不可能从已有的形式与语义来推导出来，所以，理应将其看作一个全新的构式。特别应该指出的是，该构式目前已经具备了极强的传播度和接受度，使用频率很高。构式是形式和意义的结合体，根据邵敬敏（2011）关于框式结构的相关分类，"X 得不要不要的"属于"单项单框式"。框架包含两个不变项"得""不要不要的"，其中"得"为补语的标记成分，可变项是"X"，是该谓词性短语的核心成分。有关该构式的句法构成，我们将在下文中详细描述。

近年来，有不少文献对该构式进行了研究。学者们的研究重心主要在构件考察、语义特点、产生与传播动因等方面，但我们发现"X 得不要不要的"组成研究可以再深入，句法功能与之前学者研究成果有不同之处。

杜可风（2016）认为"不要不要的"是用双重否定形式来表达肯定意思，根据程度补语的定义，从表层看"不要不要的"是一种否定形式，不属于程度补语，但同时又认为，作为一种补充成分，位于述语中心语之后，来表达中心语所达到的程度。郭伏良和段又挺（2016）认为"X 得不要不要的"是正话反说，是表达"很""极""非常"意思的补语，表达中心语"X"达到的程度，一般位于"X"之后，有时也位于"X"之前，位置相对比较灵活。王志军（2016）认为构式"X 的不要不要的"中充当状态或程度补语的"不要不要的"很难被其他词代替，极少数情况可类推出现"X 的不行不行的"。他还解释了"不要不要的"能够作为状态补语或程度补语出现在该结构中的原因。他引用吕叔湘先生的观点"'不要'经常用于祈使句"，"用久了已经失去原义，干脆成了一个禁止词"，以及认为北京话中"不要"二字合音是"别"，从而得出"不要"已经变为一个词的结论。同时认为"不要"是主观心理的判断，具有一定的主观性，而重叠式与基式相比，程度要更高更深，所以"不要不要的"是用否定表达主观程度高。"不要"在进入重叠式时，只保留了程度高的意义，被磨损掉了否定意义，因此"不要不要的"能够作为表示程度高的状态补语或程度补语出现在"X 的"的后面。周晓燕（2016）认为"不要"的本义是表示否定，"不要不要的"转而表达肯定意义并且具有极强的程度，用否定的形式表达肯定的意义，用夸张的方式表达主观情绪，劝诫的语气与肯定、赞赏的语义形成鲜明对比，让人耳目一新。刘志毅（2016）也认为"不要不要的"中"不要"表示"劝阻"的意思，即当说话人遇到自己不喜欢或是不想承受的事情时，用这一结构表达"拒绝""抗拒""劝阻"的心理。这时"不要不要"侧面表达出说话人对于遇到的事情的不喜欢或是不想承受的程度很深。刘娟（2017）认为构式"X的不要不要的"中重叠的"不要"不是字面的"劝阻"义，而是语义相对虚化且正在形成中的唯补副词，表示一种高程度义。"不要不要的"是一种程度补语，表示程度加深，句法上只能用在"得"字的后面，不能受程度副词修饰和用正反问提问。此外，刘文还考察了"不要"语法化的路径。她认为"不要"是通过隐喻机制演化成为高程度的唯补副词的，这种隐喻是从评价域里的否定意义投射到程度域中的，然后随着时间的推移，"不要"从只用于负面情绪开始扩散到用在正面情绪中。卢余玮（2017）也持相似观点，认为"不要"发展为"不要不要的"，语义从原来的"劝诫""禁止"变成"极其""特别"表示程度上限的语义要素。在此过程中，"要"字丧失了动词义，"不"字也隐去了否定副词的功能，两者融合成为一个副词，重叠之后加上助词"的"，就形成了"不要不要"体，表示极量程度。张宝（2017）指出"X的不要不要（的）"是从"X的不行不行的"类推来的。

我们看到，虽然这些研究各有侧重，但都立足于语言事实，从不同的角度对"X得不要不要的"这种新的表达方式的结构、语义与形成原因等方面做了有益的探讨，深化了我们对该类新生的语言表达式的认知。现有的研究文献中，只有刘娟（2017）按照构式语法的相关理论方法来研究"X得不要不要的"，将其看成一种新兴的构式，并提到了构式义为"对已然事物或者事件的一种程度很深并且主观性极强的评价"。其他学者的文献则很少自觉地运用构式语法的理论方法来研究该类表达式的结构与语义表达之特殊性，特别是对其用法特色更是少有关注。我们接下来打算从"X的不要不要的"的构式义、组成成分、句法功能和语用特色四个方面进行考察。

二、构式"X得不要不要的"的句法形式

作为一种构式，其句法形式与语义表达上总是具有与已经存在的表达格式上的某些不同之处。构式"X得不要不要的"整体是一个述补结构，由述语核心"X得"和补语"不要不要的"两部分构成，因不少人对助词定语标记"的"和补语标记"得"不加区分，常常把"得"写成"的"，

故而我们统一记为"X 得"。为了清晰地反映该构式的句法构造,下面将分别对"X 得"和"不要不要的"两部分做一个详细的描述。

(一)可变项 X 的类

作为一个典型的"单项单框式"框式结构,构式"X 得不要不要的"中唯一的可变项是补语前充当结构核心的"X 得"中的"X"。周晓燕(2016)曾经比较详细地列举过充当"X"的类。认为"X"可以是形容词、名词、动词,甚至是副词等。可是我们研究发现,只有动词和形容词能够进入构式中"X"的位置。请看:

1. 形容词

由形容词充当的"X"是最常见的类。必须指出的是,受网络语言的影响,该位置上出现的形容词有三个明显的特点:一是只有性质形容词才能允许进入,因为程度性是该类形容词的特点,而状态形容词无法进入,原因也很简单,状态形容词是描述性和状态化的,不能受程度副词修饰,所以自然也不接受程度性的量化。如能说"白得不要不要的"或"羞得不要不要的",而不能说"*雪白得不要不要的"或"*羞羞答答得不要不要的"。二是口语化,口语化的特点不难解释,因为网络语言大多是书面化的口语,是年轻一代网民惯用的聊天方式。三是时髦化,用词的时髦化,则是由青年一代追求用词用语时尚的心理决定的。常见的形容词有:傲娇、馋、潮、丑、纯、呆萌、恶心、浮夸、高冷、壕、豪华、好、好吃、好看、花痴、华丽、活泼、火爆、简单、紧致、精彩、可爱、酷、邋遢、浪漫、冷淡、凌乱、忙、萌、美、难、难看、暖、暖心、漂亮、俏皮、清纯、清新、热、甜、甜蜜、傻、神奇、舒服、时尚、时髦、爽、爽快、帅、帅气、水嫩、温柔、销魂、幸福、主动。看几个例子:

(2) a. 半场连中 10 记三分!帕森斯<u>帅</u>得不要不要的。

b. 香煎土豆饼,<u>好吃</u>的不要不要的。

c. 武魂 2 的界面改了,<u>丑</u>的不要不要的。

d. 活色生香那个剧真的是靠颜值看完的,小霸王和他爹<u>帅</u>的不要不要的。

e. 用句现在年轻人流行的话说,今年的济南艺博会感觉<u>好看</u>得不要不要的。(《济南日报》2016-08-13)

2. 动词

动词也是充当构式变体"X"的常见小类。与充当该位置的形容词一样,能够使用于"X"位置上的动词也都有口语化与时髦化的特点,书面色彩的动词少见。如:掰、打、宠、烦恼、搞、鼓掌、叫、惊吓、看、坑、哭、撩、卖萌、迷、拼、虐、欺负、敲、输、信服、吓、嫌弃、诱惑、赞、折磨、抓、抓狂。下面略举几例：

(3) a. 今年除夕，有多少朋友是被"敬业福"这个小妖精<u>折磨</u>得不要不要的！（CSDN 2016-02-25）

　　b. 汪峰头条<u>上</u>得不要不要的（《地铁报》2015-04-20）

　　c. 今天整个鼓楼北的少女心都被<u>撩</u>得不要不要的。（搜狐焦点 2016）

　　d. 美女铲屎官真的把猫咪<u>宠</u>的不要不要的，带着猫咪坐人工过山车。（风行 2021-03-02）

　　e. 大神们过来破破啊！我被<u>搞</u>得不要不要的。

　　f. 男刀被女刀<u>虐</u>得不要不要的。

动词中还有一类心理动词也经常出现在"X"的位置。如：爱、感动、喜欢、激动、开心、羡慕、心疼、心动、后悔、期待，等等。

(4) a. 有网友曝出"天价"嫁妆，把其他网友<u>羡慕</u>的不要不要的。（凤凰网 2016-03-28）

　　b. 在节目中，鹿晗向我们谈及了一下他的电影，让很多粉丝<u>期待</u>得不要不要的。（人民网 2015-08-23）

　　c. 而且女主真的太厉害了，把渣男<u>吓</u>得不要不要的，看得好爽。（新浪微博 2015-01-21）

　　d. 一定是经常看韩剧的结果，安排浪漫约会、准备烛光晚餐、亲自下厨做饭、海滩上温情告白……把表姐<u>感动</u>得不要不要的。（南海网 2016-01-07）

　　e. 马云要全部买下优酷，古永锵<u>心疼</u>得不要不要的！（微信原创 2015-10-24）

杜可风（2016）认为，一些副词、名词，还有个别的动词性短语也能充当构式"X 得不要不要的"中的"X"。如下面用例中下画横线的词就是他说的这类特殊性的"X"：

(5) a. 最终 45 张野生动物喜剧照入围决赛，在这些搞笑的野生动物喜剧作品中，小动物的<u>表情</u>都不要不要的。

　　b. 互联网公司年末"拉仇恨"，年会年终奖<u>土豪</u>得不要不要的。

　　c. 虽然周杰伦主动表态和那英是"<u>一家</u>的不要不要的"，可每当那英和陈奕迅、刘欢陷入对峙，他的援助之手又起到了"反效果"。（《环球网综合》2017-08-03）

　　d. 邓超和孙俪夫妻秀恩爱的频率和花样，<u>简直</u>不要不要的。

e. 妹子玩起浪漫来，<u>也是</u>不要不要的！
f. 张杰搞怪演唱《这就是爱》，<u>萌起来</u>不要不要的。
g. 傲娇 boy，我的学生，<u>疯起来</u>不要不要的。

a 例的"小动物的表情都不要不要的"，"表情"是名词不假，但它是做主语的名词性短语"小动物的表情"的核心成分，"都不要不要的"是这个名词短语的谓语，所以并非"X 得不要不要的"构式。b 例的"土豪得不要不要的"，其中的"土豪"是临时性的名词活用为形容词，语义上并非指称而是表示性状，与"豪横"类似，所以也非真正的名词。c 例的"一家"也是名词，但在构式中却是形容词性的，是通过转喻，即用"一家"来激活其代表的性状，因为在中国文化中，"一家人"总是与"亲热"有着不可分的语义关联。所以是名词临时借用为形容词。d 例"简直不要不要的"也是谓语，其中的"简直"是语气副词做了该谓语的状语，也非"X 得不要不要的"构式。e 例则更为明显，"也是不要不要的"是前面做主语的谓词性短语"妹子玩起浪漫来"的谓语，整个结构是"动宾"关系，"不要不要的"是"也是"的宾语，所以将"也是"看成"X 得不要不要的"构式中的"X"也属张冠李戴。f 例和 g 例中的"萌起来不要不要的"和"疯起来不要不要的"也都是主谓结构，其中的主语是"萌起来"和"疯起来"，谓语是其后的"不要不要的"，所以两例也非"X 得不要不要的"构式。这样看来，杜可风所说的副词、名词，还有个别的动词性短语（"萌起来、疯起来"）也能充当构式"X 得不要不要的"中"X"的说法是站不住脚的。

刘娟（2017）也认为，"X 得不要不要的"表示高程度义，"'X'应该和'要不要这么 X'的'X'一样，也具有[+可计量]的语义特征。"所以，她也明确表示，"X"可以由名词性成分充当。不过，她举到的名词性成分只有三例："低价得不要不要的""土豪得不要不要的""火得不要不要的"。"低价"在此是"价格低"的意思，我们经常说"低价到不能再低了"，可见，"低价"在此还是个谓词性成分。"土豪"是临时活用为形容词，而"火"早已具备典型的形容词的句法特点了。如"很火、特别火、比较火"等说法显示，"火"与其原有的名词的用法已经完全不同了。所以，说构式"X 得不要不要的"中的"X"可由名词充当其实并无充分的学理依据。

我们的观点是，只有动词、性质形容词和由名词临时活用为形容词的词类才能充当构式"X 得不要不要的"中的"X"。下面例子中的"X"都是谓词性短语。请看：

(6) a. 让爱车爱科技的粉丝们<u>狂躁激动</u>的不要不要的。（《科技日报》

2016-01-11）

b. 不过说起军绿外套，还真的是<u>显气质</u>的不要不要的，比如说兵哥哥这身儿。（《腾讯时尚》2016-03-03）

c. 这款烤箱菜准备其实非常简单，外层多汁浓郁，内心的鸡蛋又软又嫩，<u>美味健康</u>的不要不要的！（StyleMode 中文网 2016-04-28）

d. 怎么样？少女们你们有没有<u>面红心跳</u>的不要不要的，男森们有没有感到新技能护体，犹如人生多了一个指路明灯？（《网易》2016-05-23）

e. 看看这一颦一笑站在人群中简直<u>温婉贤淑</u>的不要不要的。（瑞丽网 2017-06-02）

f. 跟着唇形本身轮廓、淡化的唇缘的"鲶鱼"唇妆画法十分适合刘诗诗般唇形本就十分丰润的女孩，符合自然唇部走势的画法不仅大大降低了刻意感，而且大气中不失俏皮感，简直<u>一举两得</u>的不要不要的。（瑞丽网 2017-08-01）

g. 而昏庸没脑250没谁的皇帝陛下更是仿佛得罪了化妆师，各种眼线被花、左右眼不一样的粗糙感，也是<u>画风清奇</u>的不要不要的。（瑞丽网 2017-07-06）

（二）不要不要的

构式"X 得不要不要的"中的"不要不要的"是谓词性短语后的补语。关于"不要不要的"之功能与语义，研究者都给出了自己的解释。但是，由于缺乏构式的观念，无法正确地看清"不要不要的"的句法与语义的配对关系。

杜可风（2016）对"不要不要的"的句法性质与语义属性的解释自相矛盾。该文认为"不要不要的"是一种否定形式，不属于程度补语这一类，它置于述语中心语之后，是一种补充成分。但该文又说，"不要不要的""表示'很、极、非常'的意思，用来表述中心语达到的某种程度"，并且"是一种很丰富的程度表达式"。郭伏良和段又挺（2016）都认为"不要不要的"是中心语后的补充成分，来加强中心语表述的程度，表示"很、极、非常"的意思。但同时认为，"不要不要的"前的"X"可以是动词、形容词、名词和动词短语（"疯起来、萌起来"），混淆了谓语和补语的界限。如在"小动物的表情都不要不要的"中，"不要不要的"很明显是结构的谓语而非补语。周晓燕（2016）虽然也概括出了"不要不要的"有表达"非常、特别、很"之义，但她在分析"不要不要的"的句法位置上也存在问题，比如，她认为，在"弄的<u>人家不要不要的</u>""雷同的<u>我不要不</u>

要的"中，做补语的主谓短语，虽然"不要不要的"又是做补语的主谓短语中的谓语，但是并未改变其做补语的语义性质。我们可以通过结构变换来观看其结构的实质："把人家弄的<u>不要不要的</u>""和我雷同的<u>不要不要的</u>"。可见，把不同位置上的"不要不要的"做同等看待，往往会混淆其句法与语义的性质。

（三）构式"X 得不要不要的"的形与义

1. 构式"X 得不要不要的"的形式

通过上述对构式"X 得不要不要的"的形式的解剖与分析，我们进一步明确了该构式的句法形式必须具备两个要素：①构式的整体特征。该构式从整体上必须是一个述补结构，即由"X 得"做结构核心，由"不要不要的"做其补语的述补结构。一切非述补结构的"X 不要不要的"均非"X 得不要不要的"构式。如"不要不要的"在例（5）a、e、f 中都是谓语，在例（5）d 中做宾语，并不符合构式的句法结构要求。②充当可变项"X 得"中"X"的成分，只能是动词、性质形容词。个别表面上是由名词充当的"X"，其实并非真正的名词，而是临时用于形容词的。

尽管"不要不要的"在句子里使用时都与表达高程度义有关，但我们必须明确的一点是，并非所有不同句法位置上的"不要不要的"都可以归入"X 得不要不要的"构式，只有当"不要不要的"做补语的结构才是构式"X 得不要不要的"的构成要素。

2. 构式"X 得不要不要的"的构式义

我们将构式"X 得不要不要的"的构式义概括成："强调事体呈现的行为与属性的程度之高，有主观性和夸张性的语义特征。"我们知道，"不要不要的"表示高程度义是首先在构式"X 得不要不要的"中形成的，而其他非构式中的"不要不要的"虽然也能表达高程度义，但是都是在构式"X 得不要不要的"成形后，在构式义的基础上经过语义的扩展而形成的。下文将通过解剖"X 得不要不要的"构式义的构成机制，探讨构式义的形成与语义的扩展路径。

三、构式"X 得不要不要的"的构式义及形成机制

"X 得不要不要的"的构式义是强调事体呈现的行为与属性的程度之高，有主观性和夸张性的语义特征。要了解构式"X 得不要不要的"的构式义，必须从两方面着手。一是该构式中做述语中心的"X 得"，一是做补语的"不要不要的"。

(一)"X 得"

前文提到,做述语核心的"X"从词性上看,只有动词和性质形容词两类。这个要求不难理解,一是只有"X"是谓词性成分,才能表示一个事件("事")或是一个事物("体")所呈现出的某种行为与属性,"行为"一定是要由动词来担当的,"属性"一定是要由性质形容词来担当的。而名词是体词,只有指称性并无述谓性,无法充当述语结构的核心,不能代表行为或属性,所以是不能进入构式"X 得不要不要的"中"X"的位置的。

(二)"不要不要的"

"不要不要的"是构式中表达极高程度义的核心成分,所以,要准确地理解构式"X 得不要不要的"的构式义,需要从其语义的来源与语义的变化两个方面入手。

1. 由劝阻到无法忍受

查《现代汉语词典》可知,"不要"在现代汉语中是个副词,表示禁止和劝阻。大体相当于副词"别"。如"不要大声喧哗、不要麻痹大意"等,其中的"不要"都可以由"别"替换而语义基本不变。吕叔湘(1956:309)认为,"否定性的命令为禁止,语气柔和的也可以称为劝止。这类句子里必须要有否定词,即禁止词。""可是'不要'一词用久了已经失去原义,干脆成了一个禁止词。到了'不要'二字合音成'别'(北京)的时期,那就和'休'、'莫'等单词没有什么两样了。"(吕叔湘,1956:310-311)刘志毅(2016)指出,"不要不要的"跟在"动词+的/得+名词"的后面,表达"名词代表的人经历了动词表示的动作之后,产生了一种'求饶、投降'的心理"的意思,相当于呼喊"不要!不要!"的意思。他并且指出这个义项是"不要不要的"的语义源头。这样的观察与解释很有道理,但是,必须指出的是,表达"求饶、投降"意思的是重叠式的"不要不要",而非做补语的"不要不要的"。我们认为,必须将二者区分开来,"不要不要"在构式"X 得不要不要的"产生之前早已存在。而作为构式要素的"不要不要的"是在表达拒绝禁止的"不要不要"基础上,经过重叠来模拟人们"求饶"时的大喊大叫,强化了"不要"劝止的意思,并通过情景的再现产生了一种动作行为让人无法忍受的效应。重叠不仅凸显了"不要"的劝阻义,还形象地表达出了不能忍受的程度之高。

2. 由行域(劝止)到知域(程度义)

周晓燕(2016)认为,"不要不要的"的语义演化大体经历了三个阶段:语义$_1$类似于"X 得无法忍受";语义$_2$类似于"X 得不得了";语义$_3$

类似于"X到了极点",虚化程度最高。这样的语义演化路径清晰而且符合汉语的实际。不过,她把语义₁、语义₂和语义₃的感情色彩分别指定为消极、中性、积极,却难免有点武断,另外,她也没有有意识地区分表示拒绝语义的"不要不要"和用在补语位置上表示程度义的"不要不要的",表达程度义一定是在构式中补语的位置上才产生的。

我们认为,"不要不要"是正话反说,极具现场模拟表演性的撒娇意味。其高程度义其实直接来源于对"无法忍受""无比刺激"的正话反说,而这种正话反说的特点恰好反映出了当代青年,尤其是网络话语那种搞笑滑稽的语言风格。因此,从早期出现的构式用例来看,也并无明显的消极中性之分。因而,我们认为"不要不要的"高程度义经历了两个变化。一是从言语行为来看,经历了由最初表示"拒绝禁止"到表示"惊叹呼叫"的仿真效应的转变。二是从认知域来看,经历了由行域到知域的转变,即由表达客观的拒绝行为(行域)到表达主观程度的感受(知域)的转变。

3. 由禁止语到描述语

我们严格区分表示拒绝劝止的"不要不要"和用于构式的"不要不要的",是因为二者在句法功能与语义上有一些明显的差异。"不要不要"是禁止语或劝止语,表示拒绝或劝止的言语举动,因而并不能表达什么高程度的意思。请看例句:

(7) a. 你忘了我们的誓言了吗?爱我别走,我真的会哭死,我<u>不要不要</u>!

b. 每次我一拿出手机,嘟嘟就对我摆手"<u>不要不要</u>",她以为我又要拍照很快消失的东西,就越是要你很快记在心里。

c. 今天出来,就是想要开开心心地找回从前的自己。不要不开心,<u>不要不要</u>。何必每次他一召唤就回到他身边。

d. 女子八百米。坚哥说要借运动短裤给我。不要跑最后一名,<u>不要不要</u>。

上述各例中的"不要不要",有几个用法上的特点:一是可以不用重叠的形式,单独使用"不要"也能成立,所不同者,话语表达的禁止或劝止的语气比重叠格式减弱了不少;二是"不要不要"可以独立使用,也可以做谓语,不能用于补语的位置。这说明重叠式"不要不要"语义实在,是以言行事的禁止语。

而"不要不要的"则不同,该短语一个最大的形式标记就是后边多了一个"的",而且这个"的"还是个必有成分。其作用不能小视。由于"的"的出现,改变了"不要不要"的句法与语义性质。其一,在句法上改变了

"不要不要"的述谓性。重叠式的"不要不要"可做谓语,也可做独立的表述小句,句法上具有自主性。而"不要不要的"在句法上失去了述谓性,也失去了独立充当述谓核心的能力。其二,语义上由禁止性的述谓短语变成了摹状性的"的"字短语。这个"的"字短语的特殊之处恰恰在于,摹状只是其表层语义,其真正的语义是表达极高的程度义。带助词"的""似的"一类的短语,在语义上都有摹状性。张宝(2017)认为"不要不要的"是由 BA 式的状态形容词重叠成 BABA 式之后加上"的"字类推而来的。刘娟(2017)认为构式"X 得不要不要的"中的"不要不要的"语义相对虚化,属于正在形成中的唯补副词,表示一种高程度义。我们认为,"不要不要"由禁止语变成描述语,主要是语义的虚化,而促成语义虚化的机制是主观性的融入而带来的认知域的改变,即由行域的"不要不要"禁止义虚化为知域的"不要不要的"程度义。但是"不要不要的"并非"属于正在形成中的唯补副词",因为该短语除了做补语外,还能做其他成分,与副词的功能并不对应。

四、构式"X 得不要不要的"的变体及语义溢出效应

之前,虽然有不少文献都对新兴构式"X 得不要不要的"进行了研究,但是存在的问题也不少,其中最突出的问题在于并未将该类表达作为一个构式来加以研究,并能够从形式到语义来对该构式做出详细而契合语言事实的深刻描写与合理的解释。更没有把从句法构造到整体语义有高度关联的几种表意相近的表达格式作为一个连续体来进行观察与描写,因而无法看到该构式从内在的语义到外在形式上的联系与语义的细微差异。

(一)构式"X 得不要不要的"的变体

1. 典型构式"X 得不要不要的"

构式"X 得不要不要的"是一个由典型构式到非典型构式的连续统。该构式最典型的代表格式是"X 得不要不要的"。它在句法结构与句法功能上有几个特点:

①构式做谓语

前文讨论过,表达"强调事体呈现的行为与属性的程度之高"构式义的"X 得不要不要的",最常见的句法位置是出现在谓语位置上。如前面的例(1)-(4)各例。这种由构式"X 得不要不要的"整体做谓语的句子,由于表达极高程度的"不要不要的"处在话语信息结构的末尾焦点的位置,更能够表达出说话者极度夸张的惊叹语气。

②构式做定语

下面例（8）各句中的"X得不要不要的"虽然整体做了定语（下画波浪线的部分为定语，后面下画横线的部分为中心语），但是，由于构式处于被包蕴的位置，所以构式整体的语义虽然基本没变化，但是在谓语位置上那种夸张惊叹的语气不再。请看：

(8) a. 第一个是最近当了一档火的不要不要的综艺《中国有嘻哈》的评委，我们最最帅气的导师吴亦凡！（人民网·pclady 2017-09-12）

b. 现在让小编来告诉你嘴唇干裂的原因，并且告诉你该怎么做，让你拥有一双水嘟嘟得不要不要的嘴唇。

c. 温暖得不要不要的父女插画：爸爸是我的守护神（新浪教育 2016-04-11）

d. 奥运会上诞生了新的国民偶像，吃瓜群众的热度一过，很容易将半个月前爱得不要不要的国家英雄抛诸脑后。（中华网文化频道 2016-09-23）

e. 文松教你萌的不要不要的少女萌萌拳。（东方网 2016-04-13）

f. 厦门除了鼓浪屿，还有这么多美得不要不要的岛屿！（厦门网 2016-02-13）

2. 构式变体一："X 得 Y 不要不要的"

在述语核心"X 得"之后做补语的是主谓短语"Y 不要不要的"，其实这种主谓短语中的主语"Y"也可以采用"把"字将主语前移变成"把 Y+X 得不要不要的"，移动后的结构与典型构式同形。请看：

(9) a_1. 哪年墨西哥的配合和过人不晃得欧洲队不要不要的？

a_2. 哪年墨西哥的配合和过人不把欧洲队晃得不要不要的？

b_1. 皇马客场挑战西班牙人，最终皇马 6∶0 血洗西班牙人队，打的西班牙人队不要不要的。

b_2. 皇马客场挑战西班牙人，最终皇马 6∶0 血洗西班牙人队，把西班牙人队打的不要不要的。

c_1. 王炸这种牌压到最后出就没有震撼力，必须开始就炸，人家出对三，你就炸，炸得他不要不要的，炸得他甚至开始怀疑人生！

c_2. 王炸这种牌压到最后出就没有震撼力，必须开始就炸，人家出对三，你就炸，把他炸得不要不要的，炸得他甚至开始怀疑人生！

d_1. 桑德罗我觉得是顶级的，毕竟去年波尔多对拜仁，防得拜仁不要不要的。

d_2. 桑德罗我觉得是顶级的，毕竟去年波尔多对拜仁，把拜仁防得不要不要的。

  e₁. 自从我升到十二级。去哪都是万众瞩目，弄的<u>人家</u>不要不要的。

  e₂. 自从我升到十二级。去哪都是万众瞩目，把<u>人家</u>弄的不要不要的。

3. 构式变体二："X 到不要不要的"

该格式与典型构式"X 得不要不要的"的唯一区别在于将述语核心后的补语标记成分"得"换成了动词"到"。这个"到"语义上表示"达到"，更能鲜明地反映补语"不要不要的"是表示高程度义的成分。如：

（10）a. 皮肤自然润泽、白皙，<u>美到</u>不要不要的。（人民网·广西频道 2015-10-07）

  b. 最初的我玩的是鬼王，在天音让乌鸦<u>砍到</u>不要不要的。（环球网 2016-11-20）

  c. <u>笑到</u>不要不要的。（《意林》2016 年第 4 期）

  d. 哈尔滨老道外那些<u>火爆到</u>不要不要的餐馆，全吃过的给跪了！（搜狐美食 2016-03-09）

  e. 疑似小米 Note 2 配置曝光：柔性屏幕<u>美到</u>不要不要的！（Techweb 2016-10-14）

刘娟（2017）认为"得"是"到"的音转，基于这一认识，她在描述语料时将"X"后的"X 得""X 的"和"X 到"统一改写为"X 得"，构成"X 得不要不要的"。我们觉得，这样的处理有其合理之处。特别是将"X 得""X 的"合并，是有道理的，因为时下好多人对结构助词"的、地、得"三者不能做出明确的区分，有统一使用"的"的倾向。我们查阅到的好多"X 得不要不要的"构式，其中大多数使用的都是"X 的不要不要的"。但是，"X 得+补语"中的"得"虚化得比较彻底，已经成为纯粹的补语标记，词性上是个助词。而"X 到+补语"中的"到"虚化程度却很低，并非助词，而是一个半虚化的动词，即既有动词特点，又有介词特点，与结构助词"得"有着本质的差异。请看：

（11）a. 只有<u>穷到</u>了尽头，才知道副业的重要性！（小陈草根创业记 2020-04-19）

  b. 刘雪华演哭戏美出新高度，<u>哭到</u>了极致，左边一滴泪右边两滴泪。（微光海洋 2020-10-11）

  c. 史上最最搞笑段子大全，<u>笑到</u>你胃抽筋又怀孕。（天涯论坛 2011-05-15）

  d. 女孩<u>自恋狂到</u>了奇葩地步，需要心理调整。（爱奇艺

2018-04-08)

这些"X 到"后所带的成分都是表示高程度义的补语,"到"后都带有"了",这足以说明,"到"仍然具有动词性,并未彻底虚化,与"得"有着质的区别。另外,从构式"X 得不要不要的"的形成过程来看,核心述语"X"之后出现的都是"得""的","X"之后的"到"是在构式定型后才出现的,因为从语义上来看,补语"不要不要的"是表示高程度的成分,与"X 到"的补语表示高程度义相吻合。所以,我们将"X 到不要不要的"作为构式"X 得不要不要的"的一个变体。

4. 构式变体三:"X 到不要不要哒/滴"

(12) a. 没有话题,就不要强聊;没有 Sense,造型就不能"硬凹";低调、独特、做自己;不费力,照样可以美的"不要不要"哒!(新华网 2016-02-17)

b. 久旱逢甘霖的迷妹们,是不是幸福的不要不要哒?(中国网 2016-04-12)

c. 具有超一流品位的刘雯穿衣搭配不必多少只要照着穿就好了,一身黑色配上 Louis Vuitton 经典 Petite Malle 手袋的限量版时髦的不要不要滴。(腾讯时尚 2016-03-31)

d. 现实中娘娘们的素颜照是吓哭我们,还是依然美的不要不要滴?究竟她们是怎么保养的呢,马上来看看吧!(环球网 2015-12-10)

e. 听到此处,作为一个资深漫迷着实兴奋的不要不要滴?!(飞象网 2016-07-25)

"哒"是"的"和"啊"的合音,"滴"是"的"和"呀"的合音。它们都可算作"的"的变体,是更加口语化与萌态化的表达方式。除此之外,我们发现"X 的不要不要的"后加语气词"了"的情况:"早在 2000 年前,丝绒这种面料就流行的不要不要的了。"我们认为说话人使用这一构式就是为了表达和凸显自己的主观程度,所以会将说话的重音放在程度补语"不要不要"上面,从而更有吸睛的效果。

(二)构式"X 得不要不要的"的语义溢出效应

1. 对构式语义的不当解释

1)"不要不要的"只有程度义

周晓燕(2016)认为:"人们青睐使用'不要不要(的)'表达主观感受和评价,有时表达积极情感,有时表达消极意义,有时单纯强调程度。"她举到的例子是:

(13) a. 大丰,<u>美丽得不要不要的</u>。

  b. 偶像们认真起来真是<u>萌得</u>不要不要的。
  c. 什么让你<u>烦得</u>不要不要的。
  d. 汪峰头条<u>上得</u>不要不要的。
  e. <u>笑到</u>不要不要的。
  f. 王阿姨跟她说了很多，说到后来<u>哭得</u>不要不要的。

  周晓燕（2016）解释说，上例中 a、b 两句表达喜爱、欣赏、赞美等积极情感，c、d 两句表示难过、恐惧、反感等消极意义，而 e、f 两句则是强调程度之高，无感情色彩而言。这种语义概括存在很大的问题。观察上面的例句可知，所谓的喜爱、难过、无感情色彩等意义，其实都是由句子中的述语核心成分（下画横线）来表达的。因为做补语的"不要不要的"，在所有的句子中只是表极高程度的语义，至于这高程度是褒义的、贬义的还是中性的并不重要。做程度补语的"很"也能用于"好得很、坏得很、这里安静得很"，补语"死"也能用于"歌曲好听死了、这人难看死了、这里安静死了"，我们总不能说补语"很、死"都有表达喜爱、讨厌、中性的感悟色彩的语义功能。

  可见，构式里的补语"不要不要的"只有程度义，而没有其他的语义。
2）构式中的"X"并无什么"可计量"的语义特征
  前文的描述可知，构式中"X 得"中的"X"可分为两个小类：一类是呈现人的动作行为的动词，所以判断动词、存在动词、变化类动词等一般不能充当构式中的"X"；一类是表示性质的形容词。语义上并无什么"可计量"的语义特征。但是，有人在总结构式构成成分的语义特点时却说"X"具有可计量特征。

  段轶娜（2017）就认为，"X 得不要不要的"本身所具有的高程度义决定了"X"具有可计量的语义特征。刘娟（2017）也持这样的看法："因为'X 得不要不要的'表示高程度义，因此，也许我们可以估计，'X'应该和'要不要这么 X'的'X'一样，也具有［+可计量］的语义特征。"下面是她的用例：

（14）a. 又一大波巨惠来袭，力度<u>大得</u>不要不要的。（形容词）
  b. 酸菜鱼片的做法，<u>好吃得</u>不要不要的！（形容词）
  c. 范冰冰画风突变，驾驭杀马特，李晨依旧<u>爱得</u>不要不要。（心理动词）
  d. 瑞纳多少钱提车，瑞纳最低价，宝宝<u>心疼得</u>不要不要的。（心理动词）
  e. 最近被一只熊<u>撩得</u>不要不要的，新"老公"原来是他！（行

为动词)

  f. 这样的徒弟还能要吗？简直把人气得不要不要的。（行为动词）

 构式是用述补结构来表达高程度义的，而程度义是由补语"不要不要的"来表达的。就整个构式而言，其中的述语核心成分"X"必须是动词或形容词，只要能够与表示高程度的补语"不要不要的"语义和谐即可。比如不及物动词"死"，语义上是失去生命，如果表示某个人死的过程或结果，不能说"死得不要不要的"。但是如果说成"美国的疫情太可怕了，人死得不要不要的"就没什么不可。

 2. "不要不要的"的语义溢出现象

 "不要不要的"在"X得不要不要的"构式中的补语位置，表达高程度的语义成分，这种用重叠性的格式来表达高程度义的手法，与时下颇为流行的高程度义构式"X得不行不行的"有相似之处。"不要不要的"在"X得不要不要的"构式中获得高程度义，并在青年一代的广泛使用中，其高程度义被强化和巩固，在语言社会逐渐地扎根，成了一种新兴的高程度义的表述方式。这种特殊的高程度义还产生了语义溢出的效应。请看下面的几个例句：

 （15）a. 邓超和孙俪夫妻秀恩爱的频率和花样，简直不要不要的。
  b. 妹子玩起浪漫来，也是不要不要的！
  c. 张杰搞怪演唱《这就是爱》，萌起来不要不要的。
  d. 傲娇boy，我的学生，疯起来不要不要的。

 上面四例中的"不要不要的"都不是在"X得不要不要的"构式中作为补语而使用的。它们都是用于谓语的表述性成分，与在补语位置上表达程度义时有一点不同。我们可以通过简单的提问的方式来看上述四例表述性的语义特点。

 （15'）a. 问：邓超和孙俪夫妻秀恩爱的频率和花样怎么样？答：简直不要不要的。
  b. 问：妹子玩起浪漫来怎么样？答：也是不要不要的！
  c. 问：张杰搞怪演唱《这就是爱》，萌起来怎么样？答：不要不要的。
  d. 问：傲娇boy，我的学生，疯起来怎么样？答：不要不要的。

 可见，"不要不要的"在这些句子里具有了直接回答主语怎么样的能力，所以，我们才能体会到这些"不要不要的"是表述性的。而用于"X得不要不要的"构式中，处于补语位置上的"不要不要的"则更倾向于用程度的方式来提问。下面是将例（14）的前三句做简单问答改造后的情况：

（14′）a. 又一大波巨惠来袭，力度大得不要不要的。

a_1. 问：又一大波巨惠来袭，力度怎样？答：大得不要不要的。

a_2. 问：又一大波巨惠来袭，力度大到什么程度？答：大得不要不要的。

a_3. 问：又一大波巨惠来袭，力度大得怎么样？答：*不要不要的。

b. 酸菜鱼片的做法，好吃得不要不要的！

b_1. 问：酸菜鱼片好吃吗？答：好吃得不要不要的！

b_2. 问：酸菜鱼片好吃到何程度？答：好听得不要不要的！

b_3. 问：酸菜鱼片好吃吗？答：*不要不要的！

c. 范冰冰画风突变，驾驭杀马特，李晨依旧爱得不要不要。

c_1. 问：范冰冰画风突变，驾驭杀马特，李晨对她怎么样？答：爱得不要不要。

c_2. 问：范冰冰画风突变，驾驭杀马特，李晨爱她的程度如何？答：爱得不要不要。

c_3. 问：范冰冰画风突变，驾驭杀马特，李晨依旧爱得她怎么样？答：*不要不要。

从上例中的 a_1、b_1、c_1 和 a_2、b_2、c_2 来看，"X 得不要不要的"构式中的"不要不要的"，是"X 得"后的必有成分，是对程度的补充说明，其程度义是通过构式来体现的。而从 a_3、b_3、c_3 来看，脱离了构式中"X 得"后的补语位置，"不要不要的"并不能单独表达出高程度义。这与（15）中做谓语的"不要不要的"在是否具有表述性方面大为不同。所以，我们把（15）中做谓语的"不要不要的"的表述功能称为"不要不要的"的语义溢出。

那么，这些做谓语的"不要不要的"既然不是表达高程度义，那它们表达的是什么语义呢？下面根据（15）各句由语境提供的信息来回答这个问题。

我们知道，所有的"X 得不要不要的"构式中的"不要不要的"，都可以替换成"很""不得了"等表示高程度的词语而意思基本不变，这也是我们将构式中的"不要不要的"看成程度补语的一个重要的语义依据。但是，反观（15）各句，情况却不是这样，因为它们无法用表示程度的词语来替换。它们大体作为一个整体表达出了如同"X 得不要不要的"的意思，但与"X 得不要不要的"不同的是，其中那个代表事体描述核心的谓词却并未出现。而具体到隐含的是哪个谓词，需要根据语境才能做出语义解读。

(15″) a. 邓超和孙俪两夫妻秀恩爱的频率和花样，（多得）简直不要不要的。

　　b. 妹子玩起浪漫来，（浪漫得）也是不要不要的！

　　c. 张杰搞怪演唱《这就是爱》，萌起来（萌得）不要不要的。

　　d. 傲娇boy，我的学生，疯起来（疯得）不要不要的。

例（15″）是我们根据各句所表达的意思，通过追加隐含了的起描述作用的核心谓词的方式，大体地还原了句子所表达的原意。可见，在非补语位置上使用的"不要不要的"，是在构式"X得不要不要的"表意特点的基础上，通过隐含谓语核心成分的方式，将构式整体所表达的高程度的意义整合进了"不要不要的"当中，从而出现了"不要不要的"的语义溢出。不过，该成分由充当程度补语的成分还原为具有表述性的成分，不仅保持了其原有的程度义性质，也是对其最初表示拒绝不能忍受意义的一种回归。

五、构式"X得不要不要的"语用功能考察

（一）鲜明的口语体特征

构式"X的不要不要的"绝大多数情况下出现在口语和网络语言中，来表达说话人强烈的感情、情绪或主观态度。使用主体主要是年轻人，特别是年轻女性。在正规的书面语中极少使用。刘娟（2017）认为"X的不要不要的"在语用特征方面极具主观性、夸张性和感染力。周晓燕（2016）认为由于"不要不要的"具有强感染力和强煽动性，经常被使用在：①网络聊天室对娱乐话题、网络游戏、新闻热点的跟帖讨论中；②广告宣传、商品推广中；③现实生活中个人情感的直接表达与宣泄；④网站BBS和网络文章的标题。

网络语言的特点是书面化的口语，网络上的帖子是青年网民通过文字而进行的"面对面"的交流，具有直播性，因而构式"X得不要不要的"以其口语化的特点在网络媒体形成，又在网络媒体中广泛传播，造就了其鲜明的口语化特征。表示程度的"不要不要的"不仅没有大多数程度副词那么书面和正式，比如"过于""极其""十分"等，而且也比现有偏口语化的程度副词口语色彩更强，如"特别""非常"等。正是因为偏向口语化，才更能拉近说话者和听话者的距离，从而更好地传达说话人所要表达的信息，也使听话者更容易接受。通过搜集的人民网上的语料发现，"X得"中的核心成分主要是"美""火""萌""撩""帅""虐"等具有强口语色彩的形容词和动词，再加之"不要不要的"重叠形式，的确使得

整个构式的口语性更加凸显,此外,构式中的语气词"的"也可以换成"哒""滴"等当下流行的语气词,青年们尤其是青年女性们在日常生活中广泛使用。

(二)极强的主观性

语言作为人类独有的最重要的交际工具,人们在交际过程中,用什么样的语言形式来传达什么样的意义,都会不同程度地带有说话人的"自我"色彩。尤其涉及评价性的话语,主观性最是凸显。同样,构式"X 得不要不要的"中用并非定量的重叠性短语"不要不要的"来表示程度,给使用语言的网民提供了一个新兴的表达个人情感与意见的手段。"不要不要的"传递出的是一种具体形象的程度范畴,少了的是过去所习用的"很、非常、厉害、极"这类程度补语的朦胧性与概括性。从说话者的视角和个人经验出发表达对某人或某事进行评价或陈述,把要表达的信息通过形象性的"不要不要的"传达给听话者,听话者接收到的信息就会感受到说话者强烈的主观色彩和感情倾向。文似看山不喜平,写文章就好比看山峰一样,喜欢奇势迭出,不喜欢平坦。同样,与人日常交往时一味客观陈述,也会让人觉得索然无趣,主观性不仅可以更好地表达自己的感情倾向和真实看法,而且也能够吸引听话者的注意力,去揣摩说话人所要表达的内容,使双方交际"活"起来。

(三)夸张炫耀性

表达主观感受时的夸张炫耀性是构式"X 的不要不要的"给人的一个重要的印象。这种极具个人情感宣泄式的表述方式之所以颇受青年人的喜爱,与该构式表意上的这一特点有着深度的关联。我们知道,网络是青年人自由发声的场所,要被广大网民所关注,就得在表达的感染性上做足文章。已有的表达程度的方式在他们看来,很难获得受众的关注,而采用一种新鲜刺激而又雷人的话语方式才能博得人们的眼球,从而引起别人的青睐。

(16) a. 看看美国拉斯维加斯 2016 年国际消费电子展(CES)上亮相的酷炫汽车互联技术,定会发现汽车不是要进化成汽车机器人,而是要"逆天成精"的节奏,让爱车爱科技的粉丝们狂躁激动的不要不要的。(《科技日报》2016-01-11)

b. 像杨幂和李小璐,平时就很爱穿小众品牌。是不是洋气的不要不要的呢?是不是很想求同款呢?(人民网·腾讯时尚 2016-03-30)

c. 正沉迷于拥有小宝宝的型男立威廉亮相一直播为大家献上自己"养女心得",并说道:拍摄时间不能太长,要陪宝宝哦!播粉们直呼帅的不要不要的。(中国网 2016-05-05)

"X得不要不要的"的出现，无疑能在强调个人感受的程度上直接达到极点，强烈的夸张性不仅可以表现出说话人鲜明的感情态度，引起听话者的共鸣，而且会使双方处在最相似的认知水平，产生最一致的程度理解。所以"X的不要不要的"经常出现在时装、美妆和游戏等营销类网站中，吸引消费者眼球，被消费者追捧，从而提高销售量。

（四）表达的经济性

经济性原则是在人们生活方方面面都起作用的普遍性原则，语言作为人类最重要的交际工具也不会例外。要用简短的语言获取最大的效果，是网民语言使用上最大的考量因素。已有的表达方式在网民的心理上，不太可能直入别人的眼球，早已在接受度上有了某种生理和心理上的惰性，所以，追求用最简短的形式来表达最丰富的内容，成了网络语言使用上的一个特色。构式"X的不要不要的"在表达中就明显体现了经济性原则。比如《北京晨报》（2016-03-18）就报道了这样一条消息："节目全程的'花样走心'植入方式备受合作伙伴好评，'让你的生活美的不要不要的'成为品牌的最佳广告语。"这里，广告词"美的不要不要的"，一下子就能抓住受众的心，言简意赅，极具广告效应。生活话语中，该构式的表意还是避免啰唆性的有效方式，"X的不要不要的"的出现使得表达更加简洁生动，节省时间，避免语言呆板枯燥。例如：

（17）a. 近年来，大江南北壮大了一个新的江湖门派叫火华社，其社长生的高大威猛眉清目秀可攻可受偶尔卖起萌来萌的不要不要的。（中国网 2016-01-06）

b. 软萌萌的喵星人，憨憨的汪星人已经在逐步统治娱乐圈，继倪妮、AB后，一贯高冷的范爷也加入晒宠狂魔模式，铲屎官做的开心的不要不要的。（人民网 2017-04-19）

c. 然而魅蓝E2则解决了这个问题，魅蓝E2曜石黑的黑黑起来美的不要不要的。（人民网·中关村在线 2017-05-11）

d. 仅从预告片中看，相信朋友们不难发现，无论是布景，还是角色穿着，色彩的运用简直美的不要不要的！（腾讯娱乐 2017-02-15）

e. 最近有位叫"新津春子"的中国大妈在日本火的不要不要的。因为最会打扫卫生，她被封为日本"国宝级匠人"。（光明网 2016-07-06）

f. 我们发现背带裤内搭任何衣服都很好看，特别是连帽卫衣，时髦的不要不要的。（太平洋女性网 2017-09-20）

上述例子非常清楚地表明，只要是网民们个人认为某件事项让他有感而发，那么一句"X得不要不要的"就可用来表示此情此景下他认定的主观程度和客观程度。由此,"X得不要不要的"也就成了一种万能的程度表达新手段。

六、构式"X得不要不要的"对汉语表达的贡献

语言随着社会的进步而不断发展,不可能永远不变。任何新兴构式的产生,都是在已有的表达格式上的创造。那么,构式"X得不要不要的"给汉语的语法表达格局带来了哪些新质要素呢?我们认为,至少有下面三个方面的贡献。

(一)句法创新

构式"X得不要不要的"对汉语语法的贡献首先是在句法上的创新。它给汉语表达高程度义增添了一种全新的方式。众所周知,汉语中已有的表达高程度义的补语是用程度副词"很""坏""极"等来表示的(好得很、坏得很;累坏了;热极了),或是用动词与动词短语"死""了不得""不得了""要命""受不了""要死""不行"等来表示的(累死了、好得不得了、丑得要命、吵得受不了、烦得要死、爱得不行)。而构式"X得不要不要的"与之前所采用的表达高程度义的补语有个最大的不同就是,它采用的是一种重叠式的结构体"不要不要的",这种句法手段无疑给汉语带来了新质。

我们知道,在汉语做补语的类型当中,青年一代已经创设了一种新兴的表达样式"X得不行不行的",这种构式中的补语正是一个重叠式的结构。查阅北大CCL语料库发现,早期的"不行不行的"结构共有四个用例,且都无做补语的功能,是模仿日本人的说话方式表达拒绝的表述语。如:

(18) a. 误了替天皇效忠,死了死了的!献不上这匹奇异的蒙古马,不行不行的!

b. 队长的腔调,边打边恶煞煞地喊道:大大的无能……死了死了的……不行不行的……

c. 你的!大大的忠实于天皇!大大的忠实于王爷!小玛力嘎的!不行不行的!

d. 他撅起两撇仁丹胡,头摇的像拨浪鼓一样:"不行不行的!"

只是到了21世纪,"不行不行的"才有了做补语的功能:

(19) a. 一曲《歌曲串烧》好听到不行不行的!(爱奇艺频道 2017-12-09)

b. 怀孕后一直不爱喝水,渴的不行不行了,喝水会恶心怎么办啊!

（妈妈帮社区 2014-02-12）

　　c.笑声真的会传染，一群老外笑的不行不行了。（腾讯视频 2017-01-13）

　　d. 最近火的不行不行的一首歌曲。（腾讯视频 2018-05-26）

　　类推是语言发展变化的一条重要规则，也是语法化的重要机制。周晓燕（2016）和张宝（2017）认为"X得不要不要的"是由表示程度的构式"X得不行不行的"类推来的，很有见地。所以，"X得不要不要的"从众多的程度补语来看显得有点特殊，但绝非特例。是从"X的不行不行的"类推而来。但是，我们更应该清楚的是，汉语中先有"X得不行"的用法，后来才有了"X得不行不行的"用法。而"不要"却没有"X得不要"的用法。正是在这一点上，虽然类推的对象存在不一致性，并不在一个起点上，但是，"X得不要不要的"是由"X得不行不行的"类推而来。也可以这样说，"X得不行不行的"打开了一条重叠式结构做程度补语的通道，由于类推的作用而来的"X得不要不要的"加盟，使得这种重叠结构做补语的手段得到了巩固和加强。我们有理由相信，还会有后继的类似格式加入汉语的补语中来。

　　（二）语义创新

　　构式"X得不要不要的"的出现，同时也是语义创新的一个新成果。该构式的语义创新最突出的表现就是，它解放了汉语表达程度义的表意方式，让一个表达否定拒绝的表述语一跃而成为一个表达主观程度的评价性成分。给汉语提供了一种新兴的表意方式。我们看到，在所有新兴的表达程度的构式家族中，"高程度感叹构式'不能再X'"来源于祈使语"不能再Y"，在表意上有明显的祈使意味，是重在感叹性的高程度构式。"超量感叹构式'要不要这么X'"来源于疑问语气的"要不要这么Y"，将疑问与感叹相结合，形成了超量性的感叹构式。而本节所讨论的"高程度强调构式'X得不要不要的'"则是源于表拒绝义的重叠短语而形成的，其语义中既含有高程度义，同时还包含了夸张、撒娇、卖萌、摹态等情景语义，极富形象再现的特点。备受青年网民的喜爱，并能很快在语言中传播开来。

　　（三）语用创新

　　语言的表达源于生活和表达的需要，特色是语言的生命。在以追求创新为特色的新生代的网民语言中，高程度强调构式"X得不要不要的"无疑打上了最鲜明的创新烙印。而既追求语义表达的独特性，又能实现情景再现，是网络语言的一大特色。"啪啪打脸""萌萌哒""酱紫""歪果仁",等等网络用语,无一不是兼具生动性与形象性的语言创造。"X 得不要不要的"是兼具表意创新与形象再现的表达格式,是口语化浓郁的新式话风。

　　语用创新体现在两个方面。一是追求时尚,生动活泼。语不惊人死不休是当代青年语言使用的一大特色,能把表意的独特性与形神兼备结合起来,创造一种既表意又传神的新格式是新兴构式的语用特点。青年网民喜好这种新兴构式,与该构式所独有的形神兼备的特点是分不开的。他们宁愿选择这种并不简短的样式,而舍弃原有的"很""厉害"等,看重的正是既表意又传神的"X 得不要不要的"用语时尚,带有鲜明的群体色彩。二是语义重心后置,强化了主观感受。做补语的"不要不要的"处于话语结构的末尾,是话语信息的焦点所在。该构式巧妙地将极具传神效果的重叠成分放在话语的结尾处,既契合了话语表达重心的焦点位置而得以凸显,又通过焦点的凸显强化了说话者的主观感受,非常具有创造力,是一种既经济又符合汉语特点的语言创造。

　　时代的特点是由青年的特点决定的,语言的特点同样是由使用者根据表达的需要创造并在不断的使用中形成的。所以,我们应该尊重新的一代的语言创新,因为一切有生命力的创造都可能引导语言的健康发展。

第六节　疑问点聚焦构式"有没有+VP"

一、研究现状与存在问题

　　丁声树等(1961:206)指出,"有没有+VP"是一种新兴的疑问句式。下面是该书提供的三个例句:
　　(1) a. 天有没有亮?
　　　　b. 他有没有越来?
　　　　c. 申耀宗有没有瞒他?
　　在 20 世纪 60 年代,这类"有没有+VP"疑问句式确实比较少见,正反并列的"有没有"后一般常见的是名词性成分,所以,"有没有+NP"才是现代汉语里的常见格式,其中的"有"为表示"具有/拥有"或表示"存在"的动词。这类"有没有+NP"结构既可整体用于谓宾动词之后做宾语,如下例 a、b 两句,但更常见的情形是直接做谓语构成正反问句,如下例 c-f 各句。对于正反问的回答,肯定的回答用"有+NP"或"有",否定的回答用"没有+NP"或"没有"。请看（本节中不加注出处的语料全来自北京语言大学的BCC语料库）：

（2）a. 有人打电话，问我们有没有康炉出的香水。
　　　b. 威利问"有没有1块钱的东西？"
　　　c. 临江花园有没有100—120平方米的房子出售？
　　　d. "这里有没有'富了方丈穷了庙'的现象？"
　　　e. 有没有12号上午从滁州高铁站到徐州东的火车站的？
　　　f. 我有一个问题要问你，你的先父，有没有"反清"思想呢？

从1980年以来，"有没有+VP"这种新兴的正反问句出现了爆发性增长的态势。具体表现是，这种表达格式被越来越多的人所使用，而且已经在各种报刊及正式的媒体中广泛地使用。可见，从1980年至今的二十来年间，该类正反问句已经成为一种新兴的话语方式，正式进入了现代汉语的句法系统中。先看一些具体用例：

（3）a. 你们做评委老师这一回有没有感觉到头疼，因为说实话，我当时觉得十个女孩都挺优秀的。
　　　b. 有没有发现怀孕的时候，突然头发不怎么掉了？
　　　c. 我问："你有没有看过余杰的书？"
　　　d. 你们有没有发现啊？人感动的时候胳膊上都是鸡皮疙瘩啊！
　　　e. 观众朋友大家好，我是李晶玉，岩松有没有发现我们今天的组合非常有诗意，一个姓李，一个姓白，这样一个李白。

此类新兴的"有没有+VP"正反问句，早已引起了众多学者的关注，并从多个角度对此类新兴句式进行了研究。考察这些研究的现状，特别是取得的成果与进展，会给我们很多有益的启示，也能发现尚存在的一些需要解决的问题。下面，我们将从几个方面来对之前的研究做一个总体的回顾，以发现争议点及其形成争议的原因。

（一）研究现状

最早关注该类问句的著名学者是邢福义先生。邢先生1999年发表的《"有没有VP"疑问句式》是一篇研究"有没有+VP"句式的经典性文献。邢先生指出，"有没有+VP"是一种特殊的句式，本来是我国东南沿海的人经常使用的，后来经由港台再传播到内地并被普通话所吸收。邢文还对来源于方言中的"有没有VP"被普通话所接纳的内因与外因进行了精到的分析："它具有特定的用途，原有的句式不能完全替代"，是其被普通话接受的内因。而外因又可分为"邻类外因"和"社会外因"，普通话里"有没有+VP"有好些相邻的近类句式，这些句式对于把"有没有+VP"

引进普通话产生类化作用，即为"邻类外因"。"有没有+VP"的普通化还有港台经济发达的社会历史的原因，即"社会外因"。

自邢先生的文章之后，汉语语法学界开始了"有没有+VP"句式的研究热潮，发表了一系列研究文献。这些研究深化了我们对"有没有+VP"句式的认识，揭示了不少有价值的句法现象。不过，这些文献所持观点还有较大的分歧，甚至还引发出了一些新的理论问题，因此必须联系汉语的实际对这些问题进行新的探讨。

（二）存在的问题

从目前学界发表的为数众多的"有没有+VP"句式的文献来看，主要贡献是对于该句式产生的年代与在各地南方方言中的使用情况的描述方面。但是，这些研究中反映的问题也有不少，下面做个总的检讨。

1. 对"有没有"句法属性的认定众说纷纭

一是认为"有没有"是个助动词。不少学者认为，"有没有+VP"中的"有没有"是个助动词。"有没有"的这种助动词说的主要依据是广泛使用于南方方言中的"有+VP"句式，其中的"有"为助动词，肯定事件的现实性，后面的谓词性成分是"有"的内容宾语（邢福义，1999）。董秀芳（2004）认为"有没有"整体是一个助动词，置于动词性成分前，询问动词性成分所表示的事件是否发生过。因此"有没有"整体上应该作为一个词条收入词典。李莹（2015）都附和此说。

二是认为"有没有"是个副词。邢福义（1999）曾说过，来源于南方方言中的"有+VP"中的"有"接近于"曾经"，可以归入副词。我们知道，"有没有+X"中，如果"有没有"后的X是名词性的，"有"和"没有"词性上无疑是动词。但是，在叙述性"有没有+VP"中，"有"和"没有"就无法证明是动词了。因为"它们具有纯状语性，如果以目前通行的教学语法的词类系统为基准，它们似乎可以归入副词，划到然否副词一类。"。王森、王毅、姜丽（2006）也认为，"有没有+VP"中的"有"，是和"没有"词性相同词义相反的副词，在句中做状语，表示确认。陈叶红（2007）则将"有"看作一个以表示情态意义为主的评注性副词，是动词"有"虚化的结果，其基本功用是对相关述题进行主观评注，确认事件存在。这里必须指出的是，这些文献只是将"有+VP"中的"有"看成副词，并没有认定"有没有+VP"中的"有没有"整体就是个副词。首次将"有没有"整体看作个副词的是陈海燕，她还特别指出："'没有'作为副词已有定论，'有没有+VP'的规范性也得到认可，那么'有'在'有

VP'中尤其是在'有没有+VP'中的副词性也应该得到承认,这样才能既符合语言发展的事实,又使现代汉语法理论更加严密。"(陈海燕,2004)

三是将"有没有"看作一个完成体标记。石毓智和李讷(2001:267—281)即持此说。他们认为,现代汉语普通话中完成体标记是不对称的(肯定式是"V+了",否定式是"没+V"),而在方言中则是对称的,随着语言的使用,"有"也逐渐发展出了完成体标记肯定式的用法。他们还考察了现代汉语中"有没有+VP"句式的使用情况并着意指出,该句式的"有没有"是一个新兴的完成体标记。"它是领有动词所构成的正反问句演化的自然结果,它的形成又与汉语固有的语法结构相容。该类句式形成的一个动因是语法结构之间的类推。同时,该类结构的出现还有其深刻的认知背景,反映了人类语言的一个普遍现象,即表领有的动词具有向完成体发展的可能性。"窦焕新(2001)也认为,在台湾普通话中,可以将"有"视为"完成体"的标记。王国栓和马庆株(2008)也赞同将"有没有"看作"完成体标记"。这里必须指出的是,"有没有"为体标记的说法貌似新鲜,但不论是在理论上还是实际的处理上都会遇到很多问题。具体理由我们下文将有详细的论证。

2. 对"有没有+VP"构式产生动因的解释并不一致

最早解释"有没有+VP"句式产生动因的是邢福义先生的《"有没有VP"疑问句式》(邢福义,1999)。邢先生是从"VP+没有"能否完全代替"有没有+VP"的角度入手解释的。首先,"VP+没有"中 VP 一般简短,不宜过长。如果 VP 过长,说了好一会儿才用"没有"造成选择问句,说的人吃力,听的人也吃力。故而,"有没有+VP"可以弥补"VP+没有"的不足:由于一开始就已用"有没有"造成了选择问句的语势,后边 VP 的长度有所增大不会影响问句的显豁性。其次,在谓语动词是"看到 | 发现 | 发觉 | 感觉到 | 意识到"等的时候,前边如果用"有没有",后边可以有较大的停顿,书面上加逗号。这样可以突出疑问焦点。"看到 | 发现"之类后边的宾语越长越复杂,疑问焦点越突出。在这一点上,"有没有+VP"的表达效果也优于"VP+没有"。第三,作为同义句式,"有没有+VP"和"VP+没有"可以连用,造成错综用法。这时,它们各具特殊价值,在修辞需要上不好随意替换。

必须指出,邢先生的解释是比较符合"有没有+VP"句式在汉语中的产生背景的,尤其是对于该句式特殊语用价值的揭示更是独具慧眼。可是后来的研究者对"有没有+VP"句式形成过程中的功能因素往往重视不够,因而忽略了对该句式的语用价值的进一步探讨。而"有没有+VP"作为一种特殊句式的独特的语用效果正是我们要着力探讨的一个重要方面。

聂志军（2018）也尝试过对"有没有+VP"句式的形成过程进行解释。他认为"有没有+NP"的产生原因有二：一方面NP太长，"有+NP+没有"省略其中的NP；另一方面"有没有+NP"能够分担新的语法功能。该文虽然注意到了"有没有+VP"句式形成的语用因素，但是，在对该句式特殊的功能的认知上，特别是在解释的深度上比起邢福义先生的解释并未有新的贡献。原因是他对"有没有+VP"产生的原因解说太过简单，只是指出："早期三种格式几乎都出自江苏、浙江、福建、广东作者的作品，这使我们有理由相信'有没有+VP'的产生可能受南方方言影响。"用这么一句话来作为一种句式产生的原因确实是远远不够的。

3. 我们的做法

鉴于目前在"有没有+VP"句式中所呈现出的上述问题，特别是对于其构成机理及组成成分认识上存在乱象，我们拟从构式语法的角度来对该新兴构式做一个全面的描述与解释。一是从形式与语义结合的角度来验证"有没有+VP"的特殊结构形式与构式语义；二是描写并展示"有没有+VP"构式特殊的功能；三是进一步解释"有没有+VP"构式的出现在汉语语法系统的构建与完善中的特殊意义。

二、"有没有+VP"作为一种新兴的构式

我们认为，"有没有+VP"是一种新兴的构式，只有将该构式作为一个形式与意义相结合的整体，才能把握其内部的结构要素的性质，也才能从现代汉语语法系统的整体格局出发，对其功能做出符合语言实际的解释。所以，很有必要对以往的研究中的问题做一个理论上的分析。

（一）将"有没有"处理成"完成体标记"的不足

一是徒增实体。汉语中的"体"标记是由后附于动词后的动态助词"着、了、过"来表示的，而"有没有"却是出现于做宾语的动词性成分前且做句子述谓核心的句法实体。这一点凡是认定"有没有"为完成体标记的文献都不否认，这些文献一方面认为，"完成体"的标记"有没有"是从实义动词演化而来的，但又不得不将"有没有+VP"在句法结构上处理为"动词+宾语"。岂不知，这就形成了一种无法克服的矛盾：既然说"有没有"已经演化成了"完成体标记"，那虚化后的"有没有"怎么还是动词性的，怎么虚化了半天还是动词？可见所谓的虚化并无依据。所以，将"有没有

+VP"中的"有没有"处理成体标记是徒增实体,巧立名目而已,对于解释汉语语法现象并未有什么理论上的贡献。

二是自相矛盾。将"有没有+VP"中的"有没有"处理成体标记还会出现自相矛盾。既然说是完成体的标记,那下面的句法现象又该如何去处理?请看:

(4) a. <u>有没有</u>想<u>过</u>我为什么会反对这件婚事?(陈忠实《白鹿原》)

b. 请问北京市政府<u>有没有</u>回应故宫的建设和要求?另外,针对联合国科教文卫组织对故宫的批评,你们<u>有没有</u>按照联合国的要求<u>做出了</u>调整(CCTV-4,2004-10-28《中国新闻》)

c. 我问他<u>有没有</u>感觉<u>到</u>时间过得越快<u>了</u>?(阿来《尘埃落定》)

d. <u>有没有</u>发现怀孕的时候,突然头发不怎么<u>掉了</u>?(《营养与优生》2005 年第 6 期)

e. 你<u>有没有</u>发觉街上买菜的大部分都是女人?(太原电视台 4 频道,2006-04-20《新醉打金枝》)

f. 你<u>有没有</u>打算上诉这件事?(CCTV-1,2006-04-16《今日说法》)

g. 叶蓉:你<u>有没有</u>会觉得,是你的要求太高?(CCTV-1,2003-03-04《大家评说》)

h. 先从被捕开始,就不知道你们<u>有没有</u>、能不能接全活儿?(王朔《你不是一个俗人》)

我们看到,上例各句中"有没有"后带的动词性成分 VP 所显示的所谓"体"范畴包罗万象:有的动词后带"过"(上例 a)或者可带"过"(上例 b),要是非说"有没有"表示的是"体",按照现在汉语学界较为普遍接受的观点,也该是一种经历体,与所谓的完成体并不对应;有的动词后带的是"了"(上例 c、d),勉强可算作完成体;有的动词表达的是一个超越时间的真理性事件(上例 e),只能算是一般体;有的动词表达的并非已完成的动作或事件,而是在未来才可能发生的(上例 f、g),也只能算是未来体。立足于汉语中"有没有"后带的动词性成分所表示的活动与事件呈现样态的多元性,说这些"有没有"是表示完成体的标记并无事实上的根据。① 上例的 h 句更特殊,"有没有"和"能不能"并列使用,而且二者共同用于某个动词性结构之前,如果说"有没有"是完成体标记,那"能不能"又该是什么体的标记?

---

① 王森、王毅、姜丽(2006)也指出:时态上,表示正反问的"有没有+VP"大多都表示"过/了",但结构上差别很大:有的能带"过/了",有的却排斥"过/了",有的带不带"过/了"都可以,有的只能带"过",带与不带情况不同。

三是解释困境。将动词性成分前的"有没有"处理成体标记还会在解释上遭遇困境,即体标记同时还会有述谓功能!"有没有"如果是完成体标记,这个体标记怎么会单独回答问题,具有述谓功能?下面的例句都来自专门研究"有没有+VP"的一些文献:

(5) a. 1996年12月份以来,你<u>有没有离开过大丰</u>?<u>没有</u>。真的没有?顾建中重复了一遍。

  b. 主持人问一歌手:"……你们<u>有没有合作过</u>?"答:"<u>有</u>。"

  c. 外国故事片《亲爱的,我把孩子缩小了》有奖竞猜问答题:四个小人<u>有没有恢复原来的样子</u>?答案:A <u>有</u>;B <u>没有</u>。

  d. 喜来乐:<u>有没有让你给带点儿什么东西</u>?

   赛西施:<u>有啊</u>。

  e. 主持人:"在选择老师这一行上,你<u>有没有犹豫过</u>?"

   陆老师:"<u>有</u>。"

  f. 主持人:"在他(指黄玉斌)跟你们训练时,他<u>有没有跟你生过气</u>?"

   李小双:"<u>有</u>。"

  g. 主持人对一柜台前售货员:"小姐,今天<u>有没有卖玫瑰花</u>?"

   售货员:"<u>有啊</u>。"

  h. 柯蓝:你<u>有没有过对不起别人</u>?杨澜:<u>有啊</u>!

综上所述,将"有没有+VP"中的"有没有"处理成体标记不仅在理论上不自洽,在具体的语法分析中也是行不通的。当然,除了上述原因之外,所谓的体标记还有两个最难回答的问题:一是"有没有"是一个动词性的短语,以短语的句法身份来做体标记的现象,更是与所谓的体标记对不上号,因为体标记本应该是一个虚化程度很高的黏着性成分,但真实的情况根本不是这样;二是如果承认"有没有"是一个体标记,那就得承认在"有没有"未出现之前,现代汉语语法系统中是无法表达相关的完成体的。看来,所谓"有没有"的体标记说根本无法回答上述的问题。关于"有没有"的短语身份的确认我们将在下文中给予详细的解析。

(二)关于"有没有+VP"中"有没有"句法属性的认定

对"有没有+VP"中的"有没有"句法属性的认定,即它是词还是短语的认定,并非一个简单的问题。目前学界仍然存在不小的争议。

1. "有没有"的副词说没有依据

"有没有"副词说源于将其中的"有"与"没有"做离析的解读。这种观点认为,在叙述性"有没有+VP",如"他们有读笔录给我听,但我没有听到这句话"中,前一分句"他们有读笔录给我听"可以看作是对"他们有没有读笔录给你听"的肯定回答,"有"接近于"曾经",后一分句"我没有听到这句话"可以看作是对"你有没有听到这句话"的否定回答,"没有"接近于"不曾"。这样"有"和"没有"就无法证明是动词了,所以把"有没有"都判定为副词是容易接受的。可以这么说:叙述性"有没有+VP"将给普通话带来一个特殊的句式,将使普通话中的"有"字增加一个词性。这种特殊的选择问句式,正是由肯定副词"有"和否定副词"没有"在 VP 前边连用而构成的。(邢福义,1999)

我们认为,将"有没有"看成副词的上述理由并无充分的依据。

理由一:现代汉语普通话中究竟存在不存在肯定式的"他们有读笔录给我听"句式,现在还无法证明。这类动词前加"有"的话语方式充其量只在南方方言里存在,并未真正普遍地被普通话所吸收。像"我们有看电视、你有吃"一类的说法都是未被普通话广泛接受的南方方言,普通话里对应的说法是"我们看过(了)电视、你吃了(过)"。因此,用未被普通话接受的方言句式来证明普通话中也存在某种对应句式的证明思路并不具有理论方法的科学性。

理由二:副词不可能存在肯定和否定并列的使用方式。即便是"有"与"没有"分别都可作副词使用,也不能证明并列形式的"有没有"也是副词,因为汉语中不存在肯定副词与否定副词并列使用的句法形式。更何况,南方方言中"你有看电视、我有吃饭"中的"有"究竟是副词还是动词,都需要进行充分的论证。

理由三:副词不能再受副词的修饰,这是语法的常识。如果"有没有"是副词,那么无论是在"有没有"之前,或是在答句中单用的"有、没有"之前,是绝对不能再出现副词来修饰的。但是,实际的语言使用中,我们却能经常见到"有没有+VP"的"有没有"前,或是答句中"有、没有"前加副词或是情态动词做修饰语的情景。请看:

(6) a. 在婚姻的经营上,在沟通上,我们<u>真的有没有</u>常常去思考我们的未来。

   b. 其实每一个不管男人女人,都希望有人在身边陪着,<u>可有没有</u>想过代价是什么?

   c. 你有没有上过她的当?<u>应该有吧</u>!那妖女不好打发的。

   d. "他们见你买一束风信子上去,有没有吓一跳?""有。"我说。<u>绝对有</u>。老二频频向老三使眼色。

   e. 琪琪一直问:"小时候你有没有打过我?"<u>当然有</u>。"你说呢?"

琪琪笑嘻嘻，"妈妈不会打我。"

　　f. 各位，成龙有没有失意过，有没有失败过？<u>肯定有</u>。任何人之所以会成功，因为他失败的次数比我们还要多！

　　g. "你有没有上过赌场？"她的声音发抖了。"<u>从来没有</u>。"

　　h. 不知道自己小时候有没有咬过别人脚呢？应该没有吧。NO，<u>绝对没有</u>。

　　i. "她说一连三天都不见女主人，以为她出去了。""嗯，你有没有进公寓去看过？""<u>当然没有</u>。"求真扬起一条眉。怎么进得去？

理由四：如果"有没有+VP"中的"有没有"是副词，下面的现象更是无法解释，与"有没有"并列使用的"能不能""会不会"难道也是副词？否则，怎么会与"有没有"并列使用？请看：

（7）a. 就不知道你们<u>有没有</u>、<u>能不能</u>接全活儿？（王朔《你不是一个俗人》）

　　b. 终极的评价标准不在于技术，而是<u>有没有</u>、<u>能不能</u>达到这种传递。（BCC 语料库）

　　c. 更深一层说，我们<u>有没有</u>、<u>会不会</u>给他们的心灵注入这样的感受和这样的情趣呢？（BCC 语料库）

还有，在答句中，能够单独回答问题的成分应该是话语中的焦点（用"有""没有"单独回答"有没有+VP"问句的例子，请见下面的例 10 中各句），体标记怎么能做焦点成分？这更是体标记说根本无法解答的。基于上述理由，将"有没有+VP"中的"有没有"看成副词的说法根本不符合汉语的实际，在学理上也是说不通的。

2. "有没有+VP"真正的句法属性是动词短语

目前人们之所以会对"有没有+VP"中"有没有"的性质与功能产生认识上的分歧，源于对其句法属性认识上的不到位，才会有了"完成体标记""副词""助动词"等几种互不相干的句法属性认定。其实，这个"有没有"真正的句法属性是动词短语而非其他。下面是我们认定的理由。

理由一："有没有"的构造形式本身就是动词性短语的句法构造，因为只有谓词性短语才能形成肯定与否定并列的特殊构造，汉语的构词法中只有语义相对或是相反的语素构词的方式，如"爱憎、开关、大小、多少、高低、优劣、动静、往返、早晚、上下、朝夕"等，根本没有肯定与否定并列的构词方式，用肯定否定并列构成的结构都是短语性质的语法单位。对比其他肯定和否定形成的谓词性并列短语，我们不难发现"有没有"与生俱来的短语属性。请看：

（8）a. 你喜欢不喜欢北方的气候？
　　b. 她见过没见过亲生的母亲？
　　c. 你病不病、痛不痛都和我无关。
　　d. 得了肺炎后不管咳嗽得厉害不厉害都不能忽视。
　　e. 你当你饿急了食物新鲜不新鲜都不重要了。
　　f. 你说热闹不热闹？

理由二："有没有+VP"与其他"X 不 X+VP"具有结构的平行性。

（9）a. 你有没有问问她搬家以后的心情？
　　b. 你是不是问问她搬家以后的心情？
　　c. 你能不能问问她搬家以后的心情？
　　d. 你该不该问问她搬家以后的心情？
　　e. 你可以不可以问问她搬家以后的心情？
　　f. 你愿意不愿意问问她搬家以后的心情？

例（9）各句都是同样的句式，句子的述谓核心都是由判断动词或情态动词的肯定和否定并列形成的"X 不（没）X"短语。所以，a 句"有没有+VP"与其他"X 不 X+VP"结构的平行性关系可以直接告诉我们，a 句中的"有没有"与 b-f 各句中的"X 不 X"具有同样的句法属性。从目前的语法系统来看，还没有哪一种语法系统将上例各句中的"X 不（没）X"做分别对待，都是正反并列形成的动词短语。将"有没有"说成一个词，那么 b-f 各句中的"X 不 X"也应该都是词；将"有没有"看作一个体标记，那么 b-f 各句中的"X 不 X"也应该都是体标记。可见，将"有没有"处理成词，不论是助动词，还是副词，都是站不住脚的。

理由三：从答句也可看出"有没有+VP"中"有没有"的短语性。

针对"有没有+VP"正反问，回答的方式可以有肯定与否定两种，从答句的两种形式也可以看出"有没有"并非词，而是一个动词短语。

（10）a. 那时你已是家喻户晓的明星了，他有没有"仰视"你？答：没有，这也是他吸引我的地方。
　　b. "喂！你有没有听见我的话？""有！"
　　c. 林玲皱眉："费儿，你最近有没有下去过？""没有。我也可以告诉你，安琪也没有。"
　　d. 社会案件耶！"有没有上报？""没有，对方压了下来，没有让警方处理。"
　　e. "厉害不厉害？""厉害。"白愁飞沉住了气。"你有没有不服气？""没有。"

上面各例"有没有+VP"正反问句随着都有一个或是肯定或是否定的答句，而这肯定回答的"有"和否定回答的"没有"是将动词性短语"有没有"进行拆分来形成的。"有没有"的这种可拆分性说明了它并非词级的语法单位，而是一个并列的短语。对比一下下列两种可能的答句，"有没有"的短语性质可以看得更为清楚。

（11）a. 问：我们可不可以一辈子在一起呢？答：可以。/不可以。
　　　b. 问：涉案球队应不应该秋后算账？答：应该。/不应该。
　　　c. 问：同不同意给爸爸最后一次机会？答：同意。/不同意。
　　　d. 问：你能不能再征求一下大家的意见？答：能。/不能。
　　　e. 问：你还算不算一个真正的共产党员？答：算。/不算。
　　　f. 问：这些柴火够不够一个冬天使用？答：够。/不够。

对比例（9）和例（10）各句针对"X不X"的肯定与否定的两种回答，我们更有理由相信，"有没有+VP"正反问句中的"有没有"绝非词，而是一个动词短语。

（三）"有没有+VP"是汉语中的新兴构式

以往研究"有没有+VP"正反问句的文献都不同程度地反映了研究方法与思路上存在着的问题，从而造成了描写与解释中的各种问题与困惑。结构主义的分解方法无法从整体上来认识"有没有+VP"正反问句的构造原理，更无法解释何以会从1980年后，这种正反问句怎么会如雨后春笋般地突然在汉语中普遍开花，突破了传统表达的种种限制，成为一种强势的表达方式。我们准备采用当代构式语法的相关思路与做法，将"有没有+VP"正反问句看作现代汉语语法系统里的一个新兴的构式，从而能够立足于汉语语法系统的整体来认识该表达方式的构造原理与独特的语用功能。

1. 新颖的表达格式

不少文献都证明，"有没有+VP"正反问句是南方方言中存在与使用的显赫格式，但是，这类表达格式早在清代就已经出现在多种作品中。董秀芳（2004）、申云玲（2006）、聂志军（2018）都持这样的观点。下面是聂志军文章里举过的清代文献书证：

（12）a. 我还怪儿子回来得太快，盘问他有没有送到半路？（蓝鼎元《蓝公案》第十五则）
　　　b. 你们有没有开堂么？校舍有没有寻到？（白话道人《娘子军》第十回）
　　　c. 等到第二天天才亮，就叫老妈把宝光喊起来，问他："可还记得填实收的时候，有没有栽出夹张去，现在数来数去，总是少了一

　　　　张。……"（白眼《后官场现形记》第四回）

　　　　d. 电真拧身上房，蹲身越脊爬坡。到每一个房坡上，都是夜叉探海式，偷听下这房里有没有讲究普月的事情。（佚名《大八义》第十七回）

　　聂志军也指出，这些早期的"有没有+VP"几乎都出自江苏、浙江、福建、广东等南方作者的作品中。虽然这些早期的用例能够证明"有没有+VP"在汉语中普遍传播与使用已经有相当长的历史，但是，不得不提的是，这些用例在汉语中并非普遍接受与使用的常见格式，而且用例也相当有限，该类格式真正进入普通话并被汉语大众所广泛接受是从 1980 年后开始的。所以，清代末年部分南方作家使用"有没有+VP"格式，只能说是部分人的尝试，还没有真正满足作为一种新兴构式成立的条件，这与 1980 年后该格式被大量使用与普遍接受的实际情况很是不同的。

　　我们查阅了清代中期用现代汉语的代表性方言北京话写成的著名小说《红楼梦》，该作品里没有发现一例"有没有+VP"表达格式。整部《红楼梦》只有六例"有没有"并列使用的案例，这些"有没有"虽然后面并未带有什么成分，但根据其使用语境看，都可以看作是"有没有+NP"的省略式，可记为"有没有+（NP）"，也就是说，该类"有没有"是承前省略语篇中已经出现的 NP 所致（下例中用双横线标注）。请看全部的六个用例及其出现的语境：

（13）a. 又见二舅母问他"月钱放过了不曾？"熙凤道："月钱已放完了。才刚带着人到后楼上找<u>缎子</u>，找了这半日，也并没有见昨日太太说的那样的，想是太太记错了？"王夫人道："<u>有没有</u>，什么要紧。"（《红楼梦·第 3 回》）

　　　b. 秦钟道："理那东西作什么？"宝玉笑道："你别弄鬼，那一日在老太太屋里，一个人没有，你搂着他作什么？这会子还哄我。"秦钟笑道："这可是没有的<u>话</u>。"宝玉笑道："<u>有没有</u>也不管你，你只叫住他倒碗茶来我吃，就丢开手。"（《红楼梦·第 15 回》）

　　　c. 平儿笑道："他那里得空儿来。因为说没<u>好生吃得</u>，又不得来，所以叫我来问还<u>有没有</u>，叫我要几个拿了家去吃罢。"（《红楼梦·第 39 回》）

　　　d. 便向袭人道："你那一年没有系的<u>那条红汗巾子</u>还<u>有没有</u>？"（《红楼梦·第 86 回》）

　　　e. <u>这个纸包儿</u>我认得，头几天耗子闹得慌，奶奶家去与舅爷要的，拿回来搁在首饰匣内，必是香菱看见了拿来药死奶奶的。若不信，

你们看看首饰匣里有没有了。（《红楼梦·第 103 回》）

　　f. 这里琥珀……劈头见了珍珠，说："你见鸳鸯姐姐来着没有？"珍珠道："我也找他，太太们等他说话呢。必在套间里睡着了罢。"琥珀道："我瞧了，屋里没有。那灯也没人夹蜡花儿，漆黑怪怕的，我没进去。如今咱们一块儿进去瞧，看有没有。"（《红楼梦·第 111 回》）

由语境可知，这六例"有没有"都是承前省略 NP 的"有没有+（NP）"。这说明，在曹雪芹那个年代，北京话里不仅"有没有+VP"极少见，哪怕是"有没有+NP"的形式也少见使用。我们还查阅了北京籍作家老舍创作于 20 世纪 30 年代的作品《骆驼祥子》，在该书共 20 多万字的篇幅中，也没有出现一例"有没有+VP"的用例。

直到 1980 年以后，"有没有+VP"的用例才偶尔出现于北京籍作家的作品中，下面是王朔的用例：

（14）a. 有没有碰见合适的主儿？（王朔《刘慧芳》）

　　b. 我不知道后来发生了什么事情，他们有没有如愿以偿。（王朔《玩的就是心跳》）

　　c. 你有没有觉得我和一般不一样？（王朔《痴人》）

　　d. 我在想有没有搞错？（王朔《空中小姐》）

　　e. 你的问题不是找谁而是有没有人找你。（王朔《给我顶住》）

　　f. 按照教规，无论亡人在临终前有没有要求后人为他做"以思卡脱"（赦罪）的遗嘱，……（霍达《穆斯林的葬礼》）①

所以，我们认为，"有没有+VP"表达格式是从 1980 年后才被现代汉语中广泛使用的一种新兴的表达格式。最有力的证据就是，这种格式成为一种被普通话里广泛接受的新的表达，是有一些重要的标记的：一是地域的标准，由南方方言进入了普通话。这方面的研究成果较多，无需再证；二是时间的标准，尽管"有没有+VP"表达式是从清代还是什么时间已经在汉语中使用，但是一个无法否认的事实即是，该表达格式被普通话所大量使用，是从 1980 年后才出现的。所以，完全可以说，它是汉语普通话中的一个新兴的构式。

作为一种汉语中的新兴构式，除了其新颖的句法形式，一定负载了某种独到的语法意义与功能。那么，"有没有+VP"作为一种新兴的构式，

---

① 霍达的长篇小说《穆斯林的葬礼》，1988 年 12 月由北京十月文艺出版社出版，字数 52 万余字。该作品中"有没有+X"格式的使用只有 5 例，"有没有+VP"只有 1 例，其他的 4 例都是"有没有+NP"。

在句法形式与语法意义与语用功能上究竟有哪些突破与贡献？我们下面将专门讨论这些问题。

三、新兴构式"有没有+VP"的产生

作为一种汉语中新兴的构式，在句法形式与语义和语用上究竟有何独特之处？该新兴构式的出现，对于汉语的独到贡献又是什么？这是下文要着力解决的问题。

（一）新兴表达格局"有没有+X"的出现

1. 原有的"有+NP+没有"和"VP+没有"表达格局

现代汉语发展史上，"有没有+X"表达格局是形成较晚的。在该表达格局出现之前，有对应的两种表达式：一种是"有+NP+没有"，其语义与功能大体对应后起的"有没有+NP"；另一种是"VP+没有"，其语义与功能大体对应后起的"有没有+VP"。这种表达格局在早期的北京话作品《红楼梦》中反映得最为明显。上例（13）的用例可见，"有没有"并列使用时，只有功能类似于"有没有+NP"的省略格式"有没有+（NP）"。《红楼梦》前三十回里，只有少量的"有+NP+没有"用例，而极少使用"有没有+NP"的句法格式。

(15) a. 雨村因问"近日都中可<u>有新闻没有</u>？"（第 2 回）
　　 b. 又问黛玉："可也<u>有玉没有</u>？"（第 3 回）
　　 c. 周瑞家的又问道："这药可<u>有名子没有</u>呢？"（第 7 回）
　　 d. 你们知道<u>有什么好大夫没有</u>？（第 10 回）
　　 e. 贾蔷到来，……并问"<u>有什么顽意儿没有</u>？"（第 11 回）
　　 f. 我有奇香，你<u>有"暖香"没有</u>？（第 19 回）
　　 g. 这<u>有什么佛法解释没有</u>呢？（第 25 回）

比《红楼梦》稍微晚出的《儿女英雄传》，成书时间在 1840 年左右，也是用北京话写成的，在这部 54 万字的长篇小说中，也没有一例"有没有+X"的用例。有两种格式，一种是"有+NP+没有"，共使用了 13 例：

(16) a. 你是甚么头口，<u>有这么打自得儿的没有</u>？（第 6 回）
　　 b. 这才慢慢的问他……<u>有了婆家没有</u>。（第 9 回）
　　 c. 你还<u>有个甚么透鲜的主意没有</u>？（第 11 回）
　　 d. 问的<u>有些意思没有</u>？（第 14 回）
　　 e. 可不知你老人家里<u>有这东西没有</u>？"（第 15 回）
　　 f. 要算算他命里<u>有儿子没有</u>。（第 20 回）
　　 g. 你瞒了我求的舅母，<u>有这事没有</u>？（第 23 回）

h. 奶奶<u>有</u>甚么止疼的药<u>没有</u>？（第 31 回）

i. 我家可<u>有</u>个甚么执照儿<u>没有</u>？（第 33 回）

j. 到底<u>有</u>点边儿<u>没有</u>哇？（第 34 回）

k. 他一瞧见是问他两个<u>有</u>喜信儿<u>没有</u>，……（第 38 回）

l. 我也忒认得官儿了！知道我<u>有</u>那造化<u>没有</u>呢！（第 39 回）

m. 那光景像是叫他瞧瞧外间儿<u>有人没有</u>。（第 39 回）

另一种是"VP+没有"格式，共使用了 16 例。下面是该书中全部的"VP+没有"格式：

(17) a. 吾兄，你<u>请定了</u>幕中的朋友了<u>没有</u>？（第 2 回）

b. 公子连忙问说："怎么样？<u>见着他没有</u>？"（第 5 回）

c. 他走了，可<u>回来了没有</u>？（第 12 回）

d. 你可是褚家庄的？你们当家的<u>在家里没有</u>？（第 14 回）

e. 你们褚当家的<u>在家里没有</u>？（第 14 回）

f. 老爷子，<u>听见了没有</u>？……（第 16 回）

g. 你来的时候太太<u>动身没有</u>？（第 17 回）

h. 你<u>见过</u>有个爹娘死儿女跟了去的<u>没有</u>？（第 19 回）

i. 咱们外头的事情都<u>齐了没有</u>？（第 21 回）

j. 因问："<u>吃了</u>点儿东西<u>没有</u>？"（第 27 回）

k. 他一进门，才要问"<u>惊了爷、奶奶没有</u>？"（第 31 回）

l. 又问道："大爷<u>在屋里没有</u>？"（第 33 回）

m. 怎得会就输？你<u>明白了没有</u>？（第 33 回）

n. 我吩咐的话都<u>预备齐了没有</u>？（第 36 回）

o. 我先问你，你给我作的那篇东西<u>带来了没有</u>？（第 39 回）

p. 我给他捎的东西<u>捎到了没有</u>？（第 39 回）

我们看到，《红楼梦》前三十回用的也是"VP+没有"格式：

(18) a. 老太太屋里<u>摆了饭了没有</u>。小丫头去了。（第 6 回）

b. 说着，又问周瑞家的<u>回了太太了没有</u>。（第 6 回）

c. 因问周瑞家的"这姥姥不知可<u>用了早饭没有</u>？"（第 6 回）

d. 十五的月例香供银子可曾<u>得了没有</u>？（第 7 回）

e. 凤姐道："你<u>见过别人了没有</u>？"（《第 14 回）

f. 凤姐道："可<u>少什么没有</u>？"（第 21 回）

g. 你可<u>收了没有</u>？（第 25 回）

h. 忽听窗外问道："姐姐<u>在屋里没有</u>？"（第 26 回）

i. 红玉道："你们再问问我<u>逛了没有</u>。……"（第 27 回）

j. 宝玉向林黛玉说道："你听见了没有，……"（第 27 回）

k. 老太太……只叫我来瞧瞧你们好了没有。（第 30 回）

《红楼梦》与《儿女英雄传》里这些"VP+没有"格式可以看作隐含了"有"的"有+VP+没有"。王森、王毅、姜丽（2006）指出："旧格式'VP+没有'中表示正反问的正方'有'义的实体是'VP'，即'有'是隐含在'VP'中的。"同时，他们还合理地解释了"VP+没有"与后起的新兴格式"有没有+VP"的承继关系：新兴格式"有没有+VP"就是将原来旧有格式"VP+没有"中"有"字析出，"这使它和'没有'构成正反并列的短语'有+没有'成为可能。而表示正反问的'有没有'的构成并前置，便标志着新格式'有没有+VP'已经诞生。"

2. 新兴表达格局"有没有+NP"的形成

查阅多种语料可知，现代汉语中新兴表达格局"有没有+X"的出现，首先是从"有+NP+没有"演化成"有没有+NP"开始的。下面是《骆驼祥子》中全部的 7 个"有没有+X"的用例，不过，这些用例都是清一色的"有没有+NP"，这些事实已经足够说明，现代汉语语法系统中，"有没有+NP"表达格局的出现，打破了汉语中原来的"有+NP+没有"的原有格局，标志着一种新兴的表达格式"有没有+X"的率先诞生。请看：

(19) a. 懂行的人得到个便宜，就容易忘掉东西买到手中有没有好处。（老舍《骆驼祥子》）

b. 曹先生还镇定，在石块上摸了摸有没有落下来的东西。（老舍《骆驼祥子》）

c. 虎妞的话还在他心中，仿佛他要试验试验有没有勇气回到厂中来，假若虎妞能跟老头子说好了的话。（老舍《骆驼祥子》）

d. 而来到街上看看，看看有没有出车的可能。（老舍《骆驼祥子》）

e. 他留神地在地上找，看有没有值得拾起来的烟头儿。（老舍《骆驼祥子》）

f. 可是战争不管有没有人盼望总会来到。（老舍《骆驼祥子》）

g. 把耳朵贴在地上，他听着有没有脚步声儿来，心跳得极快。（老舍《骆驼祥子》）

这 7 个用例都是"有没有+NP"，后两例看似有点特殊，但从句法结构的层次上来看，都是"有没有+NP"，因为"有没有"后的 NP 是个兼语，先做"有没有"的宾语，再做 NP 后动词（"盼望"和"来"）的主语。

关于"有+NP+没有"演化成"有没有+NP"的特殊功能，我们将在后面详细探讨。

（二）新兴构式"有没有+VP"的出现

1. 句法结构的类推与"有没有+NP"格局的产生

我们知道，现代汉语中表达正反并列的疑问形式早在"有没有+X"出现之前就业已存在，这些正反并列的疑问句"VP 不（没）VP+X"中表示正反的都是动词性短语。其中有由判断动词（包括关系动词）构成的"是不是+X""算不算+X""属于不属于+X""够不够+X""像不像+X""归不归+X"等。也有情态动词构成的"能不能+X""可不可以+X""会不会+X""愿不愿意+X""敢不敢+X"等。还有心理动词构成"喜不喜欢+X""怕不怕+X""爱不爱+X"等。一般的及物动词构成此类正反问更是普遍而自由，如"认不认识+X""记不记得+X""理不理解+X""吃不吃+X"等，这种用例太多，不再举例。特别需要指出的是，这些正反并列的疑问句"VP 不（没）VP+X"中的"X"，既可以是名词性成分，也可以是动词性成分。由此可见，用肯定否定并列而构成的正反疑问形式是现代汉语中再正常和普遍不过的显赫形式，并非什么新生的句法形式。所以，立足于现代汉语句法表达系统的全局，"有没有+X"表达格局只是正反并列疑问形式这一系统中的一员，"有没有"也只是正反并列的动词性短语的一个具体个案，将其看成助动词、副词、体标记都是立不住足的，是将严整的句法结构系做孤立分析的结果。

"有没有+X"表达格局似乎在汉语中产生的时间相对较晚，这种现象不难解释。即便是近代汉语里，与领有动词"有"相对的是"无"，而非"没有"。"没有"时间的晚出性也迟滞了"有没有"作为一个正反并列的动词性短语的产生，而"有没有"的晚出又迟滞了"有没有+X"格局的出现。不过，汉语里业已存在的正反并列的疑问句"VP 不（没）VP+X"为"有没有+X"的出现树立了模仿的句法样板，所以，汉语里"有+NP+没有"格局演变为"有没有+NP"格局，只是句法结构的一种简单类推，是对正反并列的疑问句"VP 不（没）VP+X"的一种模仿，其产生是汉语句法演化与发展史上一种再正常不过的句法现象。

2. 类推机制与"有没有+VP"的产生

语言是一个处于不断变化的系统，在这一变化过程中，类推机制发挥着一定的作用，它直接促进了语言规则的推广，同时又直接或者间接地推动了语言的演化。我们看到，汉语中虽然原来并没有"有没有+X"一类的表达样式，但是，却存在着"VP 不（没）VP+X"（如"是不是怕死""算不算一个真正的知识分子""愿不愿率先接种疫苗""熟悉不熟悉当地的情况")这类现成的表达样本。于是乎,在类推机制的吸引下,由询问事物有无的正反并列的"有+NP+没有"表达格局首先演化为"有没有+NP"的同义表达格局。这种句法格局的演变大约是在二十世纪完成的。在老舍先生所有的短篇小说中(字数为468322),共有6例"有没有+X"的用例,全部都是"有没有+NP"形式。这已经能够充分说明,老舍先生的时代,"有没有+NP"形式已经演化成熟了。请看:

(20) a. 原来,飞机回到机场是要检查的呀,看看有没有毛病,以免下次起飞的时候出险呀。(老舍《小木头人》)

  b. 细看看镜中的老眼有没有泪珠,没有;古人的性情,有不可及者!(老舍《新时代的旧悲剧》)

  c. 他愣了一会儿,仿佛是听听有没有大利的笑声。(老舍《哀启》)

  d. 他们都偷偷地详细算过账,看看一月的收入和开支中间有没有个小缝儿,可以不可以从这小缝儿钻出去而不十分的觉得难受。(老舍《创造病》)

  e. 我急快往四下里看,看看还有没有捡拾零碎东西的人,好警告他们一声。(老舍《我这一辈子》)

  f. 三秃子给你俩大子,你就叫他亲嘴;你当我没看见呢?有这么回事没有?有没有?"(老舍《柳家大院》)

上例中最后一句更能说明问题,在"有没有"前使用的是"有+NP+没有"的表达格局,可见,"有没有"后面承前省略的是名词性的"这么回事",所以仍然是"有没有+NP"的表达格局。

语法中的类推效用是多么强大。一旦"有+NP+没有"在既有的"VP不(没)VP+X"表达格局的吸引下,语法的类推促使它突破了既有的表达格局,演化出了新兴的"有没有+NP"的同义句式,类比的作用力会继续释放,从而吸引着"VP+没有"向"有没有+VP"的表达格局发生演化。这可以解释为何"有没有+VP"的新兴表达格局会在时间上晚于"有没有+NP"的产生,直到1980年左右才被普通话所采用。

3. "有没有+VP"的产生内因与外因

我们知道,现代汉语普通话中询问活动与事件的常见形式是"VP+没有",并没有类似询问事物那样的"有+NP+没有"的"有+VP+没有",那么,怎么能够凭空产生一个全新的"有没有+VP"?也就是说,表示肯定的那个"有"是怎么进入普通话中的?我们认为,"有没有+VP"的产生有内因与外因两个基本的条件。

内因是变化的依据，语言中任何变化的首要原因都应该从其内部去寻找。我们认为汉语中之所以会出现"有没有+VP"的新兴构式，最核心的因素是汉语句法结构本身的内部基因。

一是汉语中本身具有正反并列的结构，这种结构不是外来的，而是来自汉语结构自身特有的基因。肯定与否定并列的短语"X+不（没）+X"（如"喜欢不喜欢、可不可以、去没去过"等）业已在"有没有+X"成形之前广泛地运用于汉语中，故而，"有没有+X"新兴构式只是旧瓶装新酒的结构类推。"有没有"的并列使用首先是从"有+NP+没有"表达格局类比"X+不（没）+X"而产生出了新的"有没有+NP"。而"有没有+NP"表达格局的出现，又为"VP+没有"格局向"有没有+VP"结构格局的演变开辟了路径，并提供了模仿的范本。"VP+没有"要模仿"有没有+NP"结构演化出新兴的"有没有+VP"表达格局，同样离不开"VP+没有"的内在基因。

二是"VP+没有"充分释放了其本身所固有的肯定与否定成分基因。仔细分析，"VP+没有"结构由前项 VP 和后项"没有"构成，从表面来看，前项的 VP 并没有一个显性的"有"。但是，这个"VP+没有"句法上却是一个并列结构："（有）+VP+没有+（VP）"，只不过前项的 VP 中的"有"是隐含了的（王森、王毅、姜丽，2006），而后项的 VP 是承前省略的。请看"没有"后项不省略的用例：

(21) a. 只见他伸手把我拦，问这蒜钱<u>付过没付过</u>？

b. "从实招来，你的头发是真的还是假的？"柏老曰："当然是真的，不信的话，你拉拉看。"该朋友曰："不是指那个，是指你<u>染过没有染过</u>？"

c. 许达伟摇摇头，"别说好听的了，你会天天觉得我和你是不平等的。说，你<u>想过没有想过</u>？""没有。"

d. 最终装修工还是跟商家接上了头，<u>吃没吃回扣</u>，大伙儿心知肚明。

e. 不知道有没有那么一个人，会记得我<u>吃没有吃早餐</u>。

从肯定式与否定式产生的先后顺序也可以理解为何"VP+没有"的底层语义构造应该是"（有）+VP+没有+（VP）"。从认知的先后看，否定总是在肯定的基础上才形成的，所以，我们完全有理由将"没有+VP"看作在"有+VP"的前提下形成的，将"VP+没有"中的前项 VP 看作隐含了"有"的"（有）+VP"就是很自然的一种推论。

第三个内因来源于方言的影响。汉语的闽语、粤语等南方方言，普遍使用"有没有+VP"正反问句。有学者将普通话中引入此类"有没有+VP"正反问句的现象看作社会外因:"一种语言或方言,使用它的人在某个或某些方面具有权威性或吸引力,它就容易为人所模仿,从而发生影响。香港等地经济实力强,其影片、电视片在内地的人群中又影响巨大。同香港等地在经济、文化等方面的频繁接触,形成了这一句式的使用面越来越大的社会外因。"(邢福义,1999)我们觉得,南方方言是汉语的地方变体,汉语普通话与这些南方方言的关系是汉语内部的关系,这与汉语从别的语言中吸收某些表达方式有着本质的不同。不可否认的是,"有没有+VP"正反问的新兴格局在1980年后迅速引入普通话中,成为一种流行的表达方式,以香港台湾等为代表的南方方言的影响的确起到了推波助澜的作用,但是,正如前文所述,新兴构式"有没有+VP"的出现,真正的动因来自汉语的内部。

我们最感兴趣的是,在"有没有+VP"正反问为代表的新兴构式出现在汉语语法系统之前,本来就存在着同义的表达方式(下例中的 a_1-d_1),而让人不好理解的是,汉语中这些表达格式并没有因为新兴构式(下例中的 a_2-d_2)的出现而被挤出汉语的表达系统,而是出现了两种表达格式并在共用的局面。请看:

(22) a_1. 你愿意娶她不愿意?　　　a_2. 你愿意不愿意娶她?
　　　b_1. 小王会开车不会?　　　　b_2. 小王会不会开车?
　　　c_1. 暖壶里有开水没有?　　　c_2. 暖壶里有开水没有?
　　　d_1. 你看电视了没有?　　　　d_2. 你看电视了没有?

是哪种力量驱动,让汉语的表达格局发生如此的变革?上例中的 a_1-d_1 与 a_2-d_2 两种表达格式在汉语中的功能究竟有何不同?或者说,a_2-d_2 这种表达格式的独特的功能是什么?下面是我们的解释。

四、新兴构式"有没有+VP"的聚焦功能

在"有没有+X"类正反问出现之前,现代汉语中存在着两种表达格式,一种是散焦并列构式,另一种是聚焦并列构式。

(一)疑问点的散焦型和聚焦型

1. 散焦型并列构式

所谓散焦型并列构式指的是因句法成分的插入而形成的肯定(VP_1)与否定[不(没)VP_1]两个疑问焦点的分散型分布格局。根据插入成分词性的不同,又可分为两个小类。

一类是名词性成分的插入型,可记为"VP_1+NP+不(没)VP_1"。如:

(23) a. 你还算<u>中国人</u>不算？
　　　b. 你二位爷是<u>从老爷跟前来的</u>不是？
　　　c. 不知道你自己发现你的气质里有<u>一种忧郁的东西</u>没有。
　　　d. 您吃<u>白菜豆腐</u>不吃？
　　　e. 纳什感兴趣地问："还有<u>别的</u>没有？"
　　　f. 有了！你明白<u>咱们主笔的脾气</u>不明白？

这类由插入名词性成分而构成的散焦型并列构式中，有两个疑问的焦点，一个是肯定形式的"VP$_1$+NP"，另一个是否定形式的"不（没）VP$_1$"。以 a 句为例，疑问的焦点是肯定形式的"算中国人"和否定形式的"不算"，其他例句的情况都是如此。

另一类是动词性成分的插入型，可记为"VP$_1$+VP$_2$+不（没）VP$_1$"。例如：

(24) a. 好小子！你能<u>把你姐姐叫出来</u>不能？
　　　b. 云藩忙打岔道："今儿去<u>跳舞</u>不去？"
　　　c. "好！你知道<u>拆天坛改建什么</u>不知道？""不知道！"
　　　d. 老马吓唬了一阵之后，突然说："老黄，你想<u>回去</u>不想？"

这类由插入动词性成分而构成的散焦型并列构式中也有两个疑问的焦点，一个是肯定形式的"VP$_1$+VP$_2$"，另一个是否定形式的"不（没）VP$_1$"。以上例中 a 句为例，两个疑问的焦点分别是"能把你姐姐叫出来"和"不能"，肯定焦点与否定焦点呈并列分布，其他例句的情况也是如此。

2. 聚焦型并列构式

所谓聚焦型并列构式就是将原来插在肯定（VP$_1$）与否定[不（没）VP$_1$]之间的成分移出而让两个疑问焦点直接靠拢而形成的聚焦型格局，可统一记为"VP 不（没）X"。与疑问点的散焦型构式相比，虽然聚焦型构式仍然是肯定焦点与否定焦点的并列格局，但是在组成方式上又有了细小的变化，即通过将肯定与否定间的成分移出，实现了两个焦点的直接合并，我们称之为并列聚焦构式。根据移出成分词性的不同，又可分为两个小类。

一类是名词性成分的移出型。将例（23）各句夹在肯定与否定中间的 NP 移出，置于结构之后，形成新的聚焦型并列构式，可记为"VP$_1$+不（没）VP$_1$+NP"。如：

(25) a. 你还算不算<u>中国人</u>？
　　　b. 你二位爷是不是<u>从老爷跟前来的</u>？
　　　c. 不知道你自己发现你的气质里有没有<u>一种忧郁的东西</u>。
　　　d. 您吃不吃<u>白菜豆腐</u>？

　　　　e. 纳什感兴趣地问："还有没有<u>别的</u>？"
　　　　f. 有了！你明白不明白<u>咱们主笔的脾气</u>？
　　还可以将结构中夹在肯定与否定中间的那个 NP 前移，形成聚焦型并列构式的另一个变体，可记为"NP+VP$_1$+不（没）VP$_1$"。不过这种前移 NP 往往带有做话题的意味，而话题结构对于做话题的成分都有一定的要求，所以有时也并不自由。如：
　　（26）a.？<u>中国人</u>你还算不算？
　　　　b. 你二位爷<u>从老爷跟前来的</u>是不是？
　　　　c.？不知道你自己发现你的气质里<u>一种忧郁的东西</u>有没有。
　　　　d. <u>白菜豆腐</u>您吃不吃？
　　　　e. 纳什感兴趣地问："<u>别的</u>还有没有？"
　　　　f. 有了！<u>咱们主笔的脾气</u>你明白不明白？
上例 a 句的"中国人"在"算中国人"中是一个分类性的无指名词，让这个无指名词做话题就不被允准。b 句中的"一种忧郁的东西"是个不定指的名词性成分，而话题成分都有定指的要求，所以这个不定指的成分如果改成定指的"这（那）种忧郁的东西"前移做话题，就没有问题。

（二）"有没有+VP"正反问句的聚焦功能

1. 任何新兴的语法构式的产生都有特定的条件

　　我们的观点是，新兴构式"有没有+VP"正反问句的产生是语法的类推原则作用的结果。该新兴构式的产生基于对汉语语法结构本身固有结构的模仿与类推。其出现的条件与步骤可归结如下：
　　一是疑问构式由散焦型演化出了聚焦型。汉语语法事实证明，正反疑问构式最初使用的是散焦型：名词性成分插入而形成的散焦型疑问构式是"VP$_1$+NP+不（没）VP$_1$"（吃午饭不吃、看电影不看）；动词性成分插入而形成的散焦型疑问构式是"VP$_1$+VP$_2$+不（没）VP$_1$"（会说相声不会、见过大变活人没有、愿意去支教不愿意）。
　　正反疑问构式由散焦型演化出了聚焦型，也就是把插在肯定与否定的动词之间的成分移出，形成了肯定与否定直接相连的聚焦型疑问构式。由此而产生了两种相应的构式，即名词插入型的"VP$_1$+不（没）VP$_1$+NP"和动词插入型的"VP$_1$+不（没有）VP$_1$+VP$_2$"。

2. 散焦型和聚焦型疑问句的内在关联性

　　根据变换分析的平行性原则，疑问句的散焦型和聚焦型两种构式在句法变换上存在平行性联系，也就是两种构式具有结构上的内在关联性。即疑问句的散焦型都可以采用将插在肯定与否定的动词之间的成分移出，由肯定与否定的各自为阵的分散式焦点变成了直接相连的聚焦型疑问构式。我们不妨再看几个例句：

（27）a_1. 老莫，你知道<u>王女士和张教授的秘密</u>不知道？

　　　a_2. 老莫，你知道不知道<u>王女士和张教授的秘密</u>？

　　　b_1. 你认得<u>他</u>不认得？

　　　b_2. 你认得不认得<u>他</u>？

　　　c_1. 老李，你还记得<u>这个人</u>不记得了？

　　　c_2. 老李，你还记得不记得<u>这个人</u>了？

　　　d_1. 就是不清楚你喜欢<u>这种开放型的女生</u>不喜欢。

　　　d_2. 就是不清楚你喜欢不喜欢<u>这种开放型的女生</u>。

上面的例子是将夹在肯定与否定间的名词性成分移走而形成的"VP_1+不（没）VP_1+NP"式聚焦构式，同理，将夹在肯定与否定间的动词性成分移走就能形成"VP_1+不（没）VP_1+VP_2$"式聚焦构式。

（28）a_1. 我要知道一件事，你能<u>给我打听打听</u>不能？

　　　a_2. 我要知道一件事，你能不能<u>给我打听打听</u>？

　　　b_1. 成亲后，更是连通知也没通知我们，你说，该<u>骂</u>不该？

　　　b_2. 成亲后，更是连通知也没通知我们，你说，该不该<u>骂</u>？

　　　c_1. 莺儿便笑道："你会<u>拿着柳条子编东西</u>不会？"

　　　c_2. 莺儿便笑道："你会不会<u>拿着柳条子编东西</u>？"

　　　d_1. 你可以<u>喝点儿红酒</u>不可以？

　　　d_2. 你可以不可以<u>喝点儿红酒</u>？

从例（27）与例（28）各句来看，散焦型和聚焦型疑问句的两种构式在句法上具有变换的平行性联系，是表达相同的语义关系的同义句式。

而新兴构式"有没有+NP"正反问句也是由散焦型经过移除肯定与否定中间的名词性成分而形成的聚焦型疑问句。必须强调指出的是，"有没有"并列短语的形成，首先是从将肯定与否定中间的名词性成分移出而形成的。

（29）a_1. 比方说，有<u>遗传的可能</u>没有？

　　　a_2. 比方说，有没有<u>遗传的可能</u>？

　　　b_1. 您的旁系亲属有<u>回族</u>没有呢？

　　　b_2. 您的旁系亲属有没有<u>回族</u>呢？

　　　c_1. 他有<u>别的本事</u>没有？

　　　c_2. 他有没有<u>别的本事</u>？

　　　d_1. 有<u>乘船的感觉</u>没有呢？

d_2. 有没有乘船的感觉呢？

3. 新兴构式"有没有+VP"正反问句的聚焦功能

新兴构式"有没有+NP"聚焦型疑问句的产生，为"有没有+VP"的诞生铺平了道路，提供了模仿的样板。对比正反并列疑问句的散焦型和聚焦型的功能差异，我们不难发现聚焦型构式的产生遵循着同样的功能路线。

（30）a_1. 你究竟愿不愿意与我结拜成异性兄弟，有福同享，有祸同当，生死与共。

a_2. *你究竟愿与我结拜成异性兄弟不愿意，有福同享，有祸同当，生死与共。

b_1. 我认为，归根到底是看我们能不能集中精力把经济搞上去。

b_2. ? 我认为，归根到底是看我们能集中精力把经济搞上去不能。

c_1. 奕南，你是不是应该去向咏歌道个歉？

c_2. ? 奕南，你是应该去向咏歌道个歉不是？

d_1. 我有没有这个责任，这个权利，你说你说！

d_2. ? 我有这个责任，这个权利没有，你说你说！

e_1. 有没有多快好省地解决城市公厕问题的办法呢？

e_2. ? 有多快好省地解决城市公厕问题的办法没有呢？

上面的 a_1—e_1 各句都采用的是聚焦型，a_1—e_1 各句都是散焦型。我们看到，采用散焦型表达格局的句子，由于要表达的是由肯定形式与否定形式并列形成的复合体，在肯定词与否定词中间加入的成分较长较大，使得焦点的表达拖泥带水，不够集中。无论是从说话者编码还是听话者解码的角度看，都不是优势选项。而采用将肯定词与否定词直接并列的"VP 不（没）VP"的聚焦型构式，则很好地解决了这一问题。所以，正反疑问句由散焦型演化出聚焦型，都是出于同样的功能考虑。由于聚焦型构式的出现，极大地释放了该构式的表达能力，并列动词"VP 不（没）VP"后带的宾语成分对长度的限制有所放宽。成为现代汉语中压倒多数的使用格式。

新兴构式"有没有+VP"正反问句的出现，同样是由于同样的功能促动。该类构式的出现，有两方面的意义。

一是激活了散焦型中并列前项肯定式中隐含着的"有"，从而完善了"有没有"的功能。我们知道，在"有没有+VP"正反问句产生之前，"有没有"后只能带名词性成分，而"有没有+VP"的产生，弥补了这一不足，"有没有"后带上了动词性成分，"有没有"的功能得到了完善，实现了后带成分名词、动词的全能化。

二是释放了"有没有+VP"的聚焦功能,从而使得结构较长的动词性成分也能后置于"有没有",有效地克服了同义句式"VP+没有"的先天不足。邢福义(1999)敏锐地观察到了这点,"'有没有 VP'可以弥补'VP 没有'的不足:由于一开始就已用'有没有'造成了选择问句的语势,后边 VP 的长度有所增大不会影响问句的显豁性。"

五、"有没有+X"构式中"有没有"的同一性

有人将"有没有+VP"的"有没有"看作助动词、副词、完成体标记。这些形形色色的观点之所以不太符合汉语的实际,是因为没有从现代汉语里存在的两种句法格局演变的角度,即从原先的"VP_1+X+VP_1+不(没)"的表达格局演化出新兴表达格局"VP_1+不(没)+VP_1+X"的功能变异的角度上,来考察"有没有+VP"的整体的聚焦功能。

(一)"有没有+X"的两个变体

古语云:"不谋全局者,不足谋一域;不谋万世者,不足谋一时"。这句话同样是语法研究中应该遵循的至理名言。因为语法是一个系统,只有从一种语言的语法系统出发,才能观察与描写清楚某一句法形式的结构与意义,解释其特定的表达功能。在现代汉语的句法形式中,"有没有+X"是一种新兴的构式,在这个构式里,有"有没有+NP"与"有没有+VP"两个变体。我们理应将"有没有+VP"构式的出现看作汉语自身表达系统的完善与发展。

(二)从构式整体看"有没有"的同一性

将"有没有+NP"与"有没有+VP"看作构式"有没有+X"之下的两个变体,是构式语法思想的体现。这样,就不必一方面说"有没有+NP"中的"有没有"是并列结构的动词短语,另一方面又说"有没有+VP"中的"有没有"是其他词性的语法单位。下面的例句可以显示这种将"有没有"看作同一个句法性质的单位的好处。请看:

(31) a. 他有没有乘机落井下石(的举动)?
　　　b. 孩子们有没有赶快回家找妈妈(的想法)呀?
　　　c. 你有没有拿过别人的东西(的事)?
　　　d. 学生有没有利用假期出去打工(的事情)?

上面的例句,如果将括号内的成分一同来看,它无疑是个肯定否定并列的"有没有",而且还是个动词短语。如果不看括号里的成分,它的句法性质就成了助动词?副词?完成体标记?这正是当今不少文献已经发表过的观点。其实这样的处理不符合人们的语感,因为实在没有必要将"有没有"

人为地割裂开来。因为"有没有"在两个构式变体里,其句法功能相同,都是能带宾语的动词,功能上都是使并列的肯定与否定焦点聚焦化,因而具有句法与功能的同一性。

第六章 几种特色构式的建构与功能

第一节 极性义对举构式

汉语里的对举格式，常用于列举或对比。如"早餐面包，晚餐馒头""男人种地，女人持家""风在吼、马在叫"等表示列举；"人前一套，人后一套""好话说尽、坏事做绝""朱门酒肉臭，路有冻死骨"等表示对比。还有一些对举的格式，并不是用于列举或对比，而是要强调所列举的事体在某个范围内最有代表性、达到了某种极大值或顶峰之意。请看：

（1）a. 米脂的婆姨，绥德的汉　　b. 住在杭州，死在柳州
　　　c. 蝎子的针，妇人的心　　d. 少年丧父，老年丧子

上例的 a 句是流行于陕北的谚语，意思是米脂的女子最漂亮，绥德的男子最英俊。b 句的意思是说杭州为最佳的居住之处；柳州为最好的终老之地（柳州因棺木好，可使尸体长时不腐）。c 句喻妇人的心和蝎子的针一样，最为狠毒。d 句谓人生的"三大不幸"中的两件（另一大不幸是"中年丧偶"），"三大不幸"中的"大"，指的正是"最、顶"之类的极性意义。上述各例，采用的均为对举格式，有的虽也可使用多项并举的格式（如 d），但实际使用中仍以对举格式为常态。对举性是这些格式显意上的共性特点，如果单说单用，除了在特定的语境下，则不再有对举使用时表达的极性意义。特别值得注意的是，这些对举格式中，并未使用明示性（Ostensive）的（如"最、顶、第一"等）词汇手段对所表示的极性意义给予直接的显化，但表意的重心恰恰在于强调所列举的事体在某个领域内最具代表性，语意上要凸显的正是这个"顶极"意义。本节称这些由对举格式表达的"顶极"意义为"极性意义"。

根据构式语法的观点，每个句法格式本身表示某种独立的意义，不同的句法格式有不同的句式意义。汉语中的对举格式很多，但是只有少数几

种对举格式与极性意义具有稳定的匹配关系,由此,我们把通过非词汇形式表达极性意义的对举格式称之为"极性义对举构式",为行文简便,简称为"极性义构式"。

这类极性义构式在形式、使用和表意上都很有特色,是外国人学习和掌握汉语的一个难点。本节拟研究如下的问题:汉语里"极性义构式"有多少种?有哪些变体形式?它们在形式、表意和使用中的共同特点是什么?这种构式中极性意义是如何产生并被人理解的?

一、极性义构式的种类

目前汉语学界对极性义构式几乎没有论及,根据笔者的收集到的材料,归纳整理出的专门表示极性义的对举构式有如下几种。

(一) 对举式

1. 主谓对举式

所谓主谓对举式指构成对举的两个小句均为主谓短语,包括下面几个小类。

1)南北对举式

(2) a. 南有陈独秀,北有李大钊   b. 南有周信芳,北有梅兰芳
     c. 南有武当,北有少林

这三例中的 a 是 20 世纪初流行的提法,强调他们是中国一南一北最早传播马列主义的两大代表。b 是对南北两大京剧艺术大师的美誉,他们分别代表了京剧南北两派的最高成就。C 说的是南北一道一僧两大武术胜地所创的武当拳和少林拳代表了中国拳术的最高水平。这类南北对举的极性义构式至今具有很强的能产性,如时人常用"南有饶宗颐,北有季羡林""南有王元化,北有钱锺书"分别指明他们为一南一北文化造诣极深的两位顶级的国学大师,用"南有浦东新区,北有滨海新区"来指明两地为中国两个最大且最有前景的开发区,等等。

2)古今对举式

(3) a. 古有毕升,今有王选   b. 古有荆轲,今有五壮士
     c. 古有花木兰,今有娘子军

宋代的毕昇是活字印刷的发明家,北大教授王选院士是发明汉字激光照拍的著名学者,他们分别是中国古今印刷界最有代表性的两大著名的发明家。荆轲是战国时代著名的侠士,狼牙山五壮士是抗日战争时期著名的英雄,他们分别是燕赵大地上一古一今侠肝义胆的代表人物。花木兰和娘子军则是一古一今最具代表性的巾帼英雄。这类利用古今对举式的极性义

构式也具有很强的能产性,像"古有花木兰,今有配线班""古有宫廷养颜千金方,今有玉容美肤中心""古有陈世美,今有某某人"等采用的就是此类格式。

3)上下对举式

上下对举表极性义构式的例子为数不多,如:

(4) a. 上有天堂,下有苏杭　　　　b. 上有龙宫,下有故宫

这类对举式实质上是以天上的地方作喻体来比喻地上的地方,所以都可以转换成明喻:地下的苏杭就像传说的天堂一样(美丽无比),故宫就如同天上的龙宫一样(最为富丽堂皇)。从转换后的比喻句可以看出,构式是以想象中最理想的事物为喻体来比喻实际存在的本体,所以整个构式才表达了极性意义。

4)其他主谓对举式

(5) a. 鲁班门前弄大斧,关公面前玩大刀

　　b. 好吃不过饺子,舒服不如躺着

　　c. 蚂蟥怕烟屎,坏人怕揭底

　　d. 男怕入错行,女怕嫁错郎

a 句表面是说木匠的祖师鲁班最善玩大斧,武圣关公最善使大刀。言外之意是说在顶级高手面前玩弄自己的小把戏或小聪明是最不自量力的举动。b 句是说饺子是最好的主食,躺着是最舒服的事情。c 中也包含了"最"的意思,蚂蟥最怕的东西是烟屎,坏人最怕的是揭底。d 句是说男人选错了行业和女子嫁错了郎君一样,是人生中最不幸的事。

2. 非主谓对举式

非主谓对举式是由两个名词性偏正短语构成的"A 的 B,C 的 D"对举式。汉语中这样的对举式有两类,一类是假领属关系型的"A 的 B,C 的 D",如"张三的中锋,李四的后卫""王五的班长,赵六的班副"等,这一类对举格式中的"的"都可换成"担任、是"等动词而意义不变。另一类为真领属关系型的"A 的 B,C 的 D",其特点是格式中的"的"不能换成"担任、是"等动词。这类真领属性关系型的"A 的 B,C 的 D"式也表示极性意义。如:

(6) a. 门缝的风,后娘的心　　b. 天上的龙肉,地下的驴肉

　　c. 平遥的牛肉,太谷的饼　　d. 全聚德的烤鸭,东来顺的涮羊肉

"A 的 B,C 的 D 式"又可细分为两个小类:一类是比喻式,如前两例。这两例都能转换成"C 的 D 就像 A 的 B 一样",如 a 句可换成"后娘的心像门缝里的风一样最寒冷",b 句可换成"地下的驴肉就像天上的龙

肉一样最好吃"。可见，这类表达中的后一小句的内容才是这一对举格式的表意重心。有时比喻式中两项中的"的"不一定出现，如"天上神仙府，人间宰相家""天上九头鸟，地下湖北佬""天上斑鸠，地上泥鳅"。另一类为非比喻式，如后两例。这类对举式是各地夸特产专用格式。如 c 句把享誉三晋的两大名吃平遥的牛肉和太谷的烧饼对举，d 句则把北京最有名的特色食品并置。格式中的前后两项列举的事项都是某个地方最有代表性的特产，表意前后并重。

（二）对举式的变体

对举式的变体包括下列两个小类，一类是对举扩展式，另一类是对举压缩式。

1. 对举扩展式

（7）a. 吃在广州，穿在上海，住在杭州，死在柳州

b. 久旱逢甘霖，他乡遇故知，洞房花烛夜，金榜题名时

c. 领导敬酒你不喝，领导走路你坐车，领导讲话你啰唆，领导私事你瞎说，领导洗澡你先脱，领导夹菜你转桌，领导听牌你自摸。

d. 学在华工，玩在武大，爱在华师，吃在武水

a 中列举的都是国内在"吃、穿、住"等方面最有代表性的地方；b 是所谓的"人生四大喜"，"大"则有"最、极"的意味；c 则是民间谚语"七大不懂事"，即下属在领导面前最不该做的七件事，故名之为"大"；d 是武汉地区高校盛传的校园谚语，对几所高校最有特色的地方进行了概括，差不多各大城市的高校都有这样的校园谚语。如"学在交大，玩在上大，爱在师大，住在复旦"和"玩在北大，吃在人大，学在清华，爱在师大"分别为上海和北京地区高校中流行的校园谚语。值得注意的是，此类多项并举式在实际使用时列举项多于三项的情况比较少见，最常见的形式仍然是对举式，如"洞房花烛夜，金榜题名时""学在华工，玩在武大"等。据此，这类多项并举式的基式应该是对举式，它们是在对举式的基础上增项扩展而来的，是对举式的变体形式，对举性是其基本的形式特点，所以本节将这类多项并举式称作对举扩展式。

2. 对举压缩式

这类格式指的是表示极性意义的"X（的）Y"式名词性偏正短语，如下面的例（8）各句。它们虽然以独立的名词短语的格式出现，但其原始的格式都是对举格式，是对举格式经过提取和整合而来的，故称为对举压缩式。其中的"X"给出极性意义的所指范围或领域，"Y"给出的是极性意义比较的参照项，真正要表达和指代的目的项（即实际要突出的代表极性

义的主体）"W"，反而不出现，整个"X（的）Y"指代的正是这个省略了的"W"。

（8）a. 当代毕昇（当代科学家王选的代称，喻指王选为当代最有名的汉字印刷发明家）

　　b. 中国的哈佛（北京大学的代称，喻指北京大学为中国最有名的大学）

　　c. 中国的硅谷（北京中关村高新区的代称，喻指中关村高新区为中国最著名的高新区）

　　d. 中国的莎士比亚（明代剧作家汤显祖的代称，喻指中国古代最著名的剧作家）

　　e. 东方巴黎（中国上海的代称，喻指上海为中国最繁华的都市）

这种表达式其实都是经过提取整合压缩的"主谓对举式"或"A 的 B，C 的 D 式"，是通过语法的转喻（Metonymy）形成的。如"古代有毕昇，当代有王选"为主谓对举式，"古代的毕昇，当代的王选"为"A 的 B，C 的 D 式"，两种格式均可整合为"当代的毕昇"。整合的方式是，如果是主谓对举式，提取第一小句的谓语作为压缩式的参照项 Y，提取第二小句的主语作为压缩式表示极性意义的所指范围 X，从而形成表示极性意义的压缩式"X 的 Y"。如果是"A 的 B，C 的 D 式"，则提取前一小句的中心语作为压缩式的参照项 Y，提取第二小句的修饰语作为压缩式的所指范围 X，从而形成压缩式"X 的 Y"。两种表达式整合后共用的是一个格式，且极性意义未变。与未整合时的完全形式不同的是，这类格式由于在整合为压缩式时把意欲突出的极性意义的主体省略掉了，所以当这个主体出现时，还可能有几种变体。请看：

（9）a. 当代毕昇王选　　　　　b. 中国的哈佛北大
　　 c. 王选——当代毕昇　　　d. 北大——中国的哈佛
　　 e. 王选是当代毕昇　　　　f. 北大是中国的哈佛

这几种变体形式或为联合式同位短语，如 a、b；或为注释式同位短语，如 c、d；或为判断式主谓短语，如 e、f。这类表示极性意义的压缩式是一种很能产的表达格式，几乎所有的对举格式都能整合为这类简易的表示极性义的构式。例如：

（10）a. 美国的奥斯卡，中国的金鸡奖→中国的奥斯卡（喻指金鸡奖为中国电影最高奖）

　　　b. 西方的威尼斯，东方的苏州→东方的威尼斯（喻指苏州为东方最著名的水上都市）

c. 美国的华尔街，中国的陆家嘴→中国的华尔街（喻指上海的陆家嘴为最繁华的金融中心）

d. 古代有陈世美，当代有某某人→当代陈世美（喻指某某人为当代喜新厌旧的典型代表）

值得注意的是，能够整合为对举压缩式的参照项 Y，或转指的目的项 W，必须具有极高的知名度，具有举世公认的代表性，才能被整合为表达极性意义的压缩格式，在真正凸显的目的项 W 缺席的情况下利用借代的方式让人明确极性意义的指代对象。

二、极性义构式的特点

从上边描述的极性义构式与其变体中我们不难看出，这些构式在形式、表意、使用上具有如下一些共同的特点。

（一）形式特点

1. 对举性

大部分的极性义构式都是成对出现的，有的构式虽然也能以多项并举的方式出现，或者以压缩的形式出现，但在具体的使用中，对举格式为其最常见的形式，所以，对举性是这类表达式的基本的形式特点。这种对举性特点还可以从反面证明，即表达式中的其中一个小句单独使用，除非给出特定的语境（详细的情况请见下文），否则，往往不再表达极性意义。

2. 模式性

古今、南北、上下、"A 的 B，C 的 D"式等对举构式已演变为表达极性意义的专用模式。模式性有两重含义，其一是只要采用这些对举格式，一定表达极性意义；其二是如果不是采用这种格式，即便使用了相同的词语，所表达的意思也不一定具有极性意义。以"美国的华尔街，上海的陆家嘴"为例，采用的是"A 的 B，C 的 D"式对举格式，所以才表达了极性意义。而"美国的金融中心是华尔街，中国上海的金融中心是陆家嘴"，只是对某种事实的交代说明，与极性意义不再有任何的关联。

3. 能产性

对举格式的模式性带来了其能产性。"A 的 B，C 的 D"式几乎成为各地夸特产的共用格式。"南北对举""古今对举"两种格式，也是相当能产的表达极性意义的专用模式。下面是"南北对举"构成的极性义构式的一些例子，可见其巨大的能产性：

（11）a. 出版界：南有《随笔》，北有《读书》——指知识分子最喜欢看的两本杂志

b. 学术界：南有王元化，北有钱锺书——指京沪两个文化造诣高深的国学大师
　　c. 艺术界：南有焦晃，北有于是之——指话剧界南北两个最有成就的艺术家
　　d. 文学界：南有余秋雨，北有周涛——指散文创作南北两大代表作家
　　e. 建筑界：南有深建，北有城建——指目前全国南北两个最大的建筑集团
　　f. 机械界：南有襄重，北有朝重——指全国最大的两个重型机械集团
　　g 旅游界：南有九寨沟，北有青山沟——指南北最有特色的两大自然旅游景点
　　h. 经济界：南有广东，北有山东——指南北两个改革开放的龙头省份
　　i. 石刻界：南有桂海碑林，北有西安碑林——指我国石刻界南北两大代表
　　j. 医药界：北有同仁堂，南有庆余堂——指南北两大中药生产企业
　　k. 外贸界：南有广交会，北有哈洽会——指南北两个最有代表性的出口商品交易会
古今对举式也具有极高的能产性，限于篇幅，不再举例。

（二）表意特点

1. 间接性

如前所述，这类极性义构式均未使用明示性词汇手段来对所表示的极性意义给予直接的显化，而是用特定的对举格式把极性意义暗含于其中间接表示的。值得注意的是，所有的极性义构式都能增加某些词语转换成明示性的表达，这也正好成为这些格式表达极性意义的最好证明。如：

（12）a. 苏州和杭州是最有名的旅游胜地，上有天堂，下有苏杭嘛！
　　b. 桂海碑林你都不知道啊？你没听过有"南有桂海碑林，北有西安碑林"这样的说法吗？桂海碑林在我们南方是最著名的。
　　c. 黄蜂身上刺，蝎子尾后针，两般犹未毒，最毒妇人心。
　　d. 天上的龙肉，比不上地下的驴肉哇。

2. 依附性

极性意义是以特定的对举格式来显现的，本节称之为"极性义构式"，

这种命名实际上已经暗含了极性意义对对举格式的极度依附性。前文所列举的多种格式事实上已经成了表示极性意义的专用格式，所以，一旦使用了这类格式，极性意义即如影随身。以文学界最新版本的"南有余秋雨，北有周涛"来说，尽管周涛的散文和余秋雨的散文还不可同日而语，但一旦采用了对举格式，把他与余秋雨并举，使得他似乎具有了北方散文大家的地位，这一方面说明了这类格式的表意特点，另一方面也表明了极性意义对对举格式的依附性。时下网络上还有所谓"古有梅兰芳，今有李玉刚"的说法，其实李玉刚只是一个京剧爱好者，因在中央电视台"星光大道"男扮女装唱京剧而走红，如果让一个不了解内情的人听来，还以为他是什么京剧界的表演大师呢。一些人正是看中了这些对举格式与极性意义稳定匹配的表意特点，为了达到宣传自己产品的目的，把一个并不著名的宣传对象与另一个久负盛名的对象并列起来，形成拉大旗做虎皮的广告词。如"南有九寨沟，北有青山沟""北有同仁堂，南有庆余堂"等，利用的正是由于极性意义对格式的依附性而进行的造势性的宣传。

3. 衬托性

极性意义的表达对对举格式的极度依赖性与表意的衬托性密不可分，具体表现在表意重心的虚实相衬、轻重相依、实义同现等几个方面。所谓虚实相衬是指用虚构的或想象的一方来衬托实际存在的一方，表意重心在实际存在的事物上。凡是利用上下对举的方式构成的格式均属此类。轻重相依指的是表意上前轻后重式的对举格式，格式中所列的后一项才是话语凸显的意义重心。凡是利用古今对举、中外对举方式构成的格式均属此类。除了多项列举和夸特产类的对举格式外，大部分对举格式都有前轻后重的表意倾向。南北对举格式中有一个很有意思的现象，汉语有先南后北的列举习惯，可是有的格式并未遵循这样的习惯，如"北有同仁堂，南有庆余堂"等，造成这种现象的原因其实很容易解释，那就是凡是违反先南后北列举次序的格式在表意上都遵循了先轻后重的表达原则。表意上的衬托性还有另一种类型，即实义同现，就是构成列举格式中的各项语意上无虚实与轻重之分，各项内容互相倚重，从而形成实义同现。如夸特产的"A的B，C的D"式格和上文提到的多项列举式就是典型的实义同现衬托式。

（三）使用上的特点

1. 韵律性

极性义构式不论是古代的还是现代的，都特别讲究节奏感与韵律美，说起来不仅节奏齐整，而且朗朗上口，极富韵律感，易于记诵，所以能活跃于人们的口语中。有的还能以诗的形式出现，如"久旱逢甘霖，他乡遇故知；洞房花烛夜，金榜题名时"，正好体现了其鲜明的节奏感与韵律性。

2. 流行性

绝大多数的极性义构式都是长期以来或在一定时期内在民间流行的说法，流行性是这类表达式的重要特点之一。虽然有的表达式只限于在某个地区流行，如"烟台的苹果莱阳的梨""平遥的牛肉太谷的饼"之类，有的流行范围更小，只在某个城市或某几个高校流行，如前举的校园谚语，但就某个时期、某个地域而言，这些说法也具有广泛流行、广为人知的特点。

3. 谚语性

事实上，很多极性义对举构式都是流传已久的谚语，如"上有天堂，下有苏杭""门缝的风，后娘的心"等。谚语的特点是具有知识性，它以简短的形式装载了丰富的社会知识，通过老百姓喜闻乐见的对举格式使之定型并流传开来。有的说法虽然定型性没有谚语强，但在特定的时空范围，仍然具有比较稳定的结构，成为人们了解社会、丰富阅历的宝贵的文化财富。校园谚语就有很明显的时代特点，如天津地区高校20世纪80年代到90年代流行的校园谚语是"南开的牌子，师大的饭"，近年来流行的是"吃在师大，学在天大"的说法。

4. 引述性

极性义对举构式因其独特的韵律性、丰富的知识性与极广的流行性成为一种结构定型的民谚。它表意经济而又好记易懂，是大众喜闻乐见的语言现成品，它常被人们作为"现成话"引述于书面或口头。所以引述性成了这类格式使用上的一个特点。

三、极性意义的产生与理解机制

在对汉语中表示极性意义的几种表达格式进行了描写的基础上，我们对这些格式的形式、表意和使用上的一些特点进行了总结。但是，不是所有的对举格式都与极性意义相关，为什么只有极其有限的几种对举格式才能表达极性意义？下面我们将尝试揭开这一谜底。

（一）特定形式与特定意义的匹配

构式语法理论告诉我们，每个句法格式本身都表示某种独立的意义，不同的句法格式有不同的句式意义。"激进构式语法"（Radical Construction Grammar）更是宣称句法结构是语义结构的象征。构式语法的这些理论假设为我们解释对举格式中极性意义的联系提供了强有力的理论支撑。我们知道，汉语中有数量极多的对举格式，但并不是所有的对举格式都表达极性意义，只有为数有限的对举格式才专门表达极性意义。这些格式有南北对举、古今对举、上下对举、名词性偏正短语"A的B，C的D"式对举、对举扩展式与对举压缩式等七类。可以这么说，这七类对举格式就是汉语中专门表示极性意义的特定构式，因为这七类对举格式本身表示的是独立的意义，而且这些构式的意义或形式不能从语言中已经存在的其他构式中推导出来。构式语法的这一基本思想促使我们把这七类对举格式与极性意义结合起来进行研究，为何只有这七种对举格式能够表达极性意义，这种特定形式与特定意义之间的匹配关系是如何形成的？

我们知道，汉语中有种类繁多的对举格式，如转喻性的"吃着碗里，瞧着锅里""雷声大，雨点小""吃一堑，长一智"等格式，分别喻指贪心不足、虚张声势、在受挫中增长见识。它们所表达的实际意思与字面意思相距甚远，都是以日常生活中的现象来转指某个事理。这类转喻性的对举格式的两项之间存在某种逻辑关系，我们可以通过添加关联词语来显化其内在的逻辑关系。如"不仅吃着碗里，还瞧着锅里""虽然雷声大，但是雨点小""不吃一堑，不长一智"。还有的对举格式，或表示列举（如"早餐面包，晚餐馒头""男人种地，女人持家"等），或表示对比（如"人前一套，人后一套""好话说尽、坏事做绝""朱门酒肉臭，路有冻死骨"等）。这些格式所列举的两项中，列举与对比的范围具体而清晰，而且所列举的是同一事物或现象中两个密切关联的方面，或列举或对比，表达的意图很清楚。总之，转喻性、对比性、列举性的对举格式都与极性意义无关。

极性义对举构式的表达上有如下几个共同特点：一是所罗列的项目在内容上或南或北、或古或今、或上或下、或为表面上互不相干的多种现象的罗列，没有转喻性对举格式中两项内容之间那种较为明显的逻辑关联和表意上转喻的线索，也没有对比与列举格式中所列举两项那样明晰的而具体的范围与对象。其暗含着的极性意义无法从其他的对举格式中推导出来，它们表达意义的方式具有特殊性，正是这种表意的特殊性，有效地阻断了听话人接受话语时对对举式意义的列举或对比的两种意义的理解，也为构式表达的极性义打开了理解的通道。二是这七种对举构式的两个事体间具有相似关系，有的构式是省略了喻词的比喻，如"上有天堂，下有苏杭""门缝的风，后娘的心"等。其他的对举构式中所含两项事体也具有某种性质的相似性。所以，所有的对举构式都能换成"A如同（像）B一样X"的方式来表述。如南北对举式"南有陈独秀，北有李大钊"、古今对举式"古有毕生，今有王选"、上下对举式"上有天堂，下有苏杭"、"A的B，C的D"式对举"天上的龙肉，地下的驴肉"、对举扩展式"吃在广州，穿在上海"、对举压缩式"中国的哈佛"可分别换成"南方的陈独秀就如同北方的李大钊一样都是最早最著名的马列主义传播者""当代的王选就像古代的毕生一样都是著名的汉字印刷发明家""地下的苏杭就像天堂一样是最美好的地方""地上的驴肉就如同天上的龙肉一样,最好吃""广州的饭菜如同上海的服装一样,最为著名""中国的北大如同哈佛一样,最为著名"。三是对举构式当中所列举的事物,必有一项是最著名的或最有代表性的事物,在显著性上具有不言而喻的性质。因此,对举构式不仅包含了两个事体相似性的比较,更重要的是暗含了对事物的评价。我们看到,对举构式的转换式"A如同(像)B一样X"中,必须包含着一个表示类同性质的评价成分"X",而这个"X"中一定是对两个事物所代表的性质的最高程度等级的评价。所以,要正确地理解这些构式所表达的意思,不仅要理解构式是对两个事物之间相似点的比喻,还必须把构式中隐含了的最高等级的评价性成分"X"填补出来。可见,对举构式的形式背后所代表的是一种不同事物间相似性的思维运作,其中又以特色的显著性极高的一项作为喻体,暗示了所列事物在性质上最具代表性。这正是这类构式义产生的内在机理,也是正确理解构式义的基础。

（二）关联性与语境

汉语中的表示极性意义的几种构式其字面的语义表达与实际要传递的意思之间存在着一道鸿沟,并未在形式上以明示性的词汇手段表现出来,但是,在理解这些构式的意义时,听者并不需要花费什么特别的努力就能准确无误地理解其中传递的极性意义。可见,构式意义的形成还与话语的关联性相关。关联理论告诉我们,听话人不但假定说话人设法表达了具有最大关联的话语,而且假定说话人成功地表达了具有最大关联的话语(Sperber, D. & D. Wilson, 1982:61-85)。联系各种表示极性意义的构式,我们不难看出,构式中必有一项具有认知上的显著度,在某一领域里最具代表性,说话人把具有极高知名度的事物与另一个事物放在一起进行类比,其语用目的正是增强二者的关联性,表达了二者在某个方面具有"最、顶、第一"的类同关系。例如古今对举构式中,所列举的古代人物家喻户晓,才能起到表意上以古衬今的效果。这种知名度与代表性带来了构式极性意义理解上的便利性,所以,即便没有明示性的词汇手段,理解其意义也不必花费什么心力。这正是这类构式不使用明示性词语的原因。

对举构式对语境具有较强的依赖性,也给听话人理解其极性意义带来了极大的便利。对举构式对语境具有较强的依赖性具体表现在如下三个方面：一是非对举格式很难表示极性意义。众所周知,北京烤鸭为京城著名食品,当回答"这是哪里做的烤鸭"时,"这是北京烤鸭"只是对其产地与品牌的回答,并无极性意义。当回答"这个品牌的烤鸭怎么样"时,"这是北京烤鸭"则暗含了北京的烤鸭最有名这样的极性意义。再如,在称赞上海交通大学的学风的语境中,你可以附和一句"是啊,学在交大嘛"来暗示交大的学风一流。可见,只有在评价性的语境中,非对举格式才能表示极性意义。二是有的对举构式必须成对使用,几乎不存在单说一项的情况,如南北对举、古今对举、上下对举等。这也是对举构式对语境依赖性的具体表现。三是对举构式必须紧接使用,对举就意味着不能分离开来,一旦被别的成分隔离,对举的语境即遭到破坏,其极性意义会很受影响。如"古有花木兰,今有娘子军"表达了当今的娘子军如同古代的花木兰一样都是巾帼英雄的代表,是极性义对举构式。而"古有花木兰,替父去从军;今有娘子军,扛枪为人民。"由于中间插入了别的成分,语意上表达的重心是对不同时代女子参军打仗"替父去从军"与"扛枪为人民"两种不同抱负的对比,极性意义几乎不再存在,如有,充其量只能算是附带的意义。

第二节　形容词主观高量构式"A又A"

语法著作在谈到汉语形容词的生动形式时,大都分为四类。第一类是单音节形容词 A 的重叠,重叠式为 AA,如"高高、胖胖、白白"等。第二类为单音节形容词 A 加双音后缀或三音后缀,格式有 ABB(如"香喷喷、病歪歪、暖洋洋")、ABC(如"美不滋儿的、酸不叽的、冷古丁的")和 AXYZ(如"白不呲咧、黑不溜秋、傻不愣登")等三种。第三类为双音节性质形容词 AB 的重叠,重叠式为 AABB,如"高高兴兴、漂漂亮亮、欢欢喜喜"等。第四类是双音节形容词 BA 的重叠,重叠式为 BABA,如"笔直笔直的、冰凉冰凉的、通红通红的"等(吕叔湘,1980/1999: 716-719)。形容词的生动形式除了这四种之外,是否还有其他的种类?查阅相关的著作与研究文献,提到的除了上面四类外,并无别的类型。我们发现,单音节形容词 A 还有另一类生动形式,其形式为"A 又 A",其实是一种单音节形容词并列生动构式,我们称之为主观高量的"A 又 A"构式。如:

(1) a. 乌苏里江来<u>长又长</u>,蓝蓝的江水起波浪。(《乌苏里船歌》歌词)

b. 咱死了,一身光,坟头还不是<u>光又光</u>?(《人民日报·海外版》1999-7-2)

c. 大顶子山哟<u>高又高</u>,我们赫哲人在这里打獐狍,不怕冰天雪地,

猎歌乘着白云飘。(《大顶子山高又高》歌词)

本节拟从两方面对这种"A又A"构式给以说明:①"A又A"构式的性质与表意特点;②"A又A"构式的语体特征及特殊的表达功能。

一、"A又A"的性质与表意特点

(一)"A又A"与形容词并列结构的区别

"A又A"形式上是由连词"又"连接两个同形的单音节形容词构成的,这种并列生动式在语形上很像是单音节形容词的并列式"A又B"和"又A又B",但它与这类形容词的并列式在句法和表意上都有一系列的区别。

1. 句法上的区别

首先是构成成分的区别。"A又A"格式是两个同形的单音节性质形容词的并列,而"A又B"与"又A又B"格式,是同一事物两种不同性质A与B的并列,而且单、双音节的形容词都可进入。如"黑又亮、圆又尖、酸又甜、又黑又瘦、又白又胖、得体又大方、又贤惠又端庄"等。"又A又B"格式还允许单、双音节混合构成:"又黑又瘦小、又贵又难看"等。

其次是句法功能的区别。"A又A"的句法功能比较单一,一般只能做谓语,用于非谓语的位置很少见,下面是从北大语料库中查到的两例非谓语位置的"A又A":

(2) a. 可是她们那来势就比全副武装的人狠得<u>多又多</u>!

b. 李洛玉接过光上光、<u>亮又亮</u>的三排子弹,粒粒都是三道眉、红脖圆的日本炸子儿。

而"A又B"与"又A又B"的句法功能多样,能出现于多种句法位置。如:

1)做定语:黑又亮鞋油/又白又胖的孩子/又贵又难看的衣服

2)做谓语:头发黑又亮/孩子又白又胖/衣服又贵又难看

3)做状语:又羞又臊地不敢出声/又羡慕又忌妒地看着她/又惊又惧地问

4)做补语:头发长得黑又亮/把脖子撑得又粗又红/写得又具体又生动

再次是结构上有无变体的区别。"A又A"是一种固化形式,并无变体。而"A又B"与"又A又B"还可能有多种变体,请看:

(3) a. 看看女客们携来的小孩子们,他又羡慕,又忌妒,……(老舍《骆驼祥子》)

b. 5年的路很长又很短,长得像一条扯不断的线;短得又像一眨

眼。(《昆明日报》2006-11-08)

    c. 白话文学是有很长又很光荣的历史的,而不是这三四年几个人凭空捏造出来的,……(胡适 姜义华《胡适学术文集·新文学运动》)

    d. 花很大很白又很香,一直不知道是哪一种花,……(席慕蓉《淡淡的花香》)

    e. 估计要是翻译"夫妻肺片",只能说是"又辣又咸又甜又麻的牛肉或一些内脏",吃者不是一头雾水才怪呢。(网络语料)

上例各句,a 是"又A又B"的松散结构"又A,又B"式;b"A又B"中的形容词前都加上了程度副词;c 中 A 与 B 前不仅都有副词,音节也不同;d、e 是单音节形容词的多项并列结构。结构上既可松散又可混合,甚至可多项并列,都是由其表意特点决定的。下面比较一下"A又A"与形容词并列结构"A又B"和"又A又B"表意的区别。

2. 表意上的区别

"A又A"表示事物性质A程度的增加,增加而导致的是性质上量值的变化,其表意特点是累加增量。如"黑又黑"是"很黑、特别黑",而不是"黑"与"又黑"简单的并列,"A又A"的表意体现了"整体大于部分之和",所以这一格式中的任何一个A虽都有A的性质但并不等同于"A又A"。而形容词并列格式"A又B""又A又B",语意上等于A与B两种性质的并列,表示事物既有A性质又有B性质,所以A与B在并列格式中不仅可以互换位置,甚至分解开来进行表述,原意可保持不变。如"她长得又白又胖",不论说成"她长得又胖又白"还是"她长得又白,她长得又胖",意思不会产生什么本质的变化。

可见,"A又A"不能理解为与"A又B""又A又B"这样的形容词并列结构。

(二)"A又A"与单音节形容词重叠式"AA"的异同

"A又A"在表意上与单音节形容词的重叠式的"AA"也有相似之处,它们都由同一性质的单音节形容词构成,又都是通过形容词自身性质的累加来表示增量的。但细细观察,二者在表意上还是有很大差别的。

1. 代表的量级不同

形容词表示事物的性状,性状往往体现为程度上的等级。西方语言里的形容词有原级、比较级和最高级的句法形态标记,汉语的形容词则用前加程度副词的词汇方式或通过重叠等生动形式来标记。张国宪(1993)将程度词分为微量、中量、高量和极量四个量级,并根据形容词与程度词的组配能力测试了各类形容词在量幅延伸上的不同表现。以"白"为例,它可以被程度词切分为微量（有点白、微白）→中量（比较白、足够白）→高量（很白、非常白）→极量（最白、极白）四个量级。

"白白"的意思相当于中量级的"比较白"，可见，"AA"也是单音节形容词一种中量级的表示方式。那么，"A又A"代表了形容词的哪个量级呢？请看例句：

（4）a. 小白兔，<u>白又白</u>，两只耳朵竖起来。（儿歌《小白兔》）

　　　b. 今天正式通车，当地群众高兴地说："康庄道路<u>光又光</u>，踩泥的胶鞋'下了岗'。"（《甘肃农民报》2004-11-12）

两句中的"A又A"都应该理解为"特别/非常/很A"，那么，"A又A"应该是形容词的一种高量级表示方式。"大跃进"时期的一首诗，可以明显地看出"A又A"表示高量的特点：

（5）一个稻穗长又长，黄河两岸架桥梁。十辆汽车并排走，火车开来不晃荡。

这里的"长又长"绝非一般的长，也不能理解为中量级的"比较长"，只能理解为高量级的"特别/非常/很长"。可见，"A又A"是形容词高量级的一种表示方式。

2. 表示量性上的共性

形容词的量还有量性的区别，即客观量与主观量的区别。形容词的客观量是基于理性判断经比较而形成的量，其句法特征是可用于比较句，如"这个班的学生，她最优秀""这周的天气，今天更暖和些"。程度副词"稍、稍微、略微、更、更加、较、比较、最、顶"等显化的都是客观量。形容词的主观量是基于说话人的主观标准比较得出的，其句法特征是不能用于比较句，如"茶太浓了""天气有点儿热"。程度副词"有点儿、很、非常、特别、挺、十分、太、极、极为、极其"等显化的都是主观量。

在量性上，"A又A"格式与"AA"格式有共性，表示的都是形容词的主观量。但它们表示的量级是不同的，"AA"格式表示的是形容词的中量级，结合其量性特征，可称为主观中量表示法。"A又A"在表示的量级和量性上与"非常/特别/很 A"一致，它们在量性上都表示主观量，同时又都属于高量级，可称为主观高量表示法。

（三）"A又A"与"非常/特别/很A"格式的比较

"A又A"与"非常/特别/很A"两种格式在表示的量级和量性上有共性，它们的个性何在呢？为了进一步明确"A又A"格式表示主观量的个性，须从两种格式的比较中体会二者表示的主观量的区别。它们的区别主要体现在量值的显现方式和语体特征上，关于语体特征我们将在下文集中讨论，这里先讨论两种格式量值显现方式之别。

"非常/特别/很A"格式是采用概括的方式来显量的。其实这种量的识解方式涉及复杂的计算，其表量法可分为三步：第一步是建立形容词性质A的认知域"X、Y、Z……"；第二步扫描这一认知域中各项体现A的量值；第三步是量值的提取，确认其中某一项（如X）处于认知域中量值A的高点，从而形成X"非常/特别/很A"的概括式表量。

"A又A"格式是采用同质累加的方式来显量的，即把性质同一的两项"A"与"又A"直接相加，运用"一加一大于一"的计量原理，便形成了"A又A"累加式表量。这种表量方法简单，所以出现得比较早，代表了人们早期原始的计量特点。先秦时《道德经》中就能见到与"A又A"类似的格式：

（6）此两者，同出而异名，同谓之玄。玄之又玄，众妙之门。（老子《道德经》）

"玄之又玄"意思是"特别玄妙、非常幽深"，其中"之"为衬字，并无实意，形式上与"A又A"同出一辙。唐代《祖堂集》也有一例与"玄之又玄"类似的格式，能更清楚地显示"玄之又玄"量值增加的形成方式。

（7）直似长空搜鸟迹，始得玄中又更玄。（《祖堂集·卷四·丹霞》）

"玄中又更玄"就是"玄而又玄""玄再加玄"之意，现代汉语中不用程度副词而表示程度加深的"好上加好"，沿用的也是这种累加式"A又A"的增量方法。

上文所述，尽管"A又A"与"AA"两种格式表示的均为形容词的主观量，但两种格式毕竟存在量级的不同，因而都有其在汉语中寄身的语义基础，不存在一种格式排挤另一种格式的问题。但是，汉语中既然存在量级和量性上与"A又A"完全一致的"非常/特别/很A"，二者均为形容词主观高量表示格式，那么，为何两种表意上完全一致的格式能够在汉语中并存呢？下文我们从"A又A"的语体特征与表达功能两方面探讨一下其存在的基础。

二、"A又A"的语体特征与表达功能

"A又A"一般只出现在韵文作品中，童谣与儿歌（例8）、民谣与顺口溜（例9）、歌词与诗歌（例10）等有韵律与节奏要求的韵文体是这种格式最常用的场所：

（8）a. 松糕松糕高又高，我请阿叔吃松糕。（人民网《温州童谣》）
　　　b. 身穿皮袄黄又黄，呼啸一声众兽慌，……（《谜语三百则》）

c. 小小飞机大眼睛，两只翅膀轻又轻，……（《谜语三百则》）

（9）a. "焦石坝穷又穷，出门就要背篓笼。" 10 年前的长虹村流传着这样一句顺口溜。（《四川日报》2006-12-28）

　　b. "每天多笑一笑，生命便长又长。"这句话经常被余瑞心挂在嘴边。（《佛山日报》2007-03-10）

　　c. 改革开放初期，湖坊是出了名的穷村，有民谣为证："湖坊穷又穷，到处是茅棚"。（中华商贸网 2004-12-01）

（10）a. 边区的太阳红又红，咱们的领袖毛泽东。（《咱们的领袖毛泽东》歌词）

　　b. 洪湖水呀长呀么长又长，太阳一出闪金光。（《洪湖水浪打浪》歌词）

　　c. 士兵，原本是工农，为何来当兵？原因都是穷，苛捐多，杂税重，勤俭也无用。经济总破产，农村穷又穷。（《尚志县志》）

　　d. 三八枪亮又亮，我的刺刀光又光。……（《太原晚报》2005-04-22）

"A 又 A"格式之所以颇受韵文的青睐，与其语体特征与特殊的表达功能有关。

（一）书面语体特征

在形容词的量级与量性上，"A 又 A"格式与程度副词"非常/特别/很 A"具有一致性，但后者的出现要晚得多。"非常"唐代以后才多用（杨伯峻 何乐士，1992：279），"特别""很"出现的时间更晚，"A 又 A"产生的时间虽无法确定，但在先秦《道德经》中已见其影子。但是"玄之又玄"这种以同质累加表示形容词主观高量的句法格式，并未在汉语中广泛使用开来，因为尚有类似于"非常/特别/很 A"的句法格式"良/犹 A"来表达形容词主观高量。例如：

（11）a. 始皇默然良久。（良：很）（《史记·秦始皇本记》）

　　b. 居处恭俭，食饮被服犹节约。（犹：特别，尤其）（《汉书·辛庆忌传》）

在两种句法格式竞争的过程中，"良/犹 A"类格式占据着优势，"A 又 A"格式则处于劣势。加之后起的"非常/特别/很 A"格式在取代了"良/犹 A"等旧格式后，又对"A 又 A"格式形成了新的挤压，所以即使在非韵文体的古代文献中，"A 又 A"格式的使用频率也极低。下面是我们找寻到的一些零散用例：

（12）a. 示众云："……既然如是。为甚么那吒扑帝锺？"良久云：

"波斯鼻孔长又长。"(南宋 佚名《古尊宿语录·卷十一》)

　　b. 一齐来爬时,那石<u>高又高</u>,<u>峭又峭</u>,<u>滑又滑</u>,怎生爬得上?(冯梦龙《喻世明言·第二十一卷·临安里钱婆留发迹》)

　　c. 父母<u>慌又慌</u>,<u>苦又苦</u>,正不知什么意故。(冯梦龙《警世通言·第二十三卷·乐小舍拼生觅偶》)

　　d. 只因这枝枣树<u>大又大</u>,<u>长又长</u>,伍保气力又大,成都的兵器短,所以倒退了。(《说唐·第十七回》)

　　e. 孽龙更变作个金刚菩萨,<u>长又长</u>,<u>大又大</u>,手执金戈,与吴君彭君混战。(冯梦龙《警世通言·第四十卷·旌阳宫铁树镇妖》)

值得注意的是,后四例的"A又A"格式并非单独呈现,都出现于两个以上不同类型的"A又A"格式连用的语篇中,这些连用的"A又A"格式在后来的非韵文中大都不存在了,它们消失的原因显而易见,因为这些连用的"A又A"格式极易合并成单音节形容词的并列结构:高又高,峭又峭,滑又滑→又高又峭又滑;慌又慌,苦又苦→又慌又苦;大又大,长又长→又大又长;长又长,大又大→又长又大。可见,在与新兴格式的竞争中,"A又A"格式始终处于被挤兑的尴尬地位,在当代非韵文更是难得一见,即使偶尔见到,感觉上也有较浓的书面色彩。例如:

(13) a. "长安人"深知前进的路<u>长又长</u>,他们把已经取的成绩只当作一个阶段性成果。(北大语料库)

　　b. 李洛玉接过<u>光上光</u>、<u>亮又亮</u>的三排子弹,粒粒都是三道眉、红脖圆的日本炸子儿。(北大语料库)

如在现代口语中,"前进的路长又长"得说成"前进的路特别长/很长","光上光、亮又亮的三排子弹"得说成"光溜溜、亮晶晶的三排子弹"。看来,"A又A"格式在口语中被消解与取代,大概也是其书面色彩所致。

一般而言,后起的句法格式往往是在口语中大量使用后,再经过与旧有格式的竞争中胜出才进入书面语的,因此,"非常/特别/很 A"格式比之前业已存在的"A又A"格式更具口语体特征。"非常/特别/很"等大量使用后,把"A又A"格式挤出了口语,而韵文体的儿歌、民歌等,在语体上又排斥口语,这就给具有书面语体特征的"A又A"格式留下了使用的空间。由于儿歌、民歌等口头文学不受正统文学的重视,所以这类古代作品散佚严重,但是我们还是从明代冯梦龙汇集的民间歌谣《挂枝儿》中找到了"A又A"格式的用例:

(14) 桃子儿生得多清秀。<u>红又红</u>,<u>白又白</u>,长在枝头。几番要采你不能勾。墙高人又矮,欲要偷一偷。等待你熟时也,方才好下手。(冯

梦龙《挂枝儿·咏部八卷·桃子》）

"A又A"格式在韵文中找到其栖身地后，在汉语中顽强地生存下来，儿歌、歌词、顺口溜等韵文作品中，成了它赖以寄身的家园。"A又A"格式虽然退出口语，而后又退出了非韵文的书面语，但它在现代汉语中并未真正消亡。它的简约的结构与朴素的表量方式甚至还类推到名词身上，如"人上人、人下人、天外天、楼外楼"等，至今具有一定的能产性。"A又A"格式能够在韵文体中存在，还与它特殊的句法环境与表达功能有关。

（二）"A又A"特殊的句法分布与表达功能

1. 句法分布与语义的自足性

"A又A"格式句法分布很特殊，一般只出现于谓语的位置，语义上具有自足性，所以成句能力较强。"三八枪亮又亮/边区的太阳红又红/小白兔，白又白"等都能自主成句。而形容词，特别是单音节形容词在谓语的位置上出现很不自由，必须有对举或问答的语境。从"A又A"格式句法分布与较强的成句能力来看，它的产生除了能满足单一性质的形容词量级增加的语义要求外，还是解决单音节形容词独立做谓语的一种重要的句法手段。正因为"A又A"格式语义上具有自足性和较强的成句能力，它才有被"非常/特别/很 A"格式排挤出口语后在韵文体中继续生存的可能。它在韵文体能有用武之地，还得益于其独特的韵律与语体特征。

2. 韵律与语体要求

"A又A"格式总是出现于句子谓语的位置，而且其后不再带任何成分，连语气词都不能出现，这不仅是语义自足的表现，更是韵律的要求。那么，何以"A又A"格式会受到韵文体的特别青睐呢？如果联系"A又A"的凝固化过程和韵文所特有的韵律与语体要求来考察，不难找到答案。

讲究押韵和韵律是韵文与散文的区别性特征，合辙押韵可以使韵文音调和谐悦耳，富于音乐节奏，诵唱顺口，方便好记。押韵要求韵文中每隔一句的末尾用同韵的字，所以单音节形容词A的韵母必须处于韵脚的位置才能满足押韵的需要。"A又A""AA"与"非常/特别/很 A"三种格式中的A都处于格式之末，如果仅从押韵的角度看，似乎都可放在韵脚的位置满足押韵的要求。但是，韵文除了押韵的要求外，尚有韵律节奏和语体的限制。前文所述，"AA"与"非常/特别/很 A"均为口语格式，韵文体是典型的书面语体，所以，尽管"非常/特别/很 A"与"A又A"表意相同，"AA"也与"A又A"表意相近，但两种格式都因其口语体色彩而被韵文体所排斥。在语体的竞争中，"A又A"格式以其书面语体的优势而将"AA"与"非常/特别/很 A"两种格式挤出了韵文体。即使在口语化程度较高又讲求押韵的现代诗中，"A又A"格式也牢牢地占领着自己的位置，难以被"非常/特别/很A"和"AA"格式替代：

（15）穹窿呵，深又广，在那神秘的世界里，好象竖立着层层神秘的殿堂。大气呵，浓又香，在那奇妙的海洋中，仿佛流荡着奇妙的酒浆。星星呵，<u>亮又亮</u>，在浩大无比的太空里，点起万古不灭的盏盏灯光。银河呵，<u>长又长</u>，在没有涯际的宇宙中，架起没有尽头的桥梁。（郭小川《望星空》）

再看韵律的要求。汉语的诗歌大多为五言和七言，对节奏都有严格的要求，冯胜利指出，汉语五个音节的组合，最自然的节奏是[2+3]，七个音节的组合，最自然的节奏是[[2/2]+[3]]（冯胜利，2000：94）。儿歌、民歌、民谣、歌词、顺口溜虽然不讲求律诗那样严格的格律，但在韵律节奏上有较高的要求，即要求在押韵基础上的节奏，特别是诗句末尾必须符合三个音步的节奏要求。"A又A"早期的形式是散文体的"玄之又玄"，在与"AA"与"非常/特别/很A"两种格式的语体竞争中落败于散文体，但在韵文体中却有着很明显的优势。何况在散文中已出现了少许无衬字"之"的用例（见例12），这种现成的三音步的"A又A"放在诗句末尾正好适合一些有一定韵律要求但格律上又不太严整的韵文体的节奏要求，由于韵文语体的限制，"A又A"也自然成为形容词增量格式在韵文体中的唯一可选。因"A又A"在儿歌、民歌、民谣、歌词、顺口溜等不太讲究格律的韵文中找到了它理想的使用场所，从而在使用的过程中逐渐凝固化，在汉语中扎下了根。

报刊上的文章题目，对语体和韵律也有一定的要求，对口语化的"非常/特别/很A"和"AA"也具有排斥性，而对有书面色彩和诗化句法特点的"A又A"格式则有一定的容忍度，故而在报刊文章的题目中也能偶见其踪影：

（16）财政支出表长又长。（《人民日报》2005-12-19）

另外，量级表述的简易性也可能是"A又A"格式能够在汉语中长期存在的一个原因。儿歌、民歌、顺口溜等韵文作品，大都来自民间，有的产生的时代也比较久远，"A又A"格式反映了普通民众性质计量上的朴素观念。当代的诗歌、歌词以及书面语中个别的"A又A"用例，也可看作这种表量方式的一种直接继承。

"A又A"格式只允许单音节形容词进入，对双音节形容词具有排斥性，这有几方面的原因。其一是性质的单一性。单音节形容词是最基本和最典型的形容词，其最大特点是性质单一，这才能形成"A又A"的同质累加。

而双音节形容词则不具备性质单一的特点,无法形成性质单一的"A又A"格式。其二是时间因素。单音节形容词产生早于双音节形容词,"A又A"格式早在双音节形容词大量出现前业已成形,这种既定的格式很难接纳内部结构与表意均比较复杂的双音节形容词。其三是语体与节奏的制约。前面谈到,"A又A"格式语体风格与节奏均适合韵文体,而双音节形容词如果采用"AB又AB"形式,节奏上为[2+1+2],与韵文体要求的[2+3]或[[2/2]+[3]]是不吻合的。"A又A"格式对双音节形容词的排斥性,也是其特殊表达功能的一种体现。

第三节　程度估测义构式"够/不够X"

现代汉语口语中的"够/不够 X"是表达评估义的框式化结构。"够/不够"为结构的框式成分,"X"为变项。两种结构常做谓语,用以评估某一对象(通常为主语)是否达到了"X"所代表的标准或程度。值得一提的是,"够X"与"不够X"虽然是依存度极高(因为肯定与否定相互依存)的两种结构,但却存在着诸多的不对称:①肯定式多于否定式。比如与肯定式"够你喝一壶的｜够让人难堪了"对应的否定式"不够你喝一壶｜不够让人难堪"就不存在;否定"够贵的｜够冷的"时,用的往往是"不贵｜不冷",对应的否定式"不够贵｜不够冷"却基本不见使用。②肯定式与否定式对"X"的选择不对称。肯定式允许积极意义与对应的消极意义的"X"进入,如"够巧的｜够笨的、够美的｜够丑的、够得意的｜够灰心的"等,而否定式只允许积极意义的"X"进入,相对应的消极意义的词则很受限制,如人们很少听到"不够笨｜不够丑｜不够灰心"一类的说法,只有在特定的语境条件下才能使用(见下文)。

最早关注"够X"现象的是《现代汉语八百词》。该词典认为"够"有动词与副词两种词性,并认为副词"够"有两种用法:①修饰形容词,表示达到一定标准,其后的形容词只能是积极意义的,不能是相应的反义词。如:别接了,绳子够长了(*够短)｜你看够宽不够宽?——够宽了(*够窄)(吕叔湘,1980/1999:234-235)。②修饰形容词,表示程度高。"够"后的形容词可以是积极意义的,也可以是消极意义的。如:天气够冷的｜这件事够糟糕的。后来的几部虚词词典(见参考文献)也基本承袭了《现代汉语八百词》的说法。沈家煊(1999:156)也讨论过由形容词充当变项"X"的"够X"和"不够X"两种格式的不对称现象,认为"够X"

既可表示达到一定的程度，也可表示程度很高。该书首次运用标记理论对"够/不够 X"格式的不对称现象给出了新的解释。不过，所论及的"X"仅形容词一类，关于"够"的词性及词义也没有发表与《现代汉语八百词》不同的意见。还有，对形容词进入"够/不够 X"中的条件解释也值得商榷。

胡清远（2012）在研究了"够 X"格式时，发表了对《现代汉语八百词》的不同的意见：当"够"表示达到一定标准，并且其前出现了一些前加成分，形成"真够"（真够凄怆）、"便够"（穷人本来便够可怜）、"虽够"（情形虽够艰苦）等结构时，后带"X"也可以是消极意义的词。不过，该文仍将研究视点放在"够+形"结构上，对"够"的词性、"X"是否可以是非形容词以及否定式"不够 X"等关键问题并未涉及。

我们的观点是："够"只有一种词性——动词，详细讨论见下文。所谓"够"可以"表示达到一定标准"和"表示程度高"两种词义与用法，都是强行分化所致，不仅造成了描写与解释的不足，而且失去了对"够/不够 X"格式整体的构成机制与表意机制的全面把握，难以做到对语言事实描写充分基础上的解释充分。

鉴于这些不足，我们将借鉴构式语法的思路对该类结构进行全面考察，并尝试从几个方面展开讨论：①将"够/不够 X"作为一个构式来研究，概括其构式义；②充分描写进入"够/不够 X"构式中的"X"的类；③概括"够/不够 X"构式中各类"X"共同的语义特征，验证其构式义；④解释造成"够/不够 X"构式对"X"选择不对称的原因；⑤解释"够/不够 X"构式肯定式与否定式数量上不对称的原因。

一、"够/不够 X"构式的句法

（一）"够/不够 X"结构中"够"的分布

动词"够"除了表示手部动作（够东西｜够着/不着）的用法外，还有表示评估的用法，该用法的"够"有多种分布。全面考察"够"的分布情况，有助于我们对其词性及词义的重新认识，也有利于研究的深入展开。

1."够"后"X"为形容词性成分

能出现在"够/不够 X"结构中"X"位置的成分以形容词最为常见，而且只能是性质形容词，状态形容词不可进入，即"X"位置呈现出向性质形容词一边倒的不对称现象：

好、强、妙、灵、长、高、亮、大、多、快、粗、直、深、强壮、流畅、完善、深入、彻底、灵活、强大、健全、激烈……

由数量成分构成的形补短语也能充当"X",不过,也呈现出肯定式多于否定式的不对称倾向:够忙一阵子｜够风光一辈子｜够潇洒一回的｜够紧张几年的｜够大方一下的｜够排场一下子的……

2. "够"后"X"为名词性成分

A:"X"为抽象名词。如:条件、水准、档次、级别、资格、标准、火候、等级、规格、水平、意思、朋友、交情、义气、情义、哥们儿……以这些抽象名词为核心的名词短语也可用于"X"的位置,如:党员标准、分房条件、诗人的风度、部长级别等。

B:"X"为单音节名词。如:劲儿、味儿、格儿、谱儿、本儿、味儿、个儿……这些单音节名词和"够"结合得较紧,结构上已凝固化,因而《现代汉语词典》等很多词典把"够格儿、够本儿、够味儿"等作为词条收入。

由上述名词性成分构成的"够/不够 X"结构,肯定式与否定式均有。

3. "够"后"X"为动词性成分

A:"X"由动词单独充任。有三个小类:①心理动词。如:了解、感动、委屈、尊敬、惦记、关心、重视、熟悉、满意,等等。②消费义的动词。如:用、花、做、使、吃、花销、使用、劳作,等等。③"X 化"类动词。如:大众化、多元化、国际化、美国化、中国化,等等。这些动词构成的"够/不够 X"结构,既可用于肯定式,也可用于否定式。

B:"X"为动词短语。包括:①"有"字短语:够有耐心的｜够有实力的｜够没水平的｜够没本事的;②动补短语(够用两天｜够花销一两月｜够做几天)、动宾短语(够折磨人的｜够麻烦人的｜够给面子的)等。在使用中也表现为肯定式多于否定式的不对称,而且,此类结构之后往往须带一个表示强调或确认语气的语气词"的"。

4. "够"后"X"为小句

"X"可以由小句充当,如:钱够你花了｜够我赶一阵子的｜这堆药也够他吃几天了｜够你有水平｜够你幸运的｜够你辛苦一阵子的｜够他难受的｜这也够他忙乎几天了。这类"够/不够 X"构式肯定式多于否定式,在数量多寡上也不对称。

(二)"够"的词性

这四种不同"X"之前的"够",它们是同一种词性还是不同的词性,几部工具书的处理很不一致。当"够"后"X"为形容词时,几部工具书均认定为副词,对非形容词前"够"的词性认定,则意见不一,众说纷纭①。笔者认为,"够"在所有"够/不够 X"结构中均为表示评估义的准判断动词,其词性和词义具有内在的一致性。下面我们先就各家意见高度一致的"副词说"进行讨论。

1. "表示达到一定标准"的"够"是动词

针对"这根绳子够不够长啊?""这间房子够不够大啊?"可能会有如下的回答:

(1) a_1. 这根绳子够长了。　　　　a_2. 这根绳子恐怕/还不够长。
　　a_3. 这根绳子已经够长了。　a_4. 这根绳子确实够长的了。
　　b_1. 这间房子够大了。　　　　b_2. 这间房子恐怕/还不够大。
　　b_3. 这间房子已经够大了。　b_4. 这间房子真的/确实够大的了。

"够"在上例中都"表示达到一定标准",多数词典都认为它为副词。仅从 a2、b2 中"够"前可加"不"即知,这个"够"只能是个谓词,绝对不是副词。最不利于"够"为副词的证据就是,上例各句都可能是对问话"W 够不够 X"的正常回答,故而各句中的"够"不可能词性有异。因为只有谓词才能构成"够不够"的形式,所以说"够"绝不可能是副词。那它会不会是形容词呢?仅就上例来看,形容词说就不能成立,因为上例"够"后的成分都是形容词,而形容词绝无修饰形容词的功能。这些"够/不够 X"中的"够"既然是谓词,但又不是形容词,那结论自然就是:"够"必定是个动词。

2. 所谓"表示程度高"的"够"也是动词

(2) a. 这两年挣的钱够多的。　　　b. 这小孩子够浑的。
　　c. 你这招也够损的。　　　　　d. 这里的房价够高的。

按《现代汉语八百词》等的说法,上例中的"够"都表示程度高。与例(1)不同的是,这几句的"够"似乎均可用程度副词"挺"替换而基本意思不变。侯学超(1998:234)也是据此来对"够"的词性做出了程度副词的判断,这可能就是"够"被当成副词的重要依据。这种依据显然站不

---

① 认为"够+名"中的"够"是动词的有《现代汉语八百词》《现代汉语词典》,侯学超的《现代汉语虚词词典》(北京大学出版社,1998)认为"够+名"是固定说法,对"够"的词性未加说明。认为"够+动"中的"够"是动词的有《现代汉语八百词》《现代汉语词典》,侯学超则将其词性一分为二,即"够"在动词前时为动词(如:够用 | 够花),在动词短语前是副词(如:够有耐心的 | 够能忍受的了)。《现代汉语八百词》认为"够+小句"中的"够"为动词,侯学超则将其看成副词,《现代汉语词典》没有举例。张斌的《现代汉语虚词词典》(商务印书馆,2001)只指出了"够+形"中的"够"是副词,对形容词充当"X"之外的"够/不够 X"结构未予说明。

住脚。一是"够多"与"挺多"并不同义,"够多"是"达到了多的程度",而"挺多"是"很多,超过了多的一般程度",所以"够"与"挺"词义上并不一致。二是"够"在表示所谓的程度高时,其后的"X"虽以形容词为常项,但也可以是名词。如下例除了 c、d 外,a、b 的"够"绝对不能被"挺"或"很"所替换,"够"的副词性自然就失去了依据。

(3) a. 你可真够朋友的。　　b. 这小刘真是够意思的。
　　c. 妈妈对你够牵挂的。　　d. 他也够关心你的。

其三,所谓"表示程度高"的"够"前,还可以再被程度副词"挺、很"等修饰。查询人民网(查询时间 2016-07-11)的结果显示,"挺够 X"有 185 项,"很够 X"有 5374 项,这些并非个例的事实也更能说明,"够"绝非副词。例如:

(4) a. 小贾还觉得刘刚这朋友挺够意思。(《燕赵晚报》2016-03-15)
　　b. 买电脑虽然看上去挺够档次,却不实用。(《吉林日报》2004-07-19)
　　c. 周迅这个女孩很特别,很够义气,……(人民网·山东频道 2016-07-11)
　　d. 赵薇很够哥们,不粘人和发嗲,特别爽朗。(人民网·山东频道 2016-07-06)

可见,有些"够 X"里的"够"貌似能被"挺"替换,实际上只是句法上的一种巧合而已,二者的词性与词义绝非等值。形容词前的"够"的副词说是不成立的,其"表示程度高"的词义自然也是虚假的存在。

从例(3)各句也可以看出,不论"X"是何种句法属性,"够"体现出的都是动词的功能,其后的"X"均为宾语。支持"够"为动词的证据有三:一是肯定式"够 X"与否定式"不够 X",都能形成"够不够 X"的形式表示疑问,这说明"够"只能是谓词,绝非副词。而不少"够 X"与"不够 X"还能受程度副词"挺、很"的修饰,这也又排除了"够"为形容词的可能性。故而,"够"除了是动词外不可能有别的词性。二是从语义上看,"够/不够 X"与"够得/不上 X"有平行性的替代关系,如"够幸福≈够得上幸福""够朋友≈够得上朋友""够用心≈够得上用心""够演员气质≈够得上演员的气质""够吃三天≈够得上吃三天的数量"等等。这种语义上的平行性关系不可小视,因为判断动词"算"不仅可用于"算 X、不算 X"格式中,也能用在"算得上 X、算不上 X"的格式中,这说明,"够"与"算"应属同一词性。三是综合"够"在非"够/不够 X"结构中的句法特点,也更能说明"够"只能是动词。如:"够"可以后带"了"

(够了)、可以被"不"否定(不够)、可以做补语(受够了)等,这些分布与"够/不够 X"中的"够"的分布加起来,正好与动词的功能完全吻合。需要说明的是,"够"并非实义动词,除了能后带"了"外,它不能后带"过、着"等动态助词。其词义与功能类似于"是、算、等于、属于"等,是汉语中判断动词的一员,我们称之为准判断动词①。

(三)"够/不够 X"作为一种构式

综上,在"够/不够 X"结构中,动词"够"表示对某一对象是否达到某种属性要求、程度范围或数量标准的评估与判断,其词义可概括为"达到了一定的程度与标准",该构式可称为"程度与标准的估测义构式"。

"够/不够 X"结构在句法与语义上的共性表现在三方面。一是"够"的词性与词义同一;二是不管是"够 X"还是"不够 X",都能形成"够不够 X"来表示疑问;三是"够/不够 X"结构中的"X"必须具有"可评估"的语义特点才能合格地进入(见下)。我们认为:"够/不够 X"是一个框架结构(构式),以"够"与"不够"作为框架成分,起着对构式整体表示"评估"的语义导向标,以变项"X"作为评估的对象。"够/不够 X"结构是一个句法标记鲜明、语义特点显著、表达用途高度一致的构式。下文将证明,"够/不够 X"构式所有的变项"X"都必须具有与"够"语义和谐的某种语义共性,以此作为概括其构式义的语义线索,也能进一步

---

① 我们称之为准判断动词,还有一个重要的证据,即它与准判断动词"算"有句法与语义上的共性,如"算"能出现于"算得上 X、算不上 X"这样的句法结构,用于表达判断或推断,"够"也有这样的用法,而且"够得上 X、够不上 X"所表达的意思与"够 X、不够 X"几乎一致:

初看这个数据确实够得上优秀,还未达到令人咋舌。(人民网•体育 2007-05-10)

听说后来征兵,10 个人中只有 3 个勉强够得上健康标准。(人民网•文史频道 2011-08-18)

15 万已经够得上数额特别巨大。(人民网•江西频道 2016-06-13)

几万元的收成,够得上他养育一儿一女,撑起家庭。(人民网•福建频道 2016-07-06)

三人立即报警,被告知数额够不上诈骗,让向工商投诉。(人民网•四川频道 2016-07-07)

也够不上扰乱市场秩序。(人民网•四川频道 2016-06-03)

上面的"够"尽管并未用于"够/不够 X"构式之中,但其词性与词义与构式中的"够"完全一致。它不仅能够进一步验证"够/不够 X"构式之中"够"的动词性质,而且也说明我们将这类表示评估义的"够"从词性到词义做一体化处理的必要性与正确性。

强有力地验证"够/不够 X"构式的存在。

二、"够/不够 X"构式的语义

（一）"X"的语义特点："可评估性"

"够/不够 X"中的"X"可以是名词、动词、形容词性成分，甚至可以是小句，表面上它们似无共同之处。但是，"够/不够 X"作为一种构式，"够"对其后的宾语"X"一定有某种特殊的语义要求。观察发现，不论"X"为何种类型，必须具有"可评估"或"可量度"的语义特征，才能与"够"的语义和谐，成为可接受的表达形式。

1. 形容词性"X"的语义特点

当"X"为形容词时，构式表示对某个对象是否达到某种属性程度"X"的评估。构式对"X"必须是性质形容词这种一边倒的选择倾向最能显现"够"的语义特点。因为性质形容词在认知上表现为属性程度的离散性，句法上表现为可被程度词切分为不同的量度等级，所以最宜用于评估性构式"够/不够 X"中，用以表达对某个对象是否达到"X"的属性程度的评估。而状态形容词代表的量连续性的状态，并不体现为离散的量级，句法上不受程度词修饰，所以语义上不具备可评估性，自然也就不能够用于评估义的"够/不够 X"构式。

当"X"为形容词短语时，如："够忙一阵子｜够风光一辈子｜够潇洒一回的｜够紧张几年的｜够大方一下的"等，此时的构式"够/不够 X"并非对形容词所表示的属性程度的评估，而是表示对形容词代表的属性所涉及的某个量段（由数量补语表示）的评价与估量，整个短语"X"语义上自然具有可评估性特点。

2. 名词性"X"的语义特点

当"X"为抽象名词时，构式"够/不够 X"表示对某个对象是否达到"X"代表的属性标准的评估。为什么"X"必须是抽象名词？我们知道，具体名词是典型的名词，其空间性和实体性较强。而抽象名词代表的是抽象的事物，其空间性和实体性很弱，很容易被识解为事物的抽象"属性"。当用于评估义的"够/不够 X"构式时，其事物义被屏蔽，其属性义则被激活。而具体名词代表的是一个个具体的空间实体，很难被识解为某种抽象的属性，所以不被"够/不够 X"构式所允准。"条件、水准、档次、级别、资格、标准、火候、等级、规格、水平"等抽象名词，释义中就都有可评估的语义特征①，单音节的"劲儿、味儿、格儿、谱儿、本儿、味儿、个儿"也是抽象名词一类，其语义属性也具有可评估性。特别值得关注的是一些普通名词，其光杆形式一律被"够/不够X"所排斥，而一旦带上了数量成分，也就具备了进入"够/不够X"的语义条件。这种现象更能说明，可评估性才是名词性变项"X"强制性的语义要求。试对比：

（5）a. ？够兵力｜够一个团的兵力
　　 b. ？够用度｜够一年的用度
　　 c. ？不够面积｜不够一个球场的面积
　　 d. ？不够工资｜不够两年的工资
　　 e. ？不够公里｜不够四百公里
　　 f. ？够费用｜够三人的费用

总之，只有在语义上具有可评估性的名词性成分，才能符合评价、估量义动词"够"的语义要求，而名词"X"的可评估义，是在构式中实现的，这也反过来证明了构式"够/不够X"的"够"只能是一个表示评价、估量义的动词。

3. 动词性"X"的语义特点

可评估性也是动词性"X"共同的语义特点。能够进入"够/不够X"中的动词主要是心理动词，此类动词语义上与性质形容词颇为相似，具有可评估的语义特征，反映在句法上就是能被程度词修饰。故而它们成为动词家族中最易进入"够/不够X"构式中的一类成员。

另外，一些动词或动词性短语一旦进入构式"够/不够X"，也就具有了可评估的语义特点。如消费义动词构成的"够/不够吃、够/不够花"等，消费自然要涉及消费的数量与程度，故而语义上是可度量与可评估的。"X化"类动词，其词义上是一个可被评估计量的过程属性，如在"国际化程度高、大众化水平低"等表述中即是。由"有/没"字短语构成的"够有耐心的｜够没实力的"，其中的"X"也具有可评估性，因为"有/没"语义上表示"（不）拥有、（不）具有"，而评判某一对象拥不拥有什么当然是以可评估为前提的。"X"为动补短语构成的"够用两天｜够花销三两月的｜够做几天的"，这些动补短语的构成很有特点，其中的动词为消费

---

① 下面是《现代汉语词典》的释义：
　　标准：衡量事物的准则。　　　　　**档次**：按一定标准分成的不同等级。
　　级别：等级的区别，等级的高低次。**条件**：为某事而提出的要求或定出的标准。
　　水准：同水平。　　　　　　　　　**资格**：从事某种活动所应具备的条件身份等。
　　水平：在生产、生活、政治、思想、文化、艺术、技术、业务等方面所达到的高度。

类动词，而后面带的都是数量补语，所以整个短语从语义上都显现出可量度性与可评估性。在动宾短语充当"X"构成的"够折磨人的｜够麻烦人的｜够给面子的"等结构中，其中的"X"表达的是一种心理的感受与评价，同样具有可评估的语义特点。

4. 小句性"X"的语义特点

小句充当"X"构成的"够/不够 X"中，"X"虽为小句形式，但小句的谓语部分都是以动词或形容词为中心的短语，而且在具体的使用中，小句中的主语往往可省去或前移到"够"之前，这种省去或移走主语后的小句就变成了动词短语或形容词短语充当"X"的"够/不够X"，这些短语在语义上也具有可评估的特点。请比较：

（6）a_1. 够我用一周了。　　　　a_2. 够（我）用一周了。
　　　a_3. 我够用一周了。
　　　b_1. 够你享用一生的。　　　b_2. 够（你）享用一生的。
　　　b_3. 你够享用一生的。
　　　c_1. 够你忙乎一阵子了。　　c_2. 够（你）忙乎一阵子了。
　　　c_3. 你够忙乎一阵子了。
　　　d_1. 够人家能干的。　　　　d_2. 够（人家）能干的。
　　　d_3. 人家够能干的。

总之，能够充当"够/不够 X"中变项"X"的成分，只要是在语义上具备了可评估的特点，都能符合"够"的语义要求，构成"够/不够 X"构式。可见，可评估性是所有"X"必备的语义共性，是构式框式成分"够"的句法与语义要求。这一语义共性不仅验证了"够"的语义特点，也有助于我们总括"够/不够 X"的构式义。

（二）"够/不够 X"的构式义

任何构式的语义（构式义）都是可以推导的。通过分析构式"够/不够 X"的句法构成与语义特点，特别是对变项"X"的语义特点的挖掘与展示，我们对构式"够/不够 X"的句法与语义构成有了一个明晰的认识。动词性的框式成分"够"给整个构式构筑起了表达评价与判断的句法与语义框架，并要求其后的变项"X"清一色地具备可评估的语义特点，这种统一的要求正是我们追踪其构式义最佳的语义线索。

至此，根据框式成分"够"表示"达到了一定的程度与标准"的语义，再结合变项"X"必须具备的可评估的语义特点，我们将构式"够/不够 X"的构式义概括为："针对对象某一方面的属性程度或数量是否达标的评估。"

具体说来，当"X"为形容词、抽象名词、心理动词或定语为非数量成分的名词短语时，构式是对某个对象是否达到了说话人认定或预期的程度标准的评估；当"X"为用度类动词、动词短语、形容词短语、小句或数量成分做定语的名词短语时，构式是对某个对象是否达到了说话人认定或预期的数量标准的评估。下面的两种表达格式，意思上完全可以互换，可以清楚地反映"够/不够X"构式与相关表达格式在表意上的依存关系与平行关系。请看：

（7）a. 小刘够聪明的≈小刘达到了聪明的程度（X为形容词）
　　　b. 房子够宽大了≈房子达到了宽大的程度（X为形容词）
　　　c. 你够朋友≈你达到了朋友的标准（X为名词）
　　　d. 青岛不够国际化≈青岛没达到国际化的标准（X为动词）
　　　e. 够关心的≈达到了关心的程度（X为心理动词）
　　　f. 这里你不够熟悉≈没达到熟悉的程度（X为心理动词）
　　　g. 够用了≈达到了用的数量（X为消费义动词）
　　　h. 够有实力的≈达到了有实力的标准（X为动词短语）
　　　i. 够折磨人的≈达到了折磨人的标准（X为动词短语）
　　　j. 够诗人的风度≈达到了诗人的风度标准（X为名词短语）
　　　k. 不够四十平米≈没有达到四十平米的数量（X为"数量名"短语）
　　　l. 够潇洒几月了≈达到了潇洒几月的数量（X为形容词短语）
　　　m. 够忙一阵子了≈达到了忙一阵子的数量（X为形容词短语）
　　　n. 够你吃一天了≈达到了你吃一天的数量（X为小句）
　　　o. 够我做三天的≈达到了我做三天的数量（X为小句）

可见，经过我们对"够/不够X"构式的框式成分"够"的词性与词义的概括，特别是对组成"够/不够X"构式的不同性质的变项"X"的语义分析，组成构式的成分及整体的构式义逐渐变得透明或半透明，"够/不够X"的构式义也得到了有效的验证。

三、构式不对称现象的认知因素

我们首次在论证"够"的词性与语义同一性的基础上，将诸多的"够/不够X"结构概括为一个构式。这样处理的好处是可以提高对语言现象的解释力，可有效避免研究中的随文释义、将同一个构式人为地肢解、将同一个动词"够"从词性与语义强行分解开来的弊端。上文的1.1显示，"够/不够X"构式内部存在着诸多的不对称。我们认为，所有的不对称，都是可以解释的。

之前的研究都注意到构式"够/不够 X"对变项"X"有所选择。不过，这种不对称现象被指认为是"副词"性的"够"在修饰形容词时意义的不同所致。有的则将这种不对称现象归结为"X"有标记/无标记的对立。

把"够/不够 X"中变项"X"的不对称完全归结为"够"的词义差别乍看有道理，细想有问题。"够"后的"X"可以是词，也可以是短语或小句，故而，仅从词义的差别一点无法应对这些大于词的"X"。何况，《现代汉语八百词》等说的"X"仅指的是形容词，非形容词性的"X"没有顾及，而且针对的只是肯定式，根本没有考虑与之直接关联的否定式，因而解释力大打折扣，读者根本无法得知其中的规律。

另外，认为"表示达到一定标准"的"够"，其后的形容词只能是积极意义的（"好"类词），不能是相应的反义词（"坏"类词）的说法也过于武断。比如，与积极意义的"长、宽"相应的反义词"短、窄"也可用于"表示达到一定标准"的"够"后：

(8) a_1. 为什么还要统一发型？我现在的头发已经够短了，难道只剩一层发茬才合乎要求？（《广州日报》2013-11-28）

a_2. 暑期工只做两个月的时间本来就够短了，培训他们就要花很长时间，如果干几天就不做了，招人的成本都赔进去了。（《南方日报》2013-07-31）

b_1. 一些居民说，路本身已经够窄了，自行车和摩托车还要再占道，可以想象那种场面，实在是太危险了。（人民网·海南视窗 2003-03-03）

b_2. 马路本来就够窄了，两边再停上车，还让不让人走了！（《齐鲁晚报》2012-02-03）

而且，"短、窄"还能用于否定式"不够 X"中：

(9) a_1. 球裤不够短　联盟要罚款（《大众日报》2005-11-29）

a_2. 热裤不够短那还叫热裤（看看新闻网 2014-05-03）

b_1. 刘亦菲童年照萌萌哒，人家侧面照脸不够小，下颚不够窄，但是人家皮肤白比例好，从小颜值就爆表。（人民网·河北新闻网综合 2016-07-05）

b_2. 手机背面摄像头容易发热，边框不够窄，弱光环境拍摄效果较差，后壳掰开有些费力。（人民网·通信频道 2014-11-25）

把"够/不够 X"对"X"选择上的不对称归结为"X"的有无标记的对立，的确是一种进步，因为该解释确能反映出"X"在"够/不够 X"构式中体现的"无标记项的使用频率高于有标记项"的语用规律（沈家煊，1999：155）。但使用频率的高低与能否使用毕竟不是一回事。一些有标记项"X",却同样能出现于"够/不够 X"构式中,这又是何故?标记论对此则效用全无。标记论遇到的更大的麻烦是,它关注的仅仅是变项"X"为形容词的情况,而"够/不够 X"构式中变项"X"不是形容词的情况也为数不少,这些非形容词的"X"到底是有标记项还是无标记项?为何有的非形容词成分能够进入构式,有的却不能?这些问题更是标记论无法招架的。

(一)心理预期与构式的不对称

心理预期是指人们心中持有的关于言谈对象某一属性或特点的一般性的心理预期。心理预期可分为正向预期和负向预期两种,凡是符合人们的心意与社会正常标准的预期,即为"正向预期",否则,即为"负向预期"(沈家煊,1999:110-111)。心理预期是人们普遍持有的一种认知倾向,是个体经验与特定社会文化的凝结物,它会对语言的使用产生一定的影响。我们认为,心理预期的正负向的不同,可以合理地解释构式对语义上具有不同情感色彩的"X"在进入肯定式与否定式时产生的不对称现象。

变项"X"进入构式的规律是:凡是语义上符合人们正向心理预期的"X",肯定式与否定式均可进入。凡是语义上不符合人们正向心理预期的"X"(负向预期),只能进入肯定式,除非附加特定的语用条件,否则不能进入否定式。

以"好看"与"难看"这一对反义词为例,"好看"是正向预期,所以肯定式与否定式都能进入,如:够好看的/不够好看。"够好看"表示达到了说话者认定的"好看"的标准;"不够好看"表示没达到说话者认定的"好看"的标准。"难看"则为负向预期,所以只能进入肯定式,一般情况下不能进入否定式。"够难看的"表示达到了说话者认定的难看的程度,而"不够难看"在正常情况下不见使用,除非临时调整人们心理预期的正负向标准,比如选丑比赛中才可使用。再以反映气温的"热"与"冷"为例,人们对气温的正向期待是不冷不热,温度适中,所以"热"与"冷"都是负向期待,二者只能进入肯定式(够热的/够冷的),而很少用于否定式,从而形成肯定与否定格式对变项"X"在词义选择上的不对称。但是,我们所说的不对称指的仅是数量的多与寡,而非使用上的能与不能。以天气的"热、冷"这对平常情况下表示负向期待的形容词为例,如果是做水产生意的人,遇上暖冬天气,他会用"这天气不够冷"来表达他对"天气冷"的期待,所以"冷"在此是以一种正向的心理预期出现的。如果是一个卖空调的人,他可能发出"今年夏天不够热,空调卖不了几台"的牢骚来表达心意,天气的"热"在此也是一种正向的心理预期。可见,过往的研究都机械地用词义的积极与消极或好与坏来解释这种不对称的成因，解释的只是表象而非实质。因为词义的积极与消极、好与坏已经固化为词义的一部分，具有稳定不变的特点，而心理与认知的因素则是主观的、可变的。以反义词"好、坏"而论，"坏"无疑是一种消极意义的坏类词，按以往的观点它根本不可能进入否定式的"不够 X"中，可是，我们在主流媒体中不时可以见到"不够坏"的说法：

（10）a. 新科影帝则谦虚表示：自己演的悍匪还不够坏，还没达到杜导的期望。（新华网 2016-06-21）

b. 杜子名凭借《余罪》受到不少网友关注，并被称为"高潮哥"，杜子名笑言自己接受这个"昵称"并在微博自我调侃，"有人说高潮哥不够坏不够狠，其实我是一个斯文人"。（人民网·福建频道 2016-06-21）

c. 天才就怕不够天才，坏又不够坏，曼联队只有将一种倾向发挥到极至，或许才能换骨脱胎。（《新民晚报》2005-12-08）

d. 1999 年我回国创业的时候，中国的商业环境非常令我失望，甚至于因为周围有很多坏人，如果你不够坏可能就无法生存下去。（《大众日报》2005-11-29）

上例中，消极意义的"坏"在此都是以言者的一种正向期待的面目出现的。看来，只有从心理预期的角度才能解释这种"出格"的现象。尽管词义的积极与消极会直接影响到人的心理预期，因为心理预期在一般情况下毕竟以社会成员共同的认知取向为基础，但正因为心理预期又是可变的，这就给社会成员对其进行个性化解读提供了可能，如上例中的"坏"就是因个性化解读而改变人们正负向期待习惯的具体体现。"情人眼里出西施"反映的正是人们对"美"的标准进行个性化把握的最好说明。心理的正负向期待还会随着时代的发展与人的价值观的发展而发生改变。"骨感"在三十年前绝对代表病态，而今追求"骨感"早已成为一种时尚，所以过去不说的"不够骨感"现在随时都可听到。但必须指出，是心理预期的变化影响和改变着词语意义的变化，而不是相反。所以心理预期这一认知因素才是造成"X"在构式中出现不对称现象最深层的原因。

（二）认知显著度与构式的不对称

与"好-坏、美-丑、强-弱、善良-恶毒、富-穷、高兴-苦恼"等词义上有明显的褒贬色彩的"好坏"类词不同，"高-低、大-小、多-少、长-短、深-浅、重-轻、厚-薄、快-慢、宽-窄"等词义上呈现的并非褒贬好坏等感情色彩的对立，而是"大小"的对立与差异，可称为"大小"

类词。它们在充当构式变项"X"时也存在使用频率上的不对称，因为"大"类词比"小"类词有更多的出场机会、更少的句法与语境限制。请对比：

（11）a_1. 房子够大的。

a_2. 房子不够大。

a_3. 房子够不够大？

b_1. 房子够小的。

b_2. ？房子不够小。（我想租小房子，可房子不够小。）

b_3. ？房子够不够小？（我要租小房子，房子够不够小？）

（12）a_1. 个子够高的。

a_2. 个子不够高。

a_3. 个子够不够高？

b_1. 个子够矮的。

b_2. ？个子不够矮。（我招的是矮人，他个子不够矮。）

b_3. ？个子够不够矮？（我招的是矮人，他个子够不够矮？）

上例显示，"大"类词在肯定式与否定式中都能自由出现，而"小"类词一般只用于肯定式中，用于否定式很受限，除非有特定的语用条件（见上例括号中的说法）。用标记理论解释，"大"类词是无标记项，"小"类词是有标记项，因而"无标记项的使用频率高于有标记项"，这样来解释也未尝不可。但要深究一下，为何有标记项的"小"类词在特定的语境条件下也能出现于否定式中？要合理回答这一问题，必须从认知的显著度上来寻求解释。

　　显著是知觉心理学的一个基本概念，显著的事物是容易吸引人注意的事物，是容易识别、处理和记忆的事物。事物显著度的差异有一些基本规律，例如，一般情形下，整体比部分显著（因为大比小显著），容器比内容显著（因为可见的比不可见的显著），有生命的比无生命的显著（因为能动的比不能动的显著），近的比远的显著，具体的比抽象的显著。（沈家煊，1999）"够/不够X"构式中"大"类词与"小"类词在出现概率与句法限制上的差异，实质上是认知显著度的差异。"大"类词是显著度高的词而"小"类词是显著度低的词，二者在显著度的高低上差异明显。要问为什么"大"类词的显著度要高于"小"类词，因为具有"大、高、长、宽、厚、多、深、快"等属性的事物，仅从视觉上来说，更容易感知，所以更具有认知的显著度，从而成为人们识别事物时的优先选择项，在使用时出现频率高，受到的限制也少，成为无标记项。相反，"小"类词所指属性的事物，感知起来不占优势，显著度就相对低。而由于显著度相对低，出现频率也低，使用时才是有标记的。比如用"N+有+多+A？"来提问，出现在"A"位置的形容词也都是"高、大、长、深"等"大"类词。如"他有多高？｜汽车有多大？｜绳子有多长？｜坑有多深？"等，是最自然、最常见的问话方式。"小"类词在"N+有+多+A？"中就很受限制，除非有语境的帮助：

（13）a. 说到小脸女明星，许多人的第一反应就是允儿，她的脸到底是有多小呢？（人民网·广西频道 2016-06-30）

b. 大车撞上树枝的事故时有发生，被撞的主角往往都是南京人喜爱的法桐，其中一个重要原因是法桐树枝低矮。到底有多矮呢？（人民网·江苏视窗 2015-07-21）

a 句的话题是"小脸女明星"，"小脸"在语境中激活，提高了"小"的显著度，才使得"脸有多小"成为可接受的问句。b 句中前面的"法桐树枝低矮"作为新信息引进，于是"矮"就被推到了前台，提高了显著度，"树有多矮"的问题也就显得顺理成章。

可见，"小"类词由于认知显著度低，在言语使用中受到了更多的制约，即便是作为语素与"大"类语素复合成词时，也往往是排位居后的（如：大小、高低、厚薄、多少、宽窄）。必须指出，虽然显著度低是造成"小"类词在"够/不够 X"构式中与"大"类词出现频率不对称的根本原因，但是，只要通过提高"小"类词认知的显著度，它们也能进入否定式"不够 X"中。

四、构式不对称现象的语用因素

除了肯定式与否定式对"X"选择上的不对称外，构式还有另一种不对称现象，即肯定式多于否定式的数量多寡的不对称，我们发现，语用因素是造成这种不对称现象的原因。

（一）合作原则制约下的不对称

当变项"X"为形补短语（下例 a）、动词短语（下例 b）或小句（下例 c）时，肯定式常见而否定式少见，在数量的多寡上不对称：如：

（14）a. 够忙一阵子｜够风光一辈子｜够潇洒一回的｜够紧张几年的

b. 够有能耐的｜够没福气的｜够用两三天了｜够花销三两月

c. 够我赶一阵子的｜这些药够他吃几天了｜够你有水平｜够你幸运

肯定式与否定式数量上的不对称现象是言语交际的合作原则制约的

结果。合作原则中有一条"量的准则",该准则强调:a)所说的话应该满足交际所需的信息量;b)所说的话不应超出交际所需的信息量。违反这两点,就有可能影响交际的效果甚至导致交际的失败。上例的"够 X"有两种情况,一种是"X"中包含数量成分,另一种是"X"不包含数量成分。先说第一种情况。这类构式表达了对言谈对象达到了某个数量要求的评估,所表示的信息量已达到了"满足交际所需的信息量"的基本要求。肯定式是无标记的,不仅使用频率高,且无需语境的特殊要求;而否定式是有标记的,使用频率低,还需语境的特殊要求。从例(14)各句来看,好像都不能简单地在"够"前直接加否定副词"不"形成否定式,因为否定式一般是在有了肯定式的前提下使用,或有特定的语境因素的触发,否则,否定式就会因含有超出交际所需的信息量而违反"量的准则"中的第二点,给人以突如其来的不适感。所以,与例(14)各句相对应的否定式,并非语法或语义不合格,而是不符合语用要求。只要有特定语境的帮助,它们都能成为正常的话语。请看:

(15) a. 该小区 66 户居民多为老年人,搬运液化气瓶力不从心,而且瓶装液化气又比较贵,100 多元买一瓶,还不够用一个月。(《乌鲁木齐晚报》2114-09-11)

b. 为官数十年,办校数十年,一个教授的月薪也有几百大洋钱,修宿舍,修礼堂,每年怎么过手不得千儿八百万的,随便手指缝里漏一点,还不够你死七八回?(人民网·湖北频道 2115-10-27)

c. 几十年前,沙堤村只是个普通的渔村,全村人以捕鱼为生。一天打鱼的收获才三十几块钱,两个人甚至还不够吃两顿饭。(人民网·云南频道 2115-11-23)

上例的"不够 X"类表达我们常能见到,细加体会,这类否定式与前邻小句中都含有数量成分,一前一后的两个数量成分极易形成数量上的对比效应,这就使得"不够 X"中的数量成分作为否定焦点有了语用意图的清晰交代,否则就会造成"所说的话不应超出交际所需的信息量"而违反量的准则。

我们还注意到,含有数量成分的"够 X",也往往可以前加"这还不"、后加语气词"呀""吗"构成否定式的反问句。如此看来,是反问这种语用因素使得数量成分被强化与凸显,将其置于否定焦点的位置,从而使得否定有了语用的依托。如:这还不够风光一辈子呀|这还不够用两三天吗|这还不够花销三两月呀,等等。必须指出,正是由于这类否定式是"语

用依赖型"的，没有特定的语境条件很难单独用，才给人以肯定式与否定式在数量上严重的不对称之感。

再说第二种情况，即"够 X"中的"X"不包含数量成分，此类"够 X"中也很少见到否定式。如：（*不）够有能耐的｜（*不）够没福气的｜（*不）够你有水平｜（*不）够你幸运的，等。我们不妨从这些否定式的替代性话语中寻找原因。试比较：

(16) a. *不够有能耐≈不够能干

　　　b. *不够你幸运≈你不够幸运

　　　c. *不够你有水平≈你水平不够

　　　d. *不够没福气≈？

前三句的"不够 X"都不能说，但我们都能找到替代这种"不够 X"的表达式。替代性表达要么调换词语（a），要么给予语序的调整或结构的改变（b、c），其间透露出一个规律性的特点，那就是否定的焦点都是窄域焦点，只有一个词，这就使否定的焦点变得简单而明确。反观原来不被接受的"不够 X"，被否定的成分都是谓词性短语或小句，并非窄域焦点，所以影响了表达的可接受度。最后一句不仅没有否定的说法，连替代的说法也没有，是认知的原因导致，因为表达的意思与人的心理预期相悖。

（二）礼貌原则造成的不对称

构式"够/不够 X"的构式义是对言谈对象是否达到某种标准或程度的评估。既是评估，其结果就可能是达标的（用肯定式"够 X"表达），也可能是不达标的（用否定式"不够 X"表达）。评价某个人或物的某个方面不达标，这种评价对被评价对象来说，总是带有某种程度的被否定或被拒绝的意味。应该指出，说话者采用"不够 X"来表达他对被评价对象的看法，比表达相同评价意见的肯定式在语气上含蓄委婉了很多，已经体现了言语交际的礼貌原则。试加以比较：

(17) a_1. 你的衣服不够时髦。　　　a_2. 你的衣服土里土气的。

　　　a_3. 你的衣服落伍了。

　　　b_1. 房子不够宽大。　　　b_2. 房子真小。

　　　b_3. 房子根本住不开。

上例第一句比后两句在语气上的确要显得柔和，在很大程度上减缓了对被评价对象面子上的冲突。但是，"不够 X"仍是带有某种否定意味的评价，说话人既然要遵循礼貌原则，那就干脆贯彻到底，除非不得已，这种否定意味的评价也可以尽量不用。所以，正是由于礼貌原则的作用，否定式"不够 X"这种合法的形式在一般情况下仍然难逃被冷落的命运,其出现频率要比肯定式"够 X"少一些。

(三) 语气因素造成的不对称

强调可以是对肯定的强化或是对否定的加强,具体落实到"够/不够 X"构式中,强调口气在肯定式与否定式中的句法表现是不同的:

(18) a_1. 够大方。 a_2. 够大方了。
    a_3. 够大方的。 a_4. 够大方的了。
    b_1. 不够大方。 b_2. ? 不够大方了。
    b_3. ? 不够大方的。(一点都不够大方)
    b_4. ? 不够大方的了。(一点都不够大方)

肯定式中,强调口气一般采用加句尾语气词"的""了"来实现,而否定式中,加强否定常用否定词前加"一点儿""半点儿"的方式。仅从上例来看,在加强口气方面,肯定式"够 X"比否定式"不够 X"来得容易,而且可采用的句法手段要多,这也是造成"够/不够 X"构式肯定形式多于否定形式的另一层语用因素。

还有一点必须提及,之前的研究认为"够"是副词,有"修饰形容词,表示程度高"的意义与用法,其实是将"够 X"之后的"的、了"的语用意义误作词汇意义与语法意义的结果,也就是将语气词"的、了"表示的强调口气,误认为是"够"表示程度义而导致的。

五、小结

加强语言事实发掘与理论创新的良性互动,这是现代汉语语法研究走向成熟的必由之路。我们对口语常用结构"够/不够 X"的研究,就是加强事实发掘与理论创新互动的一个实践。我们借鉴当代构式语法理论的思路,将"够/不够 X"结构看成一个独特的构式,概括出了其构式义。必须说明的是,我们是在分析与总结"够/不够 X"中"够"的词性与词义的过程中,发现并纠正了过去的研究中存在的诸多错误,意识到对"够"进行词性与词义的同一性处理的必要性,由此尝试用构式语法的思路将"够/不够 X"看成一个构式进行统一处理的,而不是先入为主,先武断地将"够/不够 X"结构处理成一个构式,再进行构式义的概括。我们坚持以语言事实的全面发掘为基础进行详细描写,再运用当代构式理论与认知语法、语用学等相关理论来做出解释的做法,在语言事实的深入发掘与语法研究的解释力提高方面做了一定的尝试。

我们研究的仅是一个词性认定的小问题,但是,语法大厦必须建立在这些小问题的基础上。词类问题并非当代语法研究的热点，汉语的词类问题经过近百年的研究，特别是20世纪50年代的词类问题大讨论，似乎没有什么专门研究的必要。然而事实并非如此。我们正是从对"够"的词性重新认定入手的，并以此为出发点，逐步扩大了观察视野，发现了不少被忽略的语言事实。重视对小问题的研究，重视对基础问题的重新思考，合理地借鉴当代语法理论，力争做到事实发掘与理论运用的结合，力争实现观察、描写与解释的合理与充分，应该是语法研究的一条重要途径。

第四节 动量凸显构式"一量VP"

本节将探讨汉语口语中"一量VP"与"VP一量"两种句法格式的表意差别。"一量VP"指的是"一番感慨、一把抓住、一脚踢开"等结构；"VP一量"指"感慨一番、抓了一把、踢了一脚"等结构。为了称说方便，下文把"一量VP"称为A式，"VP一量"称为B式。两式中的"VP"后还可带上宾语，如"一把抓住她、一脚踢开了门、抓了她一把、看了一眼她的表情"等。A式中还包括一些"一名VP、一量名VP"的结构，如"一分钱逼倒英雄汉、一个跟头摔死"等，因为表意特点相同，本节也不加严格区分，统称为"一量VP"。

"一"，仅指数词"一"，不包括除"一"以外的其他数词（如"三棒子打不出个屁来、两眼直盯着我"中的"三、两"等，原因下文第二小节（二）有解释）。"量"包括：①名量词，如"句、声、步、把"等，还包括一些临时量词，如人体部位的"头、巴掌、屁股、脚、口、指头、拳头、眼、嗓子"和器物类的"鞭子、棍子、斧头、砖头、刀"等。②动量词，如"场、阵、顿、番、趟"等。"V"多是口语中常用的动作动词，有明显的口语体特征。

A式与B式两种格式在口语中使用率都很高，但表示的意思有较明显的差别。本节将通过大量真实文本的语言材料[①]分析，观察其表意的差别并试图解释其差别的成因。

[①] 本节语料全部选自北京籍作家的作品。文中《红》代表曹雪芹、高鄂的《红楼梦》；《骆》和《二》分别代表老舍的《骆驼祥子》和《二马》；《穆》代表霍达的《穆斯林的葬礼》；《永》《玩》和《动》分别代表王朔的《永失我爱》《玩的就是心跳》和《动物凶猛》。

一、A式与B式结构上的差别

（一）可转换的A式与B式

有一小部分的A式可以转换成B式。如：

（1） a. 一声呼叫→呼叫一声　　　b. 一顿狂吃→狂吃一顿
　　　c. 一脚猛踢→猛踢一脚　　　d. 一鞭猛抽→猛抽一鞭
　　　e. 一拳猛击→猛击一拳　　　f. 一嗓子呐喊→呐喊一嗓子
　　　g. 一阵乱砍→乱砍一阵　　　h. 一通哭喊→哭喊一通
　　　i. 一番感叹→感叹一番　　　j. 一气乱翻→乱翻一气
　　　k. 一阵大叫→大叫一阵　　　l. 一刀劈下→劈下一刀

转换与动词有关，当动词为双音联合词（如"呼叫""哭喊""感叹""感慨""打闹""呐喊"等），或单音动词前加一个表情状的状语（如"猛""狂""乱""狠""痛""大"等），才可以转换。转换后的表意差别将在下文讨论。

（二）不能互相转换的A式与B式

可互相转换的A式与B式是少量的，也是表面的。大多数的两式结构上不能转换。

1. 转换的限制

当A式中动词后有结果、趋向补语时，一般不能转换成B式。如：

（2） a. 一刀砍死→*砍死一刀　　　b. 一脚踢翻→*踢翻一脚
　　　c. 一拳打烂→*打烂一拳　　　d. 一声喝住→*喝住一声
　　　e. 一手撑起→*撑起一手　　　f. 一口吃完→*吃完一口

B式要表示A式的意思，得变成重动结构[例（3）]，但有的B式要表达A式的意思，还变不成重动结构[例（4）]。请看：

（3） a. 一刀砍死→砍了一刀砍死了
　　　b. 一脚踢翻→踢了一脚踢翻了
　　　c. 一拳打烂→打了一拳打烂了
　　　d. 一声喝住→喝了一声喝住了

（4） a. 一手撑起→*撑了一手撑起了
　　　b. 一口咬定→*咬了一口咬定了
　　　c. 一头撞上→*撞了一头撞上了
　　　d. 一气说出→*说了一气说出了

特别是动结式动词，如"看见、识破、瞥见、认出、喝止"等，非动作动词"否定、否认、否决、承认、承担、决定、决断、发现"等，只能用于A式，不能用于B式，也不能变成重动结构来表达B式的意思。

（5）a. 一眼识破→*识破一眼　　　b. 一头撞见→*撞见一头
　　　c. 一声喝止→*喝止一声　　　d. 一语道破→*道破一语
　　　e. 一口否定→*否定一口　　　f. 一口否认→*否认一口
　　　g. 一眼发现→*发现一眼　　　h. 一手承担→*承担一手
　　　i. 一句否决→*否决一句

2. 动词使用上的限制

A 式中的"VP"为单音节动词时，使用受限，只有"叫、喝、吼、喊、嚷、响"（如"一声叫/喝/吼/喊/嚷/响"）等几个单音动词能构成 A 式，其他的动词必须带上补语，而 B 式的动词没有这样的限制。对比：

（6）A 式：a. *一眼看（一眼看出/穿/明白）
　　　　　b. *一气说（一气说了一小时/完）
　　　　　c. *一巴掌打（一巴掌打死/倒）
　　　　　d. *一把抓①（一把抓起/过来）

　　　B 式：a. 看一眼；说一气；打一巴掌；抓一把

3. 结构紧松的差异

A 式结构固化，其间只能容纳"就②、便、会"等几个副词、助动词，或"把/被"字状语，其他成分则很难插入。如：

（7）a. 他们渐渐知道早晚是一个跟头会死在马路上。（《骆》）
　　　b. 一眼便看明白了，侦缉队上的。（《骆》）
　　　c. 虎妞一把将他扯过去，好象老嫂子疼爱小叔那样。（《骆》）

B 式结构相对就松散得多，宾语基本可以自由出现在"一量"前后。

（8）a. 温都太太听见他下来，故意的上来看他一眼。（《二》）

---

① "一把抓"在"眉毛胡子一把抓"中属于例外，因为这种说法带有熟语性。
② 李宇明在《"一量 VP"的语法、语义特点》（李宇明（1998）的《"一量 VP"的语法、语义特点》，《语言教学与研究》1998 年第 3 期）中把"一量就 VP"中的"就"分成了"就1"（时间副词，下例 a2）和"就2"（语气副词，下例 b2）两类，下面是他举的例子：

a1. 但他顾不得了，一拳打在邢笠的脸上。　　a2. 但他顾不得了，一拳就打在邢笠的脸上。
b1. 郭靖一匕首将人刺倒。　　　　　　　　　b2. 郭靖一匕首就将人刺倒。

李宇明并未具体说明这两个"就"的分类依据，据给出的例子观察，当 VP 为非动结式时，就是"就1"；当 VP 为非动结式时，就是"就2"。笔者认为这两个"就"都是关联副词，都能换成关联副词"便"。再者，把"就"分别对待不能解释下列现象："一头就扎进水里淹死，一头就撞死在墙上"两句中既有结果，又有处所，此时"就"的性质如按上边的分类就不好处理。何况这两个句子意思不变还可以有多种说法："一头就扎进水里，朝水里一头就扎进去，一头就撞死，一头就撞在墙上"，都是"自杀"隐喻性表达，其结果的显著性不言而喻，不应把这几个"就"作不同的处理。

b. 壁儿冷冷地看了<u>蒲绥昌</u>一眼，……（《穆》）
　　c. 摸了摸袋中的钱，又看了一眼<u>角楼上的阳光</u>，……（《骆》）

4. 否定式的差异

A、B 两式的否定形式很少，但也表现出两方面的差异。一是否定词句法位置的差异，A 式的否定词一般放在"一量"与"VP"之间，如是动词后带可能补语，否定词放在动、补之间；B 式的否定词只能放在"VP"之前。二是否定式数量多寡的差异，A 式的否定式相对于 B 式还要少得多。

（9）a. 石静一把<u>没</u>拉住，我已弃车子弹般射入楼内。（《永》）
　　b. "二十……"新月一口答<u>不</u>上来，想了想说，……（《穆》）
　　c. 祥子<u>没</u>出一声，就地爬起。（《骆》）
　　d. 刘老头子<u>没有</u>夸奖过他一句，<u>没有</u>格外多看过他一眼。（《骆》）

（三）主观语序与客观语序

A、B 两式中结构上最明显的差异是语序的不同。现代汉语的常规语序是"动作+数量"，B 式采用的正是这样的常规语序（neutral word order），是对动作事件的客观描述，体现的是语言使用者对所述内容的客观态度，本节称其为客观语序。而 A 式的语序是"数量+动作"的非常规语序，这种结构首先把一个新信息"一量"引进语段，然后才出现动作事件，这种非常规语序代表了语言使用者对动作事件的特殊的感知与识解方式，因而更能体现语言使用者的某种表达意图，带有显明的主观性，本节称其为主观语序。语用学讲究"有异必有故"，A 式使用主观语序一定出于某种表述目的，也一定与 B 式的客观语序的语用价值存在差异。

A 式与 B 式两种结构的种种差异是怎么形成的？两种不同的语序所带来的表意差别是什么？下面我们从认知和语用的角度试加解释。

二、A 式与 B 式的表意差别

（一）凸现点与显著性

A 式与 B 式在表意上的差异，首先表现在两式凸现点的不同上。从认知上讲，凸现的事物是容易引起人注意的事物，也是容易提取、容易作心理处理的事物。（沈家煊，2000）凸现与显著性相连，凸现某个成分就是为了增强其显著性。我们且看 A、B 两式凸现点的不同带来的表意显著性的差异。

（10）a. "玉儿，甭让他亲你！"壁儿冲过去，一把拉过玉儿。（《穆》）
　　b. 教我一个跟头摔死，你看着可乐是怎着？（《骆》）
　　c. 祥子一把扯住二强子的肩，就象提拉着个孩子似的，掷出老

远。(《骆》)

　　d. 那我就找一个最近的茅坑,一头扎进去——我还活么劲。(《玩》)

　　A 式凸现的是"VP",即动作事件与其引发的结果状态。a 句中"一把拉过玉儿"通过凸现"拉过了玉儿"增加了结果("拉过")与客体受影响程度("玉儿"位置的改变)的显著性。如换成 B 式"拉了玉儿一把",此时,"一把"占据的是句尾自然焦点的位置,凸现的是动作的数量而非结果。"一头扎进去"也是凸现了"扎进去"而暗示其后果的严重性,其表意相当于"一头扎进去淹死",只不过由于"扎进去"的结果显著性较高,"淹死"在信息上讲已成为一个"默认值"(default value),所以一般情况下不说。如使用 B 式说成"扎进水中一头",只强调了动作的数量,所以绝不会理解为寻死。生活中常听到有"一头扎到水/井/河/江/水缸/茅坑里"的说法,那是根据经验,人故意地扎入其中,结果显而易见,都是自杀的隐喻性表达。这类表达之所以能成为"自杀"的隐喻,正好验证了"一量 VP"凸现动作结果的表意倾向。

　　A、B 两式凸现点的不同而形成的表意差别,还可以解释例 6 中两式对"VP"的限制。A 式中的"VP"限制光杆动词进入,因为这个光杆动词只有动作而无动作的结果与状态,不能满足 A 式凸现动作结果的要求,所以"VP"后必须带有表示结果、趋向、处所类的补语。如:"一个跟头摔、一头撞、一脚踹门"不能说,而"一个跟头摔死、一头撞死、一头撞到墙上、一脚踹开门"可说。口语中"喝/吼/喊/嚷"等几个单音动词虽然也能在"一量"后单独使用,如"石油工人一声吼,地球也要抖三抖",但如果没有后续句来补充动作的结果,话就好像没有说完似的,可见单用起来并不自由。

　　B 式凸现的不是动作的结果与状态,而是动作的数量之小,所以动词性成分没有 A 式那样的限制。B 式还可以在动词前加副词表示动作度量的增强,但并不凸现动作度量加强后实现的结果与状态,"一量"量小的特征仍然不受影响。如:

　　(11) a. "小奇子!"梁亦清突然从水凳儿前站起来,<u>严厉地</u>叫了一声。(《穆》)

　　　　b. 我推了推没推动然后<u>用力</u>踹了一脚,门后的一个沉重的物移位了,米开了一条缝。(《玩》)

　　(11b)例使用的是 B 式,从中更能清楚地看出 A、B 两式凸现点的差异,句中尽管增加了状语"用力",但只能看作动作方式的改变而并没有带来动作结果的显著性,其凸现点仍然是"一量"("一脚"),所以动作的结果只是"米开了一条缝"，这样的语境绝不能换成 A 式"用力一脚踹开了门"，用 A 式明显地凸现了动作结果，这显然与说话人的表达意图和实际情况不符。B 式的凸现点是动作的小量，动词前也可以加上表示动作程度减轻的修饰成分，但这些状语增加的只是动作的情状或方式意义，也与凸现点动作的数量无关。请看：

（12）a. 陈淑彦揭开盖儿<u>轻轻</u>抿了一口，慢慢咽下去，还觉得满口余香，……（《穆》）

　　　b. 一个袅袅婷婷的身影闪进门来，<u>轻柔地</u>叫了一声："楚老师！"（《穆》）

B 式句的凸现点只有在"一量"后出现名词性成分的情况下才可能受到影响，此时"一量"虽仍以补语的身份出现，补足说明动作的数量，但句子的凸现点是占据句尾焦点位置的名词宾语，此时"一量"仍然保留其小量的特征。如：

（13）a. 她不觉侧过脸打量了一眼<u>这个楚雁潮</u>。（《穆》）

　　　b. 她破天荒地叫了一声"<u>天星哥</u>"，……（《穆》）

A 式和 B 式凸现点的差异还能解释两种格式否定式的差异。A 式凸现的是动作的结果与状态，只有实现了的事态才有显著性，所以人们一般不会把没有实现的结果与状态当作焦点内容加以凸现。例 9 中的"一把没拉住、一口答不上来"虽然是以否定的方式出现的，但"没拉住、答不上来"仍然是一种实现了的且与动作者的愿望相反（否定）的一种结果与状态，所以 A 式动词只有在带可能补语的情况下才能够形成否定式。B 式强调的只是动作的数量，是对没出现的动作事件的客观描述，没有与结果的显著性形成对比的表意倾向，否定式的使用概率要比 A 式大一点。

有的 B 式，由于单音节动词前加上了表示情状程度的状语，能转换为 A 式。（前文例 1）再看几个实例：

（14）a_1."滚！"蒲绥昌大吼一声，了却了说不清道不明的旧账，……（《穆》）

　　　a_2."滚！"蒲绥昌一声大吼，了却了说不清道不明的旧账，……

　　　b_1. 陈淑彦……惊得大叫一声："妈！"（《穆》）

　　　b_2."妈！"陈淑彦……惊得一声大叫。

能转换并非表意等同，细加品味，表意还是有一点区别的。A 式的重音落在"VP"上，凸现的是动作及其伴随情状，暗示的仍是其结果的显著性；B 式的重音落在"一量"上，凸现点仍是数量。

（二）对比性与超常性

"一"是最小的自然数，这就形成了 A、B 两式中的"一量"量小的语义特点。A 式以其动作的小量来反衬动作带来的结果、状态的显著度，从而形成"以小量显大果"的对比性，增强了结果状态的超常性与显著度。因此 A 式凸现的虽然是"VP"，但"一量"占据了非常规的位置，是语言使用者带有主观印记的表述方式，无疑也代表了较重要的信息，所以识解这一结构时必须把这个"小量"一并纳入关注的视野，才能形成对比性的效果。李宇明（1998）也曾经讨论过"一量 VP"的这一表意特点。[①]沈家煊（2002）举过一个带"一"的把字宾语表示主观量大的例子：

（15）有一个四川同学家里寄来一件棉袍子，……然后，几个馋人，一顿就把一件新棉袍吃掉了。（汪曾祺《落魄》）

"一顿就把一件新棉袍吃掉了"用的正是 A 式，其中，一量（"一顿"）言其量小，而"VP"（"把一件新棉袍吃掉了"）又言其结果之大，这一小一大的对比，正好说明 A 式是借量小来凸现动作的"处置"性结果的，以显示说话者表意的主观倾向。下面的例子能更清楚地显示 A 式以量小来反衬结果的超常性：

（16）a. 他那两只大拳头，一拳头还不捶死几十个中国鬼！（《二》）
　　　　b. 由这里一跑，他相信，一步就能跑回海甸！（《骆》）

从多部小说中，我们也找到了两例量词非"一"的结构，表意上与 A 式非常相似：

（17）a. 另一伙中的一个胖乎乎的男孩口齿流利地跟她攀谈起来，<u>两句话就说得她开心地笑起来</u>。"（《动》）

　　　b. 她心目中的英雄是一拳打死老虎，<u>两脚踹倒野象</u>，可是一见女人便千般的柔媚，万般的奉承。（《二》）

这类非"一量"的结构应是仿照 A 式的表意方式经类推形成的，的确有 A 式以"小量显大果"的表意特点。下文（三）中要谈到 A 式的"一量"语义上往往具有虚拟性，而上例 a 中的"两句"明显地具有实指性，b 中

[①] 李宇明（1998）对"一量 VP"的表意特点进行了详细的描写与分析，但他的观点与笔者的观点有很大区别。李文把含不含"就"的"一量 VP"结构做了不同的处理，他认为，"不含'就'的'一量 VP'主要表示动作行为的快捷"，含"就1"的"一量 VP""同不含就的'一量 VP'的意义差不多，也主要是表示行为动作的快捷，但具有强调意义"，含"就2"的"一量 VP""不仅强调行为动作快捷，而且含有'一下子就达到了某种程度或结果'的意义。"笔者认为：①两个"就"具有同一性；②带不带"就"的"一量 VP"表意特点都相同，"以小量显大果"是"一量 VP"构式整体的表意特点。

的"两脚"由于与前边的"一拳"对举使用而具有了虚拟性,如单独使用,应该说成"一脚踹倒野象"才更能体现"一量"的虚拟性。两句与真正的A式形式与表意上还是有一定区别的,且随着量词前数目的加大,其可接受性就会降低,所以本节没有将它们算作A式。本节没把以"大量"来显示"小果"("三棒子打不出个屁来")或表实际数量("两眼直盯着我")等格式看成A式,是因为这些结构与A式的表意倾向并不一致。①

B式只是凸现动作的小量,不具备A式以"小量显大果"的对比性与超常性表意特点。

(三) 主观性与虚拟性

从A、B两式中的对比中不难看出,两式中的"一量"体现出主观性与客观性的对立。A式中的"一量"是以小量反衬结果与状态超常性的,B式中的"一量"则是凸现动作数量的,带有更多的客观性与真实性,故A式比B式更能体现说话人的主观性与移情(empathy)。A式中的"一量"往往只是说话者为刻画超常性的结果而做的铺垫,并有意地放在动作事件之前,这就使得"一量"更多地带有了主观性,虚拟的意味更为明显。例16中的两句的"一量"就是如此,"小量"只是为了反衬"大果"的一种想象的量、虚拟的量、主观的量。"一口吃成个胖子、一口吃壮起来"在现实中不可能存在,所以只能用于否定式、疑问句或心理动词之后才能出现。

(18) a. 一口吃不成胖子。
　　　b. 难道一口能吃成个胖子吗?
　　　c. 他恨不能一口吃壮起来,好出去拉车。(《骆》)

根据A式中的"一量"虚拟性的特点,我们可以推知"一头撞死、一脚跨进、一刀砍死"中的"一量"也只有量小的虚拟性,并非指真实而确切的量。我们几乎听不到有"两头撞死、两刀砍死、两脚跨进"之类的说法,也许事实上动作的数量多于"一",这种表意倾向应该看作"一量"的虚拟性带来的。例4、5中的A式的"一量"都带有虚拟的性质,所以不能换成B式。再看两例:

(19) a. 他的心不能禁止那些事往外走,他的话也就没法停住。没有

---

① 汉语中还有一些与"一量 VP"类似的格式:①一心扑在事业上;②他一手支着褥子坐起来,一手把窗帘掀开一点往外看。(《二马》);③马老先生一手托着一简,对他们说……(《二马》)。第一句中的"一"是"整个、完全"之意;后两例中的"一手"都表实量。这两种"一量"与本节所讨论的"一量"表意的特点不一致,不属本节的讨论范围。

一点迟疑，混乱，他好像要一口气把整个的心都拿出来。(《骆》)

　　b. 两个月的轮船，走得太慢了，心恨不能一步跨到家！(《穆》)

虚拟性与超常性常常是连在一起的。虚拟性是针对"一"的量小而言的，超常性是针对动作的结果显著性而言的。但虚拟量小为的是要与动作造成超常甚至是夸饰性的结果、状态形成反衬之效。有时在"一量"前还加有拟声词，目的是通过刻意的造势来凸现这小量而引发的结果，这也可看作 A 式表意夸饰性的一种表现。如：

(20) a. (梁冰玉)脚下绊着了一个什么东西，叽哇一声，惊得她险些摔倒。(《穆》)

　　b. 一会儿工夫便烧得透明了，偌大写字台的框架门剔透鲜明。最后便"哔"的一声塌下，火势减弱随之又高高窜起直逼屋顶。(《永》)

正因为 A 式有通过超常和夸饰来造势的效果，所以语境中常借其夸饰性来显现情势的急迫性：

(21) a. 凤姐……那酒越发涌了上来，也并不忖夺，回身把平儿先打了两下，一脚踢开门进去，也不容分说，抓着鲍二家的厮打一顿。(《红》)

　　b. 二强嫂说了句什么，他奔了她去，一脚踹在小肚子上，她躺在地上半天没出声。(《骆》)

A 式的"一量"与"VP"结合很紧，其间除了插入关联副词、助动词和"把/被"结构外很少能有别的成分插入，也是由其以小衬大对比性表意目的决定的。"就、能"等词语从语义上更显现了 A 式的紧缩性。有时，"一量"与"VP"之间有停顿，但这是作者着意造势，把读者的注意力聚焦于动作的数量之小上，从而起到反衬动作造成的巨大的结果与影响之效，结构上并无被分解之感：

(22) a. 可是，他把军衣脱下来：一把，将领子扯掉；……(《骆》)

　　b. 一眼，他看到昨夜自己留下的大脚印，虽然又被雪埋上，可是一坑坑的还看得很真。(《骆》)

三、A 式的熟语化倾向

A 式语义上体现出显明的"以小量显示大果"的表意特点，把关注点放在了动作小量与结果超常的对比性关联上，是一种主观性极强的语序。因其特殊的表达效果，逐渐固化为一种凝固的结构，出现了熟语化的倾向。有不少成语，如："一手遮天/一语破的/一声令下/一口咬定/一针见血/一网打尽/一步登天/一锤定音/一笔勾销/一刀两断/一目了然/一语道破/

一毛不拔"等,采用的就是 A 式。

值得关注的是 A 式否定式的熟语化倾向。沈家煊(1994)指出:"表示最小量的词语常跟否定词连用,表示全量否定,如'一步不动''一点不吃''一字不识'。"我们认为这种全量否定结构是从 A 式经演变来的。"一"是最小的自然数,A 式的"一量"本身并非实指,具有量的虚拟性,极言其小,那么,否定这个虚拟的最小量就等于全量否定。A 式中的"VP"又有显示动作事件显著结果与状态的倾向,A 式的否定,通过否定动作事件的最小量值而否定了动作事件的发生,没发生的动作事件自然不会出现结果状态,从而阻断了人们对其显著性结果状态的期待。所以这类全量否定式中的"一量"必须带上了重音,成为结构中的唯一的焦点信息。

"一步不动"等四字格的否定式其实是受汉语"2+2"结构的韵律限制省略了"一量"与"VP"之间的副词"也/都"形成的。这种四字格式在"一量 VP"的否定式中数量并不可观,而现代汉语中大量的"一……也/都不……"格式才是 A 式否定式的典型格式。温锁林(1998:371—380)、温锁林和贺桂兰(2006)明确地指出,"一……也/都不……"格式是一种焦点结构,理由是:①全部都是否定式,"一量"为对比焦点,带有强制性的对比重音;②"一量"前还可加焦点标记词"连";③要进行否定或构成正反问句必须把否定词和正反疑问词语置于"一量"之前,构成对焦点的否定或疑问;④副词"也/都"一般不能省略。全量否定式与表示极性对比焦点的"连"字句具有句法与语义上诸多的共性,也可以看作省略了"连"字的焦点结构。方梅(1995)也指出,"连"字句是表示极性对比的焦点结构。"连一个字都不认识",通过对焦点信息"一量"这个最小量的否定而形成了全量否定,它不仅否定了动作事件的发生,而且暗含了"更别说什么什么了"的意思,也就是等于说动作事件根本不会出现某种结果状态。这种暗含义,恰好验证了上文中讨论的 A 式"以小量显大果"的表意倾向。应该指出的是,前面讨论的非全量否定式的 A 式(如"一口吃不成胖子/一手不能遮天"等),其中的"一量"只是为了与动作事件的显著性结果形成对比反衬而虚拟的量,语段的凸现点是其后的"VP"。而这种全量否定式的凸现点是"一量",是语言使用者唯一关注的焦点,这可以看作 A 式在形成全量否定式这种熟语性的结构过程中发生的一点变异。

四、"一 VP"的演化及"一量 VP"的由来

现代汉语里的"一量 VP"构式,有多种语义类型。例如:

(23) a. 祥子一把扯住二强子的肩,就象提拉着个孩子似的,掷出老

远。(老舍《骆驼祥子》)

  b. 教我一个跟头摔死，你看着可乐是怎着？(老舍《骆驼祥子》)

  c. 他那两只大拳头，一拳头还不捶死几十个中国鬼！(老舍《二马》)

  d. 他恨不能一口吃壮起来，好出去拉车。(老舍《骆驼祥子》)

这类结构中的"一量"，虽然有时也有数量的实指性（如例 23a），但其表意倾向往往是通过动作的量小来形成与动作结果显著性的对比。所以"一量"常常是一种虚拟的数量，而动作的结果也相应地具有一种夸饰性与超常性。这种表意特点在例（23b-d）中最为明显。

古代汉语中有一种"一 VP"结构，其中的"一"也表示数量假设与虚拟，并非确指，其动作的结果也有明显的夸张性与超常性：

(24) a. 此鸟不飞则已，一飞冲天；不鸣则已，一鸣惊人。《史记·滑稽列传》

  b. 公孙衍、张仪岂不诚大丈夫哉？一怒而诸侯惧，安居而天下熄。《孟子·滕文公下》

对比古代汉语的"一 VP"和现代汉语中的"一量 VP"，可以看出两种结构在表意上和句法上存在着惊人的相似之处：在表意上，"一"和"一量"，在数量上都有虚拟性，其后的"VP"又都有结果与状态的超常性；在句法结构上，现代汉语中的"一量 VP"只比古代汉语的"一 VP"多出了一个量词。两种结构的这些句法和表意的共性是出于偶然呢，还是在语言的演化进程中有某种承继关系呢？下面拟从语法演化的角度通过探讨"一 VP"在汉语史中的演化轨迹来解答这些问题。

（一）"一 VP"的演化

古代汉语中的"一 VP"是一个紧缩型的结构，有的结构中还有"而"等连接成分，现代汉语中也有这种固化结构的遗留，如"一推就倒、一吃就饱、一说就哭"等，现代汉语中称之为紧缩结构。另外还有一种非结句性的"一 VP"，结构上并不是紧缩型的，而是复句型的（如下例 25）。这种"一 VP"句法和语义上并不是自足的，无法独立使用，"一 VP"所在的小句必须接后续小句，"一 VP""表示一个短暂的动作及变化完成或出现了，并预示着达到某种结果或状态。"（詹开第，1987：302-315）后续小句用来描写动作达到了某种结果或状态。如：

(25) a. 吴之人把烟头往烟灰缸里一拧，抢过张天奇的话头，说：……（王国文《国画》)

b. 李瓶儿还舍不的西门庆，不肯去，双手就抱那孩儿，被花之虚只一推，跌倒在地。(《金瓶梅》第六十回)

　　现代汉语中这种非结句性的"一 VP"的表意特点引起过不少语法学者的注意。近些年也有人从语法化的角度探讨过其由来。陈前瑞、王继红认为，非结句的"一 VP"是从古代汉语中经过语法化演变而来的。他们根据其中的"一"的表意特点，把"一"称为"紧促完成体"。文章还描述了紧促完成体"一"的语法化过程。"一"在《左传》中用于动词前，表示特定的一次动作，动量义比较显著（例26a、b），到《孟子》《庄子》中已演化出了表示假设义（例26c、d），直到魏晋时"一"才完成其表紧促完成体的整个语法的演化进程（例26e、f）。例如：

　　(26) a. 蔡、许之位，一失其位，不得列于诸侯，况其下乎！(《左传·成公二年》)

　　　　b. 齐桓公存三亡国以属诸侯，义士犹曰薄德。今一会而虐二国之君，又用诸侯淫昏之鬼，将以求霸，不亦难乎？(《左传·僖公十九年》)

　　　　c. 君仁，莫不仁，君义，莫不义，君正，莫不正，一正君而国定矣。(《孟子·滕文公下》)

　　　　d. 一受其成形，不忘以待尽。(《庄子·齐物论》)

　　　　e. 庾风姿神貌，陶一见便改观。(《世说新语·容止》)

　　　　f. 若使阡陌条畅，则一览而尽，故纡馀委曲，若不可测。(《世说新语·言语》)

　　以上就是陈前瑞、王继红（2006）描述的"一 VP"中"一"的由表示一次性动作到表示动词体貌的语法化过程。如果仅以汉语史中的这些例子来看，"一 VP"中的"一"由表示确指的次数而虚化出表示假设义，最后虚化为紧促完成体，这个演化链似乎是单线条的。但是，考察更多的语料，特别是联系现代汉语中非结句的"一 VP"和"一量 VP"结构，我们就会发现，汉语史上，"一 VP"的演化并不是只沿着这么一条线进行的。他们给出的这个演化过程是不全面的。

　　非结句的"一 VP"在现代汉语中用的是复句形式，而他们举的古代汉语的"一 VP"例证都是紧缩式的，文章中看不到魏晋时代及之后由紧缩式的"一 VP"演化到复句形式的"一 VP"的任何例证。他们给出的只是《金瓶梅》和《红楼梦》中复句形式的"一 VP"。众所周知，这两部小说的语言已基本接近现代汉语了。他们要讨论的恰恰又是现代汉语中非结句的"一 VP"的来源，这就给人一种错觉，好像现代汉语中非结句的"一 VP"是直接从魏晋时代的紧缩式"一 VP"继承而来，那这种演化岂不太突然了？如果不是这样，那么古代汉语中非结句的"一 VP"是从什么时代出现的？作者并未给我们提供这方面的任何例证，我们看不出现代汉语中非结句的"一 VP"与古代汉语"一 VP"的清晰联系。可见，他们描述的语法化的过程是跳跃式的，不符合语法化的渐变原则。语法演化的原则告诉我们，任何新型结构的出现，都应该有结构演化的清晰的线索，"一 VP"从魏晋时代的紧缩句演化到现代汉语非结句的"一 VP"，还应该有过一个过渡形式，而这个过渡形式在他们描述的语法化过程中是看不到的。

另外，现代汉语中还有一种"一量 VP"结构，其句法结构、表意特点与魏晋时代的紧缩句形式的"一 VP"有颇多的相似之处。"一量 VP"又是如何演化来的？这种结构与魏晋时代的紧缩句形式的"一 VP"应该有密切的关系。

考察语言事实得知，与表示紧促完成体"一"的语法化历程相关的"一 VP"结构的演化并未到魏晋时结束，而是从此变得更为复杂多样，其后续的演化是分两条路径进行的：一条是小句内演化，另一条是小句外演化。前者保持了先秦以来"一……就/便/而……"紧缩结构的特点，只在一个小句内来实现体貌的变化；后者是通过打破"一……就/便/而……"的紧缩结构，用松散的复句来实现体貌变化。下面我们对两条线路的演化情况分别予以说明。

（二）"一 VP"小句内演化与"一量 VP"的由来

语法结构的演化不可能是随意的，首先是出现了表达的特殊需要而现有的结构又不能完全满足，其次是得有新的语法手段（如新结构要素或新结构体）提供表达的可能，二者缺一不可。魏晋以前的"一 VP"中的"VP"是一个光杆动词，魏晋以后动补结构的大量涌现，带来了"VP"结构和表意的复杂化，原来"一 VP"中的光杆动词也受到冲击，后起的动补结构要进入"一 VP"结构，必然要求原来的结构作形式上的调整让步。从节律上看，如果只是将"VP"由单音节动词转换为双音节的动补组合，"VP"前如果不相应变化，还是一个音节，就会造成节奏上不整齐的"1+2"结构，汉语的优势节奏"2+2"要求在动补成分前再添加一个音节来满足节奏整齐的需要。魏晋时代量词虽已大量出现，并为"一量 VP"的出现提供了可能。但任何一种新结构的产生都有一个艰难的过程，所以

"一量VP"结构直到唐宋才见使用。唐代的《祖堂集》和宋代的《五灯会元》我们看到了"一VP"演化为"一量VP"的一个重要的过渡形式。请看:

(27) a. 若有人能解弹得,一弹弹尽天下曲。(《祖堂集·卷七》)

　　b. 师接住棒一送送倒,擘呼维那:"扶起我来。"(《五灯会元·卷十一》)

　　c. 龙翔门下直是一槌槌杀。何故?(《五灯会元·卷二十》)

　　d. 一拳拳倒黄鹤楼,一踏踏翻鹦鹉洲。(《五灯会元·卷十四》)

这一过渡形式就是把"一"后的动词重复一次从而产生了一种两个同形动词相连的"一VV"结构,我们看到,这种"急就章"式的结构完全是为了满足与其后双音节的动补结构节奏上平衡的需要。但是这种临时拷贝的动词,又可能兼表动作特定量的意义,特别是表示器具义的词,古汉语中名、动同形(如例27c、d中的"槌""拳"),出现在数词后最有可能被人理解为名量词。久而久之,这个在数词"一"后出现的临时拷贝的动词,不论在结构还是表意上就具备了成为临时量词的可能。虽然这种形式在《祖堂集》和《五灯会元》中用例很少,但它们却是"一VP"演化为"一量VP"的一种必不可少的过渡形式,它们才是早期"一量VP"的雏形。这一过渡形式有特殊的意义。我们看到,这些句子中的"VP"均为动结式,语义上已自带结果,音节也变为两个。用直接重复动词创造一个与动词同形的临时量词就成为一种权宜手段,这个临时的量词满足了"2+2"节奏整齐的需要。这一过渡形式的出现,无疑为"一量VP"的大量使用开辟了道路。《祖堂集》中也出现了与现代汉语形式和表意上一致的"一量VP",虽然只能见到四例,其中还有三例都是同一格式"一口吸/吞尽",但这毕竟是句法上的一种突破:

(28) a. 疎山云:"一棒打杀龙蛇。"(《祖堂集·卷五》)

　　b. 马师云:"待居士一口吸尽西江水,我则为你说。"(《祖堂集·卷十五》)

宋代的《五灯会元》"一量VP"的用例猛增,共出现63例,这充分说明,"一量VP"虽然在唐代已经出现,但直到宋代才完全成熟定型。

(29) a. 山拟开口,被师一桡打落水中。(《五灯会元·卷五》)

　　b. 问:"一棒打破虚空时如何?"(《五灯会元·卷四》)

　　c. 如人吃饭,不一口便饱。(《五灯会元·卷四》)

"一量VP"在宋代成熟定型后,终于在汉语中扎下了根,一起沿用到今天。由此,我们不难解释现代汉语"一棒子打死、一拳打倒、一脚踏翻"等在结构上和表意上与古代汉语中"一VP"的相似性。

必须说明的是,虽然"一量 VP"与先秦就出现并一直使用到魏晋的"一VP"有一脉相承的关系,它不仅继承了传统"一VP"格式中"一……就/便/而……"紧缩式结构与表意特点,同时还解决了动补结构大量出现后"一VP"在句法结构、语义内容和节律齐整等多方面的要求。但是,在表示动词体貌方面,它走的不是先秦到魏晋的"一VP"那样由表实际次数虚化到表紧促完成体的虚化路线。"一量"有虚拟量小的特点,因其数小量少,也有动词紧促完成体的一些意味,但与由数词"一"演化来的动词紧促完成体是不同的。紧促完成体"一"是动作的时量短的特征,而"一量"是动作的数量小的特征,这种量小的虚拟是为了衬托动作结果的显著性而采用的夸饰性的手段,是对先秦到魏晋的"一VP"紧缩式结构与表意夸饰性特点的继承。

(三)"一VP"小句外演化与非结句式"一VP"

"一VP"在魏晋时期的另一条演化路线发生在小句之外,即把魏晋以前的紧缩结构分解开来,形成复句的格式。能出现在"一VP"的复句中的"V"都是单音动词,《搜神记》和《世说新语》中已能见到这种形式:

(30)a. 死生异路,吾亦知之;然今一别,永无后期。(《搜神记·卷十六》)

  b. 合一剂汤与之。一服,即大下,去数段许纸,如拳大,剖看,乃先所服符也。(《世说新语·术解》)

  c. 中宵慨然曰:"大丈夫乃为庾元规所卖!"一叹,遂发背而卒。(《世说新语·尤悔》)

上边各例中的"一"均不能简单地以实指的数量来理解,都表示动词紧促完成的体貌意义。可见,表示动词体貌特征的"一"的确产生于魏晋时代,而且与现代汉语中结构一致的非结句的"一VP"也是在这个时代出现的。这种复句型"一VP"的产生要比紧缩式的"一量VP"早得多,原因也不难解释,这种结构中的"V"比较单纯,都是光杆型的动词,不会像动补式的"VP"那样,要受到结构、语义和韵律的限制,所以有结构上的一点自由度,其后再用一个小句补足说明动作事件的结果与状态就能完成紧促完成的体貌"一"的表意要求。由此可见,现代汉语中的非结句的"一VP",不仅其中的"一"直接继承了魏晋时代出现的表示紧促完成体的体貌意义,而且也保留和继承了原来紧缩式的结构格局。

第五节 汉语的类聚构式与类聚名词

一、引言

(一) 现象与命名

1. 独特的结构。汉语中有一类格式很是奇特,它们是由词性和意义同类而又互不相属的成分并列聚集构成的。从音节上来看,三个字的并列到十二字的并列都有:

(1) a. 三字格:白富美、放管服、风雅颂、高大上、德智体

  b. 四字格:骄奢淫逸、青红皂白、生死存亡、抑扬顿挫

  c. 五字格:比学赶帮超、金木水火土、吃喝拉撒睡、吃喝嫖赌抽

  d. 六字格:礼乐射御书数、吏户礼兵刑工、心肺肝肾脾胆、眼耳鼻舌身意

  e. 其他格:柴米油盐酱醋茶、孝悌忠信、礼义廉耻、冀豫徐充青扬荆梁雍、甲乙丙丁戊己庚辛壬癸、子丑寅卯辰巳午未申酉戌亥

2. 现象的命名。此类格式是什么性质的结构?该如何命名?命名的方式反映了学者对其性质的认定。

A. 聚合体。赵元任(1979:186-189)将该类格式放在"并列复合词"中介绍,认为其"象一串原子构成一个分子",并称其为"聚合体"(polymer)。如"春夏秋冬、士农工商、加减乘除、金银铜铁锡、天地君亲师、唐宋元明清、甲乙丙丁戊己庚辛壬癸"等。值得注意的是,赵元任还指出了该类格式的句法性质:"一个聚合体常常有一个概括名称,可以跟它连用(同位)或代用,如(1)春夏秋冬,(2)春夏秋冬四季,(3)四季。"

B. 聚合词。郭良夫(1988)将此类现象命名为"聚合词":"'豺狼虎豹'是聚合词,可以当作集体名词来用。这种聚合词跟包含两个成分的复合词一样,各个成分的次序比较固定。"郭文也明确地表示它们是集体名词。后来的曹炜(2003)、董茜(2004)、杨秀娟(2006)、郭世凤(2006)等人都借用了该名称。

C. 类固定语。周荐(1997)在论述三字语和四字语时曾表示,四音节单位除少数可构成词多数可构成固定语外,还可以构成一种介乎自由短语和固定语之间的用语单位——类固定语。他认为:"类固定语在意义上已

具有了一定的整体性,在形式上也具有了一定的凝固性。但是比起固定语来,类固定语意义的整体性和形式的凝固性都稍逊一筹。"刘红梅(2012)也将该类格式认定为类固定语,因为这类"聚合词语与类固定语的特点比较相似,因此,绝大多数聚合词语属于类固定语。"

D. 其他命名。还有不少学者,在涉及该类格式时,给出了多种命名[①]。还有的是专门针对其中的某一类别给出的命名,如"三字格聚合词"(王新宇,2009)、"三音节聚合词语"(罗树林,2014)、"四字骈语"(安华林,2007)等等。

(二)共识与分歧

1. 共识。从上述学者的研究来看,大家的共识有三点。

A. 都注意到了该类格式结构上并列聚合的特质。

B. 关注到了该类聚合体具有"结构紧密、次序固定、本义不变"的特点。这些特点是赵元任(1979:189)首先指出的:"比一串自由词紧密,比一个普通复合词松散。紧密在于语音上无停顿(除天干、地支太长外,念起来不得不分段),中间不能插进别的字。也在于次序固定。在另一方面,聚合体比复合词松散在于它的成分的本义毫无改变。"

C. 关注了其语义特点,即"一个聚合体常常有一个概括名称"。(赵元任,1979:189)也就是说,所有的聚合体从其词性的角度看,都是名词性的,是一个更加概括的名称。

2. 分歧。从所有的相关文献看,现在的聚合体研究尽管有不少的共识,但还存在三个不统一。

A. 聚合体的名称不统一。前文已有交代,此处不赘。

B. 所指范围不统一。形成共识的只有四字格聚合体,但除四字格外到底还有哪些聚合体,意见也不统一。有的只关注四字格的;有的只包括三字格和四字格(周荐,1997);有的认为构成该类词语的音节个数至少是

[①] "对义词":"在同一个语义范畴之中,往往有许多语位处于平等的同类关系。那么,具有平等并列的同类关系的词就叫作对义词。对义词常常超出两个词的范围,如'金—银—铜—铁—锡'、'赤—橙—黄—绿—青—蓝—紫'等。"(葛本仪:《语言学概论(修订本)》,济南:山东大学出版社,1999年,第165页)"同位词":"同位词就是表示一系列同位概念的词。"(葛本仪:《现代汉语词汇学(修订本)》,济南:山东人民出版社,2007年,第226页。)"对义聚合体":詹人凤认为,"这种对义聚合体结构整齐、音韵和谐,经常作为一个整体出现在相应的语境之中,其语义特点是系统大于单位之和"。(詹人凤《现代汉语语义学》,北京:商务印书馆,1997年,第150页。)"并义关系":"并义关系是语义平行并列的词语的聚合关系"。(王德春:《多角度研究语言》,北京:清华大学出版社,2002年,第441页。)

三个，最多七个（周欣，2006；刘红梅，2012）；有的认为"聚合词的构成语素不少于4个，不多于7个，且以4个最为典型"（曹炜，2003）；赵元任（1979）列举到的聚合词最少的四个字，最多的是十二字。

C. 聚合体的属性的认识还不统一。即该类结构究竟是词还是短语，至今意见纷呈。目前认为聚合体是词的观点占多数，但还有不同的声音。如：类固定短语、四字骈语、并列N项式、聚合词语。这些形形色色的命名，其实反映出的是对该类聚合体属性认识的差异。如曹炜（2003）认为聚合词与成语的差别就在于成语有"相沿习用"的色彩，所以不属于聚合词。赵爱敏（2006）主张将四字骈语的范围延伸到已经固化的成语中去，这样有利于历时研究。安华林（2007）认为："与四字格成语相比，四字骈语还未完全定型。"更有的文献中的态度模棱："我们认为，有些并列聚合词语是在古代就已经产生了，一直相沿习用流传到现在，结构上更加定型，已经固定化，成了成语。但是我们并不能因此否认在结构上他们仍然属于并列聚合词语的范畴，应该包括在内。"（刘红梅，2012）

（三）对策与思路

针对研究的现状，即名称不统一，所指范畴不统一，结构属性的认识不统一的乱象，我们认为，这些不统一的乱象说明，目前学界对此类聚合结构的研究还有进一步深入的必要，而改变目前研究现状的出路在于换一种研究方法。所以我们将从构式的角度来对汉语中这类特殊的聚合构造进行专门的研究。一是通过从汉语中多音节词的语音节律的模式入手，从各类词所呈现的语音节律的特征上来作为聚合体词性判断的标准。二是要给其一个统一而合适的命名。三是对其所包括的所有小类做一个全面的统计与分析，对其属性做一个统一的认识，并给出认定的理由和依据。四是对其语义的表达方式与特点做一个总体的描述与说明。五是对其特殊格式的形成与使用做一个新的解释。

二、结构形式的特点及其结构属性

我们认为，汉语聚合体的研究之所以乱象丛生，原因在于没有对聚合体的形式特点做出一个清晰而全局性的把握，所以无法建立一个对其句法性质进行判别的形式标准。那么，怎样才能抓住其最为本质的形式特点呢？我们发现，汉语中的多音节名词在语音上有一套固定的节律模式，通过全面挖掘并展示这些独特的语音节律模式，就能对聚合体的属性做出清晰的研判。我们认为，聚合体的节律特征是其句法属性的本能反映，从其节律特征来做出其词性的判断是我们的一个创新性举措，对于解决汉语中相关多音节词的词性判别问题具有重要的参考意义。

我们所收集到的三音节到七音节的聚合体有 511 个，从音节来看，从三音节到十二个音节的都有。这些聚合体的最大特点就是其结构上清一色的并列关系，但是，以往的研究忽略了的一个显著的特征，那就是其内部严整的节律模式。对比一下聚合体与其他多音节词在语音节律上十分整齐的对应规律，会给我们在判断词与非词方面提供不少有价值的启示。

（一）三音节复合词语的语音节律形式

汉语中的三音节固定结构有词，也有结构上并不太凝固的惯用语。三音节聚合体究竟是固定短语还是词？如果是词，它又属于哪类？过去的研究文献，虽然也发表过对于三音节聚合体属性的意见，但是，并没有提出一个让人们普遍接受的判定标准。我们发现，汉语中的名词，不论其音节的多寡，其实都有一个非常明确的语音节律标准。三音节名词的语音节律都是"2+1"，这种节律上的自然倾向不容忽略。我们专门查阅了权威工具书《现代汉语词典》（下面一律简称为《现汉》），并全面记录了以音序 a—d 中收录的所有三音节词条，对比中不难发现，三音节的聚合体与名词在语音节律上的特征完全对应。这种节律特征其实已经清晰地暗示了这类三音节聚合体是作为名词而存在的。请看表 4（方括号里是其语音节律）：

表 4 《现汉》三音节词项语音节律统计表

语音节律	名词		动词		形容词		其他		惯用语	
[2+1]	692	79.27%	14	24.56%	8	16%	6	31.58%	9	4.1%
[1+2]	181	20.73%	43	75.44%	42	84%	13	68.42%	211	95.9%
合计	873	100%	57	100%	50	100%	19	100%	220	100%

1.名词

a. [2+1]型：阿昌族、阿兰若、阿罗汉、阿是穴、艾叶豹、艾滋病、安乐窝、安乐椅、安理会、安眠药、安培表、安培计、安全带、安全岛、安全门、安全套、安全线、安慰剂、安慰赛、安息日、氨基酸、暗地里、暗下里、凹面镜、凹透镜、拗口令、奥运会、奥运村、澳门币、八宝菜、八宝饭、八宝粥、八头才、八分书、八卦教、八行书、八角枫、八路军、八下里、八仙桌、八音盒、八字步、八字帖、巴林石、芭蕉扇、芭蕾舞、疤痕眼、笆篱子、罢免权、霸王鞭、白菜价、白炽灯、白唇鹿、白癜风、白骨顶、白骨精、白虎星、白话诗、白话文、白化病、白暨豚、白蜡虫、白蜡树、白兰瓜、白莲教、白毛风、白皮书、白刃战、白头鸭、白头翁、白血病、白羊座、白云岩、白斩鸡、百宝箱、百分比、百分点、百分号、百分率、百分数、百分制、百衲本、百衲衣、百日咳、百叶箱、百叶窗、百褶裙、摆渡车、败家子、败血症、拜火教、拜物教、斑马线、板蓝根、版权法、版权页、办公室、办事处、办事员、半瓶醋、半日制、半月刊、绊脚石、绊马索、梆子腔、棒子面、包乘制、包袱底、包袱皮、包工头、包身工、包围圈、包心菜、褒义词、宝瓶座、保安族、保护国、保护价、保护伞、保护色、保健操、保健球、保龄球、保税区、保温杯、保温瓶、保鲜膜、保险带、保险单、保险刀、保险灯、保险法、保险费、保险柜、保险人、保险丝、保险套、保险箱、保育员、保育院、保证金、保证人、保证书、保质期、报春花、报话机、刨花板、抱柱对、暴涨期、爆发力、爆破筒、爆炸性、杯中物、背包客、背囊客、北斗星、北方话、北极光、北极圈、北极星、北极熊、北京人、贝雷帽、贝叶书、贝叶棕、备忘录、背地里、背水阵、被动式、被告人、被害人、本帮菜、本命年、笨并花、苯甲基、蹦极跳、鼻旁窦、鼻涕虫、鼻烟壶、比例尺、比例税、比目鱼、比热容、毕节饼、比翼鸟、笔记本、必然性、闭口韵、闭门羹、碧螺春、避风港、避雷器、避雷针、避孕套、边角料、编者按、贬义词、扁平足、扁桃体、变色镜、变色龙、变速器、变压器、变阻器、便利店、便利贴、辩护权、辩证法、辩护人、辩护士、标准粉、标准间、标准件、标准像、标准音、标准语、表决权、表演赛、表演唱、殡仪馆、冰川期、兵马俑、兵役法、兵役制、并蒂莲、病虫害、病原体、波罗蜜、玻璃钢、玻璃丝、玻璃体、玻璃纸、玻璃砖、菠萝蜜、菠菠菜、驳壳枪、舶来品、博览会、博士后、博物馆、博物院、博弈论、补给舰、补给线、遁逃薮、跛脚鸭、不等号、不等式、不干胶、不动产、不冻港、不倒翁、不归路、不粘锅、不锈钢、布拉吉、布朗族、布依族、步话机、擦边球、步行街（音译外来词）安琪儿、白兰地、比基尼、比丘尼、波尔卡、布拉吉（因用例太多，只列举了字母 a—b 的用例）

b. [1+2]与[2+1]两可型：矮行星、暗物质、暗楼子、艾窝窝、八辈子、拔火筒、把兄弟、靶器官、靶细胞、白矮星、白报纸、白开水、白木耳、白名单、白内障、白细胞、白血球、白眼珠、兵油子、病秧子、班主任、半辈子、半彪子、半成品、半导体、半吊子、半决赛、半劳力、半封建、半边天、半流体、半山腰、半中腰、半熟脸、半衰期、半元音、半文盲、半制品、包打听、包青天、暴风雪、暴风雨、北半球、北豆腐、北寒带、北山羊、北温带、背搭子、背旮旯、伯祖母、鼻韵母、鼻中隔、笔底下、

笔杆子、表侄女、表面积、表蒙子、冰淇淋、兵工厂、绷弓子、不作为（因用例太多，只列举了字母 a – b 的用例）

2.动词

a.[2+1]型：安乐死、百事通、边缘化、对着干、多极化、白热化、处女航、兜底翻、电气化、大众化、城镇化、多元化、表面化、标准化

b.[1+2]型：巴不得、保不住、不得了、不敢当、不过意、不识闲、不失为、不由得、不至于、不足道、不下于、常行军、超链接、超负荷、丑表功、粗加工、对得起、对得住、对不起、对不住、吃不服、吃不来、吃不清、吃不消、吃不住、吃得来、吃得消、吃得住、大出血、大排行、大撒把、大扫除、大踏步、大团圆、单打一、单相思、倒插笔、倒插门、倒计时、等不及、等得及、短不了、躲猫猫

3. 形容词

a.[2+1]型：百分百、便携式、不是味、不大离、断崖式、多年生、第一手、地毯式

b.[1+2]型：矮墩墩、白茫茫、白蒙蒙、白皑皑、白花花、白晃晃、半自动、碧油油、病恹恹、颤巍巍、颤悠悠、超音速、超一流、潮乎乎、潮呼呼、沉甸甸、赤裸裸、赤条条、臭烘烘、臭乎乎、喘吁吁、翠生生、大无畏、顶呱呱、大舌头、大呼隆、大不了、吃不开、吃得开、超自然、差不多、差不离、差一点、不要脸、不要紧、不成文、不得了、不得已、不像话、不足道、不失为

4. 其他

a.[2+1]型：巴巴地[副]、大概其[副]、大约莫[副]、充其量[副]、到头来[副]、登记吨[量]

b.[1+2]型：抽冷子[副]、动不动[副]、保不定[副]、保不齐[副]、备不住[副]、不见得[副]、旦尼尔[量]、车公里[量]、吨分里[量]、吨海里[量]、多一半[数][量]、多早晚[代]、别说是[连]

5. 惯用语

a.[2+1]型：沉住气、吃错药、等于零、壁上观、八面光、表面光、灯下黑、传帮带、逼供信

b.[1+2]型：挨板子、爱面子、碍面子、熬年头、矮半截、拔罐子、拔火罐、变戏法、摆架子、摆擂台、摆门面、摆样子、摆摊子、拜把子、拜天地、扳不倒、扮鬼脸、帮倒忙、傍大款、抱不平、抱粗腿、抱佛脚、抱委屈、爆粗口、背黑锅、背饥荒、背包袱、悲喜剧、绷场面、掰腕子、避风头、驳面子、博眼球（因用例太多，只列举了字母 a – b 的用例）

从表4看,这些三音节词条在语音节律上有如下一些不容忽视的特点,非常值得人们关注。

1. [2+1]：三音节名词的语音节律

例（2）是《现汉》中a—d字母打头收录的873个三音节名词的语音节律,占79.27%的语音节律是[2+1],这个比例尽管占了近八成,似乎还无法证明三音节名词的语音节律一律都是[2+1]。我们看到,还有20.73%的三音节名词的语音节律属于[1+2]与[2+1]两可型,这一特点更是不容忽视,更值得我们特别关注：因为从句法与语义的视角看,这些三音节名词的构造都是[1+2]式：如"矮行星、暗物质、暗楼子、艾窝窝、八辈子、拔火筒、把兄弟、靶器官、靶细胞、白矮星、白报纸"等都是这样,该类名词的生成过程是在双音词的基础上再前加一个区别性的语素。所以,如果仅从句法与语义结构上来看,这些复合名词的语音节律只能是[1+2],但是,这些三音节的名词实际的语音却与[2+1]构造的三音节名词相似。可见,这绝非偶然的因素可以解释,这种现象更能说明,三音节名词有其特定的语音节律,所以才能同化那些结构上并非[2+1]型的词,这种现象也从另一个角度反映出了汉语三音节名词的语音节律模式是[2+1]。

2. [1+2]：三音节动词的节律模式

三音节名词与三音节动词、形容词在语音节律上呈现类型上的天然分界。光看三音节的动词与形容词的语音节律基本上是[1+2],这一比例占到了80%。其实,真正的三音节的复合动词是所谓的惯用语（见例6）,该类复合动词的语音节律几乎是清一色的[1+2]型。可见,汉语中三音节的名词与动词从语音节律上有着天然的分界。

3. 三音节名词节律模式的其他证据

我们说,汉语三音节的名词节律模式是[2+1],这一观点还有其他的一些证据的支持。请看：

（7）a. 安琪儿、白兰地、比基尼、比丘尼、波尔卡、冬不拉、布拉吉、尼古丁、麦克风、迪斯科、卡路里、拖拉斯、斯诺克、吉尼斯

　b. 吐谷浑、鄂伦春、鄂温克、穆斯林、马拉松、欧佩克、维吾尔、赛因斯、司迪克、德律风

　c. 斯大林、伏尔泰、毕加索、特朗普、丘吉尔、海明威、马克思、尼克松、肯尼迪、艾迪生、马斯克、希特勒、米丘林

　d. 比利时、莫斯科、加拿大、尼泊尔、英格兰、科威特、土耳其、立陶宛、巴拿马、新西兰、柬埔寨、新德里、利雅得、高加索

从特殊现象中更容易看清并解释一般现象。我们知道，上述的这些音译外来词，根本上说是没有内部的构造的，即组成的三个要素只代表音节，在句法与语义上是不能显示究竟是[2+1]还是[1+2]的构造的。a组是普通名词，b组为专有名词，c组为人名，d组为地名。但是，汉语中这些三音节的音译外来词都采用了清一色的[2+1]节律模式，与例（2）中的汉语三音节名词的语音节律形成了严整的对应。这种整齐的语音节律模式并非出于偶然，它们与例（2）中的三音节名词在语音节律上具有高度的内在一致性，而这种韵律模式也正好说明，汉语的三音节名词的语音节律是[2+1]。其实，这一特点也在汉语的人名的语音节律上得到体现。"毛泽东、刘少奇、周恩来、邓小平、聂荣臻、徐向前"都是三音节的专有名词，其句法与语义都是[1+2]的格式，但是，我们在实际的读音上却并非采用其原有的[1+2]节律，而是采用了三音节名词的[2+1]节律。总之，汉语三音节名词一律读为[2+1]的节律，可以得到语言的事实的有力支持。

4. 三音节聚合体的词类属性

我们知道，聚合体最显著的特征是其聚合性，它们完全是由语义相同相似或是相反对立的成分聚合而成的，也就是说，各组成成员之间除了结构上的并列关系外再无别的结构关系。如果将我们的视野扩大到所有由成分的并列而产生的聚合结构，我们会发现，在数量巨大的双音节词中，并列式的复合词所占的比例是很高的。据陈爱文、于平（1979）的统计，在《普通话三千常用词表》中，共有双音节并列复合词525个，占比超过六分之一。显而易见，并列构词是汉语复合词中最常见的构词方式之一。下面所举的是《普通话三千常用词表》中以音序a、b、c排列的双音节并列复合词，总共有73个。请看：

（8）爱护、安静、安全、安慰、安稳、按照、呆板、把握、榜样、帮助、包括、保持、宝贵、保守、保卫、保证、报告、保护、报复、爆发、暴露、悲哀、变化、编辑、标点、表格、表示、表演、表扬、表现、本领、比方、比较、比赛、辩论、剥削、薄弱、部分、部门、布置、步骤、材料、残废、残忍、惭愧、操纵、测量、产生、畅快、城市、称呼、称赞、成立、池塘、翅膀、出发、出现、除非、处罚、处理、畜牲、创造、冲突、筹备、稠密、丑陋、刺激、聪明、程度、传染、粗糙、粗鲁、错误。

难道只有双音节的并列聚合体才是词？汉语中还有由三音节并列构成的复合词。《现汉》（第7版）中虽然只收录了"逼供信、传帮带、度量衡、短平快、老大难、高精尖、马大哈"这七个三音节的并列聚合体，其中除了"逼供信、传帮带"外的其他五个都加注了词性。可见，这部收

词最严格最权威的词典,都承认了"短平快、老大难、高精尖、马大哈"具有词的资质与地位。请看词典中的标注及词义说明:

(9) a. 短平快:①[名]排球比赛的一种快攻打法。二传手传出弧度很小的球后,扣球手迅速跃起扣出高速、平射的球。②[形]属性词。(企业、工程等)投资少、历时短、收效快的:～项目｜～产品。

b. 度量衡[名]计量长短、容积、轻重的标准的统称。度是计量长短,量是计量容积,衡是计量轻重。

c. 高精尖:[形]属性词。指高级、精密、尖端的:～技术｜～设备。

d. 老大难:[形]属性词。问题错综复杂、难以解决的:～单位｜～问题｜这个班秩序乱,成绩差,是全校有名的～班级。

e. 马大哈:①[形]粗心大意:保管文件,可不能～。②[名]指粗心大意的人:他是个～,做事丢三落四的。

现代汉语里虽然是双音节占优势,但三音节的词也为数不少,三音节并列式复合词的数量过百,是一个开放的类。下面是我们收集的所有用例(因例子太多,只举字母 a-d 部分,全部用例请见本节第五部分):

(10) 巴老曹、白富美、白骨精、北上广、本硕博、编导演、编摄录、产供销、产学研、传帮带、吃住行、葱姜蒜、打砸抢、大中小、氮磷钾、党政军、的得地、德智体、等靠要、敌我友、帝修反、定状补、斗批改、度量衡、短平快。

值得注意的是,有一些由动词语素聚合而成的三音节并列式复合词,如"编导演、编摄录、产供销、产学研、传帮带、吃住行、打砸抢、等靠要、斗批改、度量衡、放管服、管卡压、揭批查、洗剪吹"等,也都是作为名词来使用的。它们不仅结构固定,不能插入其他成分,而且成分的次序固定,不允许随意调整成分的次序,有的习用已久,是人们习用的名词,并非短语。《现汉》中将部分三音节并列式复合词收录并标注为名词就是明证。

更为重要的是,这些三音节的聚合体并没有内部构造,但是,它们在语音节律上都统一采用了三音节名词的语音节律。这使我们更有理由相信,它们是汉语中一种以并列方式构成的复合名词。关于此类聚合体的名词属性的详细讨论,请见后文。

(二)多于三音节的词条的标注情况

1.《现汉》里多于三音节词条的标注情况

汉语里有无多于三音节的词呢?作为最权威的《现汉》,从第五版开始标注词性,该词典中的确有不少多于三音节并标注了词性的词条,可见,该词典是承认汉语中有多于三个音节以上的词的。那么，该词典是如何界定那些多于三音节的固定结构的？是否有一个明确的鉴别词与非词的标准？我们查阅了该词典里以音序 a、b、c、d 开头的多于三音节的固定结构情况（下例中的 d 是成语，因为数量太多，只选取了以音序 a 开头的部分，e 为多于三音节的名词，因为数量较多，只列举了以音序 a、b 开头的部分）：

(11) a. 巴巴结结[形]、半半拉拉[形]、颤颤巍巍[形]、颤颤悠悠[形]、吃吃喝喝[动]、大大咧咧[形]、跌跌撞撞[形]、断断续续[动]、躲躲闪闪[形]、白不呲咧[形]、滴里嘟噜[形]、吊儿郎当[形]

b. 爱克斯刀[名]、爱斯基摩人[名]、阿尔茨海默病[名]、阿拉伯人[名]、哀的美敦书[名]、布尔什维克[名]、白金汉宫[名]、达摩克利斯剑[名]

c. 半殖民地[名]、半劳动力[名]、北回归线[名]、被选举权[名]、大马哈鱼[名]、车轱辘话[名]、抽油烟机[名]、等离子态[名]、等离子体[名]、低气压区[名]、冰糖葫芦[名]

d. 哀兵必胜、哀鸿遍地、唉声叹气、爱不释手、爱莫能助、爱搭不理、碍手碍脚、安邦定国、安步当车、安分守己、安家立业、安家落户、安居乐业、安然无恙、安如磐石、安如泰山、安身立命、安土重迁、安营扎寨、安之若素、鞍马劳顿、鞍前马后、按兵不动、按部就班、按图索骥、暗度陈仓、暗送秋波、暗无天日、黯然神伤、昂首阔步、嗷嗷待哺

e. 阿猫阿狗、阿鼻地狱、阿拉伯数字、爱国主义、安民告示、安全理事会、安全事务、螯肢动物、巴黎公社、霸王条款、霸权主义、白马王子、白色垃圾、白色恐怖、白色污染、白山黑水、白衣天使、白衣战士、白色收入、百分之百、百日维新、拜金主义、板凳队员、孢子植物、宝贝疙瘩、报告文学、北伐战争、北京时间、北京猿人、北洋军阀、裸子植物、本本主义、本初子午线、本位主义、比较文学、闭路电视、扁形动物、变温动物、标点符号、表意文字、表音文字、表现主义、不定方程、不好意思、不管部长

f. 摆龙门阵、煲电话粥、吃哑巴亏、吃闭门羹、吃大锅饭、吃后悔药、吃回头草、吃现成饭、吃豆腐饭、吹耳边风、唱独角戏、唱对台戏、唱空城计、打马虎眼、打退堂鼓、打太极拳、打预防针、打落水狗、打翻身仗、迈四方步、戴高帽子、戴绿帽子

g. 悲欢离合、伯仲叔季、柴米油盐、存亡绝续

h. 奥林匹克运动会（奥运会[名]）、彩色电视（彩电[名]）、

初级小学（初小[名]）、初级中学（初中[名]）、出租汽车（出租车[名]）、地下铁道（地铁[名]）、第三产业（三产[名]）、电流强度（电流[名]）、电视大学（电大[名]）、冬虫夏草（虫草[名]）。

《现汉》对于多字条目的标注在凡例 5 中有明确的说明："多字条目中的词组、成语和其他熟语等不做标注，其他标词类。"从这个说明以及词典中所收词条的标注来看，该词典并未否认多于三音节的结构可以为词。既然如此，我们从《现汉》所收词条的不同标注的多种情况中可以大体总结出词典对词与非词的处理的规律。

2.《现汉》中对多于三音节词的标条件

分析《现汉》里对多于三音节词的词性标注，我们不难发现一些规律。

一是标注词性有条件：①采用特殊的构词手段的才明确其为词并标注词性，如 a 组，包括重叠式构词（"巴巴结结""颤颤巍巍""跌跌撞撞"等）和后缀构词（"白不呲咧""滴里嘟噜""吊儿郎当"等）。②音译外来词后加义类语素形成的专有名词有标注，如 b 组的"爱克斯刀、爱斯基摩人、阿尔茨海默病、达摩克利斯剑"，四音节、五音节和六音节的都有。③由含有不成词语素的专有名词有标注，如 c 组的"半殖民地、北回归线、被选举权、抽油烟机、等离子态、等离子体、低气压区"中分别含有"半、北、被、机、态、体、区"等不成词语素，不过，也有"车轱辘话、冰糖葫芦"等例外，原因不明。

二是不加标注有条件：①四字成语一律不标，如 d 组；②由词再合成的名词与专有名词一律不标，如 e 组。③惯用语一律不标注，如 f 组。④四字聚合体一律不标注，如 g 组。

三是标注与否看音节，如 h 组都是同名的专有名词，但在标注时采用了音节的标准，即只有不多于三音节的简称才标注，多于三音节的全称一般都不加标注。

从《现汉》的词的认定与词性标注的情况来看，虽然该词典对于什么样的固定结构或用法哪些属于词及哪些不属于词的认定上比较谨慎，但该词典至少承认词可以是由四个甚至四个以上的音节构成的。从上例的多种情况可知，《现汉》并未给出一个明确的词的认定与标注的可操作的标准。词与非词，到底有无一个明确的鉴别的标准呢？我们坚信，任何一种语言，如果存在词与非词的对立，就一定有形式上的表征。这个表征是什么？下面是我们综合《现汉》的标注情况，尝试一下从语音节律上的表现来找到汉语词与非词的区别方法。

3. 多音节词的韵律特征

从我们所收集到的各种音节的聚合体来看，从三音节到十二个音节的都有，这些聚合体除了在结构上都是并列关系外，另一个最显著的特征就是其整齐的韵律结构。对比一下聚合体与非聚合类的词与固定结构的这些韵律特征，会给我们在判断词与非词方面提供不少有价值的启示。

1）[2+1]：三音节固定结构的节律形式。汉语中的三音节固定结构有词，也有惯用语，我们看到，节律形式上，三音节聚合体节律上都是"2+1"式。这种节律上的倾向不容忽略，它为何没有严格地要求人们按照其自然节律"1+1+1"式来读？我们认为，这种节律特征其实已经暗示了这类三音节聚合体在人们心中作为词的韵律属性。

2）[2+2]：四音节固定结构的节律形式。四音节聚合体采用的全是"2+2"式的节律，与其他四音节固定结构的几种小类相比较，看看在语音节律上，四音节聚合体这种"2+2"式的节律形式与下边的哪种结构的节律一致，由此可对其结构性质做出判断。请比较：

（12）a. 兵马粮草、伯仲叔季、布帛菽粟、豺狼虎豹、柴米油盐、长短粗细、唱念做打、车钳铣刨、开齐合撮、东西南北、克伐怨欲、坑蒙拐骗、说学逗唱。

b. 背道而驰(状中)、一蹴而就(状中)、拔地而起(状中)、脱颖而出(状中)、可想而知(状中)、必由之路(定中)、一席之地(定中)、一丘之貉(定中)、一衣带水(定中)、举手之劳(定中)。

c. 狐假虎威(主谓)、口若悬河(主谓)、学富五车(主谓)、目不识丁(主谓)、味同嚼蜡(主谓)、朝不保夕(主谓)、学以致用(连谓)、痛不欲生(连谓)、死而后已(连谓)、望其项背(述宾)、为所欲为(述宾)、多此一举(述宾)、微不足道(述补)、浩如烟海(述补)、俗不可耐(述补)。

d. 滨海新区（新滨海区）、浦东新区（新浦东区）、南京西路（西南京路）、解放北路（北解放路）、钱江新城（新钱江城）。

e. 白不呲咧、红不棱登、花不棱登、黑咕隆咚、黑不溜秋、灰不溜丢、酸不溜丢、死乞白赖。

f. 哥伦比亚、布达佩斯、厄瓜多尔、洪都拉斯、危地马拉、塞尔维亚、阿塞拜疆、拉脱维亚、毛里求斯、塞浦路斯、津巴布韦、阿拉斯加、澳大利亚、尼日利亚、坦桑尼亚、屠格涅夫、托尔斯泰、塞万提斯、堂吉诃德、巴尔扎克、伊丽莎白、蒙娜丽莎。

g. 打退堂鼓、打太极拳、打翻身仗、打马虎眼、打预防针、戴高帽子、戴绿帽子、分一杯羹、喝西北风、捏一把汗、发国难财、扣屎盆子、耍嘴皮子、捅马蜂窝、摇鹅毛扇、有两下子、走回头路、钻牛角尖、坐冷板凳、作壁上观、揭不开锅。

这些四音节的固定结构从节律上可分为两类：g 组的惯用语的节律高度一致，都是"1+3"式，a 组到 f 组的节律也高度一致，都是"2+2"式。这种高度一致的节律形式绝对不是偶然的，其中可以表明 a 组的四音节聚合体的属性。我们看到，b、c 两组都是节律上为"2+2"式的成语，但是，细加分析不难发现，b 组的句法和语义都是"3+1"式的状中或定中式的偏正结构，c 组的句法和语义都是"1+3"式，但是，在成语化的过程中，其节律形式都被强行地改变成了"2+2"式。再看 d 组，这是一组地名，原有的句法语义构造都是"1+3"式，但在词化的改造中，也都被施以结构调整而变成了"2+2"式。e 组形式上本为"1+3"式的"词根+词缀"形成的派生词，但是成词后的节律却全部变成了"2+2"式。f 组为四音节的音译外来词，有国家名、城市名和人名等，按理，这些音译都没有内部构造，但是节律上却是高度一致的"2+2"式。g 组的情况最为特殊，它们都是四字格的惯用语，所以语音节律上都保持了与句法语义非常一致的"1+3"式。g 组在节律上与其他形式的固定结构的对立最值得关注，因为从结构的凝固性来看，只有该组可被加入其他成分，所以才在一定程度上保留了自由短语的一些特点。而其他几组，特别是 e、f 两组并无任何结构，但都强制性地采用了高度一致的"2+2"式的节律。这种节律的强制性要求，与还保留有一点自由短语特点的惯用语形成了最严格的区分。因为只有作为词的四字格才有"2+2"式的节律的强制性，这是词的自然语音节律模式。由此我们可以反过来再看 a 组的四音节聚合体，它的节律的唯一性足以说明，该类聚合体无疑采用了词的节律模式。

3）[2+3]：五音节固定结构的节律形式。五音节聚合体采用的全是"2+3"式的节律，为了看出该类聚合体属于何种句法单位，我们也不妨做一些详细的比较。看看几种五音节的固定结构的语音节律所反映的结构属性：

（13）a. 比学赶帮超、吃喝拉撒睡、吃喝嫖赌抽、稻黍稷麦豆、德能勤绩廉、梁唐晋汉周、点横竖撇捺、东西南北中、耳目口鼻舌、老弱病残孕、公侯伯子男。

b. 贝尔格莱德、布尔什维克、哀的美敦书、爱斯基摩人、德莫克拉西、伊斯坦布尔、君士坦丁堡、印度尼西亚、斯洛文尼亚、斯德哥尔摩、艾丝美拉达、戈尔巴乔夫、索福克勒斯、欧里庇得斯。

c. 节律均为"2+3"的有：八字没一撇、板板六十四、病急乱投医、东风吹马耳、十年九不遇、赶前不赶后、覆巢无完卵、恨铁不成钢、三一三十一、脚踩两只船、换汤不换药、烈火见真金、空口说白话、脸红脖子粗、蚂蚁搬泰山、蚂蚁啃骨头、平地一声雷、皮笑肉不笑、四两拨千斤、墙倒众人推、一退六二五、一问三不知、一物降一物、一亩三分地、杀鸡给猴看、杀人不见血、杀人不眨眼、一言以蔽之、欲速则不达、坐山观虎斗；节律为"3+2"的有：赶鸭子上架、吹胡子瞪眼、一棍子打死、一碗水端平、一竿子到底、一锤子买卖、一鼻孔出气、有鼻子有眼；其他节律的：卖狗皮膏药（1+2+2）、碰一鼻子灰（1+3+1）。

a组是五音节的聚合体，在节律上全是"2+3"式；b组是五音节的音译外来词，有国家名、城市名、人名或其他名词；c组全是五字格的惯用语，节律上以"2+3"式居多，也有不少"3+2"式的，还有极少数"1+2+2"式与"1+3+1"式的，语音节律与原有的结构与语义一致。a组与b组在语音节律上的高度一致的现象绝非偶然，我们可以从并无结构与语义关系的音译外来词的语音节律上推知，五音节的聚合体同样采用的是名词的语音节律，与惯用语在语音节律上有本质的区别，所以，从语音节律来看，五音节的聚合体是词而非短语。

4. [2+2+2]：六音节固定结构的节律形式

六音节聚合体采用的全是"2+2+2"式的节律，为了看出该类聚合体属于何种句法单位，我们不妨与其他六音节的固定结构做一些详细的比较。

(14) a. 父母兄弟妻子、礼乐射御书数、吏户礼兵刑工、上下前后左右、心肺肝肾脾胆、眼耳鼻舌身意、猪牛羊马鸡狗。

b. 亚的斯亚贝巴、斯托尔滕贝格、乌兹别克斯坦、英特那雄纳尔、美索不达米亚。

c. 节律均为"3+3"的有：八竿子打不着、陈谷子烂芝麻、打肿脸充胖子、毕其功于一役、神不知鬼不觉、一是一二是二、一不做二不休、挂羊头卖狗肉、有一搭没（无）一搭、有过之无不及、胳膊肘朝外拐；节律均为"2+2+2"的有：百闻不如一见、不知天高地厚、不费吹灰之力、长痛不如短痛、割鸡焉用牛刀、九牛二虎之力、老死不相往来、摸着石头过河、牛头不对马嘴、如堕五里雾中、生米做（煮）成熟饭、三寸不烂之舌、一步一个脚印、一蟹不如一蟹、手无缚鸡之力、太岁头上动土、迅雷不及掩耳、有眼不识泰山、真金不怕火炼。

d. 六音节的疑似聚合体：真善美假丑恶、宋辽金元明清、主谓宾定状补、性数格时体态、鲁郭茅巴老曹、风雅颂赋比兴。

a组是六音节的聚合体，在节律上全是"2+2+2"式；b是六音节的音译外来词，国家名、城市名、人名或其他名词，有意思的是，节律上全部采用了"2+2+2"式；c 组全是六字格的惯用语，节律上"2+2+2"式与"3+3"式的都有，与原有的结构与语义完全一致。d 组貌似六音节的聚合体，但在节律上全是"3+3"式，其节律形式告诉我们，它们其实都是由两个三音节的聚合体构成的。请看：

（15）a. 老师们高度评价他的作品"用孩子们喜爱的旋律培养他们高尚的道德、聪敏的智慧、勤劳的习惯、爱憎分明的感情和明辨<u>真善美</u>、<u>假丑恶</u>的能力"。

b. 就《诗经》<u>风雅颂</u>、<u>赋比兴</u>六义所涉取的鸟兽草木，一动一静，一枯一荣，细悉纤浓，无所不至。

c. <u>主谓宾</u>（和）<u>定状补</u>是句子里的六大成分。

d. 这些文学作品代表了<u>宋辽金</u>（和）<u>元明清</u>几个朝代的诗歌创作的最高水平。

e. 这位现代文学的老师讲了一个学期的<u>鲁郭茅</u>（和）<u>巴老曹</u>。

我们知道，例（14）b 组都是六音节的音译外来词，其六个组成单位之间并未有任何的语义与结构关系，它们清一色地以"2+2+2"式的节律呈现，而例（14）a 组六音节的聚合体与 b 组的节律完全一致，在语音节律上与六字惯用语形成了鲜明的对照。这些语音节律的特点告诉我们，例（14）a 组六音节的聚合体是词而绝非固定短语。但是，例（14）d 组却并非六音节的聚合体，例（15）的用例告诉我们，它们在节律上是"3+3"式，与例（14）a 组六音节的聚合体的"2+2+2"式节律有截然的不同，而且还可以在中间加入连词，可见具有明显的结构层次，与六音节聚合体并非同类。

5）[2+2+3]：七音节及多于七音节聚合体的节律。七音节聚合体的节律是"2+2+3"式，八音节聚合体的节律是"2+2+2+2"式，九音节聚合体的节律是"2+2+2+3"式，十音节聚合体的节律是"2+2+2+2+2"式。汉语中七音节及以上的音译外来词较少，但是惯用语却为数不少，不过，这些惯用语的节律形式并无统一的节律构造。而七音节聚合体的节律是"2+2+3"式，与没有语义关系与结构关系的音译外来词高度一致，由此可以推断，这些多字组的聚合体表现出的是词的特性。例如：

（16）a. <u>柴米油盐酱醋茶</u>、<u>赤橙黄绿青蓝紫</u>、<u>红橙黄绿蓝靛紫</u>、<u>齐楚燕韩赵魏秦</u>、<u>喜怒哀惧爱恶欲</u>、<u>孝悌忠信礼义廉耻</u>、<u>冠婚丧祭射乡朝聘</u>、<u>土肥水种密保管工</u>、<u>冀豫徐兖青扬荆梁雍</u>、<u>甲乙丙丁戊己庚辛壬癸</u>、<u>子丑寅卯辰巳午未申酉戌亥</u>。

b. 巴布亚新几内亚（Papua New Guinea）、布宜诺斯艾利斯

（Buenos Aires）、奥斯特洛夫斯基、车尔尼雪夫斯基。

  c. 节律均为"2+2+3"的有：按下葫芦浮起瓢、饱汉不知饿汉饥、不到黄河心不死、不见棺材不落泪、打铁必须自身硬、打破砂锅问到底、眉毛胡子一把抓、无事不登三宝殿、一朝天子一朝臣、一个萝卜一个坑、一个巴掌拍不响、一石激起千层浪、磨刀不误砍柴工、赔了夫人又折兵、上梁不正下梁歪、羊毛出在羊身上、这山望着那山高、不管三七二十一；节律均为"2+3+2"的有：胳膊拧不过大腿、狗嘴吐不出象牙；其他节律形式的：冒天下之大不韪（1+3+3）、树欲静而风不止（3+1+3）、一失足成千古恨（3+1+3）、远水解不了近火（渴）（2+3+2）、行百里者半九十（3+1+3）。以上为七字惯用语。节律为"2+2, 2+2"的八音节惯用语：不入虎穴，焉得虎子；差以毫厘，失之千里；成事不足，败事有余；言者无罪，闻者足戒；项庄舞剑，意在沛公；万事俱备，只欠东风；头痛医头，脚痛医脚；十年树木，百年树人；三天打鱼，两天晒网；千里之行，始于足下；千里长堤，毁于蚁穴。其他节律形式的八音节惯用语：近朱者赤，近墨者黑（3+1，3+1）、当局者迷，旁观者清（3+1, 3+1）、巧妇难为无米之炊（2+2+2+2）。九音节惯用语：搬起石头砸自己的脚（2+2+1+3+1）。

（三）并列聚合体的节律形式反映的是词的结构属性

  根据以上的描述，我们看到，汉语的聚合体在其内部的句法关系上均为统一的并列关系，从两个音节的到十来个音节的都有，它是一个开放的类。在与汉语中各种非聚合类的固定结构的比对中发现，这些聚合体不论其长短，在语音节律上与其音节数量对应的词形成了不是出于偶然的严整的匹配与对应。这也充分说明，聚合体在汉语中是作为词的形式而存在与使用的。所以，我们完全可以将聚合体的结构属性定性为词。下文中，我们将运用构式语法理论来对汉语中这些非常具有独特性的词级单位做一个统一的描写与解释。

三、聚合体作为汉语的独特构式

（一）类聚构式与类聚名词

  根据聚合体的总体特点，我们将汉语中以并列方式聚合起来的结构称为类聚构式。因为类聚构式都是名词，为了将该类名词与其他名词区分开来，可统称为类聚名词。

  汉语的聚合体其实是一个长短不一的结构体的类聚，有少到两个音节的复合词，也有多到十来个音节的聚合体，将这么多长短不一的聚合体用构式来称道，很难看出这些大大小小的聚合体有什么共性，有何必要性与可能性？下面集中解释将不同音节的聚合体作统一构式看待的理据。

1. 构造手段的特殊性与同一性

将不同音节的聚合体看作统一的构式，是基于其构造手段的特殊性。我们看到，类聚构式，不论是双音节的还是多音节的，都是同一种构造手段——并列复合，不论其音节的多少，都只有同一个层次。这是此类类聚式复合词在构造手段与组合层次上的一大特色。意识不到这一点，就会造成认知上的失误，看不到汉语类聚构式的真实特点。

曹炜（2003）也承认聚合词在结构上均采取了复合式合成词中的"联合"型构词法。但是，他却忽略了聚合词在构成手段上是一种不分层次的并列组合的本质特点，将聚合词的构造分成了三类：①四个语素处于一个层次：油盐酱醋、豺狼虎豹、酸甜苦辣。②四个语素处于两个层次，即前二者与后二者中包含并列关系：男女老幼、兄弟姐妹。③四个语素处于两个层次，即前二者为并列关系，后二者为偏正关系。如"桌椅板凳"等。我们知道，类聚构式的成员内部是通过一次性的并列形成的，四个成分处于同一层次。不论是几个音节的类聚，形式上都是"1+1+N"的构造方式，不能碰巧因为其中的相邻成分可以作为词来使用，就主观地认定是经由"（1+1）+（1+1）"而构成的。这样的分类，将只有一个层次的类聚构造割裂为具有不同结构层次的组织，实质上否定了其并列联合的构造原则，实在是不得要领所致。顺便说明，"桌椅板凳"是"桌、椅、板、凳"之并列，"板凳"是并列而非偏正。

汉语类聚构式将所聚合的成分直接并列而无需使用任何成分黏合是其构造上的一大特色。有些四音节结构，表面上看很像是类聚构式，但是，其内部组织是有层次的，因为四音节中前后的两个音节分别都是双音节并列复合词，可以拆开来单独以词的形式使用。如"博大精深、丁零当啷、光明正大"等就是这样的结构。所以，汉语中的类聚构式一定是组成成分不分层次地并列组合形成的。在这一点上，与西方语言的成对词的构词方式有很大的区别。汪榕培（2000：137）指出："英语中有一种成语，两个词由 and 连接起来表示一个完整的概念，叫作成对词。"下面举一些例子：neck and neck（并驾齐驱）、leg and leg（平分秋色）、high and dry（孤立无援）、fair and square（正大光明）whip and spur（快马加鞭）、sanity and reason（正当理由）、null and void（无效）、hale and hearty（老当益壮）、chop and change（变幻莫测）、the ups and downs（沉浮）、open and shut（一清二楚）。这些用连词"and"将两个单词连缀而成的固定组合即为"成对词"（words in pairs）。

对比汉语中众多的并列复合词，不难发现，英语中的这些"成对词"虽然也有词的性质，如结构凝固，整体表示一个全新的意义，与一般的自由短语很不相同。但是，它们与汉语中的聚合体的构成手段极不一致：①英语中"成对词"的基本结构模式是用"and"做黏合剂把两个词连接起来，形成"$word_1$+and+$word_2$"格式，其句法手段有明显的用连词"and"加接的痕迹。而汉语中的聚合体采用的是直接并列的方式，是无需黏合剂的无缝对接。②英语中的"成对词"只能是两个词的连接，而汉语中的聚合体却可以多于两项，甚至达到十来项。③英语中的这种"成对词"数量只有几十个，基本上是封闭的类，而汉语中的聚合体却是个最常用且数量最多的开放类，双音节并列复合词数以千计，光是三音节以上的并列复合词就已超过五百（详见下文），如近年来出现了不少"白富美、白骨精、蛋白质、高大上、喜大普奔"[①]等，在汉语的复合词里是最显赫的一个类别。

汉语中的聚合体构造手段的特殊性与同一性表现如下。

一是复合方式的特殊性与同一性，即在构成结构体的过程中，使用的手段都是整齐划一的并列，所以成分之间除了并列关系别无其他结构关系与语义关系，无需任何的连接成分，这可与英语中的成对词形成鲜明对照。

二是聚合体的成分固定且排列顺序固定，只有极少数的变体[②]。在结构凝固这一点上，聚合结构与结构上还不是太凝固的惯用语严格区分开来。

[①] "白富美"专指"白晳、富贵、貌美"之女性；"白骨精"取"白领、骨干、精英"之意；"蛋白质"取"混蛋、白痴、神经质"之意；"高大上"是"高端、大气、上档次"之减缩；"喜大普奔"是"喜气洋洋、大快人心、普天同庆、奔走相告"之减缩。

[②] 据刘红梅（2012）的统计，聚合体的变体形式如下：悲欢离合（离合悲欢）、豺狼虎豹（虎豹豺狼）、唱做念打（唱念做打）、春夏秋冬（春秋冬夏）、产供销（供产销｜销供产）、刀枪剑棍（剑棍刀枪）、东西南北（东南西北）、刀锯鼎镬（鼎镬刀锯）、风云月露（月露风云）、风霜雪雨（风霜雨雪）、风雨阴晴（阴晴风雨）、富贵贫贱（贫贱富贵）、工农兵学商（工农商学兵｜工农兵商学）、孤苦伶仃（孤苦零丁｜零丁孤苦）、寒热温凉（温凉寒热）、花卉翎毛（翎毛花卉）、酒色财气（财气酒色）、麟凤龟龙（龟龙麟凤）、楼阁台榭（台榭楼阁）、贸工农（农工贸）、名特优新（名优特新）、摸爬滚打（滚打摸爬）、谑浪笑傲（谑浪笑敖）、妻儿老小（妻儿老少）、前后左右（左右前后）、琴瑟琵琶（琵琶琴瑟）、轻重缓急（缓急轻重）、日月星辰（星辰日月）、荣华富贵（富贵荣华）、蛇虫鼠蚁（蛇鼠虫蚁）、笙管笛箫（笙箫管笛）、声色犬马（犬马声色）、是非善恶（善恶是非）、酸甜苦辣（甜酸苦辣｜苦辣酸甜）、酸甜辣咸（甜酸辣咸）、亭台楼阁（楼阁亭台）、嬉笑怒骂（嬉笑怒骂）、贤良方正（方正贤良）、兄弟姐妹（姐妹兄弟）、烟酒糖茶（糖茶烟酒）、妖魔鬼怪（鬼怪妖魔）、抑扬顿挫（顿挫抑扬）、都俞吁咈（吁咈都俞）、猿鹤虫沙（猿鹤沙虫｜虫沙猿鹤）、之乎者也（者也之乎）。

三是在语音节律上极其严整，自觉遵循了词的自然节律。

2. 类聚名词

这些不同音节构成的类聚构式，采用了并列组合的方式，其构造手段特殊性与高度的同一性，其整齐划一的结构形式背后，实际上遵循的是词的自然节律，不同音节的类聚构式与和音译外来词的节律上形成的严整对应，同时还与结构相对松散的惯用语的截然区分，其实都在用特殊的节律形式表明了其作为特殊名词的属性。据此，我们将它们统一命名为"类聚名词"，或称"多音节的类聚式复合词"。汉语中这些音节不同的类聚体的共性与特殊性虽然也引起了部分研究者的注意，但是，其共性特点所反映的"名词"的结构属性却并未被研究者所关注。有人为这类聚合体人为地划定了几道形式的门槛。

有人将四字格的聚合结构与四字格的固定短语对立起来。如曹炜（2003）就将四字格的聚合体一分为二，认为"亭台楼阁、琴棋书画、声色犬马"属于"并列结构的成语"，"油盐酱醋、豺狼虎豹、酸甜苦辣、男女老幼"属于四字格的"聚合词"，理由是前者比后者"多了一点历史的沧桑，多了一道'相沿习用'的程序，所以也成了成语。"周荐（2017）也将"骄奢淫逸、鲁鱼亥豕、生死存亡、抑扬顿挫"等四字格排除在四字格的聚合结构之外，认为它们应该归于"二二相承"的固定短语。原因是这些四字格具有悠久的历史，而四字格的聚合结构则产生较晚，还可能增加字数，如"比学赶帮"还可以扩充为"比学赶帮超"。周荐认为，四字格成为聚合结构有两个条件最为紧要："第一，整个聚合结构必须凝成一个独立的单位，且具较强的复呈性；第二，聚合结构内的每个字（语素、词）都独立存在，而不是某个字（语素、词）与其他的字（语素、词）先行组合，而后再与另外的字（语素、词）一起组合成四字格。"四字格的聚合结构（即曹炜说的"聚合词"）与他们认为是那些四字聚合的固定短语（即成语）的成立前提都是相同的，二者无论是在组织原则上还是语音节律上都有高度的一致性，将二者强行分割，其实只是一种人为的区分，事实上，从他们的表述中也看不出两类四字格的界限到底在哪里。

还有学者对聚合体的音节个数做了人为的限定，即至少是三个，最多七个（曹炜，2003；周欣，2006；刘红梅，2012；周荐，2017）。殊不知，这些音节的限制，人为地割裂了汉语里聚合结构作为统一的结构体，而汉语中用并列聚合方式构成的双音复合词被排除在外，事实上并列聚合从双音节到多音节在构成与表意上是一个具有高度同一性的连续体。因而人为地用音节数目来做出限定，忽略了聚合体的结构与语义表达的本质特点，所以迄今还未见到通透的论证与解释。

3. 成语是词不是"语"

干扰学者们对聚合体的本质属性认识的一个因素是语言学界对"成语"这一特殊结构属性的认识。语言学者一般把固定短语都看作词的等价物，并把四字格成语也放在"语"里，与惯用语、谚语、歇后语并列。这种分类其实是有问题的。我们知道，成语是所有被称作"语"的固定短语中最另类的存在，成语与惯用语、谚语、歇后语无论是从结构的凝固性上还是语音节律上看都有本质的不同。一是其结构的凝固性上与词完全一样，具有"三不允许"的特点，即不允许被拆开、不允许成分的次序颠倒，不允许成分的丝毫的更换。而惯用语、谚语、歇后语则不同，它们虽然与自由短语相比在结构上有其凝固性的一面，但并没有达到"三不允许"的程度。二是其独特的节律形式，从例（5）中可以发现，成语在节律上遵循了词的节律模式，最为明显的是，对一切节律上非"2+2"式的结构与语义构造，一律要强行地施行改变，按照"2+2"的节律形式出现。我们看到，这个节律形式的强制性与内部并无结构与语义关系的四字格音译外来词高度一致，也与并无成分隶属的四音节聚合体的节律一致。对比一下四字格的惯用语可知，这种节律特点其实已经成了其句法属性的风向标，它采用的是"词"的自然节律，而非"语"的结构规律，这说明，在节律形式上它已经明显地与"语"区分开来。前文已经显示，从三音节到多音节的词，都有其独特的韵律模式。

我们的观点是，撇开音节、历史长短等非本质属性的因素，所有的类聚构式都是汉语中一种独特的类聚名词。这些类聚名词从双音节到多音节都是采用了并列联合的方式构成的，在构词手段上具有惊人的一致性，所以我们将它们统称为"类聚构式"，所有的类聚构式都是整齐划一的复合式名词，故我们将其统称为"类聚名词"。"类聚构式"是对所有类聚结构的形式概括，"类聚名词"是对所有类聚构式属性的概括，前者着眼于其形式的共性，后者着眼于其语义的共性。之前的研究由于没有能够从形式到其结构属性做出统一的概括，不仅将同一形式手段组织下的结构割裂，而且错失了对其结构属性的正确的认识，多数都在词与固定短语间争论与徘徊。

（二）将各类聚合体看作统一构式的好处

1. 有利于统一描述汉语独特的结构形式

汉语中采用类聚方式构成复合词既具有独特性，又具有普遍性。目前学界对于双音形式的类聚复合词普遍认可，在各类词典中大量收录。但是对于三音节,特别是多于三音节的类聚复合词则持保留与谨慎的态度。即使在学界专门研究类聚格式的文献里,也只是将其作为一种结构独特的固定短语,更无任何文献将其作为词来对待。

将不同音节组成的聚合体作为一个类聚构式来处理,正是着眼于其构造手段的同一性,即无论其构成的语素的数量的多少,只有一种并列复合的关系。所以,不同音节的类聚构式只有音节数量之别而无结构类型之分。由此,我们看到的是类聚构式几种变体:双音节类聚构式、三音节类聚构式、四音节类聚构式、五音节类聚构式、六音节类聚构式、七音节类聚构式、八音节类聚构式……。

2. 有利于发现同一构式的本质属性

我们将不同音节的聚合体处理为类聚构式,不仅是基于这些类聚构式具有组合形式的同一性,更是看到了这些不同音节的类聚构式统一的句法属性,即它们都是清一色的复合名词。有人囿于类聚复合词的音节,从而将本来性质同一的构式做了分化的处理,在究竟是词还是固定短语间纠结。前文所展示的聚合体遵循着词的语音节律,并在语音节律上与惯用语那样的固定短语有着严格的分界,同时,这些聚合体在结构的凝固性上与语义的整体性上也无一不显示出词的特点。所以,类聚格式不仅是词,而且是构造独特的名词。

在124个三音节的类聚名词中,由名词性语素构成的有90个,约占总数的72.58%;由动词性语素构成的有15个("编导演、编摄录、产供销、产学研、传帮带、吃住行、打砸抢、等靠要、斗批改、揭批查、管卡压、放管服、买买买、洗剪吹、悬雍垂"),约占总数的12.09%;形容词性语素构成的有19个("白富美、大中小、短平快、高大全、高大上、高富帅、高中低、假大空、假恶丑、快准狠、老大难、漏透瘦、麻辣烫、马大哈、软懒散、稳准狠、信达雅、脏乱差、真善美"),约占总数的15.32%。

在332个四音节的类聚名词中,由名词性语素构成的有226个,约占总数的68.07%;由动词性语素构成的有68个("打砸抢烧、跌打损伤、跌打滚爬、分崩离析、关停并转、冠婚丧祭"等),约占总数的20.48%;形容词性语素构成的有38个("长短粗细、福寿安康、福寿康宁、富贵贫贱、富贵荣华、富贵显荣、高矮胖瘦、多快好省"等),约占总数的11.44%。

这些类聚构式是名词这一大家族中一种特殊的存在。我们看到,构成类聚构式的成员尽管以名词性语素为主体,但也有不少是动词性的和形容词性的语素。不过,一旦这些不同性质的成分形成了一个类聚体,它们作为一个整体的使用频率就会越来越高,其凝固性也越来越强,结构上的整体性制约着整个聚合词的语法功能的性质导向。由于类聚构式常常作为一个指称性的整体使用，所以受到这种整体功能的影响，即便是原来的组成成分是动词性的或形容词性的语素，但是，"出现在聚合词中的动词性和形容词性成分，其本身的'动作义'和'状态义'都减弱了，而向'行为、事件义'靠拢，呈现出一定的名词性特点。"（刘红梅，2011）

在我们所收集到的 500 多个三音节以上成分构成的类聚构式中，绝大多数是名词，占了总数的 98.26%。只有九个类聚构式（"分崩离析、关停并转、骄奢淫逸、坑蒙拐骗、摸爬滚打、跑冒滴漏、傻大黑粗、比学赶帮超、多快好省"）保留了其动词、形容词的用法仅占总数的 1.74%。但是，即便是这些成分，也有名词的用法。请看来自 BCC 语料库的一些例句：

（17）a. 朱温弑君之后，天下分崩离析[V]，陷入了藩镇割据的局面。

b. 她又义无反顾地从莫尔手里夺得了工党的领导权，带领工党，从分崩离析[N]走向团结一致。

（18）a. 国务院决定：9 月 30 日前全部关停并转[V]"十五小"企业。

b. 对于长期亏损、扭亏无望的企业，要坚决实行关停并转[N]。

（19）a. 一些地方、一些人富裕了，就挥金如土、花天酒地、骄奢淫逸[V]、拜金主义泛滥，与社会主义的价值观念完全背离。

b. 以骄奢淫逸[N]、一掷千金为耻。

（20）a. 如一些人通过黑中介、假信息等方式，大肆坑蒙拐骗[V]。

b. 骆家辉是搞"坑蒙拐骗"[N]的专家，中华同胞需警惕！

（21）a. 在训练场上摸爬滚打[V]10 多年的小钱经常被伤痛困扰着。

b. 那么用一个电影行当当中的说法，就是说他是在这个行内滚出来的，这不是"滚蛋"的滚，是"摸爬滚打"[N]的滚。

（22）a. 还应该在改进垃圾运输车的车况上下功夫，增强车的密封性，防止一路"跑冒滴漏"[V]。

b. 截至目前，没有发生任何"跑冒滴漏"[N]现象。

（23）a. 酸梨兄看红楼梦入了迷，硬逼着傻大黑粗[A]的酸梨嫂改名叫林黛玉，派出所的户籍警都被他逗得差点笑死了。

b. 可以说，水泥企业正在悄悄地改变"傻大黑粗"[N]的传统形象，并已取得了初步成果。

（24）a. 刘大妈跌足叹道，"你们怎么都一码齐的离了？这事儿别比学赶帮超[V]呵。"

b. 在全县纪检监察系统形成了一个比学赶帮超[N]的氛围。

（25）a. 国民经济的发展，主要的不决定于这种或那种条件，而决定于人，决定于广大人民群众是不是鼓足干劲，是不是力争上游，是不是事事都多快好省[A]。

b. 人家搞快速施工在飞跑，我们却在爬，这叫多快好省[N]？

四、类聚构式的变体与语义

（一）类聚构式的变体

类聚构式最大的共同点是其结构手段，一律采用了聚合并列的手段，所以结构上只有一个层次，不同者在于其聚合单位的数量。所以，我们可以根据其音节的数量来进行分类，由此而区分出类聚构式的音节变体。有双音节类聚构式、三音节类聚构式、四音节类聚构式、五音节类聚构式、六音节类聚构式、七音节类聚构式、八音节类聚构式，等等。这些不同音节类聚构式各有其语音节律，与不同音节的词的语音节律严格对应。除了按照音节来划分为不同的变体形式外，我们发现，类聚构式还可以根据其构成成员的语义特点来进行分类，由此而形成两种变体。

1. 实指性类聚

所谓实指性类聚指的是构式的成员是通过实际成员的加合而形成的，构成成员的数量等同于实际所指的数量。如"主谓宾、巴老曹、本硕博、编导演、产供销、产学研、晋冀鲁豫、春夏秋冬、北上广深、科教文卫、名特优新、东西南北中、金银铜铁锡、礼乐射御书数、吏户礼兵刑工。"在实际使用中，人们会采用实际的数量来进行概括，如"主谓宾"为句子的三大主要成分，"春夏秋冬"为一年的四季，"仁义礼智信"为君子的五德，"金银铜铁锡"合称为五金，"酸甜苦辣咸"被称为五味，"礼乐射御书数"可称为六艺，"吏户礼兵刑工"是六部等。

2. 虚指性类聚

所谓虚指性类聚指的是构式的成员是通过典型成员的提取而形成的，构成成员的数量并非实际所指的数量。如"白富美、假恶丑、高大上、车马炮、风花雪月、酸甜苦辣、柴米油盐、妖魔鬼怪"等。五音节以上的类聚构式一般为实指性的，很少见到有虚指性的。

当然，所谓类聚成分的实指与虚指，只是一个大概的分类，并无非黑即白的清晰界限。一般说来，四音节的多数倾向于虚指，其他音节的多数倾向于实指。还有的类聚构式具有半实半虚的特点。如"米面油、洗剪吹、影视歌、德智体、琴棋书画、听说读写、刀枪棍棒、坑蒙拐骗"等，它们几乎可以根据音节或具体的需要而增加成员，可见，能够增添构成成员的，并非其用法或形式不固定，而是其构式具有成员不等的几个变体。以指称学生品质方面的评价性名词而论，既有三音节的"德智体"，也有四音节的"德智体美"，还有五音节的"德智体美劳"等几个不同的音节变体。"柴米油盐"是四音节式，"柴米油盐酱醋茶"是七音节式。一般说来，在所指类似的并存的音节变体中，音节多的构式趋向于实指，音节少的趋向于虚指。

（二）类聚构式的语义

类聚构式是汉语中一种结构方式上非常独特的存在，它包括了从双音节、三音节，一直到多音节的多种音节变体，还包括了表意上的实指性类聚与虚指性类聚两种模式。前文的描述可知，这些不同音节的类聚构式，尽管它们在音节的多少方面表现得如此不同，在构成成员的词性上也存在不小的差异，有的由名词性成分构成（"前央后、肉蛋奶、风寒暑湿、风花雪月"）、有的由动词性成分构成（"传帮带、吃住行、吹拉弹唱、坑蒙拐骗"）、有的由形容词性成分构成（"白富美、假恶丑、富贵贫贱、高矮胖瘦"），甚至还有虚词构成的（"的地得、着了过、吧吗呢啊、之乎者也、於呼哀哉"）。但是，它们之所以能够作为汉语中一种独特的构式存在，正是由于其构成手法的同一性，即都是运用并列聚合的手段构成的，更为重要的一点就是，这些由不同音节、不同成分并列组合起来的结构，在词性上也表现出了一致的特点，即构成的类聚构式在词性上都是名词。

基于其构成手段的一致性，特别是它们表示的语法性质的同一性，我们将类聚构式的构式义定义为"用并列手段构成的指称性聚合单位"。

该类聚构式的构式义可以通过三点来证明。

1. 改变了其构成成员的原有句法属性

以双音节类聚名词"开关"为例，"开"与"关"单独使用于句法结构时，在词性上只能是动词，一旦它们以类聚构式使用时，其构成成员原有的动词性被彻底洗白，共同构成了一个名词。三音节类聚构式"白富美"也是这样，一旦构成类聚构式后，其成员原有的形容词性也彻底改变，共同构成了一个名词。

2. 词典的释义类聚构式的名词性

《现汉》虽然没有标注四音节类聚构式的词性，不过从词典中所给的释义来看，也可发现词典的编纂者是将其作为名词性成分来释义的。

（26）a. 悲欢离合：悲伤和欢乐、别离和团聚，<u>泛指生活中的种种境遇</u>。

　　　b. 伯仲叔季：弟兄排行的次序，伯是老大，仲是第二，叔是第三，季是最小的。

c. 柴米油盐：<u>泛指</u>人们的日常生活必需品。
d. 鳏寡孤独：<u>泛指</u>没有或丧失劳动力而又无依无靠的人。
e. 轻重缓急：<u>指</u>事情有次要的、主要的、缓办的、急办的区别。
f. 坑蒙拐骗：<u>指</u>用各种欺骗手段坑害他人，捞取钱财。
g. 起承转合：旧时写文章常用的行文的顺序，"起"是开始，"承"是承接上文，"转"是转折，"合"是全文的结束。<u>泛指</u>文章做法。
h. 老少边穷：老解放区、少数民族地区、边远地区、穷困地区的全称，也<u>泛指</u>贫穷落后地区。
i. 青红皂白：<u>借指</u>是非、情由等。
j. 望闻问切：中医诊断疾病的四种基本方法。望是观察病人的发育情况、面色、舌苔、表情等；闻是听病人的说话声音、咳嗽、喘息，并且嗅出病人的口臭、体臭等气味；问是询问病人自己所感到的症状；切是用手诊脉或按腹部有没有痞块。

这些类聚名词的释义中都用上了"指""泛指""借指"等语义标识，表明这些名词的语义性质都具有指称的特点。

3. 英汉对比中的证明

我们也可通过英语翻译的对应形式，从中可以看出汉语中的类聚构式的对应都是英语中的名词。请看：

(27) a. 欢欢从小就给母亲帮厨，厨房大小事，<u>锅碗瓢勺</u>，没有她不知道的。(Huan Huan used to help her mother work in the kitchen at an early age. As for <u>the kitchen work</u>, she knows everything.

b. 她说不出个子丑寅卯来。He failed to come up with any convincing argument/reason.

c. 我饱尝人生的酸甜苦辣。I had take the sweets and the bitters of life; I had drunk <u>the cup of life</u> to the bottom.

d. 妈妈每日为<u>柴米油盐</u>发愁。Mam worried about <u>food</u> everyday.

曹炜（2003）也指出："聚合词在表意上有一个共同点，即词义不是构成语素义的简单加合，而是构成语素义的泛化。因此，聚合词的词义往往就是其构成语素——类义语素的上义词语。如'男女老幼'泛指所有的人们，'僧尼道姑'泛指一切宗教人士、神职人员，'红黄蓝白黑'泛指各种颜色。"

（三）类聚构式的释义问题

《现汉》对于类聚构式的释义大都抓住了该构式在表意上指称的特点，

但是，也有的释义却也存在不规范的现象。比如在释义时经常滥用"比喻""借喻""形容"等，造成了释义不精当的问题，括号内为笔者的修改意见。

(28) a. 风花雪月：①原指古典文学里描写自然景物的四种对象，后借喻（借指）堆砌辞藻而内容贫乏的诗文。②指男女情爱的事。

　　b. 牛鬼蛇神：奇形怪状的鬼神，比喻（指）社会上的丑恶事物和形形色色的坏人。

　　c. 酸甜苦辣：指各种味道，也比喻（指）幸福、痛苦等种种遭遇。

　　d. 妖魔鬼怪：妖怪和魔鬼，比喻（指）各色各样的邪恶势力。

　　e. 麟凤龟龙：古代称麟凤龟龙为四灵，用来比喻（指）品德高尚的人。

　　f. 梦幻泡影：原是佛经的话，说世界上的事物都像梦境、幻术、水泡和影子一样空虚。今比喻（指）空虚而容易破灭的幻想。

　　g. 存亡绝续：（民族、国家等等）存在或灭亡，断绝或延续，形容（指）形势非常危急。

　　h. 生死存亡：或者生存，或者死亡，形容（借指）事关重大或形势极端危急。

　　i. 分崩离析：形容（指）集团、国家等分裂瓦解。

　　j. 之乎者也："之、乎、者、也"是常用的文言文虚词，常用来形容（指）半文不白的话或文章。

　　k. 支离破碎：形容（指）事物零散破碎，不成体统。

"比喻"是对词语的比喻用法逐渐固定下来的意义（即比喻义）进行解释时的用词，如："杯水车薪"原义指用一杯水去救着了火的一车柴草，比喻东西太少或力量太小，无济于事。"手足"比喻"弟兄"。但是，上例中的 a-f 的释义里却使用"比喻"来释义，是误将指称性词语当作比喻义所致，是不规范不精确的。另外，上例 g-k 的释义还有"形容"的滥用，"形容"是叙述性或描写性词语的解释用词，如"丧魂落魄，形容非常恐惧的样子；丧心病狂，形容言行混乱而荒谬或残忍到了极点"。而这些用"形容"解释的词语，并无描述或叙述的性质，而是指称性的，所以都应改成"指"才合适。

五、汉语聚合名词词表及词典收录的类聚名词

（一）汉语聚合名词词表

1. 三字式（126）

巴老曹、白富美、白骨精、北上广、本硕博、编导演、编摄录、产供

销、产学研、传帮带、吃住行、葱姜蒜、打砸抢、大中小、氮磷钾、党政军、的得地、德智体、等靠要、敌我友、帝修反、定状补、斗批改、度量衡、短平快、断舍离、鄂豫皖、黑吉辽、黄赌毒、放管服、风雅颂、封资修、赋比兴、港澳台、港珠澳、高大全、高大上、高富帅、高中低、公检法、工农兵、工青妇、管卡压、关山月、辽金元、理化生、技工贸、假大空、假恶丑、科教文、揭批查、晋察冀、京津沪、京津冀、精气神、车马炮、快准狠、老大难、老中青、刘关张、漏透瘦、鲁郭茅、陆海空、麻辣烫、马大哈、马牛羊、买买买、煤水电、美日韩、米面油、名动形、你我他、年月日、农工贸、农工商、农轻重、前央后、肉蛋奶、儒释道、软懒散、三六九、色香味、陕甘宁、上中下、深港澳、声光电、声韵调、省市县、省地县、诗书画、时体态、数理化、水电气、松竹梅、宋辽金、天地人、魏蜀吴、文史哲、稳准狠、夏商周、洗剪吹、县乡村、心肝肺、新马泰、信达雅、性数格、悬雍垂、亚非拉、烟酒茶、一二三、音体美、影视歌、语数外、元明清、云贵川、早中晚、脏乱差、着了过、真善美、政史地、中日韩、中镇抚、责权利、主谓宾、字词句、左中右。

2. 四字式（330）

爱恨情仇、爱欲贪嗔、安富尊荣、安危祸福、吧吗呢啊、褒贬扬抑、报刊书籍、悲欢歌哭、悲欢合散、悲欢聚散、悲欢离合、北上广深、锛凿斧锯、笔墨纸砚、兵马粮草、伯仲叔季、布帛菽粟、布帛米粟、豺狼虎豹、柴米油盐、长短粗细、唱念做打、车钳铣刨、尘垢秕糠、沉郁顿挫、成败利钝、成败荣辱、成败得失、成败兴废、成住坏空、魑魅魍魉、吃穿用度、吃喝拉撒、吃喝嫖赌、吃喝玩乐、吃拿卡要、赤橙黄绿、虫霜水旱、吹弹歌舞、吹拉弹唱、春夏秋冬、存亡绝续、打砸抢烧、大小多少、刀枪棍棒、刀枪剑戟、刀枪剑棍、刀锯鼎镬、德智体美、德言工貌、德言容功、党政工团、党政军民、弟男子侄、帝王将相、典谟训诰、跌打损伤、跌打滚爬、东西南北、都俞吁咈、多快好省、耳目喉舌、妃嫔媵嫱、分崩离析、风寒暑湿、风花雪月、风云月露、风霜雪雨、风雨雷电、风云雨雪、风雨阴晴、肤发面皮、福禄寿喜、福寿安康、福寿康宁、福善祸淫、斧钺钩叉、父母儿女、富贵贫贱、富贵荣华、富贵显荣、皋夔稷契、高矮胖瘦、功过得失、功名利禄、诟谇谣诼、孤苦伶仃、古今中外、瓜果梨桃、关停并转、鳏寡孤独、鳏寡惸独、冠婚丧祭、冠袍带履、关马郑白、规矩准绳、规矩钩绳、规矩绳墨、锅碗瓢盆、锅碗瓢勺、锅瓢碗盏、锅碗盆罐、寒热温凉、韩柳欧苏、花草树木、花卉翎毛、花鸟鱼虫、桁杨刀锯、红橙黄绿、婚丧嫁娶、鸡犬桑麻、鸡豚狗彘、鸡鱼肉蛋、鸡鸭鱼肉、鸡鸭猪狗、加减乘除、夹带藏掖、甲乙丙丁、煎炒烹炸、艰难困苦、艰难险阻、江河湖海、浆洗缝补、蒋宋孔陈、骄奢淫逸、金石丝竹、金石珠玉、金银珠宝、金银珠翠、进退存亡、进退荣辱、进退升降、荆刘拜杀、经史子集、酒色财气、矩劐绳尺、君臣父子、开齐合撮、科教文卫、克伐怨欲、坑蒙拐骗、抠摸搂抱、苦集灭道、狼虫虎豹、老弱病残、老弱孤寡、老少边穷、冷热酸甜、犁耧锄耙、礼义廉耻、礼乐刑政、理工农医、李杜韩柳、濂洛关闽、麟凤龟龙、绫罗绸缎、楼阁台榭、楼台亭阁、楼堂馆所、鲁鱼亥豕、马恩列斯、梅兰竹菊、煤气水电、蛮夷戎秋、满蒙回藏、美丑胖瘦、美日印澳、门窗墙壁、梦幻泡影、米面粮油、名特优新、摸爬滚打、磨砻砥砺、男女老少、男女老幼、男妇老幼、年月日时、鸟兽虫鱼、谑浪笑傲、牛鬼蛇神、潘陆颜谢、跑冒滴漏、牝牡骊黄、贫富贵贱、平上去入、妻儿老小、妻子儿女、起承转合、前后左右、切磋琢磨、琴棋诗画、琴棋诗酒、琴棋书画、轻重缓急、青红皂白、清微淡远、穷难急困、仁义道德、仁义忠信、日月山川、日月参辰、日月星辰、荣华富贵、三八六九、僧尼道姑、傻大笨粗、傻大黑粗、闪展腾挪、山水花鸟、赏罚黜陟、上下左右、烧杀掠抢、少慢差费、蛇虫鼠蚁、参辰卯酉、身体发肤、神奇荒怪、生旦净丑、生老病死、生死存亡、生杀予夺、笙管笛箫、声光化电、声色货利、声色犬马、声台形表、升降浮沉、圣神文武、诗书礼乐、师生员工、诗词歌赋、诗书礼易、是非成败、是非得失、是非功过、是非曲直、是非善恶、视听言动、士农工商、视听动言、水旱饥荒、水火兵虫、说学逗唱、丝竹管弦、死生契阔、宋齐梁陈、宋元明清、苏黄米蔡、酸甜苦辣、汤糖躺烫、桃李瓜果、淘澄飞跃、天地山川、听说读写、亭台楼阁、偷抢扒拿、推拿按摩、丸散膏丹、王侯将相、王杨卢骆、王张江姚、望闻问切、危急存亡、围追堵截、温良恭俭、温凊定省、於呼唉哉、无知少女、嬉笑怒骂、喜大普奔、喜怒哀乐、贤良方正、贤孝才德、消息盈虚、枭蛇鬼怪、小白长红、孝廉方正、孝悌忠信、心肺肠肚、兴观群怨、兴衰际遇、腥臊膻香、行立坐卧、行立坐卧、姓氏名号、兄弟姐妹、修齐治平、烟酒茶糖、眼耳鼻喉、颜柳欧赵、鞇仪韦斯、妖魔鬼怪、衣帽鞋袜、衣衾棺椁、衣食父母、衣食住行、医卜星相、抑扬顿挫、阴晴雨雪、阴晴圆缺、音容笑貌、暗恶叱咤、油盐酱醋、阴阳上去、鱼鳖虾蟹、猿鹤虫沙、彰明较著、张王李赵、长幼尊卑、赵钱孙李、正草隶篆、支离破碎、之乎者也、直谅多闻、陟罚臧否、钟鼓琴瑟、周吴郑王、猪马牛羊、主次本末、子丑寅卯、子午卯酉、子女金帛、子女玉帛、梓匠轮舆、忠孝节烈、忠孝节义、桌椅板凳、纵横捭阖、坐言起行、尊卑贵贱。

3. 五字式（37）

比学赶帮超、财色名食睡、吃喝拉撒睡、吃喝嫖赌抽（五毒）、打砸抢抄抓、党政军民学、稻黍稷麦豆（五谷）、德能勤绩廉、地富反坏右、点横竖撇捺、东西南北中（五方）、耳目口鼻舌（五官）、公侯伯子男、工农商学兵、宫商角徵羽（五音）、汉满蒙回藏、金木水火土（五行）、金银铜铁锡（五金）、老弱病残孕、梁唐晋汉周（五代）、科教文卫体、坑蒙拐骗偷、马恩列斯毛、农林牧副渔、青黄赤白黑（五色）、仁义礼智信、生旦净末丑、士农工商贾、手眼身法步、说学逗唱演、酸甜苦辣咸（五味）、唐宋元明清、天地君亲师、听说读写译、温良恭俭让、心肝脾肺肾（五脏）、油盐酱醋茶。

4. 六字式及以上（21）

父母兄弟妻子（六亲）、礼乐射御书数（六艺）、吏户礼兵刑工（六部）、上下前后左右（六路）、心肺肝肾脾胆（六神）、眼耳鼻舌身意（六根）、猪牛羊马鸡狗（六畜）、山水林田湖草沙、柴米油盐酱醋茶、赤橙黄绿青蓝紫（七色）、炖炒煎煮酱腌炙、红橙黄绿蓝靛紫（七彩）、齐楚燕韩赵魏秦（战国七雄）、喜怒哀惧爱恶欲（七情）、忠孝节义廉耻信、孝悌忠信礼义廉耻（八德）、冠婚丧祭射乡朝聘（八礼）、土肥水种密保管工（八字宪法）、冀豫徐兖青扬荆梁雍（九州）、甲乙丙丁戊己庚辛壬癸、子丑寅卯辰巳午未申酉戌亥。

（二）词典中收录的类聚名词

1.《现代汉语词典》（第7版）（41个）

传帮带、短平快、老大难、高精尖、马大哈、悲欢离合、伯仲叔季、柴米油盐、存亡绝续、分崩离析、风花雪月、孤苦伶仃、鳏寡孤独、骄奢淫逸、经史子集、坑蒙拐骗、老少边穷、礼义廉耻、麟凤龟龙、鲁鱼亥豕、梦幻泡影、摸爬滚打、牛鬼蛇神、起承转合、切磋琢磨、青红皂白、轻重缓急、生老病死、生杀予夺、生死存亡、酸甜苦辣、望闻问切、妖魔鬼怪、衣食住行、抑扬顿挫、油盐酱醋、支离破碎、之乎者也、桌椅板凳、纵横捭阖、子丑寅卯。

2.《中国成语大辞典》（66个）

悲欢离合、悲欢合散、悲欢聚散、柴米油盐、沉郁顿挫、成败得失、成败利钝、成败兴废、魑魅魍魉、得失成败、得失荣枯、德言工貌、德言容功、东西南北、鼎镬刀锯、孤苦伶仃、龟龙麟凤、规矩钩绳、规矩绳墨、艰难险阻、富贵荣华、荣华富贵、福寿康宁、鳏寡孤独、男女老少、男女老幼、牛鬼蛇神、轻重缓急、缓急轻重、矩劐绳尺、酒色财气、楼台亭阁、鲁鱼亥豕、鲁鱼帝虎、起承转合、琴棋书画、青红皂白、人我是非、赏罚黜陟、神奇荒怪、参辰卯酉、生老病死、生死存亡、生杀予夺、诗书礼乐、是非得失、死生存亡、死生荣辱、死生契阔、甜酸苦辣、望闻问切、温良俭让、温良恭俭、温良恭俭让、嬉笑怒骂、喜怒哀乐、於呼哀哉、妖魔鬼怪、喑恶叱咤、张王李赵、忠孝节烈、忠孝节义、纵横捭阖、者也之乎、之乎者也、坐言起行、抑扬顿挫。

参考文献

[1]安华林：《"四字骈语"的词汇化》，《北华大学学报》2007年第5期。

[2]蔡维天：《台湾普通话和方言中的"有"——谈语法学中的社会因缘与历史意识》，见戴昭铭、周磊主编：《汉语方言语法研究和探索——首届国际汉语方言语法学术研讨会论文集》，哈尔滨：黑龙江人民出版社，2003年，第373-393页。

[3]蔡国璐：《丹阳方言词典》，南京：江苏教育出版社，1995年。

[4]曹炜：《现代汉语聚合词初探》，《语言文字应用》2003年第3期。

[5]陈爱文，于平：《并列双音词的字序》，《中国语文》1979年第2期。

[6]陈海燕：《关于"有VP"中"有"的副词性探讨——兼谈"有没有VP"中"有"的副词性》，《海南师范学院学报（社会科学版）》2004年第6期。

[7]陈满华：《关于构式语法的理论取向及相关问题》，《外国语》2014年第5期。

[8]陈满华：《〈构式化与构式变化〉介绍》，《外语教学与研究》2016年第1期。

[9]陈妹金：《汉语假性疑问句研究》，《南京师范大学学报（社会科学版）》，1992年第4期。

[10]陈前瑞，王瑞红：《动词"一"的体貌地位及其语法化》，《世界汉语教学》2006年第3期。

[11]陈双玉：《沿用并创造着—"痛并快乐着"的流行与创新》，《现代语文》2008年第12期。

[12]陈思：《重叠词缀"家家"考辨》，《渭南师范学院学报》2020年第9期。

[13]陈文博：《汉语新兴"被+X"结构的语义认知解读》，《当代修

辞学》2010年第4期。

[14]陈叶红:《副词性确认标记词:"有"》,《重庆工学院学报(社会科学版)》2007年第3期。

[15]陈叶红:《从南方方言的形成看"有+VP"结构的来源》,《甘肃联合大学学报(社会科学版)》2007年第4期。

[16]陈寅恪:《金明馆丛稿二编·陈垣敦煌劫余录序》,北京:生活·读书·新知三联书店,2009年第1版。

[17]池昌海,周晓君:《新"被+X"结构及其生成机制与修辞意图》,《福建师范大学学报(哲学社会科学版)》2012年第4期。

[18]储泽祥:《"名+数量"语序与注意焦点》,《中国语文》2001年第5期。

[19]储泽祥,刘街生:《"细节显现"与"副+名"》,《语文建设》1997年第6期。

[20]储泽祥:《网络语言里"各种"的词汇化和语法化——兼论网络语言的语法化特征》,北京大学中文系编:《语言学论丛(第四十九辑)》,北京:商务印书馆,2014年第1版。

[21]崔娜:《现代汉语普通话中的"有+VP"句式》,《云南师范大学学报(对外汉语教学与研究版)》2013年第4期。

[22]戴培:《当代汉语流行构式及其个案分析》,上海师范大学硕士学位论文,2012年。

[23]邓英树,张一周:《四川方言词汇研究》,北京:中国社会科学出版社,2010年。

[24]丁加勇,谢樱:《表程度的"A得C"构式分析》,《汉语学习》2010年第2期。

[25]丁力:《变异:"被"字句的异质感受与文化信息》,《汉语学报》2011年第4期。

[26]丁声树等:《现代汉语语法讲话》,北京:商务印书馆,1961年第1版。

[27]丁雪欢:《留学生汉语正反问句习得中的选择偏向及其制约因素》,《世界汉语教学》2004年第2期。

[28]杜可风:《程度义"X不要不要的"结构探析》,《语文学刊》2016年第6期。

[29]董茜:《聚合词在对外汉语教学中的意义》,《云南师范大学学报(对外汉语教学与研究版)》2004年第2期。

[30]董秀芳：《现代汉语中的助动词"有没有"》，《语言教学与研究》2004年第2期。

[31]董秀芳：《量与强调》，徐丹主编：《量与复数研究——中国境内语言的跨时空研究》，北京：商务印书馆，2010年，第312-328页。

[32]窦焕新：《也谈"有VP"中"有"的性质》，《渤海大学学报（哲学社会科学版）》2011年第3期。

[33]段纳：《网络流行语"各种+谓词性成分"句法语义特征探析》，《语文建设》2016年第8期。

[34]段业辉：《现代汉语构式语法研究》，北京：世界图书出版公司，2012年。

[35]段轶娜：《"不要太X"和"X得不要不要的"对比研究》，《南京师范大学学报（社会科学版）》2017年第6期。

[36]范晓：《论句式意义》，《汉语学习》2010年第3期。

[37]范晓：《关于句式义的成因》，《汉语学习》2010年第4期。

[38]方光焘：《体系与方法》，《方光焘语言学论文集》，北京：商务印书馆，1997年第1版，第1-6页。

[39]方光焘：《再谈体系与方法》，《方光焘语言学论文集》，北京：商务印书馆，1997年第1版，第7-15页。

[40]方梅：《汉语对比焦点的句法表现手段》，《中国语文》1995年第4期。

[41]方梅：《话本小说的叙事传统对现代汉语语法的影响》，《当代修辞学》2019年第1期。

[42]方梅，李先银，谢心阳：《互动语言学与互动视角的汉语研究》，《语言教学与研究》2018第3期。

[43]冯瑞：《从认知隐喻与语法隐喻的结合解读流行语"被"结构》，《桂林师范高等专科学校学报》2010年第2期。

[44]冯胜利：《汉语韵律句法学》，上海：上海教育出版社，2000年。

[45]付开平，彭吉军：《"被X"考察》，《郧阳师范高等专科学校学报》2009年第5期。

[46]付习涛：《关于构式"有+VP"》，《中国地质大学学报（社会科学版）》2006年第5期。

[47]葛本仪：《语言学概论（修订本）》，济南：山东大学出版社，1999年，第165页。

[48]葛本仪：《现代汉语词汇学（修订本）》，济南：山东人民出版

社，2007年，第226页。

[49]古川裕：《关于"要"类词的认知解释——论"要"由动词到连词的语法化途径》，《世界汉语教学》2006年第1期。

[50]管娟娟：《论"有+VP"句》，《柳州职业技术学院学报》2006年第1期。

[51]桂诗春：《从"这个地方很郊区"谈起》，《语言文字应用》1995年第3期。

[52]郭伏良，段又挺：《试论"X不要不要的"结构特点和传播因素》，《汉字文化》2016年第6期。

[53]郭良夫：《语素和词与词和短语》，《中国语文》1988年第6期。

[54]郭世凤：《汉语聚合词英译刍议》，《西北大学学报（哲学社会科学版）》2006年第5期。

[55]郭妍妍：《对新兴结构"各种X"的考察》，《文学教育（下）》2013年第5期。

[56]何洪峰，彭吉军：《论2009年度热词"被X"》，《语言文字应用》2010年第3期。

[57]何自然：《语用学概论》，长沙：湖南教育出版社，1998年。

[58]侯国金：《对构式语法八大弱点的诟病》，《外语研究》2013年第3期。

[59]侯学超：《现代汉语虚词词典》，北京：北京大学出版社，1998年。

[60]胡乘玲：《话语标记"不对"的功能分析》，《汉语学习》2014年第3期。

[61]胡附，文炼：《现代汉语语法探索》，北京：商务印书馆，1990年。

[62]胡明扬：《现代汉语词类问题考察》，《中国语文》1995年第5期。

[63]胡明扬：《词类问题考察》，北京：北京语言学院出版社，1996年。

[64]胡培安：《名词属性义及其修辞价值》，《信阳师范学院学报》2004年第6期。

[65]胡清远：《"够A"与"不够A"结构考察》，苏州大学硕士学位论文，2012年。

[66]胡雪婵，胡晓研：《近来流行的"被+X"结构说略》，《通化师范学院学报》2010年第1期。

[67]胡裕树，范晓：《试论语法研究的三个平面》，《新疆师范大学学报》1985年第2期。

[68]胡裕树，张斌：《20世纪现代汉语语法八大家：胡裕树 张斌选

集》，长春：东北师范大学出版社，2002 年第 1 版。

[69] 黄宇一，陈思思：《"各种"在网络语言中的新用及社会心理浅析》，《青年文学家》2012 年第 8 期。

[70] 霍尔格·狄赛尔著，李聪，施春宏译：《基于用法的构式语法》，《国际汉语学报》2018 年第 1 期。

[71] 吉益民：《"有一种 X 叫 Y"构式的多维考察》，《语言教学与研究》2011 年第 2 期。

[72] 吉益民：《论构式"最 M+H，没有之一"》，《汉语学习》，2017 年第 2 期。

[73] 简·爱切生：《语言的变化：进步还是退化？》，北京：语文出版社，1997 年第 1 版，第 3 页。

[74] 蒋宗许：《汉语词缀研究》，成都：巴蜀书社，2009 年第 1 版，第 58-64 页。

[75] 焦蕊：《由"痛并快乐着"想到的》，《湖北经济学院学报》2004 年第 1 期。

[76] 雷冬平：《论利用构式家族对构式语义的探求——以"V+上+XP"构式为例》，《上海师范大学学报（哲学社会科学版）》2018 年第 6 期。

[77] 李临定：《"依句辨品，离句无品"及其他》，中国语文杂志社编：《语法研究和探索（五）》，北京：语文出版社，1991 年第 1 版，第 8-22 页。

[78] 李荣，张惠英：《崇明方言词典》，南京：江苏教育出版社，1993 年。

[79] 李卫荣：《"被 X"中的幽默认知分析》，《安阳工学院学报》2011 年第 3 期。

[80] 李莹：《现代汉语中的"是不是 VP"与"有没有 VP"句式》，《渤海大学学报（哲学社会科学版）》，2015 年第 1 期。

[81] 李宇明：《"一量 VP"的语法、语义特点》，《语言教学与研究》1998 年第 3 期。

[82] 李子云：《词尾"着"和动词的类》，《安徽教育学院学报》1991 年第 1 期。

[83] 梁德曼，黄尚军：《成都方言词典》，南京：江苏教育出版社，1998 年。

[84] 林贵长：《伦理学视域中的"最美现象"》，《观察与思考》2013 年第 2 期。

[85] 刘禀诚：《"我 A 我 B（我 C/我 D）"标题格式》，《江西省

语言学会 2008 年年会论文集》，2008 年。

[86]刘大为：《从语法构式到修辞构式（上）》，《当代修辞学》2010 年第 3 期。

[87]刘大为：《从语法构式到修辞构式（下）》，《当代修辞学》2010 年第 4 期。

[88]刘丹青：《汉语给予类双及物结构的类型学研究》，《中国语文》2001 年第 5 期。

[89]刘斐，赵国军：《"被时代"的"被组合"》，《修辞学习》2009 年第 3 期。

[90]刘红梅：《聚合词的语法功能及其名词性倾向》，《求索》2011 年第 6 期。

[91]刘红梅：《汉语聚合词语研究》，山东师范大学博士学位论文，2012 年。

[92]刘姮：《流行语中"各种"的新用法》，《河南工业大学学报（社会科学版）》2012 年第 3 期。

[93]刘焕辉：《修辞学纲要》，南昌：百花洲文艺出版社，1997 年第 1 版，第 278 页。

[94]刘杰，邵敬敏：《析一种新兴的主观强加性贬义构式"被 X"》，《语言与翻译》2010 年第 1 期。

[95]刘娟：《"要不要这么 X"构式及相关问题研究》，南京师范大学硕士学位论文，2017 年。

[96]刘丽苹：《"各种 X"的认知语用分析》，《北方文学》2012 年第 3 期。

[97]刘如正：《论"有没有+V"句式》，《通化师范学院学报》2011 年第 9 期。

[98]刘颖：《汉语矛盾格的多维观照》，安徽大学博士学位论文，2011 年。

[99]刘云：《新兴的"被 X"词族探微》，《华中师范大学学报（人文社会科学版）》2010 年第 5 期。

[100]刘正光：《语言非范畴化——语言范畴理化理论的重要组成部分》，上海：上海外语教育出版社，2006 年第 1 版。

[101]刘正光：《构式语法研究》，上海：上海外语教育出版社，2011 年。

[102]刘志毅：《网络新词的语义及其产生原因的研究——以"不要不要的"为例》，《语言学刊》2016 年第 8 期。

[103]卢英顺：《一种新的"不是 A 是 B"构式》，《当代修辞学》

2010年第2期。

[104]卢余玮：《浅析"不要不要"体》，《六盘水师范学院学报》2017年第4期。

[105]陆俭明：《汉语口语句法里的易位现象》，《中国语文》1980年第1期。

[106]陆俭明：《新加坡华语语法的特点》，1996年第1期。《南大语言文化学刊》

[107]陆俭明：《〈构式—论元结构的构式语法研究〉（序言）》，Adele E. Goldberg 著，吴海波译：《构式—论元结构的构式语法研究》，北京：北京大学出版社，2007年第1版，V-Ⅷ。

[108]陆俭明：《隐喻、转喻散议》，《外国语》2009年第2期。

[109]陆俭明：《相同词语之间语义结构关系的多重性再议》，《苏州大学学报（哲学社会科学版）》2012年第4期。

[110]陆俭明：《从语法构式到修辞构式再到语法构式》，《当代修辞学》2016年第1期。

[111]陆俭明：《对构式理论的三点思考》，《外国语》2016年第2期。

[112]陆俭明，马真：《现代汉语虚词散论》，北京：北京大学出版社，1985年第1版。

[113]陆俭明，吴海波：《构式语法理论研究中需要澄清的一些问题》，《外语研究》2018年第2期。

[114]陆旭，温锁林：《关于"副（程度）+名"现象的思考》，《语言研究集刊》第24期，2019年10月。

[115]陆旭，温锁林：《非线性要素到线性要素的跨越——以"最X，没有之一"的形成为例》，《对外汉语研究》第26期，2022年10月。

[116]吕叔湘：《中国文法概略》，上海：商务印书馆，1956年第1版，第309页，第310-311页。

[117]吕叔湘：《现代汉语八百词》，北京：商务印书馆，1980年第1版，1999年增订版。

[118]罗海燕：《试论"有+VP"句式》，《安徽文学》2011年第11期。

[119]罗树林：《三音节聚合词语结构、语义特征及词汇化现状分析》，《语言文字应用》2014年第1期。

[120]邝霞：《"有没有"反复问句的定量研究——对经典作家白话文作品的定量研究》，《汉语学习》2000年第3期。

[121]马国凡：《四字格论》，《内蒙古师大学报（哲学社会科学版）》

1987 年第 3 期、第 4 期。

[122]孟德腾：《强调高程度义的"别提多 X（了）"类构式》，《汉语学习》2013 年第 5 期。

[123]孟艳华：《媒介新兴语言格式中的"各种 X"研究》，《现代传播》2015 年第 4 期。

[124]聂志军：《"有没有+VP"问句的重新考察》，《汉语学报》2018 年第 4 期。

[125]牛保义：《构式语法理论研究》，上海：上海外语教育出版社，2011 年第 1 版。

[126]彭彬，程邦雄：《"厉害了我的 NP"构式研究》，《语言研究》2017 年第 4 期。

[127]彭咏梅，甘于恩：《"被 V 双"：一种新兴的被动格式》，《中国语文》2010 年第 1 期。

[128]邱永忠：《等值模因论视域下的网络"被式语言"翻译》，《内蒙古农业大学学报（社会科学版）》2011 年第 1 期。

[129]任海英，杨钱梅：《从"史上最牛钉子户"谈"最+X"所涉及的数量：兼谈"最+X"与说话人情感的关系》，《考试周刊》2008 年第 30 期。

[130]邵敬敏：《现代汉语疑问句研究》，上海：华东师范大学出版社，1996 年第 1 版。

[131]邵敬敏：《"连 A 也/都 B"框式结构及其框式化特点》，《语言科学》2008 年第 4 期。

[132]邵敬敏：《汉语框式结构说略》，《中国语文》2011 年第 3 期。

[133]邵敬敏：《新兴框式结构"X 你个头"及其构式义的固化》，《汉语学报》2012 年第 3 期。

[134]邵敬敏，饶春红：《说"又"—兼论副词研究的方法》，《语言教学与研究》1985 年第 2 期。

[135]邵敬敏，朱彦：《"是不是 VP"问句的肯定性倾向及其类型学意义》，《世界汉语教学》2002 年第 3 期。

[136]邵敬敏，吴立红：《"副+名"组合与语义指向新品种》，《语言教学与研究》2005 年第 6 期。

[137]邵敬敏，周娟：《汉语方言正反问的类型学比较》，《暨南学报（哲学社会科学版）》，2007 年第 2 期。

[138]申屠春春：《流行语"被 X"句式压制的转喻阐释》，《绥化

学院学报》2011 年第 4 期。

[139]申云玲：《"有没有"正反问句答句的对称与不对称》，《忻州师范学院学报》2006 年第 1 期。

[140]沈家煊：《"语用否定"考察》，《中国语文》1993 年第 5 期。

[141]沈家煊：《"语法化"研究综观》，《外语教学与研究》1994 年第 4 期。

[142]沈家煊：《"有界"与"无界"》，《中国语文》1995 年第 5 期。

[143]沈家煊：《不对称和标记论》，南昌：江西教育出版社，1999 年。

[144]沈家煊：《转指和转喻》，《当代语言学》1999 年第 1 期。

[145]沈家煊：《句式和配价》，《中国语文》2000 年第 4 期。

[146]沈家煊：《语言的"主观性"和"主观化"》，《外语教学与研究》2001 年第 4 期。

[147]沈家煊：《如何处置"处置式"——论把字句的主观性》，《中国语文》2002 年第 5 期。

[148]沈家煊：《认知与汉语语法研究》，北京：商务印书馆，2006 年第 1 版。

[149]沈家煊：《我看汉语的词类》，《语言科学》2009 年第 1 期。

[150]沈家煊：《世说新语三则评说——被自杀·细小工作·有好酒》，（《当代修辞学》2010 第 4 期。

[151]施春宏：《名词的描述性语义特征与副名组合的可能性》，《中国语文》2001 年第 3 期。

[152]施春宏：《从句式群看"把"字句及相关句式的语法意义》，《世界汉语教学》2010 年第 3 期。

[153]施春宏：《从构式压制看语法语法和修辞的互动关系》，《当代修辞学》2012 年第 1 期。

[154]施春宏：《新"被"字式的生成机制、语义理解及语用效应》，《当代修辞学》2013 年第 1 期。

[155]施春宏：《句式分析中的构式观及其相关理论问题》，《汉语学报》2013 年第 2 期。

[156]施春宏：《"招聘"和"求职"：构式压制中双向互动的合力机制》，《当代修辞学》2014 年第 2 期。

[157]施春宏：《构式压制现象分析的语言学价值》，《当代修辞学》2015 年第 2 期。

[158]施春宏：《互动构式语法的基本理念及其研究路径》，《当代

修辞学》2016 年第 2 期。

[159] 施春宏：《构式语法的理论路径和应用空间》，《汉语学报》2017 年第 1 期。

[160] 施春宏：《形式和意义互动的句式系统研究——互动构式语法探索》，北京：商务印书馆，2018 年第 1 版。

[161] 施春宏：《构式三观：构式语法的基本理念》（未刊稿），2021 年。

[162] 施其生：《论"有"字句》，《语言研究》1996 年第 1 期。

[163] 石毓智：《汉语的领有动词与完成体的表达》，《语言研究》2004 年第 2 期。

[164] 石毓智：《语法的概念基础》，上海：上海外语教育出版社，2006 年。

[165] 石毓智，李讷：《汉语语法化的历程》，北京：北京大学出版社，2001 年。

[166] 史有为：《词类问题的症结及其对策——汉语词类柔性处理试探》，胡明扬编：《词类问题考察》，北京：北京语言学院出版社，1996 年，第 54-92 页。

[167] 宋丽苹：《汉语谓词名物化现象新论——以网络流行语"各种+X（谓词）"为例》，《吉林广播电视大学学报》2016 年第 3 期。

[168] 宋作艳：《从构式强迫看新"各种 X"》，《语言教学与研究》2016 年第 1 期。

[169] 孙琴：《对话中的"有+VP"句》，《南京师范大学文学院学报》2003 年第 3 期。

[170] 孙琴：《"有"能否作为"有没有 VP"句的肯定回答》，《语文学刊》2003 年第 5 期。

[171] 孙瑞，李丽虹：《作为准话语标记的"有没有""好不好"》，《宁夏大学学报（人文社会科学版）》2015 年第 5 期。

[172] 孙维张：《汉语熟语学》，长春：吉林教育出版社，1989 年，第 149 页。

[173] [日] 太田辰夫：《中国语历史文法》，蒋绍愚、徐昌华译，北京：北京大学出版社，1987 年，第 378 页。

[174] 谭景春：《名形转类的语义基础及相关问题》，《中国语文》1998 年第 5 期。

[175] 谭学纯，朱玲：《广义修辞学》，合肥：安徽教育出版社，2001 年。

[176] 谭学纯：《"这也是一种 X"：从标题话语到语篇叙述——以 2009

年福建省高考优秀作文为分析对象》,《语言文字应用》2011年第2期。

[177]谭学纯:《"这也是一种X"补说:认知选择、修辞处理及语篇分析》,《语言教学与研究》2012年第6期。

[178]田海龙:《"我""我们"的使用与个人性格》,《语言教学与研究》2001年第4期。

[179]汪榕培:《英语词汇学研究》,上海:上海外语教育出版社,2000年第1版,第137页。

[180]王灿龙:《"被"字的另类用法——从"被自杀"谈起》,《语文建设》2009年第4期。

[181]王灿龙:《"被就业"并不等于"被迫假就业"》,《语文建设》2009年第10期。

[182]王灿龙:《"怎么V(p)"别解二题》,《世界汉语教学》2019年第1期。

[183]王长武:《语义取消:表否定的"X你个头"类格式研究》,《广西师范大学学报(哲学社会科学版)》,2016年第4期。

[184]王德春:《多角度研究语言》,北京:清华大学出版社,2002年,第441页。

[185]王东营:《小议"厉害了我的哥"》,《现代语文(语言研究版)》2017年第3期。

[186]王国栓,马庆株:《普通话中走向对称的"有+VP(+了)"结构》,《南开语言学刊》2008年第2期。

[187]王开文:《表示反讽的非及物动词被字结构》,《语言教学与研究》2010年第2期。

[188]王玲玲:《"各种"的副词用法》,《文教资料》2012年第17期。

[189]王卯根:《"最XN,没有之一"格式的来源和特点》,《当代修辞学》2011年第3期。

[190]王森,王毅,姜丽:《"有没有/有/没有+VP"句》,《中国语文》2006年第1期。

[191]王涛等编著:《中国成语大辞典》,上海:上海辞书出版社,1987年。

[192]王文虎,张一舟,周家筠:《四川方言词典》,成都:四川人民出版社,1986年,第169页。

[193]王新宇:《三字格聚合词初探》,《语文学刊》2009年第8期。

[194]王寅:《汉语"副名构造"的认知构造语法分析法——基于"压

制、突显、传承、整合"的角度》，《外国语文》2009年第4期。

[195]王寅：《构式语法研究（上卷）》，上海：上海外语教育出版社，2011年。

[196]王寅：《构式语法研究（下卷）》，上海：上海外语教育出版社，2011年。

[197]王寅：《"新被字构式"的词汇压制解析——对"被自愿"一类新表达的认知构式语法研究》，《外国语》2011年第3期。

[198]王莹莹：《流行语"厉害了我的X"探析》，《语文月刊》2017年第6期。

[199]王志军：《谈流行修辞构式"X 得不要不要的"》，《语言文字周报》2016年12月28日（第4版）。

[200]温锁林：《论"抽象式比喻"》，《山西大学学报（哲学社会科学版）》1993年第4期。

[201]温锁林：《汉语句子的信息安排及其句法后果——以"周遍句"为例》，袁晖，戴耀晶编：《三个平面：语法研究的多维视野》，北京：语文出版社，1998年，第371-380页。

[202]温锁林：《当代"克隆语"初探》，《山西大学学报（哲学社会科学版）》2003年第4期。

[203]温锁林：《"一 VP"的演化及"一量 VP"的由来》，《汉语史研究集刊》2008年第11期。

[204]温锁林：《汉语口语中表示制止的习用构式》，《汉语学习》2008年第4期。

[205]温锁林：《汉语的性状义名词及相关问题》，《语言教学与研究》2010年第1期。

[206]温锁林：《一种特殊的语用否定：隐喻式否定》，《当代修辞学》2010年第3期。

[207]温锁林：《汉语中的极性义对举构式》，《汉语学习》2010年第4期。

[208]温锁林：《形容词的生动形式"A 又 A"》，《南开语言学刊》2010年第2期。

[209]温锁林：《"一量 VP"与"VP 一量"的句法与表意差别》，《广西师范大学学报（哲学社会科学版）》2011年第2期。

[210]温锁林：《当代汉语临时范畴化强加模式：认知与修辞动因》，《福建师范大学学报（哲学社会科学版）》2012年第4期。

[211]温锁林:《"VP 着也是 VP 着"构式表意的机制与特点》,《语言科学》2015 年第 4 期。

[212]温锁林:《当代新兴构式"我 A,我 B"研究》,《当代修辞学》2018 年第 1 期。

[213]温锁林:《评估义构式"够/不够 X"》,《山西大学学报(哲学社会科学版)》2018 年第 2 期。

[214]温锁林,刘开瑛:《汉语名、动、形兼类词的两种鉴别方法》,《语文研究》1998 年第 1 期。

[215]温锁林,贺桂兰:《有关焦点问题的一些理论思考》,《语文研究》2006 年第 2 期。

[216]温锁林,申云玲:《转喻式否定的构建与功能》,《语言教学与研究》2012 年第 4 期。

[217]温锁林,行玉华:《当代汉语排除式范畴化现象的认知与修辞动因》,《当代修辞学》2013 年第 1 期。

[218]温锁林,刘元虹:《从"含蓄原则"看"有+NP"的语义偏移现象》,《汉语学报》2014 年第 1 期。

[219]温锁林,张佳玲:《新兴构式"A 并 B 着"研究》,《语文研究》2014 年第 1 期。

[220]温锁林,韩国颖:《新兴因果构式"因为 A,所以 B"的建构与修辞功能》,《福建师范大学学报(哲学社会科学版)》2015 年第 3 期。

[221]温锁林,胡乘玲:《指认式范畴聚焦构式研究》,《当代修辞学》2015 年第 4 期。

[222]温锁林,胡敏:《新兴构式"最+A+NP"研究》,《当代修辞学》2016 年第 3 期。

[223]文婕:《浅谈流行语"厉害了"》,《现代语文(语言研究版)》2017 年第 3 期。

[224]文贞惠:《说指代程度的"这么/那么+A"格式》,《汉语学习》1995 年第 2 期。

[225]吴长安:《泛构式主义思想的语言基础》,《语言教学与研究》2018 年第 4 期。

[226]吴海波:《〈运作中的构式语法:语言中概括的本质〉简介》,《当代语言学》2008 年第 4 期。

[227]吴为善:《构式语法与汉语构式》,上海:学林出版社,2016 年。

[228]夏军:《凸显例外与淡化例外——"全称否定式+'只'[]"构

式的逻辑与认知分析》，《当代修辞学》2014年第5期。

[229]萧红：《呼兰河传》，北京，北京联合出版公司，2014年。

[230]向学春：《试论四川方言词缀"家"》，《贺州学院学报》2015年第3期。

[231]向学春：《重庆话中的"家"》，《课外语文》2015年第8期。

[232]向志敏：《从"话题-说明"结构看"厉害了我的哥"》，《北方文学（下旬）》2016年第10期。

[233]肖奚强：《从内涵角度看程度副词修饰名词》，《修辞学习》2001年第5期。

[234]谢朝群，陈新仁：《语用三论：关联论·顺应论·模因论》，上海：上海教育出版社，2007年第1版。

[235]谢汶君：《"家家"的身份与功能》，《濮阳职业技术学院学报》2018年第4期。

[236]谢质彬：《痛并快乐着》，《语文建设》2002年第4期。

[237]邢福义：《关于副词修饰名词》，《中国语文》1962年第5期。

[238]邢福义：《论定名结构充当分句》，《中国语文》1979年第1期。

[239]邢福义：《词类问题的思考》，《语言研究》1989年第1期。

[240]邢福义：《汉语复句与单句的对立和纠结》，《世界汉语教学》1993年第1期。

[241]邢福义：《"很淑女"之类说法的语言文化背景的思考》，《语言研究》1997年第2期。

[242]邢福义：《"有没有VP"疑问句式》，《华中师范大学学报（哲社版）》1999年第1期。

[243]邢福义：《"最"义级层的多个体函量》，《中国语文》2000年第1期。

[244]邢福义：《汉语复句研究》，北京：商务印书馆，2001年。

[245]熊延莲：《"厉害了，我的X"构式分析》，《浙江万里学院学报》2018年第4期。

[246]熊学亮：《增效构式与非增效构式——从Goldberg的两个定义说起》，《外语教学与研究》2009年第5期。

[247]徐开妍：《概念整合理论对网络流行语的解读——以"各种"的超常规搭配为例》，《现代语文（语言研究版）》2013年第8期。

[248]薛宏武：《现代汉语"有没有"结构的形成》，《宁夏大学学报（人文社会科学版）》2010年第2期。

[249] 杨伯峻，何乐士：《古代汉语语法及其发展》，北京：语文出版社，1992年。

[250] 杨朝丹：《新兴网络流行语"被XX"的构式研究》，《辽东学院学报（社会科学版）》2011年第5期。

[251] 杨成凯：《词类的划分原则和谓词"名物化"》，中国语文杂志社编，《语法研究和探索（五）》，北京：语文出版社，1991年第1版，第68-86页。

[252] 杨巍：《另类"被"格式语义及应用分析》，《常熟理工学院学报（哲学社会科学）》2012年第3期。

[253] 杨杏红：《正反问习语构式"要不要这么X"》，《呼伦贝尔学院学报》2016年第6期。

[254] 杨秀明：《"有没有句"在闽南方言区的结构变异——关于新兴问句"有没有+VP"产生依据的探析》，《漳州师范学院学报（哲学社会科学版）》2003年第3期。

[255] 杨秀娟：《小议现代汉语聚合词》，《语文学刊》2006年第10期。

[256] 杨旸：《"各种+VP"结构分析》，《天中学刊》2013年第3期。

[257] 杨亦鸣，徐以中：《"副+名"现象研究之研究》，《语言文字应用》2003年第2期。

[258] 杨煜：《再X不过"格式研究》，上海师范大学硕士学位论文，2010年。

[259] 尹世超：《哈尔滨方言词典》，南京：江苏教育出版社，1997年。

[260] 于根元：《副+名》，《语文建设》1991年第1期。

[261] 于全有，史铭琦：《"被"族新语与社会文化心理通论》，《文化学刊》2011年第4期。

[262] 俞扬：《汉语并列四字组合成词问题初探》，《宁波师院学报（社会科学版）》1986年第2期。

[263] 袁红梅，梁婧玉：《"被+X"构式义的概念整合分析》，《外语研究》2016年第1期。

[264] 袁野：《构式语法的理论、流派和应用》，北京：高等教育出版社，2017年。

[265] 曾玉萍：《言语理解的认知语用——从"被"说起》，《湖南科技学院学报》2011年第1期。

[266] 曾柱，袁卫华：《试析"被"的另类组合现象》，《长江学术》2010年第2期。

[267] 翟会锋：《"各种+AP/VP"格式的量性特征》，《鲁东大学学报（哲学社会科学版）》2015 年第 6 期。

[268] 翟会锋：《互动构式视角下"各种 X"作谓语的体词性分析》，《世界汉语教》2018 年第 2 期。

[269] 詹开第：《谈口语里的一种句式》，《汉语学习》1984 年第 1 期。

[270] 詹开第：《口语里两种表示动相的格式》，中国社会科学院语言研究所现代汉语研究室编：《句型和动词》，北京：语文出版社，1987 年，第 302-315 页。

[271] 詹人凤：《现代汉语语义学》，北京：商务印书馆，1997 年。

[272] 张宝：《现代汉语否定式程度补语研究》，天津师范大学硕士研究生论文，2017 年。

[273] 张斌：《现代汉语虚词词典》，北京：商务印书馆，2001 年第 1 版。

[274] 张伯江：《词类活用的功能解释》，《中国语文》1994 年第 5 期。

[275] 张伯江：《现代汉语的双及物结构式》，《中国语文》1999 年第 3 期。

[276] 张伯江：《论"把"字句的句式语义》，《语言研究》2000 年第 1 期。

[277] 张冬红：《浅谈有没有 V 的句法结构及语用价值》，《张家口师专学报》2003 年第 4 期。

[278] 张国宪：《现代汉语形容词的选择性研究》，上海师范大学博士学位论文，1993 年。

[279] 张海涛：《"厉害了，我的 X"的形成及话语功能》，《汉字文化》2017 年第 2 期。

[280] 张海涛，赵林晓：《修辞构式"X 式 Y"的生成过程及互动机制探究》，《语言教学与研究》2022 年第 3 期。

[281] 张建理，朱俊伟：《"被 X"句的格式语法探讨》，《杭州师范大学学报（社会科学版）》2010 年第 5 期。

[282] 张静：《论汉语副词的范围》，《中国语文》1961 年第 8 期。

[283] 张静：《从"厉害了，我的哥"说起》，《语文建设》2017 年第 4 期。

[284] 张克定：《〈牛津构式语法手册〉述介》，《外语教学与研究》2014 年。

[285] 张璐，唐文菊：《新兴"各种 V/VP"结构式的多维考察》，《山西大学学报（哲学社会科学版）》2018 年第 3 期。

[286] 张敏：《认知语言学和汉语的名词短语》，北京：中国社会科学出版社，1998 年。

[287] 张明辉：《论时下流行格式"被 X"》，《广东技术师范学院学报》2010 年第 3 期。

[288] 张明辉：《谈新兴"被 XX"的构式义》，《石家庄学院学报》2010 年第 5 期。

[289] 张文蓉，仇伟：《新"各种 X"流行语的构式压制分析》，《山东广播电视大学学报》2017 年第 1 期。

[290] 张谊生：《副名结构新探》，《徐州师范学院学报》1990 年第 3 期。

[291] 张谊生：《名词的语义基础及功能转化与副词修饰名词》，《语言教学与研究》1996 年第 4 期。

[292] 张谊生：《名词的语义基础及功能转化与副词修饰名词（续）》，《语言教学与研究》1997 年第 1 期。

[293] 张谊生：《当代汉语区别词形容词化的功能与成因分析》，《华文教学与研究》2019 年第 1 期。

[294] 张谊生：《当代汉语流行构式研究》，上海：上海三联书店，2020 年。

[295] 张颖：《关于"第一+形"与"最+形"的差异：兼与陈青松先生商榷》，《学术交流》2013 年第 11 期。

[296] 郑敏惠：《福州方言"有+VP"句式的语义和语用功能》，《福建师范大学学报（哲社版）》2009 年第 6 期。

[297] 郑庆君：《流行语"被 XX"现象及其语用成因》，《西安外国语大学学报》2010 年第 1 期。

[298] 郑懿德：《福州方言里的"有"字句》，《方言》1985 年第 4 期。

[299] 赵爱敏：《"四字骈语"再探》，《安徽文学》2006 年第 11 期。

[300] 赵元任：《汉语口语语法》，吕叔湘译，北京：商务印书馆，1979 年第 1 版。

[301] 赵云：《论程度副词"最 A"与"顶 A"的差异》，《云南师范大学学报（对外汉语教学与研究版）》2004 年第 4 期。

[302] 张昀：《谈谈"厉害了我的国"》，《语文建设》2018 年第 13 期。

[303] 郑略省，吕学强，刘坤，林进：《汉语并列关系的识别研究》，《北京大学学报（自然科学版）》2013 年第 1 期。

[304] 郑庆君：《流行语"被 X"现象及其语用成因》，《西安外国

语大学学报》2010 年第 1 期。

[305]周昊：《"X 得不能再 X"构式研究》，南京师范大学硕士学位论文，2012 年。

[306]周荐：《论三字格和四字格》，《语文研究》1997 年第 4 期。

[307]周荐：《聚合结构的词语化及其为词典收条问题》，《当代修辞学》2017 年第 2 期。

[308]周莉：《两岸汉语的正反问"有没有 VP"的对比研究》，《华夏文化论坛》，第七辑。

[309]周清海：《新加坡华语变异概说》，《中国语文》，2002 年第 6 期。

[310]周小兵：《"够＋形容词"的句式》，《汉语学习》1995 年第 6 期。

[311]周晓燕：《解密网络热词"不要不要的"的语义、用法与流行》，《陕西学前师范学院学报》2016 年第 12 期。

[312]周晓燕：《"不要不要（的）"表意多》，《语文建设》2016 年第 19 期。

[313]周欣：《现代汉语并列 N 项式研究》，河北大学硕士学位论文，2006 年。

[314]周永惠：《论现代汉语四音节词》，《四川师范大学学报》2002 年第 4 期。

[315]中国社会科学院语言研究所词典编辑室：《现代汉语词典（第 7 版）》，北京：商务印书馆，2016 年。

[316]朱德熙：《说"的"》，《中国语文》1961 年第 12 期。

[317]朱德熙：《语法讲义》，北京：商务印书馆，1982 年。

[318]朱德熙：《汉语方言里两种反复问句》，《语法丛稿》，上海：上海教育出版社，1990 年，第 96-113 页。

[319]朱军：《汉语构式语法研究》，北京：中国社会科学出版社，2010 年。

[320]宗守云：《析"闲着也是闲着"类句式》，《海外华文教育》2005 年第 4 期。

[321]邹韶华：《名词性状特征的外化问题》，《语文建设》1990 年第 2 期。

[322]Bloomfield, L. *Language.* New York. Henry Holt. 1933.

[323]Bybee, J., R. Perkins & W. Pagliuca. 1994. *The Evolution of*

Grammar: Tense, Aspect and Modality in the Languages of the World. Chicago: The Chicago University Press.

[324] Bybee, J., R. 2006. *From Usage to Grammar: The Mind's Response to Repetition*. Language. 82 (4): 711-733.

[325] Croft, William A. 2001. *Radical Construction Grammar: Syntactic Theory in Typological Perspective*. Oxford: Oxford University Press.

[326] Croft, William. 2005. *Logical and Typological Arguments for Radical Construction Grammar*. In Östman, Jan-Ola & Mirjam Fried (eds.).

[327] Diessel, Holger. 2016. *Usage-based construction Grammar*. In Mark Aronoff (ed.) *Oxford Research Encyclopedia of Linguistics*, New York: Oxford University Press.

[328] Fillmore, Charles J. & Paul Kay. 1987. *The Goals of Construction Grammar*. Berkeley Cognitive Science Report No.50. University of California at Berkeley.

[329] Fillmore, Charles J. 1988. *The Mechanisms of "Construction Grammar"*. Proceedings of the Annual Meeting of the Berkeley Linguistics Society.

[330] Fillmore, Charles J., Paul Kay and Mary Catherine O'Connor. 1988. *Regularity and Idiomaticity in Grammatical Constructions: The Case of Let Alone*. Language. 64(3): 501-538.

[331] Givón, Talmy. 1971. *Historical Syntax and Synchronic Morphology: An Archacolgist's Field Trip*. Chicago Linguistic Society. (7): 394-415.

[332] Givón, Talmy. 1979. *On Understanding Grammar*. New York: Academic Press.

[333] Goldberg, Adele E. 1995. *Constructions: A Construction Grammar Approach to Argument Structure*. Chicago: The University of Chicago Press. （吴海波译：《构式：论元结构的构式语法研究》，北京：北京大学出版社，2007年。）

[334] Goldberg, Adele E. 1996. *Making one' way Through the data*. In Shibatani. M. & S. A. Thompson (eds.). *Grammatical Constructions: Their form of meaning*. CUP.

[335] Goldberg, Adele E. 1997. *Relationships Between Verbs and Constructions*. In Verspoor, M. & E. Sweetser (eds.). *Lexicon and Grammar*. Amsterdam: John Benjamins.

[336] Goldberg, Adele. E. 2006. *Construction at Work: The Nature of Generalization in Language*. Oxford: Oxford University Press.（吴海波译：《运作中的构式：语言概括的本质》，北京：北京大学出版社，2013年。）

[337] Grice, H. P. 1989. *Studies in Way of Words*[M]. Cambridge: Harvard University Press.

[338] Hilpert, Martin. 2014. *Construction Grammar and its Application to English*. Edinburgh University Press.

[339] Labov, William. 1973. *The Social Setting of Linguistic Change*. // T. Sedeok. *Current Trends in Linguistics*. Volume 11. The Hague.

[340] Labov, William. 1973. *Sociolinguistic Patterns*. University of Pennsylvania Press.

[341] Lakoff, G. 1977. *Linguistic Gestalts*. Papers from the Regional Meeting of the Chicago Linguistics Society (CLS).

[342] Lakoff, G. & M. Johnson. 1980. *Metaphors We Live By*. Chicago: University of Chicago Press.

[343] Lakoff, G. 1987. *Women, Fire, and Dangerous Things: What Categories Reveal about the Mind*. Chicago: University of Chicago Press.

[344] Langacker, Ronald. W. 1987. *Foundations of Cognitive Grammar*, Vol.1. Stanford: Stanford University Press.

[345] Langacker, Ronald. W. 1991. *Foundations of Cognitive Grammar*, Vol.2. Stanford: Stanford University Press.

[346] Langacker, Ronald. W. 1988. *A usage-based models*. In: B. Rudzka-Ostyn (ed.), *Topics in Cognitive linguistics*. Amsterdam: John Benjamins.

[347] Langacker, R. W. 1990. *Subjectification. Cognitive Linguistics*. (1): 5-38.

[348] Langaker, R. W. 1999. *Grammar and Conceptualization*. Berlin/New York: Mouton de Gruyter.

[349] Leech, G. N. 1983. *Principles of Pragmatics*. London: Longman.

[350] Levinson, S. 1983. *Pragmatics*. Cambridge: Cambridge University Press.

[351] Lyons, John. 1977. *Semantics*. Vol.1 & 2. Cambridge: Cambridge University Press.

[352] Palmer, F. R. 2001. *Mood and Modality* (2nd ed.).Cambridge:

Cambridge University Press.

[353] Randolph Quirk. Sidney Greenbaum. Geoffrey Leech. Jan Svartvik. 1985. *A Comprehensive Grammar of the English Language*. London: Longman Group Limited.

[354] Rosch, E. 1978. *Principles of Categorization*. In Rosch & Lloyd (eds.) 1978. *Cognition and Categorization*. Hillsdale, New Jersey: Lawrence Erlbaum Associates, Publishers.

[355] Sperber, D. & D. Wilson. 1982. *Mutual knowledge and relevance in theories of comprehension*. In N. V. Smith (ed.), *Mutual Knowledge*. London: Academic Press.

[356] Taylor, J. R. 1989/1995. *Linguistic Categorization: Prototypes in Linguistic Theory*. Oxford: OUP.

[357] Thomas Hoffmann & Graeme Trousdale (eds.).2013. *The Oxford Handbook of Construction Grammar*. Oxford：Oxford University Press.

[358] Verschueren. 2000. *Understanding Pragmatics*. Shanghai:Shanghai Foreign Language Education Press.

附 录

当代"克隆语"初探

近年来,我们经常听到、看到这样一些时髦语,诸如"爱(坑、骗、骂、罚)你没商量""我是流氓(盗版、广告、经理、公仆……)我怕谁""中国可以(对恶导游、对'注水电视剧'、对假冒产品……)说不""福气(满意、笑料、方法、机会、实惠……)多多"和"遭遇(激情、爱情、爱情陷阱)",等等。这是新新人类的语言模式。我们把那些新出现的且带有当今时代特色的表达式称为时髦语,并把多次重复使用的时髦语称为当代克隆语。

时髦语刚出现时的确给人以耳目一新的感觉。值得注意的是,它们几乎都经历了一种一经出世就被一哄而上多次重复克隆使用或仿用的过程,有的时髦语因使用过多过滥而新鲜感尽失,由时髦语变成了一种陈词滥调。时髦语的出现与被大量且高密度地被克隆使用,是一种有趣的语言现象,又是一种值得重视和研究的社会文化现象。笔者从各类报刊中收集了大量的当代克隆语,在对这类语言现象归纳、分类和整理的基础上,分析了当代克隆语产生的语言与社会文化等多重原因,指出了当代克隆语对语言发展的影响。

一、当代克隆语使用情况

(一)"将××进行到底"类

一提到"将××进行到底"这种格式,我们可能马上会想起毛泽东1949年的元旦献词《将革命进行到底》。而这种格式转瞬之间变成时髦语并被克隆使用则肇始于1999电视连续剧《将爱情进行到底》的播出,从此这类格式充斥于多种媒体中。如:

（1）艰难路上将"维权热线"进行到底（《新青年》2001年第9期）

（2）将爱进行到底（《新青年》2001年第8期）

（3）冬天，将肌肤美丽到底（《年轻人》2001年第1期）

（4）将勇气保留到底（《风流一代》2001年第6期）

（5）清纯少女，誓将按摩做到底（《深圳青年》2001年第7期）

这时所列举的仅是出现在刊物标题中的几例。前四例是"进行到底"，后三例是这种格式的变体。"将××进行到底"这种格式的使用者们以追求时髦为目的，动不动就套用这一格式，忘记了文体、语境、适用对象等因素的限制，使它在人们心中几乎变成了空洞的格式和符号。

（二）"都是××惹的祸"类

这种格式的克隆语也颇为常见。我们查阅了近期的部分期刊，光标题中使用这类结构的就有：

（6）都是"名片"惹的祸（《当代青年》2001年第9期）

（7）妻子背叛，都是肥胖惹的祸（《家庭生活》2001年第5期）

（8）都是"贞操内裤"惹的祸（《风流一代》2001年第3期）

（9）都是网恋惹的祸（《新青年》2001年第7期）

这类结构看起来似曾相识，那是因为套用了歌手张宇的一首歌《都是月亮惹的祸》作为模仿的蓝本，借助歌曲的走红而流行开来，并一发而不可收。"惹祸"的有"名片、肥胖"等，还有"贞操内裤"，真是不一而足。有些人更是嗜"惹"成癖，使得滥用"惹"成为当今一种廉价的时尚，"惹"也给用滥了：

（10）"好人"的特殊名片惹尴尬（《风流一代》2001年第4期）

（11）不"走私"的情感惹来的"走私"冤情（《深圳青年》2001年第7期）

（12）无事生非竟真的惹出了爱情（《青年月报》2000年第6期）

按"惹"的用法，它只能后接"是非、灾祸"之类不好的字眼，连"爱情"也给"惹"来了，真让人搞不懂这"惹"字到底还会惹出多少是非。

（三）"亮（靓）丽的风景线"类

这类格式如今不仅活跃在口头上，在媒体上出现的次数也很多。笔者统计过，某有线台一周七期的《都市快讯》栏目中，这句话被某主持人使用了9次。可见其使用的频率。在书刊影视中，这个格式也常被套用：

（13）一道亮丽的人生风景，诱惑着陈明钰更加无悔地前进。（《新青年》2001年第9期）

（14）拼出一道靓丽的人生风景线（《新青年》2001年第9期）

（15）"烂尾楼"可以说是由于中国独特的生态环境所造成的，用一句用滥了的话说那就是"一道独特的风景线。"（2001年4月18日，中央电视台新闻联播节目）

（16）甜蜜阴谋，她知道自己是丈夫的美丽风景。（《青年之友》2001年第6期）

"亮（靓）丽的风景线"的出现确实也给汉语带来了一道靓丽的风景。也许是它所具有的鲜活、极富魅力的特质，它一出世就招来了人们对它的无限制的克隆，并衍生出了一大堆类似的说法。尽管时下它的一些变体仍活跃于文学作品之中，但与使用者的主观愿望相反的是，这类说法在人们心中早已失去了它本身特有的新鲜感。另外，"风景"一词也伴随着"靓丽的风景线"的走红而频繁地亮相：

（17）DIY：玩出自己的风景（《深圳青年》2001年第2期）

（18）如果他没有另辟蹊径找到一个绝佳的视角，我们又怎能随他去欣赏那道古往今来波澜壮阔地演变着的进化的风景呢？（《中华读书报》2001年11月第2版）

（19）让家居成为梦中的风景（《生活晨报》2002年第1期）

可见，"风景"一词已遭到哄抢和滥用，事与愿违，一旦它的内涵和意蕴尽失，也就没什么"风景"可言了。

（四）"闪亮登场"类

不知从什么时候"闪亮登场"一类的说法变成时髦语开始"闪亮登场"了。这一说法以铺天盖地之势向人们进行听觉和视觉的轰炸，真有一种"乱哄哄你方唱罢我登场"的意味：

（20）关颖珊闪亮登场（《生活晨报》2002年1月21日第5版）

（21）亚日电脑新品闪亮登场（《生活晨报》2002年1月31日第20版）

（22）在一夜之间开始公开登场四处亮相（《新青年》2000年第7期）

特别是一篇介绍曹颖的文章中三次出现这类短语，题目是"曹颖：《综艺大观》新主持闪亮出击"（《风流一代》2001年第1期），文首是"新主持人曹颖终于以全新的感觉闪亮登场"，文中又是"生活快乐的曹颖，在《综艺大观》的首次闪亮登场就赢得了观众的满堂喝彩"。更有甚者，服装、商品要"闪亮登场"，电影频道也要"闪亮改版"。"闪亮"得多了，"闪亮"一词也让人感觉无多少亮光可言，这种效果也许是热衷于使用这些词语的人们始料未及的。

（五）"浮出水面"类

"浮出水面"的意思是指因隐藏得很深而长时间难以破解的谜底终于

被揭开。比如一桩扑朔迷离的历史公案、一件马拉松式的悬而未决的案件，其真相一旦被揭开，这才是真正意义上的"浮出水面"。但从目前频繁使用的"浮出水面"来看，该类表达似乎只有"发现""出现"的意思，其词语原来含有的历时长、费周折的味道消失了，如下面前两例。后一例中"浮出水面"的使用就让人有点不知所云了。

（23）许亚军、何晴的感情生活首次浮出水面。(《山西电视台》2002年1月28日）

（24）《一只绣花鞋》的作者浮出水面（《风流一代》2001年第1期）

（25）叶迎春埋在心底深处的央视梦，终于浮出了水面。(《青年月刊》2001年第6期)

(六) 词语新解

一些词语近来颇受新新人类的青睐，被他们注入了全新的意义，比如"另类""打造""非常"等，我们暂且称之为"词语新解"。这些词语不仅活跃在他们的口头，而且在报刊中也频频亮相。先看几例"另类"的新用法：

（26）单身贵族的另类栖居（《今日青年》2001年第11期）

（27）冯小刚，导演中的"另类"（《风流一代》2001年第5期）

（28）窝居桥洞，"另类"行为有隐情（《风流一代》2001年第4期）

这一类说法尚有"超越自我的另类""'数字人类'的另类生存""另类记者引火烧身""一位大学特困生的'另类'富翁经历"等。"另类"在此可不是跟正常人不一样的意思，它现时的意思是与众不同与吸引眼球，这是新新人类所惯用的贬词褒用。

还有"非常"一词的出现也较为频繁，如："非常公司的窝囊老板"（《新青年》2000年第7期），"驰骋非常人生，定格非常时刻，关注非常事件，倾诉非常情感"（《青年月报》2000年第5期），"女排主教练胡进的非常爱情"（《深圳青年》2001年第1期），"非常女子非常爱情"（《风流一代》2001年第2期）。这里的"非常"与"另类"的意思差不多，也是与众不同之意。

"打造"一词近来也被赋予新的意义。下面是"打造"及其变体的一些新的用法：

（29）资深作者，精心打造（《中华读书报》2002年2月20日第13版）

（30）当当打造文化年（《中华读书报》2002年2月20日第17版）

（31）中美忘年交，打造"e代奇遇"（《中华读书报》2002年2月27日第1版）

（32）LCCIEB，打造国际就业绿卡（《中国青年》2001年第17期）
（33）到深圳打磨成一个白领（《今日青年》2000年第12期）
（34）打拼出一个"海上白领"（《新青年》2001年第8期）

按照一般人的理解，"打造""打磨"的应该是金石器件，至少也应该是坚硬的物体吧，你这样理解那就有些落伍了。在人被器物化的今天，还有什么不能被"打造"呢？

在校园里，流行着众多的时髦语，这一类校园时髦语，要按常规的意思去理解，那就要闹笑话了。有人说你"真有气质"，这可不是对你的夸奖，而是说你"孩子气、神经质"。下面略举几例：

天才→天生蠢才；神童→神经病儿童；气质→孩子气、神经质；讨厌→讨人喜欢、百看不厌；留学生→留过级的学生；偶像→呕吐的对象；蛋白质→笨蛋、白痴、神经质；精英→神经的苍蝇；总统→总垃圾桶；天使→天上的狗屎。

这些校园黑话利用分解构词语素并对这些语素随意解释而形成，酷爱这种"词语新解"的人，搞的是类似于文字游戏式的恶作剧，对语言的破坏可谓触目惊心！好在它们只在校园中流行，还没有进入媒体、流行于社会，成为大众克隆语。

二、当代克隆语的特点及成因分析

从以上我们列举的现象可以看出，时髦语的克隆已成为时尚，而且呈现出一种愈演愈烈的趋势。我们该如何看待这一现象？这一现象产生的原因是什么？要回答这些疑问，还得从其成因说起。

（一）当代克隆语的特点

1．语体的口语化。当代克隆语活跃于新新人类口头，是一种活生生的口语。有的虽然来自书面语，如"将××进行到底"这一格式，青山遮不住，毕竟东流去。任凭你是书面化的格式，一经成为时髦语而后又经频繁使用变成克隆语后，它就摇身一变，成了口头语言。

2．表达的媚俗化。当代克隆语摒弃高雅、严肃，追求通俗、大众、流行。上海话"不要太潇洒"是普通话中"太潇洒了"的意思，这种说法与普通话中表示劝告的形式相同，而表达的意思相去甚远。克隆语追求的是通俗和流行，所以，这句上海话一经作为广告语上了媒体，很快就被新新人类们发现而大量克隆，出现了"不要太（深沉、便宜、好玩）"等类似说法。可见，弃严肃而追流行是当代克隆语表达媚俗化的典型表现。

3．使用的过量化和克隆快速化。使用上的无节制性和滋生的高效率是当代克隆语的又一特点。它们最初出现时,是一种新颖独特的时髦语,而后即被迅速大量克隆并蔓延开来,成为一种俗套而失去了其新颖的特质。

4. 来源有经典。当代克隆语都有一个原始的模型。它们有的来自方言,如广告语"满意多多"来自港台,这一格式就是"(福气、钞票、靓女、笑料、方法)多多"等克隆语的原型;有的来自歌词,如"都是月亮惹的祸";有的来自小说、影视,如"(校园、彩票、电话)也疯狂"这类克隆语来自电影《修女也疯狂》。

这些说法一旦获得新新人类的认同,随即被大量克隆,变成克隆语的经典。这群追求时尚的新新人类们说着时髦语,与熟悉这些时髦经典出处的同类相视一笑,获得的是一种认同和精神上的满足,体会的是一种自得其乐的创新之感。

(二)当代克隆语的成因分析

当代克隆语的产生并非偶然,它的产生是与语言自身发展的规律以及社会文化大环境的影响分不开的。

语言从来就不是静止不变的,而是一个不断变化、发展的体系。语言不是化学元素,永远只用一个符号来代表,想让词语永远效忠于一个意思似乎不可能。"另类""打造""非常"等词的新用法正是语言这个千面观音施展自己百变魅力的结果。语言的生命在于创新,时髦语的出现无疑是一种创造,是对已有模式的一种突破。它能成为克隆语,并能在各类传媒中传播开来,又被众多人士所使用,本身就证明了其创造性已经得到了部分的认同。

创造和使用时髦语的主体是青年。当代克隆语的出现,是青年文化的一种表现,是大众文化对精英文化的一种反叛。青年是最富有创造性的群体,他们有着求新、求变的心理,在语言上,他们也要体现自己的特殊性,体现自己的智慧,于是就要突破已有的语言模式,通过标新立异来引起别人的注意。而报刊影视等媒体的介入和炒作,又加速了时髦语的传播,扩大了时髦语的流行范围,从而使时髦语的克隆现象愈演愈烈。

当代克隆语的出现,也与使用者贪图省事、一味媚俗的心理有关,是缺乏创意、盲目求速的表现。创新才有生命力,重复意味着死亡。时髦语在给汉语带来活力的同时,它的无节制的克隆又消减了它自身的生命力。当代克隆语是文化消解力弱化的一个反映,并不是一种健康的状态。无话可说是包含着太多的无奈,在想象力和创造力匮乏的今天,一两句精彩的短语、一两个加入了新解的词语就会给人以相当的震惊,并被迅速流传克隆。这种类似于"文化快餐"式的语言现象的出现,是一种浮躁的时代流行病的表现形式。

三、当代克隆语对语言的影响

时髦语的出现，无疑给汉语增添了一道亮丽的风景，给汉语表达提供了张力。而对时髦语不断复制基础上形成的当代克隆语，又使得时髦语的影响加大，加快了语言的发展，这无疑是有进步意义的。不变化就没有发展，语言中现在的变异用法，也许就会成为将来的通则。谁能保证再过若干年，"满意多多、不要太潇洒"之类的格式不被全民所接受呢？

我们也看到，由于时髦语的无限制的克隆，使它失去了应有的新鲜感，同时还给语言带来了一些消极的影响。特别是校园流行的"天才（天生蠢才），神童（神经病儿童）等校园黑话，完全背离了语言的群众基础。

当代克隆语有其自身的生长规律，它们总是沿着"一枝独秀——遍地开花——泛滥成灾"的循环轨迹，而作为受众的心态也沿着"耳目一新——耳熟能详——心生厌恶"与之同步。以一句话总括它们的命运，那就是：从另类开始，以流俗结尾。语言系统有一定的自我净化能力。因此对于当代克隆语，我们也不必大惊小怪、忧心忡忡，更不应该把它视为洪水猛兽。优胜劣汰不仅是自然界的法则，也是语言发展所遵循的规律。任何有生命力的新生的语言现象，最终会成为语言的新质要素在语言中扎下根，而无生命力的创新，即使喧闹一时，也终究要被淘汰，成为过眼的烟云。语言学家的任务是正确引导，及时发现语言中有生命力的创造，并呼唤人们的规范意识，使语言向健康的方向发展。

（原载于《山西大学学报》2003 年第 4 期，第 93-96 页）

后　记

　　《汉语构式的认知与语用》，是我主持的 2021 年国家社会科学基金后期资助项目（21FYYB026）的结项成果。这部长达 50 余万字的书稿可谓"十年磨一剑"，书稿里汇聚了笔者运用构式语法理论并借鉴语用学与认知语法学的思想研究汉语语法构式的新成果。其中包括了新兴构式 19 种，传统构式 7 种，研究的过程前后历时 15 年。书稿里有近一半的内容也是首次与读者见面。"板凳要坐十年冷，文章不写半句空"，这句治学格言，正好精准地道出了我完成这部书稿长达十多年的时间跨度与一直坚守的创作精神。书稿即将付梓，百感交集，有很多的话想要借此表达。

　　记得 30 年前在复旦大学读博期间，业师胡裕树先生就教导我们，学者要永远秉持实事求是和勇于创新的学风。胡先生还不止一次地叮嘱我，一个研究者，不要光关注自己发表文章的数量与级别，而是要看你的文章是否真正解决了你研究的问题。我在带研究生时，常跟他们说的一句话就是：不要说我写了什么文章，而要说我解决了什么问题。就直接来自胡先生话语的启迪。敬爱的胡先生离开我们已经 22 年了，恩师的教诲犹在耳畔，可谓不思量自难忘。30 年来，我的语法研究都是在先生指导的博士学位论文《现代汉语语用平面研究》（2001 年由北京图书馆出版社出版）的基础上，对汉语语法中语用因素思考的延续与研究领域的拓展。发表过的所有文章，都是从具体而微观的语法现象与现存问题入手，探寻语法现象的特点与规律，努力挖掘语法现象中的语用因素。可以说，把对具体语法现象的描写分析与挖掘语法现象背后隐藏着的语用因素结合起来做整体思考，力求达到描写的充分性与解释的合理性，是我多年来研究汉语语法一贯的做法与学术目标。在研究汉语新兴构式与传统构式的探索中，紧紧抓住构式的形式与语义的内在关联来展现其表意机制，结合语言使用者的认知与表达来解释构式的产生与使用的条件，并追求用最小的理论成本和通达透明的学术话语有条有理地表述出来。这种基本做法与思路在每个语法构式研究中都通过努力得到了贯彻与落实，从而增强了本书稿的整体性与可读性。回望几十年来自己跌跌撞撞所走过的语法研究历程，才猛然醒悟到，原来自己所走的正是当年胡先生指引的学问之路。我要衷心地感谢恩师胡先生的教育与引导，本书也是弟子交给恩师的一份作业。

几十年治学，个人有一种切身的体会，那就是一名现代汉语语法研究者，首先应当是一名语言现象的观察者与记录者。观察与研究的视域也不应该局限于早已成形的那些语法现象，还应特别关注当下的语言使用，关注那些活生生的语言生态。因为当代汉语语法中业已发生与正在经历着的形式与表达上的变异，必将成为后人费力去描述与解读的语法历史。与其坐等那些发生在眼前的新兴构式成为历史而不去记录与研究，倒不如做一个与时代同步的汉语语法敏锐的观察者、忠实的记录者与客观的解读者，此举也可谓功在当代，利在千秋。正是在这种使命感的催促下，自己十余年来才将主要的精力投注于当代汉语的变异与使用的研究，并真实而详尽地描述了改革开放以来出现的那些新兴构式，挖掘与展现了这些新兴构式的形式与语义的特殊关联，解读了这些新兴构式产生的时代背景与语用特色。这些研究与做法，既是笔者特别关注当代汉语新兴构式的初衷，也是本书稿构式研究中着力体现出来的风格与特色。

实际上，笔者对当代汉语语法构式，特别是对新兴构式的关注，可以追溯到 21 世纪初。以《当代"克隆语"初探》（《山西大学学报》2003 年第 4 期）发表为标志，从那时开始就密切关注这个日新月异的时代当代汉语表达格式的波动与变异，忠实地记录了伴随这个急剧变化的时代刚刚涌现出的新兴的表达格式。如："都是 X 惹的祸"（都是名片/肥胖/网恋/唱卡拉 OK 惹的祸）、"X 也疯狂"（收礼/美容/购物/逃课/老奶奶也疯狂）、"XX 多多"（福气/满意/笑料/方法/机会/实惠多多）、"将 X 进行到底"（将爱/减肥/网购/考试/请客进行到底）、"我是 X 我怕谁"（我是流氓/盗版/广告/经理/公仆我怕谁）、"X 可以说不"（农民/打工仔/中国/的哥/小学生可以说不）、"X 你没商量"（爱/坑/骗/骂/罚你没商量）等。"当代克隆语"是二十年前我给这类新兴构式的命名，现在看来，倒也抓住了这类表达格式强大的能产性与显在的复制性特点。

改革开放以来的四十年，从城市到乡村，从沿海到内地，从经济到文化生活的各个领域，中国社会发生了翻天覆地的变化。随着网络时代的到来与多种传播媒介的普及，各种信息呈现空前的爆发性增长态势，人们接受到的信息可用海量来形容，而来自不同地域和不同国度的社会文化、价值观念与生活方式等也极大地冲击和影响了人们的思想观念。与这种时代特点和社会巨变相适应，人们的语言生活与交流方式也突然之间发生了并经历着肉眼可见的巨大变化。特别是青年一代成了网民大军的主力，他们由过去的信息接受者而一跃成为信息的编制者与传播者。青年群体从公民到网民的这种革命性的角色转变，激发了他们对语言的创造热情。为了显示他们的独特与另类，也为了能跟上时代节奏而不被"OUT"，青年网民们追新逐异的天性在语言的创新上得到了最大程度的释放，从而带来了一波一波新词新语的大爆发。而传播媒介的迅捷化、便利化与多样化，也给新词新语的广泛传播提供了最为便捷的通道。一个吃瓜群众随口的一句"我是打酱油的""蓝瘦香菇"（难受想哭），一夜之间竟可爆红大江南北的光速传播现象，在三十多年前的中国是绝对不可想象的。以新词新语为例，每年都有数量可观的新词新语被创造出来，并以极快的速度走入人们的语言生活，从而成为备受人们关注的社会性事件，各大主流媒体每年都争相发布年度热词的现象即是明证。仅以 2019—2020 年两年为例，网民们创造的三音节新词语就有一百五十多条，现列举几例略观其全貌：安康码、奥利给、胞波卡、暴花户、冰墩墩、冰玉环、畅行码、超感屏、吃军粮、丑橘男、创信融、次密接、打工魂、代经济、带货官、定金人、对标股、额温枪、防疫墙、服贸会、复工贷、坟头草、甘蔗男、高刷屏、河豚精、话梅剧、健康码、居家令、砍头息、考二代、恐辅症、老法师、脑语者。

当代汉语的变化不仅仅是新词语的爆发性增长，表达格式也在急速地产生并引发了汉语表情达意手段或隐或显的诸多变化，这种变化突出而集中地表现在一大批新兴构式的涌现并神速地进入人们的日常交际。有的新兴构式是格式的创新，如"A 并 B 着"（痛/累/辛苦并快乐着）、"X 得不要不要的"（激动/贵/累得不要不要的）；有的是语义创新，如"最 A+NP"（最美洗脚妹/乡村教师/农民工），"我 A，我 B"（我长跑/吃素，我健康/快乐）；有的是用法的创新，如"不能再 A"（不能再漂亮/虐狗/便宜），"要不要这么 X"（要不要这么坑爹/优秀/少爷），"有一种 X 叫 Y"（有一种爱叫放手/不离不弃/不打扰）。这些一经推出便迅猛走红的新兴构式，正在成为青年一代最喜爱也最常用的表述方式。恩格斯在论述青年与时代的关系时，曾借用一位诗人的话说："时代的性格主要是青年的性格。"所以，一个时代的特点总是由青年的特点决定的，青年人的心理特点与文化性格也必然反映在他们的语言使用上，青年一代的语言创造是塑造一个时代语言特色的决定性因素。我们应该尊重他们的这一创造,以平和的心态静观其变、细心琢磨,对于那些新奇的创造不妨加以记录、研究。采用视而不见或嗤之以鼻的态度都是不可取的。值得注意的是,这些新兴构式也逐渐被主流媒体所接受。这也充分证明,代表着新时代基因的新兴构式具有极其强大的生命力与影响力。我们有幸生活在这样一个日新月异的好时代,并亲身经历了这个时代汉语所发生的多种变化,是最有资格的当代语言记录者与研究者。如果不把这种汉语所发生的变化忠实地记录下来,岂不有负于这个伟大的时代!所以,多年来,笔者选取了观察记录已久的19种具有代表性的新兴构式并做了专项的研究,详细地描写并阐释了这些构式的特殊形式、特殊的语义与另类的表达功能,真实地记录了它们的前世今生。这些研究成果多数已经先后发表于多种语言学专业期刊,也是本书稿所呈现的主体内容之一。

本书稿的研究与写作,我的学生行玉华、王烨、申云玲、胡乘玲、陆旭、张佳玲、袁玲玲、王梦如、胡敏、李帅楠、王琦,他们或参与了语料的收集,或参与了内容的写作与校对。对同学们的付出在此一并感谢!

本书部分章节的内容曾先后在《当代修辞学》《语文研究》《语言科学》《语言教学与研究》《汉语学报》《语言研究》等语言学专业期刊发表。感谢这些刊物的鼎力支持,感谢多位编辑与审稿人的意见与建议。本研究成果也得到了项目的评审专家的肯定与支持,专家们提出的宝贵的修改意见与建议,都在书稿中得到合理采用。在这里,我要表达对支持本项目立项的上级单位与评审专家最诚挚的谢意!

我要感谢一直给我支持与帮助的文学院各位领导,特别是赵利民院长。赵院长在我多年的教学与研究中给我的帮助最多,并经常给我精神上的支持与鼓励。没有他的关怀与督促,本课题也是不可能如此顺利地结项与面世的。

我还要特别感谢我的学生,南开大学出版社的杨硕编辑,从后期项目的立项到研究的推进,特别是本书稿的最终出版,他都提前为我做了多方面的工作。感谢他的付出与支持。

本书出版之际,也格外思念含辛茹苦培养我成才的父母。我从1979年上大学开始就离开了父母,由于工作在外地,缺少了平日里的陪伴和尽孝,只有在寒暑假期间才能回到父母身边。本书稿的补充与修改正值新冠疫情肆虐,慈祥仁爱的老妈妈于2023年1月6日在感染新冠病毒后半个月突然离世。我当时正在天津的家中完善书稿,老母在弥留之际仍惦记着远在天津的三儿子,在手机视频中告知我病情严重并挥手与我做了最后的诀别!一声饱含深情的"三儿咱们再见吧",是老人家生前说的最后一句话!此后再也无力开口,半个小时后安然长眠!老母临终前含泪挥手诀别的影像永远刻在儿子的心上。哀哀父母,生我劬劳。欲报之德,昊天罔极!本书的出版,权作儿子献给天国老母亲的一份礼物与纪念。亲爱的妈妈,愿您老人家天国安好!

温锁林
2023 年 9 月 20 日
记于天津西青区中北镇枫桥园寓所